GUIA PRÁTICO DA Autossuficiência

GUIA PRÁTICO DA
Autossuficiência
John Seymour

A Dorling Kindersley Book
www.dk.com

Título do original inglês
COMPLETE BOOK OF SELF-SUFFICIENCY
publicado por Dorling Kindersley Ltd., Londres.
Copyright © Dorling Kindersley Limited, 1976, 1996.
Copyright © John Seymour, 1976, 1996.
Todos os direitos reservados. Nenhuma parte deste livro pode ser reproduzida, armazenada em sistemas eletrônicos recuperáveis, nem transmitida por nenhuma forma ou meio eletrônico, mecânico, incluindo fotocópia, gravações ou outros, sem a prévia autorização por escrito do detentor do copyright.
Copyright © 2011, Editora WMF Martins Fontes Ltda.,
São Paulo, para a presente edição.

1ª edição *1983*
6ª edição *2011*
2ª tiragem *2020*

Tradução
P&R
Editor do texto
Monica Stahel
Acompanhamento editorial
Luzia Aparecida dos Santos
Revisões
Renato da Rocha Carlos
Helena Guimarães Bittencourt
Produção gráfica
Geraldo Alves
Paginação
Studio 3 Desenvolvimento Editorial

Dados Internacionais de Catalogação na Publicação (CIP)
(Câmara Brasileira do Livro, SP, Brasil)

Seymour, John
  Guia prático de autossuficiência / John Seymour. – 6ª ed. –
São Paulo : Editora WMF Martins Fontes, 2011.

  Título original: Complete book of self-sufficiency.
  Bibliografia.
  ISBN 978-85-7827-406-1

  1. Agricultura 2. Agricultura – Grã-Bretanha 3. Alimentos
4. Artesanatos 5. Culinária I. Título.

11-03531   CDD-630

Índices para catálogo sistemático:
1. Agricultura   630
2. Prática agrícola   630

Todos os direitos desta edição reservados à
Editora WMF Martins Fontes Ltda.
Rua Prof. Laerte Ramos de Carvalho, 133 01325.030 São Paulo SP Brasil
Tel. (11) 3293.8150 e-mail: info@wmfmartinsfontes.com.br
http://www.wmfmartinsfontes.com.br

Sumário

Viver no campo
O homem e seu ambiente **8**
O ciclo natural **12**
As estações do ano **16**
A propriedade de meio hectare **20**
A propriedade de 2 hectares e meio **24**

Os frutos da terra
Desbravamento do terreno **28**
Drenagem do terreno **30**
Como irrigar o terreno **32**
Utilização dos bosques **33**
Sebes e cercas **36**
Cavalo ou cavalo-vapor **40**
O cavalo de tração **42**
Preparo da terra e semeadura **46**
Colheitas **52**
Os cereais **56**
Trigo **58**
Moagem **59**
Fazer pão **60**
Aveia e centeio **66**
Cevada **68**
Maltagem da cevada **69**
Fazer cerveja **70**
Milho **74**
Arroz **75**
Sorgo **76**
Culturas para a extração do óleo **77**
Capim e feno **78**
Culturas de raiz **82**

Produtos de origem animal
A fazenda ao vivo **90**
A vaca **92**
Fazer manteiga e nata **98**
Fazer queijo **102**
O boi **106**
A cabra **108**
O porco **110**
O carneiro **118**
O coelho **123**
Aves de galinheiro **124**
Abelhas e mel **130**

Produtos hortícolas
A horta **134**
As ferramentas do horticultor **138**
Semear e plantar **140**
Cultivar em estufas **142**
Luta contra as pragas e doenças **144**
Os legumes **146**
As ervas aromáticas **155**
Os legumes durante o ano **160**
Inverno **162**
Primavera **164**
Início do verão **166**
Fim do verão **168**
Outono **170**
A estufa **172**
Frutos delicados **174**

As árvores frutíferas **177**
O tratamento das árvores frutíferas **180**
Armazenamento de frutas e legumes **182**
Fazer conservas **184**
Conservas em frascos **186**
Fazer picles e *chutney* **188**
Fazer geleias e xaropes **190**
Como fazer o vinho **192**
Fazer sidra e vinagre **196**

Produtos de caça e pesca
A caça **198**
Peixes e frutos do mar **202**
Plantas, nozes e bagas **208**

Energias naturais
Economizar energia **210**
Energia hidráulica **212**
Energia solar **214**
Energia eólica **216**
Resíduos orgânicos **218**

Artes e ofícios
Cestaria **220**
Cerâmica **222**
Fiar lã e algodão **226**
Tingir e tecer **228**
Fiar linho **230**
Curar e curtir o couro **231**
Fazer tijolos e telhas **232**
Trabalhar a pedra **234**
Trabalhar os metais **238**
Construir e cobrir com colmo **240**
Trabalhar a madeira **242**
Poços, tanques e piscicultura **244**
Artigos domésticos **246**
Um forno para todos os fins **248**

Leituras aconselháveis 250

Agradecimentos 251

Este é apenas um modelo para uma alternativa de vida baseada na autossuficiência. Muitas informações técnicas referem-se ao calendário agrícola europeu e devem ser ajustadas ao nosso calendário.

Viver no campo

O que se pretende com este livro?
Mostrar como você poderá viver, contando exclusivamente consigo mesmo e com a natureza, para atingir, na medida do possível, a autossuficiência. Mas o que é a autossuficiência (?), além de uma palavra que logo provoca um brilho de incredulidade nos olhos dos leitores, tão habituados a um certo estilo de vida, a ponto de não serem capazes de distinguir a verdadeira cor do presunto ou o real sabor do pão; que se queixam do "mau cheiro" do campo, mas não se lamentam do cheiro do metrô nas horas de *rush* nem protestam contra os produtos químicos contidos nos alimentos que ingerem diariamente?

Abra os olhos. Autossuficiência não significa o regresso a um passado místico, em que as pessoas, recorrendo a utensílios arcaicos, com muito esforço arrancavam do solo sua subsistência e queimavam os vizinhos incômodos, acusando-os de bruxaria. Autossuficiência não significa "voltar atrás", não significa aceitação de um nível de vida inferior – desde que você não avalie o nível de vida pelo número de cilindros do seu carro, pelo número de ternos ou vestidos que você tem nos armários ou, ainda, pela área do seu apartamento. A autossuficiência irá ensiná-lo a viver autenticamente, libertá-lo das tarefas superespecializadas dos escritórios e das fábricas; ela colocará você diante de inúmeros desafios que o farão chorar – às vezes de alegria, outras, de tristeza. Além disso você sentirá que está revivendo, seu corpo se habituará de novo aos alimentos frescos e naturais, e seus músculos se desenvolverão.

Sim, porque a autossuficiência é possível, e isso se prova pelo sucesso (é verdade que ainda pouco numeroso) de algumas comunidades; mas ninguém ainda disse que se tratava de uma tarefa repousante. Pelo contrário, sua cabeça e seu corpo trabalharão de manhã à noite, mas em compensação você descobrirá a satisfação pelo trabalho bem realizado, o sabor dos alimentos naturais e o cansaço saudável. Só por isso, já vale a pena a opção!

E talvez algum dia sejamos todos obrigados a "optar". Quando tivermos esgotado, ou quase, todo o petróleo do nosso planeta, teremos de reconsiderar nossa atitude em relação ao único bem verdadeiro e duradouro: a terra. Se ainda for possível, teremos de tirar nossa subsistência do que a terra for capaz de produzir, sem a ajuda de produtos químicos derivados do petróleo; a terra pode alimentar-nos sem o recurso a produtos químicos, a adubos artificiais e a máquinas sofisticadas e caras. Mas quem possuir um pedaço de terra terá de explorá-lo tão inteligente e intensivamente quanto possível; e quem estiver vivendo em suposta autossuficiência, vadiando e "filosofando" com as urtigas e os cardos, deverá obrigatoriamente regressar à cidade, pois, se não o fizer, estará monopolizando uma terra que deverá ser ocupada por quem saiba verdadeiramente explorá-la. Por "explorar" não se entende "tirar lucro a qualquer preço". O homem deve ser um agricultor, e não um "explorador"; deve respeitar todas as formas de vida, para seu próprio bem. Destruir todas as espécies, com exceção das que nos são manifestamente úteis, contribui para nossa destruição. A agricultura diversificada e ponderada que irá ser aplicada por quem viver no campo favorecerá o desenvolvimento de um grande número de formas de vida. Todos deverão esforçar-se por ter em sua propriedade uma parcela de terra verdadeiramente selvagem, onde vegetação e animais possam desenvolver-se em paz e sem entraves.

Há ainda o problema do nosso relacionamento com os outros. Muitas pessoas se instalam no campo porque se sentem sós nas grandes cidades, mesmo rodeadas por muita gente. Quem viver no campo, rodeado por imensas propriedades industrializadas, irá sentir-se igualmente só. Mas quem se instalar numa região em que haja gente com preocupações semelhantes às suas irá tornar-se muito rapidamente membro de uma grande família, para quem a amizade não é uma palavra vazia. Isso sem falar na cooperação: trabalhar em comum nos campos, ordenhar e dar forragem aos animais do vizinho que saiu de férias, ficar com as crianças quando chega sua vez, ajudar na construção de um celeiro, colaborar quando alguém "faz matança"; enfim, uma redescoberta da verdadeira vida social que começa a desenvolver-se em certas regiões da Europa e da América do Norte, nas quais essas "comunidades" já são numerosas.

Mas a autossuficiência não está reservada só a quem possui alguns hectares. Mesmo na cidade, quem conserta seus sapatos ou faz seu pão com trigo comprado dos camponeses já pratica, em certa medida, autossuficiência. O homem não é a engrenagem de uma máquina; a natureza predestinou-o à polivalência, a não trabalhar com o espírito ou com as mãos isoladamente, mas em conjunto.

Agora, resta-nos desejar boa sorte e coragem a quem quiser tentar a experiência de viver no campo. Se você encontrar nestas páginas algo que desconhecia, ou não sabia onde descobrir, tanto eu como os que colaboraram nesta obra sentiremos que nosso trabalho não foi inútil.

OS GRANDES PRINCÍPIOS DA AUTOSSUFICIÊNCIA

O único modo de cultivar correta e intensivamente consiste em aplicar uma variante daquilo que nossos antepassados praticavam na Europa no século passado. Esses "precursores" conseguiram obter um equilíbrio preciso entre animais e plantas. As plantas alimentavam diretamente os animais; estes alimentavam a terra com seus excrementos, e a terra, por sua vez, alimentava as plantas. Além disso, a terra recebia alternadamente animais e plantas, a fim de que cada espécie dela retirasse o que necessitava e lhe oferecesse o que tinha a dar.

A natureza abomina a monocultura. Olhe à sua volta e você constatará que o ambiente natural é constituído por uma grande variedade de espécies. Se você cultivar indefinidamente o mesmo produto no mesmo local, os propagadores de doenças se desenvolverão a ponto de se tornarem irreversíveis. Quando uma espécie se torna excessivamente predominante na natureza, surge, fatalmente, um flagelo ou uma doença que a extermina e a faz voltar a proporções mais naturais. Atualmente, o homem consegue contrariar essa lei, exercendo pressões químicas cada vez mais fortes sobre a natureza; mas os parasitas adaptam-se muito rapidamente aos novos produtos químicos, e os especialistas só conseguem avançar pouco em relação às doenças. Entretanto, o solo empobrece-se.

Viver no campo

O homem e seu ambiente

Quem viver no campo terá de se empenhar em poupar a terra, e não explorá-la. Deverá procurar conservar e até aumentar a fertilidade do solo. Observando o campo, aprenderá que não faz parte da ordem natural das coisas praticar uma só cultura, ou manter uma só espécie de animais no mesmo pedaço de terra. Dará preferência ao maior número possível de espécies vegetais e animais. Deixará mesmo (se puder ou quiser) uma parte da sua terra sem cultivar, para que nela se possa desenvolver uma vida verdadeiramente selvagem. Pensará sempre, e em cada instante, nas necessidades da sua terra, julgando cada planta e cada animal pelo efeito benéfico que exercem um sobre o outro e sobre a terra. E, sobretudo, terá plena consciência de que, quando intervém na corrente da vida, de que ele próprio é um elo, o faz correndo riscos, pois não deve perturbar o equilíbrio natural da vida.

Viver no campo

Viver no campo

Quem quiser viver no campo terá, pois, de substituir os produtos químicos e as máquinas sofisticadas pelo trabalho manual, usando de toda a inteligência e habilidade para poupá-lo. Por exemplo, se deixarmos os animais pastarem nos campos, pouparemos o trabalho de colheita e transporte; pelo mesmo motivo, não se deve jogar fora nem espalhar o estrume. Os animais devem ser levados ao campo, e não o campo aos animais.

Mas, como já vimos, o bom agricultor nunca deixará a mesma espécie de animais permanecer por muito tempo no mesmo lugar, assim como não cultivará a mesma planta no mesmo local por muitos anos seguidos. E isto porque, por exemplo, todos os animais têm parasitas e, se deixarmos uma espécie permanecer durante muito tempo no mesmo lugar, estes e os portadores das doenças irão propagar-se. Ora, como regra geral, os parasitas de uma determinada espécie animal não afetam outras; seus animais, então, correrão menos riscos de ser infectados se você os for alternando nos campos.

O verdadeiro explorador agrícola perceberá muito rapidamente que cada atividade da sua propriedade exerce uma influência salutar sobre as outras. Por exemplo, as vacas fornecem estrume à terra, que produz a alimentação não só para o homem como também para os porcos; os produtos derivados do leite da vaca (leite desnatado e soro) constituem um alimento muito completo para os porcos e a criação; os excrementos dos porcos e das galinhas ajudam, por sua vez, a complementar a alimentação das vacas; as galinhas ciscam nos excrementos dos outros animais e recuperam os grãos de cereais não digeridos.

Além disso, todos os restos das colheitas contribuirão para alimentar alguns animais. Quanto aos restos que até os porcos recusam, serão enterrados por eles e, depois, graças aos seus excrementos, se transformarão num estrume dos melhores, sem que o agricultor tenha de mexer uma palha. Nada se deve perder ou desperdiçar quando se vive no campo; e não é preciso recorrer a latas de lixo sofisticadas e a empregados para fazerem limpeza. E tudo o que tiver de ser queimado fornecerá potássio à terra.

Porém, antes de viverem no campo e de trilharem o caminho da "verdadeira agricultura", os candidatos terão de se familiarizar com algumas das leis fundamentais da natureza, pelo menos para compreenderem melhor por que é que algumas coisas vão dar bom resultado e outras não!

A CADEIA ALIMENTAR

A vida no nosso planeta já foi comparada a uma pirâmide com uma base incrivelmente larga e um cume muito estreito.

Qualquer espécie de vida tem necessidade de nitrogênio, e é por isso que esse gás é um dos compostos essenciais da matéria viva. No entanto, a maioria dos seres vivos não pode usar diretamente o nitrogênio, que existe em estado livre na atmosfera. É por isso que a base da nossa pirâmide biológica é constituída por bactérias que vivem no solo, por vezes em simbiose com as plantas, e têm o poder de captar o nitrogênio da atmosfera. É inimaginável o número desses microrganismos: digamos simplesmente que, numa porção de terra do tamanho da cabeça de um alfinete, existem milhões deles.

Acima, forma de vida fundamental e essencial, vive uma multidão de animais microscópicos. À medida que subimos na pirâmide, ou na cadeia alimentar, se assim preferirmos, constatamos que cada camada é muito menor que aquela de que tira proveito. Por exemplo, um antílope necessita de milhões de pés de capim; os carnívoros comem os herbívoros (um leão precisa de centenas de antílopes para sobreviver). O homem situa-se perto do topo, mas não no topo, porque é onívoro. É um dos felizes animais que conseguem subsistir com uma grande variedade de alimentos, vegetais e animais.

De alto a baixo da cadeia, ou de alto a baixo das diferentes camadas da pirâmide, estabelecem-se correlações muito complexas. Há, por exemplo, microrganismos puramente carnívoros. Há uma grande variedade de organismos saprófitas e parasitários: os primeiros vivem dos hospedeiros que os acolhem, mas vão-lhes minando as forças; os segundos vivem em simbiose ou cooperação amigável com outros organismos animais ou vegetais. Dissemos que os carnívoros formavam o cume da cadeia alimentar. Mas onde se situa a pulga que vive no dorso do leão? Ou o parasita que habita nos intestinos do leão?

E que dizer da bactéria que só vive (e pode ter certeza de que há uma) no corpo da pulga do leão? Talvez seja mais fácil compreender esse sistema de tão grande complexidade através da extrema esquematização deste dito famoso:

"As pulguinhas têm às costas pulguinhas menores ainda, que as picam, e as menorzinhas têm às costas outras ainda menores, e assim por diante, *ad infinitum*!"

Essas linhas referem-se unicamente ao parasitismo, mas é necessário salientar que, de alto a baixo da pirâmide, todas as coisas acabam por ser consumidas por outras. E temos de nos incluir nessa cadeia da vida, a menos que a rompamos pelo sistema puramente destrutivo que é a cremação.

O homem, esse "macaco pensante", vai intervir nesse sistema (de que faz parte, verdade que ele não deveria esquecer), mas, ao fazê-lo, corre riscos. Se entre os grandes mamíferos eliminarmos muitos carnívoros, os herbívoros, que são a presa desses carnívoros, se tornarão numerosos demais, extremamente bem alimentados, e originarão desertos. Se, por outro lado, eliminarmos muitos herbívoros, o capim crescerá alto, cerrado e incontroladamente; as boas pastagens se transformarão em matos e, se não forem limpas, já não poderão alimentar muitos herbívoros. Se exterminarmos todas as espécies de herbívoros, exceto uma, as pastagens crescerão menos. E isto porque, enquanto os carneiros pastam muito rente ao solo (cortam o capim com os dentes incisivos), as vacas, que arrancam o capim enrolando-o na língua, a preferem alta. O "todo-poderoso" agricultor tem de refletir muito seriamente e agir com muita prudência ao usar seu poder de intervenção sobre o resto da pirâmide. O ambiente natural oferece-nos também numerosas variedades de plantas, e tem boas razões para isso. Cada planta retira coisas diferentes do solo e lhe dá, também, coisas diferentes. Os membros da família das leguminosas, por exemplo, possuem nas suas raízes nódulos com bactérias que retêm o nitrogênio atmosférico, assim podem fixar diretamente o nitrogênio de que necessitam. Mas pode-se matar o trevo de uma pastagem de gramíneas e leguminosas aplicando-lhe nitrogênio artificial. Não é que o trevo não goste do nitrogênio artificial, mas é que as gramíneas com nitrogênio suficiente conseguem ter crescimento muito mais rápido que as leguminosas (trevo), vindo assim a "abafá-las".

Observando a natureza, fica evidente que a monocultura não faz parte da ordem natural das coisas. Só é possível manter um sistema de cultura única adubando-a com elementos de que essa cultura necessita e destruindo, com a ajuda de produtos químicos, todos os rivais e inimigos dessa cultura. Se quisermos colher mais, respeitando as leis e os hábitos da natureza, teremos de diversificar o mais possível, tanto as plantas como os animais.

O SOLO

A base de toda a vida na Terra é, evidentemente, o solo. Mas o solo de onde nós, animais terrestres, temos de tirar nossa subsistência é, felizmente, essa rocha em pó que cobre grande parte do globo. Uma parte desse pó, ou terra, foi produzida pelas rochas no local preciso onde se encontra; outra parte foi trazida pela água; outra, ainda (por exemplo o famoso solo de "*loess*" que se encontra na América do Norte e na China), foi transportada pelo vento; outras, finalmente, foram arrastadas até o local onde se encontram atualmente pelas glaciações, no período glacial. Mas, qualquer que seja a maneira pela qual o solo chegou até onde se encontra hoje, ele foi originariamente reduzido a pó, a partir das rochas, pela ação do tempo. O gelo, bem como a alternância do calor e do frio, faz estalar as rochas, a água as corrói, o vento provoca sua erosão e – isto foi provado – as bactérias e certos tipos de algas as comem. Mesmo o rochedo mais duro do mundo, desde que surja à superfície da terra, sofrerá, com o decorrer do tempo, ataques e erosão.

Um solo recentemente constituído conterá, evidentemente, todos os elementos minerais que se encontravam originariamente na rocha, mas carecerá totalmente de um elemento essencial: o húmus. E não haverá húmus antes que a própria vida o crie; a vida, isto é, organismos outrora vivos e agora mortos e em decomposição. Só então o solo estará completo.

Como o solo provém de inúmeros tipos de rochas, há muitos solos diferentes. E, como nem sempre é fácil ter o solo de que se gostaria, o agricultor deve aprender a tirar o melhor partido daquele de que dispõe. Os solos dividem-se em leves e pesados, conforme a dimensão de suas partículas, existindo entre esses dois tipos um leque ilimitado de gradações. O solo leve é composto de partículas grandes; o pesado é composto de partículas pequenas. O cascalho dificilmente poderá ser chamado solo, mas a areia sim; a areia pura é o solo mais leve que existe. O mais pesado é o tipo de argila composto de partículas muito pequenas. Nesse contexto, os termos "leve" e "pesado" não têm nada a ver com o peso; referem-se à facilidade de trabalhar o solo. Você pode lavrar a areia e trabalhá-la como quiser, sem nenhum problema. Uma argila pesada é mais difícil de lavrar e cultivar, porque muito rapidamente ela se torna mole e viscosa e se deteriora facilmente quando é trabalhada úmida.

Aquilo a que chamamos solo tem, geralmente, uma espessura que se mede em centímetros. O solo se combina com o subsolo, que praticamente não contém húmus mas pode ser rico em substâncias minerais de que as plantas necessitam. As plantas que têm raízes profundas, como certas árvores e a alfafa, retiram sua alimentação do subsolo. A composição do subsolo é muito importante, por causa da sua influência na drenagem. Se for composto de argila pesada, por exemplo, a drenagem será má e a terra úmida. Se for composto de areia, saibro, terra franca ou calcário, a terra provavelmente será seca. Por baixo do subsolo há a rocha, que se prolonga até o centro da Terra. A rocha também pode influenciar a drenagem: a greda, o calcário, o arenito e as outras rochas permeáveis são excelentes; a argila (os geólogos consideram-na uma rocha), a ardósia, alguns xistos, o granito e as outras rochas ígneas geralmente oferecem más drenagens. Terras com má drenagem podem ser melhoradas, desde que sejam despendidos bastante tempo e capital.

Examinemos agora diferentes tipos de solos:

Argila pesada – Se for bem drenada e adequadamente trabalhada, poderá tornar-se um solo muito fértil, pelo menos para muitas culturas. Trigo, favas, batatas e muitas outras culturas vingarão muito bem num solo de argila bem explorado. Mas é preciso ter muita experiência para saber cultivá-la. Com efeito, a argila tem tendência à floculação, isto é, as partículas microscópicas que a compõem coagulam-se e formam partículas maiores. Quando isso acontece, a argila fica mais fácil de ser trabalhada, drena melhor e possibilita a penetração do ar na terra (condição essencial ao crescimento das plantas), permitindo que as raízes das plantas se enterrem mais facilmente no solo. Em suma, torna-se uma boa terra. Quando ocorre o fenômeno oposto – a chamada argila composta, isto é, quando ela se transforma numa massa viscosa comparável à que os oleiros utilizam para fabricar vasos –, a argila torna-se praticamente impossível de trabalhar e, quando seca, fica dura como tijolo. A terra fica cheia de fendas e impossível de ser cultivada.

Como fatores favoráveis à floculação da argila podem-se apontar a alcalinidade e, em menor grau, a acidez, a exposição ao ar e ao gelo, a incorporação de húmus e uma boa drenagem. A acidez torna a argila compacta, assim como o ato de trabalhá-la, quando ela está úmida. Só se deve trabalhar ou lavrar a argila quando ela está em boas condições de umidade, e nunca se deve mexer nela quando está úmida.

Pode-se sempre melhorar a argila adicionando-lhe húmus (estrume composto, excrementos ou adubo, terriço de folhas mortas, adubo verde: restos vegetais ou animais), drenando-a, lavrando-a no tempo certo, para deixar que o ar e o gelo penetrem nela (o gelo aumenta de volume, separando as partículas, desunindo-as), colocando-lhe cal se estiver ácida, e, até mesmo, nos casos mais extremos, juntando-lhe areia. Um solo argiloso é uma terra "tardia", isto é, não produzirá nada no princípio do ano. É uma terra difícil. Mas, como não é uma terra voraz, o húmus acrescentado a ela se manterá por muito tempo. Um solo deste tipo tende a ser rico em potássio.

Viver no campo
O ciclo natural

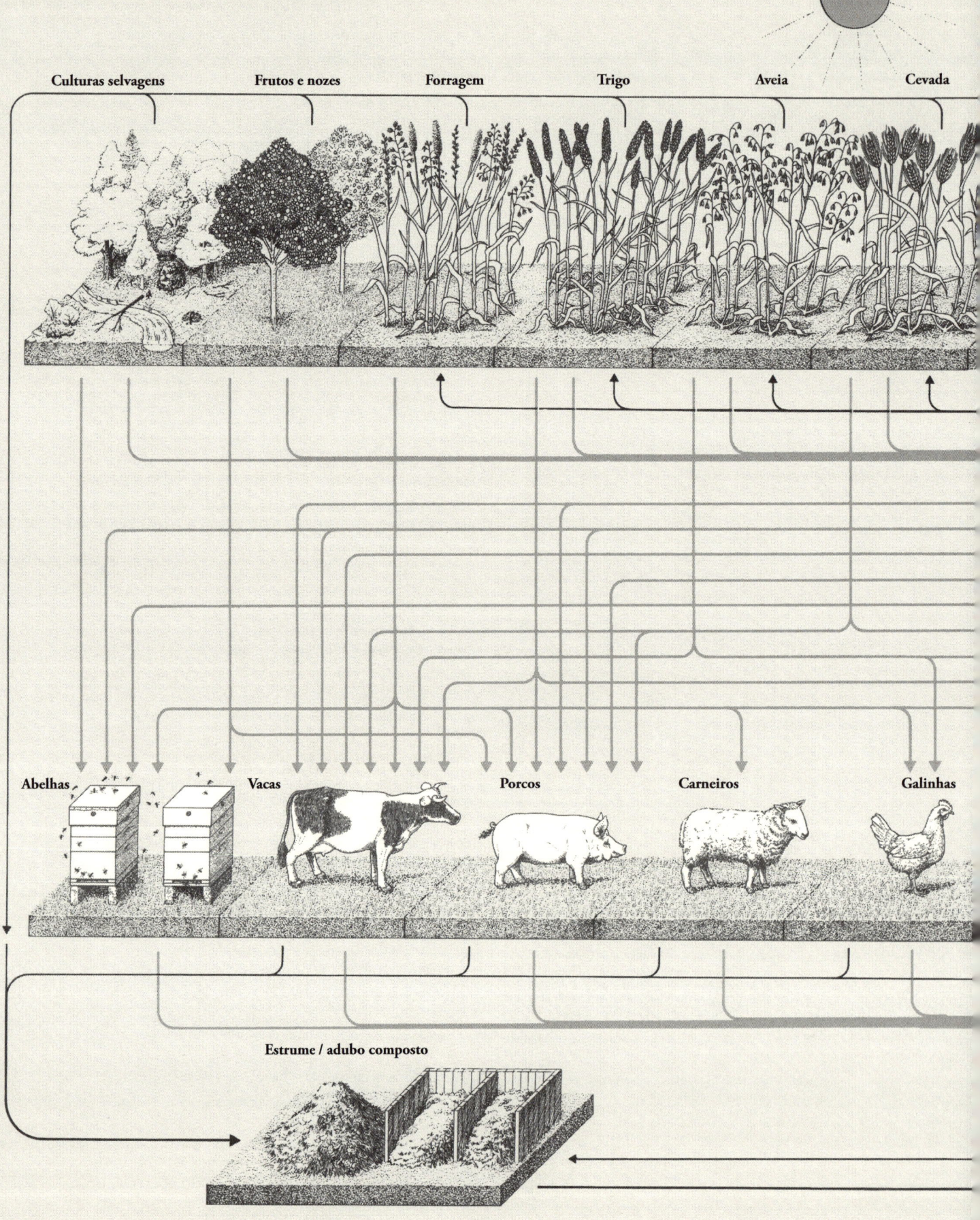

Viver no campo

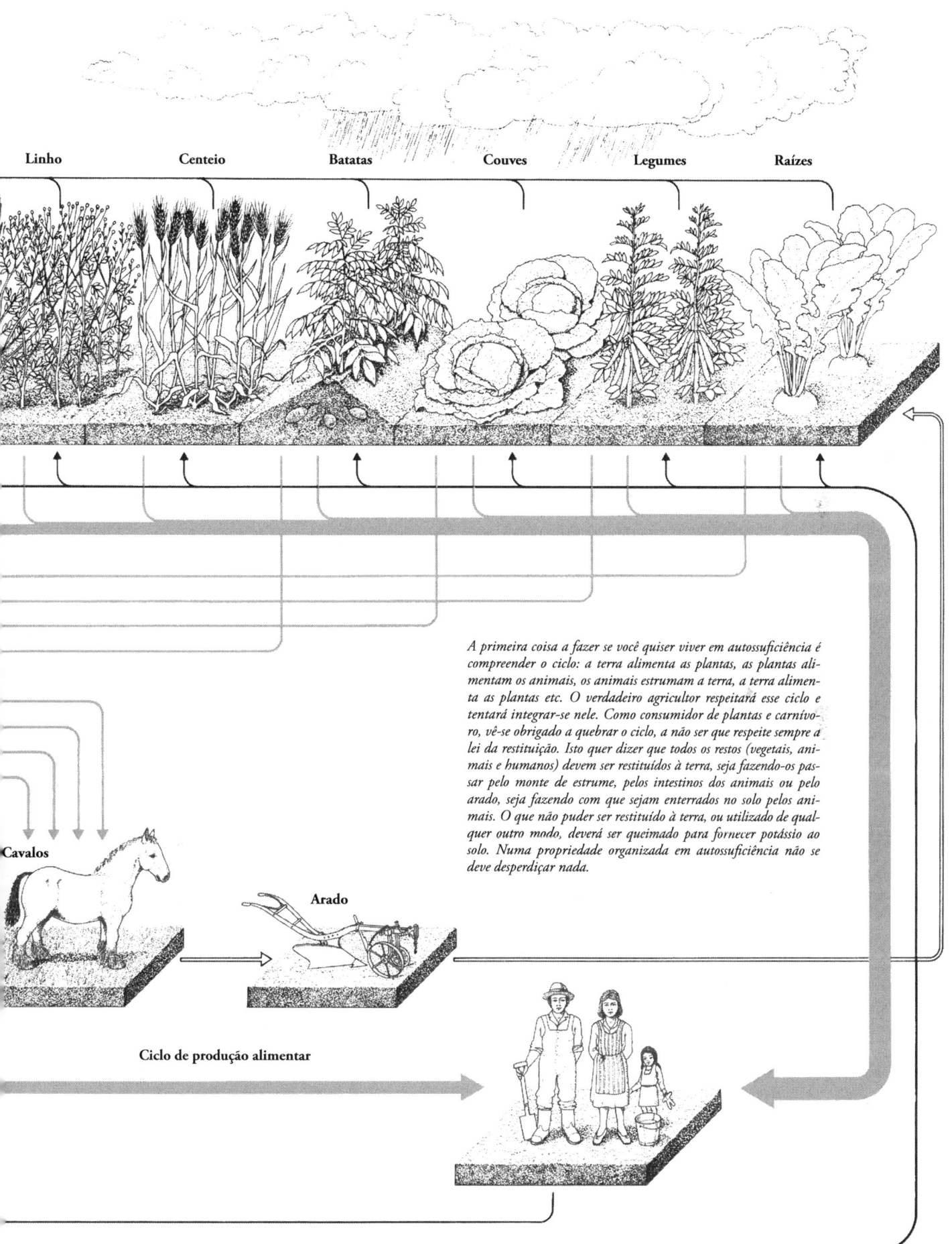

A primeira coisa a fazer se você quiser viver em autossuficiência é compreender o ciclo: a terra alimenta as plantas, as plantas alimentam os animais, os animais estrumam a terra, a terra alimenta as plantas etc. O verdadeiro agricultor respeitará esse ciclo e tentará integrar-se nele. Como consumidor de plantas e carnívoro, vê-se obrigado a quebrar o ciclo, a não ser que respeite sempre a lei da restituição. Isto quer dizer que todos os restos (vegetais, animais e humanos) devem ser restituídos à terra, seja fazendo-os passar pelo monte de estrume, pelos intestinos dos animais ou pelo arado, seja fazendo com que sejam enterrados no solo pelos animais. O que não puder ser restituído à terra, ou utilizado de qualquer outro modo, deverá ser queimado para fornecer potássio ao solo. Numa propriedade organizada em autossuficiência não se deve desperdiçar nada.

Viver no campo

Terra franca – A terra franca situa-se entre a argila e a areia, variando entre numerosos graus de leveza e peso. Há uma muito pesada e outra mais leve. A terra franca média é o solo mais apropriado à maior parte das culturas. Quase todas são formadas por uma mistura de argila e areia, ainda que algumas delas comportem partículas da mesma grandeza. Se a terra franca (ou qualquer outra terra) estiver assentada em rocha calcária, será provavelmente alcalina, e não haverá necessidade de se juntar cal a ela, ainda que isto não constitua uma regra absoluta: é surpreendente, mas há solos calcários que precisam de cal. Como qualquer outro solo, a terra franca melhora quando se acrescenta húmus a ela.

Areia – Um solo arenoso – o mais leve no leque dos solos – é geralmente bem drenado, muitas vezes ácido (nesse caso, é preciso acrescentar cal) e, também, frequentemente carece de potássio e fósforo. É um solo "precoce", isto é, aquece muito rapidamente após o inverno e produz logo no princípio do ano. É também um solo "voraz": quando se acrescenta húmus, este não se conserva muito tempo. Para um solo arenoso se tornar produtivo, ele necessita de grandes quantidades de matéria orgânica (os adubos inorgânicos desapareceriam rapidamente).

As terras arenosas são muito propícias à cultura hortícola, sendo muito "precoces" e fáceis de trabalhar; são ainda muito receptivas a grandes quantidades de estrume. São solos muito bons para receber o gado durante o inverno porque não se tornam lamacentos, como os solos pesados (quer dizer, não se transformam em lamaçais depois de calcados). Quando são cobertos de forragem, ficam de novo e muito rapidamente em bom estado. Mas não produzem tantos cortes de forragem ou colheitas de outras culturas como uma terra mais pesada. Enxugam muito depressa e acusam a seca mais que os solos argilosos.

Turfa – Os solos de turfa são de um gênero muito particular e, infelizmente, muito raros. A turfa é formada por substâncias vegetais que foram comprimidas em condições de anaerobiose (por exemplo, debaixo de água) e não apodreceram. Um solo turfoso, ácido e úmido não é muito bom para a cultura, embora, se drenado, possa produzir batatas, aveia, aipo e outras culturas. Quando naturalmente bem drenados, os solos de turfa são os melhores de todos. Farão crescer "qualquer coisa", melhor do que qualquer outro solo. Não têm necessidade de adubo; eles próprios são um adubo. Feliz aquele que trabalha uma terra desse tipo, porque ela é praticamente uma garantia de sucesso.

ADUBAÇÃO

As plantas precisam de quase todos os elementos, mas aqueles de que elas têm necessidade em grandes quantidades são o nitrogênio, o fósforo, o potássio e o cálcio – os chamados macronutrientes.

Nitrogênio – Como já vimos, pode ser captado diretamente da atmosfera pelas bactérias que o fixam, sendo as plantas que com elas vivem em simbiose as mais aptas para se abastecerem dessa fonte. Todavia, para assegurar uma retenção verdadeiramente eficaz, é necessário fornecer à terra estrume animal, que, ao decompor-se, libertará nitrogênio e, fundamentalmente, adubos nitrogenados.

Fósforo – Provavelmente existe no solo, mas talvez não em quantidade suficiente. Se as análises demonstram uma séria falta de fósforo, é necessário adicioná-lo. Pode-se detectar a falta de fósforo pela observação de uma descoloração violácea nas plantas muito jovens, a que se sucede um amarelecimento quando envelhecem, um crescimento fraco e um atraso na maturação. As "escórias básicas" de fosfato Thomas são um adubo fosfatado conhecido: são os resíduos sólidos provenientes da fusão de minérios metálicos e, portanto, um subproduto das indústrias do aço. O termo "básico" significa, nesta acepção, alcalino. Esse tipo de adubo contribui para diminuir a acidez do solo, tal como a cal. Infelizmente, as novas técnicas de fabricação do aço diminuíram a produção desse material. Os fosfatos naturais são adubos de fundo de ação lenta; devem ser usados em terras ácidas, que os solubilizam rapidamente, e sua eficácia e rapidez de alção são tanto maiores quanto mais brandos e finos eles são, mas seu efeito é mais prolongado, o que o torna mais adequado à maioria das plantas. O superfosfato é um fosfato mineral (ou de ossos) dissolvido em ácido sulfúrico; age depressa, mais rapidamente que as escórias, que por isso devem ser distribuídas mais cedo, mas é caro e pode empobrecer o solo em microrganismos.

Potássio – A falta de potássio pode manifestar-se por um amarelecimento das extremidades das folhas e por uma fragilidade do caule dos cereais, que se vergam à menor rajada de vento ou chuva. Existem no mundo montanhas de potássio mineral e, até que se esgotem, podem ser usadas para suprir a insuficiência de potássio. Uma terra argilosa raramente tem falta de potássio.

Cálcio – A insuficiência de cálcio provoca uma acidez do solo que pode originar algumas malformações nas plantas. Em qualquer caso, o agricultor terá sempre de adicionar cal a um solo ácido. Pode-se aplicar a cal sob forma de pedra (ação muito lenta), de pó (ação bastante lenta), sob forma de cal viva (ação rápida), ou sob forma de cal morta (ação rápida). No entanto, a cal viva queima as plantas e os microrganismos, enquanto a cal morta é inofensiva.

Mas sua terra pode ter falta de outros elementos. Se, apesar da adição do que já citamos acima, você notar que suas plantas ou animais têm um ar doentio, suspeite de que podem sofrer de falta de boro, ou de qualquer outro "oligoelemento", e recorra aos conselhos de um perito.

Mas, se sua terra recebeu quantidades adequadas de adubo composto, de estrume, excrementos de animais ou sargaço (este contém todos os elementos), é pouco provável que lhe falte o que quer que seja. Se você mandar analisar sua terra e, diante dos resultados da análise, lhe juntar de uma vez para sempre todos os elementos que lhe faltam, e se, daí por diante, você praticar uma agricultura profundamente orgânica, a "vida" (a fertilidade) da sua terra aumentará até atingir um nível muito alto. Não será necessário gastar mais dinheiro com adubos.

Viver no campo

O DOMÍNIO ECOLÓGICO

Uma das particularidades do sistema de cultura praticado no século XVIII era o *afolhamento quadrienal*. (1) Trata-se de um sistema de agricultura profundamente ecológico, que ainda hoje serve de modelo para a exploração produtiva de certas culturas, qualquer que seja sua escala. O afolhamento quadrienal funcionava do seguinte modo:

1. **Primeira cultura** – Era uma semeadura com uma mistura de forragens e de trevo. A mistura era pastada pelo gado, tendo como finalidade aumentar a fertilidade da terra graças ao nitrogênio fixado nas nodosidades radiculares do trevo, aos excrementos dos animais que pastavam e à vegetação enterrada na terra quando esta era lavrada.

2. **Cultura de raízes** – Eram, provavelmente, culturas de nabos ou de rutabagas, destinados à alimentação das vacas, dos carneiros e dos porcos; de batatas, sobretudo para as pessoas; de beterrabas forrageiras, para o gado, assim como de diferentes espécies de couve (não sendo esta última verdadeiramente uma "raiz", mas considerada como tal na fase precedente).
Esta cultura visava aumentar a fertilidade da terra – porque quase todo o estrume da propriedade era espalhado sobre as culturas – e "limpar" o solo (suprimir as ervas daninhas). Estas culturas são, de fato, culturas de limpeza porque são plantadas em linha e devem ser frequentemente sachadas. A terceira vantagem desta etapa consistia no cultivo de produtos que se armazenavam no verão para serem usados como alimentação no inverno.

3. **Cultura de cereais de outono** – Consistia nas semeaduras outonais de trigo, feijão, cevada, aveia e centeio. Estas permitiam explorar a fertilidade adquirida pela terra durante a primeira e a segunda fases, com a vantagem da limpeza da terra resultante da cultura de raízes. Para o agricultor, era a "cultura remuneradora", com a qual ganhava seu dinheiro. O feijão era utilizado para alimentar os cavalos e o gado.

4. **Cultura de cereais de primavera** – Tratava-se, certamente, de trigo da primavera e, sobretudo, de cevada. Após ter-se semeado a cevada, semeava-se no mesmo canteiro de terra uma mistura forrageira de gramíneas e trevo. A cevada, a gramínea e o trevo cresciam simultaneamente; quando a cevada era ceifada, ficava uma boa colheita de mistura forrageira pronta para ser pastada durante a primavera ou verão seguintes, ou então para ser cortada e guardada como forragem para ser consumida durante o inverno. A cevada servia principalmente para alimentar o gado, mas grande parte dela era transformada em malte para fazer cerveja. A palha da aveia e da cevada era dada como alimento ao gado; a palha do trigo era utilizada como cama, com vistas à obtenção de uma grande quantidade de estrume (o melhor adubo composto jamais inventado); a palha do centeio servia para a confecção de telhados de colmo; as raízes eram dadas como alimento ao gado; a farinha, o malte, a carne e a lã eram vendidas às pessoas da cidade. No final do século XVIII e no século XIX, uma terra assim explorada produzia uma tonelada de trigo por meio hectare, e isso sem produtos químicos derivados do petróleo, que não existiam.

É muito viável imitar esse sistema ecológico, modificando-o para que responda às necessidades de hoje, que são diferentes. Ninguém se contentará com a alimentação de base de um camponês do século XVIII: pão, carne de vaca e cerveja. É desejável ter uma diversidade maior de produtos lácteos (manteiga, queijo e leite), mais legumes, enfim, uma maior variedade de alimentos. Possuímos hoje novas técnicas: culturas novas, como os tupinambos, os rabanetes e as beterrabas forrageiras, o milho, bem como ferramentas modernas e cercas elétricas, que aumentam nossas possibilidades de ação.

Quem quiser viver em autossuficiência, quer tenha um jardim atrás da casa, um lote de terreno nos arredores da cidade ou uma fazenda de 500 ha, quer faça parte de uma comunidade proprietária de 500 ha, terá de seguir os mesmos princípios. Deverá esforçar-se por trabalhar com a natureza, e não contra ela; não desistindo dos seus objetivos, deverá tentar imitar o mais possível a natureza. E, se quiser aumentar e manter a fertilidade da terra, deverá lembrar-se de que:

1. É preciso renunciar à monocultura e à cultura, ano após ano, da mesma planta na mesma terra. Os agentes propagadores de doenças próprias de uma determinada cultura desenvolvem-se sempre na terra em que ela se faz durante muitos anos. Por outro lado, cada cultura retira determinados elementos do solo e também deixa nesse solo determinados resíduos.

2. É preciso evitar a criação de uma só espécie de animais num mesmo terreno, por razões muito semelhantes às invocadas contra a monocultura. Nossos antepassados diziam: "A riqueza de um lavrador mede-se pela altura do seu monte de estrume."
Em outras palavras, os excrementos animais são muito bons para a terra. Gado diversificado é sempre preferível a gado uniforme; e o pasto em afolhamento é o melhor. Além da rotação de pastos, deve haver uma rotação de espécies de animais sobre uma mesma terra, a fim de que estes deixem lá seus dejetos, com os inevitáveis ovos de parasitas, e quebrem assim o ciclo de vida desses parasitas.

3. É preciso desenvolver a cultura de misturas forrageiras, deixar o gado pastá-las e, depois, enterrá-las.

4. É preciso produzir "adubo vegetal". Mesmo que você não queira deixar crescer uma cultura para dá-la como pasto aos animais, cultive-a e enterre-a.

5. É preciso evitar lavrar a terra muitas vezes e muito profundamente, porque assim se traz muito subsolo à superfície. Por outro lado, a abertura de sulcos no solo com lâminas cortantes não revolve a terra, mas facilita a drenagem, esmaga as camadas duras do subsolo e só pode ser benéfica.

6. É preciso não deixar a terra nua e exposta às intempéries por um tempo maior que o necessário. Quando está coberta de vegetação, ainda que esta sejam ervas daninhas, a terra não sofre erosão e não se estraga, o que poderá acontecer se a deixarmos nua. Uma cultura em pleno crescimento retém e assimila o nitrogênio e os outros elementos do solo e libera-os quando começa a se decompor. Num solo nu, a maioria dos alimentos solúveis para as plantas são arrastados pela água.

(1) Sucessão de culturas sobre o mesmo terreno, durante quatro anos, obtendo maior produção, com menor despesa.

Viver no campo
As estações do ano

Início da primavera
Lavre sua terra logo que as geadas de inverno a tenham desterroado. Prepare os campos para as semeaduras da primavera utilizando um arado ou uma grade de dentes, e, se necessário, junte os nutrientes à terra. Vá à caça antes do fim da estação. Prepare-se para o parto das ovelhas; o princípio da primavera é a época ideal para isso, pois os cordeiros podem alimentar-se do capim.

Fim da primavera
Semeie à mão, ou com um semeador mecânico, e prepare-se para combater as ervas daninhas que vão lutar com as novas mudas por um lugar ao sol. Plante suas batatas novas na estufa, para apressar a maturação, e utilize campânulas de vidro ou barro para proteger das geadas tardias os seus melões e outras cucurbitáceas (abóboras...). É uma boa época para preparar a cerveja, porque se aproximam trabalhos que provocam sede, como a tosquia dos carneiros e a ceifa do feno. Moa um pouco de cereal todos os meses ao longo do ano para ter sempre farinha fresca.

Início do verão
No princípio do verão uma tarefa encantadora o espera: a tosquia dos carneiros. Basta a lã de cinco carneiros para vestir uma família. Com o desabrochar da forragem, sua vaca vai tornar a dar muito leite, por isso você terá de fazer manteiga quase todos os dias. Aproveite bem o leite, fabricando muito queijo para o inverno. Lá por meados do verão, você terá de ceifar o feno: é uma tarefa cansativa, mas rica de compensações. Precisará da ajuda dos seus amigos, dos seus vizinhos e de muita cerveja caseira.

Viver no campo

Fim do verão
A ceifa do trigo no fim do verão constitui a grande colheita do ano. Você precisará de novo dos seus amigos e terá mais uma ocasião para festejar outra provisão de pão para um ano. É época de colher frutas dos pomares, os cogumelos, as nozes e os frutos silvestres que, depois de cortados em pedaços, serão preparados em conserva para serem utilizados durante o inverno. É também agora que se faz o vinho e se aproveitam os tomates verdes que sobraram para fazer molho picante.

Outono
É no outono que se tem de colher as raízes e guardá-las no silo ou em qualquer outro local. Plante trigo de outono e favas. Desceu a seiva das árvores, e chegou a época de cortar as que atingiram a maturação. Ao mesmo tempo, armazene a madeira morta antes que fique úmida e utilize-a como lenha. No fim do outono sua cevada está pronta para ser ceifada e você terá ainda de arranjar tempo para fiar a lã, bem como para a colheita anual de linho.

Inverno
No inverno, quando as folhas já tiverem caído das árvores, você poderá construir novas sebes ou reparar as antigas, fazer ou consertar vedações, portões e barreiras, bem como amolar e consertar os utensílios agrícolas. O tempo frio é o melhor para o abate das vacas e dos carneiros, e a melhor época para a matança dos porcos. O presunto e o toucinho podem ser conservados em salmoura ou ser defumados depois de salgados. Mas o inverno é sobretudo a época do ano em que você poderá saborear os frutos do seu trabalho.

Viver no campo

7. É preciso prestar atenção à drenagem. Uma terra com água em excesso não é uma boa terra e se deteriorará, a menos que você queira plantar arroz ou criar búfalos.

8. É preciso agir sempre de acordo com a lei da restituição. Todos os resíduos das culturas e dos animais devem ser restituídos à terra. Se você retirar alguma coisa da sua terra, deverá dar-lhe em substituição outra coisa de idêntico valor fertilizante. A lei da restituição aplica-se também aos excrementos humanos.

Se a lei da restituição é formalmente cumprida, é teoricamente possível manter, e mesmo aumentar, a fertilidade de uma terra sem que nela pastem animais. É preciso preparar cuidadosamente a humificação dos resíduos vegetais. Note-se que, nas propriedades onde não há animais e onde se observa um alto grau de fertilidade, há sempre uma adição extrema de substâncias vegetais e, muito frequentemente, também uma adição de outras substâncias de alto teor energético: o sargaço, o terriço formado pelas folhas das árvores, as folhas mortas recolhidas na limpeza das ruas e das estradas, os resíduos dos legumes temporões, a palha ou o feno impróprios para a alimentação dos animais, os fetos arborescentes provenientes dos terrenos públicos e das terras incultas. Todos esses restos vegetais são possíveis de arranjar e permitem manter a fertilidade de uma terra sem animais. É difícil compreender por que é preferível fazer passar os elementos vegetais pelo aparelho digestivo dos animais, que os devolvem à terra sob forma de excrementos, a simplesmente espalhar esses vegetais diretamente sobre a terra. E, no entanto, isso é um fato. Qualquer lavrador com um pouco de experiência sabe que há uma "magia" formidável que transforma os resíduos vegetais, ao fazê-los atravessar os intestinos de um animal, em estrume de extraordinário valor. Mas, se nos lembrarmos de que animais e plantas evoluíram conjuntamente neste planeta, talvez deixemos de nos surpreender tanto. À primeira vista, não há na natureza animais que possam viver sem um ambiente vegetal. Até mesmo os gases inalados e expelidos por essas duas diferentes formas de vida parecem ser complementares: as plantas respiram dióxido de carbono e libertam oxigênio, os animais fazem o contrário.

SER OU NÃO SER VEGETARIANO

Ser ou não ser vegetariano é tema de uma controvérsia que poderia (mas não deveria) romper o ciclo das matérias. Não há razão alguma para que um vegetariano e um não vegetariano não possam viver felizes lado a lado. Os vegetarianos argumentam que são necessárias muitas unidades de proteínas vegetais para produzir uma unidade de proteína animal, sob a forma de carne; é preferível, portanto, que o homem não se alimente de animais e coma diretamente as proteínas vegetais. Por sua vez, os não vegetarianos dizem que as unidades de proteínas que não são diretamente transformadas em carne não se perdem: são devolvidas à terra sob outra forma, a fim de aumentarem sua fertilidade, contribuindo para o crescimento das culturas. Os vegetarianos dizem que é uma crueldade matar os animais. A isto os não vegetarianos respondem que é indispensável que algum fator controle o aumento da população de cada espécie, quer sejam as epidemias, a fome, ou os predadores (como os não vegetarianos), e, entre estes, é provável que os homens sejam os mais numerosos. O vegetarianismo surge como um fenômeno quase exclusivamente urbano. Os não vegetarianos (e eu me incluo entre eles) afirmam que os animais devem viver em condições o mais semelhantes possível às daqueles para quem foram criados, ser humanamente tratados, não ser objeto de nenhuma crueldade e, quando chegar sua hora, ser abatidos rapidamente, sem terem de suportar longas viagens até o matadouro ou o mercado. Tudo isto é possível numa propriedade organizada em autossuficiência, e nunca os animais deverão pressentir que está para lhes acontecer alguma desgraça.

Dito isto, afirmo que também é perfeitamente possível viver numa propriedade sem animais e gozar de boa saúde seguindo um regime sem carne. Contudo, o contrário também é verdadeiro.

A PROPRIEDADE DE MEIO HECTARE

Cada pessoa enfrentará de modo inteiramente diferente o cultivo da sua terra, sendo pouco provável que dois pequenos agricultores, que tenham meio hectare cada um, adotem o mesmo plano e os mesmos métodos. Uns gostam de vacas, outros as temem. Uns gostam de cabras, outros não conseguem impedi-las de ir para a horta (é o meu caso, e não conheço muitas pessoas que o consigam). Uns não querem matar os animais e veem-se obrigados a vender o excedente do seu gado a outros, que os matarão; outros ainda não querem vendê-los porque sabem que os animais serão abatidos. Uns sentem-se felizes por terem mais gado do que aquele que sua terra pode alimentar e compram forragem por fora, enquanto outros acham que essa prática é contrária aos princípios da autossuficiência.

Quanto a mim, se eu possuísse meio hectare de terra boa, bem drenada, acho que teria uma vaca e uma cabra, alguns porcos e, talvez, uma dúzia de galinhas. A cabra daria leite quando a vaca estivesse seca. Talvez eu arranjasse mesmo mais uma ou duas cabras. Teria a vaca (de tipo Jersey) para nos dar leite, a mim e aos meus porcos, mas sobretudo para que me desse montes e montes de estrume maravilhoso. Porque, se eu quisesse viver desse meio hectare, fosse como fosse, sem recorrer a adubos artificiais, precisaria estrumá-lo abundantemente.

É certo que esse meio hectare só daria para alimentar minha vaca, e nada mais. Então, sem me envergonhar, eu teria de comprar a maior parte da sua alimentação. Teria de comprar todo o feno, muita palha (a menos que conseguisse arranjar fetos no mato, a farinha de cevada, um pouco de farinha de trigo, e também, sem dúvida, proteínas concentradas sob forma de farinha de soja ou de peixe (ainda que fizesse o possível por cultivar também soja).

Pode-se argumentar que é ridículo dizer que se vive em autossuficiência quando se tem de comprar todos esses produtos. É verdade! Você cultivará a maior parte da alimentação das vacas, dos porcos e da criação: beterrabas forrageiras, couves, batatas forrageiras, consolda, alfafa e uma série de produtos hortícolas que você não come. Mas, mesmo assim, terá de comprar, todos os anos, cerca de meia a uma tonelada de feno, meia to-

Viver no campo

nelada de diversas espécies de cereais e meia a uma tonelada de palha, sem esquecer a farinha para fazer o pão. A verdade é que, num pedaço tão pequeno de terra (meio hectare), eu não pensaria em cultivar trigo ou cevada; preferiria concentrar-me em culturas mais valiosas que os cereais, assim como em culturas cuja característica essencial seja o frescor. De qualquer modo, a cultura de cereais em terrenos de pequenas dimensões torna-se praticamente impossível, em virtude dos estragos provocados pelas aves; todavia, já consegui cultivar trigo num canteiro.

O grande problema que se coloca é o de ter ou não ter uma vaca. Os argumentos pró e contra são muitos. Há quem diga que não há nada como uma vaca para manter o bom nível de saúde da família e da terra. Se você e seus filhos tiverem à disposição muito leite puro, fresco e não pasteurizado, muita manteiga, nata, queijo bem curado e mal curado, iogurte, constituirão uma família de boa saúde, o que já é uma razão suficiente para criar uma vaca! E, se seus porcos e galinhas também receberem sua parte de derivados do leite, gozarão de boa saúde e se desenvolverão favoravelmente. Essa vaca será verdadeiramente a causa principal da sua boa saúde e do seu bem-estar.

Outra coisa ainda: a alimentação que você comprar para essa vaca custará um pouco caro; mas, se você fizer as contas do que gasta por ano em produtos lácteos para você e sua família, verá que também é bastante. A isso acrescente ovos, a carne de galinha e de porco de que poderá dispor (e esteja certo de que um quarto da carne de porco você deve à vaca), além da fertilidade sempre crescente da sua terra. Um dos mais sérios argumentos contra é que terá de ordenhar a vaca. Terá de ordenhá-la duas vezes por dia, pelo menos dez meses por ano. Ordenhar uma vaca não demora muito tempo (cerca de oito minutos) e é muito agradável, se você souber como fazê-lo e se ela for mansa; mas terá de fazê-lo. A compra de uma vaca é uma decisão muito importante, e você não deverá tomá-la se pretender ausentar-se frequentemente e não tiver quem o substitua. Mas, mesmo que só tenha um periquito, você terá de arranjar alguém que dê comida a ele quando você se ausentar.

Façamos então o projeto da nossa propriedade partindo do princípio de que temos uma vaca.

Propriedade de meio hectare, com uma vaca — Metade da terra será plantada de forragem, e a outra metade ficará para a lavoura (não estou contando com a parte do terreno em que se encontra a moradia e as outras construções). A primeira parte pode muito bem ficar sempre com pastagem e nunca ser lavrada, mas também se pode alternar, lavrando-a, por exemplo, de quatro em quatro anos. Se você seguir essa sugestão, é melhor lavrar, de cada vez, só um quarto da superfície do pasto. Anualmente, você plantará de forragem um oitavo da sua terra. Assim, todos os anos haverá uma parte de forragem recém-semeada, uma parte de forragem com dois anos, outra parte com três anos, e outra ainda com quatro. Se você alternar assim, de quatro em quatro anos, tornará sua terra mais produtiva. Sua propriedade ficará dividida em duas: a horta e a pastagem. Você começará por passar o arado na metade da sua propriedade; plantará então uma mistura de três qualidades (gramínea, trevo e alfafa, por exemplo). Se você semear no outono, sua vaca passará o inverno com o feno comprado, e você terá de aguar-

dar o ano seguinte para deixá-la pastar. Se ainda for tempo de semear na primavera e se o clima for suficientemente úmido, poderá deixá-la pastar já nesse verão. Quando se semeia na primavera, é melhor não ceifar a forragem no ano seguinte e deixar a vaca pastar um pouco, retirando-a ao menor sinal de que ela esteja destruindo a forragem com as patas. De resto, é preferível prendê-la, ou dilimitar a área de pastagem com uma cerca elétrica. Faça com que a vaca só disponha de um sexto de forragem de cada vez; deixe-a nesse local cerca de uma semana e, depois, leve-a para outro lado. O tempo que a vaca deve ficar no mesmo lugar é uma questão de bom-senso (e é preciso desenvolvê-lo se você quiser viver em autossuficiência). A razão de ser dessas faixas de pastagem está no fato de o pasto crescer melhor e produzir mais se o deixarmos crescer o mais possível antes de ser pastado ou ceifado; depois de pastado ou cortado, deve ser de novo deixado em descanso. Se for continuamente pastado, nunca terá oportunidade de desenvolver seu sistema radicular.

Ora, numa exploração tão intensiva como a que estamos considerando, é essencial vigiar a pastagem com muito cuidado.

Numa superfície tão pequena, o método que consiste em deixar os animais pastando presos a uma estaca é preferível ao das cercas elétricas. Uma vaca pequena, de tipo Jersey, habitua-se muito depressa a ficar presa à estaca, sendo por isso, aliás, que a raça foi desenvolvida na ilha de Jersey, onde começou a ser criada. Recomendo sinceramente uma Jersey ao agricultor de meio hectare, porque estou convencido de que ela não tem rival nesse tipo de experiência. Fiz tentativas, sem nenhum sucesso, com vacas de tipo Dexter. Mas, se você conhece alguma Dexter que dê mais que uma mínima quantidade de leite (as minhas duas davam menos que uma cabra), que seja tranquila e dócil, então compre-a e boa sorte. Mas não se esqueça de que uma Jersey de boa raça dá muito leite (o mais rico em nata de todos os leites do mundo), é pequena e tão dócil que você até sentirá pena de não poder levá-la para casa; ela tem um apetite moderado, é bonita, simpática, sadia e muito robusta.

Uma vez preparada a parte reservada para pastagem, você deverá assegurar quase toda a comida de que a vaca necessita no verão. É improvável que você consiga ter também algum feno, mas, se você verificar que a forragem continua a crescer em redor da sua vaca, pode cortar alguma para fenar.

A outra metade da propriedade, a parte arável, será intensivamente explorada como horta. A solução ideal consiste em dividi-la em quatro parcelas em que as culturas que você quiser ter anualmente se sucederão em rigorosa rotação (mencionarei detalhadamente essa rotação no capítulo Produtos hortícolas). A única variante a introduzir nessa rotação consiste em que todos os anos você deverá reservar uma parte para pastagem e, como vimos, lavrar também uma parte do prado. Aconselho-o a plantar batatas nesta última parte. Se assim fizer, a rotação será a seguinte: forragem (para 4 anos) — batatas — leguminosas — crucíferas — raízes e, de novo, forragem (para 4 anos).

Se quiser semear forragem no outono, você terá de recolher as raízes muito cedo. Poderá fazê-lo se viver numa região de clima temperado; em regiões em que o inverno é muito rigoroso você terá de esperar, com certeza, pela primavera seguinte para semear. Nas regiões em que o verão é muito seco,

Viver no campo

A propriedade de meio hectare

Se você possui meio hectare de terra boa, talvez esteja pensando em cultivá-lo inteiramente com frutas e legumes. Eu o dividiria em duas partes e semearia capim numa metade, para dar pasto a uma vaca e uma cabra; esta me daria leite nos breves períodos em que a vaca estivesse seca. Arranjaria ainda uma porca, para reprodução, e uma dúzia de galinhas. Teria de comprar comida para alimentar todos esses animais no inverno, mas acho isso preferível a ter de comprar os produtos lácteos e a carne, o que, aliás, também é uma solução. Dividiria a outra metade da terra em quatro partes para cultivar legumes, de modo intensivo, atribuindo, de cada vez, uma parcela às batatas, às leguminosas, às crucíferas e às raízes. Dividiria também a pastagem em quatro partes e alternaria de 4 em 4 anos. Isto é, plantaria uma parcela de capim por ano e só voltaria a lavrá-la 4 anos mais tarde. Construiria um estábulo para a vaca, porque não teria pastagem suficiente para deixá-la fora durante todo o ano. Teria uma estufa para os tomateiros, colmeias para as abelhas, e plantaria uma horta com ervas aromáticas e legumes para uso da casa.

Leguminosas
Plante, pelo menos, três espécies de vagens (por exemplo, feijão-verde, feijão-trepador e fava) e muitas ervilhas. No ano seguinte, cultive as crucíferas neste canteiro.

Crucíferas
Neste canteiro plante, para consumo próprio, diversas espécies de couves: couve-flor, brócolis e couve-de-bruxelas. Para dar aos animais, plante couves-roxas, nabos e rutabagas (são raízes, mas também crucíferas). No ano seguinte, plante raízes neste canteiro.

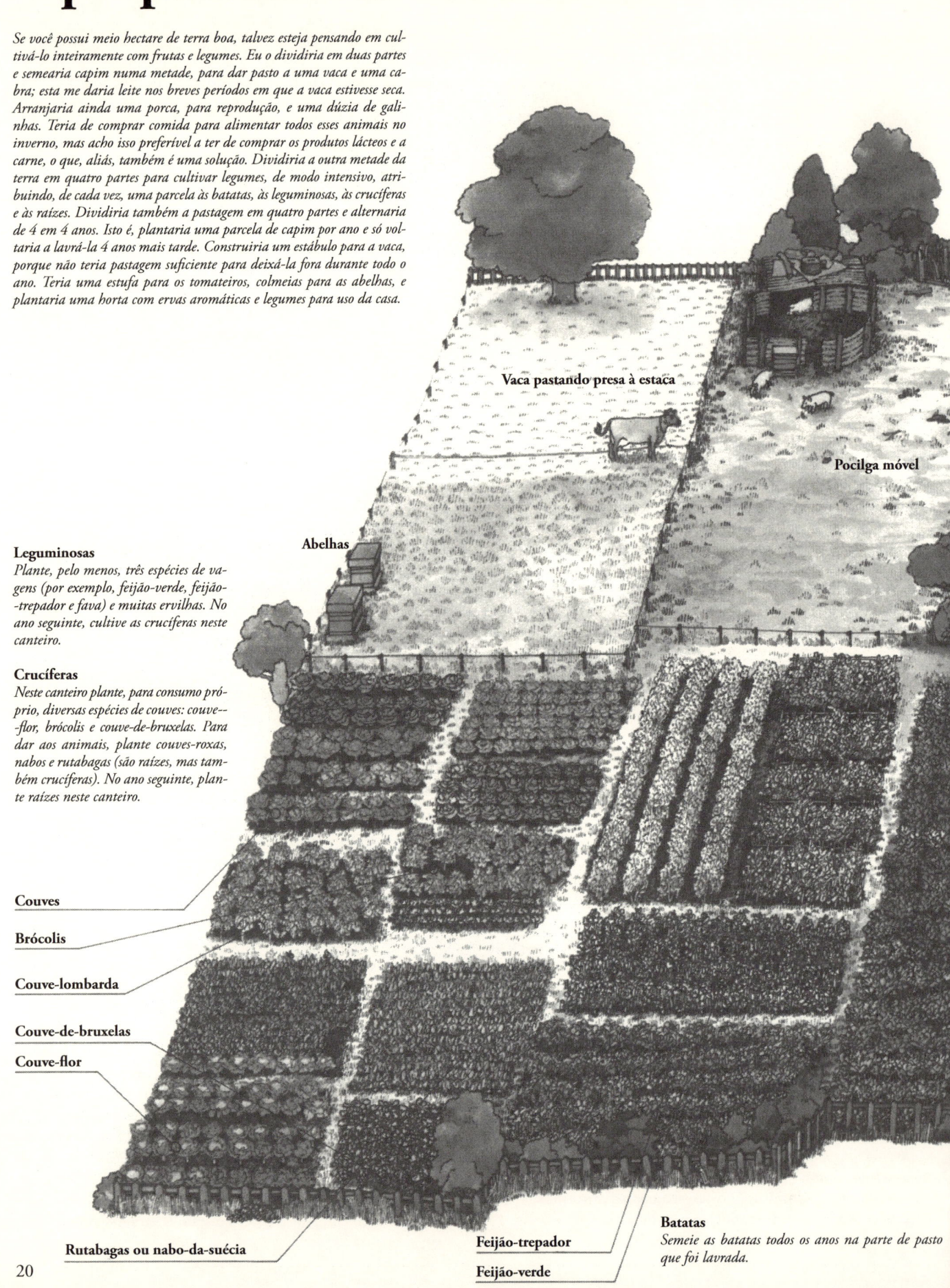

Vaca pastando presa à estaca

Pocilga móvel

Abelhas

Couves

Brócolis

Couve-lombarda

Couve-de-bruxelas

Couve-flor

Rutabagas ou nabo-da-suécia

Feijão-trepador

Feijão-verde

Batatas
Semeie as batatas todos os anos na parte de pasto que foi lavrada.

Viver no campo

Pastagem
Este pasto alimentará sua vaca durante o verão. Deixe as galinhas correrem à vontade e instale aqui um galinheiro móvel.

Canteiro de legumes
No canteiro reservado aos legumes, plante legumes para seu próprio consumo. Espinafres, cenouras, alfaces, aipo, alhos-porós e cebolas, além das leguminosas e batatas, lhe proporcionarão refeições variadas. Próximo da cozinha, semeie ervas aromáticas e girassóis; com estes você poderá fazer óleo.

Raízes
No ano seguinte àquele em que você tiver plantado as crucíferas, plante raízes para alimentar seus animais no inverno, sobretudo beterrabas forrageiras. No outro ano semeie forragem neste mesmo canteiro.

Viver no campo

será melhor semear no outono, salvo se você tiver um sistema de irrigação. Finalmente, em certos climas (verão seco e inverno frio), talvez seja preferível semear a forragem no fim do verão, depois das leguminosas, e não depois das raízes, porque as leguminosas amadurecem mais cedo que as raízes. Neste caso, talvez dê mais resultado semear as batatas depois da forragem, fazendo a seguinte rotação: forragem (para 4 anos) – batatas – crucíferas – raízes – leguminosas – forragem (para 4 anos).

Um dos inconvenientes deste método é que você tem de esperar pelo verão seguinte ao outono da colheita das batatas para plantar as crucíferas. Quando estas são plantadas logo depois das leguminosas, elas crescem imediatamente, porque as crucíferas foram tratadas em estufas e ainda não é tarde para transplantá-las no verão, após a colheita das leguminosas. Mas as batatas não podem ser colhidas (como todas as grandes culturas) antes do outono, quando já é tarde para plantar crucíferas. Se você seguir este regime, só poderá plantar algumas no verão, depois das batatas novas. Ou então, se você só cultivar batatas novas, poderá plantar tudo. Uma solução consiste em plantar as crucíferas imediatamente após as batatas (com isso você ganhará um ano), arrancando algumas batatas muito cedo e plantando, logo a seguir, couves ou nabos, repetindo a mesma operação após cada colheita de batatas. Para terminar, você plantará as crucíferas de primavera depois de serem feitas as principais colheitas. Mas você só poderá proceder assim num clima muito temperado.

Tudo isto pode parecer muito complicado, mas é mais fácil compreender quando se faz do que quando se lê. Pense um pouco nas vantagens dessa rotação: todos os anos, um quarto da sua terra arável é lavrada para pastagem para quatro anos. É uma terra que se tornou muito fértil graças a toda a riqueza acumulada pela forragem que foi enterrada e vai decompor-se, sem contar os excrementos que sua vaca lá deixou durante quatro anos. A vaca passa o inverno deitada na palha que você comprou, mas, como vai pisar e lançar os excrementos em cima dela, você terá à sua disposição uma enorme quantidade de um ótimo estrume, que poderá espalhar pela terra; todos os restos de culturas que não forem consumidas servirão de alimentação à vaca, aos porcos e às aves. Eu ficaria muito surpreendido se, após ter seguido este método durante alguns anos, você não me dissesse que a fertilidade do seu meio hectare aumentou, e que sua terra produz mais do que as propriedades de cinco hectares exploradas segundo princípios comerciais comumente adotados.

Talvez você se lamente por ter metade do seu terreno para pastagens e ficar só com um pedaço pequeno de terra para horta. Não se queixe, porque, se sua horta for bem tratada, dará mais alimento do que se você trabalhasse todo o meio hectare. Além disso, como você a terá durante metade do tempo como prado, que será pastado e estrumado, a fertilidade dela aumentará muito. Estou convencido de que você conseguirá ter mais legumes do que se tivesse meio hectare sem vaca e não praticasse a rotação.

Discutiremos o tratamento a ser dado às diversas culturas e colheitas em outros capítulos deste livro, mas é necessário fazer algumas observações gerais sobre esta situação particular.

Em primeiro lugar, a vaca não poderá ficar fora durante todo o ano, pois transformaria muito rapidamente essa superfície tão pequena num lamaçal. Por isso mesmo, terá de passar a maior parte do inverno no estábulo, só saindo para fazer um pouco de exercício e tomar ar fresco, durante o dia e quando não chover. Mesmo que ela se adaptasse, você não lucraria nada em tê-la fora durante o inverno. É preferível mantê-la em casa, onde produzirá um estrume maravilhoso, tanto mais que você lhe dará para comer toda a verdura e todas as crucíferas que cultivou para ela na horta. No verão deixe-a fora de dia e de noite, todo o tempo que você achar que a pastagem aguenta. Poderá ter sua vaca numa "cama funda": à palha em que ela faz os excrementos, junte todos os dias um pouco de palha fresca. Fiz isso durante anos, e o leite era ótimo e se conservava muito bem.

Você poderá também manter sua vaca num chão duro (se possível, isolado) e fazer-lhe uma boa cama todos os dias, retirando a palha suja e colocando-a cuidadosamente no monte de estrume, essa mina de fertilidade para seu meio hectare. Você constatará que sua vaca não tem a mínima necessidade de feno no verão, mas que precisará dele durante o inverno; você terá de lhe comprar pelo menos 800 quilos. Se você quiser criar o bezerro que ela terá todos os anos, até ele atingir um certo valor terá de contar com cerca de 250 kg de feno a mais.

Os porcos deverão ser mantidos num chiqueiro, pelo menos durante uma parte do ano (e precisará, portanto, de palha), pois não disporá de bastante terra fresca para mantê-los com boa saúde. O melhor seria que você possuísse uma pocilga móvel, com um cercado sólido exterior; mas também serve uma pocilga fixa. Quanto à alimentação, terá certamente de comprar alguns cereais, cevada ou milho. A isto você deverá acrescentar o leite desnatado e mais alguns produtos hortícolas, como os cereais forrageiros que cultivou especialmente para eles. Graças a tudo isso, eles se manterão muito bem. Se você conhecer algum vizinho que tenha um cachaço que lhe possa emprestar, aconselho-o a arranjar uma porca e levá-la até lá. É provável que ela dê vinte leitões por ano. Engorde dois ou três, para suprir suas necessidades de presunto e toucinho, e venda os outros (com 8 ou 12 semanas, conforme as exigências do mercado da sua região); renderão dinheiro suficiente para que você possa pagar o suplemento alimentar que terá de comprar para eles, para as galinhas e talvez mesmo para a vaca. Se você não encontrar um cachaço, compre leitões só para suas necessidades pessoais e engorde-os.

Você poderá criar galinhas segundo o chamado método "Balfour" (descrito na p. 126) e, neste caso, elas ficarão anos seguidos no mesmo canto da horta. Mas, na minha opinião, é melhor que elas cisquem a terra em galinheiros móveis. Pode-se assim deslocá-las ao longo do prado; suas bicadas e excrementos farão muito bem à terra. Não tenha muitas galinhas. Uma dúzia de galinhas porão ovos suficientes para alimentar uma família pequena e, até mesmo, no verão, alguns a mais para vender ou dar. Compre para elas alguns cereais e, no inverno, algumas proteínas, se não cultivar favas em quantidade suficiente. Você também pode tentar cultivar, exclusivamente para as galinhas, girassóis, trigo-mourisco ou outros alimentos. Prepare-se para ter um galinheiro fixo onde possa guardá-las

Viver no campo

durante o mau tempo, que tenha luz elétrica à tarde, para que elas pensem que é hora da postura e ponham bastante ovos no inverno.

Quanto às culturas, serão todas as culturas hortícolas costumeiras, mais as beterrabas-forrageiras para os animais, se você conseguir reservar alguma terra para isso. Mas não se esqueça de que tudo o que você cultivar na horta também serve para os animais, e que eles comerão tudo o que você não for capaz de consumir. Assim, você não precisará de adubo composto. Seus animais se encarregarão disso.

Se você decidir ter cabras em vez de uma vaca (e quem sou eu para achar que essa é uma solução insensata?), poderá organizar-se mais ou menos da mesma maneira. Uma cabra dará pouco estrume, mas você não terá de comprar tanta palha e feno e, talvez, nem mesmo tenha de comprar nada. Não terá tanto soro nem tanto leite desnatado para alimentar seus porcos, se os tiver, e não aumentará a fertilidade da sua terra tão depressa como se tivesse uma vaca.

Se você não quiser animais ou se só tiver algumas galinhas, poderá explorar a metade do seu meio hectare com horta e cultivar trigo na outra metade. Aplicará a rotação como descrevemos acima, mas substituirá a forragem por trigo. É, sem dúvida, uma boa solução, se você for vegetariano. Mas não espere aumentar tanto a fertilidade e a produtividade da sua terra como se tivesse animais.

A PROPRIEDADE DE DOIS HECTARES E MEIO

Os princípios que enunciei para a exploração de uma propriedade com meio hectare aplicam-se, também, em grande medida, a uma superfície maior. A diferença principal está em que, se você possuir dois hectares e meio de terra de qualidade média, numa região de clima temperado, e possuir os conhecimentos adequados, poderá cultivar todo o alimento necessário a uma grande família, com exceção, é evidente, do chá e do café, que só dão em países quentes. Mas você poderá passar muito bem sem estes gêneros. Cultivará trigo para o pão, cevada para a cerveja, todo tipo de legumes, além de poder produzir todo tipo de carne, ovos e mel.

Se as pessoas que vivem na face da Terra são diferentes umas das outras, o mesmo acontece com as terras de dois hectares e meio; mas aqui vai, a título de exemplo, um modelo realizável.

Admitindo que a casa, as outras construções, o pomar e a horta ocupam meio hectare, o resto do terreno poderá ser dividido em oito partes iguais. Será necessário separá-las por meio de uma cerca elétrica, por exemplo; ou, se você preferir prender suas vacas, porcos ou cabras a uma estaca, não será preciso cercar nada.

A rotação poderia ser feita do seguinte modo: forragem (para três anos) – trigo – crucíferas – batatas – leguminosas – cevada, simultaneamente com um pouco de mistura de três espécies – forragem (para três anos).

Restará, então, pouco mais de meio hectare de pasto, que poderá ser muito produtivo; em anos bons, você poderá chegar a ter cerca de 500 kg de trigo, 10 t de crucíferas, 2 t de batata, 250 kg de leguminosas, 375 kg de cevada.

Talvez você consiga produzir uma tonelada de capim para fenar no seu prado, além de bastante renovo (o capim que cresce depois de ceifado o feno), para que sua vaca possa pastar do outono em diante.

Este plano comporta milhares de variantes possíveis. A adaptação constitui a essência de uma boa agricultura. Você poderá, por exemplo, semear as batatas logo após ter lavrado seu prado e só depois semear o trigo. Poderá cultivar aveia em vez de cevada, ou aveia em vez de trigo. Poderá semear centeio, sobretudo se tiver uma terra leve e seca, ou se quiser uma boa forragem para o inverno ou, ainda, se gostar de pão de centeio. Poderá plantar menos leguminosas. Poderá tentar repartir suas culturas hortícolas só por quatro parcelas em vez de cinco e ter, assim, um hectare de pastagem. Você poderá encontrar lugares para pastagem na parte reservada às construções, ou no pomar, por exemplo, se suas árvores forem bastante altas para não serem danificadas pelo gado. É evidente que, se você viver numa região de milho, cultivará milho, talvez em substituição das crucíferas ou das batatas. O melhor será perguntar a lavradores vizinhos quais culturas se dão melhor na região.

O mesmo sucede com os animais: você arranjará um cavalo para ajudá-lo nos trabalhos do campo, a não ser que prefira utilizar um trator. E, com dois hectares e meio, terá porcas suficientes para pensar em oferecer-lhes um cachaço; para isso é preciso ter quatro porcas, pelo menos. Tivemos seis porcas e um cachaço durante anos, e valeu a pena. De fato, tanto nos anos bons como nos maus, pagaram sempre todas as faturas: aliás, os irlandeses assim se referiam ao porco: "um grande senhor que paga o seu aluguel", e dá para perceber por quê. Mas os porcos só se tornam muito rentáveis se você mesmo produzir a maior parte da sua alimentação.

Faça com que suas aves corram o mais possível pela propriedade. Nos campos de trigo ou cevada, depois de ceifados, elas comerão durante um certo tempo os grãos dispersos, e farão muito bem, ciscando e comendo diversas larvas. Se você deixar as aves de terra lavrada, elas comerão os insetos e as ervas daninhas. Você terá bastante alimento e espaço para criar patos, gansos, perus, coelhos e pombos, animais que contribuirão pelo menos para diversificar suas refeições.

Aconselho-o a ter duas vacas, pois assim você terá bastante leite ao longo do ano: no verão terá leite suficiente para fazer bom queijo, bem curado, que durará todo o inverno, e terá também bastante soro e leite desnatado para melhorar a alimentação normal dos porcos e das aves. Se você criar um bezerro por ano, guarde-o por dezoito meses ou dois anos e depois mate-o: terá carne bovina para alimentar toda a sua família, no caso de possuir um congelador. Se não o tiver, terá de vender a carne e utilizar o dinheiro para comprá-la no açougue. Melhor ainda é combinar com os pequenos agricultores vizinhos para que cada um mate um animal segundo uma ordem estabelecida; repartam a carne entre vocês, de modo que ela possa ser consumida antes de estragar. No inverno, a carne de vaca conserva-se pelo menos durante um mês.

Numa área tão pequena, os carneiros já são um empreendimento mais duvidoso, pois não só precisam de cercados mui-

Viver no campo

A propriedade de 2 hectares e meio

Se você tiver 2 hectares e meio de terra boa, poderá manter uma família de seis pessoas e ainda conseguir arranjar um excedente para vender. É certo que não existem duas propriedades iguais, mas, de maneira geral, você reservaria meio hectare para a casa, outras construções, a horta e o pomar, e dividiria o resto em oito partes iguais. Em três delas semearia anualmente forragem e pensaria em adquirir duas vacas por causa dos produtos lácteos, quatro porcas, um cachaço, alguns carneiros e alguns patos, para ter carne, assim como algumas galinhas por causa dos ovos. Além disso, teria gansos, coelhos, pombos e abelhas, onde fosse possível. Nas outras cinco partes semearia trigo, raízes, crucíferas ou batatas, leguminosas, aveia, e cevada com uma mistura de forragem. Alternaria anualmente, para que nenhum canteiro tivesse a mesma cultura 2 anos seguidos, exceto a forragem. Só lavraria uma parcela de forragem de 3 em 3 anos.

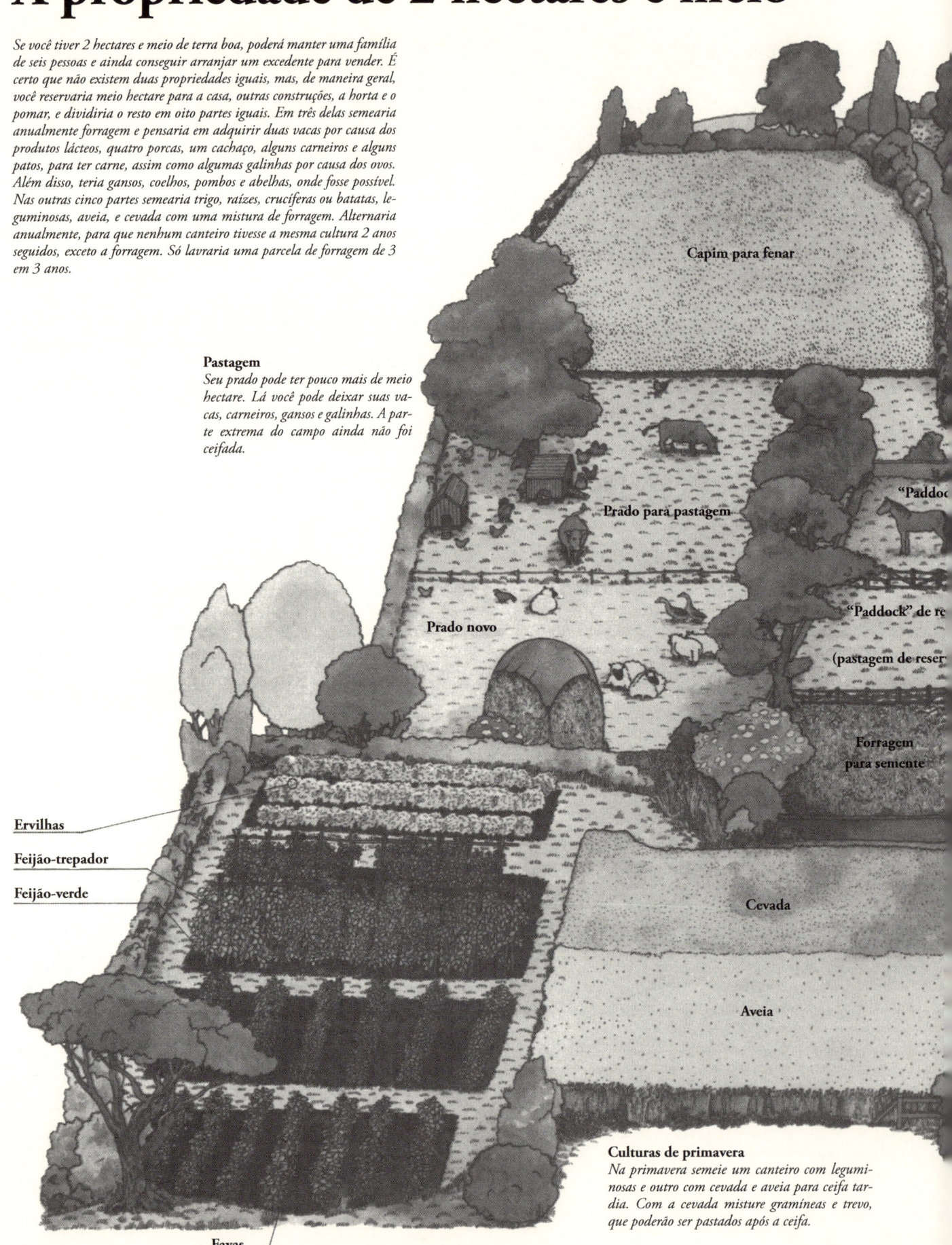

Pastagem
Seu prado pode ter pouco mais de meio hectare. Lá você pode deixar suas vacas, carneiros, gansos e galinhas. A parte extrema do campo ainda não foi ceifada.

Capim para fenar

Prado para pastagem

"Paddock"

"Paddock" de re
(pastagem de reser

Prado novo

Forragem para semente

Ervilhas
Feijão-trepador
Feijão-verde

Cevada

Aveia

Culturas de primavera
Na primavera semeie um canteiro com leguminosas e outro com cevada e aveia para ceifa tardia. Com a cevada misture gramíneas e trevo, que poderão ser pastados após a ceifa.

Favas

Viver no campo

Raízes
Divida a parte reservada à cultura de raízes em várias parcelas e semeie-as com diferentes espécies, para alimentar seus animais no inverno. Depois, quando as arrancar, guarde-as no silo ou em qualquer outro local.

Madeira
Se você tiver alguma madeira, aproveite-a para construção e para aquecimento, trabalhando as árvores exatamente como na propriedade. Abata todos os anos as árvores velhas e limpe a terra. Plante árvores novas, como freixos, larícios, castanheiros e pinheiros.

A parte doméstica
É o centro da sua propriedade. Em volta do pátio situam-se a casa de moradia, o celeiro, o estábulo e a queijaria. Ponha um cavalo no "paddock" ou pasto cercado, patos no lago e abelhas no pomar, mas assegure-se de que terá espaço suficiente para a cultura dos legumes e bagas.

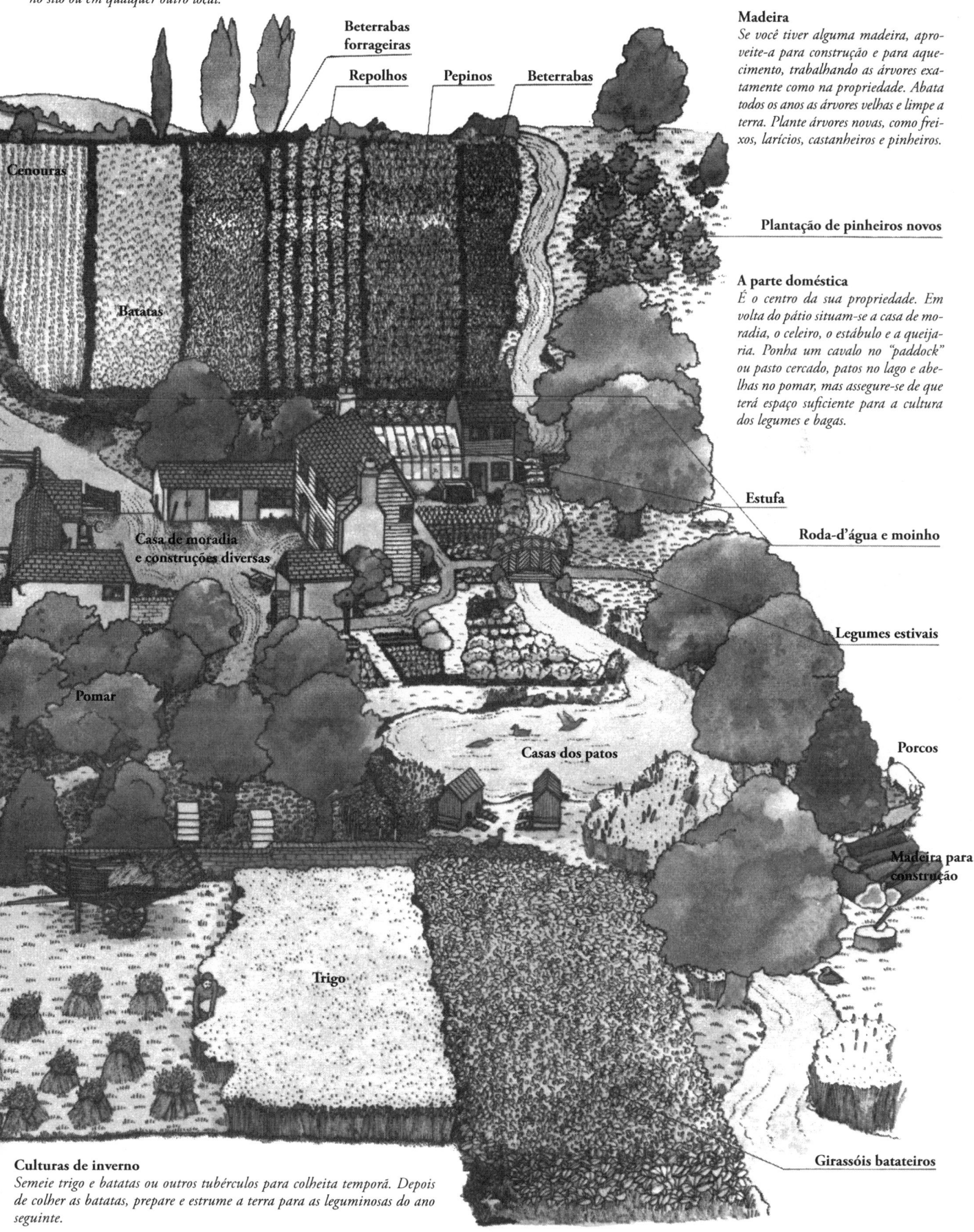

Culturas de inverno
Semeie trigo e batatas ou outros tubérculos para colheita temporã. Depois de colher as batatas, prepare e estrume a terra para as leguminosas do ano seguinte.

Viver no campo

to bons como também se torna pouco rentável ter um cobridor para menos de seis ovelhas. Mas você poderá ter algumas ovelhas, levá-las ao cobridor de um vizinho, criar os cordeiros e guardar a carne de carneiro e a lã.

O que você acabou de ler é apenas uma introdução geral sobre o modo como se pode organizar uma propriedade de dois hectares e meio para viver em autossuficiência. Mas cada um deverá adaptar estas diretrizes à sua própria situação, ao tamanho da sua família ou da sua comunidade e às características da terra e do clima.

O principal objetivo deste livro é dar o maior número possível de conselhos práticos, que ajudem você a escolher e a explorar sua terra, suas culturas e seu gado, a fim de que se tornem fatores produtivos na sua busca por uma vida melhor.

Os frutos da terra

"Fez ele saber que, na sua opinião, aquele que
conseguisse cultivar duas espigas ou dois molhos
de capim onde anteriormente só um crescia seria
um benfeitor da Humanidade."

SWIFT

Os frutos da terra

Desbravamento do terreno

A não ser que sua propriedade seja extensa e você pretenda cultivar parte dela como mata de lazer para dar seus passeios, uma das suas prioridades será verificar se não poderá ganhar mais terreno desbravando áreas cobertas por matos e arbustos. Vale a pena limpar essas áreas, desde que não fiquem situadas em encostas exageradamente íngremes ou irremediavelmente pantanosas ou, ainda, cobertas por pedregulhos. Desbravar o terreno é um trabalho difícil mas compensador, embora possa ser extremamente dispendioso e exija muito tempo.

Desbravamento de um bosque

Arrancar um bosque pode custar mais que comprar outro terreno, a não ser que você viva num país que subsidie amplamente esse tipo de trabalho. Mas, se você puder dispor do tempo e do enorme esforço exigido, desbravar a mata e criar terra fértil onde esta não existe é uma tarefa louvável. No entanto, considere primeiro se não seria melhor replantar esse velho bosque, formando um novo, e explorá-lo como floresta.

O método mais dispendioso para limpar o terreno de árvores e arbustos é alugar um trator de lâmina frontal e escarificador. O aluguel de uma dessas máquinas e mais o trabalho do tratorista custam caro, mas, sem dúvida, em uma hora se realiza um grande trabalho. As árvores arrancadas ficarão desordenadamente umas em cima das outras. Cabe a você, então, a enorme tarefa de limpar a madeira utilizável e queimar a lenha miúda, ou seja, os pequenos ramos. Proceder a esta última operação enquanto a madeira ainda está verde é uma tarefa muito mais árdua do que se possa imaginar, mas tem de ser efetuada para que se possa cultivar o terreno.

É mais barato arrancar os troncos com um macaco ou com um cabrestante. Você poderá alugar ou pedir emprestado uma dessas ferramentas, ou comprar, se tiver uma vasta área a ser desbravada. Como alternativa, você poderá cavar e arrancar os troncos com pá e alvião, mas é um trabalho pesado. Poderá ainda arrancá-los aplicando um explosivo, como pólvora ou gelinhite. Este processo requer que se faça um furo, o mais profundo possível, debaixo do tronco, aí colocando a carga explosiva. O melhor será utilizar um explosivo ascensional: a pólvora é boa se for utilizada em quantidade suficiente. O amonal é excelente, assim como qualquer outro explosivo com alta taxa de expansão. Assim, é melhor empregar gelinhite "de céu aberto" do que gelinhite comum para quebrar rochas. Quanto às

Ferramentas manuais
Se não tiver máquinas para limpar o terreno, poderá fazê-lo manualmente, utilizando as ferramentas apropriadas.

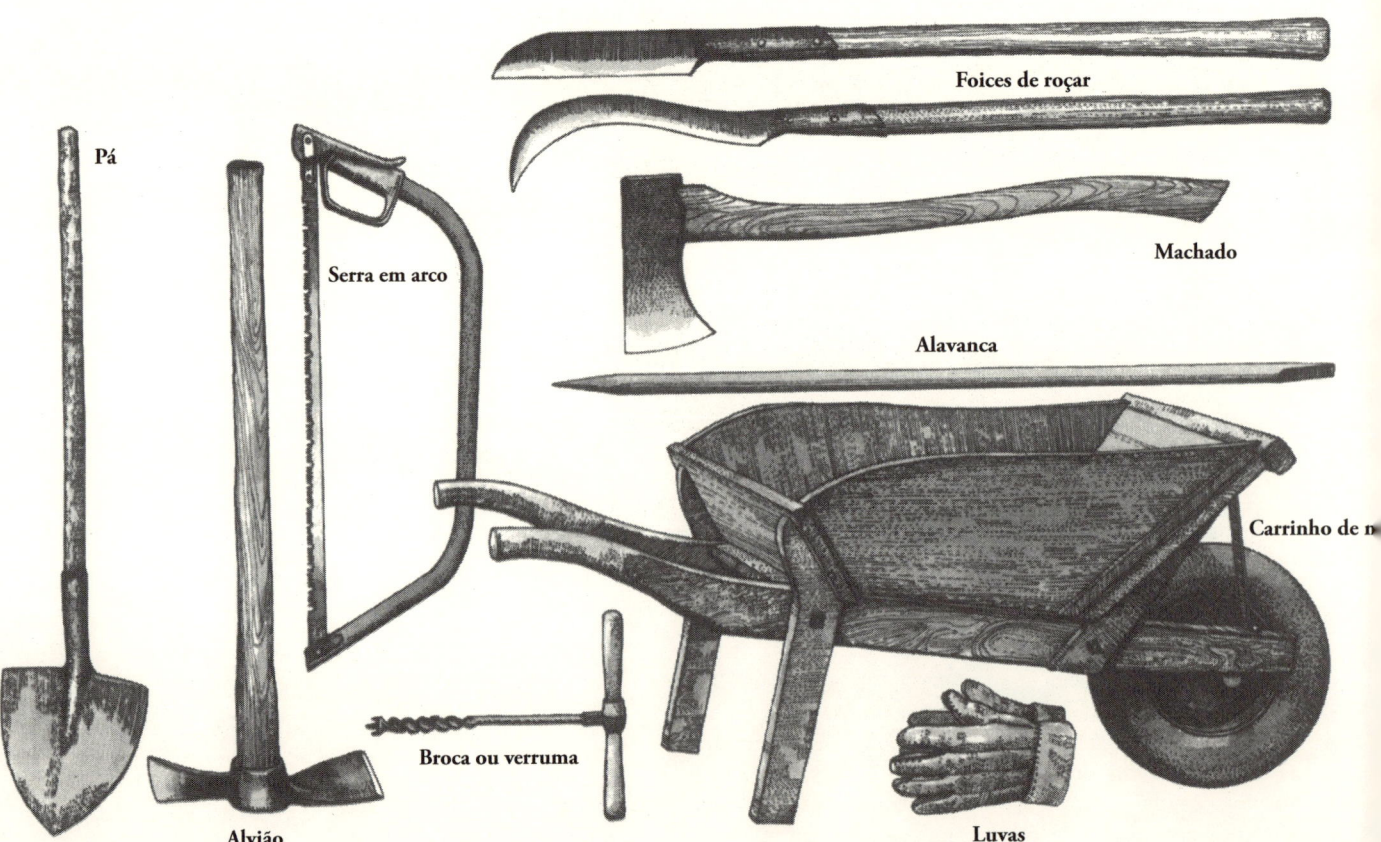

Os frutos da terra

quantidades, é tudo uma questão de critério, de ensaio e erro; 900 g de amonal chegariam para extrair um carvalho grande, enquanto seriam necessários 4,5 kg de pólvora para obter o mesmo efeito. No entanto, você deverá procurar a ajuda de alguém que tenha experiência em explosivos.

O clorato de sódio é um método mais acessível para a maior parte de nós. Faça buracos no tronco, encha-os com clorato de sódio, tape-os para impedir que entre chuva e espere um mês. Acenda uma pequena fogueira sobre o tronco, que logo queimará por completo.

Retirar as pedras

As pedras podem incomodar bastante, especialmente em solos de argila saibrosa ou glacial, onde o terreno, ao retroceder, deixou algumas rochas espalhadas ao acaso. Mais uma vez, esse problema pode ser solucionado pela escavadeira; caso os rochedos não sejam muito grandes, poderão ser içados e levados para fora do terreno.

Você pode, no entanto, erguer as pedras maiores com a ajuda de alavancas. Cave à volta do rochedo e, num dos lados, estabeleça um ponto de apoio sólido – poderá servir-se de uma pedra. Em seguida, coloque uma viga comprida de madeira ou uma trave de ferro (o ideal seria um pedaço de trilho) e levante alguns centímetros esse lado do rochedo. Coloque então pequenas pedras debaixo do rochedo, deixe que este volte à sua posição e aplique a alavanca do outro lado. Repita o mesmo processo desse lado. Continue a trabalhar à volta do rochedo, elevando-o, a cada vez, os poucos centímetros que sua alavanca permite; preencha esses pequenos espaços com pedras. Finalmente você acabará chegando ao nível do solo.

Uma vez conseguido extrair o rochedo, poderá, através de alavancas, rolá-lo até a borda do terreno. Se for grande demais, experimente acender uma fogueira por baixo do rochedo para aquecê-lo e depois jogue água fria. Por esse processo o rochedo deverá se quebrar.

Quebrar as pedras

O processo mais simples de quebrar as pedras é fazê-las explodir. O melhor explosivo é o plástico, mas a gelinhite de combustão rápida também é razoável. Faça um furo no rochedo e coloque nele o explosivo; 28 g de gelinhite são suficientes para um rochedo grande. Pode-se fazer o buraco com um compressor e perfuradora, ou manualmente, com uma broca de aço que se assemelha a um cinzel comprido, e um martelo pesado.

Martela-se a broca para que entre no rochedo, rodando-a depois de cada martelada. De vez em quando você deverá pôr água no furo que estiver fazendo. Envolva a broca num trapo para evitar que a pasta que se forma espirre no seu rosto. Mas, repito, se você nunca utilizou explosivos, aconselho-o a procurar alguém mais experiente que o ajude na primeira vez.

Utilização do cabrestante
Utilize a base de uma árvore como ponto de fixação e amarre a corda de arame, o mais alto que puder, na árvore que você pretende arrancar. Corte todas as raízes que puder e depois puxe.

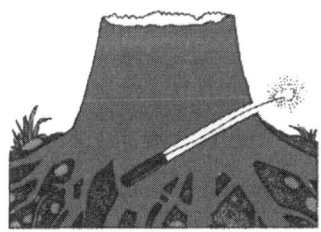 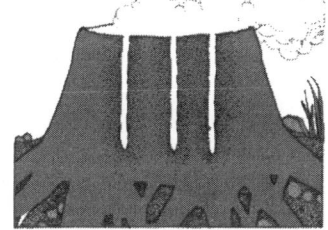

Explodir um tronco
Coloque a carga dentro de um buraco bem fundo no tronco e abrigue-se. Faça vários buracos, encha-os com clorato de sódio e cubra-os. Espere um mês e depois acenda uma fogueira sobre o tronco.

Erguer um rochedo

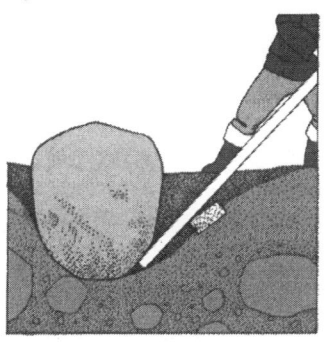 

Utilize como ponto de apoio um pedaço de madeira ou uma pedra, Coloque a alavanca. Levante o rochedo o mais que puder e apoie-o com pedras. Coloque a alavanca e o ponto de apoio do outro lado do rochedo.

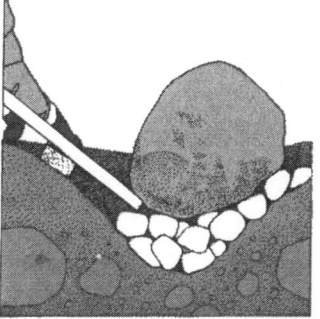 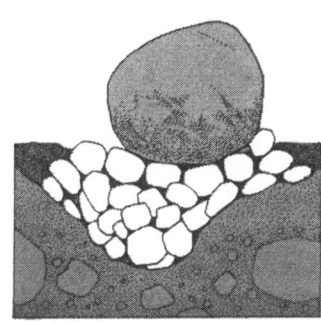

Repita o processo quantas vezes for necessário, elevando o rochedo pouco a pouco. Uma vez fora do buraco, poderá rolá-lo para fora do terreno, com a mão ou com a ajuda de uma alavanca.

Os frutos da terra

Drenagem do terreno

Se você tiver sorte, talvez seu terreno não precise ser drenado. Uma grande parte da terra tem subsolo poroso e, possivelmente, rochas, pelas quais a água poderá se infiltrar. Talvez o terreno seja levemente inclinado e, portanto, seco. Mas os terrenos com subsolo impermeável, em que a terra é muito pesada, os terrenos que forem tão planos que a água não possa escorrer, ou aqueles onde houver nascentes poderão necessitar de drenagem. Terreno mal drenado é terreno tardio, o que significa que não produzirá nada no início da época. É um terreno frio, difícil de trabalhar. Você não poderá cultivá-lo enquanto estiver úmido – especialmente se o solo for argiloso. Em resumo, não produzirá boas colheitas.

Você poderá determinar se o terreno é úmido pelo tipo de plantas que, mesmo num verão seco, crescem nele. Plantas, herbáceas, tais como o íris, o caniço, o junco e a cana, indicam que, mesmo estando seco no verão, o terreno estará úmido e saturado de água no inverno.

Drenagem por regos
Frequentemente, os terrenos inclinados poderão ser drenados cavando-se um rego no seu topo (ver figura). O objetivo desse rego é receber e evacuar a água que escorre de cima. A chuva que cai diretamente sobre o terreno não é suficiente para saturá-lo, mas há a água que escorre dos terrenos acima.

Nascentes
Você poderá drenar nascentes ligando-as por valas ou por drenos (ver figura) a um riacho que escoe o excesso de água. Você poderá detectar as nascentes através de poças de água ou plantas características. Se existir uma grande zona saturada de água à volta da nascente, o bom-senso dirá que você deve fazer um buraco grande à volta da boca do cano da nascente, enchendo-o de pedras.

Drenos
Os terrenos planos podem ser drenados simplesmente baixando o lençol freático. A toalha freática é o nível em que fica a superfície de água subterrânea. Esse nível será mais elevado no inverno do que no verão e, em casos extremos, poderá estar acima do nível da superfície da terra. Baixa-se esse nível cavando valas ou colocando canos de escoamento que levam a água. Você poderá fazê-lo, mesmo em terrenos abaixo do nível do mar, bombeando a água dos vales mais profundos para o mar ou para canais que a levem para o mar.

É óbvio que os solos pesados (solos muito argilosos) necessitam de maior drenagem que os solos leves, mas mesmo a areia, o mais leve de todos os solos, pode estar saturada de água, e não se conseguirá cultivar nada sem que seja drenada. Quanto mais pesado for o solo, mais próximos deverão estar os drenos, pois menor será a distância em que a água se infiltra. Bastarão apenas alguns canos para drenar solos leves ou arenosos. Se você não tiver experiência, será melhor consultar peritos: em países onde houver especialistas do governo em drenagem, serão estes os mais indicados. Também existem, frequentemente, subsídios vultuosos para os trabalhos de drenagem.

Existem três tipos principais de drenagem: as valas abertas, os drenos subterrâneos e os que são abertos pelos subsoladores. Uma vala aberta é exatamente aquilo que o nome indica. Cave, ou mande cavar com máquina, uma vala com os taludes inclinados. Em solos leves (solo arenoso), a inclinação deve ser muito maior que em solos pesados, pois o solo pesado aguenta me-

Três situações que requerem drenagem
A. A água desce ao longo da encosta através de solo poroso ou pedra, antes de atingir uma camada impermeável. Em geral isso força a água a vir à superfície em forma de nascente.
B. Um subsolo impermeável impede o escoamento das águas pluviais.
C. Um terreno totalmente plano não possui inclinação que lhe permita a drenagem. As plantas da direita são prova segura de que o terreno é úmido (da esquerda para a direita): satirião, violeta-dos-pântanos, íris, caniço e juncos.

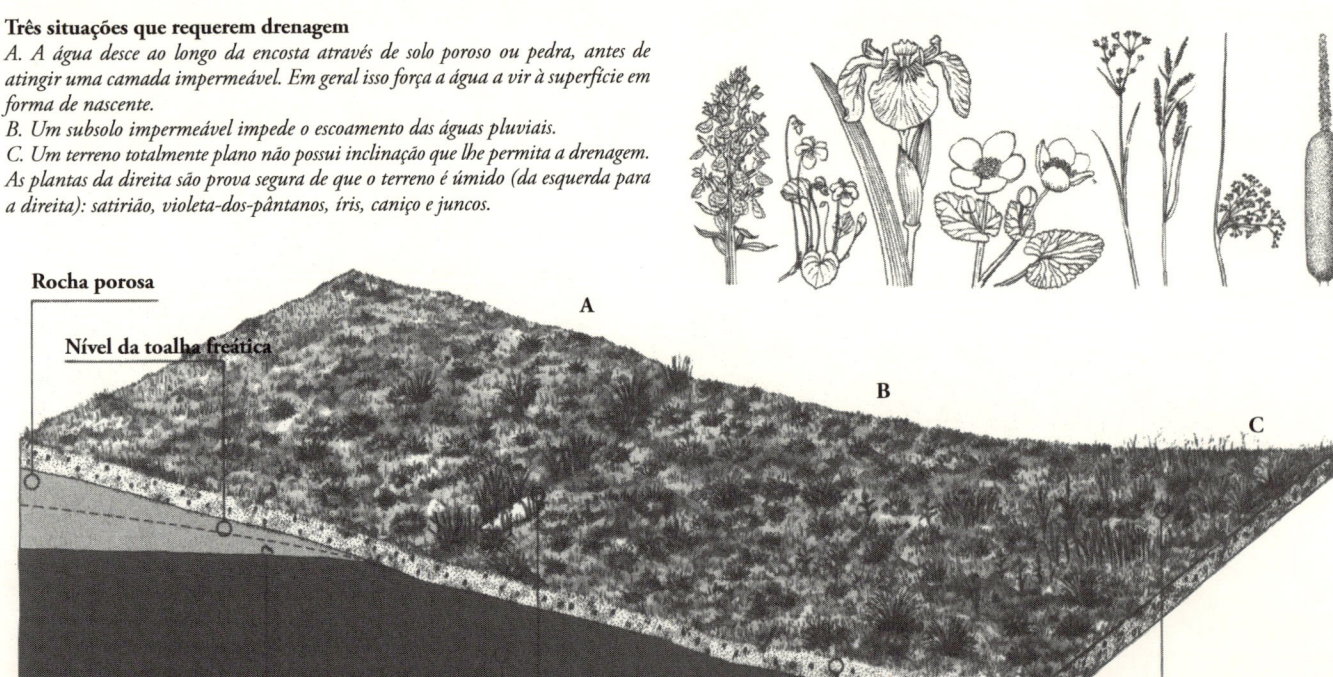

Os frutos da terra

O subsolador
Consiste num objeto de aço em forma de cunha preso à extremidade de uma lâmina fina que é arrastado pelo solo. O sulco estreito feito pela lâmina logo é preenchido, mas o dreno permanece. Este dreno dura muito mais em terreno argiloso do que em terreno leve e arenoso.

O arado pesado
Este tipo de arado subsolador corta uma série de sulcos profundos, regularmente espaçados no solo. É um processo que funciona muito bem em terrenos argilosos pesados, onde os sulcos duram muito tempo e asseguram uma drenagem livre.

A utilização de drenos e valas
Um rego tem por função interceptar a água que vem escorrendo pela encosta abaixo. Essa água é conduzida por um rego lateral até um rego coletor que se encontra no fundo. Um dreno subterrâneo pode ser utilizado para drenar uma nascente. Uma rede de drenos subterrâneos – o ideal seria que fossem concebidos de modo que formassem espinha – pode escoar água suficiente até que o nível do lençol freático baixe. Tente aprofundar esse nível pelo menos até 50 cm abaixo da superfície. Mas o ideal seria 1,20 m.

lhor. O bom-senso lhe dirá qual inclinação deverá ser feita. Se os taludes desabarem, é porque a inclinação é pequena.

Também a profundidade é uma questão de critério. Se a vala for feita de modo que o nível do lençol de água baixe e as colheitas cresçam sem problemas, então ela é suficientemente profunda. Certamente você não quererá ter água estagnada no solo a menos de 46 cm da superfície; e será melhor ainda se você conseguir baixar esse nível para 1,20 m. Se tiver de cavar com enxada, certamente você não vai querer valas muito fundas. E lembre-se de que as valas abertas precisam de cuidados de conservação e limpeza para a destruição do mato e ervas daninhas todos os anos, ou de 2 em 2 anos, e de limpeza com pá a cada 5 ou 10 anos. Além disso, precisam ser vedadas.

Os drenos subterrâneos podem ser de vários tipos (ver figura). Desde que sejam suficientemente profundos para que não sejam afetados pelo arado ou outros instrumentos agrícolas, e desde que seu declive seja constante de modo que não fiquem obstruídos, não necessitam de manutenção e duram muito tempo. Os drenos feitos com subsolador (ver figura) não duram mais de cinco a dez anos, e duram menos ainda em terrenos arenosos.

Mas a drenagem é simplesmente uma questão de bom-senso. Imagine o que se passa lá embaixo. Cave buracos experimentais para verificar a profundidade da toalha freática, onde ficam as nascentes. Arranje uma maneira de drenar essa água até o riacho ou corrente de água mais próxima, ou deixe-a escoar para um terreno inculto longe do seu. Você terá então um terreno bem drenado e produtivo.

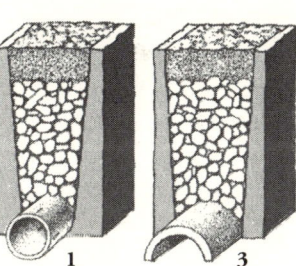

1 **Dreno de tubo plástico**
2 **Dreno de ranhura em pedra**
3 **Dreno de telha semicircular**
4 **Dreno de ranhura com ramos**

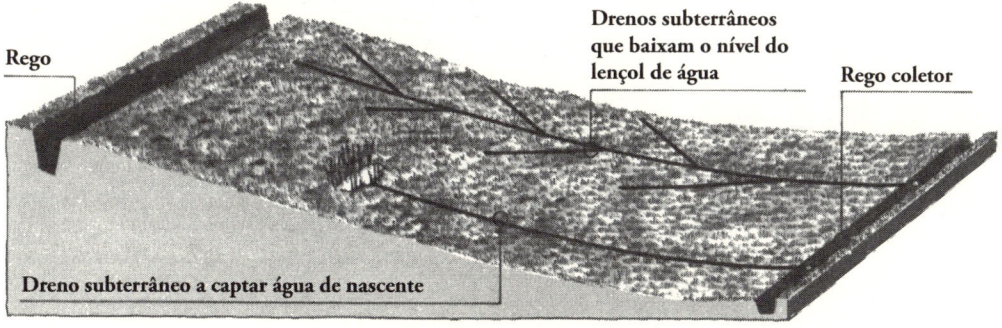

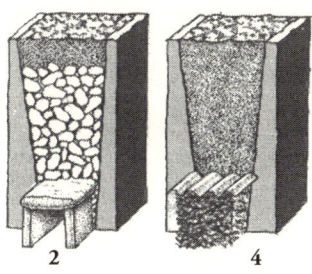

Drenos subterrâneos
Os drenos cobertos de pedra e os de telha são naturalmente porosos. Os drenos de tubo plástico apresentam ranhuras ou são perfurados, para que deixem entrar a água. O dreno romano de ranhura, com ramos cobertos com terra, pode ser reforçado com uma chapa ondulada de aço perfurada.

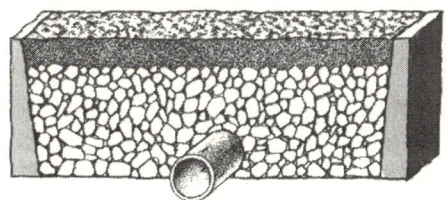

Drenar uma nascente
Cave até a nascente. Coloque um cano ou cave uma trincheira para escoar a água. Se a nascente for grande, coloque pedras à volta do cano.

Os frutos da terra

Como irrigar o terreno

Qualquer que seja o local onde você vive, suas culturas irão se beneficiar com a rega; em alguns climas, elas nem sequer crescem sem irrigação. Os agricultores mais felizes do mundo são aqueles que vivem em zonas de clima quente e seco mas possuem, simultaneamente, água para rega. Conseguem assim manter melhor controle sobre suas plantações do que aqueles que habitam zonas de elevados índices pluviométricos. Eles não têm grandes problemas com as ervas daninhas: basta cortar o abastecimento de água, quando o terreno está de pousio, para que elas morram. Eles podem fazer suas semeaduras em terra seca antes de a regarem e regá-la em seguida para fazer germinar as sementes. Podem dar a cada cultura a quantidade de água necessária durante todas as fases do seu desenvolvimento e cortar o abastecimento de água antes da colheita, para que ela se faça em condições ideais. Eles terão sucesso garantido.

Mas também nós podemos nos beneficiar da irrigação. São necessários cerca de 120 m³ de água para cobrir 112 ha de terreno com uma camada de 2,5 cm de espessura. Caso não haja chuva durante a estação chuvosa, é conveniente aplicar essa quantidade de água por semana, durante o período de maior desenvolvimento da cultura. Em climas temperados com pluviosidade considerável, como os do Norte da Europa e da zona oriental dos Estados Unidos, basta, sem dúvida, que o valor da irrigação seja equivalente a uma taxa pluviométrica de 50 a 150 mm. De qualquer maneira, a rega terá de ser feita na medida das disponibilidades.

Se você tiver sorte, poderá canalizar por meio de tubos, de uma corrente situada acima do seu terreno, a água de que necessita para irrigá-lo. No entanto, a não ser que essa nascente esteja bem mais elevada que seu terreno, a pressão não será muito grande. Por outro lado, não é necessária grande pressão: é preciso, sim, que haja água. Você poderá conseguir bons resultados se colocar simplesmente uma mangueira no chão, mudando-a, de tempos em tempos, à medida que cada parcela do terreno for regada. Será melhor ainda deixar correr água pelos regos entre os camalhões — quando esse tipo de armação do terreno for possível e aconselhável para a cultura —, mudando a mangueira cada vez que a água chegar ao fim de um rego.

Rega por aspersão
Em termos gerais, existem dois tipos de rega: por aspersão e por gravidade. Os agricultores ocidentais tendem a adotar o primeiro, sempre que o investimento é possível: utilizam bombas e "aparelhos de chuva" ou aspersores rotativos, ou linhas de rega oscilatórias, todos exigindo uma certa pressão para seu funcionamento. Tudo correrá bem se puder dispor do equipamento, da energia e da água, que aqui não precisa estar acima do terreno. Mas tudo isso é dispendioso e não está ao alcance do homem que vive autossuficiência. Pessoalmente, apenas vejo vantagem em gastar dinheiro nesse sistema se ele proporcionar vantagens evidentes.

Rega por gravidade
Se existe uma corrente de água junto de um terreno, não é difícil arranjar uma pequena bomba a motor e uma mangueira, deslocando-se a bomba ao longo da corrente à medida que, parcela por parcela, o terreno vai sendo regado. É claro que, se você tiver a sorte de ter a corrente de água a um nível superior ao do terreno, não precisará desse equipamento.

O ideal seria ter os canteiros em degraus, perfeitamente planos, ou, sendo o terreno naturalmente um pouco inclinado, que fosse nivelado em canteiros também ligeiramente inclinados e separados uns dos outros por cômoros (um cômoro é um pequeno muro de terra que não excede 30 cm de altura). Esses cômoros poderão ser cobertos de capim — e, nesse caso, serão permanentes —, ou poderão ser derrubados e reconstruídos em seguida, todos os anos. Se você trabalhar com tratores, provavelmente irá derrubar os cômoros, pois isso lhe dará mais espaço para manobrar. No topo de todos esses canteiros inclinados ficará uma regadeira. Para regar, constrói-se com uma pá uma pequena represa, em terra, de cerca de 30 cm de altura de um lado a outro da regadeira, junto ao primeiro canteiro, e abre-se, com a pá, o cômoro que separa a regadeira do canteiro. Espera-se então até que a água tenha corrido até o fim desse canteiro, cobrindo-o completamente. Se um canteiro não estiver devidamente nivelado nem cultivado, utilize a pá para nivelá-lo e conseguir regá-lo por igual.

Assim, você terá construído pequenas represas ao nível de cada um dos canteiros. Quando o primeiro canteiro já estiver regado, feche a abertura no cômoro com a terra que havia retirado e faça outra abertura no cômoro do segundo canteiro, deixando que a água penetre. E assim sucessivamente.

É evidente que tudo isso pressupõe que a água no canal principal fique mais elevada que nos canteiros. E se o canal estiver mais baixo? Você terá então de fazer o que os chineses ou os egípcios fazem: elevá-lo alguns centímetros. Poderá fazê-lo manualmente, com grande esforço, usando um balde, ou utilizando outros meios que sua habilidade lhe ditará. Um deles poderá ser uma pequena bomba a gasolina; outro, um pequeno moinho de água.

Se seu terreno apresenta declive pronunciado, é óbvio que as parcelas com grande inclinação não são adequadas a esse sistema de rega por gravidade. Você terá de construir degraus. Para isso precisará de pedras ou pelo menos de turfa que segure as paredes, o que constitui um trabalho enorme.

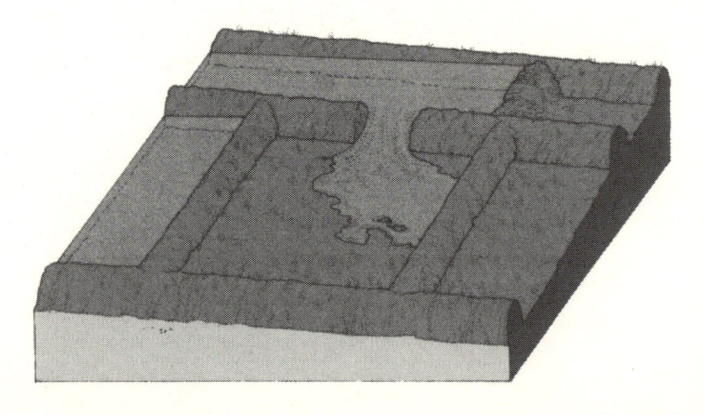

Rega por alagamento
Os canteiros ligeiramente inclinados e nivelados, com um canal em seu topo, são separados entre si por pequenos cômoros. Faça uma pequena represa de um lado a outro do canal, na frente do primeiro canteiro; abra o cômoro que separa o canal, feche a abertura e, uma vez alagado o canteiro, abra a represa e repita o processo.

Os frutos da terra
Utilização dos bosques

As árvores mais úteis para o homem que vive em autossuficiência são por ordem de importância: o castanheiro (a melhor árvore do mundo para se extrair madeira para marcenaria), o carvalho, o freixo e o larício. Na América do Norte acrescentam-se a nogueira-branca, o bordo e a cerejeira-negra. Se você tiver uma serra capaz de cortar árvores, então as madeiras macias ou algumas outras madeiras duras também poderão ser úteis.

Madeiras duras e madeiras macias

Se você tem intenção de utilizar a madeira para outro fim que não o de aquecimento, deve considerar os seguintes fatores: crescimento relativamente rápido, dureza e resistência à putrefação, e aquilo que eu chamo de "capacidade de rachar".

Para a maior parte dos trabalhos agrícolas, é preferível rachar a madeira a serrá-la ao longo do fio. Rachar é mais rápido e mais barato.

O castanheiro se racha admiravelmente. Cresce rapidamente, é reto, é sólido, duro e resiste à putrefação melhor que qualquer outra árvore. O carvalho também se racha bem, mas não tão bem como o castanheiro. O cerne do carvalho é tão sólido e dura tanto quanto o do castanheiro; mas o alburno, especialmente quando é uma árvore pequena, é inútil. O carvalho cresce muito lentamente e necessita de bom solo para seu desenvolvimento. Por outro lado, o freixo é sólido e flexível, mas apodrece se enterrado. É reto, cresce rapidamente e racha bem. Quando exposto a intempéries, mas acima do solo, dura muito tempo, desde que seja tratado de tempos em tempos com óleo ou creosoto. Serve muito bem para fazer porteiras e cercas. O larício é pouco comum, pois, embora seja uma conífera, não é vivaz. Cresce muito rapidamente, e de todas as coníferas é a que melhor se dá enterrada no solo, desde que lhe seja aplicado creosoto. Todas as outras coníferas ou madeiras macias que conheço não podem ser utilizadas no solo se não são tratadas sob pressão com creosoto. E mesmo assim não duram muito tempo, a não ser as que são impregnadas de sais especiais, em autoclaves especiais.

A cerejeira e outras árvores frutíferas são duras e ótimas para lenha. São especialmente indicadas para o fabrico de objetos resistentes, tais como os dentes de rodas para moinhos de água. É uma pena serem utilizadas para fazer postes. A nogueira-branca é a melhor madeira para fazer cabos ou punhos de ferramentas. Não cresce na Europa (não sei por quê); ou é importada ou então utiliza-se o freixo como substituto, aliás bastante bom. O ulmeiro serve para qualquer finalidade para a qual seja necessária uma madeira que não rache: eixos de rodas, tábuas de carne e cepos de plaina. É ótimo sob a água. O bordo e o sicômoro servem para tornear e fazer esculturas. Mas a rainha das madeiras é a nogueira, que não deve ser cortada antes dos 150 anos; o melhor é ter a paciência de esperar pelo seu 350º aniversário!

Lenha

Sua fonte de combustível mais provável serão as árvores. Se você tiver um pouco de mata, nem que seja um hectare ou meio, logo verificará que, se devidamente cuidadas, as árvores vão crescer mais depressa que o tempo para cortá-las para lenha. Um pequeno bosque constitui o melhor coletor de calor solar do mundo.

Ferramentas essenciais para uma exploração florestal
Derrube sua árvore com um machado e uma serra. Empregue o martelo e a cunha, ou o maço e o machado, para rachar. O machado curvo e o cutelo de dois punhos servem para aparar e regularizar.

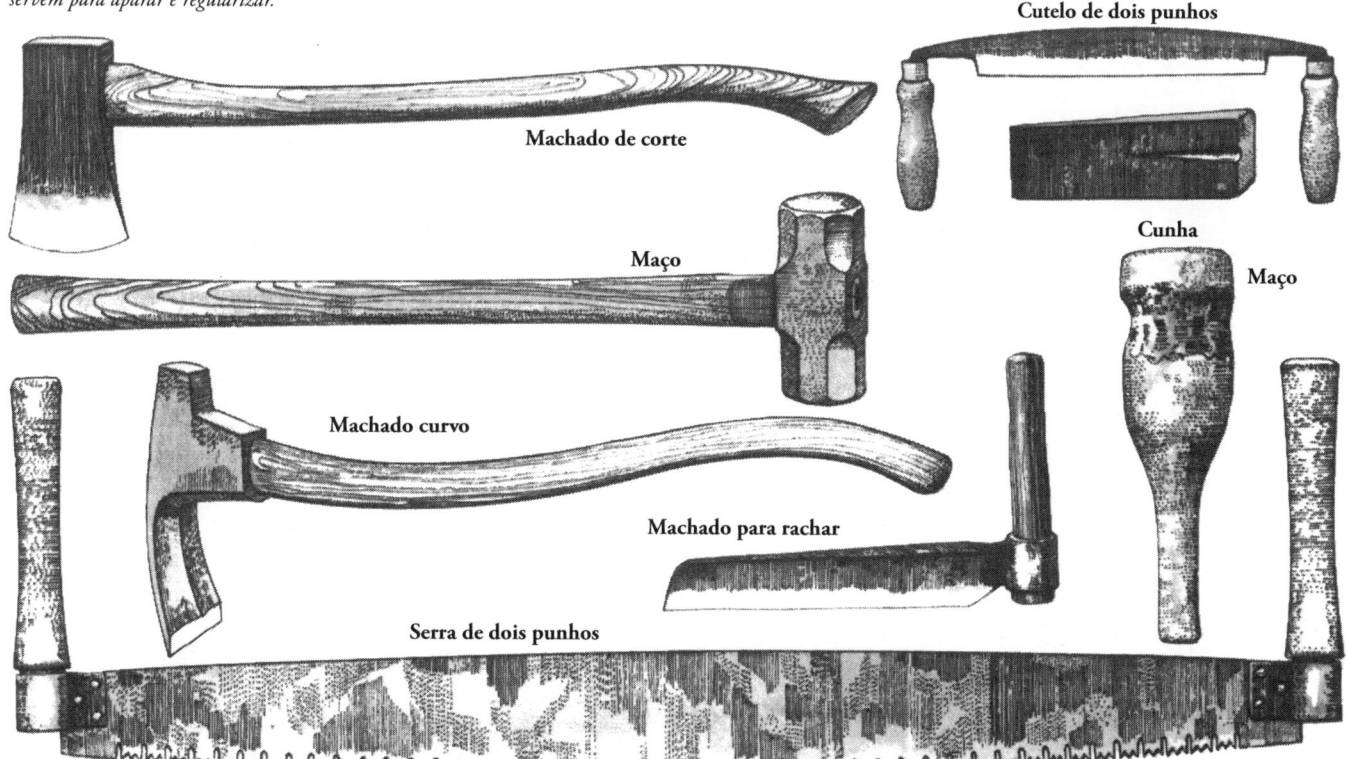

Machado de corte
Cutelo de dois punhos
Maço
Cunha
Maço
Machado curvo
Machado para rachar
Serra de dois punhos

Utilização dos bosques

O freixo é a árvore que dá a melhor lenha. "Seja verde ou seja podre, é digno de uma rainha." Os ramos do freixo são ótimos. Queimam bem, tanto verdes como secos. Uma vez seco, o carvalho queima bem e durante muito tempo, mas como cresce tão lentamente não se justifica que seja plantado para esse fim. O vidoeiro branco é bom para lenha, mas não serve para muito mais. Quando seco, queima desprendendo muito calor e, além disso, cresce rapidamente. As coníferas não são muito boas para lenha. Racham-se muito facilmente e queimam muito depressa, mas nos países frios do norte, onde não existe mais nada, elas têm de ser utilizadas como lenha. O vidoeiro dá melhor lenha e cresce bem ao norte. Todas as árvores selvagens, como o amieiro e o salgueiro, queimam muito mal enquanto verdes, mas podem servir de lenha quando secas, embora mesmo assim não queimem bem nem desprendam calor durante muito tempo. Mas o que se pode fazer com essa madeira? Todos os tipos de madeira queimam. Mas, se você for plantar especificamente para obter lenha, plante freixo e desbaste-o.

Desbastar significa cortar todas as árvores que tenham atingido o diâmetro de cerca de 23 cm, deixando então que voltem a crescer. Cada pé dará várias mudas. Corte-os novamente após cerca de 12 anos e, mais uma vez, elas irão brotar. Esse corte a cada 12 anos pode ser feito por centenas de anos e, assim, você obterá a maior quantidade possível de lenha da sua mata.

Plantar árvores

Plante as árvores uma perto da outra, pois assim crescerão retas e altas, à procura da luz. Plantá-las de 2 em 2 m é o ideal. Logo que a mata estiver espessa demais, faça um primeiro desbaste, obtendo assim uma primeira pequena colheita. No inverno, plante árvores com pelo menos 3 anos. Você poderá comprá-las em viveiros ou nos serviços florestais, ou poderá cultivá-las você mesmo, a partir da semente. Durante os primeiros três ou quatro anos, arranque as ervas daninhas para que as árvores não sejam abafadas. Serre os ramos mais baixos das árvores jovens, de modo a obter madeira limpa e sem nós. Se necessário, enriqueça o solo com fosfato, potássio e cal. O estrume e o adubo fazem com que as árvores cresçam mais depressa.

Em bosques já existentes, arranque as árvores selvagens (o amieiro, o salgueiro e os arbustos) para que as outras árvores cresçam mais facilmente. Um solo úmido favorece o crescimento das árvores selvagens, portanto proceda à drenagem do solo sempre que possível. E, se você tiver tempo, corte o mato miúdo.

Secagem da madeira

Empilhe as tábuas, tal como elas são cortadas do tronco, colocando entre elas tacos de madeira para que o ar passe. Você poderá secar rapidamente a madeira numa estufa, mas com mais tempo é melhor. Há madeiras (como por exemplo o freixo) que podem ser mergulhadas em água, durante algumas semanas, para que saia a seiva. Assim, acelera-se a secagem. Mas certas árvores precisam de anos para ficar completamente secas. Se você precisar da madeira para fabricar móveis, por exemplo, é evidente que não deverá mexer mais na madeira. Mas para trabalhos mais grosseiros, porteiras ou mesmo para certas construções toscas a secagem não é tão importante.

Tenha sempre em mente que as árvores devem ser tratadas como uma colheita. Não hesite em cortar árvores adultas quando for preciso, mas plante sempre mais árvores do que as que você cortou.

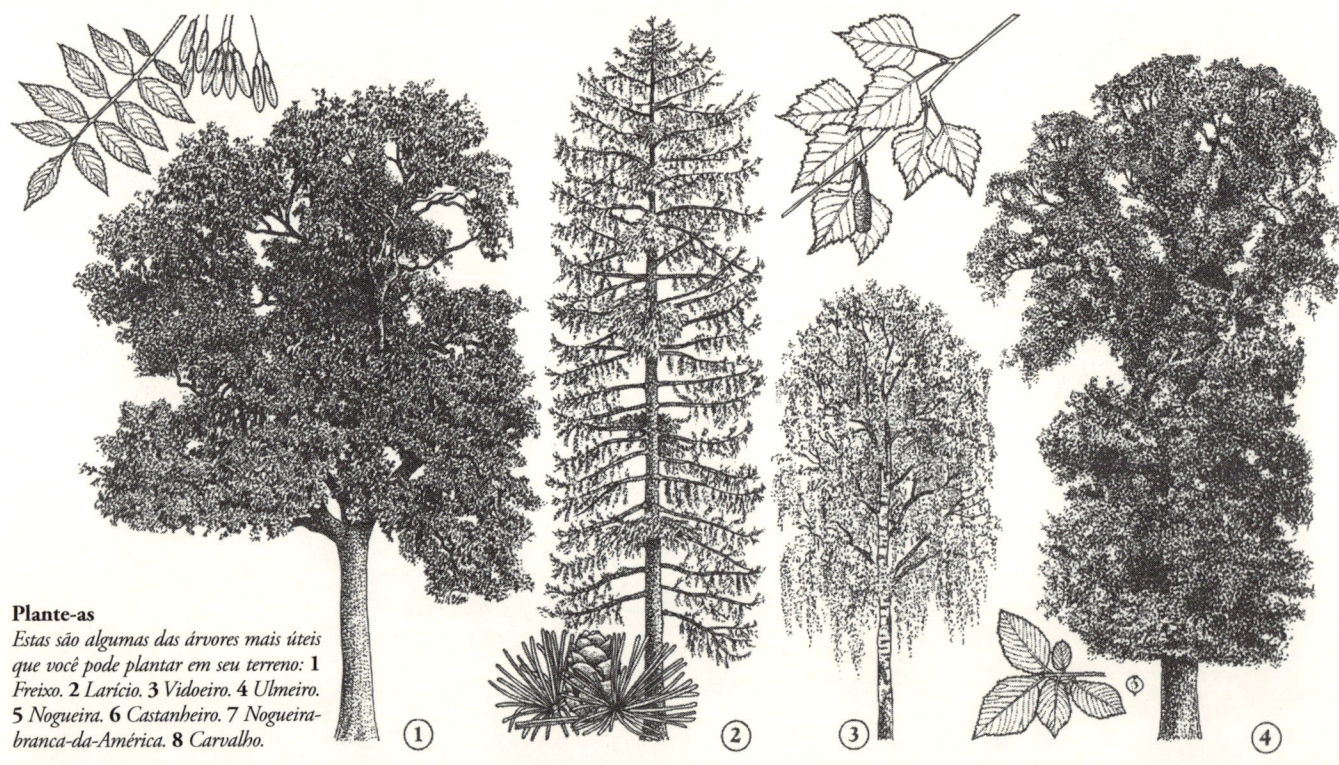

Plante-as
Estas são algumas das árvores mais úteis que você pode plantar em seu terreno: **1** *Freixo.* **2** *Larício.* **3** *Vidoeiro.* **4** *Ulmeiro.* **5** *Nogueira.* **6** *Castanheiro.* **7** *Nogueira-branca-da-América.* **8** *Carvalho.*

Os frutos da terra

Cortar uma árvore
Apare todas as raízes e arbustos com o machado. Utilize-o depois para fazer um talho do lado para o qual você quer que a árvore caia. Comece então a serrar do lado oposto, alguns centímetros acima da parte mais profunda do talho. Quando a árvore bloquear a serra, utilize o maço para introduzir uma cunha no meio, atrás da serra.

Continue a serrar até chegar perto do talho e a árvore esteja prestes a cair. Retire então a serra, introduza a cunha mais para dentro, até que a árvore caia. Sobre o tronco, fica um pedaço irregular de madeira; corte-o com o machado.

Rachar com a cunha e o maço
As cunhas e os maços são as melhores ferramentas para rachar grandes troncos. Com o maço, introduza uma cunha numa extremidade do tronco. Em seguida, introduza outras cunhas na racho assim aberto, até que o tronco rache em todo o seu comprimento.

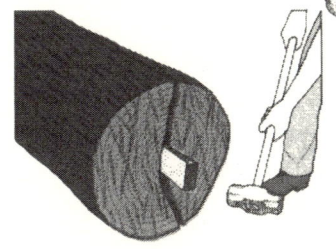

Nunca utilize o machado como cunha. O cabo acabará quebrando.

Rachar com o machado de rachar e o maço
Para rachar madeira mais miúda, a ferramenta ideal é a machadinha. Martele a lâmina com um maço, contra uma das extremidades. Introduza a lâmina mais fundo na madeira utilizando o cabo como alavanca. Logo a

madeira rachará em todo o seu comprimento. Este processo é muito mais rápido que a utilização de cunhas.

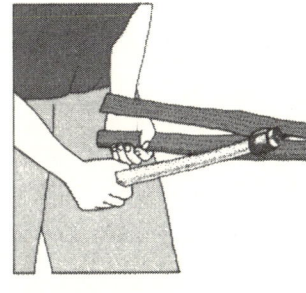

Serrar tábuas
A serra grande é uma ferramenta já consagrada na tarefa de transformar troncos em tábuas. Um homem fica de

pé em cima do tronco, enquanto o outro fica embaixo, tomando cuidado para esquivar-se da serra. As serras de fita e as serras circulares são mais fáceis de manejar, mas também mais dispendiosas.

Secar tábuas
Empilhe as tábuas, à medida que as for cortando do tronco, usando espaçadores, para que o ar possa circular. Deixe as tábuas assim durante um mínimo de 18 meses.

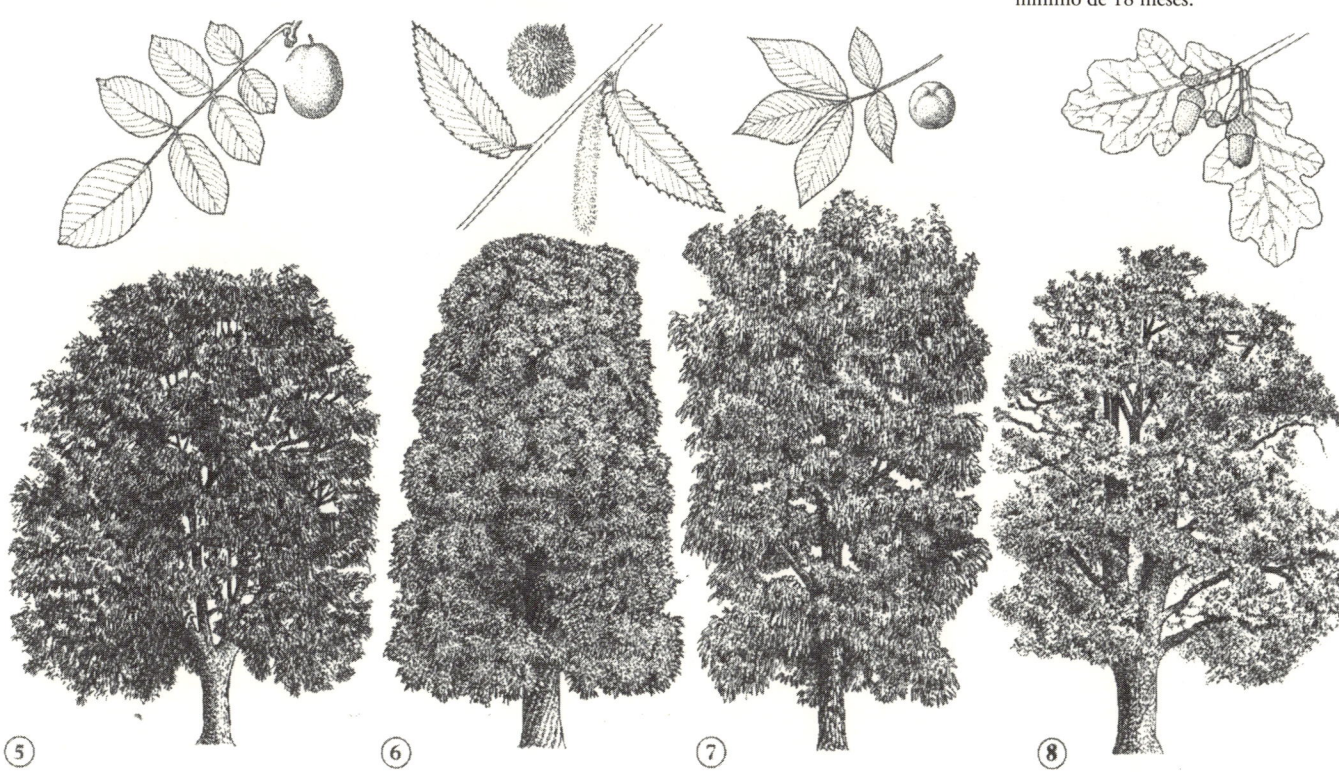

⑤ ⑥ ⑦ ⑧

Os frutos da terra

Sebes e cercas

Os animais domésticos podem ser guardados em rebanhos, quer dizer, mantidos e vigiados pelo homem em local próprio. Mas o homem que vive em autossuficiência é, necessariamente, um homem com muitos afazeres. As cercas não só vão aliviar você, sua mulher e seus filhos da tarefa de pastores como também constituem uma ajuda indispensável para o melhor aproveitamento agrícola. Sem cercas não se podem pôr ovelhas nem bois em culturas forrageiras; não se podem pôr porcos no campo; nem sequer se podem manter as cabras e as galinhas afastadas da horta.

Cercas vivas

A barreira mais barata e mais natural que se pode construir é uma cerca viva. Como o nome indica, é uma cerca que se obtém plantando arbustos vivazes – em geral o espinheiro alvar – um perto do outro. As plantas, de cerca de 15 cm de altura, podem ser plantadas em duas linhas ou em losango, tendo 23 cm entre as duas linhas mas 46 cm entre uma planta e outra.

Você poderá comprar as plantas em viveiros ou semeá-las você mesmo, a partir das sementes do espinheiro branco. Mas essa cerca deve estar protegida dos animais pelo menos durante os primeiros quatro anos; por isso ela é tão difícil de formar. Os animais, especialmente ovelhas e cabras, facilmente comem uma cerca desse tipo; por isso mesmo, é necessário construir uma outra cerca, provavelmente de arame farpado, de ambos os lados da cerca viva nova: um empreendimento caro.

Formar uma sebe

Mas, uma vez formada, uma cerca viva dura séculos, se for devidamente tratada. Para isso é necessário podá-la, ou seja, a cada cinco anos, aproximadamente, você deverá cortar, até a metade da espessura, a maior parte dos troncos e depois dobrá-los. Os troncos devem ser dobrados sempre na mesma direção e sempre em sentido ascendente, nos declives. Assim, os troncos ficam dobrados uns sobre os outros, ou mesmo, se possível, entrelaçados e seguros por estacas, para permanecerem sempre no devido ângulo. Às vezes o topo dos troncos é firmado com varas de aveleira ou de salgueiro. Com o tempo, o vime e as estacas apodrecem e desaparecem, mas a cerca vai crescendo e resistindo aos ataques dos animais.

A cerca viva é uma forma de cerca que exige muito trabalho, mas que compensa, pois dura indefinidamente. Além disso, tem um aspecto atraente, abriga as aves e pequenos animais e protege do vento, um aspecto muito importante em regiões ventosas. Antigamente, sem maior trabalho, era também fonte de lenha miúda, utilizada para aquecer os fornos de pão e para outros fins, sem falar nas amoras silvestres. É fácil consertar as cercas velhas, dobrando-as e plantando, aqui e ali, alguns pés para preencher os buracos.

Muros de pedra seca

Se existirem pedras já cortadas na sua região, haverá, provavelmente, muros de pedra seca. (Isso significa que as pedras não são ligadas por argamassa.) Se assim for, você terá de mantê-los. Se você ainda não os tiver, mas houver pedras no seu terreno, você poderá construir alguns. É um trabalho que lhe acaba com as costas, mas é de graça. Você precisará de toneladas de pedra, muito mais do que imagina. Além disso, é preciso ter jeito e senso de perspectiva. Primeiro você deverá cavar uma vala para o alicerce, de fundo nivelado. Em seguida, vá colocando cuidadosamente as pedras, ajeitando os lados de modo que fiquem verticais e dispondo-as de modo que preencham todos os buracos. Estes muros são bastante resistentes aos animais. Dão muito trabalho e necessitam de reparações de tempos em tempos.

Cercas em pedra

É possível construir um muro que seja um misto de muro de pedra e cerca. São encontrados em zonas onde as pedras são naturalmente arredondadas, ou em forma de seixo, e nunca retangulares, como nas regiões calcárias. Constroem-se dois muros com inclinação bastante pronunciada, ou seja, inclinados um para o outro. Os buracos entre as pedras são preenchidos com turfa, e o espaço entre os dois muros é preenchido com terra. Planta-se, então, em cima, uma cerca viva. Um ou dois anos depois, essa turfa e a terra estão cobertas por grama, ervas daninhas e pequenos arbustos. Esses muros são muito verdes, mas, francamente, não oferecem grande resistência aos animais. Se você examinar cem desses muros, garanto que em noventa encontrará uma ou mesmo duas fiadas de arame farpado, ou até tela contra as ovelhas. Na verdade, essas cercas em pedra não são muito boas; portanto, se tiver alguma, reforce-a com arame farpado, se quiser manter seus animais dentro de limites.

Cercas de vime

Se você conseguir obter estacas das suas próprias árvores, uma cerca de vime fica de graça, exceto quanto à mão de obra; são relativamente rápidas de construir, mas não duram muito. Enterram-se estacas afiladas, em intervalos de cerca de 20 cm, entrelaçando-se ou tecendo-se vergas flexíveis de salgueiro, aveleira, azevinho, hera, silva ou outras trepadeiras, entre as estacas, de modo que se forme uma cerca contínua. O material que se entrelaça logo seca, racha e apodrece; portanto, será preciso acrescentar material novo; as próprias estacas, se não são de castanheiro, de carvalho ou de outra madeira resistente, apodrecem em poucos anos e quebram. Nas regiões em que as estacas e mourões são caros, ou difíceis de obter, esse tipo de cerca é uma extravagância.

Mourões e vigas

Uma cerca de mourões, ou estacas, e travessas é mais forte e, a não ser que você possa obter madeira das suas árvores, é mais econômica. Consiste em estacas fortes, de madeira resistente ou então de madeira macia, tratada com creosoto, bem enterradas no solo, com vigas de madeira pregadas às estacas. Diz-se que o antigo presidente dos EUA Abraham Lincoln começou a vida como cortador de vigas de madeira. As vigas que ele rachava seriam para cercas do tipo mourão e viga, pois nos seus dias o arame, esse invento maravilhoso, ainda não tinha começado a se espalhar pelo mundo, e os novos imigrantes da América do Norte precisavam de grandes extensões de cercas. Os mourões e vigas eram a grande solução. Uma variante deste tipo é a cerca em ziguezague, cujos mourões eram colocados em

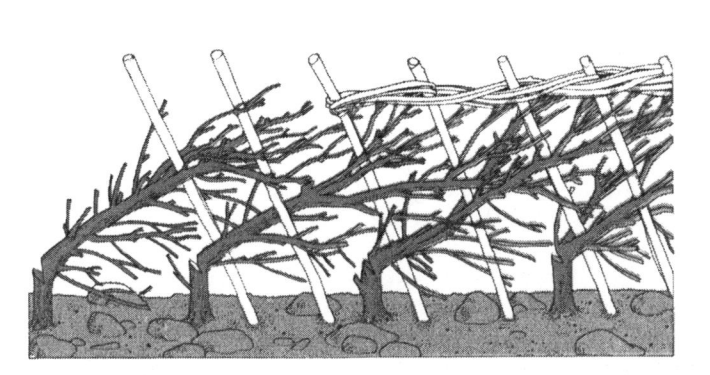

Os frutos da terra

Construção ou conserto de uma sebe
Corte a sebe, deixando somente arbustos sólidos com cerca de 30 cm de intervalo. Use uma luva de couro na mão esquerda. Dobre cada um dos troncos e, com uma podadeira, corte-os até a metade da espessura, perto do pé. Coloque cada tronco meio cortado em posição quase horizontal e tente enfiar sua extremidade sob a do tronco do lado, de modo a mantê-lo em posição. Tome cuidado para não quebrar os troncos por completo. Pegue as estacas que você acabou de cortar da sebe e enterre-as, fazendo-as passar através dos ramos de cada arbusto. Entrelace as extremidades das estacas com ramos flexíveis, como de aveleira ou de salgueiro. Quando as estacas apodrecerem, a cerca viva já estará bem firme.

Limpeza da sebe
As sebes muito densas podem ser desbastadas com uma foice roçadeira (à esquerda). Limpe a vegetação menor com uma foice, mas tenha um pedaço de pau na mão esquerda para ajudar, senão poderá perder um dedo.

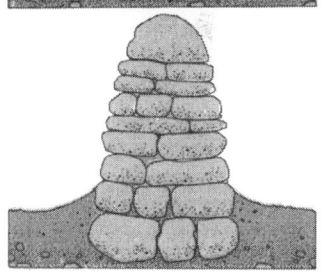

Utilização da pedra
Um muro de pedra seca em boas condições é mais que uma sebe, no que diz respeito aos animais. Para isso você precisará de pedras bastante uniformes e regulares. Cave uma vala de cerca de 20 cm que, bem nivelada, servirá para assentar os alicerces. Coloque as pedras, empilhando-as ordenadamente. Assegure-se de que todos os lados estão bem a prumo, ficando as junções das pedras desencontradas. Se houver grandes pedras redondas em sua propriedade, você poderá construir uma espécie de sebe de pedra. Construa dois muros de pedra, distanciados um do outro cerca de 30 cm, e inclinados um para o outro. Preencha as fendas entre as pedras com turfa; preencha o espaço vazio entre os dois muros com terra e plante uma sebe em cima.

ziguezague. Assim se obtinha uma maior firmeza lateral. Mas é claro que era necessária maior quantidade de madeira.

Arame

O construtor de cercas viu seu sonho realizado com a invenção do arame de aço galvanizado, que podia ser arame simples (em geral muito resistente), arame farpado ou tela. O arame simples só é eficaz se esticado. O arame farpado é mais eficaz se esticado, mas, muitas vezes, um ou dois fios de arame farpado, presos mais ou menos ao acaso a uma velha cerca caída, é a única coisa que existe entre os animais e uma lavoura valiosa. A tela é muito eficaz, mas, hoje em dia, extremamente dispendiosa. A tela de malha retangular é a mais forte e recomendada para uma cerca permanente, mas é incômodo mudá-la de lugar muitas vezes: a tela de malha em losangos é bem menos resistente, mas aguenta ser constantemente enrolada e deslocada, sendo assim ideal para currais de ovelhas.

Esticar o arame
Se você comprar um esticador de arame, rapidamente descobrirá como utilizá-lo. No entanto, há várias maneiras de improvisar um. Uma ferramenta muito utilizada para esse fim, na África, consiste num pau bifurcado de 60 cm de comprimento, com um prego de 15 cm, fixo por agrafos, mesmo por baixo da bifurcação. O arame a ser esticado é inserido por baixo do prego e enrolado duas vezes em volta deste, para ficar bem preso. Vai-se esticando o arame girando o pau e utilizando a bifurcação como a cabeça de uma torneira. A tensão final é obtida utilizando-se o pau como uma alavanca, sobre o mourão do canto. Você poderá assim esticar pequenas porções de arame; no entanto, se a quantidade a esticar for grande, você precisará empregar um esticador de arame propriamente dito, a não ser que você estique completamente o arame com a ajuda de um trator.

Se você esticar seus arames num dia frio de inverno, é muito provável que tenha de esticá-los novamente no verão, pois o

Sebes e cercas

calor dilata o metal. Na prática, você poderá esticar o arame puxando-o de lado, para fora da linha da cerca, fixando-o a uma árvore com um outro pedaço de arame. Os chefes de explorações agrícolas consideram este processo anacrônico, mas, mesmo assim, é útil, especialmente quando se tenta fazer com que uma cerca seja resistente ao gado, e quando se está nos confins de uma propriedade, num dia em que chove a cântaros. Se você não puder empregar um esticado de arame para obter o mesmo efeito, poderá fazer só um pouco de força, utilizando uma estaca como alavanca, ou utilizando uma roldana, ou, então, aproveitando a força de um cavalo ou de um trator; muitos agricultores utilizam o método do trator. Mas não estique demais o arame. Se você exercer tensão exagerada, a camada galvanizada quebrará, reduzindo a resistência do arame: ponha sempre em prática aquilo que o seu bom-senso ditar.

Escorar as cercas

Uma cerca esticada vale tanto quanto a resistência dos seus mourões de arrimo. Um esticador de arame, do tipo que você poderá obter nas lojas ou pedir emprestado a um vizinho, pode exercer uma tensão de duas toneladas e, se multiplicarmos esse número pelo de arames presos à sua cerca, obteremos uma tensão suficiente para arrancar do solo qualquer mourão de canto, a não ser que este esteja devidamente escorado. Você poderá escorar uma cerca com um mourão de arrimo, ou seja, um mourão colocado diagonalmente em relação ao mourão do canto, de modo a suportar essa tensão. O próprio mourão de arrimo é mantido na sua posição por uma pedra ou por um mourão ou estaca menor. Como alternativa, a tensão poderá ser suportada por um arame esticado, atado a uma pedra bem enterrada no solo. Pode-se ainda aperfeiçoar o sistema, empregando-se a escora em quadrado, que é a mais eficaz (ver figura).

Lembre-se de que, se você prender um arame a uma árvore que ainda não seja adulta, esta irá dobrar-se gradualmente, e, em consequência, a tensão da sua cerca se afrouxará. De qualquer modo, não é conveniente prender os arames às árvores: os agrafos e os arames acabam sendo absorvidos pela árvore que vai crescendo e um belo dia acabam quebrando a lâmina da serra de algum infeliz. Neste aspecto, poucos de nós podemos estar completamente tranquilos.

Cercas elétricas

Existem baterias para cercas que funcionam com pilhas secas de 6 volts, ou com acumuladores de 12 volts, ou, ainda, com aparelhos que se ligam à corrente elétrica e alimentam as cercas até uma distância de mais de 30 km! Para vacas basta um só fio, à altura das ancas; também, um só fio a 30 cm do solo manterá afastados os porcos, se estes estiverem habituados. Até que eles se habituem, coloque dois fios. Os fios elétricos não precisam ser muito fortes nem muito esticados. Basta que estejam enrolados à volta dos isoladores e em pequenas estacas; tudo isso pode ser montado ou deslocado em questão de minutos.

A cerca elétrica proporciona ao agricultor um controle ideal sobre seu gado e seu terreno, dando possibilidade de atingir um maior nível de eficácia na agricultura.

Grades de madeira

As ovelhas não respeitam a cerca elétrica; seria necessário um sistema de tela eletrificada, que não só é muito caro como também difícil de obter. Assim, sempre que se quiser conduzir ovelhas para um campo forrageiro, constroem-se cercas de madeira (ver ilustração). Fica mais barato que comprar tela. É necessário, para isso, conseguir madeira que se possa rachar: castanheiro ou freixo. Se você empregar freixo, deverá tratá-lo com creosoto. Para construir as cercas de grades de madeira, enterre uma estaca no local onde as duas grades se devem encontrar e amarre as grades à estaca com uma corda. Para transportar as grades, junte tantas quantas puder carregar, enfie uma estaca no meio delas e coloque-as.

Escora em quadrado
Uma cerca só pode ser considerada verdadeiramente segura se seus arames estiverem esticados, subentendendo-se que estes podem exercer uma tensão de mais de 1 t. A não ser que estejam bem escoradas, as estacas de canto serão completamente desenterradas pela tensão exercida por meia dúzia de arames esticados. A escora em quadrado é a melhor de todas. Arame resistente mas flexível (em geral nº 8) liga a pedra-âncora enterrada à segunda estaca. Uma travessa encaixada nesta última sustenta as duas estacas de canto, às quais estão presos os arames.

Dez âncoras num terreno
Cada seção de uma cerca de arame esticado necessita de uma escora, e esta só suporta a tensão num sentido. São necessárias, portanto, duas escoras para cada ângulo do seu terreno e mais uma para cada um dos lados da porteira.

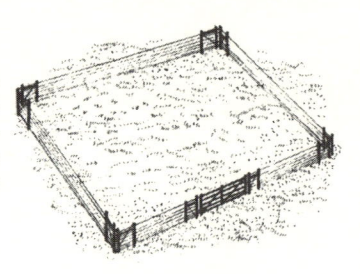

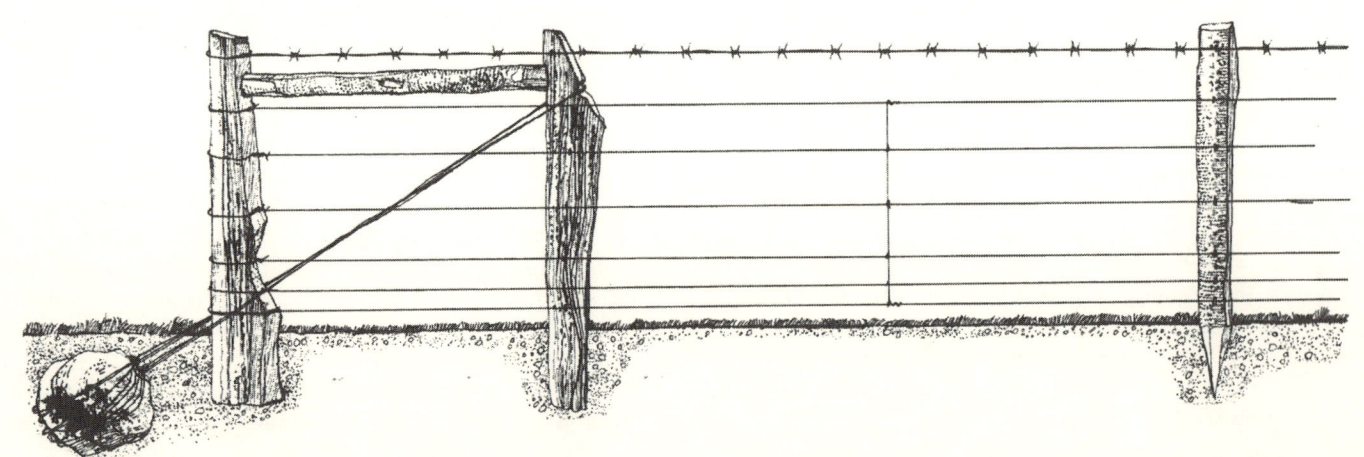

Os frutos da terra

Porteira

A melhor madeira para fazer uma porteira resistente ao gado, para o pasto ou curral, é o freixo ou o castanheiro. Empregue parafusos para juntar as quatro traves que formam a estrutura principal. Faça o mesmo para as dobradiças. Empregue pregos de 15 cm para todas as outras juntas. Faça os buracos para os pregos, assim como para os parafusos, com uma broca e aplique creosoto em todos os furos. Se você tiver uma forquilha, poderá utilizá-la como dobradiça inferior, mas terá de aplicar uma porca e parafuso no pé da forquilha para evitar que a madeira se rache. As ripas diagonais constituem elementos de compressão que mantêm a forma do conjunto e devem ser pregadas conforme mostra a figura.

Grades de madeira

As grades compõem cercas móveis que poderão ser feitas por você mesmo com qualquer madeira que rache. Utilize encaixes para juntar as ripas horizontais às ripas verticais, pontiagudas. Assegure-se de que as extremidades das ripas horizontais exercem sobre os encaixes uma pressão vertical, e não lateral. Caso contrário, as ripas verticais tenderão a rachar. Você poderá aplicar pregos grossos nas juntas para segurá-las, ou então empregar cavilhas de madeira. Pregue as travessas. Faça todos os furos com broca para a madeira não rachar. Para montar as grades estacadas, enterre no solo as estacas e amarre as grades a elas, com cordas.

Grades

As grades podem ser feitas com vergas de aveleira ou salgueiro, entrançadas nas estacas. Coloque no chão uma viga de madeira com os devidos furos, para poder segurar as estacas enquanto você faz o trabalho de entrançamento.

Cercas de mourões e vigas

As estacas devem ser resistentes e estar bem enterradas. Bata os pregos até atravessarem de um lado a outro e firme-os.

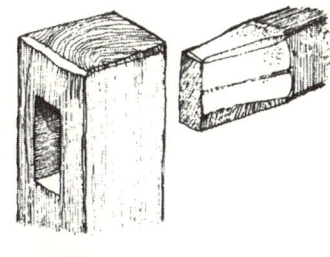

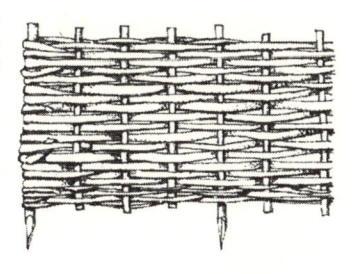

Tela de arame

A tela de arame pode ser muito útil, mas também é sempre muito dispendiosa. Com a tela de malha retangular (à direita) dá para fazer uma cerca permanente, excelente, e, acompanhada de uma fiada de arame farpado, é totalmente à prova de gado. A tela de malha em losango (embaixo) é menos resistente, mas pode ser desmontada e montada novamente, fator essencial quando se trata de um cercado para ovelhas.

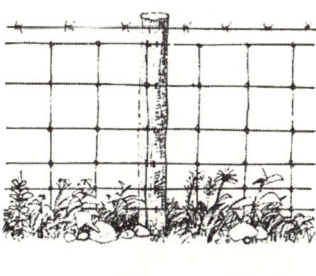

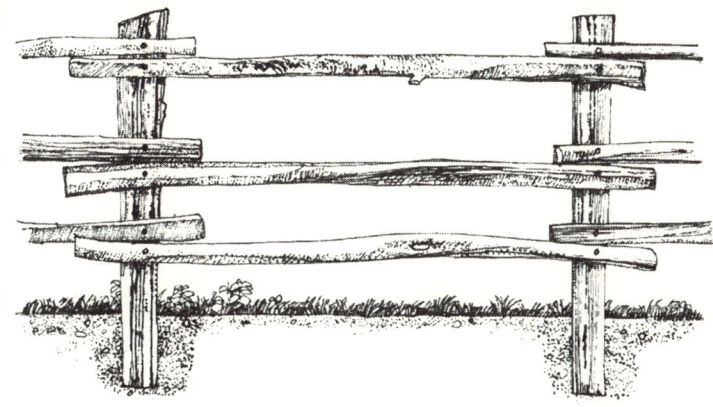

Os frutos da terra

Cavalo ou cavalo-vapor

Existem três tipos de força que você poderá utilizar para operar seus instrumentos agrícolas: os tratores agrícolas, os microtratores e os animais.

Os tratores agrícolas são muito grandes, de preço exorbitante, a não ser que sejam muito velhos, de manutenção muito dispendiosa, e não se ajustam às características de pequenos pedaços de terra ou chácaras, pois, ao circular e rodar em espaços reduzidos, as rodas do trator compactam o solo e, consequentemente, o inutilizam. Algumas vezes já fui obrigado pelas circunstâncias a utilizar um trator agrícola numa horta, e sempre me arrependi.

Um microtrator é completamente diferente. É leve, mais leve que um cavalo, não compacta o solo e é relativamente barato, tanto para comprar como para manter. Trabalha bem os cantos e entre os sulcos. Pode ser também, muitas vezes, adaptado para vários fins; um dos tipos mais comuns corta grama – tanto por meio de uma lâmina com movimento de vaivém como por meio de uma lâmina circular –, serra madeira, aciona todos os tipos de pequena maquinaria agrícola, revolve a terra, lavra, monda, puxa pequenos reboques. Muitas dessas tarefas poderiam ser feitas à mão, a maior parte das vezes tão ou mais rapidamente; comparado a um trator agrícola ou a um cavalo, o microtrator é extremamente lento.

Com um microtrator pode-se lavrar 1,5 ha por dia; com um trator agrícola é possível lavrar 2,5 ha, seja qual for o tipo do solo. Com um cavalo você poderá lavrar 0,25 ha, e 0,5 com dois cavalos. Mas um cavalo só puxará um pequeno arado e só poderá lavrar terra arável. Serão necessários dois bons cavalos para lavrar terra de pastagem. Com um microtrator seriam precisos vários dias para lavrar 0,5 ha, e você acabaria por se aborrecer com o barulho intenso e monótono da máquina. Ele poderá ainda revolver a terra, mas o motocultivador deixa grandes blocos de terra.

Os tratores apresentam duas vantagens principais: não comem nem bebem quando não estão trabalhando, e não é preciso esgotar seu terreno para lhes fornecer alimentação. Mas você terá de pagar para alimentá-los, mesmo que seja muito pouco, como no caso dos motocultivadores. Por outro lado, o cavalo, o melhor exemplo de tração animal, apresenta a vantagem de não precisar de combustível comprado fora da propriedade: pode ser totalmente abastecido pelos seus terrenos. Além disso, tem outra vantagem: pode reproduzir-se. Não é provável que se venha a inventar um trator capaz de se reproduzir. Mas um trator agrícola é capaz de acionar uma serra circular ou qualquer outra máquina agrícola (moinho, cortador de palha etc.) com muita eficiência. Também se pode adaptar a ele um poderoso guincho

Tratores agrícolas e microtratores
Se não há cavalos, um trator agrícola é essencial em qualquer propriedade com mais de 5 ha. E o microtrator facilitará o trabalho que qualquer horta requer, seja qual for seu tamanho. Existem dois tipos: os que têm rodas e os que se movimentam por meio de dentes. Tanto um como outro dão bons resultados, mas, se a propriedade for suficientemente grande, o primeiro é mais rápido e mais versátil.

Os frutos da terra

Fontes de tração
A fonte de tração mais potente, o trator agrícola, é, como seria de prever, a mais cara, tanto para aquisição como para manutenção. E o mais barato, o infeliz do burro, é um animal de tração muito fraca e é mais lento que qualquer outro. Para o homem que vive em autonomia, o cavalo parece ser a solução mais evidente. Custa só um décimo do preço do trator agrícola e é muito provável que dure mais tempo. De qualquer maneira, se você tiver sorte e se organizar bem, o cavalo se reproduzirá antes que acabe a vida útil dele. Trabalha depressa e é um bom animal de tração. Como combustível utiliza aquilo que você cultiva. Seus filhos vão brigar para poderem cuidar do cavalo, enquanto, com o trator, pode ter a certeza de que mais ninguém quererá ocupar-se dele. As fontes de tração aqui comparadas (da esquerda para a direita) são: trator agrícola, microtrator, cavalo, mula, burro e boi.

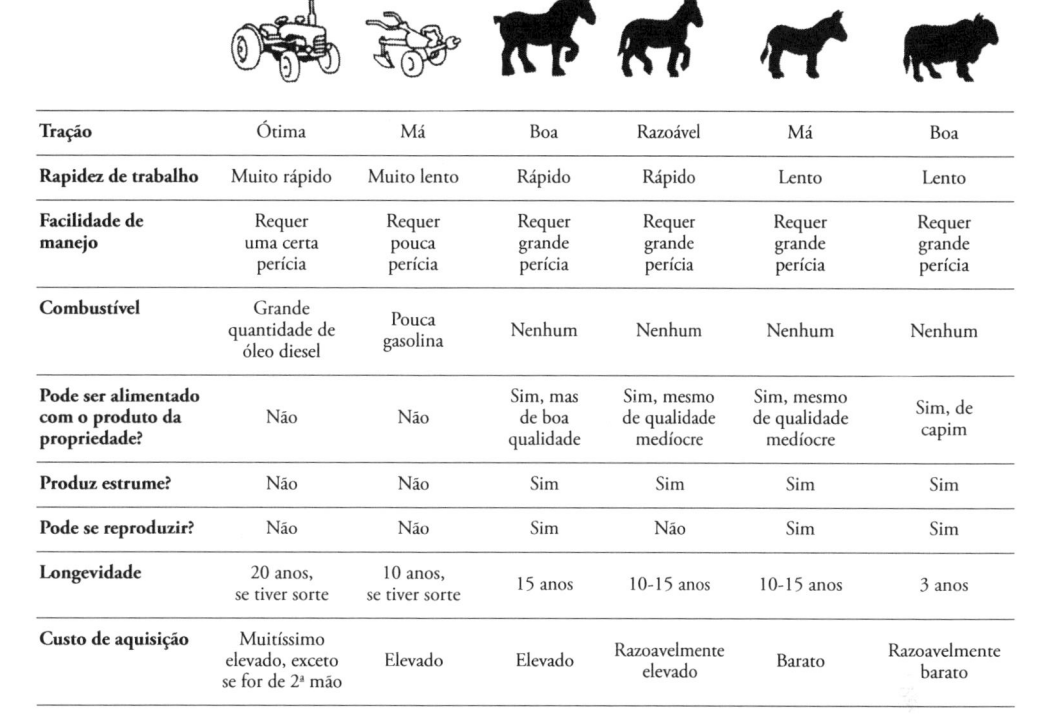

	Trator	Microtrator	Cavalo	Mula	Burro	Boi
Tração	Ótima	Má	Boa	Razoável	Má	Boa
Rapidez de trabalho	Muito rápido	Muito lento	Rápido	Rápido	Lento	Lento
Facilidade de manejo	Requer uma certa perícia	Requer pouca perícia	Requer grande perícia	Requer grande perícia	Requer grande perícia	Requer grande perícia
Combustível	Grande quantidade de óleo diesel	Pouca gasolina	Nenhum	Nenhum	Nenhum	Nenhum
Pode ser alimentado com o produto da propriedade?	Não	Não	Sim, mas de boa qualidade	Sim, mesmo de qualidade medíocre	Sim, mesmo de qualidade medíocre	Sim, de capim
Produz estrume?	Não	Não	Sim	Sim	Sim	Sim
Pode se reproduzir?	Não	Não	Sim	Não	Sim	Sim
Longevidade	20 anos, se tiver sorte	10 anos, se tiver sorte	15 anos	10-15 anos	10-15 anos	3 anos
Custo de aquisição	Muitíssimo elevado, exceto se for de 2ª mão	Elevado	Elevado	Razoavelmente elevado	Barato	Razoavelmente barato

para arrancar ou plantar árvores; poderá puxar um grande reboque ou carroça, poderá cavar buracos para colocar postes; poderá também fazer funcionar um braço de escavadeira e cavar valas (mas só por si). É, portanto, muito versátil.

Talvez se possa resumir assim toda essa complicação: se você só tiver uma horta, um microtrator terá valia, pelo menos se não quiser fazer tudo à mão – o que, aliás, seria possível se tivesse tempo disponível. Não pense que o microtrator facilita necessariamente o trabalho, pois existem alguns bastante difíceis de manejar.

Se você tiver pelo menos 2 ha e gostar de cavalos, um cavalo servirá muito bem. Quando o seu terreno estiver desbravado, quer o tenha feito utilizando animais, quer um trator agrícola emprestado, qualquer cavalo será perfeitamente capaz de mantê-lo, de limpá-lo e, além disso, de proporcionar a você muitas horas de prazer. Por outro lado, um microtrator mais potente fará o trabalho igualmente bem, mesmo que não seja tão agradável. Um cavalo consome, por ano, a produção de 0,5 ha de boa terra ou então de pouco mais de um hectare, se o solo não for tão rico. Não se deixe desanimar por aqueles que afirmam que o cavalo só converte esta ou aquela porcentagem do alimento ingerido em energia. Um cavalo não desperdiça sequer um grama do que come: aquilo que não converte em energia é devolvido à terra sob a forma de bom estrume. Numa pequena propriedade, você poderá até mesmo pensar em manter um cavalo comprando-lhe feno e aveia, ou milho. Assim você estará comprando fertilidade para sua propriedade.

Se você tiver 5 ou 7 ha, ou mais, e puder comprar um trator agrícola de segunda mão que esteja em bom estado e seja barato, e se você souber como proceder à sua manutenção, este poderá poupar-lhe muito trabalho. Por outro lado, dois bons cavalos poderão fazer o mesmo serviço, mas demorarão três vezes mais.

Entre os outros animais de tração incluem-se bois, mulas, burros, elefantes, búfalos, lamas, iaques, camelos e renas; mas os únicos que poderão ser cogitados para o agricultor da Europa ou da América do Norte são o boi, a mula e talvez o burro.

O boi é um bom animal de tração. É muito mais lento que o cavalo, mas exerce, lentamente, uma tração muito potente. Há cavalos que têm tendência para "arrancar" com uma carga pesada e quebrar coisas, e já vi bois ajoelharem-se com o peso de um carro atolado na areia ou na lama, exercendo um esforço de tração formidável. Após esgotar sua vida de trabalho, o boi transforma-se em carne, e os cavalos se desvalorizam; mas são necessárias duas pessoas para lidar com os bois, enquanto, com os cavalos, só é necessária uma. Reduzindo tudo a um nível mais acessível, dois bois fazem o mesmo trabalho que um cavalo, puxam um pequeno arado ou uma grade para culturas sachadas ou uma pequena carroça, mas quatro bois o fariam muito melhor.

As mulas são muito resistentes, especialmente em climas quentes e secos (detestam lama e umidade constante). Andam depressa, puxam com força, contentam-se com uma alimentação mais modesta que a do cavalo, mas, na minha opinião, são muito antipáticas. Puxam menos bem que um cavalo de porte, têm tendência a "arrancar", dar coices, morder e, de modo geral, comportam-se muito mal. E chega!... Não pretendo receber centenas de cartas dos leitores que gostam das mulas.

Os burros exercem alguma tração, mas andam muito devagar, e em geral é muito difícil obrigá-los a trotar. Podem ser utilizados (assim como as mulas e os pôneis) para carregar cargas em terrenos demasiadamente escarpados para que neles possam passar carroças. Um burro não puxa grande coisa; na melhor das hipóteses, uma pequena grade. Minha opinião sobre os burros – e já fiz muitas centenas de quilômetros com eles – é que se pode tê-los, e até reconheço seu valor, em certos casos.

Os frutos da terra

O cavalo de tração

O cavalo de tração é um animal que tem grande nobreza e também grande beleza. Se você pretende lavrar meio hectare por dia, todos os meses, com uma parelha de cavalos, precisa de cavalos de tiro, pesados e potentes, tais como o ardenês, o bolonhês, o flamengo, o percherão, o suffolk e o clydesdale: são animais enormes, que pesam mais de 500 kg, consomem grandes quantidades de aveia e requerem cuidados especiais. Mas você que vive em autossuficiência com certeza não irá lavrar mais de meio hectare por dia, e só de vez em quando. Poderá, também de vez em quando, querer ir ao mercado de carroça, montar a cavalo e ensinar seus filhos a montar. Se este for seu caso, será conveniente um cavalo do tipo mais ligeiro. E se houver pouco trabalho pesado a efetuar, como, por exemplo, puxar um arado em terra arável ou um sachador, um cavalo ligeiro será suficiente. É um prazer montar, conduzir e agradar um cavalo.

Alimentação

Tal como os outros animais herbívoros, os cavalos devem ser alimentados frequentemente: pelo menos três vezes por dia enquanto trabalham, e deve-se dar a cada vez um mínimo de uma hora para comer. Além disso, se ficarem no estábulo durante a noite, deverá ser deixado também algum feno para irem mastigando; caso contrário, deverão ficar no prado.

Para cavalos de tração "não há nada como um bom feno", como diz o ditado; mas é essencial que seja, na realidade, um feno bom. O feno cheio de poeira faz com que percam o fôlego; o feno corolento lhes faz mal à saúde, e o feno fresco, com muito trevo, provoca-lhes diarreia.

Durante o verão, quando o pasto é bom, os cavalos podem ser alimentados exclusivamente de verdura. Eles pastam muito rente ao solo e é por isso que devem ser postos no pasto depois de as vacas terem comido o capim comprido; caso contrário, deve-se limitar o tempo que ficam no pasto. Não espere que um cavalo trabalhe arduamente ou seja resistente sendo alimentado exclusivamente de pasto. Os cavalos alimentados só com pasto tornam-se gordos e fracos. Para cada meio dia de trabalho, deve-se considerar que um cavalo alimentado com verdura necessita de um extra de cerca de 3 kg de aveia.

Durante o inverno, ou quando houver falta de verdura, o cavalo deve ser mantido no estábulo, podendo comer cerca de 7 kg de feno, 6 kg de aveia e também, talvez, alguns nabos ou cenouras, ou até beterraba-forrageira – isso enquanto for submetido a trabalho não muito pesado. Um cavalo grande, submetido a trabalho pesado, provavelmente precisará de mais aveia: talvez de uns 9 kg e ainda mais 9 kg de feno. Mas, de qualquer maneira, é preciso tomar cuidado para não lhes dar alimentação em excesso. Arrisca-se a matá-lo. Um cavalo pesado, dando só meio dia de trabalho, não deve receber a ração de um dia inteiro de trabalho. O feno não o prejudicará, mas a aveia sim. Um cavalo habituado a uma ração pesada e a trabalhos pesados poderá vir a morrer de uma doença chamada hemoglobinúria (sua urina escurece) se o trabalho for repentinamente cortado e a ração se mantiver a mesma. O velho método utilizado pelos nossos antepassados era de, na sexta-feira à noite, antes do descanso do fim de semana, dar aos cavalos uma papa de farelo (farelo são os resíduos da moagem do trigo, provenientes do pericarpo dos grãos; a papa é feita de farelo bem impregnado de água), em vez da ração de cereais, e depois só lhes dar feno, durante todo o fim de semana. Manter a ração de cereal durante o período em que o cavalo não está ocupado pode ser fatal. Do mesmo modo, não é justo exigir de um cavalo enfraquecido, ou seja, um cavalo que comeu verdura durante várias semanas, que comece imediatamente com trabalhos pesados. Se você tentar, verá que o cavalo transpira, bufa e não se sente bem. Deve, portanto, aumentar-lhe a duração do trabalho a cada dia, aumentando também a ração de cereais, e você verá que ele vai progressivamente aumentando a resistência.

Os feijões também são um bom alimento para cavalos, mas não devem constituir mais que 1/6 da sua ração de cereais. Também será bom arranjar palha ou feno, cortado em pequenos pedaços por um cortador de feno. Deve-se misturar essa palha com outros cereais, para fazê-los durar mais tempo.

Reprodução

As éguas podem ser levadas ao garanhão com 2 anos de idade (talvez seja preferível com 3 anos), e um cavalo pode fecundar uma égua desde os 2 anos dele. A gravidez dura pouco mais que 11 meses. Uma égua pode trabalhar normalmente durante os primeiros 6 ou 7 meses da gravidez; daí para diante dê-lhe trabalho cada vez menos duro, "acorrentada" (puxar um utensílio com correntes), até que dê à luz. Ela não deve fazer trabalho de tiro, presa a varais, quando a gravidez já estiver avançada-

O estábulo
Em climas temperados, você poderá deixar o cavalo ao ar livre durante todo o ano. Mas, com certeza, será necessário trazê-lo para dentro quando chegar a estação fria, ou então para lhe dar comida e tratá-lo. O estábulo ideal é aquele que tem boxes independentes para cada cavalo.

Retirar uma ferradura
Primeiro você deve acalmar seu cavalo, dando-lhe qualquer coisa para comer. Vire-se de costas para ele e pegue o casco com a mão esquerda, deslizando depois, lentamente, sua mão ao longo da perna do animal. Com um martelo, introduza uma cunha por baixo da ferradura para folgar os cravos. Limpe bem o casco com um ferro especial e depois, com a ajuda de um alicate, vá puxando a ferradura por toda a volta, até retirá-la por completo.

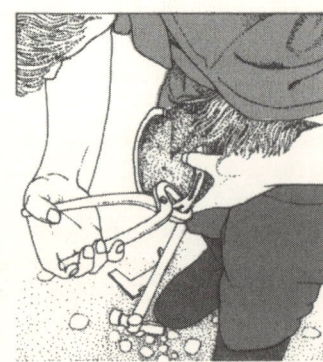

Os frutos da terra

O cavalo de tração

da, pois a pressão dos varais pode lhe fazer mal. Uma égua terá menos problemas em dar à luz se continuar a trabalhar do que se ficar parada, pois estará em melhores condições físicas. Se a égua for alimentada com verdura durante o inverno e não estiver trabalhando, dê a ela uma pequena ração de feno e, talvez, de aveia (nunca mais que 2 kg por dia), junto com a verdura de inverno. Durante o verão a verdura deve ser suficiente.

Depois de dar à luz, a égua não deve ser posta para trabalhar antes de, pelo menos, 6 semanas: amamentar a cria já é bastante. Após essas 6 semanas, a égua poderá efetuar trabalhos muito leves. Mas deve-se esperar de 4 a 6 meses, de preferência, antes de desmamar a cria. Uma vez desmamada a cria, retirada da companhia da mãe e mantida a distância de modo a não ser ouvida, a mãe deve ser posta imediatamente para trabalhar, para fazer secar o leite. Se você não pretender que a égua trabalhe, poderá deixar a cria com a mãe, até quando quiser. Se a cria for desmamada, deverá receber cerca de 2 kg de aveia por dia e mais 2 kg de feno.

Domar uma cria

Os potros devem ser castrados com cerca de 1 ano de idade, por um veterinário; é uma operação que não deve ser feita no verão, quando há muitas moscas, nem em tempo muito frio. Uma cria pode ser domada (treinada) com cerca de 2 anos e meio. Mas nunca é cedo demais para pôr um cabresto numa cria (mesmo no primeiro dia de vida), para que aprenda a andar com ele.

Para domar o potro, ponha-lhe um freio na boca e faça-o andar à sua frente; use um chicote e rédeas longas. Depois de já ter dado algumas lições, ponha-lhe um arreio. Quando o potro se habituar ao arreio, atrele-o a um objeto não muito pesado, qual seja, um tronco, ou uma grade, e obrigue-o a puxá-lo. Em seguida, ponha-o ao lado de um cavalo mais velho e faça-os puxar, por exemplo, um arado. Espere que o potro esteja bem calmo e habituado antes de fazer com que ele puxe com varais; assim, você evitará o risco de que ele não suporte ficar apertado entre varais nem ficar ouvindo o barulho da carroça.

Delicadeza, firmeza e bom-senso são as qualidades indispensáveis para domar um cavalo; e é essencial, sobretudo, que você não tenha medo do cavalo, pois, do contrário, o próprio cavalo pressentirá seu medo, e então você nunca conseguirá domá-lo. Se você tiver grandes problemas para domar um cavalo, experimente durante uma semana, ou mais, colocá-lo num boxe (cubículo onde ele não fica preso) separado dos outros; todos os dias fique um pouco com ele, conversando, dando-lhe de comer, agradando-o e aprendendo a conhecê-lo. Assim também ele irá se acostumando com você.

Ferração

Se um cavalo faz trabalhos pesados, talvez tenha de ser ferrado a cada 6 semanas. Os cascos crescem debaixo das ferraduras. Se estas não estiverem muito gastas, poderão ser retiradas e postas outra vez, depois de aparados os cascos. Ferrar um cavalo é um trabalho muito delicado. Qualquer cavaleiro deverá ser capaz de retirar as ferraduras de um cavalo, mas só uma pessoa muito experiente deverá pregá-las: é fácil aleijar um cavalo, talvez para o resto da vida, se se colocar um prego no lugar errado.

Como arrear um cavalo
1. Ponha um cabresto no cavalo para levá-lo até o local onde você irá arreá-lo. Depois tire o cabresto.

2. Tenha a coelheira à mão e o cabresto juntamente com o freio, pendurado em seu braço esquerdo; segure o cavalo pela parte superior do nariz e ponha-lhe a coelheira de cima para baixo. Depois prenda as correias à coelheira. Aperte-as em cima.

Os frutos da terra

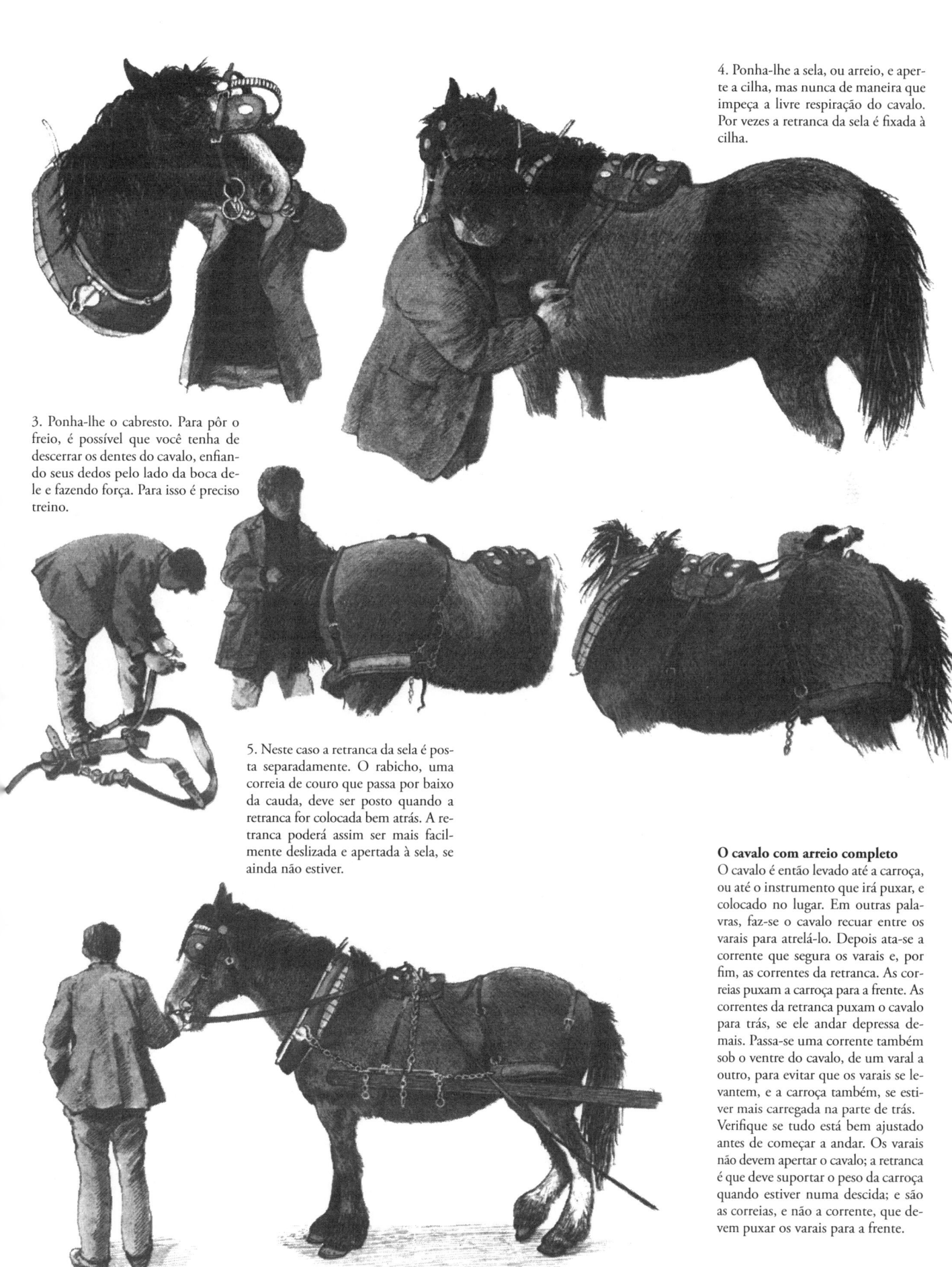

3. Ponha-lhe o cabresto. Para pôr o freio, é possível que você tenha de descerrar os dentes do cavalo, enfiando seus dedos pelo lado da boca dele e fazendo força. Para isso é preciso treino.

4. Ponha-lhe a sela, ou arreio, e aperte a cilha, mas nunca de maneira que impeça a livre respiração do cavalo. Por vezes a retranca da sela é fixada à cilha.

5. Neste caso a retranca da sela é posta separadamente. O rabicho, uma correia de couro que passa por baixo da cauda, deve ser posto quando a retranca for colocada bem atrás. A retranca poderá assim ser mais facilmente deslizada e apertada à sela, se ainda não estiver.

O cavalo com arreio completo
O cavalo é então levado até a carroça, ou até o instrumento que irá puxar, e colocado no lugar. Em outras palavras, faz-se o cavalo recuar entre os varais para atrelá-lo. Depois ata-se a corrente que segura os varais e, por fim, as correntes da retranca. As correias puxam a carroça para a frente. As correntes da retranca puxam o cavalo para trás, se ele andar depressa demais. Passa-se uma corrente também sob o ventre do cavalo, de um varal a outro, para evitar que os varais se levantem, e a carroça também, se estiver mais carregada na parte de trás. Verifique se tudo está bem ajustado antes de começar a andar. Os varais não devem apertar o cavalo; a retranca é que deve suportar o peso da carroça quando estiver numa descida; e são as correias, e não a corrente, que devem puxar os varais para a frente.

Os frutos da terra

Preparo da terra e semeadura

Se você jogar sementes sobre um solo cheio de mato, ou num bosque, a única coisa que poderá acontecer é que os pássaros as comam. Para ter a mínima possibilidade de sucesso, você deverá fazer duas coisas ao semear: eliminar a concorrência das plantas já existentes e revolver a terra para que as sementes penetrem bem. De fato, sempre que possível, deve-se enterrar a semente, embora não muito profundamente.

O método mais comum de preparação do terreno coberto por capim ou outra vegetação nativa é o de arar ou cavar. Quando tenho de arar um terreno de pastagem para semear cereais, faço-o de modo a revolver a terra o mais completamente possível, embora, mesmo assim, fique com sulcos. Depois, passo a grade de discos duas ou três vezes, no sentido dos sulcos, para não os demolir. Junto então os fertilizantes de que o terreno possa precisar, como cal ou fósforo. Passo mais uma vez com a grade de discos, mas, desta vez, perpendicularmente aos sulcos. Utilizo grade de discos porque ela corta os torrões duros em pedaços, em vez de arrastá-los como faria uma grade de dentes.

Uma passagem ou duas com a grade de dentes transforma a terra numa superfície homogênea. Não deverá ficar muito fina, se for destinada à semeadura de milho de inverno, nem se for destinada à semeadura de trigo ou de aveia de primavera. A cevada requer um terreno muito mais bem lavrado que qualquer um dos cereais anteriores.

Então, lanço a semente à mão, mas, se eu tivesse uma semeadeira, eu a utilizaria. Lembre-se de que, se a semente ficar enterrada muito fundo, perderá a força antes que seus brotos cheguem à superfície e acabará morrendo. Portanto, quanto menor for a semente, menos funda deverá ficar. Para calcular a profundidade, multiplico o diâmetro da semente por três. Passo então, mais uma vez, com a grade. E, para finalizar o processo de semeadura, dou uma passada com o rolo. Quando se tratar de culturas em linha, sache entre as linhas quando as plantas tiverem cerca de 5-10 cm de altura; depois você poderá esperar até a época da colheita.

"Não arar" e "não cavar"

Anda agora em moda a teoria "não arar" e "não cavar". Os defensores dessa teoria afirmam que o terreno nunca deve ser lavrado ou cavado, pois faz mal revolver a terra. Revolver a terra transforma a vida do solo, levando as bactérias de superfície tão para o fundo que elas acabam morrendo, e ao mesmo tempo os organismos que estavam mais no fundo morrem também, ao virem à superfície.

Os defensores dessa teoria obtêm ótimos resultados, desde que possuam grandes quantidades de adubo ou estrume animal para poderem enriquecer suas terras. As sementes são semeadas praticamente sob uma camada de adubo.

Minha experiência demonstra que, para transformar um terreno de pastagem em terreno de cultivo, é essencial a ação do arado. No ano seguinte, se ainda se quiser manter essa terra arável, bastará passar um cultivador, uma simples grade ou outro instrumento que trabalhe superficialmente. A ideia de espalhar quantidades maciças de adubo é ótima, desde que se tenha adubo. Mas a própria terra nunca poderá produzir matéria

1. Utilize um arado, e nunca os porcos
Não há nada que se iguale ao trabalho de um arado para transformar terras de pastagem em terras de cultivo, apesar de alguns autores levarem em conta o fato de os porcos deixarem o estrume na terra, o que é uma economia.

2. Em seguida passe a grade
Primeiro passe a grade de discos no mesmo sentido dos sulcos e, depois, transversalmente. Em seguida, passe uma grade de dentes para que o terreno fique convenientemente trabalhado e forme um bom leito para a semente que você for jogar.

3. Semear
Lançar a semente consiste em espalhar a semente sobre o solo, num gesto bíblico. A semeadeira, por sua vez, enterra a semente, para que esta fique ao abrigo dos ataques das aves.

Os frutos da terra

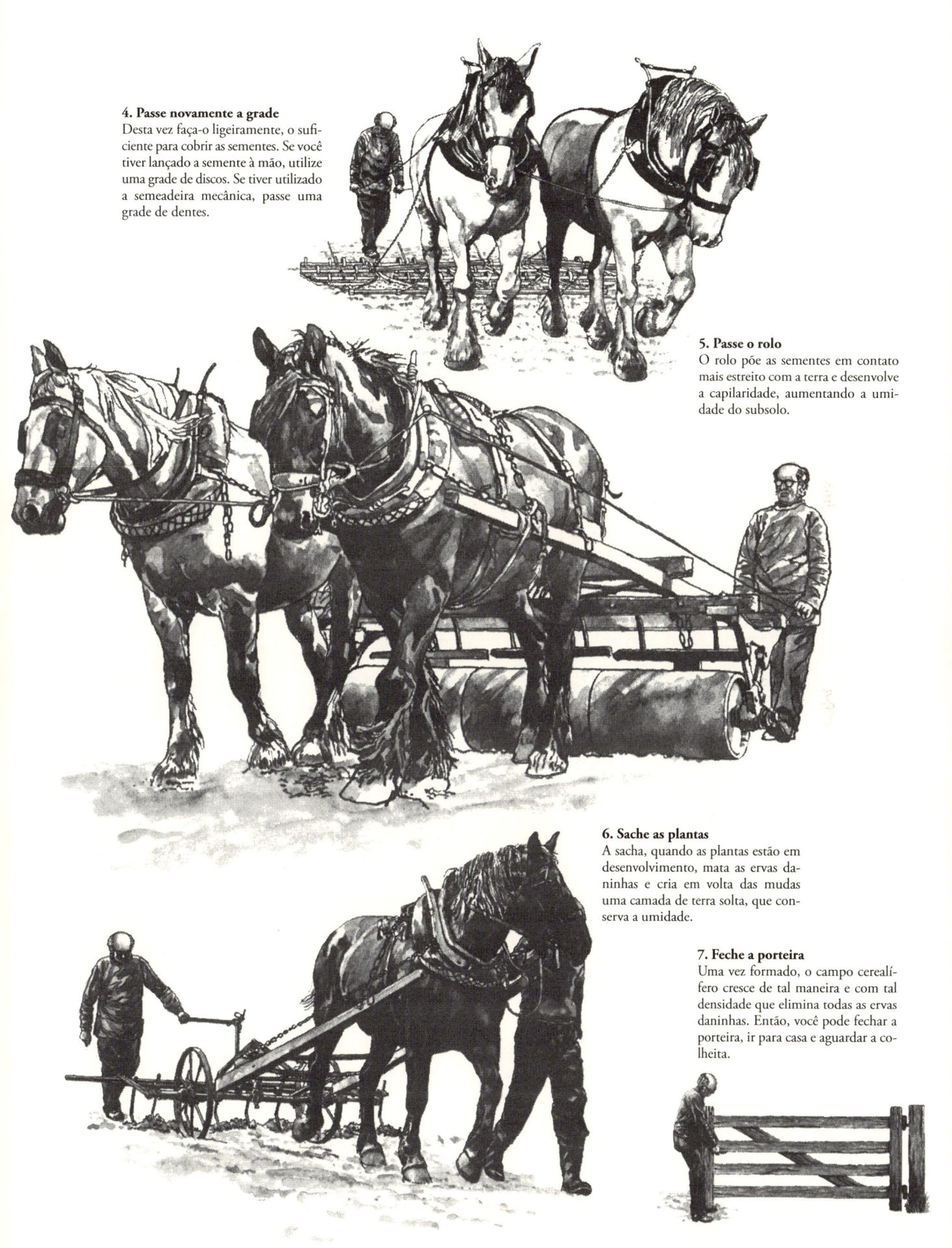

4. Passe novamente a grade
Desta vez faça-o ligeiramente, o suficiente para cobrir as sementes. Se você tiver lançado a semente à mão, utilize uma grade de discos. Se tiver utilizado a semeadeira mecânica, passe uma grade de dentes.

5. Passe o rolo
O rolo põe as sementes em contato mais estreito com a terra e desenvolve a capilaridade, aumentando a umidade do subsolo.

6. Sache as plantas
A sacha, quando as plantas estão em desenvolvimento, mata as ervas daninhas e cria em volta das mudas uma camada de terra solta, que conserva a umidade.

7. Feche a porteira
Uma vez formado, o campo cerealífero cresce de tal maneira e com tal densidade que elimina todas as ervas daninhas. Então, você pode fechar a porteira, ir para casa e aguardar a colheita.

Preparo da terra e semeadura

verde em quantidade suficiente para formar adubo que dê para cobrir esse terreno a uma profundidade suficiente, tendo você de obter esse material fora.

Arar

O arado usado no Ocidente desde a Idade do Ferro compõe-se de três elementos principais: seda, relha e aiveca (ver figura). Na África, Austrália e em certas regiões da América emprega-se um arado semelhante, o arado de disco. Este não deve ser confundido com a grade de discos. Consiste num grande disco de aço, bem côncavo, que é arrastado pelo solo em determinado ângulo. Esse ângulo é tal que a borda dianteira do disco faz o mesmo que uma sega, e a borda inferior o mesmo que uma telha; a concavidade do disco serve de aiveca. É um arado especialmente eficaz em terrenos ruins.

Utilização do arado não reversível

Se você pensar bem no que se passa quando se vai para o campo trabalhar com um arado não reversível, compreenderá que não é tão fácil assim lidar com ele. Suponha que você vá para o meio de um dos lados do terreno e lavre um sulco. O que é que você vai fazer quando chegar ao fim? Se der meia-volta com o cavalo ou o trator, e fizer o mesmo no outro sentido, ou você irá novamente percorrer o mesmo sulco que acabou de lavrar (de maneira que vai ficar exatamente na mesma situação em que começou), ou você irá lavrar o lado oposto, formando-se assim uma pequena leiva, constituída por duas faixas de terreno apoiadas uma na outra, e sob o qual se encontra terra não lavrada.

O modo de evitar essa faixa de terreno não lavrado consiste em lavrar o primeiro sulco, depois dar meia-volta e voltar a lavrá-lo com a terra que lhe fica por baixo. Dê meia-volta outra vez e lavre o sulco seguinte contra os dois primeiros. Assim você terá formado uma leiva e continuará à volta dessa leiva lavrando sempre seu novo sulco, contra a leiva anterior. Você constatará então que estará afastando-se cada vez mais da leiva inicial e que, de cada vez, terá de dar a volta a ela. Verifica-se, assim, que terá de percorrer uma distância enorme, ao longo das extremidades do terreno, para chegar ao local onde irá lavrar um sulco. Portanto, o que fazer?

Pois bem, vá um pouco mais longe, ao longo da extremidade do terreno, e lavre um novo sulco-padrão – assim se cha-

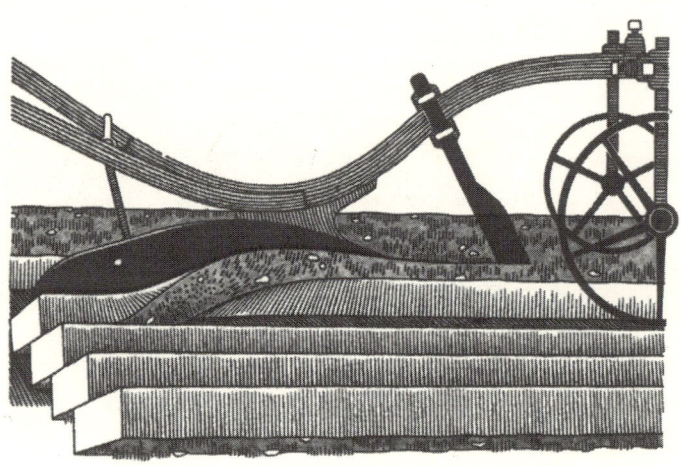

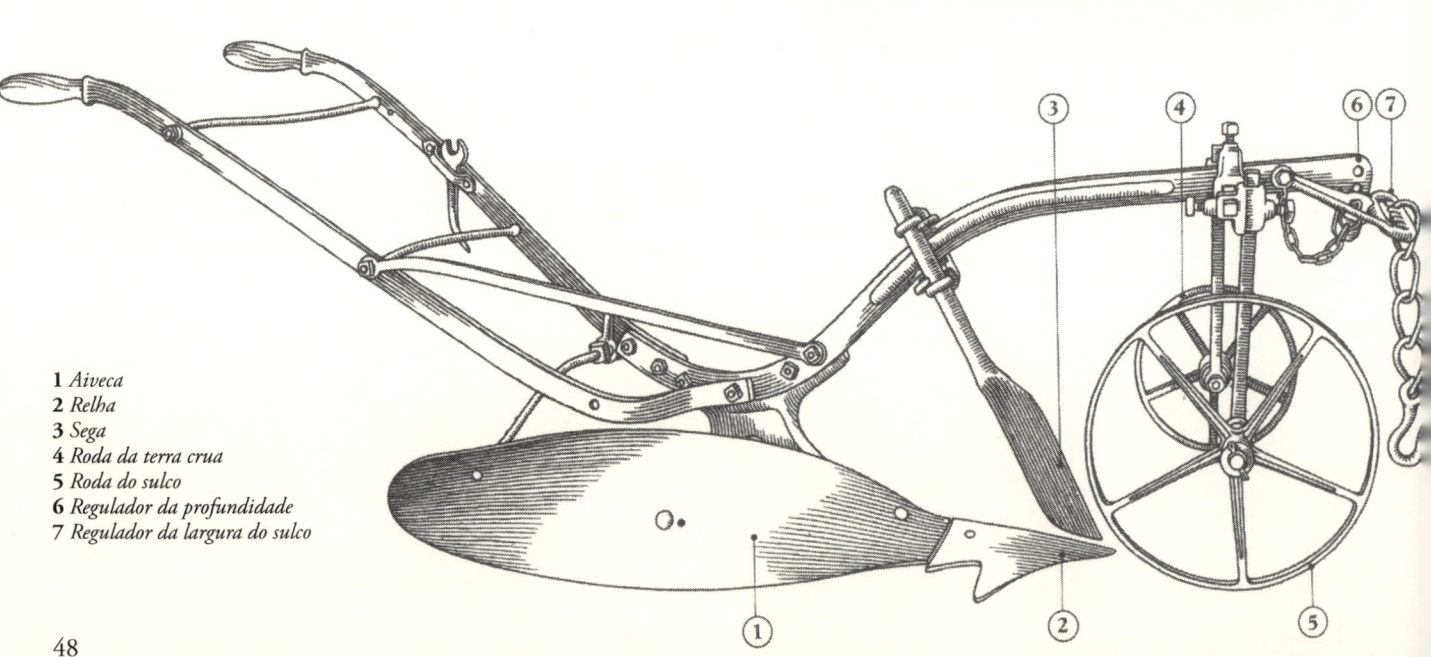

Arado de tração animal (um cavalo ou uma junta de bois)
É o arado clássico, composto de três peças essenciais: a sega, que é uma espécie de faca vertical, ou ligeiramente inclinada, que tem por fim abrir caminho, fazendo um sulco vertical; a relha, que é uma lâmina que corta em profundidade, sob o sulco a ser lavrado; e a aiveca, de madeira ou de metal, que revira a leiva de terra cortada pelas duas peças anteriores e a coloca contra a leiva de terra anterior. A roda maior do arado segue pelo sulco, enquanto a menor desliza na "terra crua". Os dois reguladores servem para determinar a profundidade e a largura de trabalho. Certos arados possuem também uma roçadeira de superfície que avança à frente cortando e revolvendo a vegetação de superfície.

Como funciona o arado
Como se pode ver pela figura da direita, um arado bem regulado corta uma leiva retangular de terra e revira-a quase por completo, de modo que se apoie contra a anterior.

1 *Aiveca*
2 *Relha*
3 *Sega*
4 *Roda da terra crua*
5 *Roda do sulco*
6 *Regulador da profundidade*
7 *Regulador da largura do sulco*

Os frutos da terra

ma o primeiro sulco lavrado num dado terreno – e faça uma nova leiva; vá trabalhando em volta dessa nova leiva. Logo que você chegar ao último sulco da primeira leiva, volte atrás, passando à frente do segundo, e comece uma terceira leiva. E assim por diante. Em geral essas leivas se fazem de 20 em 20 m. Chama-se a esse processo lavrar por retalhos.

Assim, por fim, você acabará ficando com um terreno com sulcos paralelos, havendo entre eles leivas também paralelas. Em outras palavras, a terra dos sulcos foi retirada e colocada em leivas. Se você fizer isso, ano após ano, obterá um terreno de sulcos bem marcados. Em solos úmidos e pesados, esse tipo de terreno apresenta uma vantagem: os sulcos cavados ao longo da encosta do terreno facilitam o escoamento das águas, enquanto as culturas ficam em plano superior ao do nível das águas. No entanto, na maior parte das regiões, seria criminoso lavrar no sentido da encosta. Esse processo provocaria a erosão.

Arado reversível

Se você pretende facilitar sua vida e não encher seu terreno de leivas, existe outro arado que corresponde às suas necessidades: o arado reversível ou de vaivém. Este é composto de duas aivecas, uma que sulca o solo e a outra que fica no ar. Uma faz o sulco para a direita e a outra para a esquerda. Com esse arado, basta lavrar um sulco, dar meia-volta, virar as aivecas para que mudem de posição e lavrar no sentido oposto. Evitam-se assim todas as complicações do sulco-padrão, dos acidentes do terreno etc. Quando você terminar seu trabalho, terá um terreno praticamente plano. Muitos dos arados de trator, hoje em dia, são desse tipo, e o famoso arado Brabant, tão utilizado na Europa, puxado por cavalos ou bois, é também um arado reversível. O arado Brabant é um instrumento fantástico. Tenho um pequeno, de tração a cavalo, que vale seu peso em ouro.

A propósito, a velha teoria de que é necessário revolver o solo bem a fundo, para poder enterrar todos os resíduos, está cada vez mais desacreditada. Os agricultores biológicos, mesmo na Inglaterra e nos Estados orientais dos EUA, preferem deixar o adubo composto ou estrume sobre o solo, em vez de enterrá-lo com o arado. É um fato que a enorme população de vermes que se encontra em solos há algum tempo tratados organicamente arrasta consigo toda a matéria vegetal para o solo, sem precisar da sua ajuda. Com exceção do meu batatal, tenho cada vez mais deixado o estrume na superfície e revolvido o solo o menos possível. Mas, quaisquer que sejam suas teorias, na prática o agricultor se vê, às vezes, forçado a lavrar ou arar.

Semear

Em agricultura, e sobretudo no que diz respeito às semeaduras, não existem regras fixas. Examine bem o solo após cada opera-

O arado reversível tipo Brabant
O famoso Brabant é o melhor arado de tração animal jamais inventado. Quando devidamente regulado, não é preciso que o lavrador o segure; o anel metálico superior serve para passar as rédeas. A grande vantagem desse arado, e de todos os arados reversíveis, é ter duas lâminas. Uma revira o sulco para a direita e outra, para a esquerda. Lavra-se um sulco, dá-se meia-volta e viram-se as lâminas, como mostra a figura da direita; o sulco seguinte cairá para o mesmo lado que o primeiro. Assim se evitam todos os problemas de leivas e sulcos-padrão.

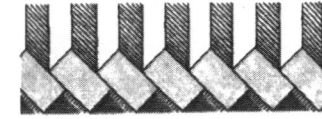

Lavrar com arados não reversíveis e arados reversíveis
Com um arado não reversível (em cima, à esquerda), lavre o primeiro sulco, dê meia-volta e volte lavrando a terra que ficou sob o primeiro sulco. Isso quer dizer que se revirou novamente o primeiro sulco, ficando o segundo por cima do primeiro. Dê novamente meia-volta e lavre a parte do outro lado do primeiro sulco, revirando-o contra os dois primeiros, formando uma leiva. Vá lavrando à volta dessa leiva, de tal modo que os sulcos fiquem todos virados para ela, apoiando-se uns nos outros. Faça uma nova leiva, a uma distância razoável da primeira, a cerca de 20 m de distância, e recomece. O arado reversível (em cima, à direita) evita todas essas complicações. Invertendo as lâminas quando se chega ao extremo do terreno, pode-se simplesmente voltar para trás; lavra-se, assim, de um extremo ao outro do terreno, ficando todos os sulcos inclinados para o mesmo lado.

Preparo da terra e semeadura

ção e tenha sempre em mente as necessidades da semente e da planta. Se a semente ficar a pouca profundidade, as aves irão comê-la, ou então, se o solo for seco e poeirento, ela secará. Se ficar muito profunda, a semente irá utilizar toda a sua força para fazer o broto chegar à luz do dia, acabando por morrer antes que os raios vivificantes do sol lhe possam fornecer nova energia. Se o solo for úmido demais, a semente ficará asfixiada; se for muito lamacento, irá impedi-la de desenvolver raízes e brotos. A própria planta precisa de solo solto que permita a circulação do ar e a penetração da água.

E lembre-se de que a temperatura é muito importante para a germinação da semente. Colocar a semente em solo muito frio só servirá para vê-la apodrecer, ser comida pelas aves ou, ainda, para ela ficar asfixiada pelas ervas daninhas que venham cercá-la. Se você semear tarde demais, terá uma colheita também tardia e escassa.

Monda
Depois de semear ou plantar uma cultura, é preciso mantê-la limpa, o que, para os agricultores, quer dizer eliminar as ervas daninhas. Certas culturas não necessitam desse processo, pois crescem rapidamente e com grande densidade, eliminando, elas mesmas, as ervas daninhas, negando-lhe luz e terra. Muitas vezes não é necessário mondar as culturas de cereais. Existem dois modos de efetuar esse trabalho: o manual e o mecânico. O sacho manual é, simplesmente, uma lâmina colocada sobre um cabo e que serve para cortar através da primeira camada do terreno. A sacha mecânica consiste na utilização de um instrumento que consta de uma série de lâminas colocadas de modo que possam ser puxadas, entre as linhas da cultura, por animais ou trator. Sua função é limpar a terra entre as faixas. Não pode ser feita entre as plantas, pois até agora ainda não foi inventada nenhuma máquina que saiba distinguir entre uma erva daninha e uma planta de cultura; para isso será sempre necessário o homem. Assim, mesmo que você utilize a sacha mecânica, terá, depois, de mondar à mão, pelo menos uma vez.

É preciso fazer ainda outra consideração sobre a sacha. Não só ela tem por objetivo matar as ervas daninhas, como também criar uma camada de terra solta. Essa camada conserva a umidade do solo, pois quebra as gretas capilares pelas quais a água poderia vir à superfície. É bonito ver uma camada de terra solta, sem torrões, em vez de um revestimento duro e liso. Não é me-

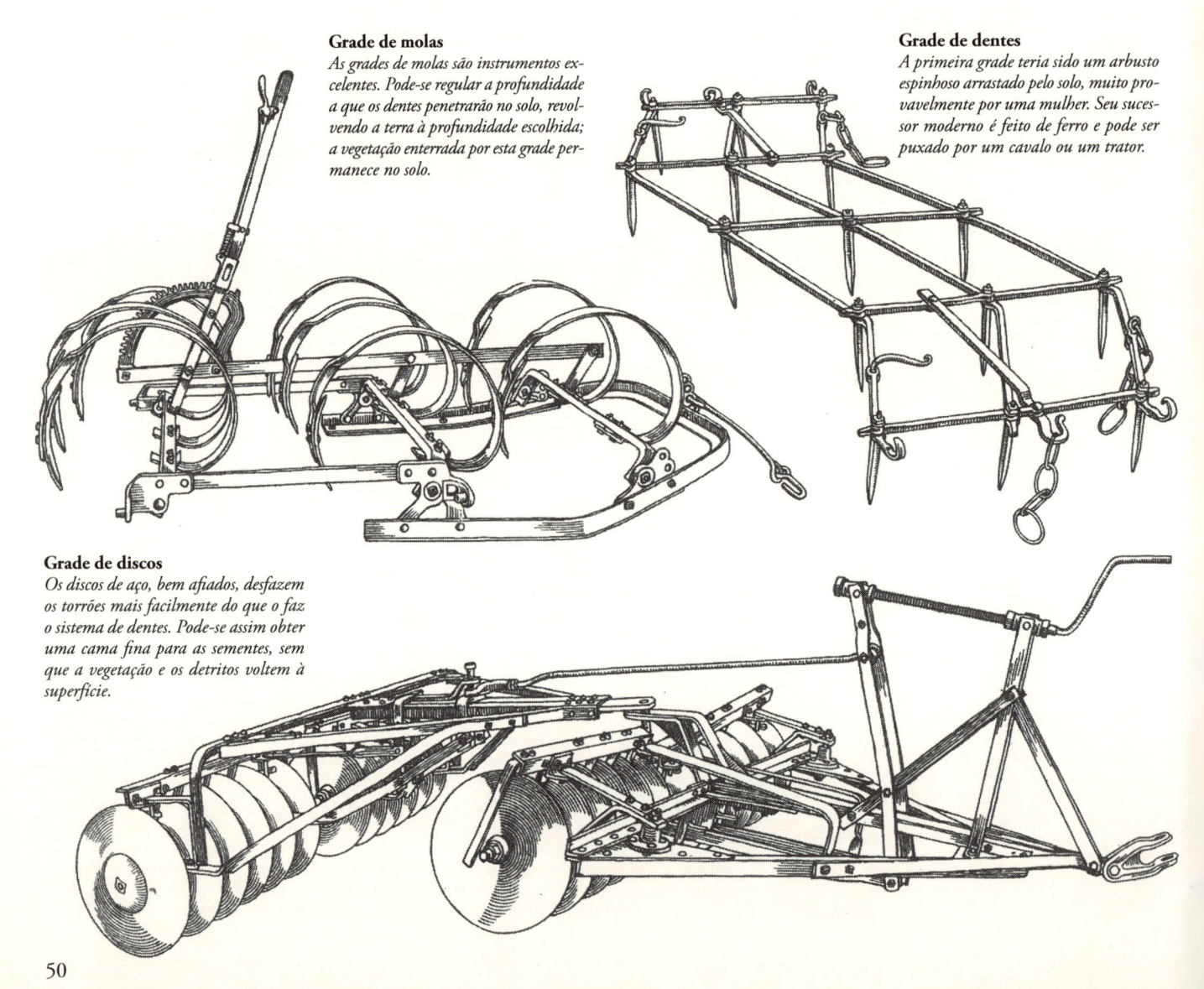

Grade de molas
As grades de molas são instrumentos excelentes. Pode-se regular a profundidade a que os dentes penetrarão no solo, revolvendo a terra à profundidade escolhida; a vegetação enterrada por esta grade permanece no solo.

Grade de dentes
A primeira grade teria sido um arbusto espinhoso arrastado pelo solo, muito provavelmente por uma mulher. Seu sucessor moderno é feito de ferro e pode ser puxado por um cavalo ou um trator.

Grade de discos
Os discos de aço, bem afiados, desfazem os torrões mais facilmente do que o faz o sistema de dentes. Pode-se assim obter uma cama fina para as sementes, sem que a vegetação e os detritos voltem à superfície.

Os frutos da terra

nos verdade que certas culturas, tais como a cebola e a família das couves, preferem os solos firmes, mas, uma vez que suas raízes estejam desenvolvidas, é preferível revolver ligeiramente a superfície à sua volta. Este processo deixa que o ar e a chuva penetrem na terra, enquanto evita que a umidade natural do solo venha à superfície e se evapore muito rapidamente. Em Suffolk há um velho ditado da região que diz que "mondar faz tão bem como uma boa chuva". A experiência mostra-o bem, mas, apesar disso, nunca se deve sachar em excesso.

Ervas daninhas

A resposta do "agricultor homem de negócios" às ervas daninhas nas culturas em linha é a monda química, efetuada utilizando-se herbicidas seletivos ou herbicidas de pré-emergência e pós-emergência. Nós, os agricultores biológicos, não os utilizamos, pois é difícil acreditar que seja bom pulverizar o solo, ano após ano, década após década, com produtos que são nada mais nada menos do que venenos. O sacho pode fazê-lo não só tão bem como ainda melhor.

As ervas daninhas foram definidas como "plantas mal situadas". Na realidade, elas só estão mal situadas do ponto de vista do agricultor. Do ponto de vista delas mesmas, é muito provável que se sintam no local certo. Mas não seja paranoico em relação a elas. É bem verdade que as ervas daninhas podem arruinar uma cultura, pois elas são muito mais vigorosas e bem adaptadas ao seu meio ambiente que nossas culturas, produzidas artificialmente. Mas, também, em certas circunstâncias elas não são prejudiciais, e sim benéficas. Um solo nu, sem nenhuma cultura, deve ser um anátema para o agricultor. Uma boa cobertura de ervas daninhas é tão boa como uma cultura de adubo verde. O adubo verde é qualquer cultura que se planta só para enterrá-la depois. Morrião, grama ou outras ervas daninhas são tão eficazes quanto estrume verde. E no verão, quando as ervas daninhas se multiplicam por mais que você as sache ou arranque, se você as deixar na terra para apodrecerem, compreenderá até que ponto elas são benéficas; formam uma espécie de cama que recobre o solo e impede que os ventos os ataquem. Depois apodrecerão, e os vermes acabarão por enterrá-las, convertendo-as assim em húmus.

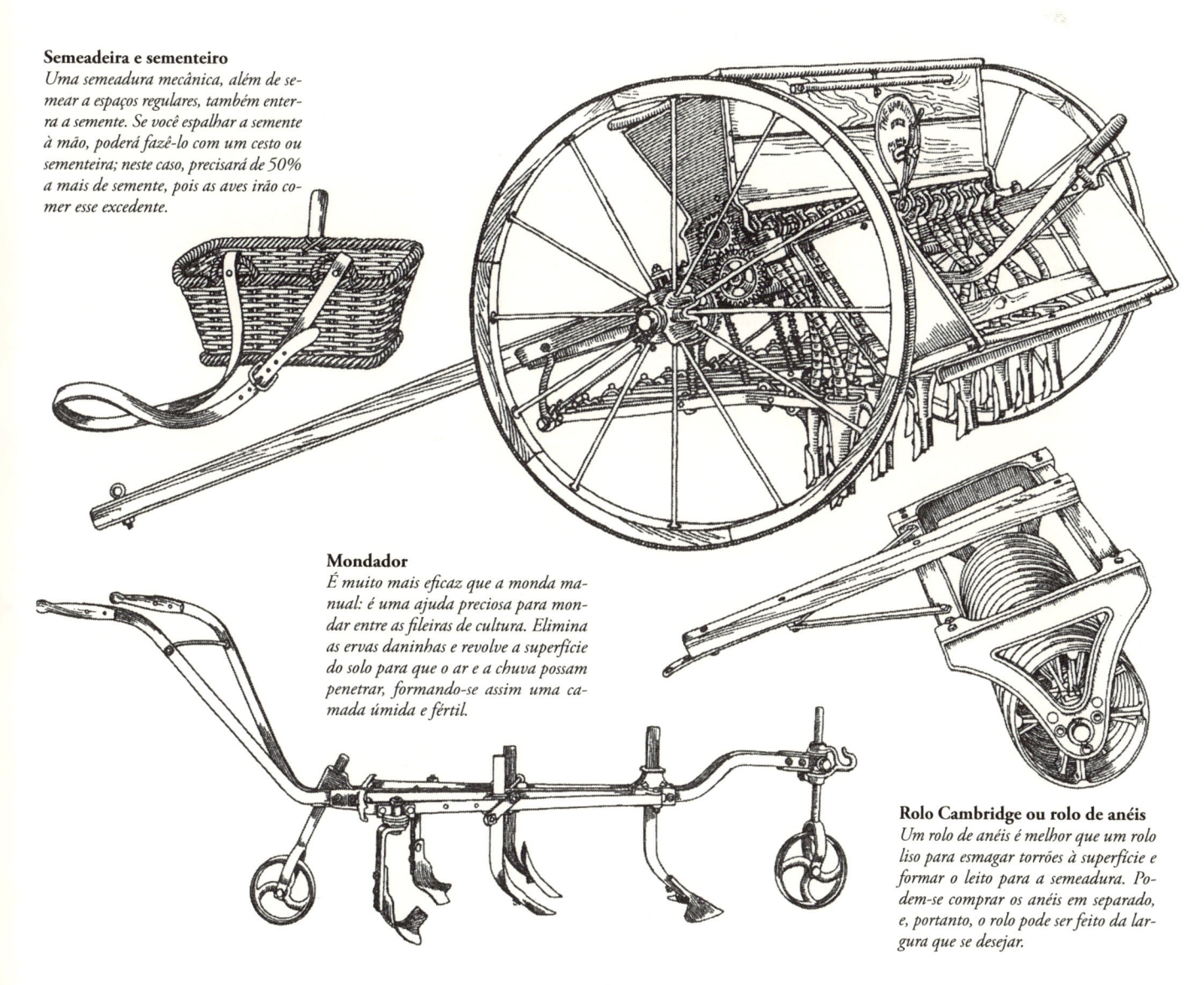

Semeadeira e sementeiro
Uma semeadura mecânica, além de semear a espaços regulares, também enterra a semente. Se você espalhar a semente à mão, poderá fazê-lo com um cesto ou sementeira; neste caso, precisará de 50% a mais de semente, pois as aves irão comer esse excedente.

Mondador
É muito mais eficaz que a monda manual: é uma ajuda preciosa para mondar entre as fileiras de cultura. Elimina as ervas daninhas e revolve a superfície do solo para que o ar e a chuva possam penetrar, formando-se assim uma camada úmida e fértil.

Rolo Cambridge ou rolo de anéis
Um rolo de anéis é melhor que um rolo liso para esmagar torrões à superfície e formar o leito para a semeadura. Podem-se comprar os anéis em separado, e, portanto, o rolo pode ser feito da largura que se desejar.

Os frutos da terra

Colheitas

A apoteose do ano são as colheitas; e quem não souber apreciá-las não será capaz de apreciar nada. O agricultor transpira e trabalha com seus amigos e vizinhos para colher e guardar os frutos de um ano de labuta. O trabalho é duro, quente, às vezes barulhento, quase sempre divertido e às vezes recompensado diariamente por algumas canecas de cerveja caseira.

Todos os cereais, com exceção do milho, são colhidos exatamente do mesmo modo. Quando a cultura está madura, mas não tão madura a ponto de largar prematuramente o grão, cortam-se os caules. Essa operação pode ser feita com foice, alfanje, ceifeira-enfardadeira ou ceifeira-debulhadora.

Ceifar um campo de cereais à foice é um trabalho extremamente árduo. Um alfanje manejado por uma pessoa hábil poderá ceifar cerca de um hectare por dia, e, se você puder adaptar um ancinho a ele, irá amontoando o cereal ceifado, formando molhos. Afie a lâmina constantemente com uma pedra de afiar.

A ceifeira, quer seja de tração animal ou mecânica, ceifará relativamente depressa um terreno, deixando-o totalmente coberto pelo cereal ceifado, sendo então necessário reuni-lo em feixes. A ceifeira-enfardadeira amarra os feixes, mas é uma máquina grande e desajeitada, muito pesada, exigindo grande esforço de tração, e é difícil de manejar. Se você cultivar cereal somente para o seu consumo e da sua família, não será necessário cultivar mais que meio hectare. Para uma área tão pequena não vale a pena, de maneira nenhuma, ter uma ceifeira-enfardadeira, nem vale a pena pedir uma emprestada.

Feixes

Os feixes são molhos de tamanho tal que seja fácil você manejá-los, amarrados ao meio ou por um fio ou por um punhado dos próprios caules do cereal. Para atar por este último método, esfregue as duas extremidades dos caules, a fim de torná-los maleáveis; envolva com eles o feixe, que você terá firmado entre as pernas; torça as duas extremidades ao mesmo tempo e depois enfie a ponta torcida entre o feixe e esse fio improvisado (ver figura). A ceifeira-enfardadeira amarra seus próprios feixes com cordão.

Moreias

Depois percorra o terreno e amontoe os feixes em moreias. Normalmente uma meda compõe-se de seis ou oito feixes. Pegue dois feixes e encoste os topos um ao outro, para que não caiam. Encoste mais dois ou três pares contra os dois primeiros. Deixe as moreias ao sol e ao vento, para que os grãos possam secar.

Medas

Em climas úmidos é hábito formarem-se grandes medas, que são a forma intermediária entre as moreias e as pilhas. Para isso, colocam-se em pé num círculo uns vinte feixes inclinados para dentro. Depois começa-se a construir outro círculo em cima do primeiro, começando pelo meio. Se você preferir, poderá também construir em espiral. Coloque os feixes dessa segunda camada mais horizontalmente, com as espigas viradas para o centro. Para evitar que esses feixes escorreguem, apanhe alguns caules de cada feixe e prenda-os nos feixes vizinhos.

1. Ceife o cereal
Se ceifar à mão é mais fácil, é mais rápido utilizar o alfanje que a foice.

2. Amarre-o em feixes
Pegue uma braçada de cereal e amarre-a bem apenada ao meio com um fio ou um punhado de caules de cereal.

3. Forme moreias
Encoste seis ou oito feixes, uns contra os outros, para formarem uma moreia. Deixe-a secar durante 1 semana ou mais.

Os frutos da terra

4. Forme a pilha
Amontoe seu cereal numa pilha antes que chegue o mau tempo: esta pode ser circular ou retangular. Cubra-a com colmo ou com um toldo para protegê-la da chuva.

5. Malhe seu cereal
Para malhar seu cereal à mão, é melhor fazê-lo com um mangual, que é constituído por dois paus de comprimentos diferentes, ligados entre si por uma tira de couro. Mas você poderá simplesmente bater seu cereal contra qualquer superfície dura para fazer com que o grão saia das espigas.

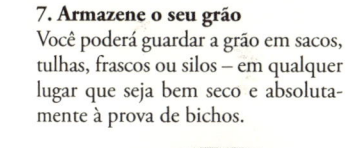

6. Joeire o grão
Para separar a grão das impurezas, pode-se empregar o velho método de atirar tudo na direção do vento. As impurezas mais leves voarão para mais longe, enquanto o grão, mais pesado, cairá mais perto.

7. Armazene o seu grão
Você poderá guardar a grão em sacos, tulhas, frascos ou silos – em qualquer lugar que seja bem seco e absolutamente à prova de bichos.

Colheitas

Proceda de modo que o centro da meda fique sempre mais alto que as bordas exteriores. Vá empilhando, uma camada sobre a outra, inclinando-as sempre um pouco para dentro, de modo que a meda se eleve como uma torre. Ela será coroada por quatro feixes, com as espigas para cima ondulando ao vento como se fossem bandeiras. É lindo. E a chuva que porventura cair deslizará pela palha inclinada até o solo.

Pilhas

Antes que cheguem as fortes rajadas de vento do inverno, você deverá mudar seus cereais para o celeiro, onde deverá colocá-lo em pilhas. Se não tiver muito espaço, são mais práticas as medas circulares; colocam-se os feixes horizontalmente, com as espigas para dentro, em camadas, mantendo o centro bem firme e ligeiramente mais elevado que a parte de fora. Desta vez, você deverá trabalhar a partir do centro da medida, e não amontoar, como fez antes; procederá assim até o princípio do topo. Nessa altura você deverá inclinar muito mais os feixes para formar o telhado. Deverá então cobrir essa meda com colmo (ver p. 241) ou com um toldo impermeável. Os cereais conservam-se bem durante anos, em medas como essa, desde que sejam bem-feitas e que não entrem ratos. Para afastar os ratos deve-se construir a meda sobre uma plataforma elevada, montada sobre pedras de apoio, arredondadas.

Os cereais guardados em moreias, medas ou pilhas vão amadurecendo e secando contínua e naturalmente. Portanto, dão um grão melhor que o ceifado e debulhado por uma esteira debulhadora.

Debulha

Em seguida, você deverá malhar seus cereais. Este processo consiste em fazer o grão soltar e cair das espigas, batendo-as. Pode-se fazê-lo batendo com as espigas contra as costas de uma cadeira, passando-as por um cilindro debulhador, batendo-as com um mangual, ou deixando-as ser pisadas por cavalos ou bois. No Sri Lanka são os homens que malham o arroz, pisando-o; seguram-se a um corrimão horizontal de apoio e cantam em altos brados.

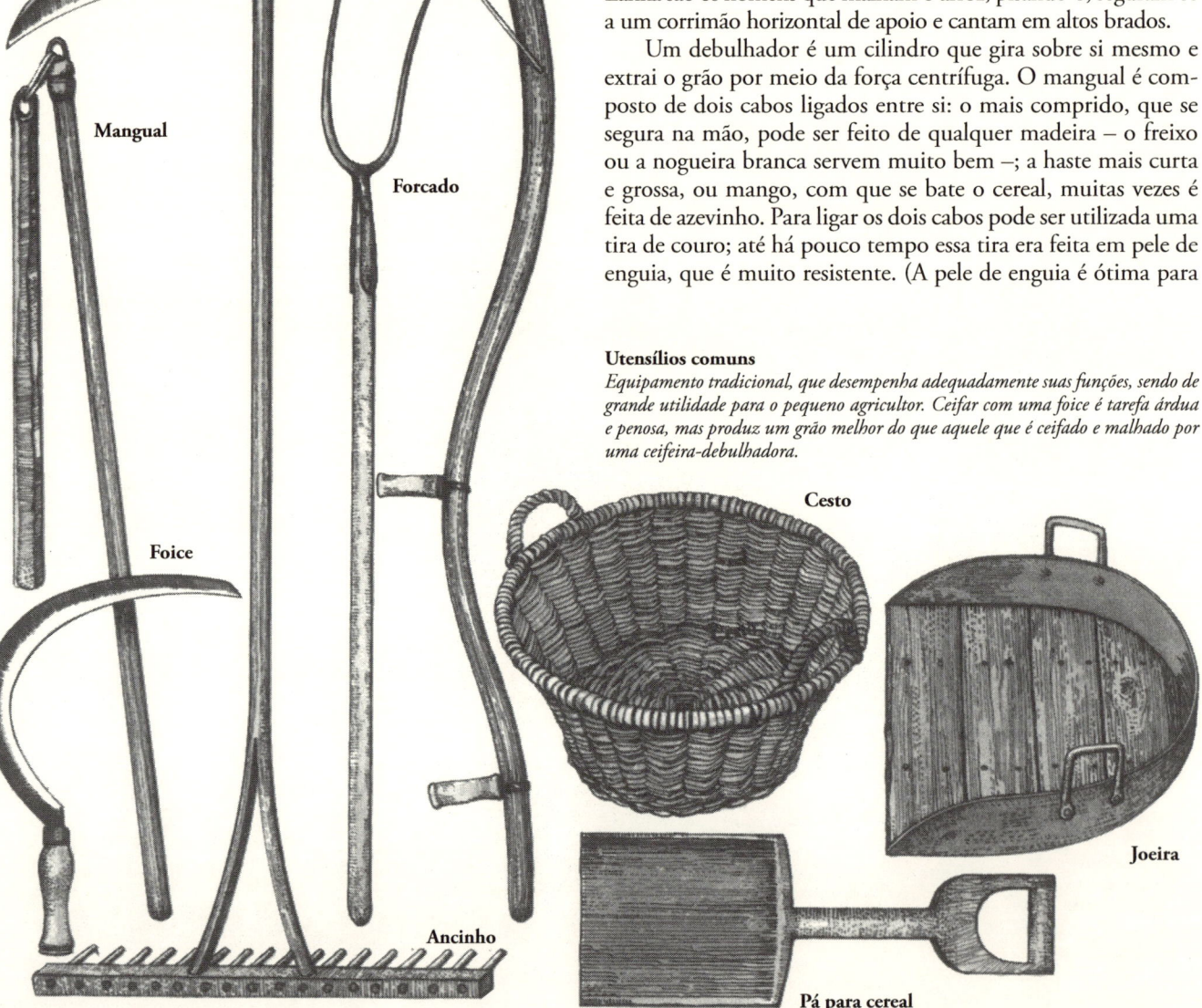

Um debulhador é um cilindro que gira sobre si mesmo e extrai o grão por meio da força centrífuga. O mangual é composto de dois cabos ligados entre si: o mais comprido, que se segura na mão, pode ser feito de qualquer madeira – o freixo ou a nogueira branca servem muito bem –; a haste mais curta e grossa, ou mango, com que se bate o cereal, muitas vezes é feita de azevinho. Para ligar os dois cabos pode ser utilizada uma tira de couro; até há pouco tempo essa tira era feita em pele de enguia, que é muito resistente. (A pele de enguia é ótima para

Utensílios comuns
Equipamento tradicional, que desempenha adequadamente suas funções, sendo de grande utilidade para o pequeno agricultor. Ceifar com uma foice é tarefa árdua e penosa, mas produz um grão melhor do que aquele que é ceifado e malhado por uma ceifeira-debulhadora.

Os frutos da terra

fazer dobradiças de couro.) Com o mango tenta-se malhar horizontalmente sobre as espigas do cereal.

Joeirar

Depois de ter malhado o cereal, você deverá joeirá-lo. O método tradicional requer um pouco de vento; o cereal, ainda misturado com impurezas, ou seja, pedaços de espiga e de palha, sementes de abrolho etc., é jogado para cima, na direção do vento. Todos os detritos mais leves são levados pelo vento, enquanto o grão cai em montes no chão. O bom-senso lhe dirá que você deve joeirar sobre um chão bem limpo, ou sobre um toldo ou lona. O joio, aquilo que voa para longe, pode ser dado como forragem aos animais, depois de misturado com palha.

A máquina de joeirar produz vento artificial, por meio de um ventilador, e assim joeira os cereais. Compõe-se também de uma série de crivos alternados. Estes têm por objetivo retirar as sementes de ervas daninhas e separar os grãos miúdos dos grãos graúdos e, de modo geral, limpar completamente o cereal. Essas máquinas funcionam manualmente ou podem ser acionadas por eletricidade.

Conservação

Quando o cereal é ceifado naturalmente, pelos meios descritos, conserva indefinidamente, desde que se mantenha seco e ao abrigo de bichos. Pode-se guardar o cereal seco, naturalmente, em tulhas de madeira, em grandes potes, em sacas e em qualquer recipiente onde esteja protegido dos ratos e outros bichos.

Os processos descritos são exatamente os mesmos para o trigo, a cevada, a aveia, o centeio, a fava, o arroz, o trigo-mourisco, o sorgo, o milho miúdo, o linho, a colza e muitas outras culturas de grão.

Ceifeira-debulhadora

Ceifar com uma ceifeira-debulhadora é totalmente diferente. Com essa máquina ceifa-se, malha-se e joeira-se o grão, numa só operação, enquanto ela se desloca pelo campo. Poupam-se grandes custos de mão de obra. Em regiões com verões secos, como o Canadá, o cereal sai da ceifeira-debulhadora suficientemente seco para ser guardado, mas, em climas mais úmidos, terá de ser secado artificialmente ou armazenado úmido em silos herméticos ou em sacos plásticos selados.

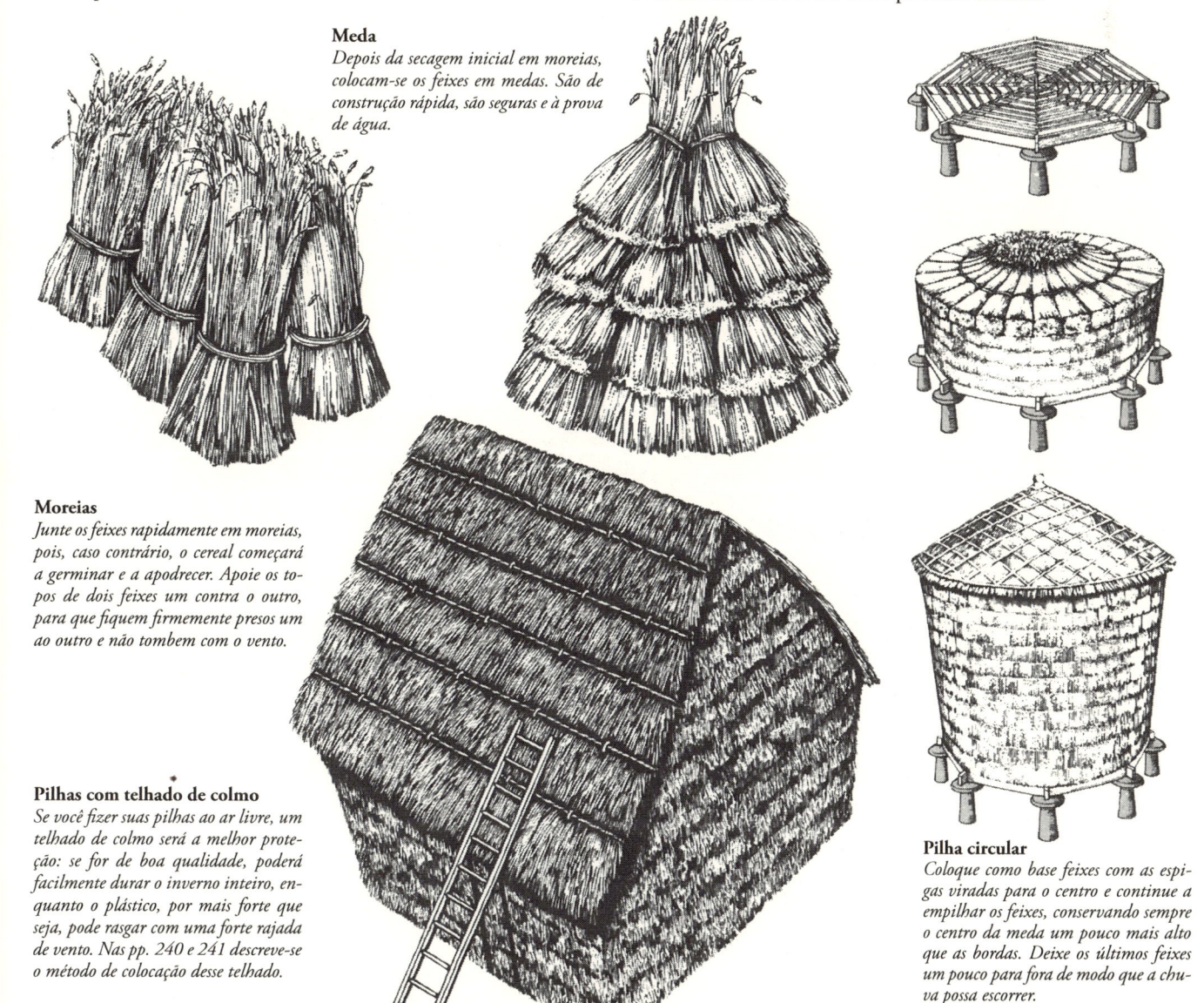

Meda
Depois da secagem inicial em moreias, colocam-se os feixes em medas. São de construção rápida, são seguras e à prova de água.

Moreias
Junte os feixes rapidamente em moreias, pois, caso contrário, o cereal começará a germinar e a apodrecer. Apoie os topos de dois feixes um contra o outro, para que fiquem firmemente presos um ao outro e não tombem com o vento.

Pilhas com telhado de colmo
Se você fizer suas pilhas ao ar livre, um telhado de colmo será a melhor proteção: se for de boa qualidade, poderá facilmente durar o inverno inteiro, enquanto o plástico, por mais forte que seja, pode rasgar com uma forte rajada de vento. Nas pp. 240 e 241 descreve-se o método de colocação desse telhado.

Pilha circular
Coloque como base feixes com as espigas viradas para o centro e continue a empilhar os feixes, conservando sempre o centro da meda um pouco mais alto que as bordas. Deixe os últimos feixes um pouco para fora de modo que a chuva possa escorrer.

Os frutos da terra

Os cereais

Os cereais são a base da subsistência para quase toda a humanidade. Mesmo o leite e a carne derivam em grande parte deles. Os cereais são gramíneas apuradas e reproduzidas pelo homem para que seus grãos sejam grandes e nutritivos. Com exceção das regiões tropicais, onde a principal fonte de hidratos de carbono provém da tapioca ou do inhame, e das regiões mais frias e úmidas, onde a batata preenche essa função, o trigo, a cevada, a aveia, o centeio, o arroz, o milho e o sorgo nos mantêm vivos e dinâmicos.

Todos os cereais foram apurados a partir de gramíneas selvagens e encontram-se agora tão longe da sua forma primitiva, que constituem espécies distintas. De fato, às vezes é difícil determinar de que gramínea selvagem se derivou um determinado cereal. E, em alguns casos, como o do milho, por exemplo, a espécie selvagem muito provavelmente já desapareceu.

Era inevitável que as sementes das gramíneas passassem a ser o meio de subsistência da espécie humana. Tanto mais que as gramíneas são a espécie mais disseminada pelo mundo, sendo suas sementes abundantes, nutritivas e de fácil armazenamento. O homem descobriu que, se algumas sementes fossem enterradas em condições adequadas, o cereal cresceria onde se quisesse. Nasceu, assim, a agricultura e, com ela, a civilização, graças à capacidade do homem de cultivar e conservar os alimentos que ele próprio tinha semeado, controlando seu crescimento.

Muitos pequenos agricultores pensam que a cultura de cereais não pode ser feita por eles, porque requer equipamento caro, é difícil e não pode ser realizada com eficácia em escala reduzida. Isto é falso. Qualquer um pode cultivar cereais, por menores que sejam as dimensões do seu terreno – desde que consiga manter as aves afastadas. A colheita pode ser feita simplesmente com uma foice, ou até mesmo com um facão comum. A debulha pode ser feita contra o encosto de uma cadeira, e a limpeza é feita fora, ao vento. A moagem pode ser feita com um moinho de café ou com um pequeno moinho manual. O cozimento pode ser feito em qualquer forno caseiro. É estimulante comer o próprio pão, amassado com cereais cultivados e moídos por você mesmo, a partir de sementes suas.

Quando as hostes romanas quiseram conquistar a Grã-Bretanha, esperaram pela época das colheitas, para que os soldados pudessem se espalhar pelos campos, roubar o trigo nativo, levá-lo de volta para o acampamento e fazer pão. Se os legionários romanos o fizeram com tal despreocupação, não há nenhuma razão para que nós não o possamos fazer.

Por sorte, as gramíneas estão bastante difundidas: crescem em quase todos os climas e, por isso mesmo, o homem conseguiu encontrar e adaptar determinadas gramíneas às características de cada região. Assim, se vivemos nas regiões tropicais úmidas, podemos escolher o arroz; nas regiões tropicais secas, o sorgo; nas regiões temperadas de solo duro, o trigo; em regiões temperadas secas, de solo arenoso, o centeio; em terrenos frios e chuvosos, a aveia; em terrenos temperados e leves, a cevada; e assim por diante. Existe uma gramínea aperfeiçoada para praticamente cada região e para cada clima onde o homem pode sobreviver.

Os frutos da terra

Cevada

Centeio

Trigo

Trigo-duro

Aveia

57

Os frutos da terra

Trigo

Já na Idade da Pedra, o homem descobriu que podia esmagar entre duas pedras, e comer, os grãos coletados pelas formigas, tendo desde então utilizado sempre os cereais; e em todas as partes do mundo em que o trigo cresce ele é o cereal preferido.

Trigo-duro e trigo-mole

O trigo-duro desenvolve-se em climas relativamente quentes e secos, embora existam algumas variedades que são bastante duras, cultivadas em climas mais frios. É esse o tipo preferido pelas padarias, pois dá um pão esponjoso, macio e cheio de buracos. Absorve mais água que o trigo-mole, portanto um saco de trigo duro dá mais pão. Em climas temperados, o trigo-mole cresce mais facilmente e dá um pão ótimo: um pão compacto, sem buracos.

Semeadura

É em terra argilosa e pesada, ou mesmo na argila, que o trigo cresce melhor. Pode-se também semeá-lo em solo leve, de onde se colherá um cereal de boa qualidade mas de fraco rendimento. Ele também cresce em solo rico, mas terá de ser um solo muito fértil.

Em climas temperados, uma das variedades de trigo, a que se chama trigo de inverno, muitas vezes é semeado no outono. O trigo de inverno desenvolve-se muito depressa durante o outono, na terra aquecida pelas temperaturas quentes do verão, fica adormecido durante todo o inverno e depois cresce rapidamente na primavera, dando uma colheita precoce. Em países como o Canadá, onde o inverno é muito rigoroso, cultiva-se o trigo de primavera, que é semeado nessa estação. Precisa do verão bem quente para amadurecer e só pode ser ceifado bem mais tarde que o trigo de inverno. Se você puder cultivar trigo de inverno, faça-o. Poderá assim obter uma colheita melhor e ceifá-lo mais cedo.

Prefiro semear o trigo de inverno muito cedo, para que germine rapidamente e para que se desenvolva razoavelmente antes das primeiras geadas. As geadas podem destruir o trigo muito novo, gretando o solo à volta das raízes. Se este trigo estiver "bonito" demais para o inverno (como dizem os agricultores, querendo dizer que está excessivamente alto), dê-o às ovelhas, como pastagem. Isso fará bem às ovelhas, fará o trigo dar muitos brotos novos e, portanto, você terá uma colheita mais abundante. Você poderá semear o trigo de inverno em outubro e, às vezes, até em novembro. Quanto mais tarde você semear, maior quantidade de semente deverá usar.

O trigo da primavera deve ser semeado o mais cedo possível, logo que você possa preparar o terreno e sinta que a terra está suficientemente quente. Mas o trigo precisa de um período de crescimento longo e, portanto, quanto mais cedo for semeado, melhor. Em outras palavras, se você não quiser obter uma colheita muito tardia, como sempre acontece na agricultura, terá de encontrar um meio-termo entre várias alternativas.

O trigo requer uma cama de sementes bastante grosseira, quer dizer, é preferível ter a terra com pequenos torrões. Para o trigo semeado no outono, a cama de semeadura deve ser ainda mais grosseira que para o trigo semeado na primavera, pois os torrões farão desviar a chuva e impedirão que a água leve os grãos e que a terra fique lamacenta.

Portanto, lavre, se tiver de lavrar, mas nunca muito a fundo, nem trabalhe a terra de modo que fique fina. Em outras palavras, não passe a grade muitas vezes. Faça o possível por obter um terreno de torrões mais ou menos do tamanho de um punho de criança. Se você for semear trigo onde existe pasto há muito tempo, lavre com cuidado, de modo a revolver por completo os torrões, mas depois não torne a virá-los. Passe a grade de discos, se a tiver, ou uma grade de molas, ou então grade comum, se não tiver outra. Mas não passe a grade muitas vezes. Em seguida, semeie com semeadeira ou à mão. Quanto mais cedo você puder lavrar a terra, tanto melhor, pois assim a terra terá oportunidade de assentar.

Pode-se semear o trigo mecanicamente, à razão de 100 l de semente por 0,5 ha, ou lançá-lo à mão, à razão de 150 l de semente por 0,5 ha. Qualquer que seja o método que você escolher, é conveniente passar a grade depois de semear e, além disso, o rolo, se você achar que o rolo não vai esmagar demais os torrões. Se o terreno estiver úmido, não passe rolo, pois iria compactar demais a terra e a semente não germinaria. Passar a grade de discos é aconselhável se você tiver lançado a semente à mão, mas faça-o só uma vez; se você passar a grade de discos duas vezes, irá trazer a semente de volta à superfície.

Como tratar das culturas em desenvolvimento

Você poderá passar uma grade bastante pesada quando a cultura começar a crescer, mas desde que as plantas ainda não tenham ultrapassado 15 cm. Depois de fazê-lo, pode ser que você ache que pôs tudo a perder. Mas não é bem assim. Você terá acabado com várias ervas daninhas, mas não com o trigo, e a grade beneficia a terra abrindo o solo. Se lhe parecer, no princípio da primavera, que as geadas revolveram a superfície, pode passar o rolo, de preferência o rolo de anéis, mas somente se a terra estiver completamente seca.

Jethro Tull inventou uma semeadeira mecânica puxada a cavalo e aperfeiçoou-a. Sua ideia era semear trigo e outros cereais em fileiras distanciadas 30 cm uma da outra (procedeu-se a várias experiências no que diz respeito à distância) e depois passar várias vezes a máquina puxada a cavalo, por entre as fileiras. Obtiveram-se ótimos resultados. Esse método, no entanto, deixou de ser praticado, pois o progresso da agricultura permite ao agricultor limpar suas terras, ou seja, eliminar as ervas daninhas, mais facilmente. Assim, deixa de ser necessário mondar o trigo. De qualquer modo, um bom trigo, que "vá para a frente" rapidamente, elimina por si mesmo a maior parte das ervas daninhas, em terrenos relativamente limpos. É claro que os "agricultores comerciais" aplicam produtos químicos seletivos para matar as ervas daninhas que aparecem entre o trigo. Só os empreguei uma vez, pois raramente me aconteceu ter uma colheita de trigo que tivesse sofrido a concorrência das ervas daninhas. Os herbicidas seletivos têm por única finalidade cobrir as consequências de um mau trato agrícola.

O trigo é ceifado conforme as ilustrações nas páginas 52-3.

Os frutos da terra

Moagem

A moagem industrial moderna é incrivelmente complicada e visa retirar da farinha, que se destina à panificação, todos os elementos, com exceção do amido puro. Por outro lado, a moagem da farinha integral é muito simples: basta moer o grão, sem retirar nem juntar nada. Além disso, a farinha integral contém mais matérias benéficas que a farinha branca, com exceção do amido puro (hidrato de carbono). E o pão integral é mais digerível que o pão branco, por não ser tão fino. Eis um quadro comparativo e algumas percentagens:

	Proteínas	Gorduras	Hidratos carbono	Cálcio	Ferro	Vitamina B1	Riboflavina	Ácido nicotínico
Farinha branca	2,3	0,2	15,6	4	0,2	0,01	0,01	0,2
Farinha integral	3,1	0,6	11,2	7	0,7	0,09	0,05	0,6

Existem quatro tipos de moinhos para moagem do grão para farinha. Dois deles serão de pouca serventia para o homem que vive em autossuficiência: o moinho a martelo, que esmaga tudo, até penas, mas não produz farinha muito boa; e o moinho de rolos, empregado nos grandes moinhos industriais, onde o grão passa entre rolos de aço que rodam uns contra os outros. Os outros dois tipos, o moinho de mós e o moinho de placas, servirão muito bem para quem quiser fazer seu próprio pão.

Moinhos de mós
O moinho de mós é um dos tipos mais antigos de moinho, e é considerado básico. Consiste em duas mós, uma das quais roda sobre a outra, que fica parada. O grão passa entre as duas, caindo geralmente por um buraco da pedra superior. A arte de moer com mós, e especialmente a arte de fazer moinhos de mós, está praticamente extinta. Quanto mais depressa for recuperada, tanto melhor. Contudo, em resposta à nova procura dessas máquinas, várias empresas lançaram no mercado moinhos em miniatura, manuais e elétricos. Esses moinhos produzem farinha muito boa, e esta poderá ser bem fina ou bem grossa, conforme você queira; quanto mais fina a farinha, mais tempo demora a moagem.

Moinho de placas
Existem também moinhos manuais de placas. Uma placa de aço com ranhuras roda, em geral verticalmente, contra uma placa de aço que fica parada. A farinha moída lentamente com um destes moinhos parece ser tão boa como a farinha moída por mós. Se você tiver um trator ou um motor autônomo, o moinho de placas, que se encontra em quase todas as propriedades, funcionará bastante bem, se você não o fizer rodar muito depressa. Se ele rodar muito depressa, a farinha se aquecerá (pode-se sentir a farinha que começa a sair quente). E isto estraga o sabor.

Será muito mais fácil moer a farinha se você se lembrar de uma coisa: é preciso que o grão esteja bem seco. Em clima quente e seco, esse processo pode não ser necessário; mas num clima úmido é indispensável, e sente-se bem a diferença. Quando você estiver prestes a moer o trigo, guarde-o num saco de juta e ponha-o em cima do fogão ou fornalha; ou então seque

Moinho de placas
Este pequeno moinho manual é perfeitamente suficiente para uma família pequena e mói farinha bem fina. O moinho de mós produz, sem dúvida, uma farinha bem melhor, mas requer perícia para seu manuseio.

a quantidade que você pretende moer logo, num tabuleiro sobre o fogão ou num forno morno: qualquer que seja o método, o objetivo é secar bem o grão. É evidente que você não o deverá cozer. Se você moer grandes quantidades de cereais, não será má ideia utilizar um forno de secagem; este poderá também servir para secar malte, como descrevo na página 69.

Nada impede, mesmo morando num apartamento no 10º andar, que se compre um pequeno moinho de mós ou de placas e um saco de trigo de um agricultor simpático, e que se moa a própria farinha e se faça o próprio pão. Se alguém lhe disser que isso não vale a pena, não acredite. Sempre que contabilizamos o processo de fazer pão, o achamos muito vantajoso. Consegue-se fazer pão por bem menos da metade do que se pagaria numa padaria, e além disso o pão é de muito melhor qualidade.

O pão feito de farinha recém-moída e cozida por métodos caseiros é fantástico. Ao contrário do padeiro, você não está interessado em vender o mais possível de buracos e água. Seu pão será mais pesado que o pão vendido na padaria, mas mesmo assim terá sido bem levedado; e, se seu forno for suficientemente quente, o pão ficará também bem cozido. Além disso, não é preciso tanto pão caseiro para saciar um homem faminto; e, se você e sua família comerem regularmente seu bom pão caseiro, estarão sempre com boa saúde, e as visitas ao dentista não passarão de mera rotina.

Os frutos da terra

Fazer pão

Existe pão branco e pão integral, e de cada um há diversas variedades.

Há pão levedado e pão ázimo, e, ainda, vários tipos intermediários.

Há ainda pão ácido e pão com bicarbonato de sódio; pão comprido e pão achatado. Mas o mais importante que o homem que vive em autossuficiência deve ter sempre em mente é que, seja qual for o tipo de pão que ele decida fazer, e seja qual for o tipo de grão que ele escolha, o método de fazer pão é simples. Além disso, é divertido, e mesmo o cozinheiro amador mais desajeitado pode sentir-se realizado e orgulhoso com seu trabalho de padeiro.

Não há dúvida de que os primeiros pães não eram levedados e, também, não há dúvida de que a pessoa que descobriu o fermento descobriu-o por acaso. Se você fizer uma massa com farinha e água, sem levedura nem fermento inglês, e a cozer, sairá uma espécie de tijolo. Para que isso não acontecesse, o homem passou a estendê-la muito fina e a cozê-la ligeiramente (em Bagdá você poderá, até hoje, ver os padeiros colocando grandes folhas de massa muito fina em enormes fornos cilíndricos). Mas, sem dúvida, quando alguém, algum dia, preparou uma massa sem a cozer imediatamente e verificou depois que essa massa começara a fermentar, o que aconteceu foi que leveduras selvagens no interior da massa tinham transformado o açúcar (da farinha) em álcool e em anidrido carbônico. O álcool evaporou-se, mas o gás carbônico empolou a massa, formando uma série de bolhas. Esse ilustre desconhecido pegou sua massa cheia de bolhas de ar, colocou-a sobre pedras quentes, ou talvez dentro do seu pequeno forno de pedra, e, sem saber, fez o primeiro pão levedado.

Descobria-se, portanto, que se podia fazer não só pão em folhas finas como também pães grossos e que estes eram tão bons para comer quanto os primeiros. E, ainda mais, descobriu-se que o pão levedado mantém um sabor agradável, durante mais tempo que o pão ázimo; um bom pão integral caseiro conserva um gosto bom durante pelo menos cinco dias, enquanto o pão ázimo adquire um gosto desagradável, a não ser que seja comido absolutamente fresco.

Fermento

Nunca saberemos quanto tempo o homem (ou mulher) levou para determinar a verdadeira natureza dessa maravilha que é o fermento. Mas, com certeza, logo perceberam que, se tivessem a sorte de topar com uma massa de pão com bastante levedura selvagem, eles poderiam reproduzi-la, pondo de lado, antes de cada cozedura, um pouco de massa crua e misturando-a com a próxima massa de pão que fizessem. E os antigos pioneiros do faroeste tinham o apelido de *sourdough* (ou seja, massa ácida), pois era assim que faziam pão. Ainda hoje aqueles que não podem estar em contato com padarias e fábricas de levedura onde se possa comprar o fermento fresco fazem assim seu pão (ver p. 64).

Mas, se você mora perto de uma padaria, compre sempre fermento fresco. Este deve ser da cor de betume, deve ser frio ao toque e fácil de quebrar, cheirando bem a levedura. Nunca compre fermento esmigalhado ou que apresente manchas escuras. Conserve o fermento na geladeira em frascos hermeticamente fechados, durante uma semana a dez dias. Ou então corte-o em cubos de 3 cm e congele-o. Tanto o fermento como o pão suportam bem o congelamento.

Se você não conseguir fermento fresco, poderá ainda preparar um pão muito bom com fermento seco. Encontra-se à venda em quase todos os lugares em pacotes e conserva-se durante três meses. Mas, se você já o tem há algum tempo, é melhor experimentá-lo. Coloque algumas migalhas sobre um pouco de massa de pão diluída em água morna; se a levedura ainda estiver "viva", formará espuma em menos de dez minutos.

Se você empregar fermento fresco em receitas que indiquem fermento seco, duplique a quantidade; reduza-a à metade se a receita indicar fermento fresco e você aplicar fermento seco.

A levedura desenvolve-se bem em atmosfera quente, de temperatura entre 9 e 35 °C, mas sob temperaturas elevadas, acima de 60 °C, ela morre. Coloque a massa para crescer num lugar quente: em cima do fogão, num armário quente ou morno e (por que não?) debaixo do acolchoado, na sua cama.

Se você fizer cerveja caseira, poderá utilizar sua levedura de cerveja para o pão. Ou, vice-versa, poderá empregar sua levedura de pão para fazer cerveja. Nem uma nem outra são alternativas ideais, pois se trata de dois tipos diferentes de levedura, mas já o fizemos várias vezes e obtivemos sempre resultados surpreendentes: bom pão e boa cerveja.

Amassar

Uma palavra sobre o amassar. Amassar é muito importante, pois libera o glúten e distribui a levedura igualmente por toda a massa. Não tenha medo de maltratar o seu pão quando o amassar. Trabalhe-o energicamente até que ele pareça tomar vida, tornando-se sedoso e elástico. Depois deixe-o descansar, até que ele cresça. O pão terá crescido o suficiente quando retomar imediatamente a forma ao pressioná-lo com o dedo.

Conservar

Se você não tiver congelador, conserve seu pão numa caixa própria bem seca, fresca e ventilada. Não o coloque num recipiente fechado, pois ficará embolorado. Deixe o pão esfriar bem, antes de guardá-lo, pois do contrário o próprio vapor do pão ainda quente o deixará úmido. Guarde a farinha num armário escuro, seco e fresco.

Existem muitos outros tipos de pão, além do pão branco e do pão integral. E devemos agradecer por isso. Pode-se fazer pão de soja, centeio, trigo, milho, sorgo ou aveia. Se você variar de cereal, variará de pão; é simples. Faça-o levedado ou ázimo, simples ou enriquecido, ou experimente até misturar diversas farinhas. Basicamente, o pão é feito de fermento, farinha, sal e água. Acrescentando leite, manteiga, ovos, açúcar, mel, banana, cenoura, nozes e passas, obterá um pão mais rico, com outro sabor e outra aparência. Polvilhe-o com grãos de trigo integral, ou sementes de papoula ou de gergelim, de aipo, de girassol, de erva-doce ou com cominho, conforme seu gosto. Pincele-o com leite ou gema de ovo; faça-o brilhar com um xarope ou

A padaria caseira
Fazer pão é uma das ocupações que dão maior satisfação àqueles que vivem em autossuficiência. Tudo o que você necessita são: ingredientes simples, equipamento tradicional e bom-senso.

Os frutos da terra

Fazer pão

com glucose, se for um pão de passas. Faça-lhe nós, torça-o, faça-o em trança. Nas páginas seguintes, descrevemos uma série de pães que podem ser feitos em casa.

Pão feito de diferentes farinhas

Para aqueles que cultivam o centeio, a cevada, a aveia, o milho, o arroz, o sorgo ou outros cereais, é interessante e útil experimentar fazer pão com esses cereais, ou até misturá-los com a farinha de trigo. Mas é preciso lembrar-se de que, entre os cereais, só o trigo tem glúten suficiente para reter satisfatoriamente o gás liberto pela levedura viva, de modo que se obtenha um pão razoavelmente leve e crescido.

Você poderá experimentar uma mistura de duas ou três farinhas diferentes, mas, em geral, vale a pena juntar um pouco de farinha de trigo. E sempre junte sal. Óleo, azeite, manteiga, banha ou margarina ajudam a conservar o pão fresco. Damos em seguida um sumário das características das várias farinhas:

Farinha de trigo – É rica em glúten, o que confere elasticidade à massa de pão; ao cozer, fixa-se firmemente à volta das bolhas de ar que se formaram, enquanto ficou levedando.

Farinha de centeio – Dá ao pão um ligeiro gosto ácido, mas pode ser empregada sozinha, embora se obtenha um pão mais leve se 1/2 ou 1/3 da farinha for de trigo. Durante a Idade Média, na Grã-Bretanha, a farinha mais comum era o "maslin", uma farinha feita de trigo e centeio cultivados, ceifados e moídos sempre juntos. Nessa época, só os ricos comiam pão de trigo puro.

Farinha de cevada – Quando empregada sozinha, produz um pão de sabor muito adocicado. Uma proporção de 1/3 de farinha de cevada para 2/3 de farinha de trigo dá um bom pão. Se você primeiro torrar a farinha de cevada, seu pão será delicioso.

Farinha de aveia – Também é muito doce, e dá um pão de aspecto malcozido e úmido, que enche agradavelmente o estômago. Para obter uma farinha bem equilibrada, misture metade de aveia e metade de trigo.

Farinha de milho – O pão feito exclusivamente de farinha de milho esfarela facilmente. Experimente misturar metade de farinha de milho e metade de farinha de trigo.

Farinha de arroz – O pão de arroz ficará muito melhor se a farinha de arroz for misturada, em partes iguais, com farinha de trigo.

Arroz integral torrado – Assim como os grãos integrais torrados de qualquer outro cereal, o arroz integral torrado, misturado com a farinha de trigo, dá um pão fora do comum.

Sorgo – Por si só, a farinha de sorgo faz um pão seco. Se você acrescentar um pouco de farinha de trigo, obterá um pão muito gostoso.

Farinha de soja – Também a farinha de soja é melhor quando misturada com a de trigo.

Pão ázimo

O pão ázimo é realmente sólido, bem diferente do pão levedado, que é um pão cheio quase só de ar. Na minha opinião, o pão ázimo só pode ser comido em fatias muito finas. Para amolecer o amido que a farinha contém, utilize água quente ou mesmo fervente. Amassar faz sair o glúten. Se a massa não levedada for deixada descansando de um dia para o outro, o pão será mais leve, pois o amido irá amolecendo cada vez mais e começará também a fermentação. O dióxido de carbono liberado provocará, mesmo assim, algumas bolhas de ar.

Sugiro-lhe, também para o pão ázimo, as mesmas proporções de farinha de trigo em relação às outras farinhas que para o pão levedado. Amasse bem e deixe a massa descansando toda a noite.

O pão ázimo requer um cozimento mais longo e mais lento que o pão levedado. Exige, além disso, bons dentes.

Aqui estão algumas receitas de diferentes pães:

Pão integral

Nunca peso a farinha quando faço pão, pois o que me interessa é que a massa tenha a consistência adequada; e a farinha absorve mais ou menos água, conforme seu grau de moagem, suas propriedades etc. Mas, para aqueles que precisam ter a medida exata de tudo, são estas as quantidades empregadas por Sam Mayall, um padeiro inglês de muita experiência, que cultiva e mói seus próprios cereais:

1,1 kg de farinha integral
28g de sal
14 g de levedura seca
2 colheres, das de chá, de açúcar mascavo
7 dl de água

Coloque a farinha e o sal numa tigela. Coloque em outra tigela a levedura com o açúcar e um pouco de água morna; deixe descansar num local quente. Quando a levedura estiver bem fermentada, junte-a à farinha, com o restante da água, e amasse-a bem até que a massa esteja com aspecto macio e sedoso. Coloque novamente na tigela e deixe-a descansar em local quente até que adquira o dobro do seu volume. Amasse-a, então, mais uns minutos e forme os pães. Coloque-os em formas aquecidas, untadas e polvilhadas com farinha. Deixe a massa descansar nas formas, de 5 a 20 minutos, conforme a natureza da farinha. Leve a cozer, em forno bem quente (218 °C), durante 45 minutos.

Broa de milho

A broa de milho tem um sabor delicioso. Apresenta uma bela crosta castanha e textura arenosa. Ingredientes:

8 dl de água fervente
0,9 kg de farinha de milho
2 colheres, das de chá, de fermento inglês
3 ovos (facultativo)
3 dl de soro de leite (facultativo)

Misture a farinha de milho com o fermento inglês e junte a água fervente. Se você acrescentar os ovos e/ou o soro, obterá um pão melhor. Leve ao forno (205 °C), em forma untada, durante 40 minutos.

Pão de sorgo

Este pão é muito seco, e só vale a pena fazê-lo se o sorgo for o único cereal de que você dispõe. O sorgo fica muito melhor quando misturado com farinha de trigo. Ingredientes:

340 g de farinha de sorgo
1 colher, das de chá, de fermento inglês
1 colher, das de chá, de sal

Misture bem todos os ingredientes e acrescente um pouco de água morna, para obter uma massa rija. Leve ao forno não muito quente (177 °C), durante 50 minutos.

Pão de aveia

Nas regiões do globo onde nada cresce, o pão de aveia é bastante comum É um pão bastante pesado e doce. Requer os seguintes ingredientes:

0,5 kg de farinha de aveia
84 g de açúcar ou mel
1 colher, das de sopa, de sal
114 g de manteiga
0,5 l de água fervente (um pouco menos se empregar o mel)
28 g de levedura fresca ou 14 g de levedura seca

Misture bem os ingredientes consistentes e secos; junte a manteiga e a água fervente. Dissolva a levedura num pouco de água morna. Quando começar a formar espuma, acrescente-a aos ingredientes restantes. Deixe levedar algumas horas. Deite a massa sobre uma mesa polvilhada com farinha e amasse bem durante cerca de 10 minutos. Corte e enforme seus pães, deixando-os descansar durante cerca de 1 hora em local quente. Coloque-os em forno muito quente (232 °C), durante 45 minutos. Como de costume, experimente para ver se já estão cozidos, batendo na base dos pães. Deixe-os esfriar sobre peneiras, para que o ar possa circular bem, em toda a volta.

Os frutos da terra

Fazer pão

Se você sabe cozer um ovo, também sabe cozer pão. Não há dificuldade absolutamente nenhuma. Para fazer seis pães médios, tome 2,3 l de água morna (40 °C), 56 g de sal, 56 g de açúcar mascavo, 1 colher das de sopa de levedura fresca (ou metade dessa quantidade se empregar levedura seca). Você poderá até utilizar a levedura que ficar no fundo do barril da cerveja.

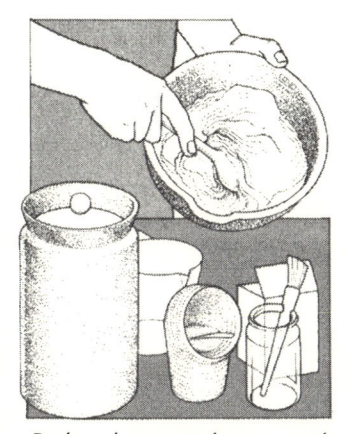

Ponha todos os ingredientes numa bacia grande. Quando a levedura estiver dissolvida, acrescente farinha, até formar uma papa fina e pegajosa. Mexa bem com uma colher de pau, até que a colher quase fique em pé sozinha.

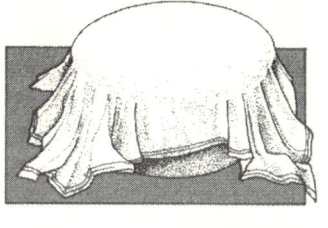

Cubra com um pano e deixe ficar de um dia para o outro em local quente e sem correntes de ar.

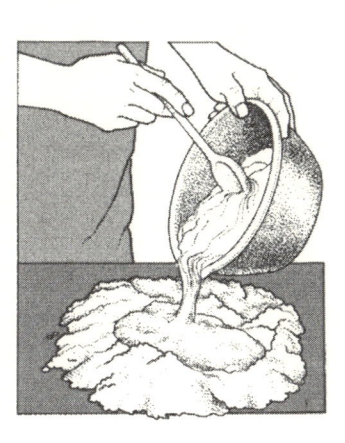

Pela manhã a massa já terá levedado, atingindo o dobro do volume. Faça um pequeno monte com a farinha, sobre uma mesa, e ponha a massa já levedada no meio da farinha.

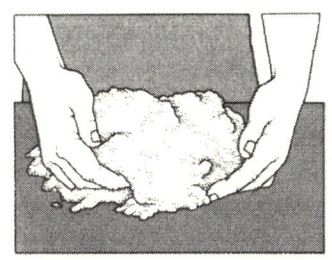

Polvilhe farinha seca sobre a massa e prepare-se para amassar. Comece por misturar a farinha seca com a massa levedada.

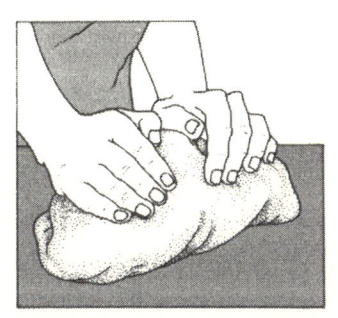

O objetivo é obter uma massa relativamente dura e seca exteriormente. Para isso, amasse com a palma das mãos (ver ilustração acima) esmagando, apertando e puxando (ver ilustração abaixo), repetidamente. E é só isso. Mas é um trabalho cansativo. Quando a massa grudar nos seus dedos, e isso vai acontecer, junte mais um pouco de farinha; bata, puxe, estique e aperte, acrescentando farinha sempre que necessário, até obter uma massa seca que se desprenda e forme uma bola, sem estar muito macia nem muito dura. Trabalhe-a energicamente quanto quiser. Em geral, 10 minutos desse exercício bastam para que a massa fique pronta para ir ao forno.

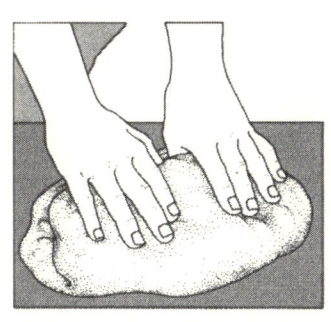

Divida a massa em seis partes iguais. Unte as formas retangulares e enforme sua massa. Encha as formas até 3/4. Com uma faca, faça um desenho em cima do pão e deixe a massa tapada durante cerca de 1 hora, em local morno.

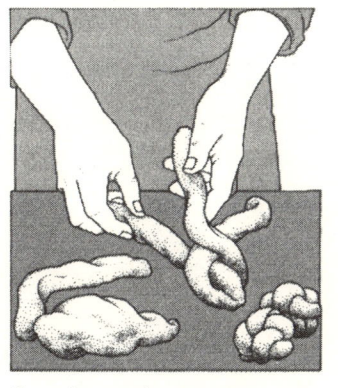

Se você pretende um maior requinte decorativo, faça um pão em forma de trança. Divida a massa em três partes iguais e dê-lhes a forma de rolo; trance esses três rolos. E é só. Se você preferir, poderá pincelar a trança com leite, para ela ficar com uma superfície brilhante, e polvilhá-lo com sementes de papoula.

Faça pequenos pãezinhos com o resto da massa. Ponha-os num tabuleiro de forno e coloque-os em cima do fogão para crescerem. Meia hora depois, leve-os ao forno bem quente (232 °C). Bastam 10 minutos para saírem uns pãezinhos maravilhosos para o café da manhã.

Pegue cuidadosamente suas formas e coloque-as em forno bem quente (218 °C). Se você as abanar, a massa irá baixar e você terá como resultado um pão pesado. Após meia hora de forno, verifique se os pães estão cozendo por igual. Se necessário, troque-os de posições. Espere mais 15 minutos, e o pão estará pronto.

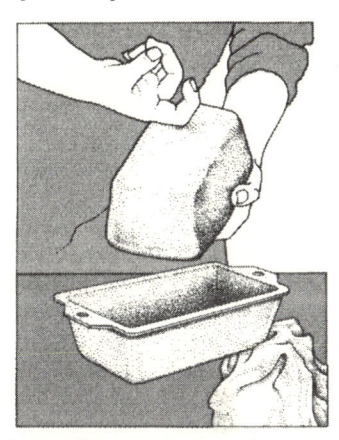

Para verificar se os pães estão bem cozidos, dê com os dedos umas pancadinhas no fundo: se soar oco, os pães estão prontos. Ou então espete um palito, que deve sair limpo. Se isso não acontecer, não é nenhuma calamidade; leve-os novamente ao forno, por mais alguns minutos.

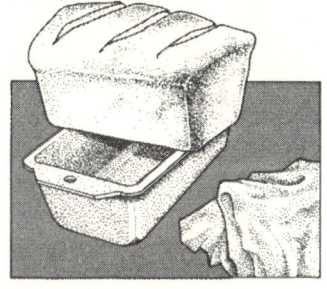

Logo que você tenha a certeza de que o pão está bem cozido, tire-o do forno e coloque-o sobre a forma ou uma peneira para que o ar possa circular. A temperatura ideal para que o pão cresça (e para que a levedura fermente) são os 27 °C. Aos 35 °C ou mais, a levedura desvitaliza-se e morre, e abaixo dos 9 °C não se reproduz. Portanto, de acordo com essas temperaturas, escolha bem o local onde deve colocar o pão. Em geral, em cima do fogão é o lugar ideal. O forno deve estar quente. Sem levar em conta os tempos de espera, provavelmente você não trabalhará mais de meia hora para obter seis pães integrais ótimos.

63

Fazer pão

Pão de cevada
O pão de cevada, que é um pão preto, é ótimo se nos habituamos a ele, mas é muito consistente. Ingredientes:
1,6 kg de farinha de cevada
28 g de levedura fresca (ou 14 g de levedura seca)
1 colher, das de sopa, de açúcar
1 colher, das de sopa, de manteiga derretida
2 colheres, das de chá, de sal
8 dl de água morna
Misture bem a farinha, o açúcar e o sal. Junte a água com a levedura e a manteiga, mexa bem e acrescente essa mistura à massa. Amasse bem, tape com cuidado e deixe descansar em local quente, durante 8 horas. Forme seus pães e deixe-os descansando até que atinjam o dobro do volume. Coza em forno com temperatura de 177 °C, durante 1 hora ou 1 hora e meia.

Pão feito com levedura de massa azeda
Esse sistema evita que você tenha de comprar levedura, sem que isso queira dizer que seu pão não seja levedado; no entanto terá de fazer pão todas as semanas, para não quebrar a corrente. Foi assim que os pioneiros do faroeste e os velhos mineiros conseguiram fazer pão fresco, sem, no entanto, dispor de nenhuma levedura.
A farinha de centeio é boa para empregar nesse tipo de pão, pois é naturalmente um pouco ácida, e, além disso, porque as bactérias de que se necessita para fazer esse tipo de pão se desenvolvem muito bem no centeio. Você pode empregar só farinha de centeio, ou só farinha de trigo, ou então misture o centeio ou qualquer outra farinha com a farinha de trigo.
Comece pondo de lado uma boa porção de massa (do tamanho de um punho fechado) de pão comum. Essa massa será sua "partida". Cubra-a com um pano e deixe-a ficar em local quente durante 3 ou 4 dias. Ao fim desses dias ela deve começar a exalar um cheiro agradável mas nitidamente acre.
Misture então essa massa de "partida" com 0,5 kg de farinha (uma das farinhas acima mencionadas) e 4 dl de água morna. Ficará assim com uma massa bastante mole. Ponha-a numa tigela, cubra-a com um pano e deixe ficar durante a noite, em local quente. No dia seguinte a massa deve estar cheia de bolhas de ar. Se você tenciona continuar a fazer pão por esse processo, é nessa altura que você deve retirar sua massa de "partida", pondo-a num frasco de compota, guardado em local fresco, bem tapado, até que você precise dela outra vez. Ela se conserva bem, pelo menos por 1 semana.
Para fazer o pão, você deverá juntar à massa de "partida":
3 colheres, das de sopa, de mel
2 colheres, das de chá, de sal
3 dl de leite (azedo, se houver)
0,9 kg de farinha (de centeio ou outra)
Amasse tudo muito bem, até que a massa esteja bem macia e elástica. Forme os pães e coloque-os em tabuleiros, para ir ao forno. Pincele-os com óleo ou azeite e deixe-os descansar até que dupliquem de volume. Uma vez que a levedura é natural, esse processo vai demorar mais tempo que com a massa comum. Aqueça o forno até 205 °C. Cozinhe os pães durante 30 minutos e reduza então a temperatura para 190 °C, até que o pão esteja bem cozido.
Podem-se também fazer boas panquecas utilizando um pouco da massa de "partida" para fazer o mesmo tipo de massa mole que se faz para o pão. Mas, em vez de fazer massa de padeiro, no dia seguinte junte-lhe um ovo, um pouco de óleo ou azeite, leite suficiente para fazer um preparado cremoso, uma pitada de bicarbonato de sódio e um pouco de mel ou açúcar mascavo para adoçar. Prepare as panquecas como de costume.

Pão de sódio
Aqui está mais um pão que não necessita de levedura e não demora para levedar, pois esse processo é feito no forno.
0,5 kg de farinha
1 colher, das de chá, rasa, de bicarbonato de sódio
2 colheres, das de chá, rasas, de ácido tartárico, ou 14 g de fermento inglês
1 bolinha de manteiga ou margarina
aproximadamente 3 dl de leite azedo, soro de leite ou leite fresco
1/2 colher, das de chá, de sal
Misture bem todos os ingredientes secos, junte a manteiga e vá misturando o leite com uma faca, até que você obtenha uma massa rija e quebradiça. Dê-lhe a forma de pão redondo e ponha-o num tabuleiro polvilhado com farinha. Pincele-o com leite e faça um corte em forma de cruz, em cima, com uma faca. Leve ao forno quente (205 °C), durante 20 a 30 minutos.
Ingredientes facultativos: 1 ou 2 colheres, das de chá, de açúcar e 1 ou 2 ovos bem batidos acrescentados ao leite para obter uma versão especial, de luxo.

Pão de malte
É um pão doce, marrom-escuro, de aspecto malcozido e delicioso. Você pode acrescentar ou não frutos secos, conforme seu gosto. Se assim o fizer, junte 56 g. As uvas-passas são o mais indicado.
0,5 kg farinha (integral)
uma pitada de sal
28 g de levedura fresca, ou 14 g de levedura seca
cerca de 3 dl de leite e água (ou só leite, ou só água)
2 colheres, das de sopa, de extrato de malte
2 colheres, das de sopa, de melaço ou glucose
56 g de manteiga
Coloque a farinha e o sal num recipiente. Dissolva a levedura num pouco de leite, ou água, que deve estar morno, e junte esse preparado à farinha. Junte o melaço, o extrato de malte, a manteiga e o leite, ou a mistura de leite com água, em quantidade suficiente para formar uma massa firme, de boa consistência. Amasse-a até que esteja tudo bem misturado (ficará uma massa bastante pegajosa).
Deixe-a numa tigela coberta com um pano úmido, para levedar até duplicar de volume. Coloque a massa em formas, de modo que só fiquem cheias até a metade. Deixe descansar, até que a massa chegue à borda da forma. Leve ao forno a 190 °C de temperatura, durante 45 a 50 minutos. Para um acabamento mais perfeito, pincele os pães com leite quente e glucose, ao tirá-los do forno.

Torrada norueguesa (flat brod)
É uma espécie de cruzamento entre a batata frita (*chips*) e o *papadum* indiano. É muito gostosa. Esta receita dá para 12 torradas grandes.
1,5 kg de batatas
0,5 kg de farinha de centeio
Antes de se deitar, cozinhe as batatas e esmague-as. Amasse então a farinha de centeio com as batatas esmagadas, ainda quentes, até obter uma massa homogênea. Vá dormir. De manhã volte a amassar, juntando um pouco de farinha se a massa estiver pegajosa. Estenda a massa, o mais fino que puder, em grandes círculos que caibam na maior frigideira que tiver. Cozinhe-os na frigideira, em fogo brando, e vire-os várias vezes até que estejam bem secos. Deixe esfriar sobre folhas de papel. Essas torradas terão um aspecto semelhante ao das batatas fritas (*chips*).

Pão grego (Pitta)
É esse pão que se vê nos restaurantes gregos, semelhante a chinelos achatados. Proceda como para a massa de pão comum, feita com farinha de trigo, água, sal e levedura, mas acrescente um pouco de óleo ou azeite, para que a massa se torne mais macia. Depois que ela dobrar o volume, após você a ter amassado pela primeira vez, divida-a em porções do tamanho de uma bola de tênis. Arredonde-a bem, polvilhe a mesa com farinha e, com um pau de macarrão ou uma garrafa lisa, estenda-a numa só direção de modo que fique oval, com cerca de 8 mm de espessura. Deixe os pães levedando mais uma vez em local quente, entre dois panos polvilhados com farinha. Aqueça o forno, bem como os tabuleiros untados, à temperatura de 232 °C. Em seguida, respingue cada *pitta* com água fria, mesmo antes de ir ao forno. Cozer durante 5 a 10 minutos. Os pães devem estar começando a corar e a inchar; mas não devem ficar muito tempo no forno, senão ficam duros demais. Deixe-os esfriar e embrulhe-os em panos, para mantê-los macios. Volte a aquecê-los no forno. Servem como acompanhamento para espetinhos e outros pratos regionais balcânicos, mas são também ótimos com *rollmops* (ver p. 207), cebolas em picles (ver p. 188) ou simplesmente com manteiga (ver p. 101) e geleia (ver p. 190).

Bolas de Berlim ou *donuts*
Depois de comer um *donut*, ou bola de Berlim, feita por você mesmo, com certeza não voltará a comer um *donut* comprado. O problema está em precisar de grande quantidade de óleo, bem limpo.
São feitos de massa de pão comum, a que se acrescentam mais alguns ingredientes.
56 g de manteiga derretida
1 ovo
56 g de açúcar
leite em vez de água
uma pitada de sal
0,5 kg de farinha
28 g de levedura fresca (ou 14 g de levedura seca)
Misture todos os ingredientes. A massa deve ficar homogênea e macia, mas nunca pegajosa. Ainda não precisa ser amassada. Deixe-a levedar, coberta com um pano, em local quente, durante cerca de 1 hora. Amasse vigorosamente até a massa adquirir a consistência desejada (cerca de 4 a 5 minutos). Divida-a em porções (do tamanho de uma noz bem grande) ou então estenda a massa sobre uma tábua polvilhada com farinha e corte-a em anéis, utilizando um copo grande para a borda de fora e um gargalo de garrafa para a borda interior. Não se preocupe se os anéis parecerem pequenos: durante o cozimento aumentam de tamanho para além do dobro. Deixe-os, mais uma vez, em local quente para levedar, durante 20 minutos. Cubra-os com um pano, para não deixar sair o calor nem deixar entrar poeira. Frite-os de ambos os lados em gordura bem quente, num recipiente alto. As bolas viram por si mesmas em meio-tempo, deixando um círculo esbranquiçado à volta do "equador". Deixe-as escorrer bem e passe-as em açúcar refinado. Coma-as imediatamente. Se gostar de um sabor diferente, recheie-as com compota ou geleia.

Os frutos da terra

Macarrão

Certa vez li um livro que enumerava nada menos de 68 tipos diferentes daquilo a que eu chamaria simplesmente macarrão, dando-lhes nomes esplêndidos como *amorini* (amorzinhos), *agnolotti* (cordeirinhos gordos), *mostaccioli* (bigodinhos) e *vermicelli*, que significa – que horror! – vermezinhos. Mas é tudo a mesma coisa: massa de farinha branca de trigo, de preferência de trigo-duro, que cresce na Itália e na América do Norte. Esta é amassada até ficar rija, passada por uma máquina, com molde especial, ou estendida muito fina e cortada à mão, e depois seca antes de ser cozida. As massas alimentícias comercializadas são secadas com um ventilador e depois numa estufa.

Você obterá uma massa alimentícia muito boa amassando farinha branca com um pouco de água, até que fique uma massa bastante rija. Estenda-a com um rolo de macarrão em folhas muito finas, acrescentando mais farinha, sempre que a massa grudar na mesa ou no rolo. Enrole-a com jeito, como se fosse uma torta, e corte-a em fatias finas. Seque-as, com cuidado, sobre o fogo ou em forno muito brando. Cozinhe as tiras como se fosse macarrão comprado na loja.

Chapatis

Os *chapatis* são folhas finas de pão ázimo, que constituem o prato forte da maior parte da população do Paquistão Ocidental e do norte da Índia.

Os *chapatis* nos fazem pensar se, na realidade, a levedura é uma coisa tão boa assim. São deliciosos, e não se esqueça de que os povos mais saudáveis e mais longevos do mundo se alimentam exclusivamente de pão ázimo integral, iogurte, cerveja, legumes, especiarias e um pouco de carne. Os *chapatis* constituem um bom acompanhamento para alimentos bem condimentados e de sabor forte, mas também são ótimos com manteiga e quando comidos ainda quentes, sem nada. O único argumento contra os *chapatis* é que têm de ser preparados antes de cada refeição, o que pode atrapalhar um pouco.

Para fazê-los, você precisará de farinha de trigo integral, sal, água, uma fogueira ou brasas ao ar livre, um rolo de macarrão ou uma garrafa e uma chapa de ferro fundido: a calota de uma roda serve perfeitamente.

Em algumas regiões da Índia, os *chapatis* são feitos com outras farinhas, além da farinha de trigo. As farinhas de milho miúdo, cevada e grão-de-bico são comumente utilizadas, e todas com um sabor muito agradável.

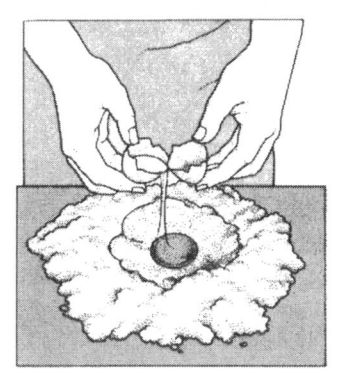

Massas alimentícias enriquecidas com ovos
Estas massas são também fáceis de preparar. Faça uma coroa com a farinha e, dentro, quebre um ou mais ovos inteiros; a regra é de 230 g de farinha para cada ovo.

Amasse bem com as mãos, acrescentando uma gota de água, ou mais um ovo se a massa estiver muito seca. Polvilhe bem com farinha seca. Estenda a massa bem fininha e vá acrescentando mais farinha se a massa grudar. Esta também deve ser enrolada, como se fosse uma torta, cortando-se fatias fininhas transversais. Pendure para secar.

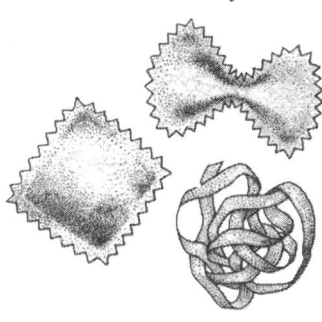

Acrescente um fio de azeite e vá cobrindo o ovo com a farinha.

Variações com massa de macarrão
Você poderá recortá-la em formatos grandes e levar ao forno com uma enorme variedade de molhos; ou ainda em formatos que deem para rechear com carne, queijo, peixe, legumes.

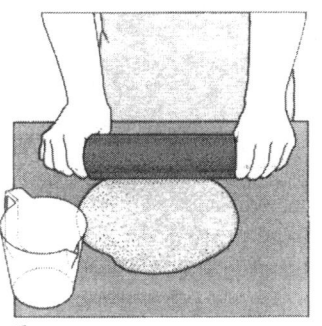

Chapatis
Misture 28 g de sal com 1,8 kg de farinha. Vá acrescentando água até obter uma massa rija; divida-a em porções do tamanho de um ovo, estenda-a muito fina e dê-lhe forma redonda. Os indianos, e você mesmo, quando adquirir a experiência necessária, conseguem fazê-lo mesmo sem o rolo de macarrão. Com as mãos, vão espalmando a massa até obter o resultado desejado.

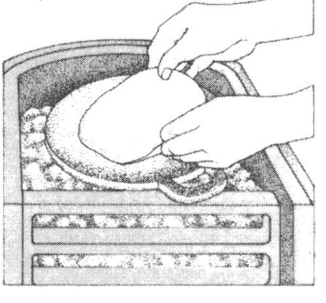

À medida que você for estendendo cada rodela, ponha-a sobre a chapa de ferro bem quente, mas não em brasa.

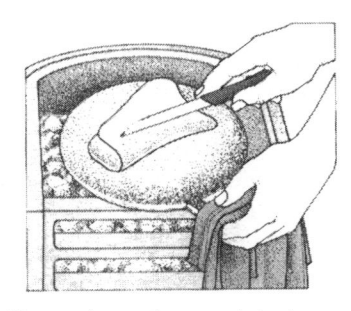

Vire o *chapati* do outro lado, logo que o primeiro lado começar a corar. Quando o segundo lado estiver pronto, atire o *chapati* na brasa, ficando o primeiro lado para baixo. Ele irá inchar como um balão.

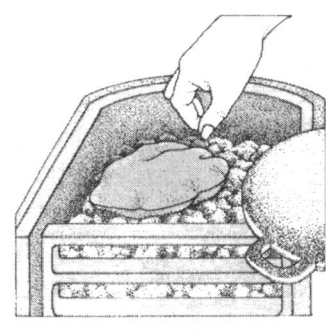

Vire-o imediatamente do outro lado, deixando-o ficar assim mais alguns segundos; retire-o e esvazie o ar que nele se formou, pressionando-o; besunte-o com manteiga ou *ghee* (espécie de molho feito com manteiga e sementes de plantas) e coma-o imediatamente.

Os frutos da terra

Aveia e centeio

Aveia
A aveia desenvolve-se em climas mais úmidos que os exigidos pelo trigo ou pela cevada e requer um solo menos compacto e ácido. É por isso que constitui o prato forte na Escócia – o que levou o dr. Johnson a comentar com seu amigo Boswell que na Escócia os homens vivem daquilo que, na Inglaterra, só se considera próprio para os cavalos. Ao que Boswell respondeu: "Sim, melhores homens, melhores cavalos." Na América do Norte e na Europa, a aveia é geralmente cultivada em locais mais úmidos e mais frios, e muitas vezes mesmo em extensões glaciais, onde o solo é quase sempre pesado, ácido e mal drenado. A aveia e as batatas têm permitido a certos povos habitarem zonas onde nenhuma outra cultura teria resistido.

Semeadura
Nas zonas mais úmidas é hábito semear a aveia de primavera; em zonas mais secas e mais quentes, prefere-se a aveia de inverno, pois dá colheitas mais abundantes.

O único defeito da aveia semeada no inverno é que tem todas as probabilidades de vir a ser comida pelas aves. A cultura da aveia é semelhante à do trigo (ver p. 58).

Colheita
Mas, enquanto a cevada deve ser deixada amadurecer e secar por completo antes da colheita, o mesmo não acontece com a aveia. Os caules devem estar ainda um pouco verdes. A aveia fica melhor se cortada com uma foice, foice-segadeira, ceifeira ou ceifeira-enfardadeira do que com uma ceifeira-debulhadora, pois na operação da debulha a máquina desperdiça uma grande quantidade de grão. Quando cortada e enfeixada, a aveia deve ser deixada em moreias durante três semanas, no mínimo. Este processo é para assegurar que os caules fiquem bem secos, assim como qualquer erva que tenha crescido no meio da aveia. Além disso, o próprio grão vai secando, para que não crie bolor quando ensacado.

Muitos agricultores tradicionalistas, e eu me incluo entre eles, dão a aveia ainda "em feixe" aos cavalos e ao gado. Em outras palavras, não malhamos a aveia, mas damos aos animais feixes inteiros. Os animais comem a palha e todo o resto. A palha de aveia, quer tenha sido molhada, quer não, é a melhor palha forrageira: uma boa palha de aveia constitui uma ração melhor que feno de qualidade inferior. Mas é claro que o cavalo de tração também deve comer grão. Na página 42 você poderá encontrar mais informações sobre a alimentação dos cavalos.

Moagem
Até os escoceses, e outros povos sensatos, moem sua aveia. Primeiramente secam-na muito bem em fornos especiais (ver p. 69). Deve ficar completamente seca e, portanto, isso se faz a temperaturas muito elevadas: a temperatura é a parte mais importante de todo o processo. Depois passam os grãos entre duas pedras de moer, um pouco afastadas, o que permite quebrar a casca da aveia, pouco a pouco. Então é preciso joeirar (ver p. 54). Por este processo as cascas voam e os grãos ficam. Finalmente, passam a aveia outra vez pelas pedras, mas desta vez colocam-nas mais perto uma da outra para que se efetue uma moagem um pouco grosseira (nunca muito fina). Ao produto desse processo se chama farinha de aveia; dela se têm alimentado algumas das melhores raças de homens em todo o mundo.

Existem dois processos de fazer mingau com essa farinha; são bastante diferentes, mas tanto um como o outro igualmente eficazes. Primeiro: polvilhe a farinha sobre água fervente, mexendo constantemente; quando o mingau estiver com boa consistência, e a seu gosto, retire-o do fogo e coma-o. Segundo: faça exatamente a mesma coisa, mas depois, em vez de comer o mingau imediatamente, coloque a panela bem fechada numa arca cheia de feno e deixe-a ficar assim toda a noite (põe-se a panela no feno quando o mingau estiver fervendo, e, uma vez que o feno age como isolante de calor, o mingau cozinha toda a noite). Coma-o de manhã. Coma o mingau de aveia com leite, ou com natas e sal: nunca com açúcar, que é considerado um hábito detestável, nada tendo a ver com o verdadeiro mingau de aveia (*porridge*).

Centeio
O centeio é a gramínea que melhor se dá nas regiões secas e frias e em terreno leve e arenoso. Cresce em terrenos muito pobres e leves, melhor que qualquer outro cereal. Se você vive em terras pedregosas com urzes, o centeio será provavelmente sua melhor escolha. Ele se dá bem em invernos rigorosos, melhor que qualquer outro cereal, e tolera muito bem a acidez.

Talvez você queira cultivar o centeio para misturá-lo com trigo e fazer pão: a mistura de centeio e trigo dá um ótimo pão. O centeio sozinho dá um pão escuro, compacto e bastante amargo, mas muito nutritivo.

Sementeira
Você pode lidar com o centeio exatamente como com os outros cereais (ver p. 58). Se você o semear no outono e se ele vier a se desenvolver muito rapidamente, o que acontece com frequência, é conveniente dá-lo como pasto às ovelhas ou vacas durante o inverno, época em que as outras culturas forrageiras em verde ainda são raras. Ele cresce novamente muito depressa e irá dar uma boa colheita. No entanto, faça você o que fizer, sua produção de centeio nunca será comparável à de trigo. É frequente plantar centeio só para dar como pastagem às ovelhas e ao gado. Pode também ser utilizado como cultura de terreno em pousio, como por exemplo depois de se terem apanhado as batatas no outono. Essa cultura é dada como pasto na primavera, durante o período de escassez, época em que uma forragem fresca é sempre bem-vinda. Nessa época a terra é lavrada e lança-se uma cultura de primavera. Assim, aproveita-se sua boa capacidade de desenvolvimento durante o inverno. Uma vantagem do centeio como cultura semeada no inverno é não parecer tão apetitosa aos olhos das aves, como são os outros cereais.

Colheita
O centeio amadurece mais cedo que os outros cereais. Ceife-o quando estiver bem maduro e assim não perderá muito grão. A palha faz boas camas e também é muito boa para fazer telhados de colmo.

Os frutos da terra

Bolos de aveia
Os bolos de aveia são biscoitos finos muito bons para comer puros, e especialmente gostosos quando acompanhados com queijo ou presunto. Você precisará de:
114 g de farinha de aveia fina ou média
1 colher, das de chá, de gordura de um assado
1/2 colher, das de chá, de sal
1/2 colher, das de chá, de bicarbonato de sódio
água quente
Misture bem a farinha de aveia, o bicarbonato e o sal. Faça um buraco no meio e junte a gordura derretida e água quente suficiente para se obter uma massa mole. Deite essa massa sobre uma tábua polvilhada com farinha e forme uma bola macia. Amasse-a e estenda-a, tão fina quanto possível. Polvilhe com farinha de aveia, para que os biscoitos fiquem mais brancos. Coloque a massa sobre uma chapa quente ou um tabuleiro untado e corte em quatro ou oito pedaços. Asse em forno médio (177 °C) até que as bordas se enrolem e depois deixe-os ganhar cor sob a grelha.

Mingau de aveia (*porridge*)
É a melhor refeição para um café da manhã de inverno rigoroso, pois é um alimento revigorante, nutritivo e, além disso, de fácil preparação. Para duas ou três pessoas:
115 g de flocos de aveia (se utilizar flocos comuns, deverá deixá-los de molho durante a noite)
0,5 dl de água quente ou leite com água
sal a gosto
Ponha no fogo uma panela com água, ou, ainda melhor, leite com água, e junte a aveia e o sal. Deixe ferver durante 3 a 4 minutos, não parando de mexer. Essas quantidades estão calculadas para dois pratos por pessoa.

Muesli
Eis uma receita que pode ser facilmente adaptada às preferências de cada um. Misture a aveia ou qualquer outro cereal em flocos com frutos secos, junte um pouco de açúcar e qualquer fruta fresca que lhe apeteça. Há pessoas que gostam de deixá-lo de molho, em leite, de um dia para outro. Eu o prefiro fresco e coberto com nata fresca.

Bolachas de água e sal
Sempre achei bolachas de água e sal um pouco sem graça, mas as mulheres da família parecem gostar delas, e não deixam de ser saudáveis: as mulheres e as bolachas.
Ingredientes:
farinha de aveia (ou qualquer outra farinha, mas a de aveia é a melhor)
sal a gosto
água
Misture todos os ingredientes, de modo que se forme uma massa firme, capaz de ser bem estendida. Estenda-a bem fina (cerca de 5 mm de espessura). Corte-a em quadrados ou círculos, do tamanho que quiser. Com um garfo, decore a superfície das bolachas e asse-as sobre tabuleiros untados, em forno médio (177 °C), até que fiquem bem duras.

Flocos assados ou torrados
Podem ser feitos com flocos de qualquer cereal. Os flocos de aveia, cevada e milho são os mais comuns. São muito simples de preparar. Só é preciso ter fogo e uma frigideira limpa e bem seca. Basta colocar os flocos na frigideira e aquecê-los até que comecem a corar. Ficam muito bons e tostadinhos, e dão água na boca quando servidos com fruta cozida e natas.

Panquecas ou crepes
As panquecas de farinha de aveia são muito boas, mas pode-se fazê-las com qualquer outra farinha, ou até com flocos de cereais. O processo é o mesmo. Para preparar uma dúzia de crepes de aveia são necessários os seguintes ingredientes:
230 g de farinha de aveia
2 ovos
0,5 l de leite ou água
sal ou açúcar
um fio de óleo ou uma bolinha de manteiga
Faça uma massa cremosa com a farinha, os ovos, o leite e a água. Tempere com sal ou açúcar, conforme os crepes devam ser salgados ou doces. Deixe descansar esse preparado durante 2 horas. Unte uma frigideira e aqueça-a muito bem. Ponha na frigideira uma quantidade do preparado que chegue para lhe cobrir o fundo. Deixe fritar até que perca o brilho. Vire o crepe. Se tiver coragem, experimente atirá-lo ao ar; se não, vire-o com uma espátula. Deixe dourar do outro lado até que o crepe saia facilmente da frigideira, bem seco. Tudo isso não demora mais que alguns minutos.
Sirva com recheio de carne moída, peixe, legumes, compota ou simplesmente com suco de limão e/ou açúcar.
Você poderá também preparar uma panqueca mais leve, se juntar levedura ao preparado e deixar que fermente (até que forme espuma). Outra variante será utilizar cerveja em lugar de água.

Bolo de flocos de aveia
Esta é a versão vegetariana do bolo de carne e constitui, por si só, uma refeição completa. Serve-se quente, com um molho de soja, engrossado com farinha de soja ou de milho. Além disso, fica bem com um molho de tomate bem condimentado, ou acompanhando um guisado de carne. Para quatro ou cinco pessoas você precisará de:
3 medidas de flocos de aveia (255 g dão para um bolo para quatro ou cinco pessoas. Em vez de aveia, você pode empregar flocos de cevada ou de milho)
3 medidas de água
1 ou 2 alhos franceses ou cebolas (ou ambos) cortados em rodelas
1 dente de alho
salsa picada, azeite ou óleo e sal
Deixe dourar a cebola, o alho francês e o dente de alho, muito lentamente, num pouco de óleo ou azeite. Reserve; doure agora os flocos, também num pouco de óleo. Deixe-os queimar um pouco, mas não muito. Adicione a água quando os flocos estiverem bem envolvidos pelo óleo. Tempere com sal e vá mexendo, sobre fogo médio, até que o preparado engrosse e fique sólido. Junte a cebola e o alho francês e deite tudo num tacho de barro bem untado. Respingue com um pouco de água e leve ao forno quente (205 °C), durante 1 hora. Esse bolo deve ficar ligeiramente marrom por cima e, por dentro, mole e úmido.

Centeio e legumes
Se puder, deixe os grãos de centeio de molho de um dia para o outro ou, pelo menos, durante 2 horas antes de os cozer. Se não o tiver feito, não se preocupe; só que o centeio irá demorar mais tempo para cozer. Cozinhe o centeio com uma quantidade de água que corresponda a quatro vezes seu volume. Cozinhe até que cada grão tenha inchado tanto que esteja prestes a rebentar. Deixe escorrer a água que tiver sobrado – essa água é muito boa para fazer sopa – e misture o centeio cozido com legumes ligeiramente fritos, como cenouras, cebolas, nabos, couve ou qualquer outro que tenha à mão. Tempere com o sal só depois de cozer, nunca antes. Este preparado pode ser servido só, como refeição vegetariana, ou como acompanhamento de um prato de carne.

Torrada de centeio
Aqui está uma receita ótima para festas; dá para acompanhar queijo, *roll-mops*, pepino em conserva etc. Você precisará de:
1 pão de centeio
manteiga, suco de limão e ervas aromáticas frescas diversas
Corte o pão em fatias muito finas e leve ao forno brando (120 °C) até que fiquem bem secas e tostadas. Deverá demorar cerca de 1 hora. Pique muito bem um punhado de ervas aromáticas frescas e misture-as com manteiga derretida e suco de limão. Pincele com esse preparado as torradas (você pode fazer seu próprio pincel com um pedaço de madeira, pelos de porco e um bocado de tecido). Volte a levar o pão ao forno por mais 10 minutos, para que o preparado feito com a manteiga e as ervas penetre bem na torrada.
Essas torradas de centeio podem ser guardadas vários dias, em local fresco e seco, e depois aquecidas no forno, sempre que você quiser servi-las.

***Scones* de centeio**
Estes *scones* são mesmo de dar água na boca. Se você ou sua mulher puderem fazê-los quando seus filhos trouxerem amigos para casa, tanto melhor. Para cerca de dez *scones*, você precisará de:
115 g de farinha de centeio
2 ovos
1 pitada de sal e um pouco de leite
Misture a farinha, as gemas de ovo e o sal com leite em quantidade suficiente para formar um preparado cremoso e aveludado. Bata as duas claras em neve e junte-as ao preparado anterior. Aqueça e unte uma chapa de grelhar. Proceda como é hábito para fazer os *scones*: deite uma colher do preparado sobre a chapa e deixe que torre de ambos os lados. Sirva bem quentes, com manteiga.

Biscoitos de centeio e mel
Você poderá fazê-los grossos e pastosos ou finos e tostadinhos. De uma maneira ou de outra, sempre são gostosos. Você precisará de:
230 g de farinha de centeio
2 colheres de mel
água
28 g de levedura fresca ou 14 g de levedura seca
Dissolva a levedura em água. Adicione esse líquido à farinha e ao mel, de modo que se obtenha uma massa grossa. Deixe repousar de um dia para o outro. No dia seguinte, estenda a massa e recorte com formas próprias. Leve ao forno bem quente (220 °C), durante 15 minutos, para obter biscoitos, tipo *scones*, bem crescidos. Para fazê-los mais finos e tostadinhos, estenda a massa mais fina e cozinhe-os sobre a chapa bem quente.

Os frutos da terra

Cevada

A cevada tem, principalmente, dois usos: um como ração para os animais, e o outro para a produção de cerveja. Ela não dá um bom pão, porque a proteína desse cereal não se encontra sob a forma de glúten, como é o caso do trigo, mas é solúvel em água; portanto, não retém os gases libertados pela fermentação da levedura e, desse modo, não leveda como a farinha de trigo. No entanto pode-se misturar farinha de trigo – digamos, três partes de trigo para uma de cevada – e fazer um pão razoável.

A cevada dá em solo muito mais leve e fraco que o solo do trigo e, além disso, aguenta melhor um clima mais frio e úmido, embora a melhor cevada, destinada ao fabrico de cerveja, seja geralmente cultivada em regiões de clima relativamente seco.

Semeadura

Diz um velho ditado: "Semeia o trigo na lama e a cevada na poeira." Um vizinho meu contou-me que os trabalhadores rurais tinham o hábito de ir até o pai dele e dizer: "Patrão, temos de semear a cevada; o lavrador lá do vale já o está fazendo." E o velho, que já não enxergava muito bem, respondia: "E vocês podem ver daí quais são os cavalos que ele está usando?" "O baio e o ruço", respondia-lhe um dos trabalhadores. "Então não é cevada que ele está semeando", concluía o velho. Uns dias mais tarde travavam o mesmo diálogo; mas, quando o velho lhes perguntava quais os cavalos e eles lhe respondiam: "Não conseguimos vê-los por causa da poeira", o velho dizia: "Então andem, vão semear a cevada."

Não tome esta história ao pé da letra; na realidade, a cevada requer uma cama de semeadura muito mais fina que a do trigo. Existe uma qualidade de cevada que deve ser semeada no inverno, mas a maior parte deve ser semeada na primavera, pois ela tem um período de desenvolvimento muito mais curto que o do trigo. Cresce tão rapidamente, que, mesmo que você só a tenha semeado em fins de maio, poderá ainda assim ceifá-la na época das colheitas. A partir do princípio de março, qualquer época é boa, desde que o solo não esteja frio, mas, sim, suficientemente seco.

A cevada, especialmente a que se destina ao fabrico da cerveja, não deve ter muito nitrogênio, mas requer bastante fósforo, potássio e cal. É claro que depois de semear, seja à mão ou com semeadeira, deve-se passar a grade e o rolo, tal como se faz para o trigo. Com exceção do leito de semeadura, que deve ser mais fino, o terreno é tratado exatamente da mesma maneira que para o trigo, embora haja uma certa tendência a plantar cevada em terrenos mais pobres.

Colheita

A colheira é idêntica à do trigo (ver pp. 52 e 53). Se você utilizar uma ceifeira-debulhadora, a cevada deverá estar com a maturação completa. Na minha região costuma-se dizer: espere até achar que a cevada está bem madura e depois esqueça-a durante 15 dias. Um velho método de ceifar a cevada é tratá-la como o feno, sem enfeixá-la, mas deixando-a caída e revirando-a de um lado e de outro, até estar bem seca. Depois é só levá-la e guardá-la como se fosse feno; mais tarde basta pegá-la com um forcado e pô-la na debulhadora.

Se você decidir enfeixar sua cevada, deve deixá-la em moreias, no campo, pelo menos uma semana. Mas, seja qual for o método que você utilizar para a ceifa, não a faça antes de as espigas estarem todas dobradas, os grãos duros e de cor amarela-clara, e de se descascarem facilmente na mão, nem antes de a palha estar seca. Então, você poderá enfeixá-la (ver p. 52) e dar a palha como ração aos seus animais. É um alimento melhor que a palha de trigo, que na realidade não é nada boa; mas a palha de cevada não é tão boa como a de aveia. Não presta para colmo e não é tão boa como a palha de trigo para fazer a cama dos animais.

O grão é, por excelência, utilizado para a cerveja, mas a maior parte é dada como ração aos porcos e outros animais. Pode ser moído (o mais indicado para os porcos) ou pisado (o mais indicado para o gado). Se você não tiver um moinho, deixe o grão de molho por 24 horas. Se quiser comer cevada, experimente estas três receitas:

Sopa de cevada

Este é um dos pratos fortes daqueles que vivem em autossuficiência, pois não se trata de uma simples sopa. É quente e nutritiva. Você poderá ainda variar os legumes, de acordo com o que tiver à mão: por exemplo, se não tiver nabos, acrescente mais cenouras, e assim por diante. Você precisará de:

56 g de cevada descascada e lavada
0,5 kg de carneiro, para guizar
2,3 litros de água
1 colher, das de chá, de sal
2 a 4 cenouras
2 ou 3 alhos franceses
3 ou 4 cebolas
1 nabo grande ou 1 rutabaga (rabo-da-suécia) grande

Coloque todos os ingredientes numa panela. Tempere ligeiramente e deixe cozinhar em fogo brando durante 3 horas. Vá mexendo de vez em quando, para se certificar de que nada se agarra ao fundo da panela. Ao fim desse tempo, retire a carne, desosse-a e corte-a em pequenos pedaços. Ponha os pedaços de carne novamente na sopa. Antes de servir, junte salsa picada, se tiver.

Bolos de cevada

Esses bolos conservam-se por muito mais tempo que o pão. São uma espécie de biscoitos grandes e espessos, que constituem um ótimo lanche. Você precisará de:

0,5 kg de farinha de cevada
1 colher, das de chá, de sal
1/2 colher, das de chá, de bicarbonato de sódio
1/4 colher, das de chá, de ácido tartárico
3 dl de soro de leite ou leite desnatado

Ponha todos os ingredientes numa tigela e mexa até a massa ficar bem macia. Forme bolas com essa massa e espalme-as até que fiquem com cerca de 25 de diâmetro e 2 cm de espessura. Cozinhe-as sobre uma chapa e volte-as, para que cada lado fique bem dourado. Sirva os bolos frios, aos pedaços e com manteiga.

Massa de cevada

É uma massa muito leve e macia, bastante indicada para tortas de fruta, de creme de ovos e de melaço (aquele pesadelo dos dentistas e delícia das crianças). Proceda como com qualquer receita de massa para torta, mas substitua a farinha de trigo pela farinha de cevada e reduza um pouco a quantidade de gorduras. Por exemplo, para 230 g de farinha de cevada, utilize 84 g de gordura, em vez de 115 g. Estenda a massa e leve ao forno, tal como faria com a massa de farinha de trigo.

Os frutos da terra

Maltagem da cevada

Se há alguma coisa que tem contribuído, através dos séculos, para que os homens continuem humanos, mesmo que lhes dê algumas dores de cabeça de vez em quando, é a invenção do malte. Supõe-se que pouco depois de o homem ter descoberto os cereais descobriu também que, se deixasse o cereal durante algum tempo em água, esta fermentaria, e que, se bebesse uma certa quantidade dessa água, se embebedaria. Na realidade, pode-se fazer cerveja de qualquer cereal farináceo.

Depois, após as primeiras descobertas, houve um "gênio" que chegou à conclusão de que, se primeiro deixasse o cereal fermentar, a cerveja seria melhor. É claro que esse gênio não sabia a razão disso, mas nós sabemos. É que o álcool é feito a partir do açúcar. A levedura, que não passa de um bolor ou fungo microscópico, alimenta-se do açúcar e transforma-o em álcool. Isso se pode produzir, mas a uma escala muito mais limitada, a partir do amido. Uma vez que os cereais são compostos basicamente de amido, ou hidrato de carbono, é bem possível produzir uma cerveja, de baixa qualidade, sem deixar germinar o grão, mas juntando levedura. Mas, se você deixa o cereal germinar, ou seja, começar a crescer, o amido, ao fermentar, transforma-se em açúcar, sob a ação de certas enzimas. E assim se obtém uma cerveja muito melhor, mais forte e por um método mais rápido. E é por isso que nós deixamos primeiro a cevada germinar, antes de deixá-la fermentar. É por esse processo que a cevada se transforma em malte, nome dado aos grãos germinados da cevada. Qualquer cereal pode vir a ser malte, mas a cevada, por ser rica em amido, dá um malte de melhor qualidade.

Maltagem da cevada

Ponha sua cevada dentro de um saco poroso, em água morna se preferir, e deixe-a mergulhada durante 4 dias. Em seguida, retire-a e coloque-a no chão, formando um monte, e verifique sua temperatura todos os dias. Se esta baixar a menos de 17 °C, amontoe ainda mais a cevada. Se a temperatura subir acima de 20 °C, espalhe-a e a revolva. Ao revolver a cevada, esfrie-a. Mantenha-a úmida, mas não encharcada: vá regando a cevada com água morna, de vez em quando. Lembre-se de que você quer que ela vá "crescendo". Após uns 10 dias, os brotos do grão devem ter aproximadamente 2/3 do comprimento do grão. Você verá que os brotos crescem sob a casca do grão. Logo que você calcule que já atingiram o tamanho desejado, espalhe o grão e deixe-o repousar por mais 12 horas.

Secagem do malte

Em seguida, você deverá secar a cevada. Isto quer dizer que deverá colocá-la a uma temperatura de 50 °C, seja em cima do fogo ou do fogão, ou no forno com a porta aberta para manter a circulação de ar quente. Vá mexendo constantemente, até que os grãos estejam completamente secos.

Secagem conforme o tipo de cerveja

A cor e as características da cerveja podem ser alteradas, conforme a duração da secagem do malte depois de ter germinado. A secagem é indispensável para matar o grão e interromper a germinação. Se você não o secar, dos grãos continuarão a crescer longos brotos. Além disso, a secagem vai permitir que você armazene o malte. Quase sempre você terá de armazená-lo antes de ter ocasião de utilizá-lo. Se você o colocasse úmido e ainda em desenvolvimento dentro de uma saca, o malte apodreceria rapidamente e não só não serviria para nada como também começaria a cheirar muito mal.

Uma leve secagem dá um malte de cor clara e, consequentemente, uma cerveja clara; uma secagem mais acentuada dá um malte mais escuro e, daí, uma cerveja mais escura. Se você pretende fazer cerveja clara tipo "lager", mantenha a temperatura a pouco menos de 50 °C. Se pretende uma cerveja escura, aumente a temperatura até 60 °C, mas nunca acima. Por que não acima dos 60 °C? Porque acima dessa temperatura você mataria as enzimas que irão transformar uma quantidade maior ainda de amido em açúcar, quando fizer cerveja.

O preparador de malte vigia seu malte durante a secagem, mexendo-o constantemente, observando sua evolução; ele para a secagem no momento exato, de acordo com o tipo de cerveja que tenciona fazer. Você poderá parar a secagem quando, ao trincar o grão, este estalar entre os dentes; mas, se você preferir uma cerveja mais escura, deverá simplesmente continuar a secar, até que o grão fique mais escuro. Se pretende fazer cerveja preta, continue a secagem até que a cevada fique praticamente preta, mas não deixe que a temperatura do grão ultrapasse os 60 °C; deixe simplesmente que a secagem continue por mais algum tempo.

Quando já tiver secado a quantidade desejada, moa o grão num moinho, mas não muito fino. Assim obterá o malte e estará pronto para começar a fazer sua própria cerveja.

A maltagem da cevada
Deixe de molho os grãos de cevada durante 4 dias. Amontoe-os no chão e, espalhando-os ou amontoando-os alternadamente, mantenha a temperatura entre 17 e 20 °C. Mantenha esse processo durante cerca de 10 dias, até que apareçam brotos com tamanho de aproximadamente 2/3 do comprimento do grão. Esses brotos surgirão sob a casca do grão. Seque-o então por completo numa estufa (conforme ilustração abaixo à direita) e esmague-o num moinho. Assim se obtém o malte.

Os frutos da terra

Fazer cerveja

Antes da dinastia dos Tudor não existiam lúpulos na Grã-Bretanha, e as pessoas bebiam malte fermentado, que se chamava "ale". Foi nessa época que o lúpulo foi importado do continente europeu e utilizado para perfumar e conservar a "ale"; à bebida que daí resultou deu-se o nome de cerveja. A cerveja é mais amarga que a "ale" e, uma vez que seu paladar se habitue a ela, a cerveja é muito melhor. Hoje em dia, a terminologia já não é tão precisa, e as palavras "cerveja" e "ale" são empregadas indiscriminadamente. Seja como for, vale a pena cultivar seu próprio lúpulo e fazer cerveja verdadeira, e não daquela que nos é comumente servida nas cervejarias e bares.

Terreno para o lúpulo

O lúpulo gosta da marga profunda, pesada e bem drenada e requer muito estrume, de boa qualidade. Mas ele cresce mais ou menos bem em qualquer tipo de terreno, desde que seja bem estrumado e nunca esteja encharcado. Se você cultivar o lúpulo só para fazer cerveja, não precisará de toneladas, mas apenas de alguns quilos.

Plantar lúpulo

Em primeiro lugar, limpe bem seu terreno; certifique-se de que retirou pela raiz todas as ervas daninhas e plantas vivazes. Depois tente arranjar, pedir emprestado ou comprar uma dúzia de raízes de lúpulo; pedaços com cerca de 30 cm de comprimento são ótimos. O lúpulo produz todos os anos uma quantidade enorme de raízes, e, a uma planta já enraizada, com certeza não farão falta aqueles centímetros de raiz que você for retirar.

Plante essas raízes com intervalos de cerca de 60 cm entre uma e outra e adube abundantemente com estrume ou adubo composto. Coloque dois ou três arames horizontais, uns mais altos e outros mais baixos, perto do chão; e depois, junto de cada pé de lúpulo, coloque três ou quatro arames verticais para que a planta possa crescer agarrando-se a eles. Quando o lúpulo começar a crescer, os brotos irão desenvolver-se rapidamente ao longo dos arames; o lúpulo cresce tão depressa que quase se pode vê-lo crescer a olho nu. Cuidado com os afídeos. Se as plantas estiverem contaminadas, trate-as com caldas à base de nicotina ou outro inseticida não persistente.

Colheita do lúpulo

Colha as flores quando estiverem em plena floração e carregadas daquele pó amarelo e ligeiramente amargo que constitui a própria essência do lúpulo. Seque as flores com cuidado, o que você conseguirá facilmente se as puser numa grelha, numa peneira, ou em qualquer placa perfurada e as colocar sobre o fogão. Logo que estejam bem secas, guarde-as em sacos, de preferência sacos de estopa.

As instruções acima dirigem-se aos amadores que pretendem cultivar lúpulo em quantidade suficiente para fazer sua cerveja. Não são instruções que se apliquem ao cultivo do lúpulo para fins comerciais. A cultura do lúpulo em escala industrial é completamente diferente; é, por isso mesmo, uma atividade profissional altamente especializada.

Malte e extrato de malte

Pode-se fazer cerveja a partir de extrato de malte, que se encontrará à venda nas lojas. Obtém-se assim uma cerveja (provavelmente) forte e (também provavelmente) boa, mas nunca será a mesma coisa que a cerveja verdadeira, feita a partir de malte verdadeiro. A melhor cerveja será aquela feita com o malte que você mesmo preparou (ver p. 69). Mas você poderá também, como alternativa, comprar malte em sacas, que será preferível ao extrato de malte. A diferença da cerveja feita com extrato de malte é enorme e inconfundível.

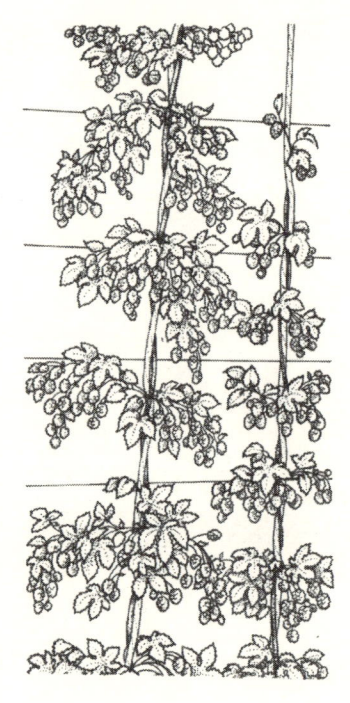

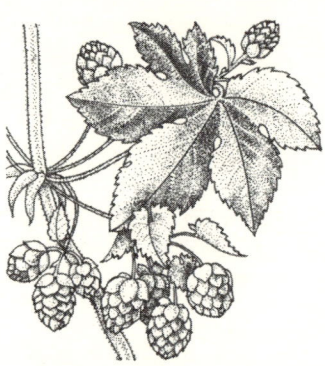

Cultive o seu próprio lúpulo
O lúpulo necessita de arames para poder crescer, pois do contrário ele se emaranha de tal maneira que a colheita é drasticamente reduzida. Finque estacas verticais e pregue a elas arames horizontais; depois fixe três ou quatro fios verticais perto de cada pé de lúpulo plantado. Sempre que necessário proteja-o dos afídeos. A colheita é feita quando o lúpulo está em plena floração (acima).

Fazer cerveja

À noite, antes de se deitar, ferva 45 l de água. Enquanto a água está no fogo, faça um coador para sua cuba, ou seja, um recipiente aberto, com capacidade para 100 l. Você poderá fazer um coador atando com barbante uma espécie de molho de palha, feno ou tojo. Enfie o barbante pelo buraco da torneira da cuba e puxe-o até ficar tenso, para que, ao colocar a torneira sobre o buraco, ela prenda firmemente o barbante e, consequentemente, segure também o coador. Se você preferir, o buraco poderá ser feito no fundo da cuba, utilizando-se uma rolha de freixo para fechá-lo. Quando essa rolha for retirada, é claro que o buraco ficará aberto. Se você colocar, no fundo da

Equipamento necessário para se fazer cerveja
Fazer cerveja é uma ótima desculpa para colecionar uma série de utensílios lindos. Não há nada melhor que barris e potes de barro para guardar a cerveja. E, para fazer cuba ou vasilha para fabricar a cerveja, um barril com o topo cortado é o ideal. O lúpulo é essencial, a não ser que você só pretenda fazer cerveja tipo "ale", à moda antiga. Você precisará ainda de um termômetro, de uma balança e de um borrifador.

Os frutos da terra

Fazer cerveja

cuba, uma camada de tojo coberta por palha e com uma pedra chata por cima, furada no centro, e então enfiar a rolha de freixo nesse buraco, terá um coador formidável.

Logo que a água ferver, deixe-a esfriar até 65 °C e coloque nela, então, 25 kg de malte moído; mexa bem até que o malte fique completamemte impregnado de água. É muito importante que a temperatura da água não ultrapasse 65 °C, pois, do contrário, as enzimas morrerão. Tape a cuba por completo com um cobertor e vá dormir.

No dia seguinte, de manhã cedo, abra a torneira ou tire a rolha de freixo para recolher o mosto (nome que se dá àquele líquido) em baldes. Dos baldes passe-o para uma panela, junte 0,5 kg de lúpulo seco embrulhado num pano e deixe ferver. Enquanto o mosto vai saindo para os baldes, vá regando o malte com água fervente. (Já não é preciso preocupar-se com as enzimas agora, pois elas já cumpriram sua missão, convertendo o resto do amido em açúcar.) Vá borrifando sempre, até que saiam cerca de 45 l de mosto. A maior parte dos 45 l iniciais foram absorvidos pelo malte.

Deixe ferver os 45 l de mosto, com o lúpulo embrulhado no pano, durante 1 hora. Se você pretende obter uma cerveja muito forte, junte agora 2,7 kg de açúcar, ou de mel, se houver. Outro artifício é juntar 3 kg de extrato de malte. Mas, de fato, não é indispensável acrescentar seja o que for. Mesmo assim, você ainda obterá uma cerveja razoavelmente forte. Retire todo o malte da cuba e ponha-o de lado para dar aos porcos e às vacas e limpe a cuba.

Volte a pôr o mosto na cuba, já limpa. Retire uma caneca de mosto e deixe-o esfriar, colocando-o em água fria. Logo que a temperatura atingir 16 °C, junte-lhe um pouco de levedura. Pode ser a levedura de uma fermentação anterior, ou levedura de cerveja que você tenha comprado para esse fim. A levedura de pão também serve, mas a de cerveja é melhor. A levedura de pão é uma levedura que assenta no fundo da cerveja e aí fermenta, enquanto a de cerveja fica à superfície, o que, sem dúvida, é preferível.

E agora, quanto mais depressa seu mosto esfriar, tanto melhor. Para isso, você poderá utilizar o aparelho que tiver para esfriar leite. Contudo, se não tiver nenhum, poderá mergulhar no mosto baldes de água fria, tendo, no entanto, de prestar atenção para que a água não entorne e para que o exterior do balde esteja devidamente limpo. Um esfriamento rápido não permitirá que os germes de doenças entrem no mosto antes que este esteja à temperatura indicada para a levedura.

Logo que a temperatura do mosto atingir 16 °C, acrescente a caneca de levedura e mexa bem. É agora que você deverá fazer suas "rezas". Cubra bem para proteger das moscas e da poeira.

Deixe seu preparado descansar durante pelo menos 3 dias; depois retire, com uma escumadeira, toda a levedura que se encontra na superfície, pois do contrário ela irá para o fundo, o que não é nada recomendável. Quando a fermentação estiver terminada, ou seja, 5 a 8 dias depois, proceda à decantação. Isto quer dizer que você deve colocar a cerveja em vasilhas destinadas a guardar cerveja, e sem remexer os sedimentos que continuam no fundo. Feche hermeticamente essas vasilhas, pois a partir desse momento a cerveja não deve entrar em contato com o ar. E assim se faz cerveja.

Você poderá utilizar vasilhas de plástico, em vez de barris de madeira ou potes de barro, mas, pessoalmente, não gosto do plástico. No entanto, se você utilizar barris de madeira, deverá mantê-los escrupulosamente limpos. Se quiser cerveja com gás, como aquela que se compra nos bares e cervejarias, engarrafe-a, em garrafas de rosca, mesmo antes de terminar a fermentação na cuba.

Cerveja leve

Quando lemos que nossos antepassados bebiam sempre cerveja no café da manhã e continuavam a bebê-la, em quantidades razoáveis, durante todo o dia, devemos nos lembrar de que não bebiam o tipo de bebida cuja fabricação foi descrita nas últimas páginas. Tratava-se de uma cerveja muito leve, feita à base de malte, pouco alcoolizada, mas gostosa. Ninguém consegue se embebedar com uma cerveja leve, que é muito saudável e, além disso, é um subproduto natural da cerveja comum.

Como se faz cerveja leve

Faça cerveja como foi descrito acima, mas não coloque água fervente sobre o malte que esteve de molho na cuba. Retire o mosto que puder dos 45 l iniciais de água em que você pôs o malte; em seguida, despeje sobre o malte que ficou 45 l de água fervente e esqueça-os, enquanto acaba de tratar da sua "verdadeira" cerveja.

Assim, você verá que precisa de duas cubas para fazer cerveja leve, pois sua primeira cuba está agora ocupada com o malte e os 45 l de água fervente. Você terá de ter outra cuba preparada para o mosto da primeira cerveja, que, nessa altura, está com o lúpulo embrulhado num pano. Assim, transfere-se a primeira cerveja para a segunda cuba limpa e depois escoa-se a cerveja leve da primeira cuba e ferve-se, durante uma hora, com o lúpulo. Entretanto, tire todo o malte da primeira cuba para dá-lo aos animais e volte a colocar o mosto da cerveja leve, já fervido, na primeira cuba. Aguarde até que a temperatura baixe e, para que fermente, despeje dentro dois ou três copos do mosto da verdadeira cerveja. Cubra-a e deixe-a fermentar, como fez com o primeiro lote.

Mas lembre-se de que esta não se conserva como a cerveja verdadeira. É o álcool que permite que a cerveja se conserve, e a cerveja leve quase não tem álcool. Você deverá beber esta sua cerveja num tempo aproximado de 15 dias, para que ela não se estrague.

Destilação

Se colocar no fogo um caldeirão cheio de cerveja até a metade, e se puser uma bacia para flutuar em cima da cerveja, pondo sobre esse caldeirão um prato mais largo que a boca do caldeirão, você obterá uma espécie de uísque. O álcool da cerveja vai-se evaporando e condensando na superfície inferior do prato, escorrendo até o ponto mais baixo deste, acabando finalmente por cair na bacia. O ideal será passar água fria sobre o prato para esfriá-lo, o que lhe permitirá acelerar a condensação.

Os frutos da terra

Como fazer cerveja
Para fabricar uma cerveja caseira de boa qualidade, é indispensável começar pela limpeza escrupulosa das cubas, vasilhas, barris ou potes. Devem ser esfregados, escaldados, desinfetados e expostos ao sol e ao vento. Durante uma noite calma, ferva cerca de 45 l de água.

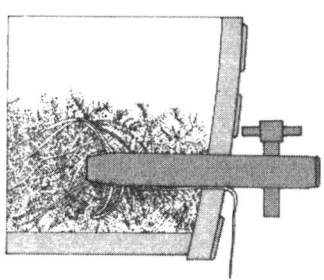

Enquanto você espera que a água ferva, prepare um coador para a cuba. Amarre com um barbante um pequeno molho de tojo, feno ou palha, e ponha-o no fundo da cuba; passe a ponta do barbante pelo buraco da torneira, puxando-o com força; em seguida, enfie a torneira com a ajuda de um martelo (torneira de madeira).

Quando a água ferver, deixe-a esfriar até 65 °C e coloque metade da água na cuba.

Acrescente 25 kg de malte e a água quente restante e mexa vigorosamente.

Cubra a cuba durante a noite com um lençol limpo e um cobertor. As enzimas com a água começarão a agir para extraírem o açúcar do malte.

Na manhã seguinte, abra a torneira e escoe o mosto (líquido) para um balde ou vasilha, de preferência de madeira.

Vá então "borrifando" o malte já utilizado com água fervente, para extrair todo o açúcar, até que recupere os 45 l de mosto. Ponha tudo para ferver.

Embrulhe 0,5 kg de lúpulo num pano e mergulhe-o no mosto. Se você pretende usar de artifícios, é agora que deverá acrescentar açúcar, mel ou extrato de malte (3 kg por cada 45 l de mosto). Ferva durante 1 hora, no mínimo. Nesse ínterim, vá limpando sua cuba. O malte que ficou no fundo constitui um bom alimento para os porcos e para as vacas.

Retire uma caneca de mosto fervente e faça-o esfriar rapidamente, mergulhando-o em água gelada. Quando atingir a temperatura de 16 °C, despeje nele a levedura. Esta pode ser levedura de cerveja (30 g chegam) ou duas colheres das de sopa da levedura que retirou da última cerveja caseira que fabricou, levedura essa que deve ter sido guardada em lugar fresco. Transfira então o resto do mosto fervente para a cuba já limpa.

Esfrie o mosto o mais rapidamente possível, mergulhando nele vários baldes de água fria. Mas não deixe cair nem uma gota de água dentro do mosto, se quiser obter uma cerveja que se possa beber.

Logo que a temperatura do mosto atingir os 16 °C, acrescente a caneca de mosto, bem fermentado com a levedura, e vá mexendo. Cubra com cobertores, para proteger dos insetos, e deixe repousar durante 3 dias.

Em seguida retire a levedura com uma escumadeira. Logo que a cerveja tiver deixado de fermentar (5 a 8 dias depois), decante-a. Em outras palavras, despeje-a (sem agitar os resíduos) em recipientes próprios. Coloque rolhas, ou feche hermeticamente.

Os frutos da terra
Milho

Além da batata e daquela coisa horrível que é o tabaco, o milho constitui a contribuição mais importante que o Novo Mundo fez ao Velho Mundo. Os primeiros colonos brancos da América chamavam-lhe "milho índio"; daí seu nome foi abreviado para milho, como é conhecido agora, embora os horticultores também o chamem de "milho doce".

    O milho é cultivado com diversos objetivos. Em primeiro lugar, para ser colhido quando estiver bem maduro e pronto para ser moído para a alimentação do homem ou dos animais. É o milho-grão. Em segundo lugar, para ser colhido antes de amadurecer, ser fervido e comido ainda na espiga, com manteiga. O grão das espigas que ainda não estão maduras (fase leitosa) é tenro e contém bastante açúcar, pois este ainda não se transformou em amido, encontrando-se ainda sob forma líquida, o que lhe permite percorrer toda a planta. Em terceiro lugar, cultiva-se o milho para dá-lo verde ao gado, durante o verão, muito antes de os outros cereais estarem maduros; é o milho-forragem ou milharada, para ser usado como se fosse capim. Em quarto lugar, é utilizado para silagem. Para isso, colhe-se o milho quando o grão ainda está em estado pastoso. Para a silagem, os caules devem ser bem cortados ou triturados, de modo que o milho possa ser corretamente amontoado, devendo haver pouca umidade e ar nos silos.

    O milho cresce em regiões bem frias, até a fase em que pode ser comido na espiga; mas só nas regiões quentes é que ele amadurece a ponto de ficar duro como pedra. É sempre semeado na primavera e prefere um verão quente e cheio de sol, com rega abundante.

Semeadura

O milho gosta de terreno fértil mas leve: as terras argilosas não lhe são propícias. Deverá ser semeado quando já não houver perigo de geadas, pois não possui nenhuma resistência ao frio. Assim, semeie-o uma ou duas semanas depois da última probabilidade de geada do ano. Você precisará de cerca de 20 kg de semente para meio hectare e deverá colocar as sementes a cerca de 8 cm de profundidade. O espaço entre as linhas pode variar entre 35 e 80 cm: faça o mesmo que seus vizinhos fizerem, e você não se enganará muito. Deverá ficar com uma densidade de cerca de dez plantas por metro quadrado.

Cuidados

As aves são uma calamidade, especialmente as da família das gralhas, que farão tudo para desenterrar todas as suas sementes, se você não intervir.

Colheita

A colheita de espigas maduras, uma a uma, à mão, como fará sem dúvida aquele que vive em autossuficiência, é um verdadeiro prazer. Você andará ao longo das fileiras de milho, cortará as espigas e as colocará num saco pendurado no seu ombro. Depois pisará no caule, para saber por onde já passou (as plantas têm a altura de um homem). Quando você tiver fome, acenda uma fogueira com a palha do milho seca ou com lenha miúda, e umas espigas por cima, sem descascá-las; quando as palhas tiverem queimado e o grão estiver ligeiramente escuro, coma o milho. É evidente que talvez não seja tão bom como o milho doce ou o milho cozido na espiga, mas é um manjar de rei ou de lavrador esfomeado... que deve ter bons dentes.

O milho na horta

Em regiões frias, pode-se cultivar milho-doce na horta. Semeie-o sob campânulas ou então em vasos de estufa, dentro de casa, e transplante-o depois das últimas geadas. Também poderá semeá-lo diretamente no terreno, depois das últimas geadas. Semeie-o de dois em dois grãos, a uma distância de 30 cm, com 60 cm entre as filas. Semeie-o em blocos em vez de fileiras compridas, pois isso facilitará a polinização.

    O milho requer solo bem adubado. Regue sempre, especialmente se o clima for seco. Colha-o logo que as barbas sedosas das espigas se tornarem marrons.

Como cozinhar o milho

Cozinhe o milho ainda dentro da palha (pelo menos eu faço assim), durante cerca de um quarto de hora. Coma diretamente da espiga, polvilhando um pouco de sal e passando muita manteiga. Desafio quem quer que seja a se fartar com esse petisco. Há anos, nós, os Seymours, temos comido toneladas dessas espigas. Tem sido a base da nossa alimentação durante o outono, pois é uma cultura que precisa ser comida o mais depressa possível depois da colheita. Se o milho for guardado, os açúcares começam a transformar-se em amido, fazendo assim desaparecer os elementos perfumados desse grão tão suculento.

Polenta

Pode ser feita com farinha de milho ou de sorgo. É uma receita típica do norte da Itália e é um prato muito pesado, se não for bem coberto com manteiga e queijo depois de cozido. É um manjar delicioso. Para seis pessoas, você precisará de:

230 g de farinha de milho
2 colheres, das de chá, de sal
1,5 l de água
3 colheres, das de chá, de queijo ralado e manteiga

Ponha a água para ferver, com sal, numa panela grande. Vá deitando a farinha de milho sobre a água, em neve, mexendo constantemente para evitar que se formem grumos. Continue a mexer. Após 30 minutos, essa papa deve estar tão espessa a ponto de se desprender dos lados da panela. Preste atenção para que não grude no fundo. Desligue o fogão e coloque a papa num prato. Cubra-a com bolinhas de manteiga e queijo ralado e leve-a ao forno para gratinar durante alguns minutos. É deliciosa sozinha e melhor ainda quando acompanhada de salsichas italianas, bem temperadas e fritas, e uma boa porção de molho de tomate.

Gnocchi de polenta

Faça a polenta conforme foi descrito na receita anterior, mas, quando já estiver cozida, acrescente dois ovos batidos e um pouco de queijo ralado e, se quiser torná-la mais exótica, acrescente também 115 g de presunto cortado em pedacinhos. Deite toda essa mistura sobre um prato ligeiramente úmido e estenda-a até ficar com 1,5 cm de espessura.

    No dia seguinte, corte em quadrados, losangos ou círculos de cerca de 4 cm. Ponha uns sobre os outros num prato fundo untado, que possa ir ao forno. Acrescente mais umas bolinhas de manteiga e leve ao forno para gratinar; sirva com queijo ralado.

Os frutos da terra

Arroz

Na Ásia, os povos de língua inglesa chamam de *paddy* o arroz antes de ser descascado e branqueado. Para todos os efeitos, existem duas espécies de arroz, conforme seu cultivo: o arroz que cresce na água, ou arroz "úmido", e o arroz das "montanhas", ou arroz de sequeiro. Este último cresce nas encostas, mas só em regiões onde chove abundantemente, como os planaltos da Birmânia. O arroz comum, ou seja, arroz "úmido", é cultivado em grande escala nos EUA e no sul da Europa. Cresce e amadurece no verão, a temperaturas superiores a 20 °C, mas esta temperatura deve manter-se por um período longo, de 4 ou 5 meses, tempo que o arroz leva para se desenvolver e amadurecer.

Mas, como nossa alimentação é tradicional e inveteradamente à base de trigo, e passamos muito bem sem arroz, nem sequer tentamos cultivá-lo. As populações da Índia, cuja alimentação é à base de arroz, olham para os que comem trigo com um forte sentimento de superioridade, pois consideram-no um alimento para inválidos.

Semeadura

O melhor método de cultivar arroz em pequena escala é lançando a semente à mão sobre um solo seco e aquecido pelo sol da primavera; cubra a semente com terra utilizando o ancinho e por fim alague a cama de semente, mas não em excesso. À medida que os brotos vão crescendo, tente manter o nível da água sempre ligeiramente abaixo da parte superior das plantas. O arroz sobrevive na água em virtude do seu caule oco, que espalha o oxigênio por toda a planta.

Logo que as plantas atingirem cerca de 20 cm de altura, arranque-as aos molhos e transplante-as para um campo irrigado, mas onde a água esteja mais baixa e a nível constante. Basta enfiar cada planta na lama, a uma distância de cerca de 10 cm uma da outra. Na Índia e na China plantam-se assim milhões de brotos de arroz todos os anos. Mantenha seu arrozal inundado (nunca o deixe secar) até cerca de 15 dias antes de o arroz amadurecer. Aí então é que você deverá drenar o terreno, e o arroz acabará por amadurecer em terra seca.

Colheita

Ceife com uma foice, malhe como qualquer outro cereal (ver pp. 52 e 53) e descasque, passando o arroz por um moinho de mós ou placas, devendo estas estar suficientemente abertas para que descasquem o arroz sem esmagá-lo. Assim se obtém o chamado arroz "integral". De fato, ele é um bom cereal, muito rico em amido, mas mais pobre que o trigo em proteínas e outros elementos.

Se você apertar um pouco mais a distância entre as placas do seu moinho, obterá aquilo a que se chama, erroneamente, arroz glaceado; é praticamente amido puro e constitui, portanto, um alimento muito incompleto, ainda menos nutritivo que a farinha de trigo branca. Outro processo de glaceamento produz o arroz polido, que é o que a maior parte das pessoas compra nas lojas. Portanto, o mais sensato, se você se alimentar à base de arroz, é comer arroz integral e não se dar ao trabalho de retirar a parte mais nutritiva do arroz.

Como cozinhar o arroz

Ao contrário da maioria dos cereais, o arroz não precisa ser moído antes de ser cozido. Em relação ao arroz de cultivo caseiro, a maneira ocidental de prepará-lo consiste em lavá-lo bem em água corrente fria e escorrê-lo num passador. Depois, coloca-se no fogo, em água fervente, com uma colher de chá de sal. Depois de juntar o arroz, deixa-se que a água volte a ferver e abaixa-se o fogo em seguida. Põe-se a tampa na panela e deixa-se ferver lentamente em fogo brando durante 15 minutos.

Quanto a mim, utilizo o método indiano, que consiste em deixar ferver uma quantidade de água muito maior do que aquela de que você necessita na realidade. Coloca-se o arroz nessa água e espera-se que esta volte a ferver, deixando que continue a ferver lentamente no fogo brando, até que o arroz esteja macio (mas não empapado). Retire-o da água com um passador e remexa-o várias vezes; por fim coma-o.

Você poderá corar e perfumar o arroz, juntando-lhe uma pitadinha de açafrão enquanto cozinha. O arroz integral requer 40 a 50 minutos de cozimento.

Arroz indiano

O arroz norte-americano, ou arroz indiano, pode ser colhido quando maduro e secado ao sol quente ou então no forno, ou ainda sobre o fogo. Esse arroz pode ser cozido em água ou com o vapor; deve ser comido de preferência com carne. É um arroz muito nutritivo, mas difícil de colher.

Risoto

Como o nome indica, é um prato à base de arroz, mas pode muito bem ser confeccionado com milho miúdo integral ou com cevada. São necessários os seguintes ingredientes:
1 medida de arroz, milho ou cevada (0,5 kg deve chegar para 8 a 10 pessoas)
2 medidas de água quente ou de um bom caldo
um fio de óleo ou azeite, sal e pimenta
uma boa porção de legumes variados, como cebolas, pimentões, ervilhas, cenouras etc.
Utilize uma panela bem sólida com tampa (seria ótimo se fosse de barro); corte os legumes em pedacinhos e deixe-os refogar num fio de azeite ou óleo. Ponha-os de lado num prato, logo que estiverem tenros e ligeiramente dourados. Acrescente mais um pouco de óleo ou azeite àquele que ainda ficou na panela e ponha por cima o arroz ainda seco. Mexa bem, até que o arroz esteja bem impregnado de óleo e comece a tomar cor.

Ponha novamente os legumes, já refogados, dentro da panela e acrescente metade da quantidade de água ou caldo. Tempere bem. Baixe o fogo ou ponha a panela em forno médio, bem tapada, durante cerca de 15 a 30 minutos. Acrescente então o restante do caldo ou água e mexa bem. Deixe cozinhar mais 15 a 30 minutos, até que todo o líquido tenha sido absorvido e o arroz esteja macio, mas nunca empapado. O tempo de cozimento varia conforme a dureza do grão.

Pastéis de arroz

Aqui está um bom método de utilizar os restos de arroz já cozido:
0,3 l de leite
115 g de arroz cozido, ainda quente
1 colher, das de sopa, de manteiga derretida ou óleo
2 ovos com as gemas separadas das claras
115 g de farinha de trigo
uma pitada de sal
Misture bem o leite, o arroz e o sal. Junte as gemas de ovos, a manteiga e a farinha e, por fim, as claras batidas em neve. Aqueça bem uma frigideira e coloque em cima pequenos montinhos desse preparado. Deixe dourar de ambos os lados.

Os frutos da terra

Sorgo

O sorgo é uma cultura muito complicada: existem diversas variedades, muitos híbridos e pelo menos quatro espécies diferentes. Do sorgo sacarino (*Andropogon Sorghum, c., Brot S. Saccharatus, L.*), que pode atingir a altura de 4 m, extrai-se açúcar, como da cana. Há também o sorgo comum, utilizado para pastagem, forragem e feno; o sorgo de grão, cultivado para se obter o grão; e por fim o sorgo utilizado para fazer vassouras (*Andropogon Sorghum, L., Brot, Y. Technicus, Koern*).

O sorgo de grão e o sorgo comum são amplamente cultivados nos EUA, na região das grandes planícies, tanto para a alimentação como para fins industriais. Não é uma cultura muito comum, para aqueles que vivem em autossuficiência, mas nada impede que venha a ser, pois o grão do sorgo não descascado é um alimento formidável para a criação.

Todos aqueles que já viveram na África Central poderão confirmar que o mingau de sorgo é incomparavelmente melhor em sabor do que a papa de milho chamada *mealie pap* (ou qualquer que seja seu nome), embora essa papa de milho seja a dieta básica de muitos africanos.

O sorgo de grão é um cereal muito saudável, e muitas pessoas acreditam que os africanos que se alimentam à base de sorgo são mais saudáveis do que aqueles que se alimentam à base de milho. No entanto, onde quer que o milho possa ser cultivado, este é sempre preferido. E isto porque, onde quer que a pluviosidade seja suficientemente alta para se poder cultivar milho, este produz uma colheita mais abundante.

Semear sorgo para grão

A cama de semeadura do sorgo deve ser fina, livre de ervas daninhas e não muito pobre. Em regiões de alta pluviosidade, o terreno geralmente é lavrado para o sorgo no outono e trabalhado com a grade de disco e grade de dentes na primavera seguinte. Em regiões mais secas, reduz-se ao mínimo o trabalho da terra a ser efetuado durante a primavera, para evitar perda de umidade.

Para a produção de grão, semeia-se com uma semeadeira em linhas espaçadas de 50 a 100 cm, sendo essa distância tanto maior quanto mais seco for o clima da região. Semeia-se cerca de 15 dias após a época de semeadura do milho.

O sorgo gosta de climas quentes. Não vale a pena nem tentar cultivá-lo em regiões de clima frio, pois ele não germina a menos de 7 °C e não se desenvolve bem a menos de 16 °C. A temperatura ideal para o sorgo situa-se entre 24 e 27 °C. Nessas condições, demonstra ser uma cultura resistente, especialmente às pragas de insetos como os gafanhotos – mais resistente, até, que os outros cereais.

Como semear sorgo comum

Se você pretende semear sorgo comum, que, aliás, dá bom feno, lance a semente à mão, à razão de 20 kg por meio hectare.

Cuidados a ter com a cultura

Quando o sorgo é cultivado em linhas, deve-se mondá-lo para evitar a concorrência das ervas daninhas. Quando as plantas forem maiores e cheias de folhagens, elas próprias eliminarão as ervas daninhas.

Colheita

Ceife o sorgo quando ele estiver completamente maduro (pode deixar para a época das primeiras geadas). Debulhe e descasque, como você faz com todos os outros cereais. O sorgo comum pode ser ligeiramente tóxico, por conter ácido cianídrico; portanto, você não deve deixar que os animais pastem antes que as plantas atinjam 45 cm de altura, pois a partir de então o teor do ácido cianídrico no sorgo é mais baixo. Além disso, é preciso, depois de ter caído uma geada, esperar 3 dias para que seu gado possa pastar novamente.

Amendoim (*Arachis hipognea, L.*)

O amendoim é uma cultura tropical americana; no entanto, pode ser cultivado em certas regiões mais ao norte, como o Estado de Massachusetts, que nada tem de tropical. É uma planta comestível, de alto valor nutritivo; o amendoim é rico em certas vitaminas B, que são, aliás, difíceis de encontrar nos vegetais. É também rico em óleos, e por isso mesmo é cultivado para esse fim nas Américas, na China e na África, em grandes propriedades.

O amendoim requer um período de emergência mínimo de 4 meses, com temperaturas altas e cerca de 500 mm de chuva distribuída ao longo desse período. Requer também um solo ácido e arenoso, o que, por sorte, muitas vezes ocorre simultaneamente.

Semeadura

As sementes provenientes de plantações de climas mais frios dão melhores resultados que as sementes de plantações cultivadas nos trópicos; vários agricultores guardam sua própria semente. Pode-se plantar o amendoim com casca e tudo, ou então pode-se descascá-lo e plantar as sementes separadamente.

Se você decidir plantar o amendoim com casca, deverá observar uma distância de 20 cm entre um pé e outro, e de 75 cm entre uma carreira e outra. Nos climas mais frios, do norte, o amendoim deve ser colocado a 5 cm de profundidade, enquanto nos climas mais quentes, do sul, deve ficar a 10 cm de profundidade. Nos climas frios do norte, deve-se plantar o amendoim na época das últimas geadas, para que tenha um período de crescimento o mais longo possível. Na Europa, o período entre meados de abril e meados de maio é uma boa época para o amendoim. É uma cultura difícil de manter sempre limpa; assim, deve-se sachar o terreno e limpá-lo das ervas daninhas frequentemente.

Os frutos da terra

Culturas para a extração de óleo

Colheita

Colha o amendoim antes que as primeiras geadas matem as plantas, mas depois de as folhas já terem começado a amarelar e depois de o interior da casca ter começado a escurecer. Seque-o, pendurando as plantas sob um telheiro bem arejado, ou espalhando-as sobre uma rede de arame.

Guarde as sementes das plantas melhores. Separe o amendoim da planta, mas não o descasque. Guarde-o em velhos bidões de óleo e faça vários buracos para assegurar a ventilação.

Manteiga de amendoim

Para fazer manteiga de amendoim, torram-se os amendoins a temperaturas entre 150 °C e 165 °C, durante cerca de 20 minutos, mexendo-os bem de tempos em tempos. Passe-os por uma máquina de moer carne. É possível que você tenha de passá-los várias vezes, dependendo da sua preferência: manteiga mais fina ou mais grossa. Tempere com um pouco de sal e uma colher de sobremesa cheia de mel para cada 0,5 kg de amendoim. Misture tudo muito bem com óleo de amendoim (ou qualquer outro óleo vegetal), até que atinja uma consistência cremosa, conforme seu gosto.

Colza

A colza se dá bem em climas temperados. Plante-a como se fosse uma couve (ver pp. 84 e 85) e colha-a quando ainda estiver um pouco verde. Arranque a planta do solo, seque-a em pilhas, debulhe-a e esmague as sementes para extrair o óleo. As "barras" ou resíduos servem de alimento para o gado, mas só em pequenas quantidades; caso contrário, poderá causar perturbações estomacais aos animais.

Linho (*Linum usifalissimum, L.*)

A semente da planta do linho é a linhaça, que é muito rica em óleo e constitui um bom alimento para o gado. É muito rica em proteínas, assim como em gorduras. Se você esmagar a semente num moinho ou escaldá-la em água quente, obterá uma ração excelente para os bezerros e um bom substituto do leite; é bom para a maior parte dos animais doentes, pois a linhaça tem propriedades laxativas. Misturada com o trigo ou com vários outros cereais, a linhaça é um alimento perfeito para as galinhas. Pode ser esmagada para fazer óleo, mas o óleo resultante não é muito bom, sendo mais utilizado no fabrico de vários subprodutos, como sabão e tintas.

Na página 230 descrevo a produção de linho para fibra e tecelagem.

Girassol (*Helianthus annus, L.*)

Cerca de 35% da semente de girassol dá um óleo comestível que é bom para fazer margarina, se é que você precisa realmente dela, e para ser utilizado como óleo de cozinha. Semeia-se de 30 em 30 cm, em linhas distanciadas de 90 cm uma da outra. Proceda à colheita quando cerca da metade das pétalas amarelas já tiverem caído das flores. Corte as flores de modo a deixar 30 cm de caule e pendure-as dentro de casa, atadas em ramos, voltadas para baixo. Para obter o óleo, esmagam-se as sementes.

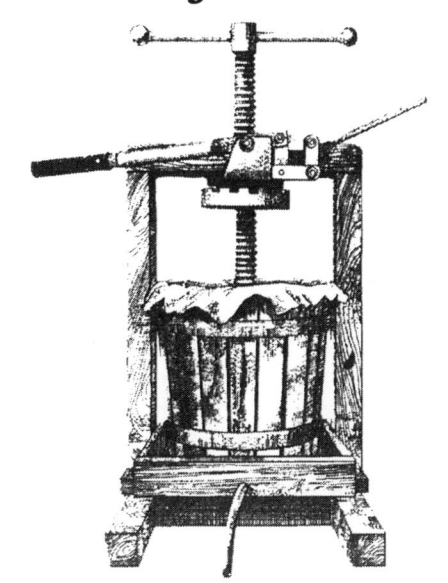

Prensagem do óleo
Triture os grãos e envolva a massa em panos, formando "queijos". Empilhe-os numa prensa e aperte-a bem.

Papoula (*Papavera somniferum, L.*)

Pode-se cultivar a papoula tanto pelo seu óleo como por motivos bem mais nefastos. Esse óleo queima muito bem em lamparinas, sem fumaça e com chama clara; a borra ou resíduo, depois de o óleo ter sido extraído, constitui uma excelente ração para o gado.

Em climas temperados, deve-se semear a papoula em leito bem fino, por volta de abril. Semeie as plantas bem próximas uma da outra, ou seja, de 10 em 10 cm, em linhas distanciadas entre si de 30 cm. Para a colheita, percorra o campo de cultura com um lençol ou toldo, colocando-o no chão e abanando as plantas sobre ele. Faça o mesmo cerca de uma semana mais tarde. Poderá também, como alternativa, malhar as sementes no celeiro com um mangual.

Tanto das azeitonas como das nozes pode-se extrair um óleo excelente. Nas páginas 178 e 179 descrevo as culturas da oliveira (*Olea europaea L. B sativa* [*Hoffgg et Link*] *DC*) e da nogueira (*Juglaus régia, L.*).

Extração do óleo

Um dos métodos utilizados pelos povos primitivos das regiões mais quentes para extrair o óleo das azeitonas, cocos e outros frutos oleaginosos consiste em amontoar os frutos sobre um pano absorvente e expô-los ao sol. O óleo sai e é absorvido pelo pano, que, em seguida, é torcido. O processo não parece nada higiênico, mas é bastante eficaz. Outro método, não tecnológico, consiste na prensagem. Antes da prensagem, a semente é esmagada num moinho ou com um pilão. Essas sementes esmagadas são então colocadas em sacas, que são empilhadas na prensa. Tudo é prensado, e o óleo vai saindo. Se não tiver prensa, poderá improvisar uma com um macaco de carro. Se você fizer a prensagem a frio, o óleo será de melhor qualidade do que aquele que se obtém aquecendo antes as sementes, mas você não produzirá tanto. A borra ou resíduo também constitui um bom alimento para o gado.

Os frutos da terra

Capim e feno

A cultura mais importante e mais difundida pelo mundo é, sem dúvida, o capim. Sua ubiquidade é espantosa: cresce por todo o lado, desde a tundra mais gelada até o calor dos trópicos, desde as terras mais pantanosas até os solos mais áridos, com exceção do deserto, verdadeiramente seco. Em zonas onde chove só de cinco em cinco anos, ou de dez em dez anos, o capim brota alguns dias depois de uma chuva, e um terreno aparentemente desolado e árido torna-se subitamente verde. É por isso que já se chegou a chamar o capim de "indulgência da Natureza". É claro que todos os cereais pertencem à família das gramíneas: simplesmente são capins que foram criados e reproduzidos para a produção de grãos. Tanto a cana-de-açúcar como o bambu são "capins"; mas, quando o agricultor fala de capim, ele quer dizer aquele capim que cresce e serve de pastagem para os animais, e que pode ser guardado sob a forma de feno ou em silos. E aqui surge uma grande confusão, pois aquilo que o agricultor chama de capim é, na realidade, uma mistura de vários tipos de plantas além do capim. O trevo é a mais comum e também a mais importante. A maior parte das pastagens é constituída por uma mistura de trevos e de gramíneas e, frequentemente, o trevo predomina sobre as gramíneas. Assim, sempre que escrevo "capim", peço ao amável leitor que saiba que eu quero dizer "gramíneas e trevo (leguminosas)". Além disso, o próprio capim não é só capim. Há muitas espécies de capim e, dentro das espécies, numerosas variedades, e é importantíssimo saber escolher aquilo que se vai cultivar.

Cuidar de uma pastagem

Você dispõe de várias possibilidades de modificar a composição da sua pastagem. Pode, por exemplo, lavrar a terra e semear uma nova mistura de capim e trevo, o que não será definitivo para sua pastagem. De acordo com seu método de exploração da pastagem, algumas espécies acabarão morrendo, enquanto outras vão proliferar, e aquilo a que o agricultor chama "capim indesejável ou infestante", capim selvagem que vem do exterior, pode vir a implantar-se e a colonizar a pastagem. É, portanto, essencialmente a questão do método de exploração da pastagem que vai determinar as espécies que aí vão predominar. Se você tratar sua pastagem com doses maciças de nitrogênio, as gramíneas vão se desenvolver em detrimento do trevo. E, se você manter esse tipo de tratamento durante muito tempo, acabará por destruir por completo o trevo. E por quê? Porque normalmente o trevo só sobrevive porque possui uma vantagem "injusta" sobre as gramíneas, vantagem essa que provém do fato de o trevo possuir nodosidades radiculares que contêm bactérias capazes de fixar o nitrogênio da atmosfera, abastecendo-se, portanto, a si próprio. Mas as gramíneas já não podem fazer o mesmo; portanto, em terrenos pobres em nitrogênio, o trevo terá tendência a predominar. Aplique quantidades maciças de nitrogênio, e as gramíneas passarão a proliferar, acabando mesmo por eliminar o trevo. Por outro lado, se você aplicar grandes quantidades de fósforo no terreno, irá favorecer o trevo em relação às gramíneas. O trevo necessita de fósforo, enquanto as gramíneas nem tanto. Uma pastagem rica em trevo é uma pastagem muito boa e, além disso, fornece nitrogênio de graça.

Se ano após ano você cortar o capim para fenar e não deixar nada para a pastagem, a não ser o restolho (a parte inferior do caule que fica depois de se ceifar o prado), é preciso favorecer o desenvolvimento de capins mais rústicos, maiores e mais resistentes, como o *ray-grass* inglês e o panasco, e por fim eliminar por completo os capins finos e o trevo, pois esses capins maiores irão roubar-lhes o sol. Por outro lado, se você utilizar o prado frequentemente como terra de pastagem, irá estimular o trevo e os capins mais curtos e tenros, em detrimento dos mais altos e grossos. Se seu solo for ácido, obterá capins como o rabo-de-lebre e as agrostídeas, todos eles de baixo valor nutritivo. Aplique cal em doses maciças e algum fósforo nesse terreno, para, com a ajuda de processos mecânicos e, talvez, um pouco mais de semente, livrar-se desses capins pobres e obter outros de melhor qualidade. Se o solo for úmido e com má drenagem, você terá capins em tufos, juncos e junças. Drene o terreno e aplique-lhe cal para se livrar dessas plantas. Uma boa e enérgica drenagem melhora o desenvolvimento do capim. É recomendável fazê-lo todos os anos.

Melhoramento de pastagens velhas

É possível que você venha a herdar o capim de um prado permanente que já seja pastagem desde tempos imemoriais. Em geral, esses prados são extremamente produtivos e fecundos, e seria um crime lavrá-los. Mas também podem ser melhorados quer com a aplicação de cal, fósforo ou outros elementos que pareçam estar em deficiência, quer passando-se a grade energicamente (ou seja, escavando-se verdadeiramente com uma grade pesada), ou ainda passando-se o arado subsolador e drenando, se necessário. Também se pode melhorar o pasto utilizando-o como pastagem intensiva e, depois, deixando-o em repouso total, ou ainda utilizando-o alternadamente, a cada estação, ora como pastagem, ora para feno, e assim sucessivamente. No entanto, se você herdar um prado velho e abandonado ou então pouco produtivo por ter sido mal explorado anteriormente, a melhor coisa que terá a fazer será lavrá-lo e semeá-lo de novo. Poderá fazê-lo de várias maneiras: por exemplo, poderá "semeá-lo diretamente", ou seja, lavrá-lo preparando uma cama fina e depois semear uma mistura de gramíneas e trevo; em seguida gradar, rolar e deixar crescer à vontade. De acordo com o clima da sua região, poderá fazê-la na primavera, no verão ou no outono. Esse processo requer um tempo fresco e úmido, para que as sementes germinem e se enraízem. Ou então você poderá lavrar o prado, semear uma cultura de proteção e semear o capim ao mesmo tempo; como cultura de proteção, poderá empregar qualquer tipo de cereal (ou até colza, em alguns casos). Quando colher o cereal, ficará com uma boa camada de capim e trevo.

Mistura de sementes

Quanto à "mistura de sementes" que você deve usar, seja para uma pastagem temporária, mantida por um ou dois anos, seja para um prado permanente, converse com seus vizinhos e veja o que eles empregam. Dê um jeito para obter uma mistura a mais

Uma boa pastagem deve incluir algumas das plantas ao lado. Da esquerda para a direita, em cima: festuca dos prados (Festuca pratensis); Azevém ou ray-grass *inglês (Lolium perenne); panasco (Dactylis glomerata); rabo-de-gato (Phleum pratense); ray-grass da Itália (Lolium multiflorum). Embaixo: sanguissorba oficinal (Sanguisorba officinalis); alfafa (Medicago sativa); trevo-dos-prados (Trifolium pratense); tanchagem (Plantago lanceolata).*

Os frutos da terra

Capim e feno

variada possível; mas, digam o que disserem seus vizinhos e conselheiros sobre o assunto, inclua também alguns capins de raízes profundas, como a galocrista, a tanchagem, a chicória comum, a milfolhada, a alfafa e a pimpinela (ver acima). Você poderá contar com essas plantas para trazer à superfície a fertilidade do subsolo, para alimentar seu gado em tempo de seca, quando os capins de raízes menos profundas e o trevo já não crescem tanto, e para proporcionar ao seu gado os minerais e a vitalidade de que necessitam. Em terras profundas e leves, a alfafa, sozinha ou misturada com gramíneas e trevo, é formidável, pois suas raízes descem até às profundezas do solo.

Feno

O capim cesce muito vigorosamente durante os primeiros meses do verão. Dá semente, se não é comido ou cortado imediatamente, e depois morre, ficando completamente inútil. Nos climas nórdicos, o capim quase não cresce durante o inverno. No entanto, em climas temperados, pode chegar a crescer bastante bem durante dez meses do ano, desde que não se deixe criar semente.

Ora, existem duas maneiras de lidar com esse excesso de energia estival: você pode encher o pasto de gado e deixá-lo comer tudo, ou então pode cortar o capim e conservá-lo, ou seja, fazer feno ou silagem. Esse capim pode, assim, ser utilizado durante o inverno como ração para os animais. O feno é a solução mais prática para quase todos aqueles que vivem em autossuficiência. Quanto mais cedo você cortar o capim, melhor será a qualidade dele. Na França e em outras regiões onde se pratica uma agricultura intensiva e altamente produtiva, o capim é cortado muito novo e rapidamente transformado em feno; depois, é cortado novamente, talvez mesmo três ou quatro vezes durante a estação. O feno que daí se obtém é excelente, melhor que qualquer silagem; mas, em contrapartida, exige muito trabalho.

Como fenar

Para fenar, corta-se o capim antes ou logo depois da floração. Se já tiver começado a desenvolver a semente, o feno resultante será de qualidade inferior. Em seguida, espalhe o capim, sacuda-o e revolva-o continuamente. Deixe que o vento e o sol se infiltrem nele. Se você tiver sorte, dentro de uns três dias seu feno estará suficientemente seco para ser enfardado, ou para ser guardado em medas. Sendo assim, enfarde-o ou guarde-o em moreias. Em climas instáveis, é muito provável que esse feno venha a apanhar chuva, o que é sempre prejudicial, pois você terá o trabalho de voltar a espalhá-lo e revolvê-lo, até que seque novamente. É possível que num ano ruim você tenha de repetir esse processo várias vezes.

Como fazer medas de feno

A meda de feno é uma abóbada pontiaguda que se constrói com a ajuda de um forcado. O feno fica assim protegido da maior parte da chuva e pode secar a parte interior corretamente; mas, se o capim ainda estiver verde ou úmido da chuva, pode ser que você tenha de desmanchar as medas e espalhar o feno para ele secar. Se durante esse processo ameaçar chuva, ponha o capim novamente em medas. Se você achar que é provável que no meio da meda haja umidade em excesso, enfie a mão até o fundo: se o feno estiver muito quente ou lhe parecer úmido e pegajoso, será necessário espalhá-lo outra vez e deixá-lo secar bem. Só poderá ser colocado no celeiro quando estiver absolutamente seco, ou seja, quando deixar de ter sua cor característica verde-claro e você senti-lo completamente seco ao toque.

Enfardar

Um fardo é um bloco compacto de feno que foi prensado e atado com fio por meio de uma máquina chamada enfardadeira. Não se deve enfardar o feno até que se tenha a certeza absoluta de que ele esteja bem seco. Se for enfardado ainda não completamente seco, a temperatura começará a subir no interior do fardo e o feno ficará estragado. Uma vez enfardado, a única coisa a fazer é colocá-lo no celeiro o mais rapidamente possível. Os fardos não se estragam com chuviscos leves, mas, uma vez que a chuva se infiltre e os fardos fiquem úmidos por dentro, é o fim: seu feno ficará estragado.

Medas e tripés
Uma meda de feno (ao fundo à esquerda) é um monte de feno compacto — mas não demais, senão o ar não poderá circular. Outro método de secagem é o tripé. Amarre, com corda, três varas de cerca de 1,8 m, junto de uma das extremidades, sem apertá-las muito. Ponha-as em pé e afaste as extremidades não atadas, para formar um tripé. Ate à volta do tripé, duas ou três vezes, uma corda para prender o feno. Vá empilhando o feno por toda a volta, começando por uma base circular. Utilize chapa ondulada para fazer as entradas de ar, ao nível do solo. É necessária pelo menos uma entrada de ar, do lado de onde sopra o vento.

Os frutos da terra

Para lidar com o feno, existe um grande arsenal de máquinas, tanto de tração mecânica como animal. Existem máquinas para espalhar o feno, máquinas para formar longas linhas de feno, máquinas para revolver essas longas linhas e máquinas para juntar o feno. Mas, se não tiver muito feno e puder dispor da mão de obra necessária, você só precisará de uns ancinhos com cabo de madeira e uns forcados. Poderá estender e apanhar o feno com o forcado, com o ancinho poderá formar as longas fileiras de feno, também com o ancinho poderá juntar três ou quatro dessas fileiras, com o forcado poderá fazer as medas, carregar o feno das medas para uma carroça e, por fim, colocá-lo no celeiro.

Meda em tripé

Em climas úmidos, o tripé (ver figura) constitui um método eficaz para secar o feno molhado. O capim, depois de ficar dois dias secando ao ar livre, poderá ser colocado em medas montadas sobre tripés, mesmo que ainda apresente uma cor verde, pois por este método o ar continuará a circular. Já vi feno ficar em medas sobre tripés durante um mês, com mau tempo. Mas isso não significa necessariamente que, depois desse tipo de tratamento, o feno seja bom.

Silagem

Ao contrário do que se possa pensar, se você pegar gramíneas, trevo, alfafa, milho verde cortado, couve e outras verduras e as amontoar comprimindo-as sempre para extrair todo o ar, nada de catastrófico irá acontecer; em vez de apodrecerem, irão fermentar e transformar-se num alimento muito nutritivo para os animais. Na realidade, uma silagem bem-feita é tão boa como o melhor dos fenos. E é claro que, como por este método você pode cortar suas verduras em qualquer fase do seu crescimento, poderá fazê-lo enquanto as plantas ainda forem novas, pois nessa época o teor proteico delas é o mais elevado e constituem, assim, um ótimo alimento. Assim você poderá cortar o capim à medida que ele for crescendo, em vez de esperar que ele tenha crescido por completo.

Preparação da silagem

Para a silagem você necessitará de alguma maquinaria. No mínimo precisará de uma gadanheira mecânica e um respigador. Corte o capim quando ainda estiver muito novo e verdinho, junte-o com o respigador, carregue-o numa carroça e leve-o para o silo. Contudo, o ideal é ter uma ceifeira para forragem, que, atrelada a um trator, vá cortando o capim e jogando-o numa carroça, puxada por outro trator que segue ao lado. Leva-se então o capim diretamente para o silo. Além disso, quanto maior for o silo, menor será, em comparação com o volume total, a superfície exposta ao ar, havendo portanto menos perigo de deterioração. Se, mesmo assim, você decidir fazer um pequeno silo, será necessário cercá-lo por completo, construindo paredes por toda a volta e cobrindo-o com um telheiro, pois o ar estraga a silagem.

Comprima seu silo cada vez que você juntar mais alguma coisa, passando por cima com um trator ou com um cavalo, e, para finalizar, cubra-o com um plástico, colocando em cima, para fazer peso, toneladas de fardos de palha ou feno, ou ainda outros objetos.

Se for possível, construa seu silo dentro de algum galpão ou sob um telheiro, para protegê-lo da chuva. Mas também se podem fazer silos fora, colocando o capim e as outras forragens dentro de um saco de plástico, como se fosse um balão gigante, e comprimindo sempre com objetos pesados.

Alimentação à base de silagem

Quando chegar o inverno, utilize seu silo abrindo um dos lados e deixando os animais comerem por aí. Será necessário vigiar os animais para impedi-los de pisar a silagem; você poderá ainda colocar uma fileira de estacas (de madeira) ou uma grade móvel de manjedoura, através das quais eles poderão passar a cabeça para se alimentarem da silagem, sob controle. Cada dia você lhes dará uma parte dessa silagem. É evidente que ninguém pode afirmar que o silo seja uma obra-prima em matéria de estética, mas as vacas adoram comer nele.

Silagem
Se você comprimir o capim verde até formar uma pilha estanque – e desde que o valor dele em açúcares seja elevado –, o capim não apodrecerá mas fermentará, transformando-se em silagem, um alimento muito nutritivo para os animais. Obtêm-se melhores resultados em silos grandes, pois, quanto menor for a superfície exterior em relação ao volume global, menor será o desperdício. O ideal é empregar capim novo, mas qualquer cultura verde serve. Forme uma pilha abrigada por três paredes e, de preferência, com um telheiro. Cada vez que você acrescentar qualquer capim à pilha, deverá calcá-lo bem com um trator ou um cavalo. Logo que a pilha estiver terminada, cubra-a com um toldo plástico, ponha grandes pesos em cima e deixe-a ficar ali o inverno, época em que você já poderá dá-lo de comer aos animais, abrindo o silo por um lado.

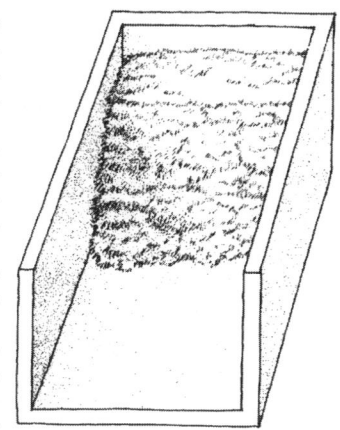

Cubra e ponha pesos em cima
Para proteger da chuva e do ar, ponha, em cima do plástico, objetos pesados.

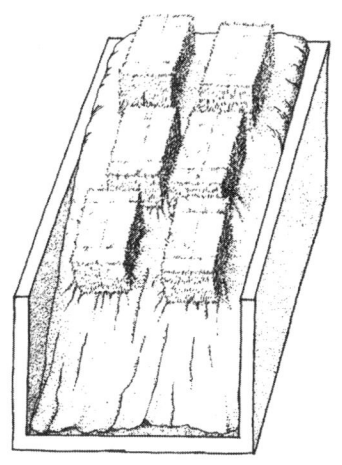

Empilhe o capim verde
Certifique-se de que o material está bem comprimido, de modo que seja extraído todo o ar do silo.

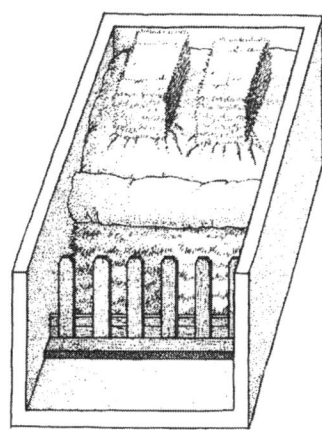

Abra para dar de comer
Abra um dos lados para os animais, mas não os deixe comer mais que a ração diária.

Os frutos da terra
Culturas de raiz

Na Europa, na Idade Média, todos os anos se assistia a um verdadeiro holocausto de animais durante o outono. Na verdade, era impossível alimentar todos os animais durante o inverno e, portanto, a maior parte era abatida durante o outono, e sua carne comida ainda fresca, ou então salgada para se conservar. De resto, a carne salgada era a única coisa de que o homem medieval dispunha durante todo o inverno, pelo menos até o princípio do verão, quando já se podiam abater os primeiros cordeiros. Além disso, durante o inverno a produção de leite também era mínima.

A introdução da cultura do nabo mudou tudo isso. Cultivando nabos em parte do terreno, seria possível continuar a alimentar os animais durante todo o inverno e, além disso, manter o nível da produção de leite das vacas. Depois dos nabos vieram todas as outras culturas de raiz.

Neste grupo, incluo também todas as culturas reconhecidas como forrageiras, como a couve-galega, a couve-lombarda e a couve-rábano, assim como todas as culturas cujas raízes fazem parte, na realidade, da planta que se cultiva para comer ou para alimentar os animais. Essa simplificação justifica-se pelo fato de todas essas culturas poderem tomar o mesmo lugar na rotação e serem utilizadas para o mesmo fim, ou seja, alimentação dos animais durante o inverno, época em que há muito pouco capim ou nenhum. E é claro que nós também poderemos comer algumas dessas raízes.

Todas essas plantas têm em comum o fato de armazenarem energia durante o verão para que possam acumular reservas durante o inverno e florescer, com toda a energia, no princípio da primavera, produzindo sementes antes das outras plantas anuais. São, de fato, plantas bienais. Aproveitando esse valor nutritivo armazenado, nós as utilizamos como alimento no inverno.

Nabos e rutabagas
A rutabaga ou nabo-da-suécia possui um colo; é mais resistente às geadas que o nabo e armazena-se melhor, pois é menos sujeita a doenças. O nabo rende um pouco mais. Ambas estas plantas, que tanto se assemelham, fazem parte da família das crucíferas e estão, portanto, sujeitas à hérnia, uma micose produzida pela *Plasmodiophora brassicae*. É uma doença devastadora que pode reduzir drasticamente ou até eliminar por completo sua cultura. Se sua terra estiver infectada por esse fungo, não plante nabos nem rutabagas.

Como semear
Tanto o nabo como a rutabaga são semeados bem tarde: a rutabaga talvez em julho, e os nabos a partir de meados de agosto. Em regiões muito secas e quentes, é conveniente semeá-los mais tarde ainda, pois, quando são semeados cedo, tendem a "encruar". Isso quer dizer que a planta pula um ano e dá semente imediatamente, não servindo para mais nada. Mas, de fato, o nabo e a rutabaga são plantados sobretudo nas regiões mais úmidas e frias.

As sementes são pequenas e, portanto, requerem uma cama de semeadura fina. Assim, deve-se lavrar no outono, e lavrar em sentido transversal, o mais cedo possível, na primavera. Se você não puder lavrar no outono, lavre o terreno pela primeira

Os frutos da terra

Repolho

Couve-galega

Couve-rábano

Fava

Mostarda-branca

Tupinambo ou girassol batateiro

Batata

Culturas de raiz

vez o mais cedo que puder na primavera e lavre outra vez logo a seguir, sem esquecer as gradagens, que são bastante importantes; utilize para isto o que tiver ou puder pedir emprestado. Depois semeie em linhas, de preferência com uma semeadeira de precisão, que é um aparelho que deixa cair as sementes uma a uma, com um intervalo predeterminado. Em climas úmidos, é conveniente semear em cima dos pequenos montículos, que podem ser feitos com um arado de discos.

Seleção e desbaste

Se você não puder dispor de uma semeadeira de precisão, semeie à mão em linhas, o mais próximas possível umas das outras, e logo que a cultura tiver pegado faça o desbaste. Isso quer dizer que você deverá, com uma enxada, retirar todas as pequenas plantas, deixando apenas uma a cada 20 cm. É claro que não se pretende que você faça este trabalho de régua na mão, e, como as plantas brotam a intervalos diferentes, você acabará, com certeza, tendo algumas plantas com menos de 20 cm entre elas, enquanto outras estarão a intervalos maiores; mas isso não importa. Ao cortar as plantas que estão a mais, você cortará também as ervas daninhas. No entanto, terá ainda de sachar à mão, pelo menos uma vez, ou talvez até duas vezes, durante o período de desenvolvimento da sua cultura – que, aliás, é bastante rápido –, para cortar todas as ervas daninhas que se encontrarem entre suas plantas.

Colheita

Se você achar conveniente, poderá deixar o nabo e a rutabaga no campo até depois do Natal, exceto em regiões onde a neve é abundante e o gelo frequente. Para alimentar as ovelhas você poderá fazê-las pastarem sobre a cultura, racionando aquilo que devem comer diariamente por meio de grades de madeira ou redes de arame. No entanto, será necessário você passar primeiro um pequeno alvião pelo terreno para levantar os nabos da terra.

Arranque os nabos puxando e torcendo com a mão a parte superior da planta, que fica acima do solo. Em seguida, poderá colocá-los em silos (ver p. 182) ou num celeiro apropriado. A rutabaga possui maior valor nutritivo que o nabo e, na minha opinião, constitui uma cultura de mais fácil amanho. Além disso, são mais doces e mais gostosas.

BETERRABA *MANGOLD*

É uma beterraba bem grande. Uma produção de 50 t de *mangolds* por acre é perfeitamente viável. Os cientistas dizem que elas se compõem "quase só de água", mas agricultores experientes respondem: "sim – mas que água!" Eles sabem que, quando as vacas começam a ser alimentadas com *mangolds*, a produção de leite se eleva. Essas beterrabas não são comestíveis para o ser humano, mas dão um bom vinho. Crescem melhor do que os nabos em climas mais quentes e secos, mas são bem duras.

Semeadura

Especialmente em solo pesado, é preferível arar a terra para as *mangolds* no outono anterior à semeadura. Prepare uma boa cama de semeadura na primavera e semeie uma proporção de 4,5 kg de sementes por acre, por volta do início de abril, se possível. Se o tempo estiver frio e úmido, você não poderá preparar uma boa cama de semeadura até maio; mas, se até o fim de maio não der para semear *mangolds*, será melhor semear nabos. Semeie em linhas distanciadas de 56 cm, com um intervalo de 25 cm entre uma planta e outra. Sache da mesma forma que os nabos.

Colheita

Arranque no outono, antes do gelo intenso. Pode a parte de cima e amontoe as *mangolds* em pequenos montes, cobertos com as próprias folhas, até que você possa transportá-las e empilhá-las. Antigamente os agricultores cortavam as *mangolds* com máquinas apropriadas. Agora sabe-se que o gado pode fazê-lo muito bem com os próprios dentes. Não dê essas beterrabas muito cedo para o gado comer, pois elas são um pouco venenosas quando não estão bem maduras.

BETERRABA-FORRAGEIRA

São muito semelhantes às beterrabas, mas menores e de maior valor nutritivo. São produtivas e nutritivas e são ótimas para os porcos, as vacas e até os cavalos. Semeie e desbaste, mas deixe espaços de 20 cm entre elas. Para colher, quebre as raízes que as envolvem com um arrancador de beterrabas ou solte-as com um forcado, antes de arrancá-las. Pode-as com uma faca, faça pequenos montes ou molhos, cobrindo-as com a própria rama para protegê-las das geadas; assim que puder, transporte-as para as ensilar.

CENOURA

Semeadura

As cenouras, como o nabo, requerem um leito de semeadura bastante fino e não se dão muito bem com estrume fresco. A cenoura não se dá bem em solos ácidos, e portanto é possível que você tenha de fazer uma calagem. Semeie as cenouras em linhas mantendo entre elas um espaço de 30 cm; esse espaço poderá chegar a um máximo de 45 cm, caso você tencione mondar frequentemente com o cavalo. Espalhe as sementes o mais longe possível umas das outras. Pode ser que assim não seja preciso desbastar; mas é uma cultura que exige muita mão de obra na monda manual, pois a cenoura cresce muito lentamente – na realidade, muito mais devagar que as próprias ervas daninhas.

Colheita

Em regiões de invernos amenos, você poderá deixar as cenouras enterradas à vontade; mas, se você recear que haja gelo intenso, arranque-as com a ajuda de um forcado; com este, desprenda a terra à volta e depois puxe-as com a mão. Em seguida, coloque-as em silos ou guarde-as em areia. É sempre uma cultura que requer muito trabalho e mão de obra. E é evidente que a cenoura é um excelente alimento, muito rico em vitamina A.

Os frutos da terra

COUVE

Entre as numerosas variedades de couves, destacaremos o repolho, a couve-flor, a couve-de-folhas, a couve-rábano e a couve-lombarda. Existem ainda milhares de outras espécies, uma mais interessante que a outra, em diversas partes do mundo.

Semeadura

Semeie em linhas, a uma distância de 50 cm uma da outra. Semeie mecânica ou manualmente, mas uma semeadeira possibilitará uma melhor produção, e com uma semeadeira de precisão você poderá poupar muita semente. Semeie de 1 a 2 kg de semente por cada meio hectare. A maior parte das couves são semeadas em março-abril. Desbaste e monde entre as linhas, e assim obterá melhores colheitas. As couves se dão bem com quantidades abundantes de estrume e são muito sensíveis à ação do potássio, aumentando a produção com o acréscimo desse elemento fertilizante (mas dentro de certos limites).

Colheita

No inverno, você poderá levar seus animais para os campos de couve, ou então poderá cortá-las com uma foice e levá-las para o estábulo para alimentar as vacas. Depois de terem sido dadas como pastagem, ou depois de terem sido colhidas, os porcos terão muito prazer em comer as raízes. Se isso não acontecer, poderá simplesmente lavrar o terreno.

REPOLHO

Plante-o como se fosse qualquer outra couve, ou, se puder dispor de mão de obra suficiente, cultive-o em viveiros para transplantá-lo normalmente no verão. Este processo apresenta a vantagem de você poder plantar o repolho depois de ter colhido a ervilha ou o feijão, ou as batatas novas, obtendo assim duas culturas num ano só, um ponto muito importante a ser considerado para quem vive em autossuficiência. Podem-se obter colheitas muito abundantes, mas lembre-se de que o repolho requer uma boa terra e estrume abundante.

Os repolhos podem ser ensilados. Mas todas as crucíferas de que falamos até agora estão sujeitas a apanhar hérnia, e, portanto, não devem ser cultivadas sempre na mesma parcela de terreno. O repolho constitui também um ótimo alimento para o ser humano e pode servir para fazer chucrute, por exemplo (ver p. 187).

MOSTARDA

Existem duas espécies de mostarda: a mostarda-branca e a mostarda amarela. Podem ser cultivadas juntamente com a colza, para servirem de pasto para as ovelhas, ou então cultivadas separadamente mas para o mesmo fim. A mostarda também pode ser colhida para se retirar a semente, que pode ser moída e misturada com um pouco de farinha de trigo e umedecida a gosto para produzir o molho de mostarda, que acompanha tão bem as salsichas.

No entanto, lembre-se de que a mostarda pertence à família das couves e, portanto, não é indicada para descansar a terra da praga da hérnia. Por isso mesmo, eu nunca cultivaria a mostarda como pasto verde. Não é muito resistente às geadas.

Culturas de limpeza

É bom que se saiba que todas as culturas descritas acima, exceto a mostarda, quando são semeadas à mão e não em linhas, são culturas consideradas "de limpeza" e, por isso mesmo, têm uma grande importância para sua agricultura. Se você as plantar em linhas, poderá sachá-las mecanicamente ou à mão, o que lhe dará uma boa oportunidade para se ver livre das ervas daninhas. Além disso, mesmo que você ache essas culturas muito trabalhosas, lembre-se de que é um trabalho pesado do qual todas as outras culturas irão se beneficiar. Por isso mesmo, sugiro que você cultive uma dessas culturas de limpeza a cada quatro anos nas suas áreas de rotação.

BATATAS

Onde quer que sejam cultivadas, as batatas podem constituir, juntamente com o trigo, a base da sua alimentação: se você tiver sempre batata com fartura, nunca morrerá de fome. A batata é a melhor fonte de vitamina C, mas a maior parte das vitaminas encontram-se na casca. Aliás, pode-se até fazer purê de batatas sem descascá-las.

Batata de semente

Por razões práticas, e a não ser que você pretenda tentar apurar um novo tipo de batata – e para isso é necessário cultivá-la a partir da semente –, a batata cresce sempre a partir de outras batatas. Em outras palavras, plantam-se as próprias batatas. Esse processo é designado pelo nome de reprodução vegetativa, e todas as batatas do mundo, de uma dada espécie, são na realidade a mesma planta. Não são simplesmente semelhantes umas às outras: elas são na realidade a mesma coisa.

É por isso que você pode guardar sua própria semente, de um ano para o outro. Mas atenção, pois aqui há um truque: a batata é uma planta originária dos Andes, e se a cultivarmos ao nível do mar, em clima normal, ela se tornará suscetível a fungos e a insetos; se plantarmos, ano após ano, nossa "semente de batata", logo se desenvolverão infecções e nossas batatas irão perder a vitalidade. Assim, somos obrigados a comprar semente de batata cultivada a grandes altitudes, ou em ilhas bem varridas pelo vento, ou ainda em outros locais onde os insetos (escaravelho) e os fungos (míldio) que mais afetam a cultura não possam viver. Na Grã-Bretanha, uma altitude de 245 m é suficiente para cultivar batata de semente; na Índia, a maior parte da semente provém da Pradesh dos Himalaias, a uma altitude na ordem dos 1.830 m. O custo da "batata de semente" é agora astronômico, e todos aqueles que possuem terrenos a mais de 245 m de altura deveriam utilizar parte dessa terra para cultivar semente. De qualquer maneira, todos nós faríamos bem em guardar nossas batatas menores, para as utilizarmos uma vez, ou mesmo duas vezes, como sementes. Mas, sem dúvida, será mais rentável comprar a cada três anos semente cultivada em regiões com as características adequadas do que arriscar-se a perder tudo.

Culturas de raiz

BATATAS NOVAS

As batatas que crescem rapidamente e são comidas logo após serem colhidas, em vez de serem guardadas, chamam-se batatas novas. Para cultivá-las deve-se, em primeiro lugar, fazê-las brotar. Para isso, devem ser postas em caixas pouco profundas, mas sem estarem em contato com o solo, na penumbra (de qualquer maneira, nunca na escuridão total, pois nasceriam brotos doentios e apodreceriam facilmente), a uma temperatura entre 4 °C e 6 °C, e sem umidade. Uma estufa fria é geralmente o mais indicado. Será conveniente dar-lhes um pouco de luz artificial, a fim de prolongar seu dia para 16 horas, sobre as 24 horas diárias. Assim os brotos se manterão verdes e fortes e com menor probabilidade de se partirem, quando a batata for semeada.

Plantar

Cuidado, não vá plantar suas batatas cedo demais, pois elas não resistem às geadas e, se brotarem da terra antes das últimas geadas, ficarão queimadas. Num pequeno batatal ou numa horta, você poderá protegê-las, até certo ponto, cobrindo-as com palha, estrume ou campânulas. Se por azar apanharem geada à noite, vá logo de manhã regá-las com água fria para retirar o gelo. Muitas vezes, basta isso para salvá-las.

Para plantar as batatas novas, faça covas a cada 60 cm e com 20 cm de profundidade; ponha dentro delas adubo químico composto, estrume e cubra com uma fina camada de terra. Ponha as batatas em cima de tudo isto, a uma distância de 30 cm uma da outra, e enterre-as.

Na verdade, você poderá obter mais cedo suas batatas novas se: limitar-se a pôr a semente sobre a terra e cobri-la com pequenos montículos (de 13 cm é o ideal). Você não poderá fazê-lo, no entanto, com o batatal principal, pois as batatas crescem muito e são tão numerosas, que brotariam pelos lados desses montículos e ficariam verdes. As batatas ficam verdes se apanham luz mais do que um dia ou dois, em virtude da formação de solanina, que, além de provocar mau gosto, é nociva para a saúde: as batatas verdes nunca devem ser comidas nem dadas ao gado. O fruto, as flores e as folhas da batateira são altamente venenosos. Em geral planta-se a batata colocando-a sobre uma camada de terra que fica diretamente sobre o estrume e depois cobrindo-a. Mas, cada vez mais, os agricultores enterram o estrume bem curtido com a primeira lavoura, e em todo o terreno, no outono anterior. E lembre-se sempre de que a batata se dá muito bem com o potássio. Os agricultores que praticam a agricultura orgânica empregam compostos, algas, ou uma camada de folhas de consolda recém-cortadas; neste caso, plante as batatas diretamente em cima da consolda; à medida que as folhas se decompõem, a batateira assimila o potássio que se desprende.

Colheita

Pode ser que você consiga umas cinco modestas toneladas de batatas novas por meio hectare, mas esse número poderá aumentar se você as deixar mais tempo na terra. Mas, se a batata for uma das suas fontes de renda, quanto mais cedo você a colher melhor. As batatas poderão ser arrancadas com o forcado, com um arado ou com um arranca-batatas.

A BATATA COMO CULTURA PRINCIPAL

A batateira tem um período de crescimento limitado; quando este acaba, ela para de crescer. Portanto, é mais conveniente que sua cultura principal de batatas se desenvolva e cresça durante a estação mais favorável do ano, isto é, no verão. Desaconselho plantá-las cedo demais; faça-o até março, que não errará muito. A estrutura do solo deve ser bem cuidada; um bom arejamento, solo bem estrumado, bem revolvido e corrigido – se for o caso – são essenciais.

Plantar

As batatas, como cultura principal, devem ser plantadas a uma distância de 40 cm umas das outras, em linhas com 70 cm, sendo o peso médio da semente de 70 g. Se as batatas forem menores, semeie-as mais perto umas das outras; se forem maiores, semeie-as mais afastadas. Seja como for, você obterá o mesmo rendimento. Se as plantar à mão, poderá controlar esse detalhe facilmente e com exatidão. O ideal seria ter batata de semente que passasse pelo calibre dos cinco centímetros e entalasse no calibre dos 4 cm. Se puder dispor de arado de tração mecânica ou animal, lavre a terra em sulcos. Coloque estrume bem curtido entre os montículos (estrumação localizada), quando há poucas possibilidades de estrume, embora seja preferível espalhá-lo pelo terreno no outono anterior e enterrá-lo na primeira lavoura. Plante a semente nos sulcos, à mão. Basta passar a grade ou o rolo nos montículos de modo que o terreno fique liso. Assim, suas batatas ficarão enterradas. Cerca de 15 dias depois, lavre outra vez com o arado e dessa vez passe-o por onde, antes de você gradar, havia montículos. Assim, o que era montículo, ou leiva, passa a ser sulco, e o que era sulco passa a ser montículo.

Se você não puder dispor de um arado de estriar, utilize um arado comum. Lavre um primeiro sulco, lavre um outro ao lado e coloque suas batatas. Lavre mais um sulco, onde deverá novamente colocar batatas. Em outras palavras, plante-as um sulco sim, outro não. Não se preocupe se as linhas não tiverem uma distância exata de 70 cm umas das outras. As batatas não sabem matemática.

Cuidados a ter com a cultura

Sempre que aparecem ervas daninhas, faça as sachas para eliminá-las, além de arejar o terreno. Isso não só atenua as perdas de umidade como cobre com mais terra as batatas já formadas, evitando que os tubérculos, ao engrossarem, saiam da terra e fiquem expostos à luz e aos ataques de parasitas animais e vegetais. Você deverá sachar pelo menos uma vez, para eliminar as ervas daninhas que se instalam nos montículos; mas, depois disso, uma vez que você destruiu os montículos, terá de formá-los outra vez. Até 10 dias depois de ter plantado é conveniente gradar seu batatal para eliminar os brotos das ervas daninhas; mas você deverá prestar muita atenção daí em diante, pois poderá danificar os brotos frágeis da batata. A intenção é suprimir as ervas daninhas e poupar as batatas. Logo que as batatas saírem da terra, elas próprias se ocuparão das ervas daninhas e você poderá ficar sossegado. Mas não por completo, pois deverá sempre temer a podridão seca.

Os frutos da terra

Podridão seca ou míldio barateiro

É uma doença que, com a contribuição dos proprietários ausentes, dizimou 2 milhões de irlandeses em 1846. Por mais orgânica que seja sua cultura, se calhar um ano de míldio, você também o terá. Mas, se isso acontecer, não fique desesperado; mesmo assim terá uma colheita, ainda que não tão abundante como habitualmente.

Você poderá reconhecer o míldio pelas manchas verde-escuras, embebidas de água, na ponta ou nas bordas das folhas. Se aparecerem, trate-as imediatamente: embora não se possa curar uma planta com míldio, pode-se pelo menos evitar que as plantas saudáveis sejam infectadas. Essas manchas logo se tornam marrom-escuras e alastram-se, acabando por aparecer com marcas brancas de bolor. Dentro de 15 dias, se você não fizer nada, todo o seu batatal será atingido pelo míldio, e as folhas simplesmente acabarão morrendo. Mas saiba que, quanto mais bem-feitos estiverem seus montículos, menos tubérculos serão afetados, pois o míldio não desce pela planta até as batatas, mas infiltra-se na terra com a chuva.

Os agricultores industriais tratam o míldio empregando ácido sulfúrico diluído em água, ou então usam um dos produtos químicos atuais à venda no mercado para esse fim. Este tratamento tem simplesmente o objetivo de queimar a parte de cima das plantas, impedindo assim que os esporos se infiltrem até as sementes. Costuma-se cortar a partir de cima da batateira com uma foice bem afiada (terá de ser afiada pois senão arrancará as batatas da terra, quando cortar) e depois queimá-las. Espere pelo menos uma semana para arrancar suas batatas, depois de lhes ter cortado a parte de cima. Desse modo suas batatas não ficarão em contato com um solo infectado pelo míldio.

Mas é claro que você nunca terá míldio se tiver tratado a planta (caule e folhas) com a calda bordalesa ou com a calda borgonhesa, ou com qualquer um dos seus substitutos modernos, antes que o primeiro esporo de peronóspora se tenha instalado no seu terreno. Para preparar uma calda bordalesa, dissolva 2 kg de sulfato de cobre em 160 l dc água, numa tina de madeira ou em recipientes plásticos. Em seguida, misture lentamente 1 kg de cal viva recente com água e prepare 23 l de "leite". E, também lentamente, passe esse leite por um coador e coloque-o na solução de sulfato de cobre. Certifique-se de que todo o cobre se precipitou, mergulhando no preparado a lâmina polida de uma faca. Se ela sair coberta com uma camada fina de cobre, você deverá acrescentar mais cal viva, até a neutralidade.

A calda borgonhesa é mais forte e mais eficaz. Tem a mesma composição da anterior, mas empregam-se 5,7 kg de carbonato de sódio em vez de cal viva. Estes preparados devem ser utilizados frescos, pois não se conservam por muito tempo. Pulverize cuidadosamente, com um pulverizador bem fino, distribuindo a calda uniformemente, na parte superior e inferior das folhas. A função dessa pulverização é, simplesmente, impedir que os esporos penetrem na planta. Faça o mesmo antes de os caules e folhas se juntarem entre as linhas, e faça mais uma vez depois de uma semana. Outro tratamento consiste em pulverizar com fungicidas à base de produtos orgânicos ou mistura de orgânicos com cúpricos. Os ataques do míldio podem ocorrer em épocas bem diferentes, requerendo clima quente, úmido e pesado; em certos países, os serviços agrícolas oficiais emitem avisos pelo rádio, para alertar os agricultores contra o míldio. Se na época em que suas batatas já estiverem bem grandes o tempo ficar pesado e úmido, aplique a pulverização contra o míldio. Sua colheita será, mesmo assim, duas vezes mais abundante do que se você não tivesse feito nada. Você poderá contribuir para evitar essa doença não deixando crescer as batatas "vagabundas": em outras palavras, arranque absolutamente todas as batatas da terra depois da colheita, pois são essas "vagabundas" que servem de portadoras do míldio.

Colheita

Colha as batatas o mais tarde que puder, antes dos primeiros dias de geada, mas tente fazê-lo num dia de bom tempo. Arranque-as por um método qualquer (forcado, arado ou arrancadora de batatas), mas arranque-as. Depois deixe-as ao sol, um dia inteiro ou meio dia, para que a pele se agarre bem. No entanto, nunca deixe mais de um dia, porque senão elas começam a ficar verdes e a gretar.

Armazenamento

As batatas podem ser guardadas em silos (ver p. 182) num celeiro escuro ou num porão escuro. A vantagem dos silos é que, se suas batatas tiverem míldio ou qualquer outra moléstia, esses organismos não se desenvolverão como o fariam numa construção permanente. Faça como seus vizinhos. Com certeza você não poderá guardar as batatas em silos se os invernos forem muito rigorosos: nenhum silo é à prova de gelo, e as batatas não se dão bem com o frio excessivo, pois apodrecem. Por outro lado, se a temperatura é amena, elas grelam. De modo geral, elas preferem uma temperatura pouco acima dos 0 °C.

TUPINAMBO OU GIRASSOL BATATEIRO

Uma vez que uma mão-cheia dessas plantas nos dá mais tubérculos do que poderíamos comer, os tupinambos são raramente cultivados em terreno, exceto por uma meia dúzia de pessoas sensatas, que os cultivam para serem arrancados e comidos pelos porcos. Para este fim, são ótimos, e, desde que haja tupinambos em quantidade suficiente, os porcos se contentarão só com eles e um pouco de leite desnatado ou qualquer outro alimento concentrado. Tupinambos à vontade e 200 g de alimento concentrado, por dia, devem ser suficientes para uma porca que não esteja em fase de aleitamento. Dão bem em praticamente todos os tipos de terreno e não requerem nenhum tratamento especial, embora gostem de potássio. Mesmo que você se limite a colocá-los na terra, eles crescerão sozinhos, faça você o que fizer.

FEIJÃO

Os feijões distinguem-se das ervilhas e dos outros legumes por possuírem um caule quadrado e oco em vez de um caule redondo e sólido. Existem centenas de variedades de feijões em todo o mundo. Os vários tipos de feijão, como feijão-verde, feijão-roxinho, feijão-branco, feijão-manteiga, feijão-fradinho,

Culturas de raiz

são raramente cultivados em grande escala, e, portanto, trato deles no capítulo dos legumes de horta (ver pp. 149 a 152).

FAVA

Na Europa e na América do Norte, a cultura que forneceu durante séculos, e que ainda hoje o deveria fazer, a maior parte das proteínas vegetais aos animais foi a fava: *Vicia faba, L* (a *major* e b *minor*). É uma cultura de grande valor, e, se hoje em dia tem caído em desuso, é só porque fomos invadidos por quantidades imensas de proteínas, provenientes do Terceiro Mundo. Mas logo que as populações desses países em vias de desenvolvimento decidirem utilizar elas próprias essas proteínas de que necessitam desesperadamente, os agricultores das zonas temperadas terão mais uma vez que descobrir a boa e velha fava.

A fava produz em quantidade apreciável um grão valioso, e enriquece o solo de duas maneiras: é um legume que capta o nitrogênio diretamente da atmosfera, que desenvolve raízes profundas, trazendo até a superfície elementos de grande valor nutritivo; as próprias raízes acabam por apodrecer enriquecendo o solo. É uma cultura extremamente proveitosa, pois beneficia a terra e dá colheitas abundantes de sementes ricas em proteínas.

Tal como os outros cereais, existem dois tipos de fava – a de inverno e de primavera –, embora os agricultores as classifiquem respectivamente como "grão" e "forragem verde".

Solo

A fava não necessita de nitrogênio extra, mas tira grande proveito de uma boa camada de estrume enterrado com a lavra da terra, o mais cedo possível, depois de a cultura anterior ter sido colhida. Em terras já bem férteis, a fava cresce mesmo sem o estrume. Mesmo assim, como todas as leguminosas, também a faveira precisa de cal. Necessita muito de potássio e de ácido fosfórico, mas em menor quantidade.

A cama de semeadura não precisa ser muito fina – especialmente no caso da fava de inverno. De fato, neste último caso é preferível uma cama mais grosseira, pois os torrões ajudam a proteger os brotos contra o vento, durante todo o inverno. Em climas muito frios não se podem cultivar favas de inverno, pois o gelo as mata. As culturas de inverno são mais abundantes do que as da primavera; além disso, você terá menos problemas com os afídios, um dos flagelos mais comuns dessa cultura; no entanto, você terá mais problemas com infecções criptogâmicas.

Semeadura

Podem ser semeadas com um semeador, desde que este seja adaptado para trabalhar com sementes grandes como as favas. Você poderá também semeá-las à mão, seguindo atrás do arado. Lavre superficialmente (10 cm) e deixe a semente cair em sulcos alternados; ficará sempre um sulco para cobrir a semente que caiu no sulco anterior. Na minha opinião, este método é muito eficaz, pois a semente poderá assim ficar bem enterrada, enganando os pássaros. Semeie o mais cedo possível, no período outono-inverno, em linhas com um espaço de 30 a 50 cm entre si.

Cuidados com a colheita

É indispensável mondar e sachar as favas. Faça-o com o cavalo ou o trator, nos sulcos, mas deverá fazê-lo à mão pelo menos uma vez. É uma cultura muito suscetível às ervas daninhas.

Colheita

Realiza-se na época da floração (para consumo em verde), no estado de grão pastoso (para ensilar) e na época da maturação do grão (para consumo humano).

Espere até que as folhas caiam e que o hilo, ponto em que a vagem adere à planta, fique preto. Corte as favas e ate-as com enfardadeira, se puder dispor de uma. Caso contrário, corte com uma foice e amarre em molhos. Você terá de utilizar barbante ou corda para amarrar, pois a folha da fava não serve para isso. Empilhe as favas em medas e deixe-as ficar assim até que pareçam estar completamente secas (talvez por uma semana ou duas). Ponha-as então em grandes pilhas e cubra-as imediatamente com colmo ou com um toldo apropriado, ou então guarde-as dentro de casa. Uma pilha de favas, se não estiver coberta, não estará resguardada da chuva; se as favas se molharem no interior da pilha, ficarão inutilizadas.

Debulha

Não debulhe as favas antes que tenham sido empilhadas durante pelo menos quatro meses. Muitos agricultores gostam de manter a pilha intacta até o inverno seguinte, quando então malham a fava. As favas são mais ricas depois de terem secado por um ano. Malhe-as como faz com o trigo ou com um mangual, ou debulhe-as com uma debulhadora.

Forragem

Para dar as favas aos seus animais, você deve moê-las ou esmagá-las. Acrescente-as à ração normal, visto ser um elemento rico em proteína. Os cavalos, o gado, os porcos, as ovelhas e a criação, todos tirarão grandes benefícios das favas. As vacas comerão também um pouco de palha. O que sobrar constituirá uma ótima palha para os estábulos e, posteriormente, um ótimo estrume.

SOJA

A soja é cultivada em vastas plantações na China e nas regiões mais quentes dos EUA. Nos climas onde se pode cultivar a soja, deve-se semeá-la à mão ou com semeadeira, bem depois da última geada provável. Semeie-a a uma profundidade aproximada de 2,5 cm, a cada 25 cm e em linhas distanciadas de 90 cm umas das outras. Vá mondando frequentemente, pois a fase inicial de crescimento é muito lenta. O período de maturação pode variar, segundo o clima, de 3 a 5 meses. Você poderá prolongar a estação cobrindo-a com vidros ou plásticos.

Produtos de origem animal

"Algumas fatias de toucinho...
suavizam muito o humor e contribuem
para a harmonia doméstica."

COBBETT

Produtos de origem animal

A fazenda ao vivo

Do mesmo modo que me declarei contra a monocultura, agora recomendo vivamente a não especialização numa única espécie animal, mas sim a criação de várias espécies. É a única maneira de aproveitar ao máximo os recursos da terra e tirar proveito da forma como, naturalmente, seus animais se ajudam uns aos outros. As vacas comem o capim alto e, depois, os cavalos, os carneiros e os gansos cortam o capim baixo. Em seguida, os porcos comem as raízes e, ao mesmo tempo, limpam o solo, deixando-o pronto para ser semeado com os cereais que todos os animais – em especial, as galinhas – irão comer. É evidente que os porcos vão crescer alimentando-se do leite de vaca desnatado que sobra depois de você fazer o queijo. Depois, os animais protegem-se uns aos outros contra as doenças, pois os microrganismos que provocam doenças numa espécie morrem quando são ingeridos por outra.

Vacas, cavalos, carneiros e cabras
Vacas, cavalos, carneiros e cabras são os animais mais adaptados para transformar o capim, essa matéria básica, em alimento sob a forma de carne e leite. Espero que todos esses animais não sejam explorados somente pela carne e leite, mas, principalmente, pela capacidade única que têm de transformar a matéria verde em energia. Esses animais distribuem entre eles mesmos, com muita eficácia, os alimentos disponíveis, trabalhando para o bem comum. Uma manada de cavalos sozinha numa pastagem não se desenvolve muito bem. Diz-se que, se é possível ter vinte vacas num pasto, também é possível ter vinte vacas e vinte carneiros. As vacas cortam o capim alto e grosso; os carneiros e os cavalos limpam o prado, mordiscando o capim que as vacas desperdiçam, rente ao chão. As cabras, que são menos "comedoras" de capim que de brotos, são muito úteis, pois comem as cascas, as folhas, os espinhos e os arbustos, e, se você pretende "limpar" seu terreno, elas farão muito bem esse trabalho.

Gansos
Quanto ao capim, os gansos farão concorrência direta aos ruminantes e, do mesmo modo que estes – embora com menos eficácia –, vão transformar o capim em alimento sob a forma de carne. Assim, suas pastagens vão melhorar. Vale a pena ter alguns gansos; quanto mais diversificadas forem as espécies que você puser no pasto, tanto melhor.

Produtos de origem animal

Patos
Seus patos comerão uma quantidade de coisas que, de qualquer forma, não lhe serviriam para nada: plantas aquáticas, rãs e outros animais anfíbios. E até serão bons guardas em seu jardim, pois irão comer os répteis, se houver.

Porcos
O porco é um animal magnífico e um verdadeiro pioneiro em suas terras. Come qualquer coisa e, enquanto procura alimento, "trabalha" a terra, limpa os cantos cheios de mato e come todos os restos de comida. Como escreveu um entendido em agricultura: "Em resumo: sem porcos não é possível haver agricultura e, no mundo inteiro, nunca houve agricultura sem porcos. São os pilares de uma propriedade. Fazem muito, sem parecer que trabalham; não se mostram, como o gado miúdo e o gado graúdo; sem eles, a exploração da terra seria um empreendimento infeliz e miseravelmente infrutífero."

Galinhas
As galinhas são essencialmente herbívoras, ou pelo menos preferem comer grãos. Depois da ceifa, vão procurar os grãos espalhados pelos campos: comem os que são muito pequenos para serem moídos, e também os grãos das ervas daninhas. Andam atrás dos porcos que revolvem o solo, e comem os vermes, larvas e tudo o que aparece. Fazem desaparecer os ratos enquanto vão bicando os grãos espalhados perto dos moinhos.

Produtos de origem animal

A vaca

Existem essencialmente três tipos de vacas: as vacas leiteiras, as vacas para a produção de carne e as vacas de dupla utilidade. Há 50 anos, na Europa e nos EUA, existiam várias e magníficas raças de vacas de dupla utilidade, mas circunstâncias econômicas provocaram seu desaparecimento. Para quem vive em regime de autossuficiência, e mesmo para outras pessoas, isso é muito triste, pois a carne deveria ser um subproduto do rebanho leiteiro, e não um fim em si.

Uma vaca tem um bezerro por ano, e isso é obrigatório para que ela possa dar leite. Se for uma vaca para produção de carne, o máximo que ela poderá fazer será aleitar o bezerro até ele ser suficientemente grande para o desmame. Mas, se for uma boa vaca de dupla utilidade, poderá ter um bom bezerro e leite suficiente para ele e para você. Se for uma vaca leiteira, terá um bezerro a cada ano e dará leite para ele e para você, mas o bezerro não será de primeira qualidade para abate.

Entre os bezerros que você tiver, provavelmente metade serão machos e a outra metade fêmeas, das quais só uma metade será utilizada para substituir as vacas mais velhas. Então, por mais que você se esforce, será obrigado a vender ao açougue três quartos dos bezerros, pois não poderá mantê-los ou terá de matá-los. Se você não fizer isso, a população de vacas irá aumentar até não haver espaço para mais ninguém na sua terra.

De que raça?

É certo que se pode – e é comum fazê-lo – utilizar vacas leiteiras para alimentação. Na Grã-Bretanha, a maior parte da carne de vaca provém da raça Frísia, a que aliás chamam *Holstein-friesien* nos EUA. Este gado é de grandes dimensões, manso e dá muito leite, mas é de baixo teor gorduroso. São animais fortes, e os bezerros, embora de mães leiteiras, dão boa carne.

Por outro lado, há as raças Channel Island e, entre estas, a raça Jersey, que tem a melhor vaca doméstica. São pequenas, não dão tanto leite como uma Frísia, mas o leite é dos mais ricos em gordura. Os bezerros não são muito bons para abate e, portanto, praticamente não se vendem; mas, apesar de tudo, são usados na alimentação.

Se você conseguir descobrir uma boa raça das antigas, que seja de dupla utilidade, convém comprá-la: uma Danish red, uma Red poll ou uma Shorthorn, são todas boas. Com elas você poderá ter bom leite e uma carne esplêndida. Mas não há vaca mais dócil, mais digna de afeição que a pequena Jersey, e recomendo-a vivamente aos que quiserem ter, ao mesmo tempo, leite e uma boa amiga.

Comprar uma vaca

Como comprar uma vaca pela primeira vez? Nada mais difícil. Vejamos: se uma pessoa que possui um rebanho quer vender uma vaca, você pode estar certo de que será a pior vaca do rebanho. O camponês talvez queira vender uma ou duas vacas porque tem muitas e quer diminuir o rebanho; mas, se o fizer por esta razão, e se o rebanho dela for bom, tenha a certeza de que a vaca que ele vai vender é a pior.

Apesar de tudo, há algumas exceções: é o caso do camponês que, por uma ou outra razão, quer vender todo o rebanho. Este vai a leilão, e as vacas boas serão vendidas ao mesmo tempo que as más. Outra exceção será o caso de uma pessoa (talvez um daqueles indivíduos "esquisitos", que vivem em regime de autossuficiência) que criou uma ou mais bezerras com o objetivo de vendê-las depois de elas parirem, isto é, numa época em que elas dão muito leite. Neste caso, você poderá comprar uma vaca que pariu pela primeira vez; será, certamente, tão boa quanto qualquer outra, pois o agricultor que a vende não o faz porque ela é ruim, mas porque a criou justamente para vender.

Depois de examinar cuidadosamente a bezerra que você quer comprar, examine também a mãe, que lhe dará uma imagem aproximada do que a filha será mais tarde.

Há inconvenientes em comprar uma bezerra nova, principalmente se as vacas ainda são uma novidade para você. Serão ambos inexperientes. A bezerra estará nervosa e instável e, sem dúvida, dará coices. Você ficará no mesmo estado. Ela terá as tetas pequenas demais, e você terá dificuldades em ordenhá-la.

Frísia
O arquétipo da vaca leiteira. É corpulenta e boa produtora, resistente e dá bons bezerros para abate.

Jersey
A vaca doméstica clássica. Mansa, resistente, produtora do leite mais rico em gordura; não dá muito boa carne.

Produtos de origem animal

Portanto, se você é principiante, é preferível arranjar uma vaca mais velha, com tetas já desenvolvidas, olhar simpático e mansa. Que importa que ela não seja campeã mundial das vacas leiteiras? Que importa que ela só tenha três bons quartos? (cada teta dá o leite correspondente a um quarto da mama). Se o dono for honesto e lhe disser que se trata de uma vaca saudável, você deverá ficar com ela.

Vejamos agora alguns pontos a considerar quando se compra uma vaca:

1. Apalpe a mama com cuidado e, se sentir uma bola dura, não compre a vaca, pois isso quer dizer que ela tem, teve ou poderá vir a ter uma *mamite*. É uma doença muito comum. Uma ou mais tetas ficam obstruídas, e o leite, inutilizável. Mas, se a vaca for muito barata por ter um "quarto cego" (um quarto de mama que não dá leite), já é diferente. Só é preciso que você saiba disso.

2. Certifique-se de que ela foi vacinada contra tuberculose e que o teste de uma doença chamada brucelose (ou febre de Malta) deu negativo. Em muitos países, esses dois exames são obrigatórios, sendo ilegal vender o leite de vacas que tenham alguma dessas doenças. Em qualquer dos casos, mesmo que não fosse ilegal, seria uma perfeita loucura.

3. Se a vaca está "dando leite", tente ordenhá-la. Experimente com cuidado cada uma das tetas. Assegure-se de que ela não vai dar coices, quando você a ordenhar ou quando tratar dela, embora seja natural que ela fique mais nervosa que o habitual, por você ser um estranho e pelo fato de a terem trazido contrariada para um mercado ou feira desconhecidos. Verifique se ela tem leite em todos os quartos. Se você a comprar diretamente no estábulo, peça ao vendedor que o deixe ordenhá-la (poupe-lhe esse trabalho!) e ficará sabendo aproximadamente quanto leite ela poderá dar.

4. Examine-lhe os dentes para saber a idade.

5. Assegure-se de que ela é calma e mansa e que o deixa passar-lhe o braço à volta do pescoço e coçar atrás das orelhas.

6. Verifique se ela tem aquela indefinível "radiação de saúde".

7. Se você é, de fato, um principiante, peça a um dos seus vizinhos entendidos no assunto que o acompanhe e o aconselhe. Se o conselho for bom, siga-o.

Pronto, você comprou sua vaca, leve-a para casa e instale-a confortavelmente. Acaricie-a um pouco. Prenda-a no estábulo, dê-lhe bom feno e um pouco de aveia ou cevada. Dê-lhe tempo para se acalmar e, à noite, ordenhe-a.

Alimentação

Os agricultores determinam a alimentação das vacas considerando que uma vaca precisa de uma certa quantidade de comida para sua "manutenção" e de outra porção que será a "ração de produção". Quer dizer que calculamos o que é preciso dar a uma vaca que não dá leite, para que ela se mantenha saudável, e juntamos mais alguma coisa a essa ração, em função do número de litros de leite que ela dá.

Ração de manutenção

Durante o inverno, cerca de 9 kg de bom feno poderão alimentar uma vaca robusta. Uma vaca pequena, como a *Jersey*, contenta-se com cerca de 6 kg. Deste modo, se você der só feno de boa qualidade, precisará armazenar, para o inverno, 1.700 kg se tiver uma jovem *Frísia*, ou 1.200 kg se for uma *Jersey*. Mas, se você quiser dar-lhes outra coisa, faça as seguintes equivalências:

Meia tonelada de bom feno equivale a:
375 kg de muito bom feno
2.000 kg de couve crespa ou outras verduras
2.500 kg de beterraba mangold
1.500 kg de beterraba-forrageira

Ração de produção

Agora, para dar "o de costume e mais uma colher", a ração de inverno deveria ser de cerca de 2.300 kg para uma vaca Frísia e 1.700 kg para uma Jersey. Deste modo, a ração diária passa a 13 kg de feno ou o equivalente para uma Frísia, e de 9 kg para uma Jersey.

Red poll
Boa raça leiteira. Produz bezerros de qualidade quando cruzada com um touro da raça Charolesa.

Charolesa
Raça de carne por excelência; adapta-se facilmente, é de crescimento rápido.

A vaca

Por outro lado, se você der 1,6 kg de um alimento concentrado para cada porção de 4,5 l de leite, sem contar com os primeiros 4,5 l que a vaca produziu pela primeira vez, será o suficiente. Como alimento concentrado, você pode dar o seguinte:

2 partes de cevada (descascada)
1 parte de aveia (descascada)
1 parte de ervilhaca (triturada ou moída)

Se for preciso, pode juntar a cada meia tonelada de concentrado:

9 kg de calcário
9 kg de farinha de osso cozido
9 kg de sal

As vacas tratadas de maneira natural, em pastagens exploradas organicamente, e alimentadas a feno, não têm falta de elementos minerais; mas, se tiverem vertigo, tetania ou outra doença que o veterinário ache ser provocada por falta de elementos minerais, deverão ser acrescentados à ração ou às pastagens os elementos que faltam. Os alimentos que contêm algas marinhas são uma excelente fonte de minerais. De tempos em tempos, você poderá espalhar um pouco de sargaço pela pastagem e deixar que as vacas o comam ou lambam. Deste modo, minerais não lhes vão faltar.

Em resumo, isso quer dizer que, se durante um inverno médio você der à sua vaca cerca de 14 kg de couves ou de outros legumes, 6 kg de feno para sua "manutenção" e mais 2 kg dos concentrados sugeridos, para cada porção de 4,5 l de leite além dos primeiros 4,5 l, com certeza não estará errando. Mas utilize principalmente a alimentação que tiver ao seu alcance. Seja prudente e observe o balde de leite: se a produção diminuir, aumente a alimentação, e tudo dará certo.

Alimentação de verão

No verão, se você tiver muito capim de boa qualidade, será o suficiente para a manutenção da vaca e obter os 18 l de leite por dia. Uma vaca que produz mais deve ter cerca de 2 kg a mais de concentrado por cada porção de 4,5 l além dos 18 primeiros litros; mas espero que não seja o caso da sua vaca. Você não saberia o que fazer com tanto leite, e as grandes produtoras de leite precisam dos cuidados frequentes do veterinário. O valor nutritivo do capim varia muito, e, se você achar a produção do leite baixa, junte um pouco de concentrado (mesmo 500 g ou 1 kg) e veja o que acontece.

A alimentação do gado é questão de constante observação e de muito bom-senso. Observe seus animais e aprenda o que significa "radiação de saúde". Observe as formas deles. Estarão mais gordos ou mais magros? Controle a produção e a qualidade do leite.

Ordenhar

Ordenhe a vaca duas vezes por dia, a intervalos de 10 h. Lave a mama e as tetas da vaca com água quente e lave também suas mãos. Depois seque tudo com uma toalha. Ao lavar, quanto mais você massagear a mama, melhor será. Limpe também a parte traseira da vaca para evitar que caiam no leite excrementos ou alguma outra sujeira. Dê-lhe algo de bom para comer. Depois sente-se num banco ao lado da vaca e pegue as duas tetas da frente com ambas as mãos. Se você for mesmo um principiante, pegue só uma teta com uma das mãos. Com o polegar e o indicador, aperte a teta o mais em cima possível, para impedir que o leite escape novamente para a mama. O bom-senso dirá a força que deve fazer. Depois, apertando o polegar e o indicador, faça pressão com os outros três dedos na teta, o mais em cima possível, para fazer sair o leite. Deixe de fazer pressão e repita a operação. Parece fácil, mas não é.

Você precisará de uma semana para aprender a ordenhar. E é melhor começar com uma vaca já velha, que não fique muito brava se você for desajeitado.

Alojamento

O estábulo moderno é uma construção com o chão em cimento, instalado de tal maneira que a vaca possa ficar presa a uma

O estábulo

O estábulo é constituído por uma mangedoura de concreto, que fica na frente das vacas, uma parte cimentada, onde a vaca possa ficar de pé ou deitada, e, por trás dela, uma vala de dejeção. Nessa vala deve haver algum tipo de escoamento para os líquidos. E, para o caso de a vaca se soltar, todas as reservas de alimentos devem estar bem fechadas.

Ordenhar uma vaca
Sente-se do lado direito da vaca; segure o balde inclinado entre as pernas e, com as mãos, segure as duas tetas da frente. Aperte a teta com o polegar e o indicador, para impedir que o leite volte para a mama; depois, para fazê--lo sair, aperte progressivamente para baixo, com os outros dedos.

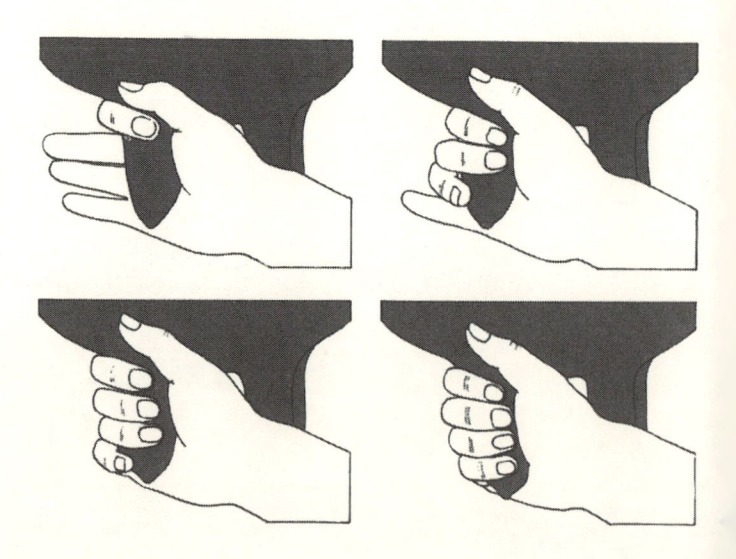

Produtos de origem animal

A vaca

estaca vertical. Esta possui um anel destacável, para que a vaca possa se deitar, se quiser. Em princípio, ela deverá fazer suas necessidades numa vala prevista para isso e que também deverá ser limpa todos os dias.

Quanto a mim, tudo isso está longe de ser "higiênico". Se você mantiver a vaca, parcial ou permanentemente, num estábulo e juntar para ela todos os dias uma boa quantidade de palha fresca, de fenos ou qualquer outro tipo de cama, os excrementos irão se amontoando, e daí resultará um bom estrume. É claro que o fiscal do leite irá repreendê-lo se você ordenhar sua vaca nessas condições e você não será autorizado a vender leite nem outro produto lácteo, nos países ditos civilizados; mas, de fato, o leite que você tira de uma vaca nessas condições é tão limpo como qualquer outro leite, se você cumprir todas as outras regras de higiene. Durante 8 anos, ordenhei nessas condições, retirando o estrume uma vez por ano, enquanto as vacas ficavam dentro do estábulo à noite, durante o inverno. E o leite, a manteiga e o queijo que eu obtinha eram perfeitos.

É evidente que a situação ideal será ter um compartimento reservado especialmente para a ordenha, e outra zona para as vacas dormirem, comerem e repousarem; esta pode ser limpa todos os dias ou receber palha nova, ficando aí os excrementos durante alguns meses. Será um estábulo mais quente e confortável que a parte utilizada para ordenhar, e você não precisará prender sua vaca. Se tiver um silo (ver p. 81), um dos lados desse silo poderá ser uma das paredes do estábulo, e assim a vaca poderá alimentar-se sozinha.

Quanto à questão de deixar as vacas no estábulo, tenho a dizer que as nossas só entram para ser ordenhadas ou para acabarem o feno. Tanto no inverno como no verão, de dia ou de noite, ficam sempre fora, nas colinas, exceto durante uma hora de manhã e outra à noite, quando entram para ser ordenhadas e para comer. De qualquer forma, no verão elas não querem entrar; preferem ficar ao relento comendo capim. Aliás, não as alimentamos no verão; apenas lhes damos 500 g ou 1 kg de cevada descascada. Se houver bastante capim, é o suficiente. Não nos interessa ter grandes produções de leite, e quem vive em regime de autossuficiência deveria proceder sempre assim.

No inverno, as vacas voltam do pasto mais esfomeadas, pois o capim tem pouco valor nutritivo. Quando o tempo está ruim, prefiro deixá-las toda a noite no estábulo, e nos dias muito ruins nem as deixo sair. Para isso é evidente que preciso de uma grande quantidade de palha. Nos climas muito frios, as vacas devem ficar no estábulo durante todo o inverno. Siga o exemplo dos seus vizinhos. Mas não deixe que as vacas fiquem abrigadas durante metade do inverno, passando de repente a ficar ao relento. Mesmo quando as deixar sair na primavera, faça-o com prudência. Espere que faça bom tempo e deixe-as sair primeiro durante curtos períodos de tempo. O capim em excesso irá cansar-lhes o estômago, que já estará um pouco desabituado, e uma brusca exposição às intempéries poderá provocar resfriados.

Acasalamento

Uma vaca pequena pode acasalar-se a partir dos 15 meses; uma vaca grande, a partir dos 20 meses. Uma vaca só receberá o touro, ou a inseminação artificial, quando estiver no período de cio. Isso acontece de 21 em 21 dias para uma bezerra ou para uma vaca que não foi fecundada, e dura cerca de 18 horas a cada vez. Deve-se estar atento e saber quando a vaca está no cio para levá-la até junto do touro ou à inseminação artificial, nesse mesmo dia ou no dia seguinte, o mais tardar.

Os sintomas de que uma vaca está no cio são: trepa por cima das outras, ou as outras trepam por cima dela; fica assim mugindo e olhando amorosamente; a vulva aumenta um pouco de volume; deixará que se apoiem com força na sua parte traseira, o que parece dar-lhe bastante prazer. Após um parto, é preferível deixar passar o primeiro período de cio para lhe dar tempo de se recompor, mas não perca o segundo período.

Se houver um touro solto com suas vacas, não há problema. Ele sabe o que fazer, como e quando. Mas, se não houver touro, você terá de contar com seus próprios olhos, e nada mais. Depois, no momento exato, leve a vaca para junto do touro do vizinho, ou leve o touro para junto dela. Nos países em que haja inseminação artificial, bastará telefonar para os respectivos serviços.

Ensinar um bezerro a mamar
Se você quiser fazer concorrência a um bezerro tirando-lhe o leite da vaca, o bezerro ganhará. Por isso, muitas vezes somos nós que ordenhamos a vaca e damos o leite ao bezerro dentro do balde. Para ensinar um bezerro a mamar, enfie-lhe dois dedos na boca. Deixe-o sugar uns momentos, depois baixe suavemente sua mão bem como o focinho do bezerro para dentro do leite. É possível que ele se sufoque, ou então que ache bom e mame avidamente. Se ele começar a mamar, retire lentamente os dedos e, passados uns momentos, ele já estará mamando só o leite. A operação requer muita paciência.

Produtos de origem animal

Parto

Deixe sua vaca sozinha ao ar livre, e uma manhã você irá encontrá-la a lamber um pequeno bezerro que acaba de nascer de modo fácil e natural. Quando andam ao ar livre, as vacas só muito raramente têm problemas para parir. Mas observe bem mãe e filho durante as primeiras horas, até ter a certeza de que a cria se aguenta de pé e consegue mamar. Se após uma hora o animal continuar a não mamar, mexa-se. Ponha-o de pé e obrigue-o a mamar. Se for preciso, amarre a mãe.

As vacas podem perfeitamente parir no inverno, nas montanhas, com clima rigoroso e criar seu bezerro na neve, sem problemas. Enquanto o bezerro andar ao ar livre com a mãe e esta tiver comida suficiente e o tempo não for muito mau, seu comportamento será encantador. Mas, assim que você obrigar a vaca a entrar – e terá de fazê-lo para poder ordenhá-la –, você terá contrariado um processo natural e deverá pôr o bezerro a uma boa temperatura e ao abrigo da umidade. O bezerro tem de mamar forçosamente nos três primeiros dias, pois o primeiro leite contém colostro, uma mistura de produtos químicos, microrganismos e anticorpos indispensáveis à saúde e à sobrevivência do bezerro.

Depois, você poderá separar o bezerro da mãe e, se possível, mantê-lo afastado de qualquer barulho ou, pelo menos, num outro compartimento. Ou, então, deixe-o perto da mãe, preso junto à sua cabeça, para que ela possa vê-lo quando estiver sendo ordenhada. O modo mais simples de obter leite é ordenhar a vaca e desmamar o bezerro o mais rapidamente possível; após passar uma noite inteira berrando pelo bezerro, ela irá aceitar muito bem a situação. A vaca não é um ser humano, tem a memória fraca e vai aceitar você, muito rapidamente, como substituto da cria. Muitas vezes acabo de ordenhar uma vaca com a minha camisa completamente molhada, pois não consigo evitar que ela me lamba durante todo o tempo.

Mas, durante esse tempo, o que você vai dar de comer ao bezerro? Se a mãe tiver muito leite, prepare leite na proporção de 10% em relação ao peso do bezerro (se ele pesar 25 kg, dê-lhe 2,5 kg de leite) com água quente (uma parte de água para 3 partes de leite). Sirva-lhe essa mistura duas vezes ao dia num balde (ver figura p. 96) à temperatura do corpo humano.

Uma ou duas semanas mais tarde, providencie para que o bezerro tenha bom feno para mastigar, se ele gostar. Depois de um mês, tente dar-lhe "bolas" de cevada descascada ou de outros concentrados e faça com que ele tenha sempre água fresca ao seu alcance. Quatro meses mais tarde, desmame-o completamente e dê-lhe 2 kg de feno e 1,5 kg de concentrado, ou então deixe-o num pasto. Aos 6 meses o bezerro deverá comer 3 kg de feno e 1,5 kg de concentrado, a menos que ele possa estar num bom pasto.

A bronquite parasitária é uma doença que causa problemas, mas um bezerro que cresceu ao ar livre, na companhia de sua mãe, ficará naturalmente imunizado. No entanto, antes de deixar sair para o ar livre um bezerro que foi criado no interior, você deverá vaciná-lo ou mandá-lo vacinar e alimentá-lo muito bem com feno, concentrados e capim, até que ele fique imunizado contra essa doença. No inverno, nunca deixe um bezerro órfão sair ao ar livre.

Mas existem outros modos de criar um bezerro novo e, ao mesmo tempo, poder ter leite para sua alimentação. Se você tiver sorte, arranje outra vaca, que tenha acabado de ter um bezerro, e convença-a de que teve gêmeos. Nesse caso, pode pôr no mesmo pasto a mãe, o bezerro que ela pariu e o seu. Evidentemente, é uma solução ideal, pois seu bezerro não lhe dará mais preocupações e irá desenvolver-se perfeitamente. Mas essas vacas são raras. Então, outra solução será encontrar uma mãe adotiva, prendê-la duas vezes por dia e obrigá-la a dar leite ao seu bezerro e ao dela. Muitas vacas aceitam essa situação muito bem, outras debatem-se diabolicamente; se ela não estiver de acordo, você deverá prender-lhe as patas para que ela não machuque o bezerro. Para que este aprenda a mamar, enfie-lhe dois dedos na boca e conduza-o devagarinho em direção à mama. Não tente empurrá-lo, pois será inútil.

Uma outra maneira de conseguir arranjar leite e fazer o bezerro feliz é ordenhar a vaca durante um tempo e deixar o filho mamar o resto. Ou então você poderá deixar o bezerro com a mãe durante o dia, separá-los à noite e ordenhar a vaca de manhã. Poderá fazer esse jogo de diversas maneiras.

Tudo isso parece ser muito complicado para um principiante. Pois bem! É realmente complicado, e não há outra solução senão tornar-se amigo de pessoas conhecedoras do assunto e pedir-lhes conselhos. A propósito de doenças, existem muitas diferentes, e se sua vaca estiver doente deverá chamar o veterinário. Mas, se as vacas não forem artificialmente grandes produtoras de leite, se as vacas forem tratadas naturalmente e deixadas ao ar livre o mais possível, quando o clima permitir, só muito raramente ficarão doentes.

A dentição de uma vaca revela a idade que ela tem

Uma vaca adulta tem 32 dentes, dos quais oito são incisivos. Esses oito dentes estão colocados no maxilar inferior e apoiam-se contra uma camada dura do palato. Um mês após o nascimento, o bezerro tem oito incisivos provisórios que serão progressivamente substituídos, até a idade dos 5 anos. Pode-se, portanto, determinar a idade de uma vaca conforme o número de incisivos provisórios e permanentes que ela tem. E a idade de uma vaca de mais de 5 anos pode ser avaliada não só pelo desgaste dos dentes (com 12 anos, já tem só pedaços de dentes), como também pela rugosidade dos chifres. Mas desconfie: há comerciantes de gado que lixam os chifres para lhes dar aparência de novos.

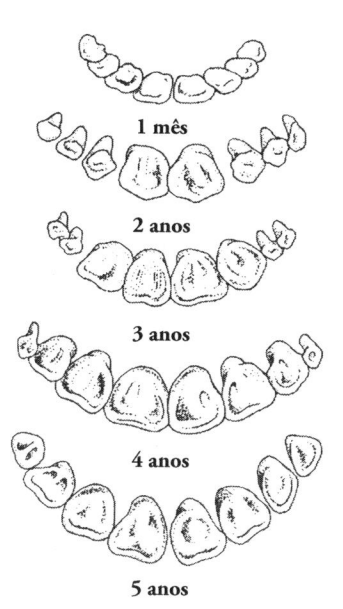

1 mês
2 anos
3 anos
4 anos
5 anos

Produtos de origem animal

Fazer manteiga e nata

A leiteria não é o lugar onde se ordenham as vacas, mas sim onde se lida com leite. A maior parte dos pequenos produtores têm de se contentar só com a cozinha. Fizemos manteiga, queijo, iogurtes etc. na nossa cozinha durante muitos anos, e sempre com sucesso. Mas lidar com o leite numa cozinha é um trabalho sujo e difícil, e é muito mais prático ter um compartimento especial para esse fim.

A leiteria deve ser o mais fria possível, e bem arejada. Os espaços para trabalhar devem ser revestidos de mármore, azulejo ou madeira. O ideal seria que o chão fosse de cimento ou tijolo, com dreno para escoamento da água. É preciso fazer lavagem com muitas águas, e essas águas têm de ser escoadas. O chão de cimento deve ser pouco espesso. Utilize quatro partes de areia para uma de cimento para o chão e cinco para uma para as paredes. Alise bem o cimento com uma trolha metálica. É preferível não caiar nem pintar as paredes, e o teto não deve ter fendas para não deixar passar poeira.

Deveria haver água fria e quente, de preferência fervente, pois a esterilização é uma das coisas mais importantes. Também deveria haver um balcão de cozinha; aliás, seria melhor uma prancha de escoamento, de madeira, com as tábuas não polidas. Deste modo, a água escorreria diretamente para o chão, por entre as tábuas, e o ar entraria por baixo quando se pusessem os utensílios para secar.

Higiene com os laticínios

Não vale a pena o esforço para obter leite e, depois, correr o risco de este azedar por falta de higiene. Assim, evite sempre ter na leiteria objetos desnecessários, porque qualquer objeto absorve ou retém poeira. Quando você estiver trabalhando, use sempre roupa limpa. As outras regras são simples. Aplicam-se a todos os recipientes do leite:

1. Retire cuidadosamente, com água e uma escova, toda a nata, leite, sujeira etc. que aderir ao interior ou ao exterior dos recipientes. Pouco importa que a água seja fria ou quente.

2. Passe os recipientes por água fervente.

3. Passe-os em seguida por água fria, para esfriarem.

4. Ponha os recipientes de boca para baixo num lugar onde possam escorrer e apanhar ar no interior.

5. Deixe-os assim até precisar deles. Nunca limpe nenhum utensílio com toalha ou pano, mesmo que ache que estejam muito limpos.

Lave sempre os utensílios depois de usados: se não tiver tempo para fazê-lo imediatamente, encha-os com água fria. Nunca deixe marcas de leite num recipiente. Lembre-se de que o leite é a alimentação ideal para os bezerros, para os bebês e para as bactérias! Assim que o leite sai da teta da vaca, as bactérias atacam-no e ele começa a azedar. E, se forem bactérias patogênicas, não será apenas leite azedo, mas sim estragado.

Material

É muito prático ter uma centrifugadora, ou uma área de decantação. Instale sua centrifugadora sobre um suporte sólido. Por outro lado, você precisará de uma batedeira de manteiga (um dispositivo qualquer para bater a nata) e de uma misturadora de manteiga (ver página 99 ou s.), ou uma mesa lisa muito limpa, se possível revestida de mármore ou pedra, para trabalhar a manteiga.

A cuba para queijo é um aparelho que lhe poupará muito trabalho. É uma caixa retangular com um revestimento de refrigeração em aço polido. O queijo pode, assim, ser aquecido ou esfriado pela passagem de água quente ou fria através do revestimento. Deverá haver uma torneira numa das extremidades, e deve ser possível levantar a cuba facilmente para jogar fora o soro do leite que se forma enquanto se faz o queijo.

Você também irá precisar de uma prensa para queijo, composta de uma forma e de um prato, a menos que não lhe interesse fazer queijo prensado. A forma é um cilindro com fendas por toda a volta, para que o soro possa sair. E o prato é uma espécie de êmbolo que entra no cilindro e, desse modo, comprime o queijo. A prensa é uma combinação complicada de pesos, alavanca e engrenagens que exercem uma certa pressão sobre o prato e, através dele, sobre o queijo que se encontra no cilindro.

Hoje em dia, é bem difícil encontrar prensas para queijo. Você poderá improvisar uma: faça uns buracos no fundo de uma lata de conservas ou de um barril de azeite: aí terá a forma. Corte um disco de metal que se encaixe nesse recipiente, e terá o prato. Para fazer pressão, utilize pesos, tijolos, pedras e tudo o que for pesado.

Por fim, você precisará de um armário à prova de poeira para guardar os termômetros, um acidímetro e um armário para proteger os alimentos das moscas, onde irá guardar a manteiga, a nata e o queijo. Os queijos duros não devem ser guardados na leiteria, pois, como serão conservados durante muito tempo, só irão atrapalhar.

Nata

Se você deixar o leite num canto, a nata virá à superfície e você poderá retirá-la. Faça-o com uma escumadeira, que é um disco de metal, ligeiramente abaulado, com buracos que deixam passar o leite mas retêm a nata. Ou então, se você puser o leite num prato pouco fundo com uma rolha por baixo, poderá deixar escorrer o leite e a nata ficará no prato.

Você também poderá usar uma centrifugadora: um cilindro que, ao girar, faz sair o leite, que é mais pesado.

Quanto mais frio estiver o leite, mais depressa a nata virá à superfície. De qualquer modo, é bom que se esfrie o leite logo que a vaca for ordenhada. O frio diminui a ação dos microrganismos que tornam o leite azedo. É evidente que, quanto maior e menos fundo for o recipiente onde está o leite, mais depressa se formará a nata.

Nata coalhada

Deixe repousar o leite fresco durante 12 horas, depois aqueça-o à temperatura de 90 °C e faça-o esfriar imediatamente. Deixe repousar de novo, durante 24 horas, e depois retire a nata. Chama-se a isso nata coalhada.

Produtos de origem animal

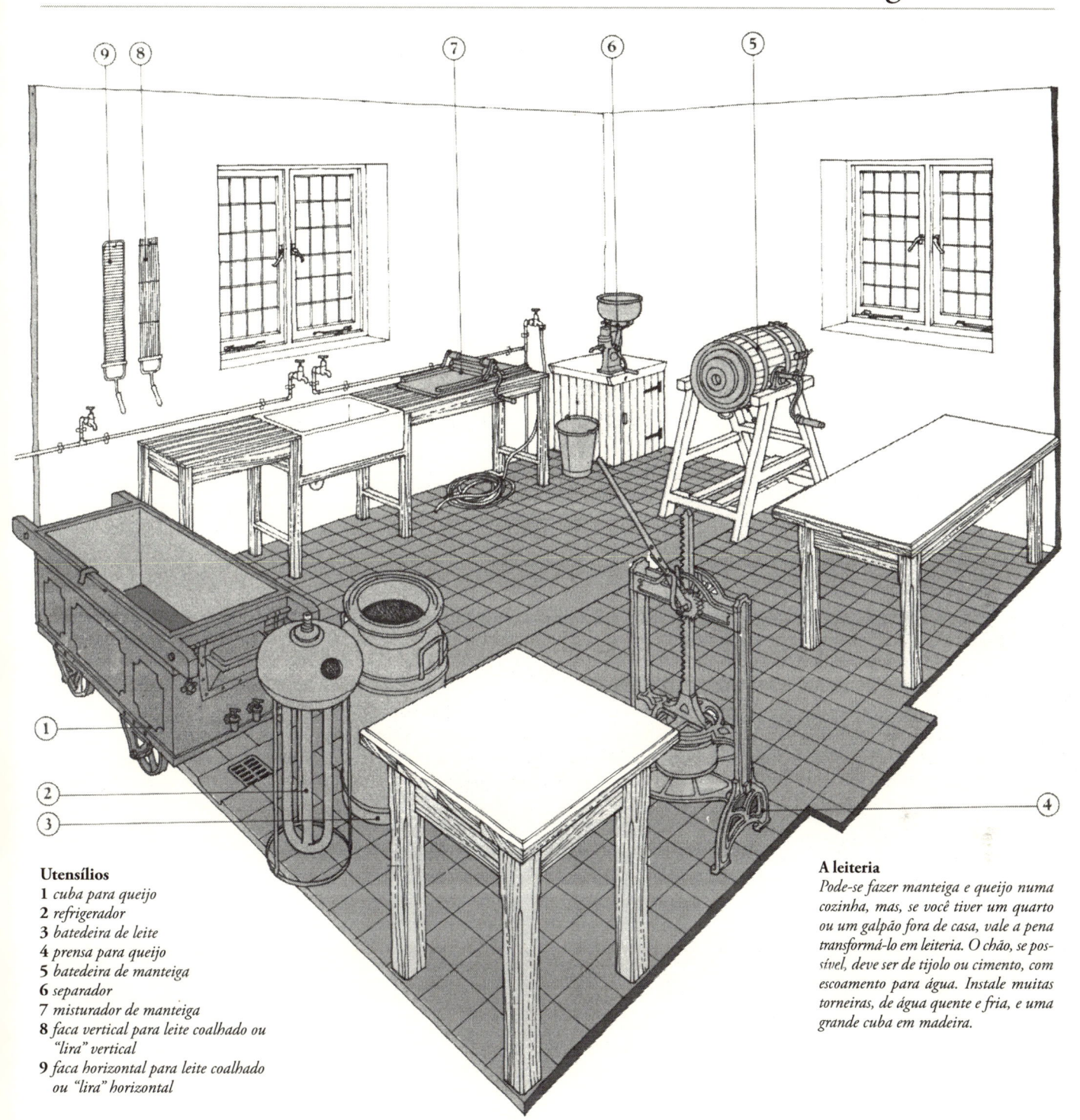

Utensílios
1 cuba para queijo
2 refrigerador
3 batedeira de leite
4 prensa para queijo
5 batedeira de manteiga
6 separador
7 misturador de manteiga
8 faca vertical para leite coalhado ou "lira" vertical
9 faca horizontal para leite coalhado ou "lira" horizontal

A leiteria
Pode-se fazer manteiga e queijo numa cozinha, mas, se você tiver um quarto ou um galpão fora de casa, vale a pena transformá-lo em leiteria. O chão, se possível, deve ser de tijolo ou cimento, com escoamento para água. Instale muitas torneiras, de água quente e fria, e uma grande cuba em madeira.

Manteiga

Obtém-se a manteiga batendo a nata, mas só quando a nata estiver "madura", isto é, quando as bactérias lácticas tiverem transformado um pouco da lactose ou do açúcar do leite em ácido láctico.

Na indústria, a nata é primeiramente pasteurizada para matar todas as bactérias, inclusive as do ácido láctico, e depois injetam-se nela verdadeiras bactérias de cultura. Não posso, nem quero, ser tão científico, mas faço uma manteiga muito boa conservando a nata o mais possível, ou seja, durante 24 horas. De fato, pode-se conservar a nata por mais tempo, contanto que os utensílios estejam mesmo limpos.

Depois de cada ordenha, eu junto ao leite um pouco de nata, a uma temperatura aproximada de 20 °C. Depois, antes de batê-la, tomo cuidado para que a última nata incorporada tenha sido acrescentada 12 horas antes.

O modelo mais conhecido de batedeira é um simples barril no qual a nata é virada, revirada, caindo de um lado para o outro, batendo-se a si mesma. Mas também existem batedeiras tipo moinho, em que as pás batem a nata. Para pequenas quantidades, pode-se fazer manteiga batendo a nata com uma colher de pau ou uma concha, com um pau dentro de um cilindro ou com um batedor de ovos, isto é, com qualquer instrumento que permita bater bem a nata. Se a nata tiver mais ou menos o

Fazer manteiga e nata

grau de acidez e a temperatura necessárias, "medrará", isto é, transformar-se-á em manteiga dentro de 2 ou 3 minutos. Se passados 10 minutos ainda não tiver "medrado", verifique a temperatura e acerte-a para 20 °C. Depois volte a bater.

Enquanto você bate, não é importante o grau de acidez da nata, partindo-se do princípio de que a nata está em bom estado. Prove-a. Se não estiver boa, não poderá ser aproveitada. Quando a manteiga tiver "medrado", despeje o soro do leite coalhado. (Se a nata tiver sido conservada em boas condições, será uma bebida deliciosa.) Depois, você deverá lavar a manteiga. E deverá lavá-la até desaparecerem todos os vestígios de nata, soro ou água.

Existe uma ótima invenção chamada misturador de manteiga. Serve para fazer sair a água da manteiga, comprimindo-a. O misturador é formado por um rolo denteado, de madeira, dentro de um tabuleiro liso, também de madeira. Coloque água fresca e limpa e aperte até que a água que sai esteja absolutamente límpida, sem nenhum vestígio de leite. Só quando sair água limpa mesmo é que a manteiga estará pronta. A partir desse momento, não a exponha durante muito tempo à luz ou ao ar, e cubra-a, pois se conservará por mais tempo.

Se você quiser ter manteiga salgada, faça a última lavagem com salmoura, ou então salgue com sal fino puro e isento de leveduras e bolores; misture com cuidado. Se, ao provar, você achar a manteiga muito salgada, lave-a novamente.

No entanto, não desanime se não tiver misturador de manteiga. Lave e esprema a manteiga com espátulas, ou com pequenas pranchas de madeira. A maioria dos principiantes não lava a manteiga o suficiente e, depois de uma ou duas semanas, esta fica com gosto de ranço. Por isso, aperte e reaperte várias vezes.

Para conservar a manteiga, junte 2,5% do seu peso em sal e proceda do seguinte modo: escalde uma panela de barro, uma gamela ou um barril. Seque ao ar e ao sol. Introduza na vasilha um pouco de manteiga e aperte o mais possível, para fazer sair todo o ar. Continue a juntar manteiga, pondo um pouco de sal por cima de cada camada, apertando sempre com o punho para sair todo o ar. Quando a vasilha estiver cheia e não houver mais manteiga, cubra-a com uma camada de sal e papel absorvente ou qualquer outra cobertura. A manteiga se conservará durante meses. Se estiver muito salgada, lave-a simplesmente antes de comer. Será tão boa como a manteiga fresca. Não se esqueça de que a manteiga deve ser sempre muito bem lavada na primeira vez.

Ghee*

A *ghee*, na Índia, já é uma instituição. Ponha manteiga numa vasilha e deixe-a ferver durante uma hora, em fogo brando. Pouco a pouco vá retirando a espuma. Coloque a manteiga derretida num recipiente esterilizado e cubra-o; irá conservar-se durante meses. Não tem gosto de manteiga, mas sim de *ghee*. É muito boa para usar na cozinha e dá um gosto especial ao *curry*.

---

* *ghee* – manteiga de leite de búfalo purificada para parecer óleo. (N. do T.)

Iogurte

O iogurte é o leite que se tornou azedo com a presença do bacilo búlgaro (*bacillus bulgaricum*), e não com a do *bacillus lacticus*, já mais conhecido. Para fazer 1 l de iogurte, ponha 1 l de leite numa vasilha. Essa bactéria precisa de ambiente quente. Assim, se o leite estiver muito frio, aqueça-o. Depois, junte-lhe duas colheres de um bom iogurte comprado; é nesse preciso momento que você deverá juntar as frutas ou as nozes, conforme o sabor que lhe quiser dar, embora, a meu ver, um bom iogurte natural, com uma colher de mel, seja o mais gostoso. Cubra rapidamente a mistura e conserve 2 ou 3 dias à temperatura do corpo humano. Para conservá-la quente, poderá enterrá-la na palha, o que é uma boa solução. Quando a mistura se tornar consistente, o iogurte estará pronto.

Todos os dias, depois de tirar da vasilha o que precisar, junte uma quantidade equivalente de leite fresco; o processo vai continuar. Mas o leite deve estar muito limpo e fresco, e o recipiente deve ser esterilizado e fechado. Pode acontecer que depois de um certo tempo já não dê certo. Nesse caso, recomece tudo, desde o princípio.

Sorvete

O sorvete feito com nata é muito diferente do sorvete comprado, e vale a pena comê-lo.

A nata ao natural, e apenas gelada, é insípida. O sorvete deve ser açucarado e com sabor de fruta; para enriquecer sua composição, podem-se juntar claras, gelatina e gemas de ovos.

Segue-se uma receita:

0,5 kg de morangos
115 g de açúcar
0,2 l de água
0,4 l de nata ou 0,3 l de *double crème* (variedade de queijo)

Proceda do seguinte modo: faça um xarope com a água e açúcar. Esmague os morangos depois de arranjados; quando o xarope estiver frio, misture o purê de morangos. Junte a nata sem bater, ou batida se for *double crème*. Por fim, ponha tudo para gelar.

Você poderá utilizar um congelador ou simplesmente gelo. Se utilizar gelo, misture sal, pois o sal torna-o mais frio. A proporção será de 1 kg de gelo para 0,5 kg de sal. Ainda há pouco tempo se conservava o gelo, durante todo o verão, colocando-o numa espécie de abrigo meio subterrâneo; o isolamento era feito com muita palha e com um dispositivo para escoar a água derretida.

Para gelar o sorvete utilizando só o gelo, você precisará de um recipiente de aço, com uma boa tampa e um sistema qualquer que faça mexer o gelo, no interior. Ponha esse recipiente dentro de outro, maior, que ficará cheio da mistura de gelo e sal. Este último recipiente deve ter um bom isolamento exterior.

Se você usar o congelador, ponha a temperatura o mais baixo possível e coloque o sorvete no compartimento do gelo. De vez em quando, tire-o e bata-o, para evitar que se formem cristais.

Produtos de origem animal

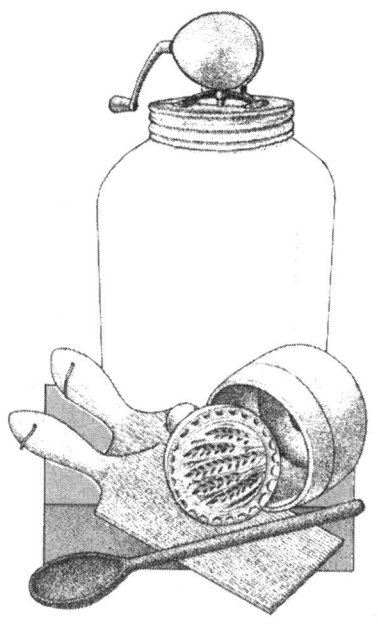

Fazer manteiga
Faz-se manteiga batendo muito bem a nata. Você precisará de uma batedeira qualquer. Para modelar a manteiga já feita, arranje duas espátulas de madeira ou, então, uma dessas formas antigas para manteiga.

Eu uso uma batedeira manual. Encho o recipiente com a nata e depois giro a manivela.

Quando a manteiga "medra" ou coagula, retiro o soro do leite.

Despeje a manteiga sobre uma tábua de escoamento, muito limpa, ou sobre um misturador de manteiga.

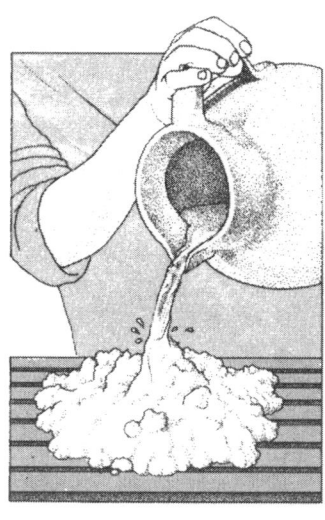

Lave a manteiga cuidadosamente, jogando várias vezes água fria por cima dela e enxugando-a.

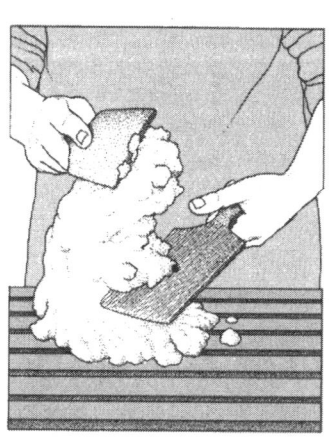

Comprima-a, misture e enxugue para fazer desaparecer toda a água e todos os vestígios de soro.

Junte um pouco de sal para dar gosto, ou, se quiser conservar a manteiga bastante tempo, junte muito sal.

Faça penetrar bem o sal. Se você pôs demais, sempre poderá lavá-la.

Dê forma à manteiga com as espátulas de madeira, assegurando-se pela última vez de que toda a água desapareceu. O segredo para fazer boa manteiga é retirar toda a água e todo o soro.

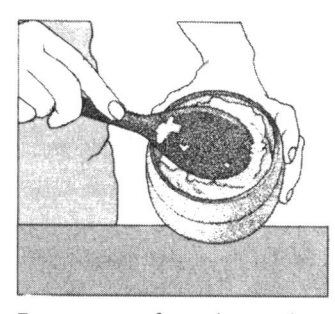

Existem muitas formas bonitas, bem como placas de madeira entalhadas, para dar a forma final e gravar um desenho na manteiga. Coloque a manteiga numa dessas formas, fazendo pressão para saírem todas as bolhas de ar.

Depois será necessária a força de duas pessoas para fazer sair a manteiga da forma, em cima de papel tipo pergaminho.

A forma imprime um desenho na manteiga. Há desenhos de cardos, vacas, espigas de trigo e muitos outros.

101

Produtos de origem animal

Fazer queijo

Uma libra de queijo (cerca de 0,5 kg) contém 2.000 calorias. A carne do quarto dianteiro da vaca tem apenas 1.100 calorias. E o queijo, desde que seja duro, é fácil de conservar e, dentro de certos limites, fica melhor com a idade. O queijo é feito a partir do leite cuja acidez aumentou por se ter acrescentado a ele um aditivo, ou então por ter sido guardado a uma certa temperatura, de modo que o processo se efetuasse naturalmente. Essa adição de ácido provoca a formação de leite coalhado e de soro de leite. Faz-se o queijo com o leite coalhado, e o soro pode ser dado aos porcos.

QUEIJO MOLE

Faz-se o queijo mole deixando o leite coalhar naturalmente no verão, ou juntando coalho ao leite. O coalho é uma substância química (uma enzima – Lab.) que se encontra no estômago dos bezerros e tem a propriedade de fazer o leite coalhar. Ao leite assim coalhado chama-se coalhada. O leite que coalha naturalmente dá leite coalhado e soro de leite.

Se você puser leite coalhado e soro em um pano e pendurá-lo, o soro irá escorrer e o leite coalhado se transformará em queijo mole. Esse queijo não tem gosto, mas fica delicioso se você juntar sal, ervas aromáticas, alho e cebolinha. Coma-o o mais rapidamente possível, pois ele não se conserva durante muito tempo, e não convém conservar para o inverno os elementos ricos que o leite possui no verão.

Requeijão

O requeijão é um queijo mole, feito com nata coalhada, em vez de leite coalhado. É um queijo mais macio, mais rico e mais gorduroso.

Queijo do pobre

Tem esse nome porque pode ser feito com o leite de uma só vaca; comia-se muito desse queijo na Idade Média.

Aqueça um pouco de leite em fogo brando e deixe-o coalhar. Não mexa nele durante a noite, e no dia seguinte de manhã retire o soro. Depois corte o leite coalhado, salgue-o, esprema-o fortemente num pano e deixe-o escorrer durante todo o dia. Nessa mesma noite esprema-o de novo e deixe-o pendurado durante um mês. Ao fim desse tempo, você poderá comê-lo. Ficará melhor se juntar um pouco de manteiga ao leite coalhado e o deixar "amadurecer" durante três ou quatro meses.

QUEIJO DURO

O queijo duro tem um papel importante como meio de conservar para o inverno as grandes quantidades de leite que você conseguir obter no verão; além disso, é uma fonte muito valiosa de proteínas e um alimento maravilhoso. Todos nós precisamos de queijo, e os lactovegetarianos não podem passar sem ele. O queijo duro é muito difícil de fazer, e o melhor é fabricado com leite de várias vacas, e não de uma só. Com efeito, por motivos bacteriológicos, o melhor queijo deve ser feito só com o leite de duas ordenhas: a da noite e a da manhã seguinte. Se for necessário mais leite e você tiver de fazer mais de duas ordenhas, terá problemas como, por exemplo, uma acidez excessiva ou cheiros desagradáveis; nesse caso, o queijo terá um gosto muito ruim.

Cheddar

Se você faz queijo em escala regularmente grande, digamos, do leite de seis ou sete vacas, deverá ter um certo equipamento para executar o trabalho cientificamente. No início da página, descrevo como fazer queijo duro no caso de você dispor de aproximadamente 22,7 l de leite de duas ordenhas e não julgar que há necessidade de ser científico. Assim pode-se fazer um maravilhoso queijo *cheddar*; mas sorte, perícia e bom-senso também fazem parte da receita. Se você não consegue fazer um bom queijo seguindo esse método, tente fazê-lo utilizando coalho, ou coágulo (ver p. 104).

Caerphilly

Depois de conseguir fazer o queijo *cheddar*, talvez você queira fazer outros queijos. O *caerphilly* surgiu como queijo semi-duro, feito pelas mulheres dos mineiros de carvão da Gales do Sul, para que seus maridos o levassem para o fundo das minas. É um queijo fácil de fazer, mas não dura tanto quanto o *cheddar*.

Para fazer *caerphilly*, coe o leite da noite em uma cuba e deixe-o resfriar, se o tempo estiver quente. Na manhã seguinte desnate-o e adicione o coalho ao leite na proporção de 0,5%. Aqueça o creme de leite da noite anterior e despeje-o no leite da manhã. Desnatar o creme da noite anterior, aquecê-lo e colocá-lo de volta no outro leite é a única maneira de conseguir misturá-lo de novo com o leite e enriquecer o queijo.

Aqueça a cuba a 20 °C. Meça a acidez com um acidômetro. Quando esta atingir 0,18%, acrescente uma colher de chá de extrato de coalho a cada 22,7 l de leite. Cerca de 45 minutos após recoalhar, o coágulo estará pronto para ser cortado. Corte nos dois sentidos com a faca na vertical, mas apenas em um sentido com a faca na horizontal. Depois de cortar, espere 10 minutos, elevando gradualmente a temperatura para 31 °C: a "escaldadura". Quando esta estiver completa e houver 0,16% de acidez, retire o soro do leite, apanhe o coágulo com um pano grosseiro e deixe-o numa cuba para drenar. Depois de meia hora corte o coágulo em cubos de 8 cm, amarre novamente os panos e deixe drenar por mais meia hora.

Pique o coágulo (parta-o em pequenos pedaços) e acrescente 28 g de sal para cada 1,4 kg de coágulo, misture bem e coloque em formas revestidas de pano. Em cada forma vão cerca de 4,5 kg de coágulo, e tradicionalmente as formas são bem pequenas e achatadas: não use as formas enormes para queijos *cheddar* de 50 kg. Duas horas mais tarde, aplique pressão de 203 kg. Na manhã seguinte, retire o queijo, vire e coloque panos limpos, recoloque na prensa e dê-lhe 254 kg de pressão. À tarde, vire novamente, coloque mais panos limpos e aplique 762 kg para a noite. No dia seguinte, retire o queijo da forma e armazene-o durante um mês, o mais próximo possível de uma temperatura de 19 °C, virando-o duas ou três vezes por semana e

Produtos de origem animal

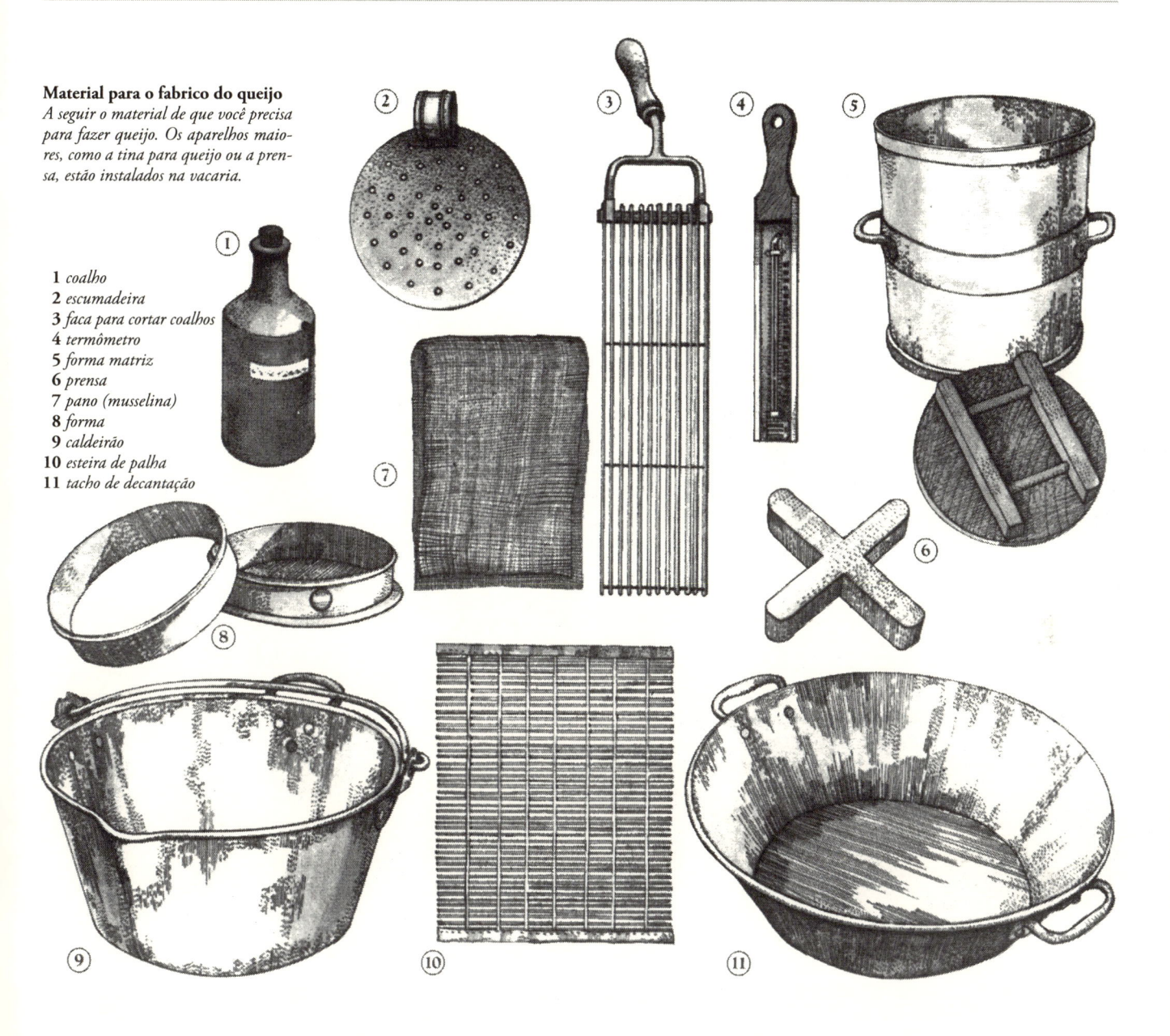

Material para o fabrico do queijo
A seguir o material de que você precisa para fazer queijo. Os aparelhos maiores, como a tina para queijo ou a prensa, estão instalados na vacaria.

1 *coalho*
2 *escumadeira*
3 *faca para cortar coalhos*
4 *termômetro*
5 *forma matriz*
6 *prensa*
7 *pano (musselina)*
8 *forma*
9 *caldeirão*
10 *esteira de palha*
11 *tacho de decantação*

limpando-o com um pano umedecido em salmoura. Depois disso, o queijo estará pronto para comer.

Stilton

Stilton é um queijo com mofo azul, que não passa pela prensa. Quando bem-feito, é um dos queijos mais finos que existem, mas quando industrializado, como a maioria dos queijos atualmente, é bastante enjoativo. Pode ser comido fresco – e nesse caso não é azul – ou pode ser curado para fazer aquele maravilhoso queijo azul, tão apreciado pelos *gourmets* na época do Natal.

Um queijo Stilton deve ser feito com cerca de 68 l de leite. Você pode fazê-lo pelo sistema de um único coágulo (apenas um lote de coágulos) ou pelo sistema de dois coágulos. Deixe coalhar o leite da noite e o da manhã também. Misture os dois, e o resto do processo é o mesmo.

Pelo sistema de um coágulo, tire 68 l de leite diretamente das vacas e coloque-os em uma bacia ou cuba. Obtenha uma temperatura de cerca de 30 °C. Acrescente uma colher de chá de extrato de coalho para cada 22,7 l de leite. Dilua o coalho com 0,3 l de água fria antes de juntá-lo ao leite. Depois de uma hora e meia, procure fazer o termômetro da leiteria subir através do coágulo. Se o termômetro deixar um corte nítido sem que o coágulo fique aderido a ele, então o coágulo estará pronto para ser cortado. Mas não o corte. Coloque-o em vasilhas revestidas com pano grosseiro próprio para queijo, de modo que o soro possa drenar através dos panos, mas não completamente, porque você terá deixado a tampa no vaso ou pia. Em cada pano devem ir cerca de 15,9 l de coágulo, e este deve ser colocado em camadas bem finas. Depois disso, o coágulo deve ser deixado onde está, encharcando-se em seu próprio soro durante uma hora e meia.

Depois, retire as tampas, deixe o soro sair e aperte mais os cantos dos panos em torno dos coágulos. Recoloque as tampas e deixe os coágulos drenarem mais uma vez, durante meia hora. Se o coágulo parecer mole, deixe-o mais tempo no soro: se estiver firme, retire as tampas e deixe sair o soro.

Fazer queijo

Agora, aperte mais o pano em torno do coágulo – puxe um canto do pano em volta dos três outros e aperte. Cada vez que você fizer isso, estará espremendo suavemente um pouco de soro. Faça isso cinco ou seis vezes. Quando o coágulo contiver 0,18% de acidez, coloque-o nos panos. Empilhe os pedaços de coágulo um em cima do outro, depois corte em cubos com cerca de 7,6 cm de lado.

Continue virando a pilha a cada meia hora, até que a acidez alcance 0,14% ou 0,15%. Isso pode levar de 2 a 4 horas. Se você não tiver um acidômetro, vá prosseguindo até que o coágulo esteja regularmente sólido, mas ainda úmido, e adquira uma aparência flocosa bonita quando é cortado.

Agora quebre o coalho em pequenos pedaços, como os demais queijos, acrescente 28 g de sal para cada 1,4 kg de coágulo e misture bem. Coloque o coágulo em formas. Seus 68 l de leite devem ter produzido aproximadamente 11,8 kg de coágulo. A forma deve conter essa quantidade. Coloque-a sobre uma tábua de madeira. A essa altura o coágulo deve estar frio, mas não abaixo de 19 °C. Não faça pressão, deixe-o afundar.

Retire o queijo e vire-o duas vezes durante as duas primeiras horas; depois, uma vez por dia durante sete dias.

Quando o queijo tiver encolhido dos lados da forma, tire-o fora e raspe a superfície com uma faca, para alisá-lo. Depois, enrole-a apertadamente com morim. Coloque-o de volta na forma. Tire-o fora da forma e volte a enrolá-lo, todos os dias, durante três dias. Depois, leve-o para o quarto de secagem, o qual deve ter uma boa corrente de ar de cerca de 16 °C. Tire o morim que o enrola uma ou duas vezes para ajudá-lo a secar e deixe assim por um dia. Depois enrole novamente.

Depois de cerca de catorze dias, remova o queijo para um celeiro, também com temperatura por volta de 16 °C, mas não com muita corrente de ar e com muita umidade. Deixe-o lá por quatro meses antes de comê-lo. Muitos produtores de Stilton perfuram todo o queijo com agulhas de cobre em um certo estágio do processo de cura para conseguirem que cresça dentro dele o famoso mofo azul. Tudo é um processo longo e absorvente, mas o queijo resultante é uma das grandes experiências gastronômicas, que não pode ser confundida de maneira alguma com o "stilton" comprado no supermercado.

QUEIJO SEMIMOLE

O queijo semimole é outro tipo de coisa completamente diferente e, tanto que eu saiba, originário do continente europeu. O Pont l'Evêque é um dos melhores. Para fazê-lo, junte 3,4 l de leite envelhecido por 12 horas. Aqueça a 32 °C e junte uma colher de chá de coalho de queijo, diluído num volume de água correspondente a três vezes seu próprio volume. Deixe meia hora para coalhar. Quando o coágulo estiver suficientemente firme – e isso ocorre quando ele estiver se soltando sem deixar resíduos do lado da cuba –, corte-o nos dois sentidos com um cortador de coalho, como se faz com o queijo duro. Estenda o pano de queijo sobre uma prateleira de madeira para drenagem e coloque conchas de coalho sobre o pano. Dobre os cantos do pano sobre o coágulo e esprema suavemente. Aumente progressivamente a pressão até que consiga retirar uma boa quantidade de soro.

Coloque uma forma, que é apenas um colarinho com 4 cm de altura e 15 cm^2 (tradicionalmente o Pont l'Evêque é quadrado, mas a forma não importa), sobre uma esteira de palha em uma tábua de drenagem. Depois que o coalho estiver drenado há cerca de uma hora no pano, quebre-o e coloque-o na forma em três camadas, com uma camada de sal entre uma e outra. Use 56 g de sal para 3,4 l. Pressione o coágulo bem para baixo e para os cantos.

Quando a forma estiver cheia, vire-a de cabeça para baixo em uma outra esteira de palha sobre outra tábua. Tanto as esteiras como as tábuas devem ter sido lavadas com água fervente. Repita esse processo de viragem a cada 10 minutos, durante uma hora.

Vire novamente a forma de cabeça para baixo uma vez por dia, durante três dias. Depois tire o queijo da forma e raspe suavemente a superfície com uma faca.

Você poderá comer o queijo imediatamente, mas ele ficará muito melhor se você o conservar a uma temperatura de mais ou menos 15 °C durante duas semanas, virando-o diariamente sobre uma esteira limpa. A parte externa do queijo estará coberta de mofo.

Enrole o queijo em papel encerado e mantenha-o por mais um mês, virando-o todos os dias. Antes de comê-lo ou vendê-lo, raspe o mofo da superfície. A parte externa, a essa altura, já deve estar bem firme, mas o centro deve estar mole, amanteigado e delicioso.

Coalhos

Os coalhos são porções de leite rico em bactérias lácticas ácidas; podem ser comprados ou feitos em casa.

Tire 1,1 l de leite de uma vaca sadia e deixe-o azedar em uma leiteria limpa e bem ventilada. Não inclua o primeiro leite, do início da ordenha. Verifique que o úbere e você tenham sido bem lavados antes da ordenha. Coe o leite diretamente do balde de ordenha num recipiente esterilizado. Deixe esse leite fresco na leiteria durante 24 horas. O melhor é que a temperatura da leiteria esteja por volta de 21 °C. Esse leite se tornará uma cultura quase pura de *Bacillus lacticus*.

Depois, passe um pouco de leite fresco pelo seu separador, se você tiver um (não se preocupe se não tiver). Aqueça esse leite exatamente a 85 °C e resfrie-o rapidamente, até 21 °C. Isso o pasteurizará. Desnate a parte de cima do seu primeiro quarto de galão e dê ao gato. Despeje o resto do primeiro quarto no novo leite pasteurizado. Esse leite inoculado precisará ser coberto com um pano e mantido durante 24 horas a uma temperatura aproximada de 21 °C. Esse é seu coalho. Se você acrescentar 0,6 l desse coalho a uma nova quantidade de leite pasteurizado, poderá manter a cultura durante meses.

Você obterá melhores resultados em sua fabricação de queijos se usar o coalho, porque ele dará início ao trabalho das bactérias lácticas ácidas muito mais depressa, e lhes permitirá desafiar a concorrência de organismos menos dignos. Contudo, após algumas semanas, será melhor dar seu coalho aos porcos e fazer um novo, conforme foi descrito acima, porque muitos outros "bichos" terão entrado nele.

Produtos de origem animal

Queijo duro

Pegue o leite da ordenha da tarde e deixe-o repousar toda a noite. De manhã, retire a nata com a ajuda de uma escumadeira e aqueça-a a 30 °C. Volte a colocá-la no leite, mexendo bem.

Acrescente o leite da ordenha da manhã. Aqueça-o lentamente, até 32 °C.

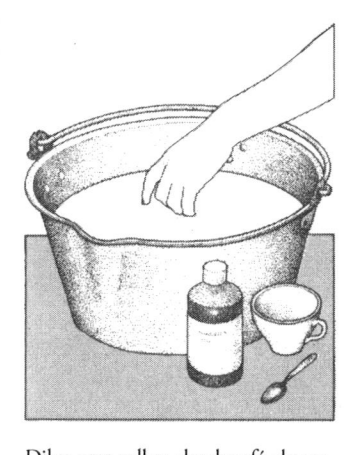

Dilua uma colher, das de café, de coalho num copo de água e coloque-o no leite. Misture com a mão, durante cerca de 5 minutos. Pare quando o leite começar a grudar nos dedos.

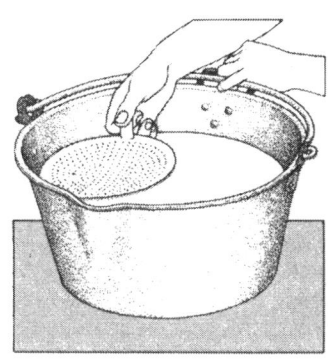

Depois dê pequenos toques com a escumadeira sobre a superfície do leite. Essa operação serve para impedir que a nata venha à superfície. Bastam 5 minutos para que o leite, já coalhado, retenha a nata.

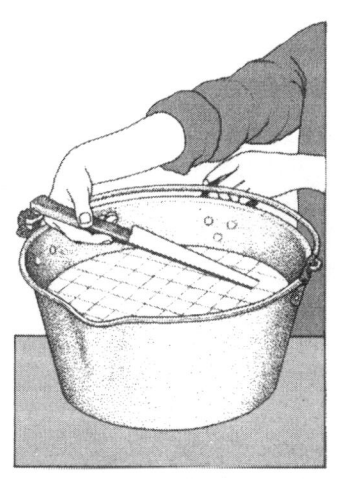

Quando o leite coalhado estiver bem firme (15 minutos depois de você ter acabado de bater), corte-o com uma faca de cortar leite coalhado – ou uma faca de cozinha de lâmina comprida –, em tiras e depois em cubos, com cerca de 1,5 cm.

Aqueça o leite, muito lentamente, até a temperatura de 38 °C. Se você não tiver cuba para queijo, retire uma parte do leite, aqueça-o separadamente e volte a juntá-lo, muito lentamente, mexendo sempre devagar.

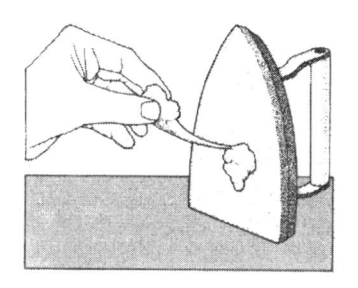

Controle frequentemente a acidez. Se não tiver acidímetro, faça o teste com um ferro de passar roupa. Pegue uma quantidade pequena de leite coalhado e encoste-a ao ferro quente. Depois puxe. Se o fio que se formar tiver menos de 1,5 cm de comprimento quando se quebrar, é porque a acidez é insuficiente. Se o fio tiver 1,5 cm, está ótimo; pode retirar o soro.

Existe um aparelho para cortar o leite coalhado em pedaços. Se você não o tiver, faça esse trabalho à mão, desfazendo o leite coalhado em pequenas porções, do tamanho de uma noz. Junte cerca de 30 g de sal para cada 2 kg de leite coalhado.

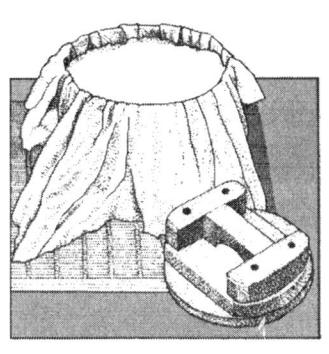

Ponha um pano dentro da forma; despeje o queijo e coloque-o na prensa.

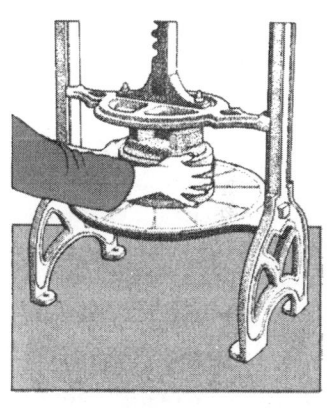

Se você tiver uma prensa para queijo, utilize-a; se não, improvise uma (com uma lata furada, por exemplo). Nas 6 primeiras horas, aplique 9 a 14 kg de pressão; depois, retire o queijo, lave o pano em água quente, seque-o, enrole o queijo e coloque-o na prensa virado do outro lado. Um dia depois, volte a virar o queijo. No outro dia, vire-o de novo e aplique 200 kg de pressão durante 2 dias, virando o queijo uma outra vez.

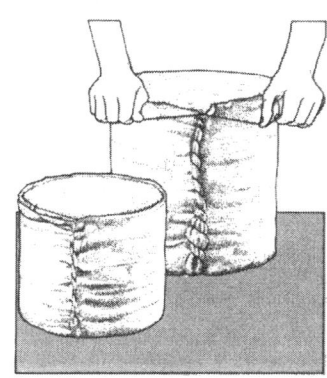

Cubra o queijo com uma pasta de água e farinha e envolva-o num pano. Vire-o todos os dias, durante uma semana, e depois duas vezes por semana. Deixe-o curar durante 4 a 6 semanas, pelo menos.

Produtos de origem animal

O boi

Se você tiver um congelador grande, poderá matar um boi, guardá-lo inteiro para ir comendo a carne aos poucos. Mas não cometa o erro de pôr toda a carne no congelador. Guarde um pouco para comê-la fresca. Só se devem matar bois no outono ou no inverno; no verão há muitas moscas. Antes de comer a carne, deixe o boi durante 1 semana pelo menos numa despensa fria e bem arejada, para que enrijeça; esse tempo será de 15 dias no tempo frio. Então, não coloque grandes quantidades de carne no congelador. Se você não tiver congelador, poderá pensar em outras hipóteses.

Ao matar um bezerro com 6 meses, por exemplo (não vale a pena matar bezerros menores), você obterá uma carne muito fresca, muito tenra e deliciosa. Se estiver muito frio quando o bezerro for morto e sua família for muito numerosa, vocês conseguirão comê-lo todo. E, havendo outra pessoa que viva em regime de autossuficiência perto de sua casa, o problema fica resolvido. Dê-lhe metade do seu bezerro, e 3 meses mais tarde essa pessoa dará a você metade do bezerro dela.

Mas é mais vantajoso criar um boi até os 3 anos, pois ele dará muito mais carne, em relação à alimentação que consumiu. Então, o que fazer quando se mata um boi e não se vive em comunidade nem se tem congelador?

Pois bem! Existe uma solução chamada salgadeira. Você poderá salgar a carne toda, exceto a quantidade que quiser comer fresca. Mas o melhor será consumir um boi inteiro, salgado. Você terá várias opções.

Uma delas consiste em criar e engordar o boi com o objetivo de vendê-lo. Outra possibilidade será criá-lo, mas não deixá-lo ficar muito gordo, e vendê-lo a alguém que acabe de engordá-lo. Com o dinheiro que você ganhar, poderá comprar carne no açougue, quando quiser. Mas você logo perceberá que irá pagar duas vezes mais do que ganhou e ficará então sabendo quem é que enriquece com a agricultura. Outra possibilidade é ser você o fornecedor de carne. Mate o boi e venda-o por quartos aos vizinhos.

Matar um boi

Antes de matar um boi, você deverá fazê-lo jejuar durante 12 horas, mas, se não o fizer, não haverá grande problema. Conduza-o calmamente ao local onde irá abatê-lo. Mate-o com um rifle de pequeno calibre (um 22, por exemplo), ou então com um revólver comum. Se você o matar a tiros, ele não perceberá nada. O essencial é visar o ponto de encontro imaginário das duas diagonais que vão do chifre ao olho.

O boi cai imediatamente para o lado. Atenção! Todos os animais têm convulsões violentas quando são mortos, e os cascos podem ser perigosos. Convém pôr uma das suas pernas debaixo do queixo do boi e empurrar para cima, para lhe levantar a cabeça; a outra perna deve ficar encostada às patas da frente. Deste modo, se o animal começar a dar coices, não machucará você.

Agora que o boi está com o pescoço esticado, introduza debaixo da pele uma faca pontiaguda, na altura do esterno, e faça um corte de 30 cm para desprender a traqueia. Depois, introduza novamente a faca perto do esterno, mas com uma inclinação de 45° em direção à parte traseira do animal. Corte profundamente para a frente, com uma incisão tão profunda como a primeira. A faca deve estar colocada longitudinalmente, num dos lados da traqueia. Essa incisão vai cortar vários vasos sanguíneos, e o animal vai sangrar muito. Se tiver uma roldana móvel, suspenda o animal pelas patas traseiras, pois assim o sangue escorrerá melhor.

Esfolar um boi

A operação de esfolar é a mais fácil de todo o processo, e você irá lamentar já não ter visto um especialista em ação.

Primeiramente, esfola-se a cabeça. Será mais fácil se você fizer um orifício nas ventas do animal; depois passe um fio nesse buraco e erga a cabeça dele uns centímetros, com o auxílio da roldana. Faça um corte que vai da parte de trás da cabeça até as ventas, passando pelo olho, e retire completamente a pele. Não quer dizer que seja fácil e agradável, mas a cabeça tem uma série de coisas boas para comer, e é pena jogá-la fora.

Quando tiver tirado toda a pele da cabeça, agarre no maxilar inferior e introduza a faca no pescoço, próximo da cabeça. Corte, primeiramente, por trás do maxilar, depois desarticule a vértebra cervical atlas, a primeira, assim chamada porque suporta o peso da cabeça tal como Atlas suportava o céu; finalmente, corte a cabeça.

Depois coloque toda a carcaça de costas, mantendo-a nessa posição por meio de calços. Corte os tendões dos membros anteriores por detrás da pata, mesmo por baixo do casco. A partir daí, corte a pele da pata até o joelho. Esfole a tíbia. Corte a articulação mais baixa, ou, se não a encontrar, serre o osso. Esfole toda a pata até a metade do corpo. Faça um corte na pele, precisamente debaixo do ventre, e retire a maior quantidade de pele possível. Pegue uma faca muito bem afiada, mas arredondada na ponta, e incline a lâmina para que o corte se aproxime mais da pele do que da carne.

Abra então o ventre, enfiando a faca bem atrás do esterno, e acompanhe-a lentamente com a outra mão para não furar o abdômen. Rasgue a parede abdominal em linha reta, até o escroto ou a teta. Muita atenção para não furar o abdômen. Depois corte ao longo do esterno e serre-o ao meio. Na outra extremidade, serre a bacia.

Corte então os tendões dos membros posteriores e o osso do jarrete; enrole os tendões e passe o chambaril, que é uma barra de madeira ou metal, pelo meio deles, para os afastar. Com a roldana, levante a parte traseira.

Rasgue a pele perto da parte inferior da cauda, separe-a do corpo perto do traseiro e retire-a. Ah, a sopa de rabo de boi! Agora é hora de tirar a pele da rabadilha. É mais fácil descrever do que fazer. Lembre-se de que não deve espetar a faca na carne nem cortar a pele. Pele e carne têm ambas muito valor. Não retire a membrana que se encontra entre a pele e a carne, pois é ela que protege a carne.

Estripar um boi

Com uma faca pontiaguda, corte em volta do reto para separá-lo do corpo. Logo que estiver separado, amarre-o com um barbante, de modo que nada possa sair dele. Depois separe-o completamente da coluna vertebral. Suspenda então o animal

Produtos de origem animal

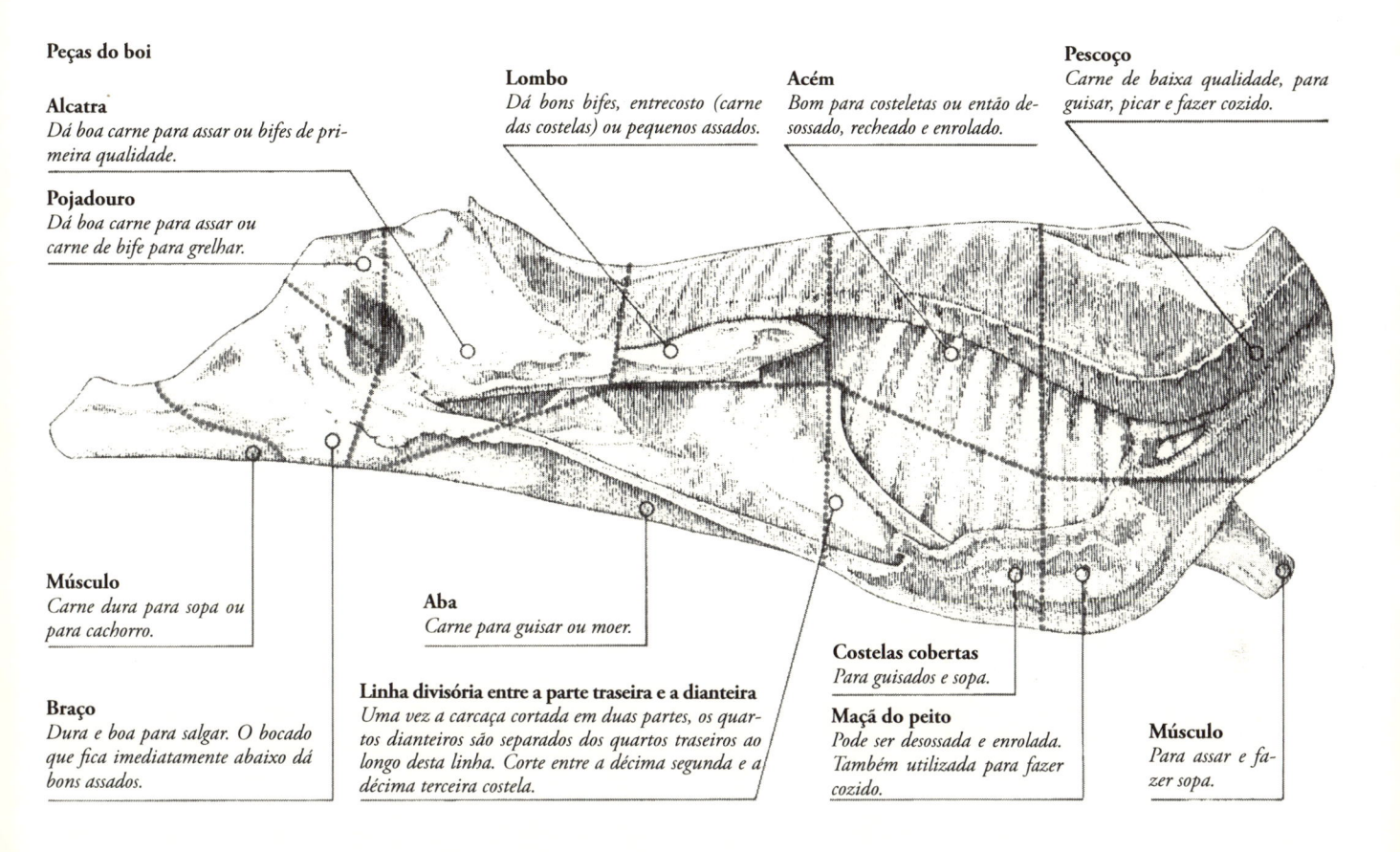

Peças do boi

Alcatra
Dá boa carne para assar ou bifes de primeira qualidade.

Pojadouro
Dá boa carne para assar ou carne de bife para grelhar.

Lombo
Dá bons bifes, entrecosto (carne das costelas) ou pequenos assados.

Acém
Bom para costeletas ou então desossado, recheado e enrolado.

Pescoço
Carne de baixa qualidade, para guisar, picar e fazer cozido.

Músculo
Carne dura para sopa ou para cachorro.

Aba
Carne para guisar ou moer.

Costelas cobertas
Para guisados e sopa.

Maçã do peito
Pode ser desossada e enrolada. Também utilizada para fazer cozido.

Músculo
Para assar e fazer sopa.

Braço
Dura e boa para salgar. O bocado que fica imediatamente abaixo dá bons assados.

Linha divisória entre a parte traseira e a dianteira
Uma vez a carcaça cortada em duas partes, os quartos dianteiros são separados dos quartos traseiros ao longo desta linha. Corte entre a décima segunda e a décima terceira costela.

mais para o alto e puxe o reto e os intestinos da frente para trás, até caírem. Retire o fígado com cuidado e separe a vesícula biliar. Ponha o fígado num gancho, lave-o e pendure-o num guarda-comida.

Retire a pança, os pulmões e o estômago e todos os outros órgãos, deixando-os cair numa grande vasilha. Limpe o estômago com cuidado e utilize-o para fazer dobradinha. Os intestinos são uma boa pele para fazer salsichas. Mas não coma o retículo (por dentro assemelha-se às folhas de um livro).

Deixe cair a carcaça quase até o chão. Retire o diafragma, uma membrana que fica entre o peito e o abdômen. Retire o coração e os pulmões e pendure-os num gancho. Os pulmões dão-se aos cachorros, mas o coração pode-se comer.

Dobre a pele por cima dos "ombros" e molhe a carcaça com alguns baldes de água fria. Depois, uma boa refeição de fígado grelhado; aliás, até agora só há miúdos para comer. No dia seguinte, de manhã, separe a carcaça em duas partes ao longo da coluna vertebral, com um cutelo, se tiver confiança em você, ou então com uma serra. Lave as duas metades com água morna e limpe-as.

Quando chegar a esse ponto, aconselho-o a chamar um cortador. Trinchar é uma operação complicada, e o melhor é observar o que faz o especialista. É claro que, se a carne é só para seu consumo e não se destina à venda, a maneira como está cortada pouco importa. Por outro lado, você quer utilizar o melhor possível um animal que você mesmo engordou durante 3 ou 4 anos prevendo a chegada desse dia, e já sabe que não vai conseguir fazer melhor que um cortador.

Salgar um boi

A salgadeira tradicional é constituída por uma placa arredondada móvel, cheia de buracos, que fica debaixo da carne, e outra placa semelhante, colocada por cima. Para comprimir a carne, você poderá colocar uma pedra sobre a placa de cima, mas nunca utilize pesos de metal.

Para fazer a salmoura, ferva água salgada e deixe-a esfriar. Controle o ponto de concentração da salmoura: jogue uma batata dentro dela e vá pondo sal até a batata flutuar.

Para preparar a perna de boi, pique toda a sua superfície com uma agulha, esfregue com açúcar mascavo e salitre, ou nitrato de potássio, e deixe em repouso durante 24 horas. Depois coloque-a na salgadeira por 8 a 10 dias.

Você poderá pôr a língua para salgar, depois de ter acrescentado à salmoura salsa, tomilho, aipo, cravo, limão e duas ou três cebolas. Deixe a língua durante uma semana nessa mistura.

Produtos de origem animal

A cabra

Em certas regiões secas, as cabras são chamadas de "formadoras de deserto", pois elas destroem os arbustos existentes e impedem que cresçam outros. Mas, quando a cabra é vigiada, tem um papel a desempenhar e é de grande utilidade quando se quer impedir uma rearborização. Ou, ainda, num bosque explorado, a cabra pode arrancar as ramagens e o mato, impedindo os arbustos de crescer, terminando, assim, a operação de limpeza de uma antiga floresta.

As cabras vivem muito bem nas florestas frondosas (uma cabra por meio hectare) e podem fornecer muito leite. No entanto, é verdade que elas não deixam as árvores se reproduzirem. As cabras encontram pouco o que comer nas florestas de coníferas, mas sentem-se às mil maravilhas nos contrafortes montanhosos, cobertos de urzes e giestas. Nesses locais não há dúvida de que um rebanho de cabras e carneiros vai utilizar melhor as pastagens do que um rebanho só de carneiros. As cabras comem as ervas daninhas e a vegetação que não convém aos carneiros.

Para os pequenos agricultores que vivem em autossuficiência, a cabra é considerada o animal produtor de leite mais perfeito. E, para uma pessoa que só tem um quintal, a cabra será, sem sombra de dúvida, o único animal produtor de leite possível. E isto porque as cabras são muito eficazes na transformação dos detritos em leite e carne. E o leite de cabra não só é tão bom como o da vaca como, em muitos aspectos, é melhor. Convém àqueles que são alérgicos ao leite de vaca e é muito bom para crianças; com ele fazem-se queijos maravilhosos, pois os glóbulos de gordura são muito menores que os do leite de vaca, desenvolvem-se muito mais lentamente e não se perdem no soro do leite. É mais difícil fazer manteiga, mas, com uma centrifugadora, consegue-se fabricá-la. Por outro lado, ordenhar cabras dá mais trabalho que ordenhar vacas, sendo também mais difícil mantê-las em rebanho ou dentro dos limites de uma cerca.

Cercas e amarras

A preocupação número um de um criador de cabras é impedi-las de fugir, e todos sabemos que os criadores de cabras que também se dedicam à jardinagem sempre se lamentam de que suas cabras conseguiram entrar mais de uma vez no jardim e o destruíram completamente em poucas horas: as árvores frutíferas, que levaram tantos anos para crescer, morreram, e todos os legumes desapareceram. Mas o verdadeiro criador de cabras não se desanima com essa infelicidade quase constante. No ano seguinte consegue ganhar a batalha e correr com as cabras para fora do seu jardim. Mas, no seu otimismo, ele se esquece de que a cabra tem 24 horas por dia para descobrir o meio de entrar novamente no jardim, e ele não.

Para prender as cabras são precisos três cabos de vedação elétrica com fios a alturas de 40, 70 e 100 cm, ou então uma vedação de tela metálica com 1,2 m de altura e mais um fio de suporte a 1,4 m de altura e um outro mais baixo. Mas uma simples tela de arame não vai, sem dúvida, desencorajar as cabras.

Prender o animal no pasto, em estacas, é outra solução. Se você puder amarrar a cabra a um mourão na estrada ou em terreno público, e desse modo aproveitar um pasto que lhe saia de graça, será muito lucrativo. Mas não é correto manter os animais sempre presos na mesma estaca, não os mudando de lugar com frequência; e, acima de tudo, deixe passar um certo tempo até os levar a um local onde eles já tenham pastado. A razão é que as cabras, tal como os carneiros, são facilmente atingidos por parasitas se os deixamos muito tempo no mesmo terreno. Pôr o animal para pastar amarrado a estacas dá muito trabalho, mas para o pequeno agricultor é esta a solução ideal para ter à sua disposição pastos gratuitos.

A amarra corrediça é outra forma de prender o animal. Estenda um fio entre dois pastos e uma amarra que possa deslizar ao longo do fio. É um modo muito simples de arrancar o

Toggenbourg
Uma cabra suíça muito pequena. Boa produtora de leite e pode alimentar-se de capim.

Anglo-núbia
Dá um leite bastante rico, mas em pouca quantidade.

Saanen
Cabra grande, de origem suíça e grande produtora de leite, se tiver bom pasto.

Produtos de origem animal

capim de um campo, por faixas consecutivas, e também um modo de nos vermos livres das ervas daninhas que os outros animais não querem comer.

Alimentação

Uma criança, desde que nasce, deve beber 1 l de leite por dia, durante pelo menos 2 meses; mas, quando for maior, uma parte desse leite já poderá ser desnatado. Uma cabra de tipo médio pode dar entre 1,7 e 3,5 l de leite por dia. No inverno, uma cabra leiteira deve comer diariamente 1 kg de feno de boa qualidade (para isso você terá de produzir 340 kg por ano, numa área de 1.500 m^2), cerca de 1 kg de raízes e 1 kg de cereais, conforme a produção do leite. A cabra deverá ter, permanentemente, pedras de sal para lamber. É errado pensar que uma cabra dará muito leite se comer só capim: as cabras que dão leite têm de ter uma alimentação muito boa; comerão o capim que você guardou em sacos de plástico fechados ou em silos (pp. 80-1). Quanto aos cereais, dê-lhes uma boa mistura, a mesma que dá às vacas leiteiras, ou, ainda, você poderá comprar "bolos" ou granulados, em qualquer loja. Poderá dar às cabras todos os restos de legumes que você não vendeu nem consumiu, mas esmague-os primeiro. E, principalmente, dê-lhes as rações individualmente, pois é frequente roubarem a comida umas das outras.

Estábulo

As cabras não são tão resistentes como as vacas e, na Europa ou na América do Norte, não devem ser deixadas ao ar livre todo o inverno, se quisermos que deem leite. As cabras não gostam do frio e têm horror à chuva. As grandes produtoras de leite precisam de muita alimentação e de um estábulo quente; mas as outras contentam-se com um abrigo contra a chuva e uma cama de palha, bem seca, para dormir. Uma boa ideia é fazer um forro de tábuas, um pouco afastadas do chão, para evitar a umidade e, se por acaso as cabras tiverem de deitar num lugar em que haja correntes de ar, tente fazer um teto falso, por cima desse forro de tábuas.

Quanto aos demais cuidados, proceda como com as vacas. Deixe de ordenhar as cabras 8 semanas antes de elas parirem. Mas uma cabra pode dar leite 2 ou 3 anos após ter parido, e mesmo que não volte a parir.

Alimentação dos órfãos

Uma das utilidades das cabras é a alimentação de órfãos, de todas as espécies. As cabras são muito boas para amamentar os outros animais: os bezerros desenvolvem-se melhor com o leite de cabra do que com o leite da própria mãe; e, se você tivesse vacas e um bom pedaço de terreno inculto, seria interessante se arranjasse algumas cabras e as levasse para esse terreno, utilizando-as depois para amamentar os bezerros. Assim você poderia ordenhar as vacas sossegado. Entre outras qualidades, o leite de cabra é muito digestivo, e os leitões, por exemplo, que não gostam muito de leite de vaca, desenvolvem-se muito bem com o leite de cabra. Os bezerros pequenos poderão mamar diretamente nas tetas das cabras; os borregos também, mas não os deixe, pois poderão machucar as tetas da cabra e provocar uma mamite. Você deverá, portanto, ordenhar a cabra e dar o

Ordenhar uma cabra
Você pode ordenhar uma cabra do mesmo modo que ordenha uma vaca (ver p. 94). Mas, como as cabras são muito menores, você precisará de um estrado. Distraia-a com um pouco de feno ou cereais.

leite num balde aos borregos. Faça o mesmo com os porcos, mas dê-lhes o leite numa garrafa. Também é possível alimentar um potro com leite de cabra. Já se sugeriu que a criação de um orfanato de cabras – não para cabras, mas para outros animais – poderia até ser um meio de ganhar a vida. Os vizinhos logo seriam informados, e apareceriam sempre muitos carneiros e leitões órfãos.

Cabritos

Os cabritos nascem, quer você queira, quer não, e é importante que você tome uma decisão nesse sentido. Tanto poderá castrá-los como comê-los. Um cabrito torna-se verdadeiramente um macho a partir dos 3 meses, enquanto os carneiros só a partir dos 6 meses desenvolvem suas características específicas de macho. Por essa razão, aqueles que engordam os carneiros não se preocupam muito em castrá-los; mas um cabrito terá de ser castrado se não for comido antes dos 3 meses, para não ficar com gosto esquisito. Na minha opinião, uma cabra (ou um cabrito castrado) é tão boa quanto um carneiro, principalmente se você lardear bem a carne ou deixá-la de molho em azeite e vinagre, ou azeite e vinho, pois é muito menos gorda que a do carneiro. Se o cabrito tiver até 6 meses, sua carne poderá ser comida grelhada e temperada com ervas aromáticas e molhos picantes. Se o cabrito não for castrado, a carne terá um forte gosto de caça, e então é preferível deixá-la de molho em vinho ou vinagre – vinha d'alhos – durante pelo menos 3 dias e depois guisá-la. Mas, em geral, é sempre melhor castrar os cabritos, quando o objetivo é comê-los.

Produtos de origem animal

O porco

O porco adapta-se de tal modo à economia dos que vivem em regime de autossuficiência, que parece ter sido criado para esse fim. É, sem dúvida, um onívoro; come praticamente de tudo e pode comer e digerir capim. Um porco não se contenta só com capim, mas esta pode ser considerada uma parte substancial da sua dieta. O porco vai, potencialmente, transformando em carne boa tudo o que você cultivar e produzir na sua propriedade. Dê ao porco qualquer legume ou outro alimento qualquer; ele irá comê-lo imediatamente, transformando-o em poucas horas numa carne deliciosa e num estrume de primeira qualidade.

Alimentação

Quem vive em autossuficiência deveria fixar como objetivo produzir na propriedade a alimentação necessária aos porcos que possui: cevada, milho, batatas, tupinambo ou girassol-batateiro, cenouras, beterraba-forrageira, rabanetes, couve-rábano. Todas essas culturas podem servir para alimentar um porco, e, se você acrescentar um pouco de leite desnatado ou soro de leite, obterá uma belíssima ração. Engordei porcos dando-lhes batatas cozidas e leite desnatado, mas eles também comem batatas cruas. Também lhes dei cenouras e soro de leite. As "sobras" do trigo, como a sêmea ou o farelo, também são muito boas, mas, quando se trata de engordar porcos, nada substitui as papas de cevada ou de milho. Mesmo assim, eles precisam de um suplemento de proteínas; dê-lhes soro de leite, leite desnatado ou outros elementos ricos em proteínas: pasta de carne ou de peixe, carne ou peixe cozidos, ervilhaca ou outros cereais ricos em proteínas. A soja é excelente para os porcos. Se seus porcos andam ao ar livre, não precisam de outros elementos minerais. Se têm verdura fresca, alguns derivados do leite e restos de comida doméstica, não é necessário dar-lhes vitaminas adicionais. Deixe as porcas comerem em grandes espaços abertos, se não estiverem amamentando; no verão, elas encontram no capim quase metade de toda alimentação necessária. Ponha as porcas ou os leitões nos campos onde haja tupinambos ou num campo de onde tenham sido arrancadas batatas. Aí encontrarão grande parte da sua alimentação.

As proteínas são essenciais para as porcas que estão amamentando ou que estão para parir, pois são sua única fonte de vitamina B12. As porcas que estão para parir e vivem ao ar livre e às quais são dados restos de legumes etc., deve-se dar diariamente cerca de 1 kg a mais de concentrado, bem como cevada moída e algumas proteínas. Mas, quando estão com ninhada, aumente a ração para 3 kg por dia. Se estiverem sempre na pocilga ou só comerem concentrados, esses números devem duplicar. Quando os leitões tiverem 3 semanas, você poderá começar a alimentá-los "sorrateiramente", isto é, deixá-los comer todo o concentrado que quiserem, deixando-os passar através de buracos feitos na cerca, pelos quais a mãe não poderá passar. Quando você engordar porcos, poderá dar-lhes tudo o que puderem engolir até atingirem os 45 kg. Nesse momento deverá começar a dar rações, para não ficarem gordos demais. Oriente-se com base naquilo que eles conseguem comer em um quarto de hora. Se demorarem mais tempo, diminua a ração no dia seguinte; se engolirem tudo em 5 minutos e reclamarem com gritaria, aumente-lhes as rações. Alimente-os assim duas vezes ao dia; não limite as rações de raízes, legumes e de outras verduras, limite apenas os concentrados. E observe-os: se estiverem muito magros ou esfomeados, dê-lhes um pouco mais de comida.

O balde dos porcos

Devo agora dizer algo sobre o grande enigma do balde do porco. Esta teoria não se aplica aos que têm milhares de porcos, mas é válida para a família que tem no quintal um ou dois porcos para abate, ou uma ou duas porcas velhas que quase já fazem parte da família.

Nada se joga fora numa propriedade organizada em autossuficiência. Os lixeiros não precisam passar por lá. Debaixo da pia da cozinha deve haver um balde, e para lá devem ir todos os restos da cozinha, exceto os que são destinados aos cães ou aos gatos. E, quando você lavar a louça, aprenda a "técnica do balde dos porcos". Significa que você vai despejar todos os restos dos pratos no respeitável balde; depois deixe cair água morna em cada prato e esfregue bem para que a água arraste toda a

Blanc de l'Ouest
Porco de grande estatura e de muito bom rendimento, mas de fertilidade média. Carne de excelente qualidade.

Large-White
Porco de grande estatura. Bastante rústico, acomoda-se perfeitamente à vida ao ar livre; de grande fertilidade.

Piétrain
Raça de estatura média. Excelente configuração da carcaça, caracterizada pelo grande desenvolvimento do lombo e dos presuntos. Fecundidade média e crescimento mais lento.

Produtos de origem animal

Pocilga
A pocilga deve ser sólida, móvel ou então fácil de montar e desmontar. Se possível, deve ser aberta. Os tabiques poderão ser pedaços de chapa ondulada pregados a estacas de madeira. As paredes e o teto poderão ser feitos de chapas duplas, com qualquer tipo de isolamento entre elas. Logo que os leitões tiverem três semanas, faça uma abertura na barreira, de modo a que a mãe não possa passar, mas os leitões possam sair e comer todo o concentrado que quiserem.

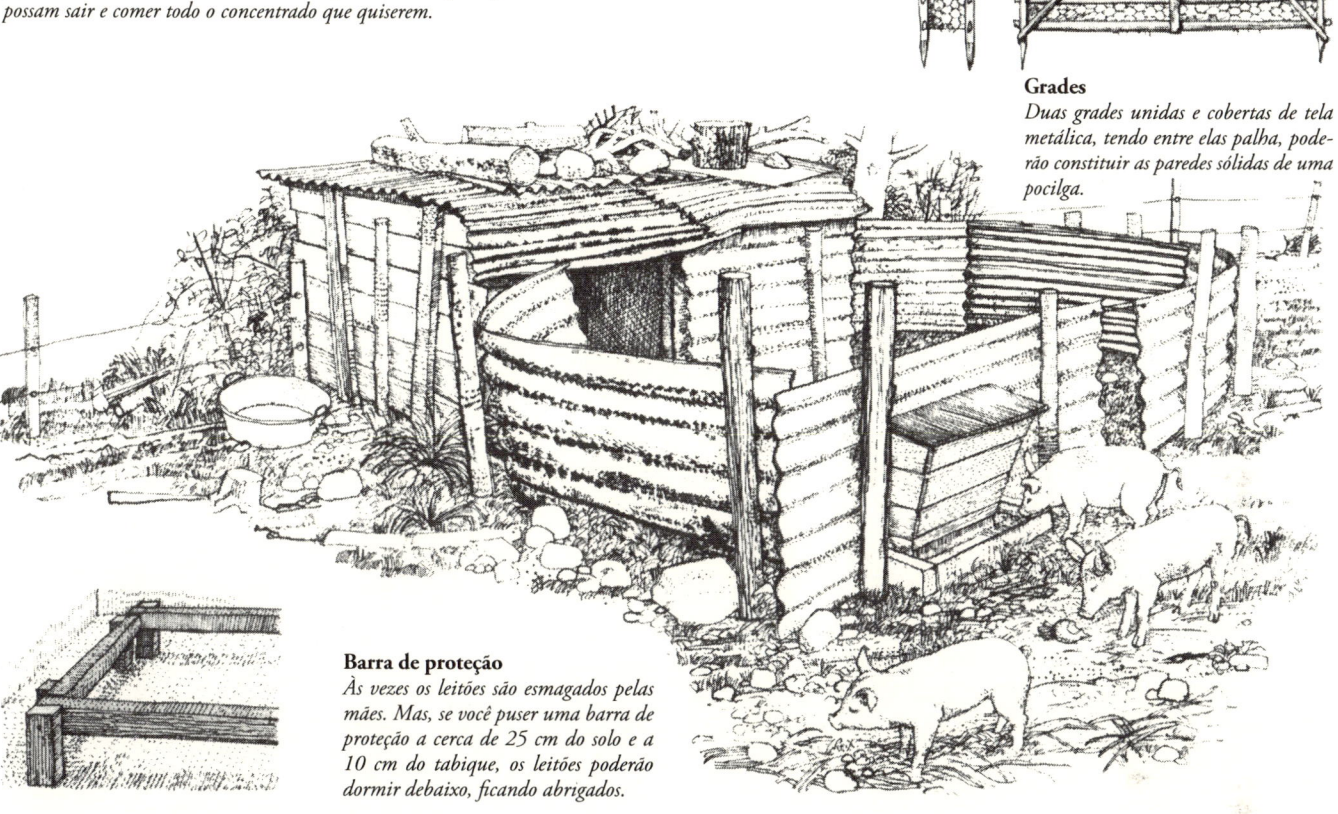

Grades
Duas grades unidas e cobertas de tela metálica, tendo entre elas palha, poderão constituir as paredes sólidas de uma pocilga.

Barra de proteção
Às vezes os leitões são esmagados pelas mães. Mas, se você puser uma barra de proteção a cerca de 25 cm do solo e a 10 cm do tabique, os leitões poderão dormir debaixo, ficando abrigados.

gordura e os outros restos da refeição para dentro de uma bacia (com a ajuda de uma escova). Despeje no balde dos porcos essa água da lavagem, rica e concentrada. Depois, acabe de lavar a louça segundo sua técnica preferida e deixe a água escoar. A água concentrada, da primeira lavagem, é um alimento excelente e, sobretudo, não se deveria perder.

Alojamento e parto

Com exceção da época em que se preparam para parir ou logo depois, as porcas podem viver muito primitivamente. Se tiverem uma grande quantidade de palha ou de fetos e estiverem em lugar seco, sem correntes de ar e, nas regiões frias, abrigadas por paredes e teto, as porcas se darão muito bem. Em geral, várias porcas vivendo juntas são mais felizes que estando sozinhas.

Assim, quando uma porca está para parir, deve ter à sua disposição um lugar só para ela, lugar esse que deve ser bem espaçoso para ela poder se mexer à vontade. Se você quiser, poderá montar uma barra de proteção, para impedir que ela se deite sobre as crias; mas nós tivemos 6 porcas e, durante 8 anos, só perdemos 2 leitões por esmagamento. Os livros especializados no assunto dizem que não se devem dar camas de palha às porcas que estão para parir. Tudo o que posso dizer é que sempre deixamos palha à disposição das porcas. É um prazer observar uma porca fazendo o ninho, e não há dúvida de que lhe será mais fácil parir se ela puder executar antes todos os rituais próprios da sua raça e depois ficar só e tranquila, sem ter outro porco para atrapalhar. As porcas que comem os filhos ou se deitam em cima deles são geralmente produto de um sistema organizado artificialmente. Se você quebrar o processo instintivo dos animais, estará sujeito a certos perigos.

Tal como as vacas, as porcas têm o período do cio a intervalos de 21 dias. Não me agrada muito levar uma porca ao macho antes de ela ter 1 ano. O período de gestação dura 116 dias. Mas onde se pode encontrar um macho? Se você tiver pelo menos seis porcas, poderá comprar um macho; se não tiver tantas porcas, é melhor levá-las até o macho do vizinho.

Uma ninhada pode variar entre seis e vinte crias: a média é de dez crias; mas, quando nossos porcos se criavam ao ar livre, era normal termos, com uma regularidade quase monótona, umas doze crias em cada ninhada (e criávamos mesmo as doze). Hoje, voltamos a criá-las, após uma interrupção de 10 anos, durante os quais preferimos comprar dos vizinhos os leitões já desmamados, com 8 a 10 semanas. Era frequente comprarmos e engordarmos três crias; vendíamos uma e comíamos as outras duas; a que vendíamos dava para pagar as duas que comíamos.

O porco

Matança do porco

O modo tradicional de matar um porco consiste em lhe abrir a garganta, mas não aconselho esse método. Se não me oponho ao fato de se matarem animais para comê-los, já não estou de acordo em fazê-los sofrer, de uma maneira ou de outra. Ao matarmos um animal, devemos fazê-lo rapidamente, de modo que ele não tenha consciência do que lhe vai acontecer.

Atraia o porco até o local onde irá matá-lo, ponha comida no chão e faça pontaria no cérebro, com um rifle 22. Você poderá usar um revólver, mas você deverá ser rápido e ter pontaria; o revólver deverá encostar na cabeça do porco no momento em que você atirar, pois o animal irá mexer-se (e o fará com certeza). Com um rifle, você poderá ficar um pouco afastado, mirar o cérebro, e o animal já estará morto antes de se dar conta do que está acontecendo.

Logo que ele cair, degole-o. Ponha-se de cócoras na frente dele, enquanto alguém o mantém deitado de costas, e introduza a faca com uma certa precisão na parte da frente do esterno; quando sentir o osso, deixe a faca deslizar até passar por baixo dele. Introduza mais alguns centímetros e corte para a frente, com a ponta da faca inclinada para a cabeça. Desse modo, irá cortar a traqueia. Agora, atenção, haverá uma reação nervosa. O porco parecerá ressuscitar, dará coices, e você poderá cortar-se. É preciso agir com rapidez, se quiser aproveitar o sangue para fazer chouriço. Há quem amarre uma corda a uma das patas traseiras e suspenda o corpo numa roldana, antes de degolar o animal. Isso permite uma coleta mais fácil do sangue, e o porco esvazia-se melhor.

Raspagem

Agora é o momento da raspagem do porco. Para isso é preciso escaldá-lo, ou queimar a pele com qualquer tipo de mato, o que é uma operação delicada. Você tanto poderá mergulhá-lo por completo em água quente como poderá deixá-lo no chão ou sobre uma mesa e salpicá-lo com água quente. Se o mergulhar na água, deixe-o 5 minutos a 65° C e, depois, suspenda-o para a raspagem. Mas só será possível fazê-lo se a água se mantiver sempre à mesma temperatura. Se estiver mais fria, os pelos não se desprenderão. Se a água estiver quente demais, os poros se contrairão e então será muito difícil tirar os pelos. O único modo de ver se a água está a uma boa temperatura e se o banho já durou o suficiente é, de vez em quando, puxar os pelos: se saírem facilmente, será hora de fazer a raspagem.

Outro método que costumamos utilizar, pois não temos recipiente suficientemente grande para colocar um porco inteiro, é colocar o porco de lado e jogar água por cima dele. A água deverá estar a 65° C quando sair do recipiente, devendo portanto estar mais quente quando for colocada nele. Continue a jogar água e puxe alguns pelos. Quando começarem a sair bem, proceda à raspagem. Será melhor não utilizar a faca. A tampa de uma lata ou qualquer outra coisa do tipo servirá para fazer esse serviço. Os pelos sairão, a pele exterior também, e a pele do porco acabará sempre ficando muito branca.

Continue até que o porco esteja absolutamente limpo. Mergulhe as patas do porco na água, retirando-as imediatamente, e

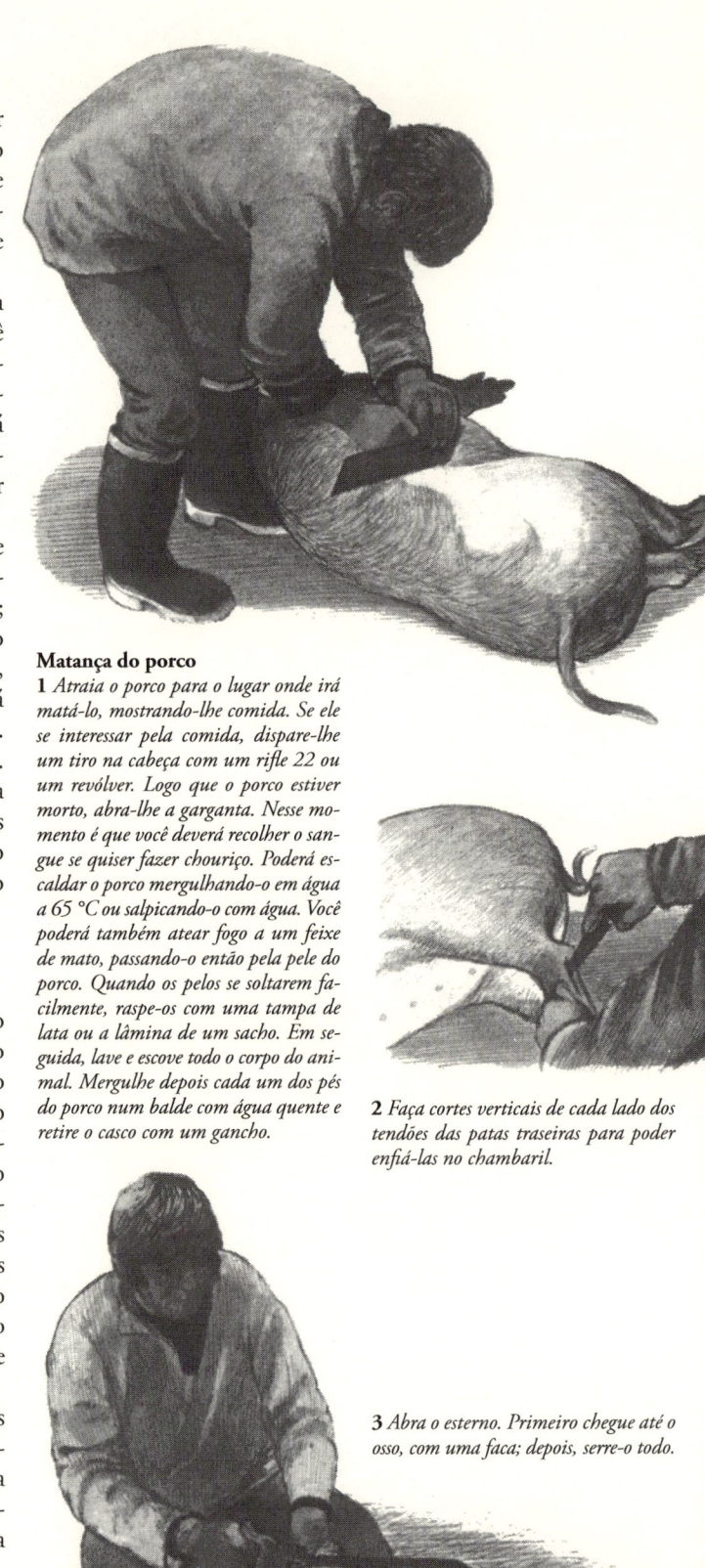

Matança do porco
1 *Atraia o porco para o lugar onde irá matá-lo, mostrando-lhe comida. Se ele se interessar pela comida, dispare-lhe um tiro na cabeça com um rifle 22 ou um revólver. Logo que o porco estiver morto, abra-lhe a garganta. Nesse momento é que você deverá recolher o sangue se quiser fazer chouriço. Poderá escaldar o porco mergulhando-o em água a 65 °C ou salpicando-o com água. Você poderá também atear fogo a um feixe de mato, passando-o então pela pele do porco. Quando os pelos se soltarem facilmente, raspe-os com uma tampa de lata ou à lâmina de um sacho. Em seguida, lave e escove todo o corpo do animal. Mergulhe depois cada um dos pés do porco num balde com água quente e retire o casco com um gancho.*

2 *Faça cortes verticais de cada lado dos tendões das patas traseiras para poder enfiá-las no chambaril.*

3 *Abra o esterno. Primeiro chegue até o osso, com uma faca; depois, serre-o todo.*

Produtos de origem animal

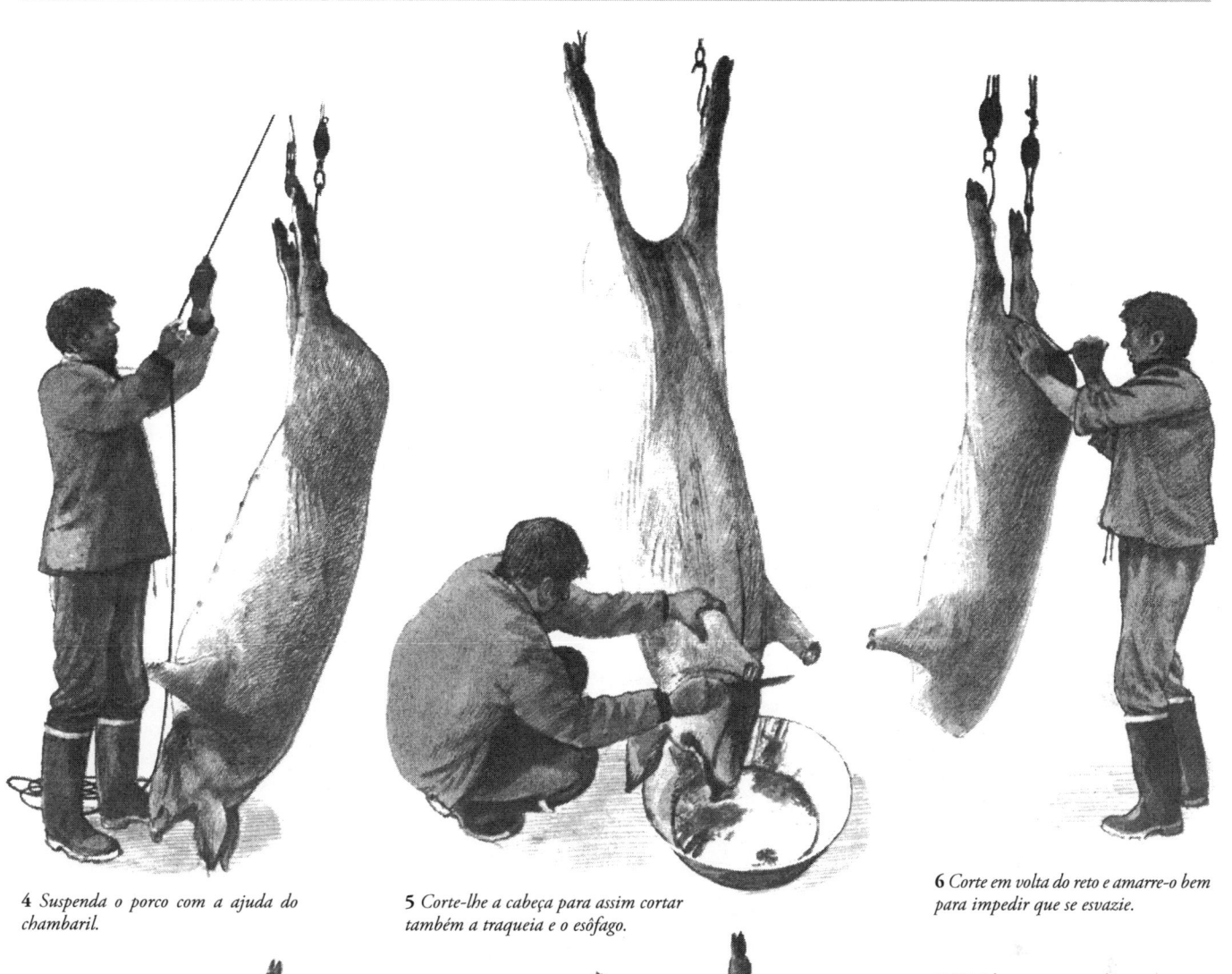

4 Suspenda o porco com a ajuda do chambaril.

5 Corte-lhe a cabeça para assim cortar também a traqueia e o esôfago.

6 Corte em volta do reto e amarre-o bem para impedir que se esvazie.

7 Corte seguindo a linha do abdômen, mas sem focar nos intestinos. Ponha um recipiente grande no chão.

8 Tire todas as entranhas. Ponha o fígado, o coração, o pâncreas e os pulmões de lado. Molhe o interior da carcaça com um balde de água fria.

9 Divida o porco em duas partes serrando a coluna vertebral. Deixe-o suspenso a noite inteira, num local bem arejado.

O porco

com um gancho arranque os cascos. Para a operação de raspagem de um porco corpulento, você precisará da ajuda de duas ou três pessoas, e mais uma para trazer água quente e outra para trazer a cerveja caseira (que, aliás, é muito importante). A cabeça é difícil: se for preciso, ponha fogo na palha molhada em álcool e mantenha a cabeça do porco por cima das chamas, para chamuscá-la ligeiramente; depois, esfregue com uma escova. Quando acabar, dê um banho de chuveiro com água fria no porco, para retirar qualquer pele, pelos ou sangue que ainda possam ter ficado.

Suspensão

Em seguida, pendure o porco. Uns 4 ou 5 cm acima do pé, na parte de trás das patas traseiras, há um tendão; corte de cada lado, fazendo uma incisão vertical na pele, e retire o tendão com os dedos. Não corte a pata acima do jarrete, como fazem muitos principiantes: primeiro, é uma barbaridade, e depois estará desperdiçando uma boa carne. Espete o chambaril debaixo dos tendões.

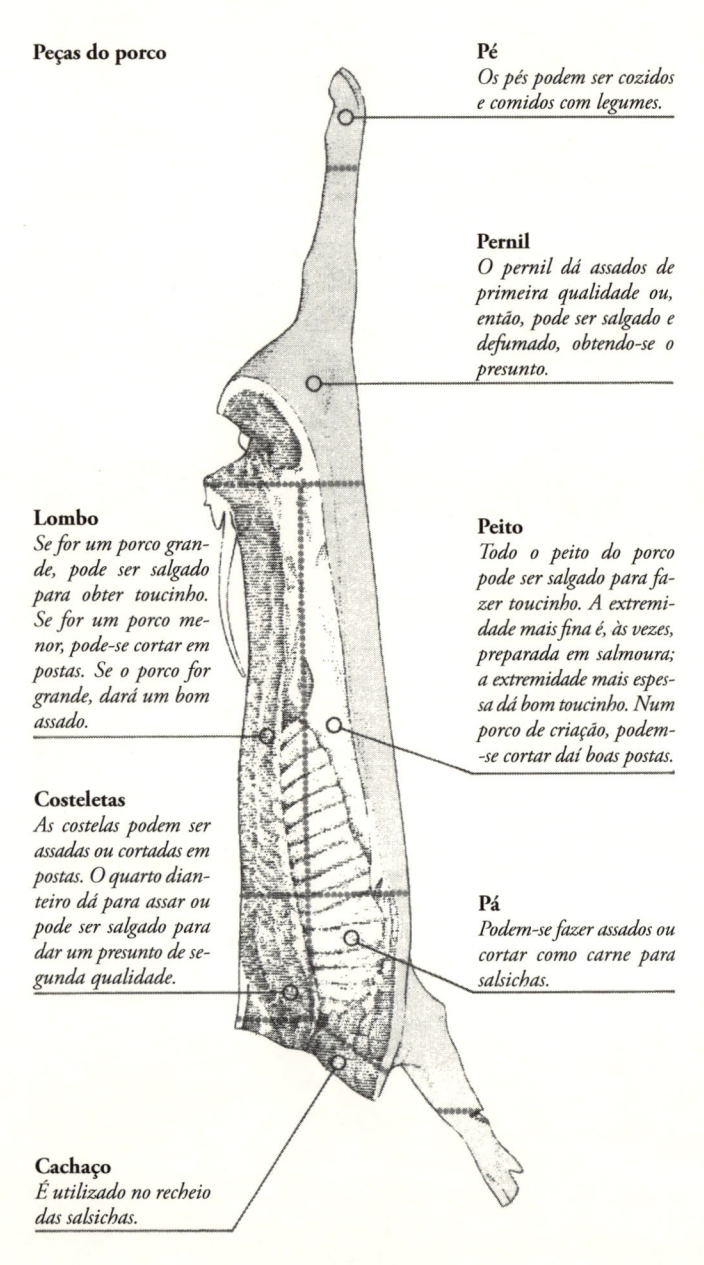

Mas não pendure o porco antes de ter serrado o esterno. Com uma faca muito limpa, corte a pele até o esterno e separe-o, serrando-o até o meio. Se você tentar fazer essa operação com o porco já suspenso, os intestinos cairão e tornarão o trabalho mais difícil. Depois, instale a roldana e puxe. O porco irá subir, e você então cortará a cabeça dele bem por detrás das orelhas, na altura da primeira vértebra (atlas), não precisando da serra. Depois, ponha o animal na salmoura (água e sal).

Antes de levantar o porco um pouco mais, corte em volta do ânus, para poder separá-lo do corpo, mas tendo o cuidado de não furar o reto. Aperte-o com um barbante para impedir que saiam os excrementos. Agora poderá erguê-lo à altura conveniente e fazer uma leve incisão entre as pernas (ancas ou patas traseiras), até o talho que você fez antes no pescoço. Não corte a parede abdominal. Corte por baixo dela, afastando com a mão os intestinos e o estômago. Separe o osso em H, que faz a ligação entre as duas pernas, mesmo com uma serra, se necessário, mas tenha cuidado para não perfurar a bexiga. Depois retire o reto com cuidado, o pênis (se for macho), a bexiga, os intestinos e ponha tudo numa tigela grande. Pode jogar fora o pênis e o reto, ou dá-los aos cachorros, mas todo o resto é comestível, ou tem alguma outra utilidade.

Não jogue fora as tripas. Dê-lhes uma boa lavada e depois vire-as. Poderá fazê-lo com um pedaço de bambu ou qualquer outro pedaço de madeira. Depois, retire a camada de mucosidades em cima de uma tábua, com a parte da faca que não corta, até as tripas ficarem limpas e transparentes. Então, ponha-as em sal e elas servirão de "pele" para as salsichas. Encha a bexiga com gordura derretida (banha), que se irá solidificar e conservar-se durante meses.

Tal como os intestinos, o estômago é comestível; com ele podem-se fazer chouriços ou linguiças. Vire o estômago do avesso, limpe-o e coloque-o no sal, até achar suficiente. Não jogue fora a cabeça nem as pernas, pois você pode fazer um queijo de porco muito bom (ver p. 117).

Retire o fígado, que você poderá comer nesse mesmo dia, bem como a vesícula, que poderá ser jogada fora. O coração deve sair agarrado aos pulmões. Pendure tudo num gancho. Retire com cuidado a membrana muito fina que adere ao estômago e junte-a aos pulmões. Será uma festa para os cachorros. Você poderá comer o coração. Jogue vários baldes de água por dentro e por fora da carcaça, mantenha o ventre aberto com um pedaço de madeira, acabe sua cerveja e depois vá deitar-se.

No dia seguinte de manhã, se o tempo estiver suficientemente fresco, a carcaça estará rija (se não estiver, é porque você não deveria ter matado o porco nessa época). Agora você poderá cortá-lo em duas partes, ao longo da coluna vertebral. Um cortador fará o serviço com um cutelo; se você for principiante, utilize antes uma serra. Coloque cada uma das partes sobre uma mesa e corte-as conforme se vê nas gravuras.

Nos EUA e, mais frequentemente, na Europa, corta-se o porco no mesmo dia em que é morto: divide-se a carcaça em

Peças do porco

Pé
Os pés podem ser cozidos e comidos com legumes.

Pernil
O pernil dá assados de primeira qualidade ou, então, pode ser salgado e defumado, obtendo-se o presunto.

Lombo
Se for um porco grande, pode ser salgado para obter toucinho. Se for um porco menor, pode-se cortar em postas. Se o porco for grande, dará um bom assado.

Peito
Todo o peito do porco pode ser salgado para fazer toucinho. A extremidade mais fina é, às vezes, preparada em salmoura; a extremidade mais espessa dá bom toucinho. Num porco de criação, podem-se cortar daí boas postas.

Costeletas
As costelas podem ser assadas ou cortadas em postas. O quarto dianteiro dá para assar ou pode ser salgado para dar um presunto de segunda qualidade.

Pá
Podem-se fazer assados ou cortar como carne para salsichas.

Cachaço
É utilizado no recheio das salsichas.

Produtos de origem animal

Desmanchar um porco

O porco é um animal grande demais para que se possa comer a carne toda fresca. É esta a razão por que a maior parte será salgada e conservada sob a forma de presunto, toucinho, salsichas etc. É claro que você irá guardar alguns pedaços para comer frescos, e guardaria ainda mais se tivesse um congelador. Mas lembre-se de que um porco de criação é um animal muito gordo e que a carne não se presta para ser consumida fresca, como a do leitão.

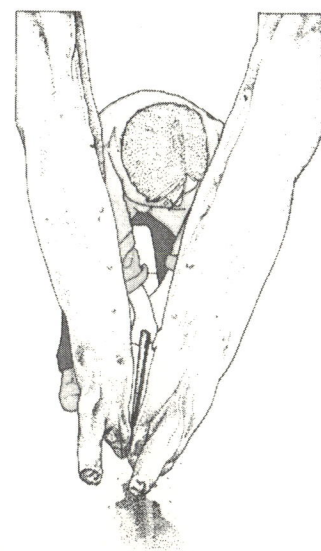

Corte a carcaça ao longo da coluna vertebral. Um cortador fará essa operação com um cutelo, mas os amadores devem utilizar uma serra.

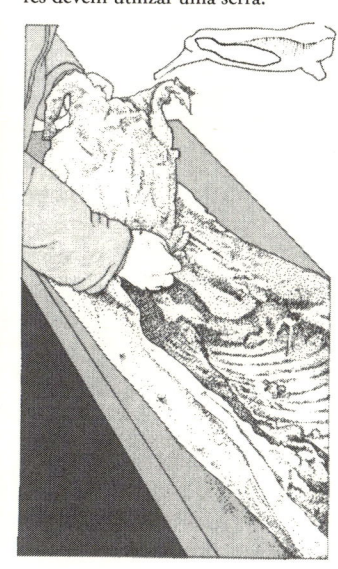

A camada de gordura sai muito facilmente. Ela pode proporcionar-lhe a melhor e mais pura banha de porco. Em seguida, tire os rins.

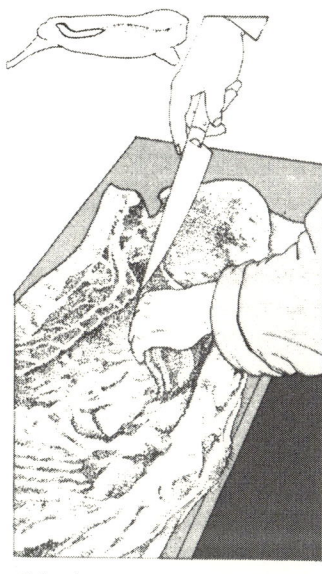

O lombo encontra-se perto da coluna vertebral. É muito bom quando envolvido numa "membrana branca" e gorda, que segura os intestinos, e depois recheado e assado.

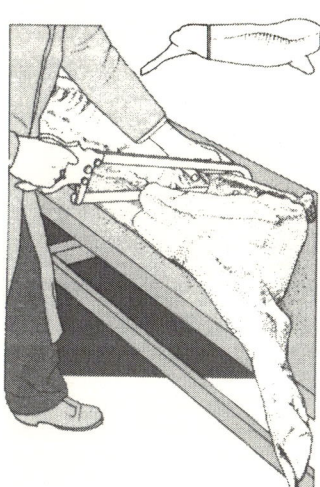

Separe o presunto.

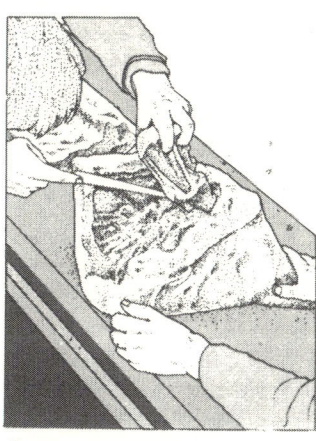

Retire o osso em H, metade de uma bola e da junção de uma rótula, para manter a junção bem limpa.

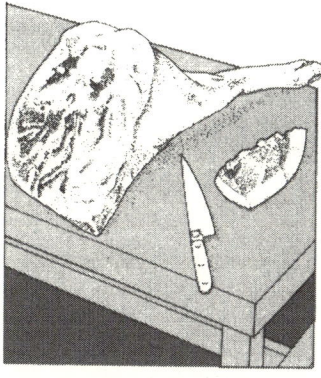

O presunto deve ser limpo de maneira que fique com uma superfície lisa, onde o sal possa penetrar profundamente. É importante pôr sal em todas as cavidades.

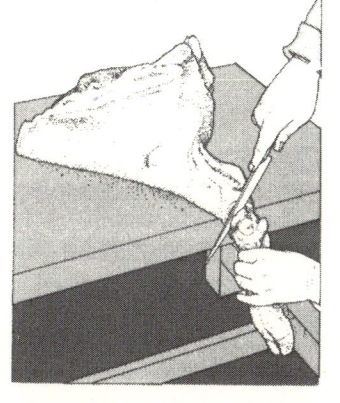

A pata é cortada na altura da rótula. Em seguida, serre o osso bem por baixo, para ter uma extremidade ainda mais lisa quando for salgar.

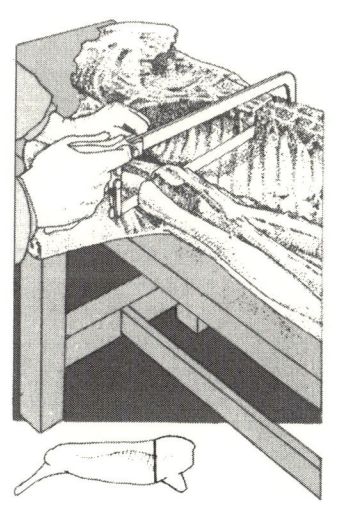

Corte entre a 50ª e a 60ª costela, para soltar a pá. Esta pode ser salgada por inteiro ou desossada e utilizada para fazer salsichas.

Serre a espinha ou a coluna vertebral e separe-a.

Você poderá deixar as costelas na parte do lombo. Prefiro tirá-las e utilizá-las para uma sopa. A maior parte do lombo é salgada para fazer toucinho.

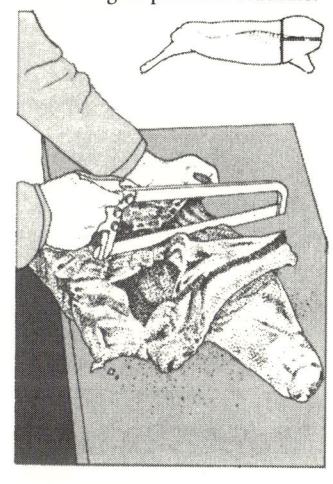

Você poderá salgar todo o quarto dianteiro ou parti-lo. Asse a parte superior e salgue a parte inferior.

115

O porco

duas partes, retira-se a camada de gordura que fica debaixo do ventre e até a maior parte da gordura das pernas enquanto ainda está quente. Diz-se que é para ele esfriar mais facilmente. Pessoalmente, acho que nos nossos climas a carcaça esfria muito depressa e é mais fácil tratá-la quando está enrijecida.

PRESUNTO E TOUCINHO

A maior parte do porco deve ser transformada em presunto e toucinho, pois são as melhores formas de conservar grandes quantidades de carne. O presunto é a parte gorda da perna de trás do porco – na verdade, a anca. O toucinho é a parte lateral do porco. As espáduas, ou presuntos da frente, podem ser defumadas, assadas ou, ainda, utilizadas para fazer salsichas. Mas as partes que têm maior valor são os dois presuntos traseiros.

Há dois métodos importantes de conservação da carne de porco: o método da salmoura e o método da dessecação.

Conservação por dessecação

Utilizamos um método rápido, que consiste em espalhar nitrato de potássio sobre a carne, depois esfregá-la com sal e açúcar e, por fim, enterrá-la no sal, deixando-a 2 semanas, se for para toucinho, e 3, se for para presunto. É preferível fazer essa operação um pouco mais cientificamente; primeiro, você economizará sal, e depois a carne não estará muito salgada quando for comê-la. No caso de ficar salgado demais, cortamos o toucinho em fatias finas e as mergulhamos em água quente, antes de fritá-las.

No entanto, o método mais correto consiste em utilizar a seguinte mistura, para cerca de 45 kg de carne:

3,6 kg de sal
0,9 kg de açúcar
56 g de nitrato de potássio

Prepare a mistura cuidadosamente. Depois, divida-a em duas partes e ponha uma de lado. Utilize uma das partes para esfregar a carne por todos os lados. Introduza o sal nos buracos do presunto e sobre as espáduas, no lugar dos ossos, e de modo geral em todas as cavidades. O segredo do sucesso está na rapidez com que o sal é introduzido na carne: é uma corrida entre o sal e as bactérias. Se as bactérias ganharem, você terá de jogar fora uma grande quantidade de carne. Mas, se não estiver muito calor (a temperatura ideal é 2 °C, mas não deixe a carne gelar), as bactérias serão vencidas se você cumprir à risca as nossas instruções. Cubra todas as superfícies com sal, depois deixe a carne em repouso numa tábua para salgar, sobre uma prateleira ou dentro de uma lata (é preciso que a lata tenha buracos para deixar passar o suco que a carne vai soltar sob o efeito do sal); empilhe as peças de carne, umas sobre as outras. Para esta primeira salga, aplique a quantidade exata de sal, em cada pedaço: não muito nas fatias finas de toucinho, mas muito no presunto gordo.

Três dias mais tarde, pegue a metade do sal que você pôs de lado (portanto, um quarto da mistura inicial) e torne a pôr uma boa camada. Torne a empilhar a carne, mas numa ordem diferente, para ter a certeza de que o sal foi distribuído por igual. Uma semana mais tarde, aplique uma última camada com o resto do sal e volte a arrumar a carne. Deixe-a no sal, contando 2 dias para cada 500 g, se forem pedaços muito grandes, como o presunto, e um dia e meio para cada 500 g, se forem pedaços pequenos e toucinho. Portanto, não nos enganaremos muito se dissermos que serão 15 dias para um bom pedaço de toucinho e 3 semanas para um presunto grande.

Passado esse tempo, pegue as peças de carne, esfregue-as ligeiramente com água quente para sair o sal que resta, prenda-as com um fio e pendure-as, por 1 ou 2 semanas, em local fresco e seco. Depois, conforme desejar, poderá defumá-las ou não. Os presuntos e toucinhos não defumados ou "brancos" são muitos bons; mas prefiro os defumados. É só uma questão de gosto.

Conservação pela salga

Para cada 45 kg de carne, faça a seguinte mistura:

3,6 kg de sal
0,9 kg de açúcar
56 kg de nitrato de potássio
23 litros de água fervida, mas fria

Teoricamente, as peças de carne mais gordas deveriam ser postas numa salmoura mais forte – a mistura acima, mas só com 20 l de água –, e as peças mais magras, como o toucinho ou as faceiras do porco, numa mistura mais diluída – com 27,5 l de água. Introduza a carne na salmoura, tendo a certeza de retirar todo o ar; cubra com uma tábua bem lavada e ponha uma pedra por cima, para a carne ficar sempre bem "mergulhada" na salmoura (nunca utilize um peso de ferro); deixe a carne ficar na salmoura à razão de 4 dias para cada 500 g. Você deverá pesar cada uma das peças antes de colocá-las na salmoura, e tirá-las, uma a uma, no momento exato. Quanto ao toucinho e às peças menores, faça a conta de 2 dias para cada libra de peso. Vire as peças de 15 em 15 dias. Quando estiver calor, a salmoura começará a ficar "gordurosa" (se você puser um pouco na mão, irá senti-la viscosa); neste caso, tire a carne para fora, esfregue-a em água limpa e volte a introduzi-la numa nova salmoura.

Quando for hora de tirar alguma peça, lave-a em água fria e pendure-a num local fresco e seco, durante uma semana, para que ela seque; depois, se quiser, poderá defumá-la. Também poderá comer a carne "branca", isto é, não defumada. Em princípio, a carne deveria se conservar indefinidamente, mas consuma primeiro as peças pequenas e o toucinho, antes dos presuntos. O presunto melhora com o tempo de cura: guardei alguns durante 2 anos, e estavam deliciosos. Mas o toucinho será melhor se for consumido rapidamente, em poucos meses.

O presunto e as espáduas deveriam ser embalados com muito cuidado, em papel tipo pergaminho, e cozidos dentro de gaze, depois suspensos, se possível a uma temperatura constante, num lugar seco e fresco. Será melhor cobrir o exterior da gaze com uma camada de cal e água. Assim os presuntos se conservarão por 1 ou 2 anos; ficarão melhores e terão um gosto espe-

Produtos de origem animal

cial. Você poderá pendurar o toucinho "descoberto", mas terá então de consumi-lo rapidamente, em relativamente pouco tempo. A luz o tornará rançoso, portanto ponha-o num local escuro. Aliás, toda a carne seca deve ficar fora do alcance das moscas e de outros bichos. Alguns camponeses embalam os presuntos e os toucinhos e os enterram em farelo, aveia ou cinzas, matérias que evitam a dessecação excessiva da carne e lhe dão um bom gosto.

Defumar

O método de defumação contribui para a conservação da carne, seca-a e acelera, provavelmente, o aparecimento do tom avermelhado. Trata-se de um processo muito mais simples do que se imagina. Se você tiver uma lareira aberta em cima, simplesmente pendure a carne fora do alcance das chamas e deixe-a durante cerca de uma semana, mantendo sempre viva uma lenha em brasa. Há muito de misticismo na questão do tipo de lenha a ser utilizada: os americanos só utilizam uma espécie de nogueira, os ingleses só apreciam o carvalho para queimar. Na minha opinião, essa questão não é muito importante, contanto que se utilize sempre uma madeira rija, e nunca de pinheiro.

Qualquer que seja a madeira que você queimar, nunca deixe ultrapassar os 50 °C; 39 °C a 43 °C é a temperatura ideal. Construir um fumeiro é só uma questão de imaginação e habilidade. Durante muitos anos utilizamos um banheiro de tijolo, construído no fundo do quintal (é evidente que não cumpria sua função original). Fora, tínhamos um forno a lenha de combustão lenta, sendo que o cano da chaminé atravessava a parede do lavatório; suspendíamos a carne no teto. Parece, sem dúvida alguma, um método um pouco primitivo, pois é preferível ter um forno dentro de casa, mesmo que o fumeiro fique fora. O fato é que, geralmente, um forno a lenha pode aquecer toda uma casa e, sem aumentar o consumo de lenha, pode defumar tudo o que se quiser.

Queijo de porco

O que você pretende fazer com a cabeça, os pés, a língua, as faceiras do porco, se não vai defumar tudo isso? A resposta é: queijo de porco ou pudim de porco, cabeça mamoreada, ou ainda *achard*, como é chamado em diferentes regiões. Coloque toda a carne, ossos, pele, enfim, tudo, numa frigideira (embora não fosse de todo mau guardar pedaços de pele num pouco de gaze para poder retirá-los quando tiver desaparecido tudo o que houver de bom por dentro) e coza durante muito tempo. Deixe esfriar, corte em pedaços pequenos, leve a cozer de novo e junte sal, pimenta e as ervas aromáticas que preferir (orégano, coentro, pimentas, cravo, cominho, todos dão um bom paladar à carne). Cozinhe mais uma vez e despeje quente, em formas de bolo. A gordura ao esfriar ficará na superfície e formará uma camada protetora, e o "queijo" resultante irá se conservar por muito tempo. Corte em fatias e coma frio. Naturalmente, se você o colocar no congelador, o pudim irá se conservar por muito mais tempo. Aliás, poderá colocá-lo em sacos de plástico, antes de pô-lo para congelar.

Salsichas

As salsichas que não se conservam são as que vêm mencionadas nos livros de cozinha. Para quem vive no campo, as salsichas que se conservam interessam mais.

Pegue duas partes de carne magra (digamos, porco ou metade porco, metade vaca) e uma parte de gordura de porco. Você poderá até utilizar a gordura do toucinho defumado. Corte em fatias finas, tanto a carne como a gordura. Depois, se quiser, deixe-as mergulhadas na chamada "vinha d'alho" durante a noite. Para uma mistura de 1,5 kg, junte:

> *28 g de sal*
> *2 colheres, das de chá, de pimenta*
> *3 dentes de alho esmagados*
> *e os condimentos que quiser (sugiro a páprica e a pimenta de caiena)*
> *1 pitada de nitrato de potássio*
> *1 copo de vinho tinto ou vinagre (se a carne já não tiver ficado em vinha d'alho)*

Misture tudo e encha as tripas (os intestinos do porco ou do boi que limpou, ou outras tripas compradas no açougue). Na minha opinião, quanto maiores forem as tripas, melhor. Depois, pendure as salsichas em lugar fresco e seco e, se quiser defumá-las, deixe-as cerca de 12 horas na lareira ou no fumeiro, mas não é indispensável. Depois, pendure-as de novo, a uma temperatura ideal de 16 °C, mas nunca ultrapassando os 21 °C; elas se conservarão durante meses. Coma-as cruas, cortadas em fatias. Serão bem melhores se ficarem secando pelo menos durante 1 ou 2 meses; claro que poderá comê-las frescas, mas não são tão boas. E não se preocupe com o fato de estar comendo "carne crua": todos os salames e frios que você compra são "carne crua".

Há milhares de receitas como esta para fazer salsichas que se conservam. O princípio é sempre o mesmo. Siga-o à risca e terá boas salsichas. Há, no entanto, um inconveniente: as salsichas ficam tão boas, que é difícil conseguir tê-las em casa por muito tempo.

Produtos de origem animal

O carneiro

O carneiro é muito vantajoso para quem vive no campo e não tem congelador. No inverno, uma família pode consumir facilmente um borrego gordo ou um carneiro pequeno, antes que a carne se estrague. Não é que ela se conserve melhor que as outras, mas é que o animal é menor e pode-se prepará-lo mais depressa. No entanto, consegui conservar um carneiro durante 1 mês numa região onde a temperatura atinge 39 °C à sombra durante o dia. Mas os dias eram secos e as noites frias. Durante a noite, pendurava o carneiro numa árvore, fora do alcance de ladrões de quatro patas, e de manhã muito cedo levava-o para dentro de casa e envolvia-o em várias folhas de jornal para protegê-lo do calor. A carne estava muito boa. Pode-se fazer o mesmo em todos os climas em que as noites são muito frias e os dias não muito úmidos, e com qualquer espécie de carne.

O carneiro tem outras duas vantagens: além da carne, fornece a lã. Mas o grande problema, quando se têm poucos carneiros, é o do acasalamento. Não vale a pena alimentar um carneiro não castrado se você tiver menos de meia dúzia de carneiros. Se você comprar um carneiro não castrado para cobrir as ovelhas, irá pagar muito caro e, quando tornar a vendê-lo após tê-lo utilizado (ou seja, no ano seguinte), receberá muito pouco. Se você resolver comê-lo, irá achá-lo muito duro. Eu o sei por experiência, pois recentemente comi um carneiro de 3 anos.

Há, no entanto, duas soluções possíveis. Se você tiver algumas ovelhas, leve-as no outono ao macho do vizinho para os acasalar, ou talvez você possa até pedir um macho emprestado. Se você puser uma almofada ou um pedaço de tecido impregnado de um líquido de cor ou, segundo um hábito antigo, se esfregar o ventre do macho com almagre (acre vermelho) ou outra substância colorida, ficará sabendo quando suas ovelhas foram cobertas pelo macho, e poderá então devolvê-lo ao dono. Por outro lado, você pode comprar carneiros "para engorda". A maior parte dos camponeses da montanha não chegam, no primeiro verão, a engordar suficientemente seus carneiros a ponto de poderem vendê-los; então, cedem-nos especialmente para "a engorda". Se no outono você comprar uns vinte e alimentá-los com capim invernal ou colza, nabos ou outras culturas forrageiras de inverno, contando com meio hectare para cada cinco animais, perceberá certamente que não só alimentará seus carneiros de graça como ainda terá um bom lucro. Poderá consegui-lo se matar um carneiro quando tiver vontade de comer carne de carneiro e vender, no começo da primavera, os carneiros que não matou. E, se você lhes der um pouco de concentrado (0,5 kg de cevada ou aveia triturada ou 1 kg de milho e de feno por dia), eles engordarão muito facilmente.

Alimentação

Para que os carneiros se alimentem bem, precisarão de pastagens onde não tenham andado outros animais, pelo menos durante 6 meses, e que o capim não tenha parasitas. Cinco carneiros comem tanto capim como um boi: no verão, meio hectare de bom capim basta para cinco carneiros, mas no inverno o rebanho deverá ser menor, pois o capim não se desenvolve. Os carneiros fazem muito bem para o capim no inverno; "limpam-no" depois da passagem das vacas, pois podam o capim rente ao solo, coisa que as vacas não conseguem fazer.

É espantoso, mas no inverno as ovelhas que estão para parir não precisam de muita alimentação; um pouco de capim já lhes basta. Naturalmente, nas regiões muito frias os carneiros precisam de feno e, se possível, também de cereais. Nos países frios, é costume manter nos estábulos as ovelhas que estão para parir e alimentá-las só com feno, cereais e raízes. Neste caso, e se não houver capim, dê-lhes cerca de 2 kg de feno por dia e mais nada, ou então cerca de 0,5 kg de feno, mais 7 a 9 kg de raízes. Desta maneira, elas vão passar muito bem, mesmo que você não lhes dê nem cereais nem concentrados. Uma ovelha não deverá estar muito gorda quando estiver para parir, pois terá dificuldades; mas, por outro lado, também não deverá estar muito magra.

Logo que as ovelhas tiverem parido, na primavera, leve-as para o melhor pasto que você tiver e, de preferência, onde hou-

Ile de France
Raça pesada e precoce, apta para a produção de carne e de lã. Boa fertilidade.

Merino precoce
Raça de lã, orientada para a produção de carne, por sua boa configuração. Rústica.

Southdown
Carneiro muito pequeno, ótimo para famílias pouco numerosas.

Produtos de origem animal

Parto de uma ovelha
O pastor não deve intervir, mas, se o parto se atrasar muito ou se a ovelha estiver em perigo, ele terá de fazê-lo. Um pastor vigilante tentará evitar esses aborrecimentos.

Ponha a ovelha de costas, de preferência apoiada num molho de feno.

Lave as mãos e limpe a parte traseira da ovelha.

Se os pés da frente aparecerem, mas depois de uma hora a ovelha ainda não tiver conseguido parir, amarre um barbante fino aos pés da cria e puxe, devagar, quando a ovelha fizer força.

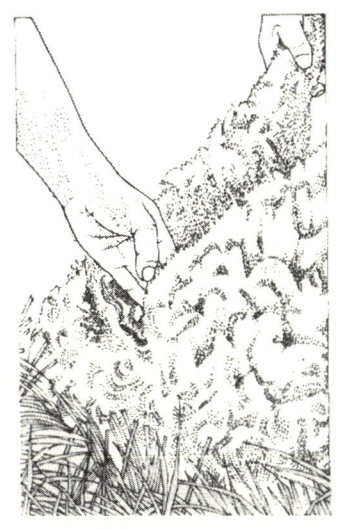

No caso de ainda não ter aparecido nada, introduza cuidadosamente a mão quando a ovelha não se estiver contraindo.

Se a apresentação for normal, faça sair as patas da frente e puxe o borrego com muito cuidado.

Continue a puxar, cada vez com mais força, quando a ovelha fizer força também, mas pare logo que ela parar.

Quando o corpo do borrego aparecer, segure-o com a mão livre. E, quando a metade estiver de fora, torça-o ligeiramente para fazer diminuir a pressão.

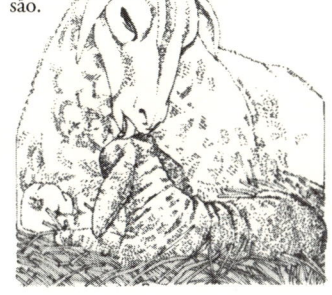

Assegure-se de que as narinas do recém-nascido não estão cheias de mucosidades e deixe-o com a mãe, para que ela o lamba.

Apresentações anormais
Há muitas formas de apresentações anormais. O pastor deve saber sentir, com a mão, qual é a apresentação da cria. No caso de gêmeos que pretendam sair ao mesmo tempo, ele terá de empurrar suavemente um deles para trás. Às vezes, mesmo que seja só um borrego, o pastor terá de empurrá-lo para trás e colocar devidamente as patas e a cabeça. É tudo uma questão de bom-senso e simpatia pelo borrego e sua mãe. O borrego ou os gêmeos devem estar colocados de tal maneira que a cabeça esteja direita e as patas não estejam dobradas.

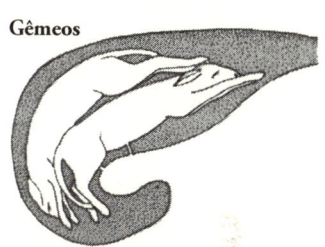

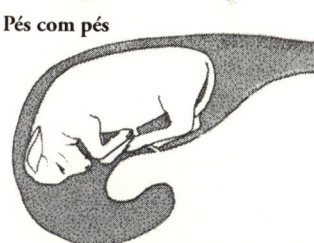

Gêmeos

Pés com pés

Cabeça e patas dobradas

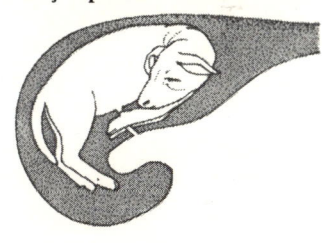

ver capim "limpo", isto é, capim que não tenha sido podado por carneiros há um certo tempo. Nesta época do ano, o capim alimenta muito e os borregos irão se desenvolver e crescer muito depressa. Em 4 meses, a maior parte deles estará suficientemente gorda para ser comida ou vendida no talho.

Acasalamento

Nos países frios, os acasalamentos fazem-se geralmente no outono. Se você tiver um rebanho de fêmeas, é preferível separá-las antes de as acasalar, isto é, afastar do rebanho todas as ovelhas velhas que já não tenham dentes. Uma ovelha que tem os dentes todos e oito incisivos tem 8 anos e já deveria ter tido quatro crias. Talvez ela ainda possa acasalar um ano ou dois, conforme o desgaste dos seus dentes.

Antes de deixar entrar o macho, você deverá "aquecer o rebanho, ou seja, mantê-lo durante algumas semanas num pasto pobre e depois pô-lo num pasto bom. Nessa altura é que deve aparecer o macho. As ovelhas irão aceitá-lo rapidamente, e o período do acasalamento não será muito prolongado. Enquanto durar a espécie de luta que é o acasalamento, o macho poderá cobrir sessenta ovelhas. A gestação dura 147 dias. Há quem faça tudo para que os borregos nasçam mais cedo para aproveitar o mercado bem no começo da estação; não o aconselho a fazer isso, exceto no caso de você pretender que as ovelhas tenham o parto dentro do curral, além de dispor, também, de grandes quantidades de comida. É melhor que os borregos nasçam em fins de fevereiro ou começo de março.

Parto

Observe atentamente suas ovelhas quando começarem a parir. Deixe-as sozinhas: em geral, elas se saem muito bem. Mas, se alguma delas estiver em trabalho de parto há uma hora e não

O carneiro

tiver conseguido fazer sair a cria, ajude-a. Leve-a até um canto onde possa agarrá-la. Deite-a (se não estiver ainda deitada). Lave as mãos com cuidado. Veja se os pés do borrego estão aparecendo. Se for este o caso, desprenda-os devagar, puxando quando a ovelha fizer força. Os pés deslizam muito; então, prenda-os com uma corda fina – um lenço ou uma gravata também podem servir – e puxe com cuidado quando a ovelha fizer força: puxe para baixo. Se nada acontecer, introduza devagar a mão na vagina da ovelha, ao longo das patas, e assegure-se de que a cabeça do borrego não está dobrada para trás. Se for esse o caso, empurre o borrego novamente para dentro do ventre e tente puxar a cabeça em primeiro lugar. Deste modo, ele deverá sair.

A apresentação ideal é com as patas da frente em primeiro lugar, seguidas do focinho. Mas existem muitas apresentações defeituosas possíveis, que se tornam ainda mais complicadas se forem gêmeos; com a experiência você irá aprendendo o que se passa lá dentro. Poderá introduzir a mão por completo e sentir, mas é difícil, pois o útero exercerá uma pressão muito forte sobre o seu braço.

Se você tiver poucos carneiros e eles forem saudáveis, terá grande probabilidade de não ter de se preocupar com eles.

Adoção

Se um dos borregos morrer e uma das ovelhas tiver parido gêmeos, é uma excelente ideia entregar um dos gêmeos à mãe que perdeu a cria. Coloque-a em um canto, esfregue um dos gêmeos com o corpo do borrego que morreu e veja se a mãe aceita a nova cria. Se não aceitar, tire a pele do borrego que morreu e cubra com ela o gêmeo que você quer que seja adotado. Com este truque, é quase certa a aceitação por parte da ovelha. A vantagem é que a mãe dos gêmeos vai alimentar muito melhor um único borrego, e a mãe que perdeu a cria não apanhará mamite nem terá problemas para parar o fluxo de leite; estará feliz, bem como os gêmeos e a mãe dos gêmeos – e você terá resolvido o seu problema.

Órfãos

Para o pequeno criador, os borregos órfãos podem ser um bom negócio. Há muitos camponeses que dão os órfãos, quase de graça, e você poderá alimentá-los com mamadeira. Poderá dar-lhes leite de vaca quente, de início diluído num pouco de água e depois puro. O leite de cabra é melhor, mas não deixe os borregos mamarem diretamente na cabra; ordenhe-a primeiro e dê o leite aos borregos dentro de uma mamadeira. Mantenha-os no quente, e eles irão desenvolver-se rapidamente.

Tosquia

Eu começo a tosquia no princípio de julho, mas mais para o sul começa-se mais cedo. Observe como fazem seus vizinhos. A maior parte dos camponeses não tosquia os borregos; tosquia o macho, as ovelhas e os machos castrados que ficaram do ano anterior.

Se você tosquiar à mão, verá que é muito mais prático sentar o carneiro sobre um banco ou sobre um caixote. Segure-o de costas para você e prenda-o entre os joelhos, deixando suas mãos livres. Corte a lã do ventre. Depois comece a subir em direção ao pescoço e corte, mecha por mecha, do lado esquerdo, nos ombros, nos flancos e o mais baixo que puder. Quando não conseguir tosquiar mais nada, vire o carneiro para o outro lado e tosquie o lado direito, esforçando-se por chegar ao lugar onde parou, no lado esquerdo. Para tosquiar o que resta, será preciso dar quase um giro completo no carneiro, o que lhe irá permitir cortar perto da cauda e em volta dela. Solte então o carneiro, que fugirá deixando a lã para você.

Coloque a lã com o lado que fica em contato com o corpo junto ao chão, sobre um pano limpo ou sobre uma tábua, e retire todas as mechas sujas de excrementos. Dobre as bordas para dentro e depois enrole a partir do lado da cabeça; torça a cauda, para fazer uma corda, enrole-a em volta da pele, apertando e passando a cauda por baixo. Se a lã for para vender, coloque-a num saco grande. Junte as mechas sujas num outro saco e marque "restos". Falaremos da preparação da lã para a fiação nas páginas 226-7.

Se as pessoas lhe disserem que é fácil tosquiar um carneiro, estarão mentindo. É cansativo, as tesouras fazem doer a mão, e é difícil. Mantenha as tesouras bem amoladas e corte a lã o mais rente possível ao corpo do carneiro, sem o machucar. Se você o ferir, desinfete logo o corte. Cuidado com as tetas. É evidente que um tosquiador elétrico fará o trabalho mais rapidamente, mas também com dificuldade. Mas dá prazer tosquiar; se você o fizer junto com outras pessoas, verá a grande amizade que se criará entre vocês; se o trabalho for bem-feito, cada um sentirá uma certa satisfação. No princípio, você terá a impressão de que é extremamente difícil, mas não desista. E, se você não estripar o carneiro, conseguirá tosquiá-lo corretamente. A cerveja caseira irá ajudá-lo muito nesse sentido.

Doenças

Em todos os lugares, exceto nas montanhas, os carneiros são atacados por uma mosca verde-clara, a *stomoxys*, que deposita seus ovos nas partes mais sujas do animal. Convém cortar a lã suja antes de proceder à tosquia. Mas, se você der um banho antiparasita nos seus carneiros, 15 dias após a tosquia, irá protegê-los das moscas durante 2 ou 3 meses, ou, mais concretamente, até que comece de novo o período frio, época em que as moscas desaparecem. Se não o fizer, as larvas atacarão a carne, infiltrando-se no corpo, e por fim chegarão a matá-los de maneira muito desagradável.

Há ainda duas outras doenças muito comuns nos carneiros. Uma é a fascíola hepática: quando os carneiros pastam em lugares úmidos, podem apanhar vermes que se instalam no canal biliar. Assim, o melhor será secar suas terras ou então não levar seus animais para os pastos úmidos. Existe vacina contra a fascíola hepática. Você saberá que os carneiros estão com essa doença quando, ao matar um, encontrar uma série de vermes no fígado. A outra doença é a peeira, um flagelo que se espalha nas planícies úmidas; nas montanhas é raro um carneiro apanhá-la. Para proteger os carneiros da peeira, apare de vez em quando os pés (é melhor com pinças aguçadas do que com uma faca), para retirar os excessos dos cascos. Mas, se mesmo

Produtos de origem animal

Tosquiar um carneiro
Tosquiam-se os carneiros no verão, quando o tempo está quente e não há risco de apanharem frio.

Agarre o carneiro pela lã, de lado e não pelas costas. Segure-o e sente-o, pois assim facilitará sua tarefa.

Corte a lã do estômago até a mama. Tenha cuidado para não cortar a teta da ovelha e o pênis do carneiro.

Separe a lã da garganta e comece a tosquiar o lado esquerdo do pescoço, bem como a cabeça.

Continue do lado esquerdo, pelo ombro e pelo franco, até mais embaixo possível. Se você conseguir segurar o carneiro entre as pernas, ficará com as mãos livres. Estique a pele com a mão esquerda e corte o mais próximo possível da pele com a outra mão.

Vire o carneiro do outro lado e tosquie o lado direito. A pele com a respectiva lã deverá sair inteira, exceto a parte traseira do animal.

Deite o animal no chão e passe sua perna esquerda por cima dele, de modo que o segure entre as pernas. Corte a pele na parte traseira.

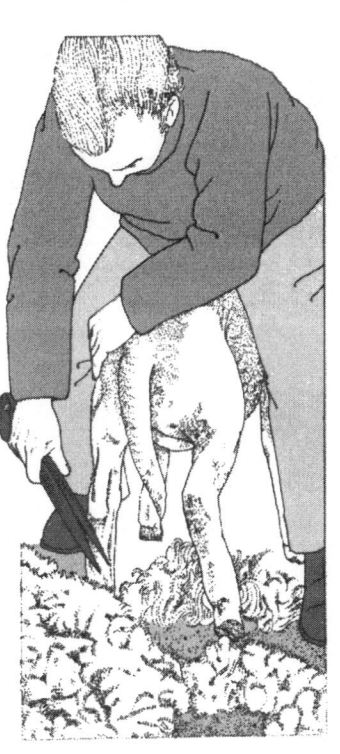

Para dar bom aspecto, corte igualmente, mas em separado, a lã da cauda e das patas traseiras do animal. Guarde em separado a lã destas partes.

Enrolar uma pele com a respectiva lã
Para enrolar a pele, ponha o lado que fica em contato com a carne em cima de uma superfície limpa. Retire quaisquer espinhos ou pedaços de palha que encontrar. Enrole começando pela cauda. Com o pescoço, faça uma espécie de corda e passe-a por toda a volta da pele, para prendê-la.

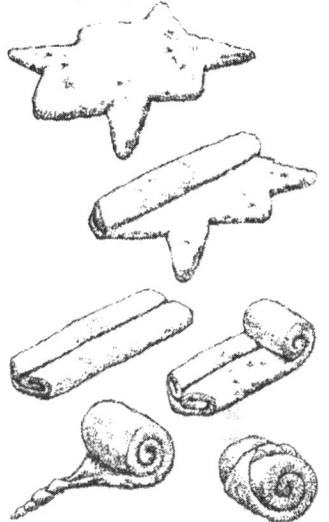

Dar banhos nos carneiros
Quinze dias após a tosquia, os carneiros devem ser lavados ou pincelados com um produto apropriado. O banho será melhor, pois o produto impregnará melhor. Nos países onde há tinha, essa lavagem é obrigatória; mas os carneiros também precisam dela para se protegerem contra as infecções provocadas pelas moscas da carne. Esse banho também mata outros parasitas.

O carneiro

assim seus carneiros apanharem a peeira, o melhor tratamento será colocar as patas deles num banho de formalina.

Carneiro e borrego

Degola-se um carneiro introduzindo uma faca num dos lados do pescoço, o mais perto possível da coluna vertebral e da cabeça. Depois, encaminha-se a faca para a garganta, cortando-se todas as veias e artérias do pescoço, bem como a traqueia. Mas é evidente que tudo isso é feito depois de o carneiro ter sido morto com um revólver ou pistola própria para abate, ou, então, com uma paulada na cabeça.

Esfolar

Deite o carneiro no chão ou sobre um banco e corte uma tira de pele, bem fina, precisamente na parte da frente das patas dianteiras, e outra na parte de trás das patas traseiras. Prenda as patas da frente entre seus joelhos e puxe essa tira de pele até o peito. Coloque a faca de encontro à pele e não contra a carne, para não a cortar. Faça o mesmo com as patas traseiras (passando por trás das patas) até o ânus. Depois, retire a pele das patas, segurando-as entre os joelhos. Tenha cuidado para não rasgar nem cortar a carne. Corte as patas ao nível da articulação mais baixa e puxe os tendões das patas traseiras para aí fixar o chambaril. Arranque o mais possível a porção de pele que você cortou entre as patas traseiras.

Depois tire a pele do ventre, enfiando o punho entre a pele e o carneiro. Utilize a faca o menos possível. Lave bem as mãos e não suje a carne. Assegure-se de que não está arrancando a outra "pele", ou seja, a membrana fina que cobre a carne. É que, se você a arrancar com a pele, ela deixará de servir de proteção à carne. Retire, portanto, toda a pele que for possível, nas duas extremidades e no peito. Depois coloque o chambaril e pendure o carneiro.

Corte a pele ao longo do ventre e depois separe-a. Você irá ter dificuldade no traseiro, mas utilize ao máximo o punho, evitando usar a faca. Se for um carneiro muito gordo, a pele sairá facilmente, mas, se for uma ovelha velha e ossuda, ou um macho velho, você terá problemas. Desprenda a pele do ânus e da cauda com uma faca. Em seguida, pode puxar a pele até as espáduas, como se estivesse tirando uma camisola. Tire a pele da cabeça com uma faca; depois, solte-a ao nível do osso atlas, precisamente junto à caixa craniana.

Esvaziamento das entranhas

Corte em volta do ânus. Puxe-o para fora alguns centímetros e prenda com um barbante antes de voltar a colocá-lo no mesmo lugar. Depois abra o ventre, como faria com um boi ou um porco (ver p. 113). Proteja a ponta da faca com os dedos para não perfurar os intestinos ou o abdômen. Tire o reto juntamente com os intestinos. Retire também a bexiga, sem deixar cair o conteúdo, e separe com cuidado a pança, o que resta dos intestinos e outras entranhas. Depois, com muito cuidado, desprenda o fígado das costas e assegure-se de que separou tudo da carcaça, sacudindo-a de leve. Antes de ter tirado tudo, não se esqueça de cortar o esôfago; é conveniente que você o amarre acima do lugar onde irá cortar, para evitar que a comida que ainda está dentro venha a cair. Guarde os intestinos numa tigela. Poderá limpá-los por completo, exceto o folhoso, e utilizá-los na dobradinha.

Corte ao longo da coluna vertebral. Se for um borrego, você poderá utilizar uma faca para fazer esse serviço; se for um carneiro mais velho, deverá utilizar a serra. Retire o coração e os pulmões e pendure-os. Por fim, limpe bem a carcaça com água fria e vá se deitar.

No dia seguinte cedo, corte a carcaça e desmanche-a. Poderá utilizar os intestinos como pele para as salsichas.

Peças do carneiro
Existem muitas maneiras de cortar uma carcaça, mas, qualquer que seja ela, o resultado é o mesmo: carne. O modo de fazê-lo não é muito importante, desde que se faça um trabalho limpo.

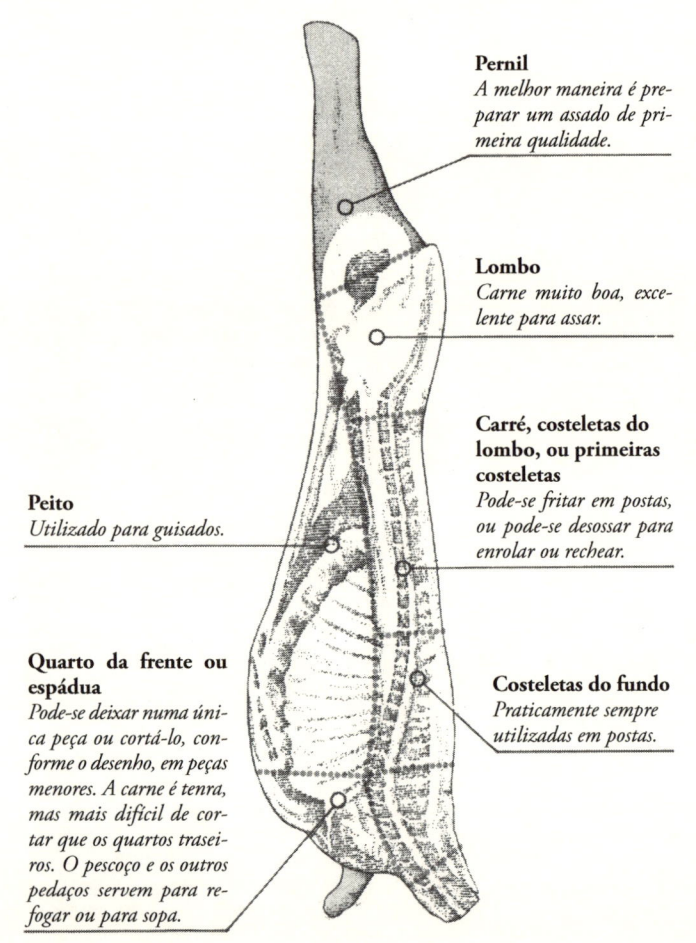

Pernil
A melhor maneira é preparar um assado de primeira qualidade.

Lombo
Carne muito boa, excelente para assar.

Carré, costeletas do lombo, ou primeiras costeletas
Pode-se fritar em postas, ou pode-se desossar para enrolar ou rechear.

Peito
Utilizado para guisados.

Costeletas do fundo
Praticamente sempre utilizadas em postas.

Quarto da frente ou espádua
Pode-se deixar numa única peça ou cortá-lo, conforme o desenho, em peças menores. A carne é tenra, mas mais difícil de cortar que os quartos traseiros. O pescoço e os outros pedaços servem para refogar ou para sopa.

Produtos de origem animal

O coelho

Os coelhos são os animais ideais para a família que vive em regime de autossuficiência. Podem ser bem alimentados com as ervas daninhas que não seriam aproveitadas por outros animais, e sua carne é de excelente qualidade.

Raças

Os coelhos brancos neozelandeses são muito bonitos, pois sua pele, quando tratada, é lindíssima; quanto à carne, como já disse, é excelente. Os californianos também são muito bons. Essa raça média é, sem dúvida, mais econômica que a raça dos coelhos grandes, como os gigantes flamengos, por exemplo, que comem demais mas não fornecem mais carne por isso. Se você tiver um macho e duas fêmeas, poderá obter mais de 100 kg de carne por ano.

Capoeira

No verão, se você colocá-los em capoeiras móveis ou dentro de cercados e os for mudando de lugar de tempos em tempos, eles se contentarão com capim. As grades da cerca devem estar enterradas no chão, pelo menos 15 cm, para impedir que os coelhos escavem túneis; e, se houver raposas pelas redondezas, você poderá ter problemas. Também poderá optar por deixá-los todo o ano nas coelheiras. Eles suportam o frio, mas não a umidade; não gostam muito de calor e devem estar à vontade para poder fazer um ninho macio para parir.

Reprodução

Podem-se deixar os coelhos pequenos com a mãe durante 8 semanas, idade em que eles podem ser mortos. Se assim o fizer, pegue a mãe e junte-a ao macho 6 semanas depois do fim da gestação. Quando ela tiver sido coberta de novo pelo macho, volte a pô-la junto das suas crias. Pegue os filhotes quando tiverem 8 semanas; a mãe terá mais uma ninhada 17 dias depois, sendo de 30 dias o tempo de gestação.

Se você guardar os coelhos pequenos para renovar o núcleo, deverá separar os machos das fêmeas aos 3 meses. É fácil determinar o sexo dos coelhos: deite-os de costas, com a cabeça encostada em você; aperte de ambos os lados no lugar em que devem estar os órgãos sexuais do animal, e eles aparecerão. Se for fêmea, terá um orifício e, se for macho, terá uma saliência ligeiramente arredondada. Quando uma coelha branca neozelandesa está prestes a parir, deve pesar 3,5 kg; não a deixe engordar mais, pois não poderá ter mais crias. Leve sempre a fêmea até junto do macho, nunca o contrário, pois eles podem brigar; deixe sempre a fêmea sozinha quando está parindo. Em geral, uma ninhada tem 7 a 9 crias; se ela ultrapassar as 12, é melhor matar alguns, ou então dá-los a outra mãe que tenha poucos filhos. Nesse caso, esfregue antes os coelhos com os excrementos e a urina da mãe adotiva, para enganar o olfato dela.

Alimentação

Os coelhos comem todo tipo de verduras ou raízes comestíveis. Gostam muito de comer um pouco de farinha. Pode-se dar qualquer cereal moído, mas uma coelha grávida não deverá receber mais de 100 g por dia, pois poderá engordar muito. Se os coelhos não comem capim ou não comem muita verdura, é necessário dar-lhes 100 g de concentrados por dia, e feno à vontade (é evidente que se trata de coelhos com mais de 8 semanas). Dezoito dias depois de parir, a coelha não deve comer feno, mas sim concentrados, até que a ninhada seja tirada dela, 8 semanas mais tarde; então, você poderá dar-lhe 250 g de concentrados por dia. Pode-se dar de comer aos coelhos a partir da sua segunda semana de vida.

Abate

Para matar um coelho, pegue-o pelas patas traseiras com a mão esquerda. Pegue a cabeça com a mão direita e puxe-a para trás; ao mesmo tempo, puxe a mão para baixo, para exercer pressão no pescoço. O osso do pescoço se quebrará, e a morte será instantânea. Antes que o animal esfrie, faça incisões nas patas traseiras, por cima dos pés, e pendure-o. Faça um ligeiro corte por cima dos tendões, no interior de cada pata traseira, e corte até o ânus. Tire a pele das patas traseiras e depois puxe-a por todo o corpo. Esvazie o coelho abrindo o ventre e tirando todas as entranhas, exceto o fígado e os rins. Retire a vesícula biliar.

Gigante de Flandres
Grandes demais para a produção de carne, mas muito bom reprodutor.

Californiano
Um bom coelho de carne, podendo pesar até 4,5 kg. Tem uma boa constituição e é fácil de criar.

Branco da Nova Zelândia
Outro bom coelho de carne, muito conhecido entre os criadores de coelhos, pois sua pele é muito fácil de tingir.

Produtos de origem animal

Aves de galinheiro

Todas as galinhas deveriam ter acesso aos espaços livres, exceto no inverno, em climas muito frios. Não só é desumano prender as galinhas no galinheiro, a maior parte do tempo, como também isso pode provocar todas as doenças de que sofrem as galinhas "comerciais". Certos criadores de aves de galinheiro são tão cruéis que as mantêm sempre fechadas. O sol é a melhor fonte de vitamina D, tanto para nós como para as galinhas. As galinhas precisam esgaravatar para conseguir os alimentos, e é crueldade impedi-las de fazê-lo. No capim fresco, elas encontram um quarto da sua alimentação, bem como todas as proteínas de que precisam; e fará bem para elas correr nos bosques ou em lugares um pouco selvagens. Precisam – e é mesmo uma necessidade – de banhos de poeira, para poderem se espojar e sacudir as penas, a fim de se livrarem dos piolhos. Há 20 anos tenho galinhas criadas em liberdade, e só agora estou tendo de procurar num livro quais são as doenças das aves de galinheiro, exceto a seborreia das peruas. Nossas velhas galinhas põem ovos todos os anos, até o dia em que eu fico farto e as ponho na panela.

Alimentação

As galinhas que podem correr em liberdade e comem capim se sentirão muito bem no verão se você lhes puder dar todos os dias um pouco de grão. No inverno, quando o capim já não cresce, precisam de proteínas. Você poderá comprar-lhes cereais ou, então, dar-lhes farinha de peixe, farinha de carne, de soja ou de outras vagens, ou, ainda, restos de peixe. Recomendo principalmente a farinha de soja, pois a soja é uma das proteínas vegetais mais equilibradas.

Mas a soja deve ser cozida, pois, quando crua, contém uma substância ligeiramente venenosa. Os girassóis também são muito bons, principalmente se você tiver tempo de descascar os grãos e moê-los; mas as galinhas também ficarão contentes se os receberem sem moer. Você também poderá lhes dar grãos de tremoço ou lúpulo (moídos ou inteiros), grãos de colza (mas não demais), grãos de linhaça, de amendoim ou de algodão (mas devem ser cozidos primeiro), ervilhas ou ervilhacas, inteiras ou moídas. Todos esses produtos têm proteínas. A partir do décimo dia, os pintos devem ter verdura fresca à vontade, ainda mais se for cultivada por nós. Portanto, quer eles corram ou não pelo capim, dê-lhes sempre muitos legumes. Meu método para alimentar as galinhas é deixá-las soltas e lhes dar todas as manhãs um punhado de alimentos ou cereais ricos em proteínas e também todos os dias um punhado de grãos inteiros. O melhor grão é o de trigo ou o de milho pisado. A aveia também é boa, mas deve ser batida até que as pontas se quebrem. Também é um bom método deixar as galinhas se servirem das proteínas e do grão diretamente do comedouro. Este deve estar colocado fora do alcance dos ratos.

Se você deixar as galinhas terem livre acesso a uma boa variedade de alimentos, elas irão estabelecer suas próprias rações e não comerão nem um grão a mais do que aquilo de que precisam. Mas se as galinhas ficarem confinadas ao galinheiro, você poderá preparar-lhes, por exemplo, a seguinte mistura básica:

50 kg de farinha de trigo
50 kg de farinha de milho (milho amarelo)
50 kg de farinha de outros cereais (aveia, cevada ou centeio)
50 kg de farinha de peixe
13,5 kg de leite em pó
9 kg de algas em pó
2,3 kg de sal

Deixe-as ter livre acesso a essa mistura e dê ainda, a cada uma, um punhado de grãos para elas encontrarem quando esgaravatarem na cama de palha ou de outra matéria vegetal.

Mistura de engorda para galos novos ou galos capões

O melhor alimento para engordar a criação é a farinha de cevada, mas também pode ser substituída por batatas cozidas. O leite desnatado também serve. Dê-lhes a seguinte mistura, à vontade:

A raça das galinhas

Como camponês vivendo em regime de autossuficiência, seria bom você ter daquelas galinhas "antigas" que serviam para chocar e hoje já são difíceis de encontrar, pois os criadores atuais só se interessam por animais híbridos, para a produção de ovos e nada mais. Procure, pois, galinhas dessas maravilhosas raças tradicionais que podem viver ao ar livre, botar muitos ovos e chocá-los até darem pintos, criá-los, constituindo, assim, uma boa criação para consumo. Você gostará de galinhas como a rhode-island *vermelha, com duas finalidades: é boa para comer e dá bons ovos; ou então uma* light sussex, *também com duas finalidades; ou, ainda, uma* leg-horn *branca, que é muito resistente e bota grandes ovos vermelhos, muito bons mas em pouca quantidade.*

Cuckoo maran   **Rhode-island vermelha**   **Light sussex**

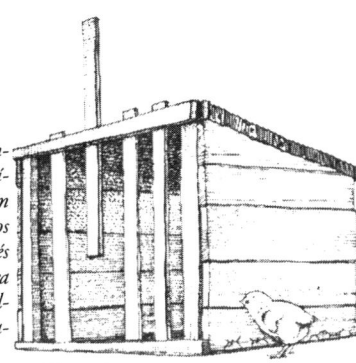

Produtos de origem animal

Galinheiro feito em casa
Quem vive em autossuficiência deveria tentar construir um galinheiro sem gastar dinheiro, utilizando, por exemplo, sacos velhos de adubos, que saem de graça. Este galinheiro foi construído por nós, sem termos gasto quase nada. Uma cobertura de colmo também funcionaria e daria melhor aspecto.

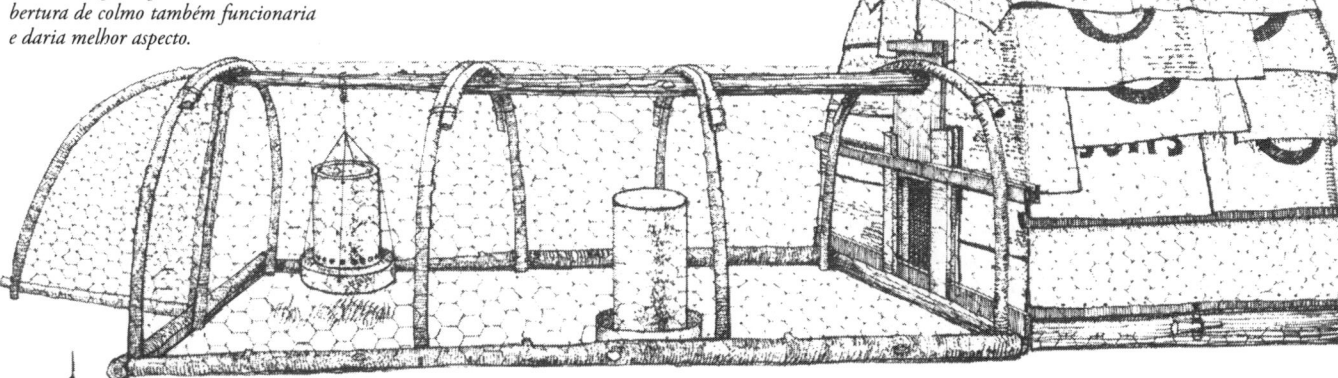

Galinheiro tradicional
Feito de tábuas serradas, cuidadosamente impregnadas de creosoto, e constituído por um abrigo para a noite, com poleiros, e uma fileira de ninhos, aos quais o acesso do exterior se faz através de uma porta e de uma rampa. Embora de construção sólida, desloca-se facilmente com a ajuda de puxadores situados em cada uma das extremidades.

Chocadeira
Todas as galinhas que chocam deveriam ter sua chocadeira, com um teto resistente aos ratos e uma grade na parte da frente para deixar sair os pintos, se necessário, e por onde a mãe galinha não possa passar.

Autoalimentador automático
Você poderá comprar, mas também poderá fazer este alimentador. Pendure um velho bidão de óleo, com buracos em toda a volta da base, para as galinhas poderem tirar a comida com o bico, e adapte por baixo a base de um outro bidão mais largo, para impedir que a comida espalhada caia no chão. Pendure o alimentador fora do alcance dos ratos.

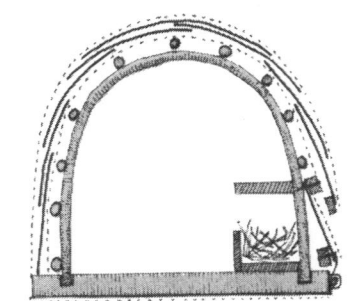

Galinheiro "saco de adubo"
Uma tela de arame pode impedir que os sacos voem com o vento. Fixe os sacos com paus, ou com pedaços de madeira pregados na horizontal. Pode-se fazer uma porta de inspeção no ninho, pendurando sacos e colocando um peso na extremidade, que pode ser, por exemplo, um pedaço de madeira bem pesado.

150 kg de farinha de cevada
50 kg de farinha de trigo
25 kg de farinha de peixe ou carne
13,5 kg de leite em pó
e um pouco de cálcio (algas em pó) e sal

Mistura para pintos

13,5 kg de farinha (uma mistura de trigo, milho e aveia)
5,5 kg de farinha de peixe ou de carne
5,5 kg de farinha de alfafa
1 kg de algas em pó
0,5 kg de óleo de fígado de bacalhau
0,5 kg de sal
e mais alguns cereais, finamente triturados, para os pintos ciscarem.

Se você lhes der grande quantidade de leite (o leite desnatado também serve), poderá esquecer todo o resto, exceto o óleo de fígado de bacalhau, a farinha de alfafa, a metade ou mesmo toda a farinha de peixe ou de carne. Mas, se houver algum outro alimento que saia de graça para você, ou um subproduto de qualquer outra coisa, é melhor utilizá-lo (mesmo que os livros digam que não é perfeito), em vez de alimentos comprados. Sou da opinião de que cada um deve se arranjar com o que tem disponível.

Liberdade total

Se as galinhas andarem em liberdade total, será preferível mantê-las no galinheiro até o meio-dia. Com efeito, geralmente elas põem os ovos antes do meio-dia, e, assim, você poderá encontrá-los facilmente sem ter de procurá-los pelo campo ou debaixo das sebes, onde os ratos os poderão encontrar. Se as galinhas

Aves de galinheiro

não forem muitas e se de vez em quando você mudar o galinheiro móvel de lugar, as galinhas irão beneficiar as pastagens. As galinhas são aves da floresta e todas gostam de andar pelos bosques, com a condição de não serem comidas pelas raposas. É evidente também que as galinhas podem alimentar-se, quase de graça, do restolho (restos de cereais deixados no campo após a ceifa).

Liberdade vigiada

Nunca ponha mais de uma centena de galinhas em meio hectare de pastagens, exceto se você tiver a intenção de mudá-las de lugar de 6 em 6 meses. Se puser mais, não só irá estragar a pastagem como correrá o risco de as galinhas se encherem de parasitas. Será mesmo bom se você puder dividir a pastagem em duas partes (ficando uma das partes de cada um dos lados do galinheiro) e puser a criação alternadamente em cada um dos lados; quando as galinhas tiverem comido o capim de um dos lados, mude-as de lugar. No verão, quando o capim cresce com tanta rapidez que as aves não dão conta dele, deixe-as durante um certo tempo em um dos lados, para poder ceifar o outro. Você também poderá alternar as galinhas com os carneiros, as cabras, os porcos ou os patos. A criação come qualquer capim, contanto que seja curto, mas o ideal é o capim tenro, como, por exemplo, o *ray-grass*. Não há inconveniente se também houver trevo, embora as galinhas forneçam muito nitrogênio através dos excrementos.

O método Balfour

É um método muito válido para aqueles que têm um "galinheiro de quintal" ou para os que só dispõem de um pequeno jardim ou de um espaço limitado. Em volta do galinheiro, faça um cercado onde colocará muita palha, fetos ou qualquer outra vegetação. Depois, terá também dois (e mesmo três, se tiver lugar para isso) cercados, onde cresce capim e aonde as galinhas poderão ir, ao lado do cercado da palha. As galinhas ciscam na palha e satisfazem seu instinto, ao mesmo tempo poupando o capim. Depois, abra a porta e deixe-as ir para um dos cercados com capim. Mude de cercado passados cerca de 15 dias ou 3 semanas. Elas terão capim fresco de novo, e o capim do primeiro recanto poderá descansar e voltar a crescer. O cercado onde há palha dará uma boa quantidade de bom estrume, por galinha e por ano. O antigo "galinheiro de quintal", local selvagem, de terra árida, cheio de urtigas, de buracos de ratos e de latas enferrujadas, de conserva, não será um bom lugar para guardar galinhas nem outro animal qualquer.

Galinheiro

Os galinheiros que se encontram à venda são muito bons, quando portáteis. Se você utilizar o método Balfour ou o sistema de "liberdade vigiada", o galinheiro não precisará ser móvel, a não ser que você pretenda mudá-lo, de tempos em tempos, para outro local. Um galinheiro pode ser muito simples. As galinhas só precisam de um abrigo contra o vento e a chuva, um pouco de isolamento nas zonas muito frias e poleiros.

Evite que os poleiros estejam muito perto do teto, e coloque-os de tal modo que os excrementos caiam no chão. Os ninhos devem estar na sombra, para desencorajar as galinhas que queiram se instalar neles durante a noite; devem estar debaixo de uma cobertura, para evitar que os excrementos caiam em cima deles. Arranje um jeito de alcançar os ninhos, para poder tirar os ovos. Existem ninhos engenhosos, que deixam cair os ovos diretamente, num outro compartimento. É uma boa invenção, pois assim não haverá ovos sujos. Atualmente, nós possuímos galinheiros portáteis (ver ilustrações); têm espaço suficiente para alojar 25 galinhas e só custam um punhado de pregos, restos de grades e alguns sacos velhos de plástico, próprios para adubos.

Nos países onde há muita neve, no inverno é necessário fechar as galinhas durante a estação rigorosa. E talvez não seja má ideia iluminar o galinheiro com luz elétrica para que as galinhas ponham os ovos, proporcionando-lhes 12 horas de luz por dia; elas acharão que é verão e botarão uma grande quantidade de ovos; caso contrário deixarão de botar ovos logo que os dias começarem a ser mais curtos.

Procriação das aves de galinheiro

É sempre bom ter um galo no galinheiro e que, no caso, não sirva só para nos acordar. Sem galo as galinhas botam muitos ovos, mas são todos estéreis. Também, se cada grupo de galinhas tiver um galo que as vigie um pouco e as mantenha em grupo quando andam soltas, ocorrerão menos acidentes.

Se você deixar uma galinha andar tranquilamente, solta, e se a raposa não a pegar, você a verá aparecer, um dia, acompanhada de uma dezena de pintos cacarejando e piando. Esses pintos, nascidos muito naturalmente, serão dos mais saudáveis. Também outra solução será saber quando é que uma galinha tem vontade de chocar. Isso ocorrerá quando ela se sentar em cima dos ovos, cacarejando de modo esquisito quando você a fizer se mexer. Ajude-a, colocando-a numa gaiola pequena, com uma grade na parte da frente, de modo que só os pintos possam sair. Dê-lhe feno fresco ou qualquer outra coisa para ela poder fazer o ninho e coloque-a sobre os ovos fecundados (de fato podem ser ovos de qualquer outra ave). Providencie para que ela tenha sempre água fresca e comida (comerá muito pouco). Uma vez por dia, deixe-a dar um pequeno passeio, que não dure mais de meia hora, pois os ovos poderão esfriar. Vinte e um dias depois, os ovos irão partir-se, e sairão os pintos. Passados alguns dias, estes poderão sair com a mãe, que os levará para passear nos arredores e lhes ensinará a encontrar comida. É, de longe, o melhor método para criar galinhas, e supera as chocadeiras artificiais. Se for a primeira vez que você lida com galinhas, poderá encomendar "pintos de um dia" ou galinhas "chocas", isto é, galinhas em idade de chocar. No primeiro dia de vida, os pintos não precisam comer; podem ser colocados em caixas de papelão e transportados, sem que lhes aconteça nada de mal. Mas, 1 ou 2 dias mais tarde, não suportarão a viagem.

Guarde as galinhas novas para poder renovar o galinheiro e engorde os galos, para sua alimentação. Alimente os pintos

Produtos de origem animal

Matar e preparar um frango

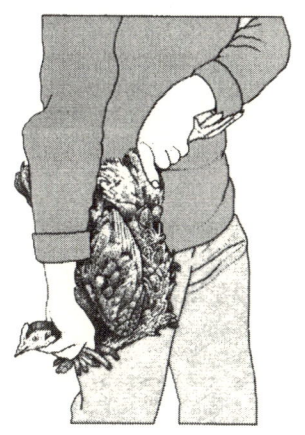

Agarre o frango pelas patas, com a mão esquerda, e pelo pescoço, com a mão direita, de modo que ele fique entalado entre seus dois dedos do meio e com a cabeça na palma da sua mão direita; vire a mão direita de modo que pressione a cabeça do frango para trás. Pare assim que você sentir que a coluna vertebral se quebrou, pois senão poderá arrancar a cabeça do frango.

Depenar
Comece a depenar enquanto o frango ainda estiver quente, pois quando ele esfriar será mais difícil tirar-lhe as penas. Tome cuidado para não rasgar a pele.

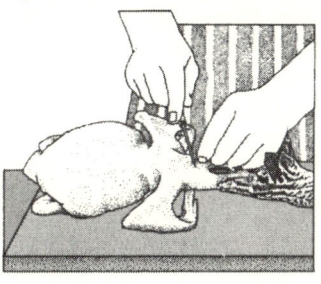

Esvaziar
Enfie a faca debaixo da pele, na extremidade do pescoço, e corte na direção da cabeça.

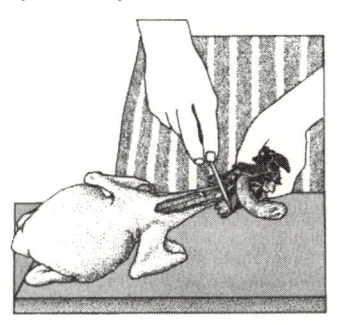

Corte o pescoço com uma tesoura ou uma faca.

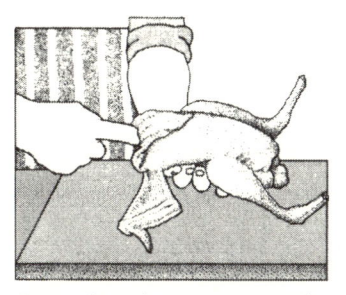

Depois de tirado o pescoço, introduza o indicador da mão direita e passe-o por toda a volta dentro do frango, para retirar as entranhas.

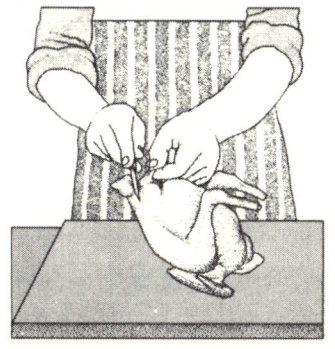

Corte entre o ânus e a cauda, tomando cuidado para não romper o reto.

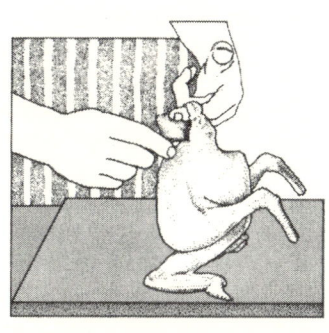

Corte em volta do ânus, como se quisesse separá-lo do corpo.

Retire com cuidado o ânus e os intestinos, que vêm agarrados.

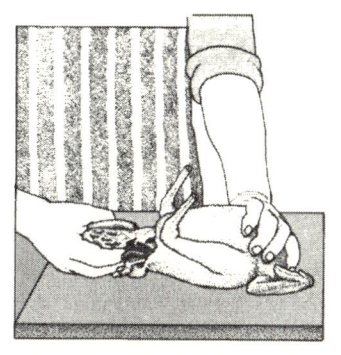

A moela, os pulmões e o coração seguem-se aos intestinos.

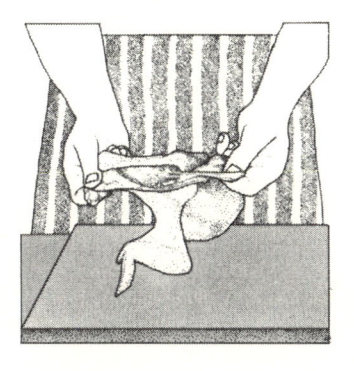

Na extremidade do pescoço, retire o papo.

Amarrar
Se você assar o frango como ele está, ele terá o mesmo gosto que se amarrar. Mas, para fazer um trabalho correto e profissional, é melhor amarrá-lo.

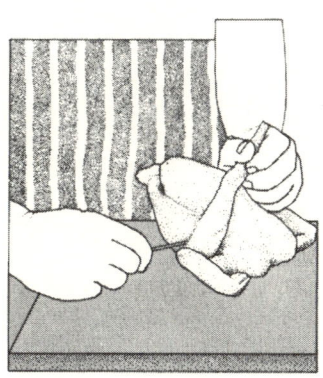

Enfie uma agulha grande de costurar, empurre as patas do frango para a frente e passe a agulha por baixo, atravessando o corpo.

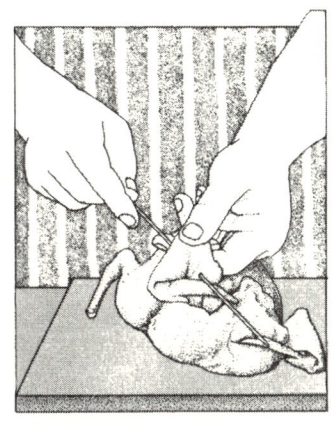

Depois, passe a agulha na asa e na pele do pescoço.

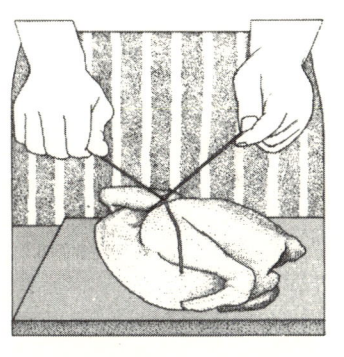

Passe a agulha pela outra asa e amarre as extremidades da linha uma à outra.

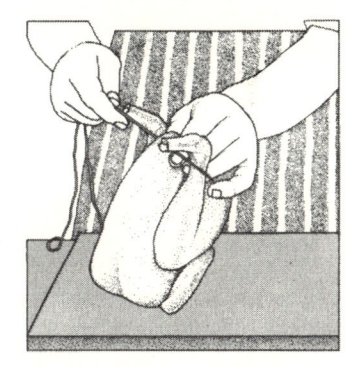

Enfie a agulha e passe por cima da pata, debaixo do reto e em volta da outra pata.

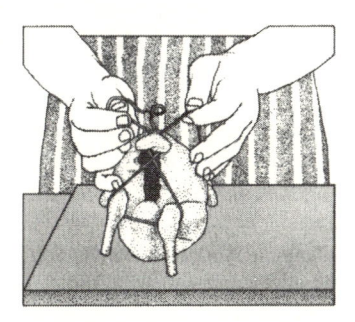

Cruze o fio por trás das coxas e amarre em volta do ânus.

127

Aves de galinheiro

com proteínas e farinha muito moída. Nos primeiros dias dê-lhes também ovos cozidos esmagados e derivados do leite. Será também um bom alimento se você juntar farinha de trigo com um pouco de leite. Faça com que as galinhas tenham sempre a quantidade de cálcio suficiente. As galinhas que andam soltas não têm muita necessidade de alimentação artificial.

Entre a 8ª e a 12ª semanas, os galos devem pesar entre 1 e 1,5 kg. As aves engordadas especialmente para alimentação devem pesar um pouco mais. Entre a 12ª e a 14ª semanas devem ter entre 1,5 e 2,0 kg. Entre o 6º e o 9º mês só dará para fazer canja. Mas uma canja de galinha velha também é uma boa refeição.

Uma boa galinha choca, quando está prestes a botar, deve ter as seguintes características: olhos brilhantes, crista e moncos grandes e bem vermelhos, uma cintura pélvica bem larga (para que os ovos possam sair) e um orifício anal branco, úmido e bem grande. Se alguma das suas galinhas não tiver nenhuma dessas características, torça-lhe o pescoço. Nunca dará muitos ovos e certamente não dará boas crias. Por outro lado, também não se deve interromper a choca de uma galinha.

Ovos

Os ovos são bem melhores quando os comemos frescos, e é possível tê-los durante todo o ano. Se você quiser conservar ovos, limpe-os muito bem e mergulhe-os numa solução de silicato de soda, que se pode encontrar em qualquer farmácia.

PERUS

Comparados com as outras aves de galinheiro, os perus são aves delicadas. Se você os puser junto com as galinhas, poderão apanhar uma doença mortal chamada "cabeça preta", exceto se você juntar remédios à água e à alimentação. Se não quiser fazer isso e quiser ter perus, afaste-os das galinhas e tenha o cuidado de trocar de sapatos e de se desinfetar sempre que passar de um galinheiro para o outro.

Mas acho que não vale a pena o esforço, pois os perus não se adaptam bem à propriedade organizada em autossuficiência, exceto se você quiser comercializá-los. Nesse caso, deverá criá-los em chocadeiras artificiais, ou comprá-los pequenos de outro criador de aves de galinheiro.

GANSOS

Para quem vive em regime de autossuficiência, a fêmea do ganso é a melhor ave de galinheiro. É muito resistente, mesmo quando só alimentada com capim, e é uma boa mãe. O melhor meio para começar a criar gansos é comprar os ovos e pô-los debaixo de uma galinha choca. Uma galinha pode chocar cinco ou seis ovos de ganso-fêmea, mas, quando você colocar os ovos, assegure-se de que a galinha não está chocando há muito tempo, pois o tempo de choco para os ovos de ganso é mais longo que para os ovos de galinha (pelo menos 30 dias, e às vezes até mais). Na última semana, retire os ovos todos os dias e molhe-os com água morna (as mães-gansos ficam úmidas quando chocam, o que já não acontece com as galinhas). Muita gente vai retirando os pintos da mãe-galinha à medida que nascem, para que ela não pense que terminou seu trabalho; os pintos são devolvidos quando o último ovo rebenta a casca. Minha intervenção nunca foi necessária e sempre tive bons resultados.

Nas 2 ou 3 primeiras semanas, alimente os gansos recém-nascidos com pão molhado em leite (ou leite desnatado). Se estiverem em segurança, deixe-os correr ao ar livre com a mãe-galinha. Quando já não precisarem da mãe adotiva, esta os deixará para voltar a chocar.

Embora sejam aves fortes e muito corajosas, receiam dois inimigos: os ratos e as raposas. Os ratos vão procurar os ovos debaixo da galinha ou do ganso-fêmea quando elas estão chocando, e se puderem matam também os recém-nascidos.

Portanto, envenene-os e evite que consigam abrigo; encha suas tocas de panos, enfim, faça tudo para se livrar deles. Os ratos são inimigos de toda a salubridade da sua propriedade.

Quanto às raposas, elas adoram os gansos. Sempre que podem vêm apanhar as mães que estão no choco. As raposas não podem coexistir com os camponeses. Mate-as com uma espingarda de caça ou um revólver, durante a noite. Feche em lugares seguros os gansos-fêmeas que estão chocando. Em geral os gansos adultos em liberdade defendem-se bem das raposas, mas é frequente perderem-se alguns.

Quando adultos, os gansos não precisam de nenhum alimento especial; basta-lhes o capim, mas não será mau dar-lhes um pouco de grão em janeiro ou fevereiro. Três semanas antes de matar um ganso (geralmente no Natal), você deverá fechá-lo e alimentá-lo com farinha de cevada, milho e leite. Ele irá engordar muito e proporcionar-lhe uma das melhores ceias de Natal.

Os gansos vivem acasalados, e prefiro ter um macho e uma fêmea, embora muita gente tenha um ganso macho e duas ou três fêmeas. Os gansos chocam no princípio do ano, em fevereiro ou março. Se você deixar as fêmeas se arranjarem sozinhas, elas irão chocar uma dúzia de ovos ou mais, até rebentarem a casca, mas você pode ir tirando um a um e colocando-os debaixo de uma galinha choca.

Matar um ganso ou um peru

Pegue o animal pelas patas e incline-o um pouco para a frente, com as costas voltadas para você. Ponha a cabeça dele no chão e peça a outra pessoa que coloque um cabo de vassoura em cima da cabeça do animal. Coloque os pés de cada um dos lados da cabeça e puxe as patas para cima até sentir que o pescoço do animal quebrou. Se você pegar as asas junto com as patas, a ave não mexerá mais. Depois proceda como para as galinhas.

PATOS

É absurdo dizer que os patos não precisam de água. É indispensável que tenham sempre água, e sem ela não poderão estar bem. É desumano ter animais em condições que vão contra a própria natureza. Deixe os patos irem para a água, mas não quando pequenos, com 10 a 15 dias; é preciso esperar que adquiram a proteção natural (óleo sobre as penas). No entanto, dê-lhes sempre água para beber.

Produtos de origem animal

É preferível que a água onde os patos nadam seja corrente e se renove continuamente; um tanque de água estagnada é menos saudável. Muitos dos ovos serão postos na água ou nas margens, e, se o tanque estiver sujo, os ovos que tiverem a casca porosa podem ser perigosos para comer. Nunca coma ovos que tenham estado em água suja, mesmo que você os limpe muito bem por fora. E, se não tiver nascentes na sua terra, aconselho-o a desistir de ter patos. É evidente que você poderá construir um tanque artificial de cimento, barro ou com qualquer material plastificado enterrado no solo, mas nesses casos deverá ter possibilidade de renovar a água.

Um pato bravo tomará conta, e terá mesmo muito prazer em fazê-lo, de meia dúzia de patas, mas estas são mães lamentáveis. Se você as deixar chocar, terá de fechá-las forçosamente numa incubadora, pois de outro modo poderão matar os filhos arrastando-os por toda a parte, atrás delas. As galinhas são melhores mães que as patas. O período de incubação dos ovos de pata é de 28 dias.

Os patos pequenos precisam de uma alimentação muito cuidada. Desde o primeiro dia até a décima semana, dê-lhes cevada ou outros alimentos, na quantidade que desejarem, e junte leite. Alimente os patos do mesmo modo que alimenta as galinhas que não são para engorda. O pato não come tanto capim como o ganso; e ele encontrará sozinho grande parte da sua alimentação, se puder ir até a água ou até o lodo. É parcialmente carnívoro e come lesmas, serpentes, rãs, minhocas e outros insetos. Não deixe que as patas engordem muito, pois os ovos serão estéreis. Como café da manhã, os patos gostam de uma papa de legumes cozidos, flocos de aveia, farinha de ervilhaca ou de feijão, farinha de trigo e um pouco de farinha de cevada. Dê-lhes metade de uma mão-cheia, todas as manhãs e outra metade à noite. Se você achar que estão ficando muito gordos, diminua as rações; se os achar muito magros, aumente as rações – é óbvio.

Você deve matar os patos pequenos, quando eles tiverem 10 semanas; de qualquer modo, não irão aumentar muito de peso. Evidentemente, também poderá comer patos mais velhos, mas estes serão mais duros e terão mais gordura.

O abrigo para os patos pode ser extremamente simples, o que não significa que seja feito de qualquer jeito. Os patos gostam de abrigos secos, sem correntes de ar, mas bem arejados. Se for um abrigo que possa ser deslocado, tanto melhor, pois, não sendo assim, o espaço imediatamente à volta torna-se um verdadeiro esterco. O abrigo também deve ser resistente a raposas e ratos.

POMBOS

Se dependesse de mim, os pombos ficavam sempre em liberdade. Faça um pombal e arranje em casa de algum conhecido alguns casais de pombos adultos; antes de deixá-los completamente soltos, coloque-os durante três semanas no pombal, numa espécie de gaiola que os deixe enxergar o lado de fora (é muito importante). Depois, deixe-os sair; dê-lhes um pouco de grão todos os dias e deixe-os à vontade. Desse modo, não darão nenhum trabalho e não lhe custarão praticamente nada. Os pombos fazem pouco estrago nas culturas, mesmo que no íntimo você deseje que eles comam as colheitas dos vizinhos e não as suas. Mesmo que seus vizinhos matem alguns dos seus pombos, você não ficará arruinado. "Apanhe" os pombos pequenos, quando a parte debaixo das asas estiver completamente coberta de pluma. Mate, depene, esvazie-os e amarre-os, como se faz com os frangos (ver p. 127).

Pato de Ruão
Resultante do cruzamento de patos selvagens com patos asiáticos; é um pato robusto, comprido, largo, vigoroso, que dá uma carne delicada e abundante.

Ganso de Embden
É um ganso muito bom para comer. As penas e a penugem são brancas como a neve e ideais para encher travesseiros e acolchoados.

Peru branco
Pode atingir 17 kg. É uma variedade pequena, de crescimento rápido e obtido a partir da espécie chamada Branca Beltsville.

Produtos de origem animal

Abelhas e mel

As abelhas lhe darão todo o açúcar de que você precisa, e, como pessoa que vive em autossuficiência, não precisará consumir muito. Um pouco de açúcar (ou melhor, de mel) irá melhorar a cerveja, e se você quiser fazer vinho caseiro (a que me refiro nas pp. 193-4) também precisará de um pouco de açúcar; mas, em geral, o açúcar na nossa alimentação é bastante nocivo para a saúde. É uma fonte de energia tão acessível, que satisfazemos nossa necessidade facilmente. A quantidade ideal de açúcar refinado na alimentação é zero.

De fato, o mel tem as mesmas funções que o açúcar e o substitui com vantagem. Não só é um alimento mais saudável, como também sai de graça, para quem tem abelhas. O mel é mais doce que o açúcar, e se você o usar na cozinha, ou para fazer vinho, só necessitará de um terço da quantidade de açúcar que usaria.

Antes de os países produtores de cana-de-açúcar estarem abertos ao comércio com os países ocidentais, o mel era nossa única fonte de açúcar; durante anos vivi na África Central e só comia açúcar produzido pelas abelhas. É evidente que se tratava de abelhas selvagens; todos os africanos sabem como fazer, com um facão, um buraco numa árvore oca onde as abelhas estão instaladas e como tirar o mel. Há quem pendure caixas nas árvores, ficando à espera – e muitas vezes na esperança de que as abelhas aí venham se instalar.

As abelhas são, na verdade, um meio de obter qualquer coisa muito facilmente. São uma maneira de fazer agricultura sem terra, ou pelo menos com a terra dos outros. É possível ter abelhas nos arredores de uma grande cidade, ou mesmo em pleno centro, e elas darão grande quantidade de mel.

A colmeia medieval

Na Idade Média, guardavam-se as abelhas em colmeias de palha. Trançava-se a palha ou outras fibras, depois formava-se uma espiral com elas, ligando cada andar ao seguinte, até se ter formado uma colmeia cônica. Colocava-se a colmeia num buraco, feito num muro, para impedir que fosse levada pelo vento ou inundada pela chuva. E, no outono, quando se queria tirar o mel, matavam-se as abelhas queimando um pouco de enxofre debaixo da colmeia, ou então poupavam-se as abelhas virando completamente a colmeia e colocando uma colmeia vazia por cima: as abelhas passavam então para a colmeia vazia. Mais simples ainda era pôr uma colmeia vazia sobre a cheia, no topo da qual se fazia um buraco para as abelhas escaparem. Então, pegavam-se os favos e extraía-se o mel, com a ajuda de uma espécie de peneira (como fazem os muçulmanos), comprimindo-os ou, ainda, deixando escorrer o mel.

O método de virar as colmeias é muito bom, pois permite que não se matem as abelhas. Você não precisará de equipamento especial, apenas um pouco de palha, um véu, luvas e um fumigador. É evidente que nessas colmeias de palha não terá tanto mel como numa colmeia moderna; mas você poderá ter uma dúzia de colmeias de palha, ao passo que uma moderna, mesmo do modelo mais simples, representa um investimento considerável. Na época em que centenas de pessoas criavam abelhas em colmeias de palha e em que cada propriedade possuía uma dúzia, havia muito mais abelhas nos campos, e os enxames estavam muito mais espalhados que agora. Então, era fácil encontrar abelhas, e não era imprescindível conservar as que cada um já tinha.

O método Langstroth

Em 1851, na Filadélfia, um indivíduo chamado Langstroth descobriu a chave do segredo das abelhas, a que chamou "o espaço das abelhas". É o espaço exato entre dois planos verticais sobre os quais as abelhas constroem os favos, sem obstruir esse espaço, o que lhes permite circular entre os dois planos. Essa descoberta deu origem a um método completamente diferente de criação de abelhas, e a apicultura deixou seu aspecto de "caçada" para se tornar uma verdadeira cultura.

O método que Langstroth desenvolveu consistia em suspender verticalmente folhas de cera, mantendo uma boa distância entre elas. Em lugar de construírem os favos em qualquer lugar, as abelhas iam construí-los sobre as folhas de cera. Depois, com a invenção da folha de metal, com buracos suficientemente grandes para deixar passar as abelhas, mas não a rainha, foi possível isolar a rainha num compartimento especial (a câmara de postura); assim, a rainha não podia pôr os ovos nas células de cima, pois estas só continham mel e nenhuma larva. Deste modo, podiam-se tirar os "quadros" – nome dado às folhas de cera – e extrair o mel sem matar as abelhas nem as larvas, e colocar de novo os quadros vazios, para que as abelhas recomeçassem a construir os favos e a enchê-los.

A colmeia moderna

A descoberta de Langstroth teve influência na construção das colmeias modernas. Estas são formadas por uma placa que lhes serve de base e uma placa menor, de aterragem, com um orifício de lançamento. Por cima dessa placa encontra-se a câmara de postura, com os quadros suspensos na vertical. Esses quadros de madeira têm um fundo semelhante à tela de um quadro; esse fundo é uma folha de cera sobre a qual foi gravado, com uma máquina, o desenho que as abelhas fazem nos favos. Por cima da câmara de postura, ou ninho, encontra-se um elemento menor, a alça ou melário. Uma rede divisória separa a colmeia em duas partes. É possível colocar, uns sobre os outros, dois ou três elementos cheios de quadros. E bem em cima temos o teto com um orifício, por onde as abelhas podem sair mas não podem mais entrar. Deve haver aí uma espécie de válvula que só deixará passar as abelhas num único sentido. Finalmente, você precisará de um véu de apicultor, luvas, um fumigador e um extrator, que pode pedir emprestado. O extrator é uma espécie de centrifugadora. Coloque nele os quadros cheios de mel e faça-o girar a grande velocidade, o que provoca a saída do mel dos favos. O mel escorre e pode ser recuperado.

Capturar um enxame

Se você tiver sorte, poderá encontrar um enxame, um montão de abelhas do tamanho de uma bola de futebol, suspenso numa árvore ou num suporte semelhante. Se for uma árvore, coloque por baixo uma caixa de papelão grande e vazia, sacuda os ramos com força, e o enxame cairá dentro da caixa. Então, vire a

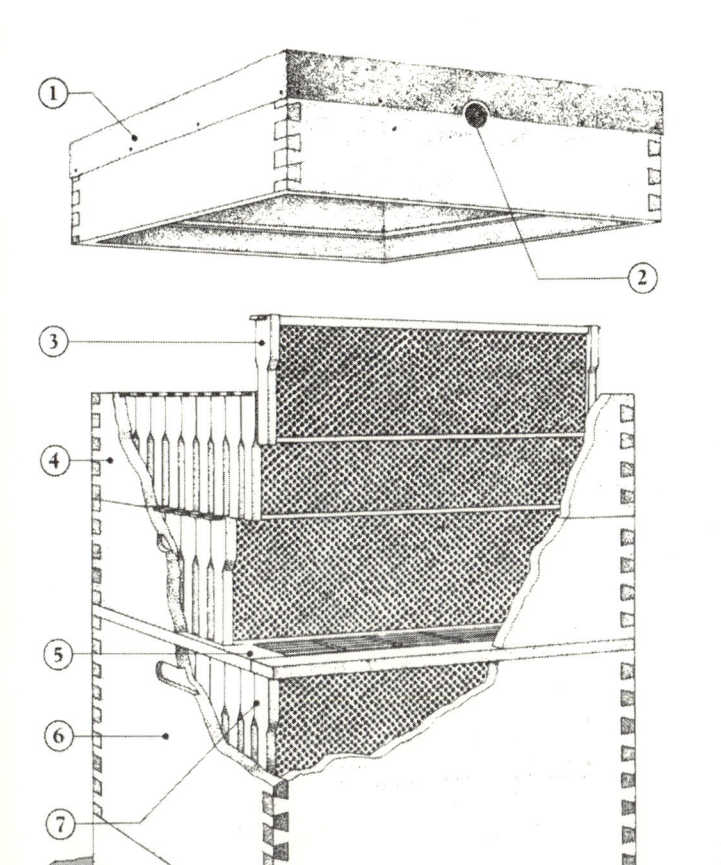

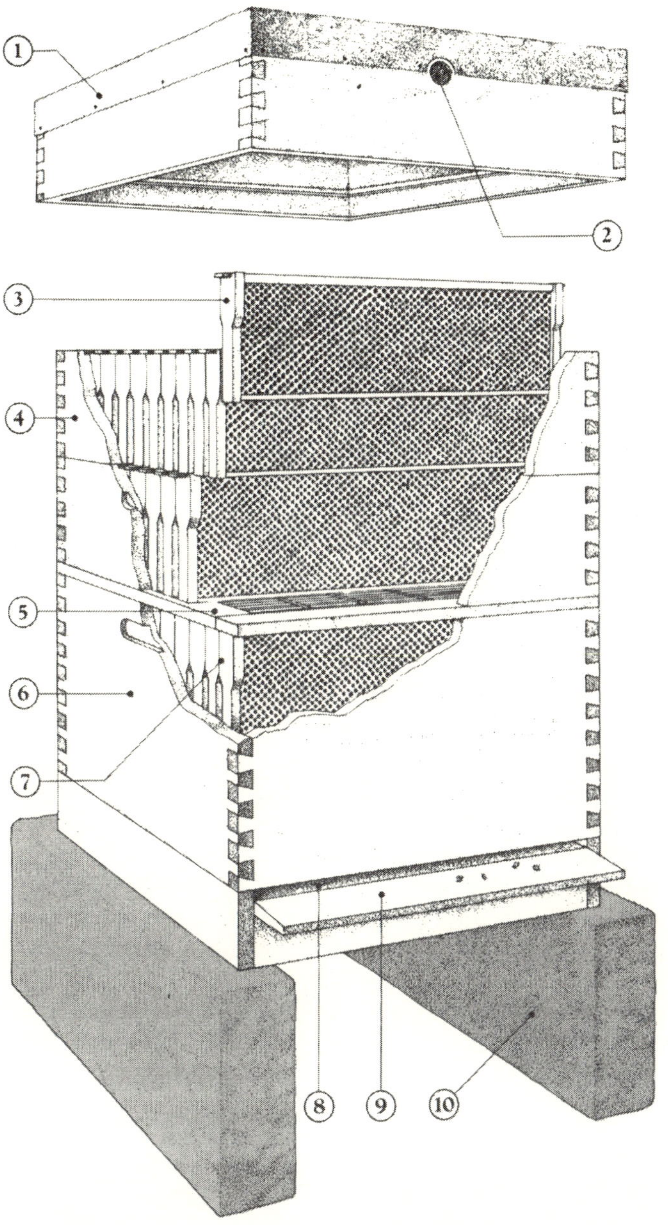

Produtos de origem animal

Extrair o mel
Pegue uma alça cujos favos estejam carregados de mel e afaste as abelhas sacudindo ou escovando cada favo. Ou, então, na véspera, coloque uma placa debaixo das alças que você pretende retirar para extrair o mel. Não haverá mais abelhas nas alças quando você as pegar.

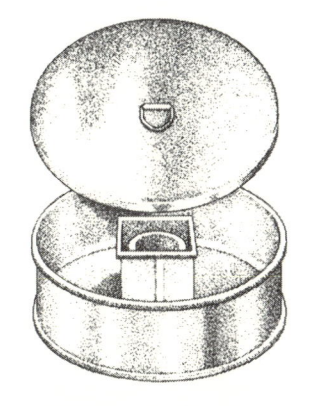

Decapar
Para retirar o mel, corte a cera que está em cima dos favos, com uma faca cuja lâmina foi previamente aquecida. Utilize duas facas e aqueça uma enquanto utiliza a outra.

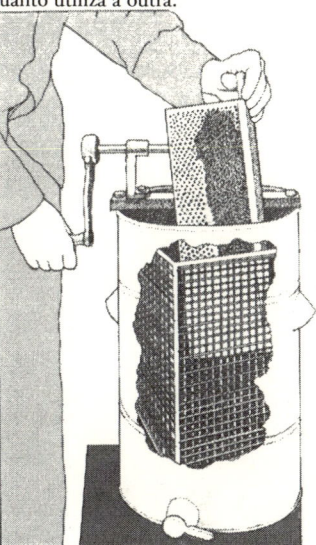

Alimentação
Se no fim do outono você tiver tirado todo o mel da colmeia, terá de alimentar as abelhas com açúcar ou xarope. Um alimentador especial deixa as abelhas sugarem o xarope sem se afogarem.

A colmeia
1 *teto impermeável*
2 *arejamento e saída*
3 *quadros móveis*
4 *alça*
5 *rede (da rainha) divisória*
6 *câmara de postura ou ninho; corpo do cortiço*
7 *quadros do ninho*
8 *entrada*
9 *estrado ou fundo*
10 *pés ou suportes*

A colmeia
A verdadeira colmeia é feita de palha e de corda entrelaçada para formar um cone. Numa colmeia como essa, o mel fica cheio de larvas e de abelhas, pois a rainha pode pôr ovos em todas as células. Não há divisão, como nas colmeias modernas. Podem-se criar abelhas jovens e abelhas que põem ovos, mas morrem muitas. Também é quase impossível o inspetor das colmeias constatar se as abelhas estão ou não com boa saúde.

"Roubo"
A fumaça, espalhada com o fumigador, acalma as abelhas, faz com que produzam mel e, portanto, piquem menos. Utilize uma chave de fenda para retirar a alça.

Extração
Introduza os quadros decapados no extrator. Faça-o girar muito depressa, até que o mel tenha saído de um dos lados. Volte o quadro e recomece toda a operação.

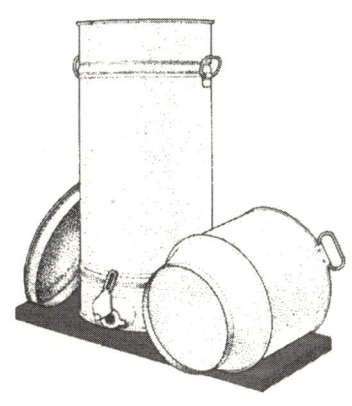

Reservatório de mel
É muito útil se você tem muitas abelhas. Passe o mel através de um tecido e deixe-o assentar antes de o transferir para boiões ou potes.

Abelhas e mel

caixa e coloque, de um dos lados, um pau para deixar um certo espaço aberto, e não mexa mais até a noite. Assim, as obreiras que partiram à procura de novo abrigo podem voltar ao enxame pelo espaço aberto. Há pessoas sem escrúpulos que levam logo o enxame, assim que o encontram. Você não corre perigo de ser picado pelas abelhas que estão em enxame, pois estão carregadas de mel e não gostam de picar nesse momento. Mas isso não quer dizer que elas nunca nos picam.

Colônia de abelhas

O famoso cientista sul-africano Marais demonstrou que uma colônia de abelhas forma um todo, em todos os sentidos. Com exceção da rainha, as abelhas mais parecem células de um organismo do que seres independentes. Uma colônia junta-se à outra e constitui um enxame, que, para as abelhas, equivale a uma criança. A rainha põe os ovos e tem muita influência sobre a colônia; se a rainha morrer, a colônia toda morrerá, se as obreiras não tiverem criado outra rainha entre as larvas existentes. Tal como os espermatozoides, os machos só servem uma vez. Depois, procuram unir-se com uma nova rainha de outra colônia; e – tenha ou não sucesso a união – o macho é morto pelas obreiras, pois já não serve para mais nada. Contam-se até 20 mil obreiras numa colônia adulta, e elas passam a vida a trabalhar: trazendo néctar, construindo os favos para depositar o mel, alimentando a rainha, ocupando-se das abelhas mais novas, arejando e limpando a colmeia, protegendo-a, em suma, fazendo tudo o que é preciso. Se a obreira picar o macho, ela morrerá. A morte dela não é importante, pois não é um ser independente mas, sim, uma célula. Seu sacrifício nada significa.

O organismo só sobrevive às custas de cada um dos seus membros; portanto, se você apanhar um enxame, deixe as abelhas se arranjarem, e elas irão instalar-se sozinhas.

Um enxame de março vale um carro de feno
Um enxame de junho vale uma colher de prata
Um enxame de julho não vale nem uma mosca

Isso quer dizer que, em julho, um enxame não dará muito mel; mas mesmo assim não o despreze: leve-o e instale-o numa colmeia, e terá mel no ano seguinte.

Comprar e alimentar uma colmeia

Se você não encontrar um enxame, poderá comprar uma colmeia de um apicultor ou de um comerciante; neste caso, siga as instruções que acompanham a colmeia. Você deverá alimentar estas abelhas durante um certo tempo. Poderá dar-lhes duas partes de açúcar para uma parte de água, com a ajuda de um alimentador que será colocado por cima da câmara de postura.

De início, não ponha o melário na colmeia; deixe as abelhas numa das câmaras de postura, até que esta fique cheia de mel e de larvas; só então você poderá juntar um melário (ou alça).

Coleta do mel

Quando os favos estiverem cheios de mel e as câmaras de postura cheias de larvas, você poderá juntar uma alça, depois uma segunda; decida-se então a tirar um pouco de mel. Para fazê-lo, retire uma alça, introduza uma divisória e volte a colocar a alça que você retirou. No dia seguinte, retire essa alça ou melário, que deverá estar cheia de mel e sem abelhas. Introduza os quadros no extrator. Mas primeiramente você deverá cortar com uma faca, cuja lâmina foi aquecida, a camada que cobre os favos. Deve passar cada quadro duas vezes no extrator, para retirar o mel de ambos os lados. Depois coloque os quadros vazios no melário e deixe tudo novamente entregue às abelhas, para que recomecem todo o trabalho. Quanto estiver tratando das abelhas, esteja sempre calmo e tranquilo. Para aprender, inscreva-se num grupo de apicultores ou arranje amigos com conhecimentos de apicultura.

Para o inverno, você deveria deixar pelo menos 16 kg de mel na colmeia; só "roubo" o mel das minhas abelhas uma vez por ano, no fim de agosto. Em seguida, deixo-as sós com um melário vazio; então elas produzem mel suficiente para se alimentarem no inverno. Cada uma das minhas colmeias dá entre 9 e 18 kg de mel por ano. No meu caso, esse último mel que deixo para as abelhas é mel urze, que não poderia ser extraído no extrator: os favos teriam de ser esmagados. As pessoas que roubam todo o mel das abelhas devem alimentá-las no inverno com xarope ou açúcar cristalizado. E, de fato, certas qualidades de mel que se vendem agora no mercado são apenas açúcar transformado em mel pelas abelhas.

Cera

A camada que você cortou da parte de cima dos favos é cera de abelhas, uma matéria muito útil: com elas pode-se fazer encáustica, velas (as melhores) e é ótima para encerar objetos de couro. Aqueça levemente a cera e deixe-a escorrer, sobre um pano ligeiramente inclinado, para dentro de um recipiente, aonde chegará livre da maior parte das impurezas. O calor pode ser o do sol, recebido através de uma placa de vidro. Conta-se que os monges da Idade Média andavam sempre alegremente ébrios por serem obrigados a ter muitas abelhas para poderem extrair a cera para as velas da igreja, e, com todo o mel que arranjavam, eram obrigados a fazer hidromel...

Produtos hortícolas

"Tenho pensado muitas vezes que, se o céu me tivesse dado escolher como e onde viver, teria sido num rico recanto de terra, com boa água e perto de um bom mercado de produtos hortícolas. Nenhuma ocupação me é tão agradável como a cultura da terra."

JEFFERSON

Produtos hortícolas

A horta

Na minha infância, os jardins das pessoas do campo eram uma mistura de legumes, flores, frutos (ah! aquelas rainhas-cláudia) e, muitas vezes, de coelhos selvagens, quase sempre uma galinha, muitas vezes pombos e furões. Um lugar verdadeiramente encantador. Nos dias de hoje, foi substituído por gramados aveludados inúteis, simples flores de canteiro e plantas que duram todo o ano; mas é claro que o proprietário faz o que seus vizinhos fazem!

Mas como reproduzir hoje esse antigo jardim-horta que era um dos lugares mais férteis da Terra?

O melhor é dividir nosso jardim em seis partes, sete se quisermos deixar um pequeno canteiro gramado para nos sentarmos, entre a fragância das flores.

Uma das parcelas da horta será guardada para as plantas perenes, isto é, plantas que se reproduzem todos os anos, como os aspargos, as alcachofras, os rabanetes silvestres, os lúpulos (que exigem muito fertilizante e sombra), a consolda, assim como para as ervas aromáticas. Outra parte será reservada para as pequenas frutas, árvores e arbustos frutíferos (mas lembre-se de que uma árvore frutífera faz muita sombra e torna improdutivo um grande pedaço de terra).

Em seguida, dividiremos o resto da horta em quatro partes, que serão cultivadas segundo uma rotação de 4 anos.

Em cada uma das parcelas, cada cultura anual chama-se "dominante". Os quatro produtos são, principalmente, as ervilhas e a família do feijão; a família das couves (crucíferas), não esquecendo as rutabagas e os nabos; as raízes, quer dizer, as cenouras, os rábanos, as cebolas, as beterrabas, os aipos etc.; e finalmente as batatas. Para mais detalhes sobre o cultivo dessas quatro parcelas da horta, consulte a página 160.

Calagem

Se sua terra for ácida, precisará de cal. Você poderá se informar facilmente sobre a acidez da terra perguntando aos vizinhos ou comprando em lojas especializadas um teste de acidez que é muito simples de fazer. Deverá acrescentar cal antes da emergência da ervilha e feijão-verde. A ervilha e o feijão gostam muito de cal, e as couves que virão depois irão se beneficiar do excedente. E a cal terá muito mais tempo para combater as doenças das couves se estiver na terra alguns meses antes de as couves terem sido plantadas.

Estrumar

Se você tiver estrume – e espero que tenha – ou adubo composto, espalhe-o abundantemente sobre a parcela reservada às batatas. Elas tirarão o maior proveito dele: com efeito, sem estrume sua colheita de batatas seria bastante escassa. É preferível estrumar com alguma antecedência em relação à cultura de raízes, porque algumas, principalmente as cenouras e os nabos, tendem a se ramificar se tiverem muito estrume fresco. Também é melhor estrumar algum tempo antes das culturas da ervilha e do feijão.

Cobertura com matéria vegetal

É conveniente colocar uma camada espessa de matéria vegetal seca – feno ou outros vegetais – na terra entre as couves, mas somente depois de ter sachado duas ou três vezes para eliminar as ervas daninhas. Se você tiver colocado a matéria vegetal antes de ter retirado as ervas daninhas, estas irão crescer através dela e você terá problemas ao sachar.

Biojardinagem

O objetivo da biojardinagem deveria ser o de espalhar a maior quantidade possível de húmus na terra: adubo, estrume, composto, algas, folhas mortas, excrementos humanos, sobras de ferro, urtigas, capim cortado nas estradas, qualquer coisa de origem animal ou vegetal. Faça estrume composto (ver p. 136) ou simplesmente coloque-o sobre a terra tal como o recolher. Se você o enterrar, enterre-o bem. Se o deixar na superfície, os vermes farão o trabalho.

Se você não tiver animais e quiser ter uma horta fértil, deverá procurar uma matéria orgânica, ou um fertilizante químico, no caso de você não ter um espírito naturista. Conservo minha horta com o estrume do meu gado, que come capim, feno e outras culturas que crescem no resto da propriedade. Há naturistas que afirmam que uma propriedade pode produzir estrume suficiente para se autoabastecer. Pois bem, eles que experimentem! Dê-lhes um pedaço de terra, deixe-os cultivar o que quiserem e depois veja o estrume que resulta. Na verdade, não será muito.

Porcentagem dos fertilizantes orgânicos

	Nitrogênio	Fósforo	Potássio	Cálcio
Estrume comum de fazenda	0,64	0,23	0,32	Nada
Estrume simples de porco	0,48	0,58	0,36	Nada
Estrume simples de vaca	0,44	0,12	0,04	Nada
Estrume composto	0,50	0,27	0,81	Nada*
Camada de turfa	4,40	1,90	1,90	2,20
Camada de palha	0,80	0,55	0,48	Nada
Estrume fresco de capoeira	1,66	0,91	0,48	Nada
Estrume de pombos	5,84	2,10	1,77	Nada

* sem juntar cal

É verdade que as plantas de raízes profundas, como a consolda e a alfafa, fazem muito bem à terra, trazendo à superfície tanto minerais como fosfatos ou potássio. As árvores fazem um trabalho melhor ainda. Mas um pasto ou um pomar nem sempre podem ser utilizados como horta.

Evidentemente, se seus esgotos vão dar, de uma maneira ou de outra, na horta, uma grande parte das suas plantas terá elementos nutritivos demais. Antigamente os esgotos das fazendas acabavam sempre na horta; os esgotos iam dar numa fossa, cujo conteúdo era enterrado no jardim.

Se você deixar em repouso durante algum tempo a terra na qual corre o esgoto, todos os micróbios patogênicos morrerão de morte natural. A fertilidade incrível das hortas de antigamente provinha de que as pessoas, embora comendo os seus próprios legumes, consumiam também outros alimentos que

Produtos hortícolas

A horta

vinham de fora, tudo acabando, sob forma de excremento, na terra da horta.

Mas, se todos os anos você retirar muitos produtos de um terreno e se os vender ou comer sem desperdiçar nada, e não comprar nenhum fertilizante artificial nem adubo para colocar na terra, segundo as leis da natureza seu terreno logo estará esgotado.

É muito importante que sua horta seja bem drenada e que a terra não seja muito pesada. Uma terra medianamente rica e bem drenada é ideal, mas um solo arenoso também é bom, desde que abundantemente estrumado. Um terreno argiloso é difícil de trabalhar, mas presta-se ao cultivo das crucíferas. E, qualquer que seja a composição da sua terra, dificilmente você poderá lhe dar uma quantidade excessivamente grande de estrume ou outras matérias que formam o húmus.

Como fazer estrume composto

Se você acumular matérias vegetais, elas irão apodrecer e transformar-se em estrume. No entanto, para fazer um bom estrume composto, e rapidamente, terá de fazer mais que isso.

Em 12 horas, obtém-se o melhor estrume do mundo fazendo passar vegetais pelo tubo digestivo de um animal. De outra maneira levará meses para obter o mesmo resultado. O princípio do estrume é o seguinte: a matéria vegetal deverá ser decomposta por meio de microrganismos aeróbios, ou seja, bactérias que têm necessidade de oxigênio para viver. As bactérias que decompõem a celulose das plantas têm necessidade de nitrogênio para viver.

E, se tiverem nitrogênio suficiente à sua disposição, a decomposição será muito rápida, produzindo mais calor. Esse calor destrói as sementes das ervas daninhas e dos microrganismos das doenças.

Se não houver nitrogênio suficiente, a decomposição será muito mais lenta. Por isso, e para acelerar o mais possível esse processo, você deverá dar aos microrganismos aquilo de que eles têm necessidade, isto é: ar, umidade e nitrogênio.

Para a circulação do ar, você poderá colocar debaixo do estrume fileiras de tijolos, com intervalos entre eles, e colocar, verticalmente, algumas estacas de madeira, que você retirará quando tiver colocado a matéria vegetal, formando, assim, como que chaminés. Para ter umidade, você poderá deixar o estrume exposto à chuva, ou regá-lo de tempos em tempos.

Para obter o nitrogênio, você terá de juntar estrume, urina, farinha de peixe, nitrogênio inorgânico, sangue, farinha de sangue, ou tudo o que seja rico em nitrogênio.

A maneira natural e tradicional de fazer estrume é utilizar matérias vegetais (geralmente palha) das camas das vacas, porcos ou outros animais que ficam no estábulo. O nitrogênio que se encontra nas fezes e na urina dos animais ativa os produtos vegetais que se quer transformar em estrume. A urina também fornece umidade, e uma quantidade suficiente de ar passará através da palha. Um ou dois meses mais tarde, você poderá retirar esse estrume e fazer uma pilha no exterior, onde, com o ar, a decomposição será mais rápida. Alguns meses mais tarde você poderá espalhá-lo na sua horta, como fertilizante.

Mas, se você não tiver animais, o melhor será fazer um monte de estrume colocando no chão uma fileira de tijolos ou blocos de cimento, com os intervalos entre eles cobertos com pedacinhos de madeira para deixar passar o ar.

Em seguida, coloque várias camadas de matéria vegetal; sobre cada uma delas espalhe uma matéria rica em nitrogênio. O ideal é ter 20 cm de matéria vegetal, depois alguns centímetros de estrume de galinha, ou uma boa camada de fertilizante artificial, rico em nitrogênio. Proceda de modo que os lados se conservem verticais, montando uma parede de madeira, tijolo ou cimento, e certifique-se de que o composto esteja sempre úmido, mas não ensopado. Quando o estrume começar a aquecer, proteja-o da chuva, cobrindo-o com tapetes velhos ou construindo um telhado. Um ou dois meses mais tarde, revolva-o, colocando no centro a parte que estava em cima ou dos lados. Após mais 1 ou 2 meses o estrume estará pronto para ser espalhado na sua horta. Todos os desperdícios

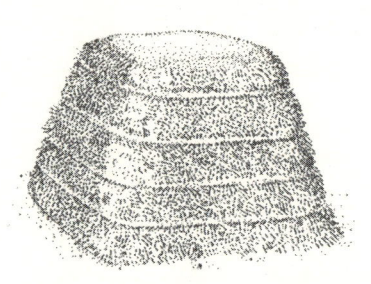

Construção de uma pilha de estrume
Se não houver problema de espaço, construa uma pilha de estrume de camadas abertas; quanto maior for a pilha, melhor, para que o calor se possa produzir no interior sem grandes fugas. No entanto, uma pilha fechada talvez seja mais prática: acumulam-se camadas de matéria animal e vegetal num espaço fechado, em cima de tijolos cobertos com ramos e galhos e entre paredes. Conserva-se o adubo úmido e deixam-se espaços entre os tijolos, para a passagem do ar.

possíveis, de origem animal ou vegetal, deveriam entrar nesse composto.

Sideração

Chama-se siderar ao processo que consiste em deixar desenvolver uma cultura para, em seguida, enterrá-la, lavrando.

Se você enterrar uma cultura, deverá fazê-lo o mais tardar 3 semanas antes de semear outra cultura em cima.

Outro processo consiste em juntar nitrogênio para ajudar a matéria verde a se decompor, sem empobrecer a terra.

A sideração melhora a qualidade do solo, porque os vegetais decompostos aumentam o teor de matéria orgânica do solo. A quantidade de húmus produzida por uma grande cultura siderada é bem inferior à que se poderá imaginar, mas a grande vantagem dessas culturas é que elas utilizam o nitrogênio disponível no solo.

O objetivo de um bom horticultor deveria ser o de cobrir de vegetação a maior área de terra possível. Um terreno inculto é uma heresia, a não ser que esteja sem ser cultivado provisoriamente e por uma razão válida. A velha ideia do horticultor que não cultiva a terra no outono e deixa que as geadas tomem conta dela durante o inverno não tem provado ser a melhor.

Como utilizar as ervas daninhas

Mesmo as ervas daninhas podem servir para siderar. Se você as tiver, arranque-as e deixe-as apodrecer à superfície, ou debaixo da terra. Mas não deixe que se desenvolvam, porque "a 1 ano de má semeadura correspondem 7 anos de capinagem". E há mais uma razão: todas as culturas para siderar devem ser cortadas ou arrancadas na época da floração, ou mesmo antes, enquanto ainda são novas, tenras e ricas em proteínas. Ainda não estarão muito lenhificadas, sendo mais fácil sua decomposição.

Assim, você poderá considerar as ervas daninhas como suas amigas, desde que as possa manter sob controle. Contudo, você não deverá, de modo algum, tolerar as ervas perenes (que vivem mais de 2 anos). Só lhe darão aborrecimentos e, se você não as retirar, irão se propagar. Abro aqui uma exceção às urtigas e aos fetos. Você poderá até cultivá-los num terreno que não sirva para nada, cortá-los e pô-los no estrume. Farão muito bem, porque têm raízes profundas, cheias de matérias que absorveram no subsolo.

Como instalar as culturas a serem sideradas

As culturas para siderar estão divididas em culturas de primavera e de outono, assim como em leguminosas e não leguminosas. Os que têm uma horta pequena preferem as culturas de outono, pela simples razão de que no verão utilizarão toda a horta para cultivar legumes. As leguminosas são as melhores para siderar, porque possuem nas suas raízes nódulos com bactérias que fixam o nitrogênio da atmosfera, que desse modo permanecerá no solo até que essas raízes se decomponham.

Centeio

O centeio é, provavelmente, a melhor cultura outonal para siderar.

Você poderá semeá-lo depois de ter arrancado a batata nova, à razão de 220 a 260 kg por hectare. Enterre a semente na terra com um ancinho e deixe-a desenvolver-se durante o inverno, enterrando-o depois na primavera. Você poderá atrasar a semeadura do centeio para outubro, mas, evidentemente, a colheita não será tão abundante.

Confrei

É uma planta perene, ideal para siderar ou para fazer estrume. Na primavera, plante pedaços de raízes de confrei, com 0,60 cm de intervalo, num terreno limpo de ervas daninhas, e deixe-as desenvolver. As raízes vão penetrando no solo, o mais possível, e aí podem ficar por uma década, produzindo grandes quantidades de matéria rica em nitrogênio, potássio, fósforo e outros minerais. Depois de uma estrumação intensiva, será possível obter 60 t de material fertilizante por acre.

No entanto, você poderá certamente obter 40 t por acre, o que corresponde aproximadamente a 4 t de um bom estrume, ótimo para ser siderado.

Outras matérias para siderar ou fazer estrume

As ervilhacas são duplamente preciosas, porque, além de leguminosas, são culturas de outono. Podem ser semeadas entre os meses de agosto e outubro, e ser enterradas na primavera seguinte. Como cultura de primavera, podem ser semeadas em qualquer época dessa estação e enterradas quando estiverem em floração. A mostarda é muito utilizada para siderar; semeie a mostarda depois de ter arrancado a batata nova; revolva a terra com um ancinho, semeie à mão e cubra as sementes com terra.

Cave as plantas assim que começarem a aparecer as primeiras flores. A semente do trevo dos prados é cara, mas, sem dúvida, é uma leguminosa muito rica em nitrogênio, que pode ser semeada depois da batata nova e enterrada no outono. Se você o semear na primavera com o fim de obter as sementes, não precisará comprá-las.

O lúpulo é uma boa leguminosa. Você poderá semeá-lo com um intervalo de 15 cm entre as sementes, quer na primavera, quer no começo do verão. Também poderá conservar as suas próprias sementes. A *tagetes minuta*, uma composta anual, espécie de malmequer gigante, é uma planta interessante de cultivar para fazer estrume; atinge 3 m de altura e elimina os sabugueiros e as trepadeiras. Em certa medida, elimina também o capim, que é o flagelo de tantas hortas. É muito volumosa para ser siderada, devendo ser cortada para fazer estrume. Os girassóis fornecem material abundante para esta mesma finalidade. São semeados na primavera, a 1 cm de profundidade e com um intervalo de 30 cm entre as sementes; devem ser colhidos quando estão em flor.

Produtos hortícolas

As ferramentas do horticultor

Pá
Uma boa pá, limpa e guardada depois de usada, é indispensável para revolver a terra e enterrar o estrume.

Forcado
O forcado de jardinagem é um utensílio maravilhoso, e há muitos jardineiros experimentados que o preferem à enxada. Ele remexe a terra, sem revolvê-la, enterra o adubo ou o estrume a pequena profundidade e extrai as raízes das ervas daninhas, como o capim, por exemplo. É também um utensílio indispensável para arrancar batatas.

Sacho
Existem duas espécies de sachos: o sacho comum e a sachola. O primeiro é utilizado para levantar a terra, e a segunda para empurrá-la. O sacho comum é mais rápido, penetra mais profundamente e arranca melhor as ervas daninhas mais resistentes. A vantagem da sachola é a de que, ao usá-la, a pessoa anda para trás e, por isso, não deixa pegadas na terra. Para quem tem muito para sachar, recomendo o sacho comum.

Ancinho
Um ancinho, de preferência grande e de ferro, é essencial para fazer as camas de semeadura e cobrir as sementes.

Carrinho de mão
O carrinho de mão é necessário em todos os lugares que tenham área maior que um pequeno jardim de cidade. O antigo carrinho de mão, com rodas de madeira e uma caixa desmontável na qual se podiam carregar fardos leves mas volumosos, era um utensílio formidável; muito mais prático, de qualquer forma, que o carrinho de mão baixo, de ferro, que encontramos atualmente por toda parte.

Regador
É preferível adquirir um regador de ferro galvanizado a um de plástico, que não durará muito tempo.

Espátula
Será indispensável para suas plantas, fazendo, às vezes, o trabalho de um plantador.

Sulcador
Você poderá fazer um sulcador, cortando o cabo de uma ferramenta inutilizada; é necessário para desbastar as plantas novas.

Tesoura de poda
Muito útil para podar árvores. Para as plantas novas, é mais rápida e mais suave que uma faca, e também pode servir para cortar o pescoço do frango quando você for estripá-lo.

Cordel de jardinagem
Um cordel mais fino que uma corda, e que você possa enrolar num molinete de ferro ou de madeira. Isso pode parecer inútil, mas é necessário para conseguir que os legumes fiquem perfeitamente alinhados.

Sacho de rodas
As pequenas máquinas de rodas às vezes são muito práticas; e o sacho de rodas é dos mais úteis; corresponde ao sachador mecânico, de tração animal, usado no campo. Você pode fazê-lo movimentar-se entre os canteiros, embora isso não o dispense

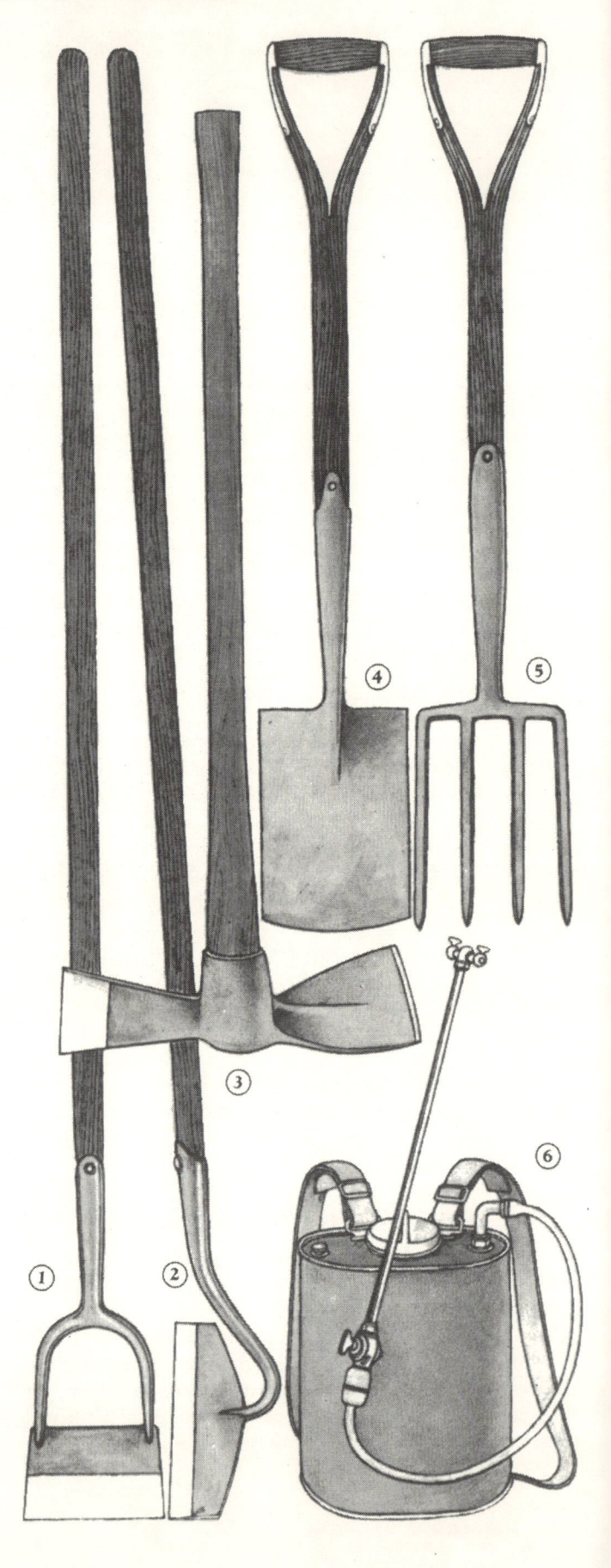

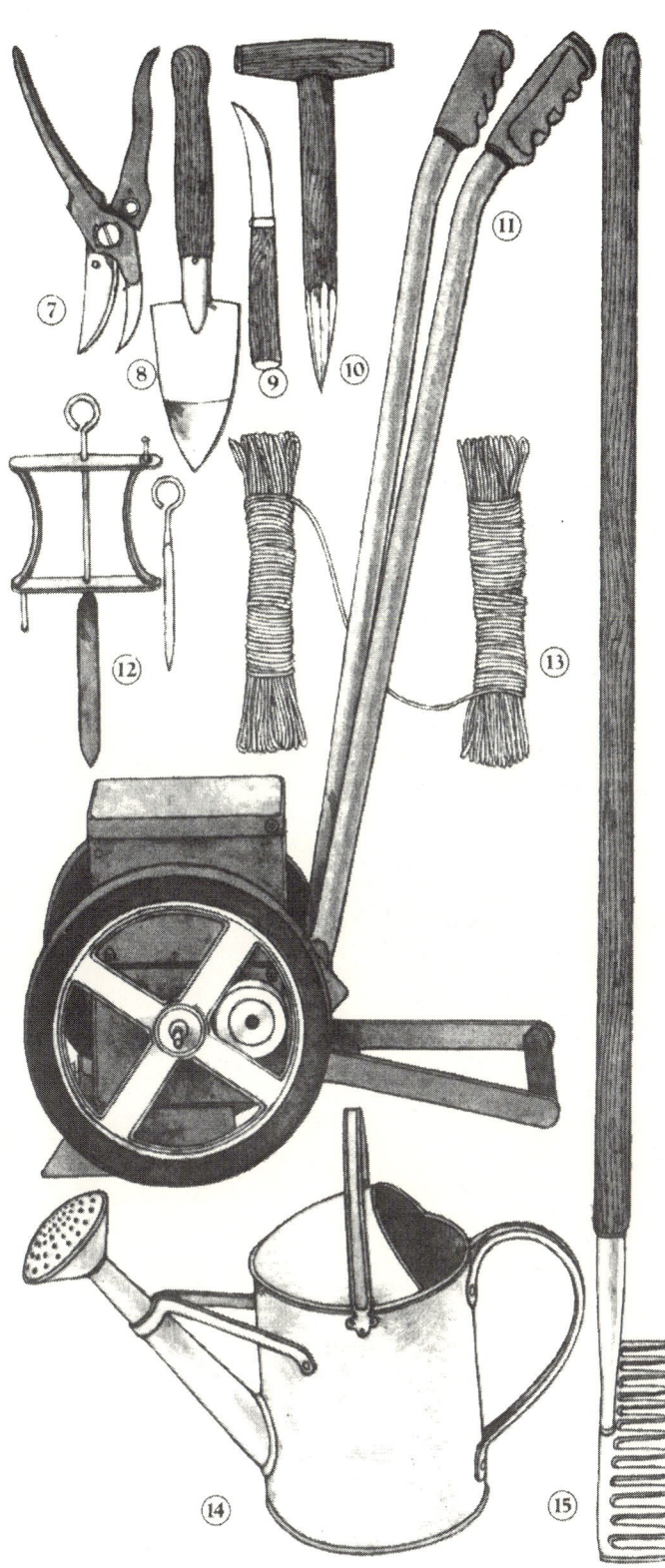

Produtos hortícolas

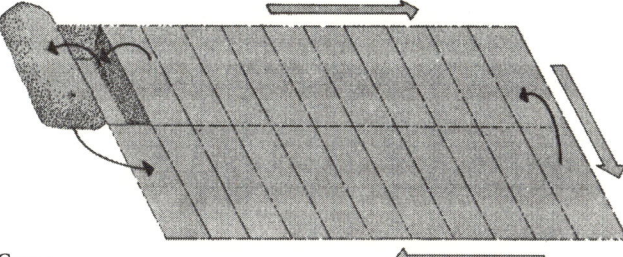

Cavar

Faça um primeiro sulco numa das extremidades do seu canteiro, que você encherá com a terra do sulco que fará em seguida. Proceda da mesma forma até chegar ao fim. A fim de evitar transportes de terra, divida o canteiro em dois e cave uma metade num sentido e a outra no sentido contrário; a terra do primeiro sulco ficará pronta para ser colocada no último.

Antes de começar, marque bem com um cordel de jardinagem a parte que você irá remover. Faça um pequeno sulco ao longo do cordel, depois cave a terra o mais profundamente possível, e numa largura de 30 cm.

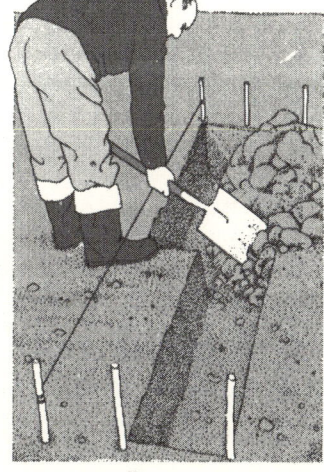

Não se contente em remover a terra somente na superfície; faça penetrar a pá, fazendo força com o pé, e, com um movimento giratório, atire a terra para o sulco seguinte.

de sachar à mão, entre as plantas. Além disso, existe uma técnica que consiste em plantar couves, batatas e milho em quadrados, de maneira que seja possível passar o sacho de rodas dos dois lados, em ângulo reto. Não cometa o erro de pensar que dá para trabalhar com o "arado" que encontrará entre os acessórios do sacho; trata-se de um acessório certamente muito útil, mas com o qual só é possível fazer pequenos sulcos para pôr as sementes.

Semeadeiras

O mercado oferece uma grande variedade de semeadeiras de rodas. A maior parte só agita as sementes, até elas caírem sobre a terra através de um tubo. No entanto, existem semeadeiras de precisão, que separam as sementes uma a uma, para depois as deixar cair a intervalos regulares. Essas máquinas são caras e não se justificam numa horta pequena; no entanto, são vantajosas para hortas de produção em escala comercial. Economizam sementes e tempo. Contudo, nem todas as sementes se adaptam a essas máquinas, tendo algumas de ser previamente preparadas. Essas sementes são caras, o que, apesar de tudo, será compensador se você usar grande quantidade.

Ferramentas de jardim
1 Sacho
2 Sachola
3 Alvião
4 Pá
5 Forcado
6 Pulverizador portátil, de dorso
7 Tesoura de poda
8 Espátula
9 Faca de poda
10 Sulcador
11 Semeadeira de precisão
12 Molinete
13 Cordel de jardinagem
14 Regador
15 Ancinho

Produtos hortícolas

Semear e plantar

Diz-se que algumas pessoas têm o "dedo verde", o que significa que tudo o que elas plantam cresce. Minha impressão é que esse misterioso poder é um misto de bom-senso e simpatia: simpatia para com uma vida nova que estamos ajudando a formar. Afinal, do que é que uma semente tem necessidade? De umidade, calor e de terra muito fina, para que os brotos possam crescer em altura e as raízes em profundidade. O solo deve estar em contato direto com a semente, não devendo haver grande distância entre a semente e a luz, porque o crescimento da planta depende da energia solar acumulada nas folhas, por fotossíntese. Essa energia intervém quando a energia que está armazenada na semente se esgota, e contribui para proteger a planta dos seus inimigos.

As exigências das plantas variam, é claro, mas, sem entrar em detalhes, diremos que há duas maneiras de plantar legumes.

A primeira consiste em jogar a semente diretamente na terra, no lugar reservado ao seu crescimento. E a segunda, em plantar a semente em outro lugar e transplantá-la depois. E há mesmo casos em que se faz um primeiro transplante do lugar em que se semeou para outro canteiro, a fim de deixar as plantas crescerem um pouco, só depois transplantando-as para o local definitivo. Esse processo, aparentemente trabalhoso e longo, justifica-se por duas razões. Em primeiro lugar, se as sementes forem plantadas em sementeiras, deixarão a terra livre para culturas mais prematuras. Assim, praticamente todas as couves, alhos franceses e outras plantas que aparecem no outono, e possivelmente durante parte do inverno, ocuparão somente um pequeno pedaço de terra durante a primeira metade do verão.

Só as colocaremos na terra quando for deixado o lugar livre pelas culturas prematuras, como as batatas novas ou as ervilhas; assim é possível fazer duas colheitas por ano, num só terreno.

Vasos de turfa

Algumas culturas desenvolvem-se melhor em vasos de turfa que em sementeiras, antes de serem transplantadas. São culturas cujas raízes preferem estar isoladas. E, quando você colocar o vaso de turfa na terra, as raízes das novas plantas seguirão seu caminho, através da turfa, sem prejuízo nenhum para elas. Esse tratamento é recomendado especialmente para plantas como o milho, o melão e a abóbora.

Terra das sementeiras

A qualidade da terra que se coloca nas sementeiras ou nos vasos é muito importante. Se você usar somente terra comum, ela tenderá a gretar e secar, além de, certamente, conter insetos e germes de doenças que poderão multiplicar-se na atmosfera quente da sua estufa; e, com certeza, você não conseguirá muitos bons resultados.

Se você tiver condições e meios, compre terra especialmente preparada para sementeiras. Os resultados compensarão a despesa. Essas terras são perfeitamente equilibradas e cuidadosamente esterilizadas. Se não puder, ou não quiser, poderá prepará-las em casa.

Os ingredientes para essa mistura são, em geral, argila, turfa e areia. Para obter argila você poderá catar uns torrões de terra de um bom prado, empilhando-os, pondo capim por baixo e colocando entre as camadas um bom adubo ou estrume. Faça seis camadas, de 30 cm cada uma, e deixe-as repousar de 6 meses a 1 ano. Depois é preciso esterilizar a argila; a melhor maneira é

Semear
Faça o alinhamento e estenda um cordel em todo o comprimento. Cave um pequeno sulco com um sacho, à profundidade conveniente.

Distribua as sementes por igual: as maiores, como as de ervilha e feijão verde, semeiam-se em intervalos regulares, geralmente indicados nas embalagens. Regue suavemente.

Quando terminar, cubra a cama das sementes e trabalhe a terra com o ancinho, de maneira que ela fique uniforme. Essa camada de superfície, que deve ser de terra bem fina, é muito importante.

Alise a terra com os pés ou com a base do ancinho. Assim terá a garantia de que as sementes estarão em perfeito contato com a terra.

Produtos hortícolas

fazer passar vapor através dela. Ponha a argila num recipiente que tenha buracos no fundo e coloque-o sobre uma vasilha de água fervente. O vapor esterilizará a argila.

Quanto à turfa, poderá comprá-la ou apanhá-la de uma turfeira. Para esterilizá-la, basta fazê-la ferver em água.

A composição de uma boa terra para sementeiras é (em volume): 2 partes de argila esterilizada para 1 parte de turfa esterilizada e 1 parte de areia bem grossa, também esterilizada. Para cada 25 kg dessa mistura, junte 40 g de superfosfato de cal a 18% e 20 g de cré ou de pedra de cal moída.

A composição da mistura para vasos é (em volume): 7 partes de argila esterilizada, 3 partes de turfa esterilizada, 2 partes de areia bem grossa e esterilizada. Para cada 25 kg, junte 110 g de superfosfato a 18% e 21 g de cré ou de pedra de cal moída.

Como composição básica de fertilizante, pode-se empregar (em peso): 2 partes de farinha (de casco e chifre), 2 partes de superfosfato de cal a 18% e 1 parte de sulfato de potássio.

Transplante

Tal como a semeadura, o transplante também exige simpatia e bom-senso. Imagine o trauma que deve representar um transplante para uma planta que estava destinada a crescer e passar toda a vida no mesmo lugar. Ela é arrancada do solo, e a maior parte da boa terra a que estava habituada é retirada das raízes ainda tenras, que, inevitavelmente, são danificadas. Depois, é brutalmente colocada em terra estranha, onde a maior parte das vezes suas raízes não estão em contato com o solo, ou estão retorcidas e quebradas. É para admirar que, depois de serem tratadas assim, as plantas consigam sobreviver e desenvolver-se normalmente.

Por isso, arranque as plantas suavemente, assegurando-se de que fica muita terra presa às raízes. Transplante-as, o mais delicadamente possível, para uma terra pulverulenta, tendo o cuidado de entalar bem as raízes. Certifique-se de que a terra está firme e bem calcada para que as raízes mais tenras não se partam. Depois regue bem. Um transplante "alagado" (quer dizer, com excesso de água) é sempre bom. É evidente que, se você tiver de transplantar centenas de couves, será impossível ocupar-se de cada uma individualmente. Você será pressionado pelo tempo e obrigado a metê-las na terra, rapidamente; nessas circunstâncias, é surpreendente constatar que algumas pessoas têm sucesso absoluto, enquanto outras, muitas decepções.

Plantação em local definitivo

Sempre que possível, plante quando chove, ou antes de chover. Para as plantas grandes, utilize um transplantador; para as pequenas, serve um simples plantador, que não é, com efeito, mais que um pedaço de madeira pontiagudo. Os trabalhadores agrícolas que transplantam milhares de couves vão enterrando lentamente o plantador ao lado da planta, puxando-a depois para calcar a terra à volta das raízes. Tudo estará correto quando uma ligeira tração sobre o caule ou as folhas não arrancar a planta.

Com as plantas maiores ou com as mais delicadas, como os tomates e as favas (se é que, na verdade, você tem de transplantá-los), deixe muita terra em volta das raízes e coloque-as nos buracos que tiver cavado com o transplantador. Depois, calque a terra em volta. Se tiver cultivado em vasos, mude para a terra. Regue bem e retire a planta do vaso somente quando a terra no local definitivo estiver pronta para recebê-la.

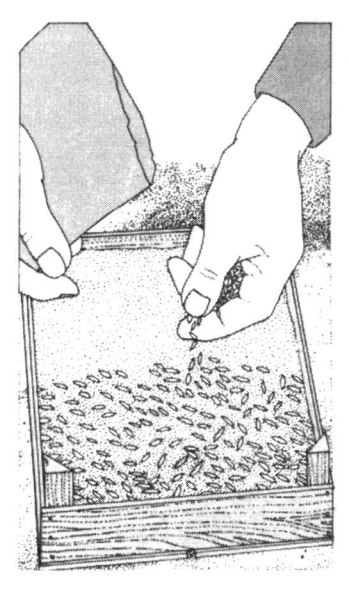

Plantar
Junte as sementes numa sementeira, o que lhe permitirá ir cultivando qualquer outra cultura na terra para onde eventualmente as transplantará.

Você também poderá plantar em vasos. Assim que os brotos crescerem, espalhe-os para que as raízes tenham mais espaço para se desenvolver.

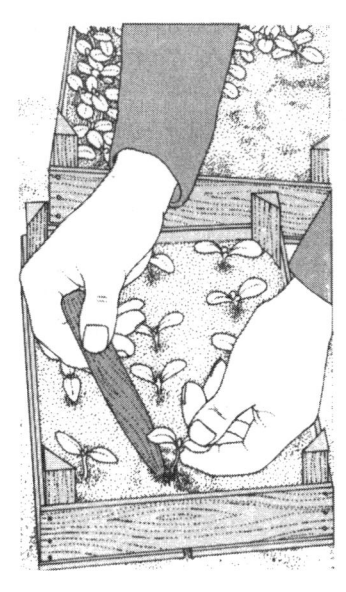

Quando os brotos da primeira sementeira começarem a se amontoar, você deverá fazer a repicagem, isto é, o transplante para outra sementeira ou para um canteiro, onde tenham mais espaço para crescer.

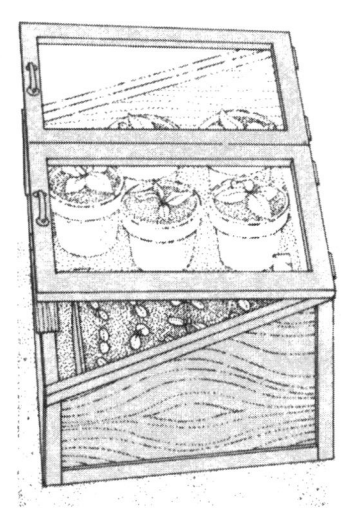

Dê um bom começo de vida às suas sementes, colocando-as debaixo de vidro, em vasos ou em sementeiras. O crescimento delas será mais rápido que ao ar livre.

Produtos hortícolas

Cultivar em estufas

Você poderá comprar uma estufa que, por dentro, se assemelhe a um módulo espacial, com um termostato, germinadores, fumigadores elétricos e mil outros engenhos sofisticados. Mas, ao comprar esse tipo de aparelho, você gastará uma soma que lhe permitiria, durante décadas, comprar os legumes fora de estação na melhor quitanda da esquina. Valerá a pena ter todo esse trabalho e despesa só para ter legumes e frutas duas semanas antes do tempo? Se você visar ao mercado, a resposta é sim.

A produção para o mercado, feita em estufas ou em campânulas, é um meio inteligente e válido de ganhar a pequena quantia de dinheiro de que todos aqueles que vivem em autossuficiência precisam para sustentar suas limitadas relações comerciais com o resto do mundo. Eu escrevo livros, meu vizinho dá aulas de piano, o outro faz objetos de madeira. E, se alguém quiser assegurar seu ganha-pão com a cultura em estufa, deverá procurar bons livros sobre esse assunto tão complexo, que requer conhecimentos e experiência. Disso dependerá o sucesso.

Mas, para os que não pretendem fazer da produção em estufas o centro da sua atividade lucrativa, serão suficientes estufas rudimentares, com camas frias, camas quentes, ou várias campânulas. Você poderá comprar uma estufa feita ou construí-la você mesmo. Muitas vezes, a melhor solução consiste em comprar os caixilhos com o vidro e construir o suporte. Para mais detalhes, ver páginas 172-3.

Estufins

Se você construir quatro paredes baixas e colocar por cima um vidro inclinado, voltado para o sol, terá um estufim. As paredes podem ser feitas do que você quiser: madeira, tijolo, cimento ou barro. O vidro deve ser montado num caixilho de madeira, de modo que possa ser levantado ou abaixado facilmente. Esses estufins são muito utilizados para o amadurecimento de alfaces e couves precoces, para cultivar pepinos quase no fim do verão, para melões e outras plantas. Mas, para tomates, geralmente esses estufins são muito baixos.

Estufins de camas quentes

Muito utilizadas pelos hortelões franceses, estas camas são um meio inteligente e econômico de acelerar o crescimento das plantas, mas requerem conhecimentos. Primeiro você deverá fazer uma cama quente, que consiste numa camada de estrume, parcialmente decomposto. O melhor estrume é aquele feito de excrementos de cavalo, misturados com palha e com folhas mortas ou outras matérias vegetais para que não fique quente demais. Revolva-o várias vezes até que se desprenda o calor inicial da fermentação, assim como o odor característico do amoníaco. Depois, ponha tudo no fundo de uma estufa com uma boa camada de terra por cima. O razoável será uma camada de 75 cm de estrume, coberta com 30 cm de terra. Você deverá semear quando a temperatura descer para 27 °C. Também poderá transplantar brotos para uma estufa desse tipo. Evidentemente você o fará no fim do inverno ou no princípio da primavera, e, assim, à medida que a estufa for esfriando, a primavera irá avançando e o calor do sol substituirá, pouco a pouco, o calor do estrume.

A cultura em camas quentes não é tão fácil como parece, mas, quando benfeita, é muito eficaz. Portanto, é lamentável que não seja mais utilizada. Mas talvez se chegue a isso, devido ao aumento constante do custo da eletricidade, empregada para aquecer outros tipos de estufas. Evidentemente, antes de tudo é preciso ter o cavalo. Mas um bom adubo composto também poderá funcionar.

Campânulas

As antigas campânulas de vidro em forma de sino eram muito usadas na França. Eram colocadas simplesmente por cima das plantas cujo desenvolvimento se queria acelerar. Foram depois substituídas por tendas ou abóbadas de vidro enfileiradas, de modo que formassem longos túneis. Esses sistemas são bem mais baratos, o que é uma vantagem importante, porque, caso você seja tão desajeitado quanto eu, sua cultura em campânula será pontuada pelo tilintar de vidros se quebrando. Basta eu

Estufim de camas quentes
Uma camada espessa de estrume em decomposição ou de adubo composto, coberta de terra, bastará para reter o calor desde o princípio do inverno até a primavera.

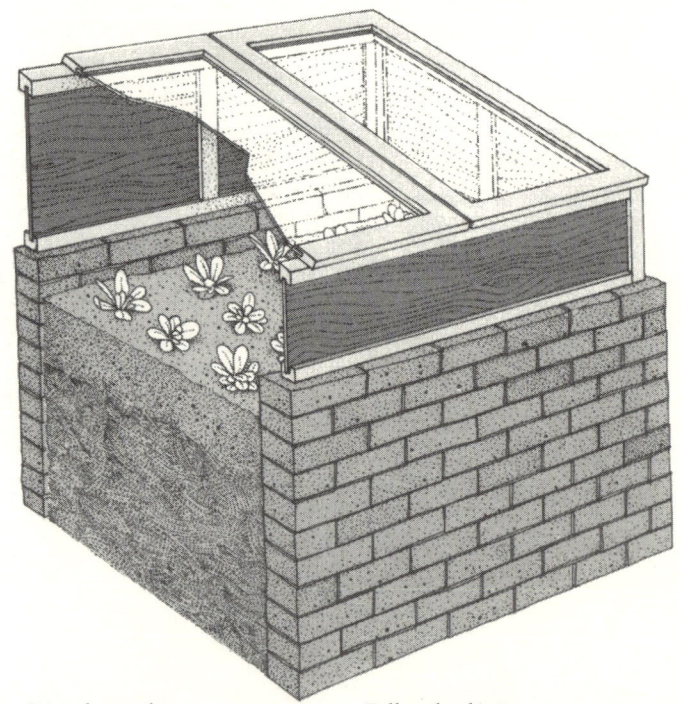

Caixa de papelão
Uma caixa de papelão pintada de preto absorve o calor do sol e favorece a germinação.

Folhas de plástico
Uma folha de plástico transparente favorece a germinação e acelera o crescimento das plantas.

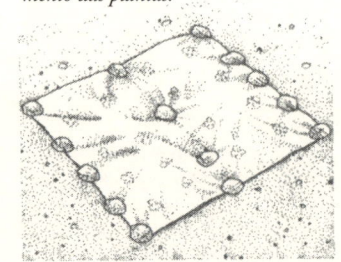

Produtos hortícolas

olhar para uma campânula de vidro para que ela se quebre; se você pensar que é preciso sachar, tirar o mato, regar (indispensável, uma vez que as plantas estão ao abrigo da chuva), desbastar, inspecionar e colher, compreenderá quanto deve ser alta a taxa de mortalidade das campânulas.

A invenção seguinte foi o polietileno, sustentado por um arame em forma de *u* invertido. Esses túneis não se estragam, mas são facilmente arrastados pelo vento, que se encarrega de destruí-los. No entanto, são funcionais; muitos particulares os utilizam, e os hortelões cobrem com eles grandes extensões de terra. Colocá-los e retirá-los representa, na verdade, uma sobrecarga de trabalho, mas a possibilidade de fazer uma colheita 15 dias mais cedo é uma vantagem. Com efeito, o plástico (PVC-polivinil) conserva o calor melhor que o polietileno, mas também é mais caro. Não deixe também de considerar a hipótese do frasco de compota! Um frasco de compota, colocado por cima de uma semente ou de uma planta delicada, irá protegê-la tão bem como uma campânula. E uma folha de qualquer plástico transparente, colocada por cima do chão e firmada, nas pontas, com um pouco de terra servirá muito bem para fazer "crescer" batatas novas etc.

Germinadores

Você poderá utilizar um germinador para as culturas muito precoces. Trata-se de uma caixa de vidro contendo terra aquecida por meio de resistências elétricas. As condições resultantes são do tipo "pés quentes, cabeça fria", de que muitas plantas gostam bastante. Nos climas temperados, podem-se semear tomates nesses germinadores, no mês de janeiro, mas o ar deve se manter a uma temperatura de pelo menos 7 °C, e a terra deve estar quente.

Um germinador pode ser um investimento útil se você tiver eletricidade, tempo e habilidade para desenvolver sua cultura de tomates a partir das suas próprias sementes.

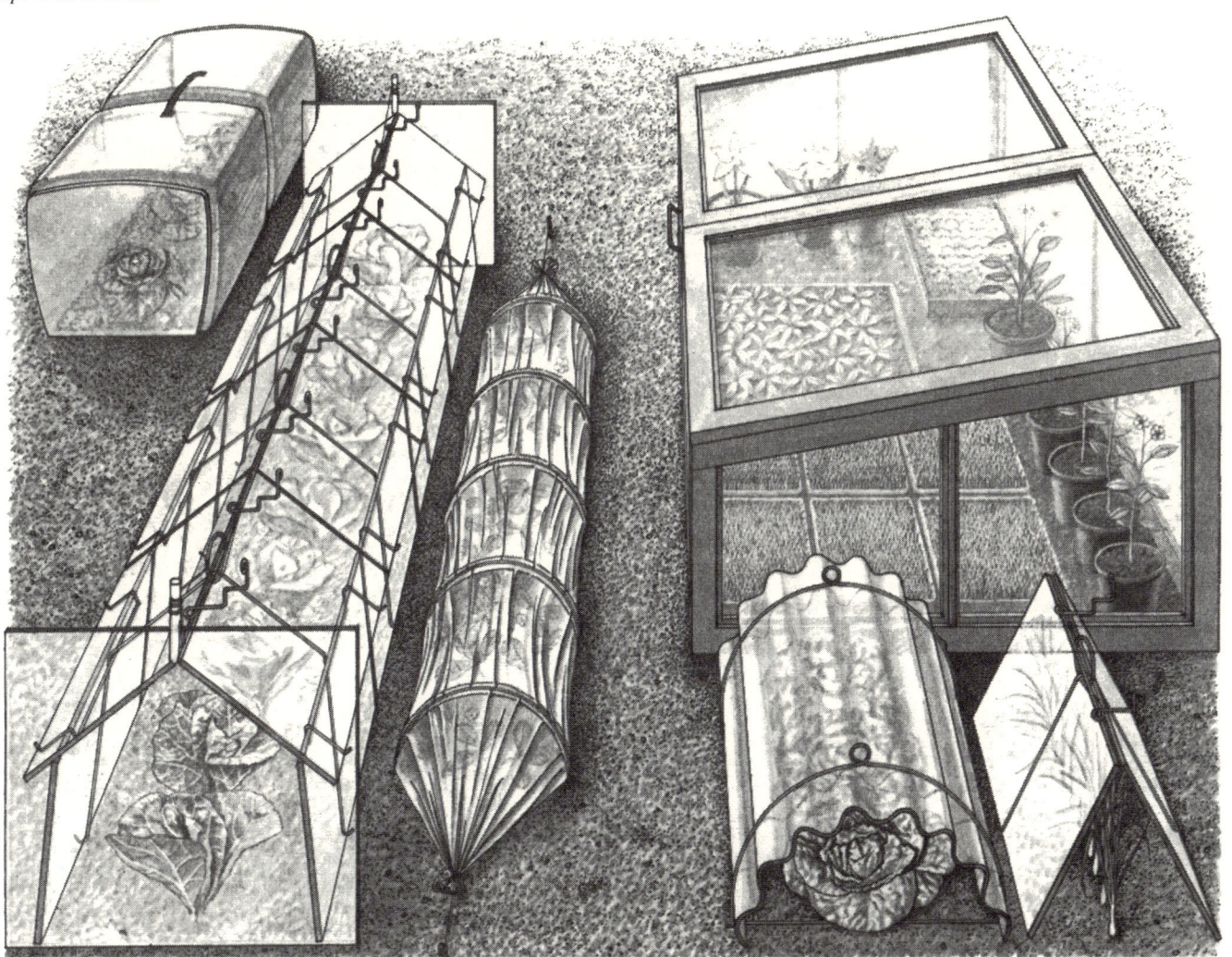

Campânulas e estufins
Quatro paredes cobertas com uma placa de vidro constituem um estufim (em cima, à direita). As campânulas podem ser deslocadas facilmente e podem ser de vários tipos (da esquerda para a direita): campânula de plástico duro; campânula-celeiro de vidro; túnel de plástico flexível; campânula de acrílico ondulado; campânula tipo tenda e de vidro.

Produtos hortícolas

Luta contra as pragas e doenças

As ervas daninhas que crescem alegremente nas nossas hortas, desafiando todos os nossos esforços para fazê-las desaparecer, são organismos fortes e bem adaptados para se protegerem da maior parte dos inimigos. Caso contrário, não estariam lá. Mas nossas culturas evoluíram gradualmente: através de uma seleção artificial, de maneira a serem carnudas, boas para o consumo e altamente produtivas. Como resultado, sua natural resistência e imunidade contra as pragas e doenças muitas vezes foi sacrificada em favor de outras qualidades. Por isso, devemos protegê-las. Contudo, evitar o ataque de pragas e doenças não é tão fácil assim. É, de fato, um grande problema. Se você observar os princípios da boa agricultura, colocando muito estrume na terra e respeitando estritamente a rotação de culturas (nunca fazer a mesma cultura anual num mesmo pedaço de terra por 2 anos seguidos, deixando sempre o maior intervalo de tempo entre duas culturas de uma mesma planta), evitará muitos problemas. Terá sempre pragas e doenças, mas nunca graves. Um agricultor conhecido meu, que cultiva milhares de acres sem nunca usar um grama de produtos químicos, e cujo nível de produção está acima da média nacional, afirma que no seu campo de trigo há exemplos de todas as doenças de trigo existentes, mas nenhuma chega a ponto de afetar seu nível de produção.

A grande diversidade da flora e da fauna do meio ambiente ajuda no equilíbrio entre as espécies: muitos predadores de várias espécies eliminam as pragas antes de se tornarem incontroláveis. Destruir todas as formas de vida com produtos químicos venenosos significa também destruir os predadores, de modo que, quando houver uma praga de insetos nocivos, não haverá um controle natural e você será forçado a usar, novamente, produtos químicos. Ainda assim, por mais orgânica que seja sua forma de cultivar, pode acontecer de alguma praga

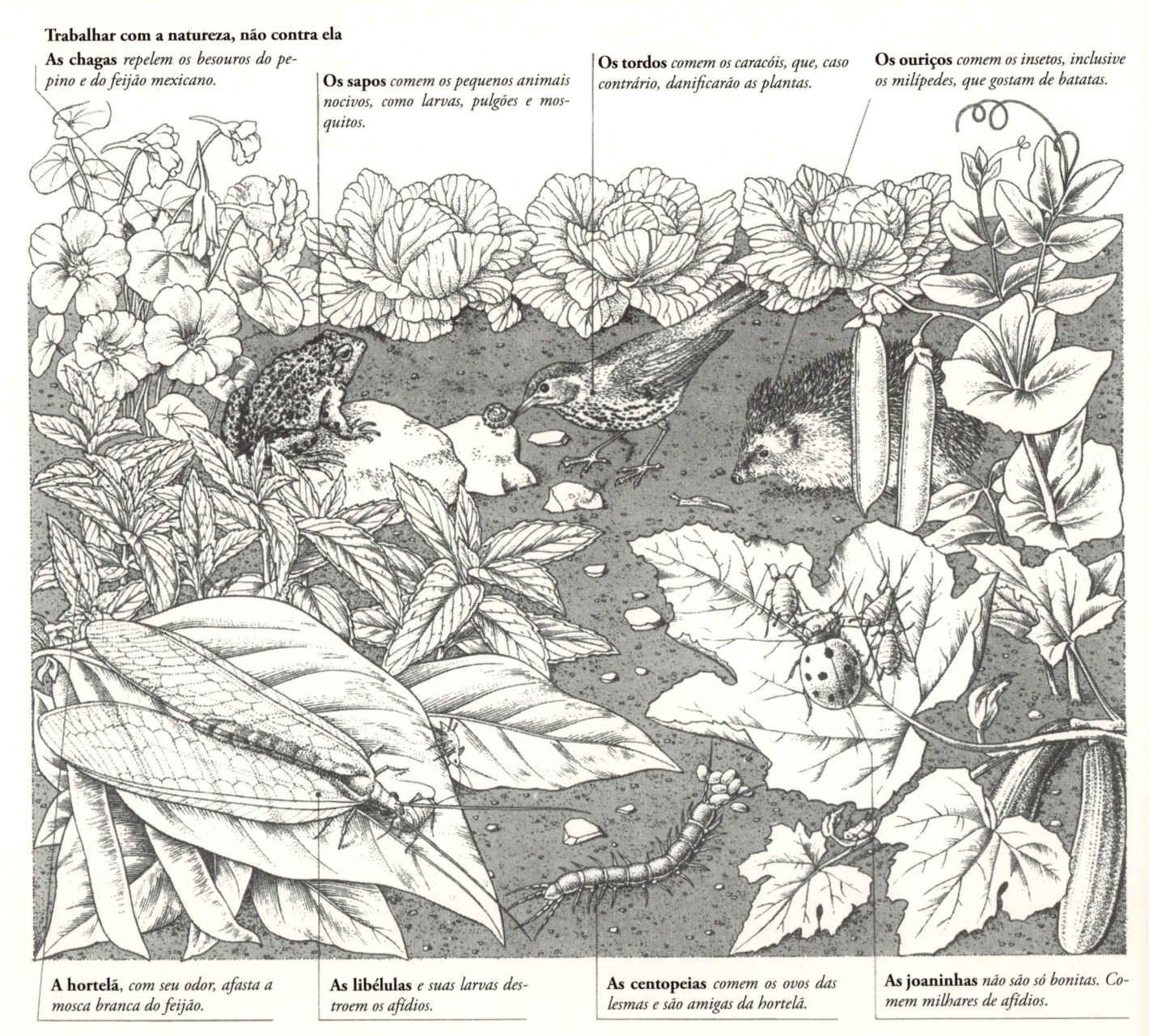

Trabalhar com a natureza, não contra ela

As chagas *repelem os besouros do pepino e do feijão mexicano.*

Os sapos *comem os pequenos animais nocivos, como larvas, pulgões e mosquitos.*

Os tordos *comem os caracóis, que, caso contrário, danificarão as plantas.*

Os ouriços *comem os insetos, inclusive os milípedes, que gostam de batatas.*

A hortelã, *com seu odor, afasta a mosca branca do feijão.*

As libélulas *e suas larvas destroem os afídios.*

As centopeias *comem os ovos das lesmas e são amigas da hortelã.*

As joaninhas *não são só bonitas. Comem milhares de afídios.*

Produtos hortícolas

ou doença avançar demais, e alguma coisa terá de ser feita para que você não perca a colheita.

Pesticidas químicas

Os hortelões ortodoxos aconselharão o uso de veneno. Você poderá muito bem utilizá-lo e, com certeza, às vezes será necessário; mas não valerá mais a pena proteger suas culturas sem usar veneno? Qualquer pessoa poderá afastar as doenças e as pragas espirrando-lhes produtos químicos; mas, então, quais serão as consequências sobre as outras formas de vida?

Se um produto químico é venenoso para um organismo, pode estar certo de que também o é para outros, e até mesmo para nós: poderá provocar lesões, mesmo que não mate.

Os únicos produtos químicos que eu uso são a calda bordalesa (ver p. 87), diversas iscas envenenadas contra as lesmas e píretro contra as lagartas e as moscas verdes e pretas. Estes produtos são derivados de plantas, não são persistentes e são inofensivos para os não insetos.

Luta biológica contra as pragas

Até hoje, muito pouco se descobriu sobre os meios de defesa natural, ou biológica, simplesmente porque não se faz dinheiro a partir disso. Nenhuma empresa se interessará por processos de controle de doenças e pragas, a não ser que isso lhe traga algum proveito e que não esteja se arriscando a atuar contra os lucros na venda de venenos químicos comerciados por ela.

Lawrence D. Hills, da Associação Doubleday, no condado de Essex, na Grã-Bretanha, com a ajuda de assistentes voluntários, realizou pesquisas no mundo inteiro sobre os métodos de luta biológica contra as doenças e pragas das plantas. A Associação, aliás, editou um pequeno livro que em inglês tem por título: *Pest Control without Poison* [Controle de pragas sem venenos]. Aqui estão alguns exemplos extraídos dele (e de outras fontes).

No fim do verão, enrole papel de embrulho ou papelão rugoso em volta das árvores frutíferas; depois queime-o, e não terá mais gorgulhos, nem a pirale da maçã, nem outro animal nocivo qualquer.

Como nos tempos antigos, coloque uma faixa de gordura nos troncos das árvores, para impedir que os insetos subam. A maior parte deles, porém, voa.

No princípio do verão, corte todos os ramos mortos das árvores frutíferas com caroço e queime-os, como medida de proteção contra a seca e o amarelecimento.

No inverno, espalhe uma mistura de inverno nas árvores frutíferas. Mas só se for absolutamente essencial, porque poderá, ao mesmo tempo, matar insetos úteis.

Use muito potássio para evitar as manchas marrons nos feijões. Para evitar os pulgões, cultive as favas, que são semeadas no inverno. Quando descobrir os primeiros pulgões, corte as pontas dos caules das favas e aproveite-as para comer.

Você poderá evitar a mosca da cenoura cultivando, simultaneamente, cenouras com cebolas; a intenção é misturar os odores de ambas, evitando tanto a mosca da cenoura como a da cebola. Ainda como medida preventiva, é mais eficaz colocar areia embebida em parafina entre as filas de cenouras e cebolas. As cebolas plantadas em mudas terão menor probabilidade de ser atacadas pelas moscas do que as cultivadas a partir de sementes.

Arranque cuidadosamente as ervas daninhas e erva-benta dos campos para não colher couves com "quebraduras".

Antes de plantar a couve, ponha um pedacinho de ruibarbo no fundo de cada buraco ou, ainda melhor, regue as camas de sementes, bem como as plantas jovens, com água de ruibarbo.

Enterre recipientes cheios de cerveja para apanhar as lesmas. Ou guarde a cerveja e use uma mistura de água com leite.

Segundo minha experiência com relação a pragas e doenças, acho que com queimadura (se não as tratar) e invasões ocasionais de lagartas e insetos nas couves não há nenhuma razão para você se preocupar, na medida em que estiver cumprindo as leis de uma boa agricultura orgânica, que são as da natureza. Algumas pragas nas culturas sãs nem sempre causam grandes prejuízos, pelo menos não a ponto de você ter de se preocupar.

Meios simples de proteção
As plantas jovens e os arbustos têm necessidade de ser protegidos contra os pássaros. Quatro paus e uma rede leve formam uma gaiola para um arbusto. Proteja suas plantas com um arame esticado sobre arcos, ou formando uma teia de aranha com um fio e toquinhos de madeira.

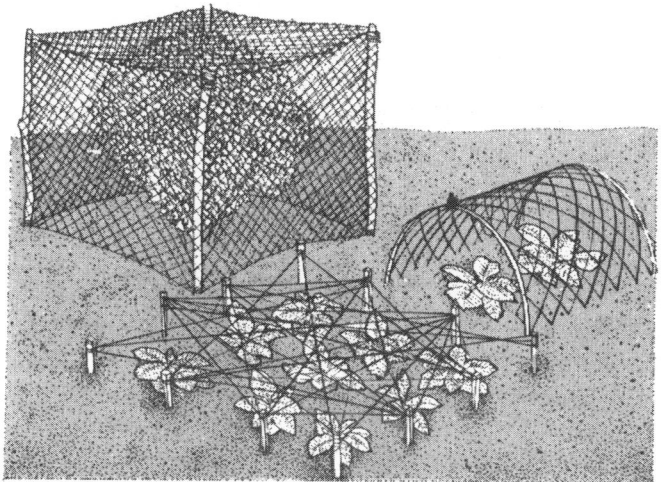

Intercale suas culturas e você ficará admirado com os resultados: por exemplo, cenouras com cebolas.

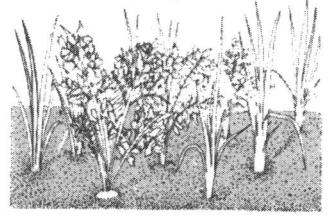

Punhados de areia embebidos em parafina, colocado entre as filas de cebolas, evitam a mosca da cebola.

Um pedaço de ruibarbo, colocado por baixo da couve, impede a quebradura.

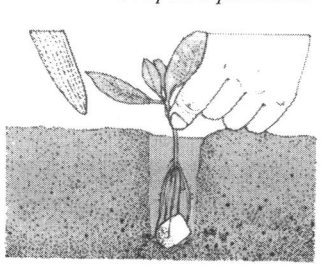

As lesmas gostam de cerveja. Cace-as enterrando um prato fundo cheio desse líquido.

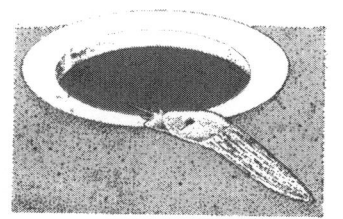

Produtos hortícolas

Os legumes

Se você cultivar apenas alguns dos legumes mencionados a seguir, poderá comer legumes frescos desde o começo da primavera até o fim do outono. E, se fizer uma boa seleção das espécies que irá plantar e armazená-las (ver p. 182), ou montar uma estufa (ver p. 172), poderá dispor de legumes frescos durante todo o ano e nunca mais precisará comprar alfaces murchas ou tomates sem gosto.

ALCACHOFRA

Utilização – As alcachofras são plantas vivazes; com os cuidados adequados pressupõem um empreendimento a longo prazo, por volta de 10-15 anos, mas com bons resultados. Não as recomendaria como cultura se fosse o caso de alimentar uma sociedade esfomeada, mas o objetivo de uma pessoa que vive em autossuficiência deve ser o de levar uma vida rica e variada. Uma dieta rica e variada constitui o elemento essencial desse modo de vida. Basicamente, as alcachofras são cardos gigantes, e o que se come é a inflorescência, e não toda ela, mas só um pedacinho na base das pétalas, quando ainda estão tenras, bem como o coração que fica debaixo de um tufo de picos, que são pétalas em formação. Cozinhe toda a flor e coma-a com manteiga, ou azeite e vinagre.

Semeadura – Plante os brotos na primavera (abril), a partir de uma planta já existente, deixando-lhes um pedaço do caule. Plante-os a 10 cm de profundidade e com intervalos de 90 cm, numa terra bem adubada e drenada, apesar de eu preferir solos argilo-siliciosos ou argilo-calcários, férteis, profundos, frescos e com ligeiro declive.

Manutenção – Sachar frequentemente.

Colheita – Não faça nada durante o primeiro ano, mas vá sempre cortando as cabeças, todos os anos, a partir do segundo ano. Uns 5 ou 6 anos mais tarde, volte a plantar uma nova linha em outro local. Se todos os anos você arrancar a fila mais antiga e replantar outra, nunca terá interrupção da colheita. Adube com abundância todos os anos e, no inverno, cubra com uma boa camada de palha.

ASPARGO

Utilização – Os aspargos são plantas perenes. Demoram cerca de 3 anos para se desenvolver, mas a demora vale a pena. Amadurecem muito cedo durante o ano, exatamente na época em que se precisa deles; são deliciosos e muito nutritivos – sem dúvida, uma das culturas mais nutritivas que se pode produzir. Não se deixe influenciar pelos preconceitos ridículos de que aspargo é um legume de luxo. Sendo nutritivos e deliciosos, os aspargos são colhidos numa época em que você não terá mais nada na sua horta.

Solo – Gostam de solo fundo, leve, argiloso e fértil, mas, acima de tudo, que seja bem drenado. Podem crescer na areia, se tiverem bastante estrume. Certifique-se de que não há nenhuma erva daninha perene no seu futuro canteiro de aspargos: a grama ou o sabugueiro devastarão seu canteiro, porque, quando os aspargos começarem a crescer, não poderá arrancá-los. As raízes que contêm as substâncias de reserva têm grande desenvolvimento. Antigamente, havia o hábito de plantar os aspargos em cômoros; hoje são plantados em linhas simples ou duplas, mas não é muito importante. Pessoalmente, gosto dos cômoros de três linhas que, à medida que os anos vão passando, vão se tornando cada vez mais altos, devido ao que vou pondo em cima. É bom cobri-los de algas no outono. Se estas não estiverem completamente decompostas na primavera, junte-as ao estrume.

BERINJELA

Utilização – As berinjelas tornaram-se cada vez mais populares e servem para confeccionar diversos pratos. É uma espécie perene, mas cultivada como anual.

Semeadura – No fim do inverno, semeie dentro de casa ou em estufa, em solo estrumado, e tente manter a temperatura a cerca de 16 °C. Um mês depois, coloque-as em vasos de turfa.

Plantio – No começo do verão, transplante-as fora. Nos climas frios, proteja-as com campânulas. Também poderá semeá-las no fim da primavera, na sua horta, e terá uma colheita tardia.

Plantio – No outono, estrume intensamente; depois, faça a compactação do terreno e o nivelamento com gradagem; no início de dezembro, abra os sulcos a uma distância mínima de 1,70 m. A plantação deve ser feita em princípios de fevereiro; o fundo dos sulcos deve levar estrume, que é enterrado. Também é bom fazer um tratamento contra as lagartas do solo e, depois, a plantação no fundo do sulco, com 45 cm de intervalo, distância medida a partir do meio da planta, que parece uma aranha grande. Sobretudo, não deixe as plantas secarem antes de plantá-las, e – muito importante – é preciso cobri-las com alguns centímetros de terra. Não deixe que a terra seque. Não deixe crescer nenhuma erva daninha.

Manutenção – Não corte nenhum aspargo durante o primeiro ano. Perto do fim do outono, corte as plantas ao nível do solo, para serem queimadas, e volte a pôr uma boa quantidade de estrume. Na primavera seguinte, poderá colocar farinha de peixe, adubo de capoeira, algas, e volte a tirar as ervas daninhas. No decorrer desse segundo ano, volte a adubá-lo mais um pouco e não o corte antes do mês de novembro. Volte a estrumar perto do fim do outono e dê-lhe produtos nutritivos na primavera. Tente manter sua cultura isenta de pragas ou doenças.

Colheita – No terceiro ano, assim que os brotos se assemelharem a aspargos, corte-os um pouco abaixo do nível do solo. Poderá ter aspargos frescos de 2 em 2 ou de 3 em 3 dias. Crescem muito depressa, e você poderá continuar a cortá-los até perto da terceira semana de junho. Nessa época, teria acabado. Mas então já haverá outros legumes para comer. Deixe crescer os turiões até o outono, depois corte-os e queime-os, destruindo assim os ovos das pragas. Depois, volte a estrumar ou adubar ou, melhor ainda, faça as duas coisas, porque o aspargo é uma planta ávida de cal e fosfato e gosta muito de húmus.

Colheita – Apanhe-as quando estiverem com uma coloração bem violeta e brilhante, e antes das primeiras geadas.

BETERRABA

Utilização – As beterrabas são uma fonte muito rica em vitamina B. São boas para a saúde; poderá comê-las raladas ou cruas, em salada, por exemplo, mas acho-as mais saborosas quando cozidas.

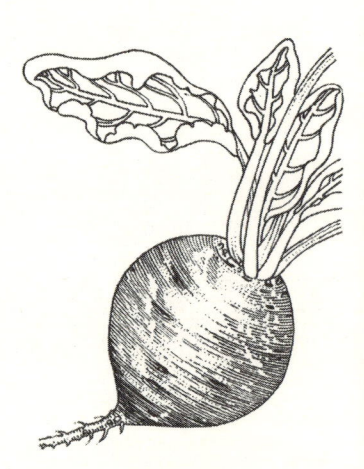

Solo – As beterrabas gostam de terra calcária, leve e profunda; no entanto crescem em qualquer lugar. Não gostam de terra recém-adubada e exigem uma boa cama de semeadura.

Semeadura – Semeie-as como cultura principal no princípio da primavera, mas parcimoniosamente: 2 grãos em cada 15 cm. São grãos múltiplos, e você terá de distribuí-los. Ponha os grãos em linhas, com 2,5 cm de profundidade e um intervalo de 30 cm entre as plantas.

Manutenção – Desbaste e sache frequentemente.

Colheita – Poderá deixá-las na terra até quando precisar delas, ou até que cheguem as grandes geadas; ou poderá apanhá-las no outono. Parta as folhas (não as corte), mas não muito perto da beterraba, porque senão elas se ressentirão. Empilhe as beterrabas ou guarde-as em areia, num celeiro fresco.

146

Produtos hortícolas

FAVA

Utilização – Você poderá apanhar as extremidades das favas semeadas no outono para cozinhá-las. Mas em geral comem-se os grãos, quando estão verdes. Também poderá secá-los para o inverno. Nesse caso, deverá tirar-lhes a pele para torná-los mais tenros.

Solo – Crescem em quase todos os solos, preferindo, no entanto, os solos argilosos.
Tratamento – O mesmo que para as ervilhas. Estrume abundantemente e efetue, com os cuidados já mencionados, uma calagem.
Semeadura – Como eu vivo num clima moderado, prefiro semear as favas no outono. Se os invernos forem muito rigorosos ou se, por qualquer razão, não puder semeá-las no outono, poderá semeá-las no princípio da primavera, numa terra leve e bem drenada. Quanto mais tarde você semear, maiores serão os riscos que correrá com os pulgões. Semeie cada semente a uma profundidade de 8 cm, com intervalos de 20 cm, em carreiras distanciadas também de 20 cm, se forem variedades de caules curtos; caso contrário, semeie-as em linhas espaçadas de 30-50 cm.
Manutenção – Na primavera, assim que os primeiros afídeos atacarem, o que é quase inevitável, apanhe as extremidades e coma-as. Não se esqueça de sachar e de efetuar as devidas rotações de culturas.
Colheita – Apanhe-as quando estiverem maduras. Se sobrarem, seque-as para o inverno. A colheita da fava para consumo em verde realiza-se na época da floração; para ensilar, quando estiver na fase de grão pastoso e para a alimentação humana e do gado, quando houver maturação completa do grão.

BRÓCOLIS

Brócolis em coração ou couve-flor de inverno.
Utilização – Os brócolis em forma de coração são como a couve-flor. São muito bons no inverno e constituem um legume ótimo no princípio da primavera, e você poderá colhê-los a partir do fim do verão até o princípio do verão do ano seguinte, se os plantar sucessivamente e usar muitas variedades.

Solo – Gostam de terra boa, pesada e firme, mas poderão crescer em quase todos os solos se forem bem adubados.
Tratamento – Como todas as couves, os brócolis precisam de calcário e não gostam de solo ácido. Preferem um solo firme, trabalhado em profundidade.
Semeadura – Comece a semear pelo fim do inverno até a primavera, e continue durante 4 ou 5 semanas, de acordo com as variedades.
Plantio – Faça o transplante assim que tiver espaço e as plantas estiverem prontas. Quer dizer, assim que tiverem alguns centímetros de altura, pelo menos, quatro folhas. Coloque-as com intervalos de 60 cm entre um e outro, em linhas à distância de 75 cm umas das outras, a uma certa profundidade, porque interessa estimular a formação de um bom sistema radicular.
Manutenção – Sache até que as ervas daninhas desapareçam.
Colheita – As variedades de outono podem ser apanhadas em setembro ou outubro; as de inverno, de janeiro a março; as variedades da primavera, até abril. Para obter uma colheita ainda mais tardia e não diminuir a qualidade do produto, proteja a cabeça branca, que se assemelha a uma couve-flor, dobrando as folhas sobre ela. Apanhe-os assim que estiverem maduros, mas não os cozinhe demais. (Nunca cozinhe em fogo alto nenhuma couve. Isso elimina todas as suas propriedades.)

COUVE-DE-BRUXELAS

Utilização – As couves-de-bruxelas são dos legumes de inverno os mais deliciosos.

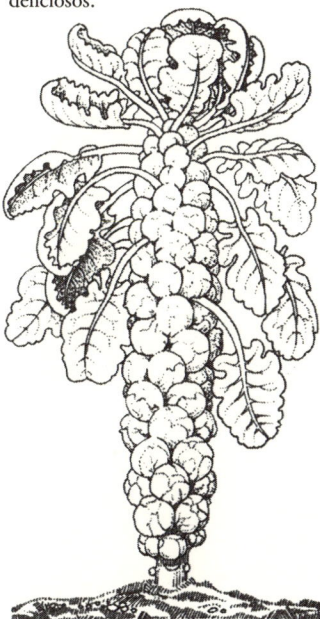

Solo – As couves-de-bruxelas gostam da terra argilosa, profundamente trabalhada, mas crescem em quase todos os solos, desde que trabalhados em profundidade e bem firmes.
Tratamento – No outono anterior, coloque estrume na terra ou plante logo depois de uma cultura que você tenha estrumado abundantemente. Se o solo tiver falta de calcário, faça a mesma coisa; plante depois de uma cultura que você tenha alimentado com cal.
Semeadura – Semeie no exterior, em estufas, em abril, para uma produção precoce; se quiser uma cultura mais tardia, volte a semear algumas semanas depois (maio-junho).
Plantio – Transplante no princípio do verão, com intervalos de 60-70 cm entre uma e outra, em linhas distanciadas de 60 cm. Pode ser útil, sobretudo em lugares muito ventosos, colocar uma estaca em cada planta, para sustentá-la à medida que vai crescendo.
Manutenção – Sache, sempre que preciso, para manter o terreno livre de ervas daninhas e convenientemente revolvido. Faça desaparecer as lesmas e lagartas. Se não tiver colocado estacas na primavera, ponha terra em volta dos caules durante o outono, para os aguentar e ajudar o crescimento de novas raízes.
Colheita – As couves precoces poderão começar a ser colhidas a partir do fim do verão. Só retire as folhas quando estiverem amareladas. E aproveite as extremidades, depois de ter apanhado as couves.

COUVE E REPOLHO

Utilização – Entre as várias espécies de couve, o repolho é, talvez, a mais confiável. Não é muito exigente quanto ao solo e ao tratamento, dá uma grande produção por hectare, e algumas variedades podem ser armazenadas em silos, celeiros ou "tonéis de chucrute".

Couve de primavera

Solo – Uma terra leve é ideal.
Tratamento – Gosta de solo fértil, que não seja ácido, e não precisa ser particularmente firme.
Semeadura – Durante o verão.
Plantio – Transplante durante o outono com uma distância de 30 cm entre as plantas e 45 cm entre as linhas.
Manutenção – Sache regularmente e aplique um pouco de nitrogênio, se necessário.
Colheita – Utilize-as no período em que há poucos vegetais (fim do inverno, começo da primavera), ou deixe-as abrir para comê-las mais tarde.

Couve de verão e outono

Solo – Não são muito exigentes.
Tratamento – Ver as couves de primavera.
Semeadura – Semeie em estufa, perto do fim do inverno, ou no exterior, no fim da primavera, princípio do verão.
Plantio – Plante algumas no começo do verão, onde houver espaço.

147

Os legumes

Manutenção – Ver Couves de primavera.
Colheita – Não terá muita necessidade delas durante o verão.

Couve de inverno
Solo – Gostam de terra muito argilosa.
Tratamento – Ver Couves de primavera.
Plantio – Na metade do verão, coloque-as a 60 cm umas das outras, em linhas distanciadas de 60 cm.
Manutenção – Sache regularmente e não tenha medo de adubar em cobertura.
Colheita – Se o clima o permitir, deixe-as na terra, até precisar delas. Se houver muita neve e geada, apanhe-as no outono e empilhe-as, ou faça chucrute.

CENOURA
Utilização – As cenouras têm mais vitamina A que qualquer outro legume. As cenouras têm um elevado conteúdo de caroteno ou provitamina A; conservam-se bem durante todo o inverno.

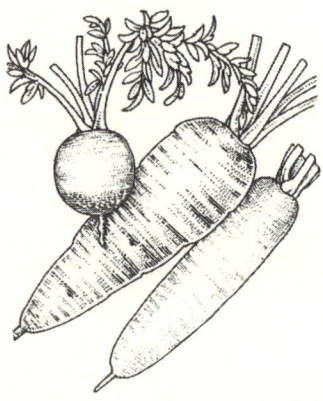

Solo – As cenouras gostam de terra fresca, arenosa ou solta, fértil e trabalhada em profundidade. Crescem perfeitamente numa terra leve, praticamente na areia.
Tratamento – Como a maior parte das raízes, as cenouras bifurcam-se se as plantarmos em terra que tenha sido recentemente estrumada, porque há grande atividade microbiana. Portanto, não as plante se tiver espalhado estrume fresco. Também não gostam de terra ácida.
Semeadura – Não adianta nada semear cenouras se a terra não está seca e quente, quer dizer, antes do fim da primavera. Para que se vejam as carreiras antes de os primeiros brotos saírem, há quem semeie rabanetes ao mesmo tempo, porque estes crescem mais depressa que as cenouras. E, evidentemente, quando os rabanetes amadurecem, podem ser comidos. Outros intercalam cebolas, esperando que a mosca das cenouras fuja do odor das cebolas e vice-versa. No entanto, há diversas variedades, com diferentes ciclos vegetativos, pelas quais você poderá optar.
Manutenção – Se você semear durante o tempo quente, é bom regar para estimular a germinação. Sache frequentemente, prestando atenção para não destruir as raízes; retire as ervas daninhas à mão. Não deve ficar nenhuma entre as cenouras. Para ter boas colheitas, distribua as cenouras com intervalos de 8 cm e depois apanhe uma cenoura em cada duas, de maneira que as restantes fiquem com intervalos de 16 cm; é um método muito bom para ter cenouras resistentes, que se conservarão durante todo o inverno. Mas, se você comer toda durante o verão e o outono, não terá necessidade de desbastá-las assim. No caso de precisar fazê-lo, faça-o quando chover (para contrariar as moscas). Depois, você deverá bater a terra em volta das plantas restantes e voltar a tapar os buracos de onde retirou as cenouras, para que seu odor não atraia as moscas.
Colheita – Apanhe-as tenras e novas, quando, na verdade, estão apetitosas. Desenterre sua colheita principal com um forcado, antes das grandes geadas, e conserve-a em areia, em lugar fresco. Poderá também fazer um silo (ver p. 183), mas muitas vezes as cenouras apodrecem no silo.

COUVE-FLOR
Utilização – A couve-flor deve ser comida no verão e no outono. Os brócolis substituem-na no inverno. Poderá dar muito boas colheitas, se você souber tomar conta dela e lhe proporcionar boa terra. Não é uma cultura para principiantes.

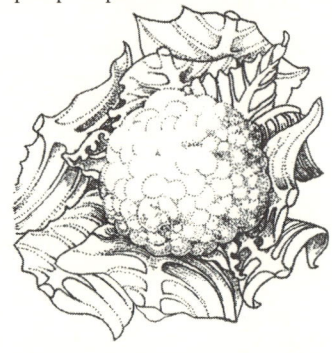

Solo – Precisa de uma terra trabalhada em profundidade, bem drenada, bem estrumada e regada. Desenvolve-se mal em terra ruim, ou com más condições (falta de água, má drenagem etc.).
Tratamento – Como todas as crucíferas, não gosta de terra ácida; por isso, ponha cal, se necessário. Uma quinzena antes de a plantar, enterre com um sacho ou arado uma boa camada de adubo à base de peixe, ou de qualquer coisa do mesmo gênero. Também é necessário um pouco de potássio e boro.
Semeadura – Poderá semeá-la debaixo de cobertura de vidro ou ao ar livre, em viveiros, de janeiro a março (para as variedades temporãs), de março a maio (para as semitemporãs) e de abril a julho as couves (para as variedades serôdias). Plante com um intervalo de 60 cm, em linhas com distâncias de 75 cm entre elas.
Plantio – A terra deve ser bem trabalhada, e a plantação é geralmente profunda, para estimular a formação de um sistema radicular abundante.
Manutenção – Naturalmente, deve-se sachar. Certifique-se de que a terra está sempre úmida, porque a couve-flor não suporta terra seca. Se tiver, aplique um pouco de nitrogênio.
Colheita – Apanhe as couves, se possível, de manhã cedo, e quando elas tiverem atingido a maturação.

AIPO-RÁBANO
Utilização – Poderá ralar as raízes grossas e comê-las cruas. Ou tirar-lhes a pele e cozê-las, ou ainda cozê-las e fritá-las.

Semeadura – Semeie, repique e transplante, como se faz com o aipo.
Manutenção – Quando sachar, afaste a terra das plantas, em vez de a juntar em volta, como para o aipo.
Colheita – Comece sua colheita no fim do verão. Na metade do outono, em meados de novembro, cubra-o com terra, de leve, para protegê-lo das geadas.

AIPO
Aipo (de talo) doce ou hortense
Utilização – Diz-se que o aipo é melhor depois de terem caído as primeiras geadas. É um dos legumes de inverno mais deliciosos e mais úteis; poderá comer os ramos crus, ou as folhas cozidas.
Solo – Gosta de terra fértil, úmida, mas não alagada. Os melhores aipos crescem em terra rica em matéria orgânica, que pode conservar a umidade. Não deixe a terra secar.
Tratamento – Os aipos preferem as condições ácidas às alcalinas, por isso nunca lhes acrescente cal. Precisam de muito húmus; portanto, enterre estrume bem curtido.
Semeadura – No inverno, semeie sob cobertura, a uma temperatura entre 16 e 19 °C, ou compre plantas. As plantas jovens devem sempre estar úmidas; regue-as, de leve, pelo menos duas vezes por dia.
Plantio – O começo do verão é a melhor época para plantar os aipos. Plante com atenção, a 30 cm de intervalo uns dos outros, em sulcos muito estrumados. Regue-os muito.
Manutenção – Você poderá utilizar o espaço entre as linhas para plantar alfaces ou rabanetes. Assim que tiver apanhado as alfaces, ponha terra em volta dos aipos e corte os brotos laterais. Depois, amarre as folhas juntas e cubra-as de terra de maneira que só a extremidade fique acima do chão. A terra deve estar sempre úmida. Para evitar os fungos, trate-os uma ou duas vezes, como você faz para as batatas, com uma calda bordalesa (ver p. 87). Se quiser guardar os aipos para o inverno, proteja as plantas com palha, fetos ou qualquer outra espécie de cobertura.
Colheita – Desenterre-os e consuma-os frescos; normalmente, são comidos crus, em saladas, ou cozidos em sopas, guisados etc.

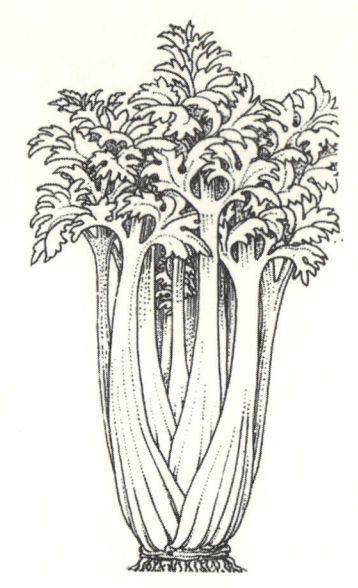

AIPO BRANCO OU ESBRANQUIÇADO
Você poderá cultivar esta espécie em casa, nas mesmas condições do aipo comum, ou aipo de talo (mencionado acima). Mas não é preciso pôr terra em volta. Ele deverá estar no seu estado de plena maturação antes das primeiras geadas. Não é tão bom como

Produtos hortícolas

o aipo comum, mas é um bom substituto dele no outono.

ENDÍVIA
Utilização – São uma variedade de chicória, excelentes para saladas de inverno.

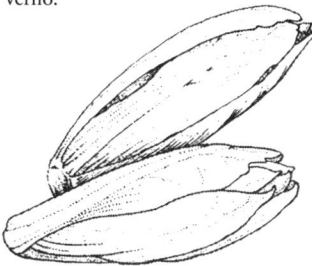

Semeadura – A endívia, comumente chamada "chicória de Bruxelas", é semeada no princípio do verão em terra fina, a um intervalo de 30 cm, em linhas distanciadas de 45 cm.
Manutenção – Corte-as em novembro, até junto da calota. Arranque-as e ponha-as em vasos, mantendo-as no escuro, a uma temperatura de cerca de 10 °C. Ficarão então prontas para germinar.
Colheita – Corte os brotos à medida que for precisando deles. Voltarão a crescer a cada 4 semanas. Continue a cortar.

ESCAROLA
Utilização – Se você gosta de comer salada no inverno, esta é a cultura ideal. Produz folhas semelhantes às da alface nova e tenra. É uma espécie de chicória alporcada.

Semeadura – Semeie em sulcos com 30 cm de intervalo, no fim do verão.
Colheita – Corte-a quando a planta ainda estiver pequena, com 3 ou 4 folhas. Não a deixe enfraquecer demais.

PEPINO E CORNICHÃO
ou pepininho de Paris
Utilização – Pepinos e cornichões, excelentes em conserva, podem ser cultivados ao ar livre. Os cultivados em estufa ou campânula têm melhor aspecto quando frescos. Uma estufa de cama quente será ainda melhor, porque assim a colheita poderá se fazer mais cedo.

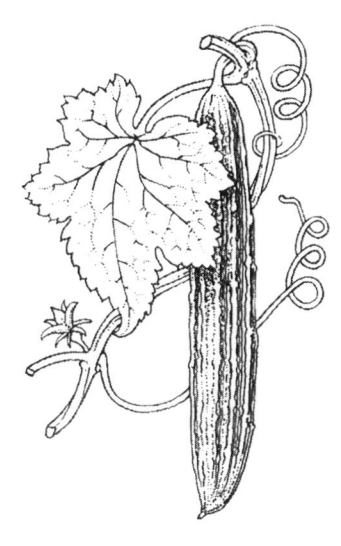

Solo – Os pepinos não são muito exigentes quanto à terra, desde que esta seja bem estrumada, fresca e irrigada. Necessitam de muita umidade e não gostam de terras ácidas.
Tratamento – Enterre bastante estrume no outono anterior.
Semeadura – Em estufa, os pepinos podem ser semeados no começo da primavera. Melhor ainda se, logo no princípio, você puser em estufa de cama quente, a uma temperatura de 16 °C. Os pepinos de ar livre podem ser semeados no princípio do verão, ou até antes, se você os cobrir durante o primeiro mês.
Em climas úmidos, plante 6 sementes, do tipo ar livre, num pequeno montículo com 10 cm de altura e, mais tarde, desbaste-os, ficando só com as três plantas melhores. Em clima seco, utilize a mesma técnica, mas plante numa cova em que foi colocado estrume no outono anterior.
Plantio – As variedades de ar livre crescerão onde foram semeadas. No princípio do verão podem-se fertilizar os pepinos plantados debaixo de cobertura; quanto aos pepinos cultivados em estufa, coloque-os em vasos de turfa, porque eles crescem muito. Depois, transplante-os para a terra da estufa, quando estiverem quase transbordando dos vasos. Regue-os sempre com água morna e conserve a estufa úmida e bem arejada.
Manutenção – Devem sempre ter bastante água; experimente dissolver estrume na água em que for regá-los. Deverá sempre cortar as flores masculinas do pepino cultivado ao ar livre para que não fertilizem as flores femininas. Se você não o fizer, o fruto será amargo.
Colheita – Colha-os regularmente, enquanto novos, e a cultura continuará. Apanhe os últimos antes das primeiras geadas.

CHICÓRIA (COMUM)
Utilização – A chicória pode ser comida no inverno, em vez de alface, ou no verão, como complemento dela.

Semeadura – Semeie-a no meio do verão e cubra com campânulas, no fim da mesma estação. Torne as campânulas opacas, de maneira que não entre luz, para que a chicória fique esbranquiçada e menos amarga. Quanto à chicória de verão, semeie-a ao ar livre, a partir da primavera, e coma-a em salada.

FEIJÃO-VERDE E FEIJÃO-SECO
Utilização – Os feijões-brancos são feijões-verdes que foram secos para serem consumidos no inverno. Os feijões-manteiga e feijões-de-lima são variedades de feijão que se comem secas, no inverno. O feijão-verde come-se ainda na vagem.

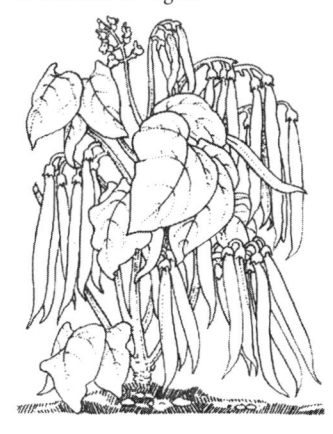

Solo – Todos gostam de terra leve, bem drenada e quente.
Tratamento – Como todas as leguminosas, desenvolvem-se melhor depois de a cultura ser bem estrumada. Acrescente cal, se for preciso, mas sem excessos.
Semeadura – Em climas temperados, semeie no fim da primavera, princípio do verão. Não resistem à geada e não se desenvolverão se você os puser em terra fria e úmida. Semeie num sulco largo, a 5 cm de profundidade, em linha dupla, de maneira que fiquem a 40 cm uns dos outros.
Manutenção – Sache bem e ponha terra à volta das plantas. As variedades anãs não têm necessidade de suportes e podem estar agrupadas. Coloque suporte nas outras variedades ou, então, utilize arame ou barbante, fixados em estacas.
Colheita – Se você tem intenção de deixar secar os feijões, deixe-os amadurecer, depois arranque a planta intacta e suspenda-a, virada ao contrário, num telheiro arejado. Debulhe-os à medida que for precisando. Se os quiser frescos, vá colhendo sempre. O segredo das boas colheitas de feijões é precisamente colher continuamente e enquanto forem muito tenros e quase sem semente.

COUVE-CRESPA OU DE SABOIA
Utilização – A couve-crespa é muito resistente e, consequentemente, uma excelente verdura de inverno. Desenvolve-se em climas frios e úmidos, onde não há muitas outras verduras no inverno e princípio da primavera. É uma variedade crespa da couve comum.

Solo – A couve-crespa não é muito exigente, mas, quanto mais rica for a terra, melhor será o produto da colheita.
Tratamento – Ver Couves de primavera.
Semeadura – Semeie em fins de abril e princípio de maio, nos climas frios, e no princípio de abril nos climas moderados.
Plantio – É bom deixar a semente no lugar onde foi lançada e não a transplantar, mas desbastar. Você poderá transplantá-la, se necessitar do terreno.
Manutenção – Ver Couves de primavera.
Colheita – Deixe a couve-crespa até precisar dela, quer dizer, depois de as

Os legumes

couves-de-bruxelas se terem deteriorado, o chão estar coberto de neve e só as couves-crespas estarem de pé.

ALHO-FRANCÊS OU ALHO-PORÓ
Utilização – É uma planta boa para regiões frias e úmidas, porque suporta bem o inverno e fornece uma boa alimentação, rica em vitaminas, numa época em que, com exceção da couve-crespa, pouca coisa sobreviveu. Substitui bem as cebolas, que são mais difíceis de cultivar e conservar. 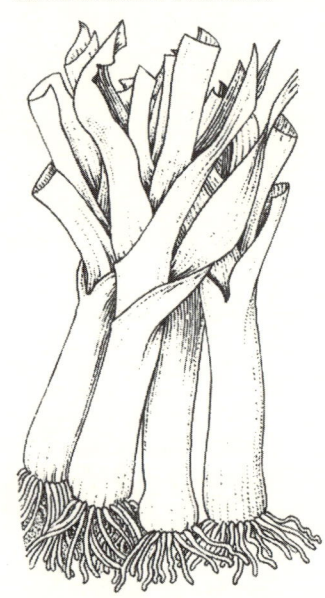
Solo – Cresce muito bem em qualquer lugar, desde que a terra não seja pantanosa.
Tratamento – Precisa de muito adubo. A maior parte das pessoas planta o alho-francês depois da batata nova, numa terra que foi, consequentemente, muito estrumada. Mas, se você não puder colher a batata nova antes do verão, será muito tarde para o alho-francês e você terá de procurar outro local.
Semeadura – Lance a semente na terra em março-abril, a uma profundidade de 2 cm, em linhas distanciadas 30 cm umas das outras.
Plantio – A maneira tradicional consiste em cortar a raiz e as folhas das plantas novas e pô-las em covas. No entanto, achei que seria estúpido mutilar assim uma planta e experimentei plantá-la de uma maneira decente. E por que você não experimenta os dois métodos, para comparar os resultados? Com uma enxada, cave sulcos com 8 cm de profundidade e plante os alhos a uma distância de 15 cm uns dos outros. Faça uma cova bem grande para cada alho e certifique-se de que as raízes não ficam torcidas. Não calque a terra, como faria para as cebolas. Basta regá-los, e a água arrastará um pouco de terra em volta das raízes.
Manutenção – Sache bastantes vezes e faça regos de escoamento; aumente os regos de vez em quando, para limpar a parte inferior dos alhos.
Colheita – Deixe-os na terra até ter realmente necessidade deles; depois, no começo do inverno, comece a arrancá-los e armazene-os num outro local que não seja aquele onde cresceram – o que significa abrir um buraco na terra com um sacho, pôr nele os alhos, bem apenados, e pôr terra por cima das raízes. Não crescerão mais, mas ficarão frescos até o dia em que os comer. São muito resistentes e não temem as geadas.

ALFACE
Utilização – A alface é a base das saladas durante quase todos os meses do ano; e, com uma pequena proteção de vidro, podemos tê-la durante o inverno. Experimente diferentes tipos, desde as repolhudas até as romanas e as batavas.

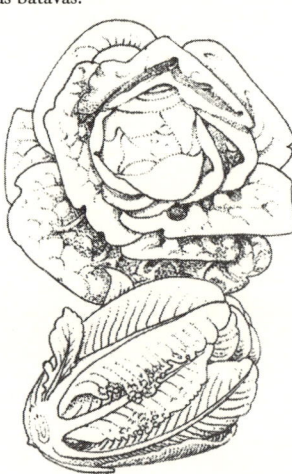

Solo – Gostam de terra boa, mas crescem em quase todas, desde que bem adubadas. Gostam de frescor e ficam bem na sombra, mas não se desenvolverão perto de árvores. Gostam de climas úmidos.
Tratamento – Enterre estrume bem curtido para as alfaces de verão, mas não para as de inverno, que não suportam estrume fresco demais. Não sobrecarregue o terreno de sementes.

ALFACE DE INVERNO
Semeadura e plantação – Em dezembro-janeiro, semeie a 2 cm de profundidade no solo e prepare-se para protegê-las com campânulas, ou outra cobertura qualquer durante o inverno. No entanto, você poderá plantá-las em estufa e depois transplantá-las para o exterior, logo no princípio da primavera, o que lhe trará uma colheita precoce. É claro que, se você tiver uma estufa de cama quente, poderá ter alfaces durante todo o inverno.

ALFACE DE VERÃO
Semeadura e plantação – Comece a plantar parcimoniosamente na primavera, com um espaço de 35 a 40 cm entre os sulcos. Distribua as alfaces deixando um intervalo de 30 cm entre elas e desbaste-as, transplantando as sobras para outro lado, porque é fácil fazê-lo. Não semeie muitas alfaces de uma vez só, mas continue a semeadura durante o verão.
Manutenção – Sache muito e regue sempre que necessário.

ABÓBORA VERDE OU ABÓBORA-MENINA, ABÓBORA PORQUEIRA, GILA OU CHILA
Utilização – Conservam-se muito bem durante o inverno, são ricas em vitaminas e muito nutritivas. Têm várias aplicações, desde doces até guisados e sopas.

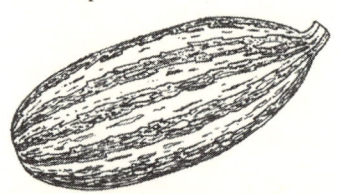

Solo – Nada melhor que cultivá-las num monte de estrume, e é o que se faz muitas vezes. Adoram terra fértil, fresca e trabalhada em profundidade.
Tratamento – Se você não as plantar num monte de estrume, faça uma adubação completa superficial ou localizada.
Semeadura – Semeie diretamente no local, no fim da primavera (abóboras de inverno), e cubra-as com terra fina e seca. Ou então semeie em húmus ou em vasos de turfa, com cobertura de vidro. A partir do começo do verão, enriqueça progressivamente suas plantas, levantando, por exemplo, a cobertura durante o dia e recolocando-a à noite; ao fim de algumas semanas (20 a 30 dias), retire definitivamente a proteção e transplante os brotos. Coloque 3 sementes de cada vez no mesmo local, ficando grupos de 2 m, porque são plantas que gostam de se expandir.
Manutenção – Sache, evidentemente, e regue quando necessário; cubra com matéria vegetal, se puder, e tome cuidado com as lesmas.
Colheita – Apanhe-as continuamente quando novas e tenras, e terá cada vez mais. As abobrinhas novas são especialmente deliciosas. Perto do fim do verão, deixe amadurecer algumas (as de inverno) e conserve-as num lugar fresco, seco e arejado, ao abrigo da geada, de preferência penduradas por um cordel.

MELÃO
Utilização – Os melões crescem ao ar livre em climas temperados, o que também pode acontecer em climas frios, desde que sejam plantados debaixo de campânulas, depois das primeiras geadas. Mas nos climas mais frios desenvolvem-se melhor em estufas.

Tratamento – Trate-os exatamente como os pepinos, mas não extraia a flor masculina. Precisarão de solo fértil, fresco e bem exposto e trabalhado em profundidade. Plante-os em luvas, com 1,50 m de intervalo, e com uma distância de 60 cm entre as linhas.

CEBOLA
Utilização – A boa comida é inconcebível sem cebolas.

Solo – Gosta de terra mais ou menos argilosa, bem drenada, trabalhada em profundidade e rica em adubo. É uma planta exigente.
Tratamento – A terra não deve ser ácida; por isso, se for preciso, aplique cal, no outono. Precisamente nessa época, lavre em profundidade e enterre grandes quantidades de estrume. Na primavera, tenha a terra pre-

Produtos hortícolas

parada para lançar a semente; calque-a bem, porque as cebolas requerem um solo um pouco compacto.

Semeadura – Você poderá semeá-las no meio do inverno e deixá-las em estufas até a primavera. Poderá também semeá-las no princípio da primavera, desde que a terra esteja seca e não se abra debaixo dos seus pés. Semeie superficialmente e parcimoniosamente, em linhas com intervalos de 25 cm, se tiver intenção de cultivá-las e desbastá-las no mesmo local. Mas, se você pretender transplantá-las, poderá semeá-las mais juntas. Enterre a semente superficialmente com o ancinho e calque-a com as costas deste.

Plantio – Plante-as num solo fértil, fresco e não muito compacto, mas não muito profundamente. No princípio da primavera, transplante as plantas semeadas no inverno, se a terra estiver suficientemente seca.

Manutenção – Cultivar cebolas significa uma luta aberta contra as ervas daninhas, que parecem adorá-las particularmente; ao contrário de muitas outras culturas, as cebolas não têm folhas largas para fazer sombra e, assim, se defenderem delas. Conheço pessoas que afirmam que as cebolas crescem muito bem no meio de ervas daninhas, mas é preciso, apesar de tudo, retirá-las durante os primeiros tempos do desenvolvimento. Se no decorrer dos últimos meses de vida forem invadidas por ervas daninhas, isso não as impedirá de vir a ser muito boas. Prefiro retirar sempre as ervas e, já quase no fim, cobri-las com essas mesmas ervas que tinha retirado. Se você as deixar crescer na terra onde foram semeadas, espalhe-as com intervalos de 10 cm. Se tiver semeado espaçadamente, não terá necessidade de desbastar. Terá cebolas menores, mas que se conservarão melhor.

Colheita – Quando as extremidades começarem a pender, e antes que o bulbo se tenha formado completamente, dobre-as até ao chão. Diz-se que isso faz amadurecerem as cebolas, impede-as de ficar mais altas e murchar. Depois de alguns dias arranque-as e deixe-as na terra, ou, melhor ainda, sobre uma estrutura metálica, para as isolar do chão. Vire-as de vez em quando. Quanto mais sol tiverem, melhor. Antes do outono, amarre-as juntas e pendure-as, ou amarre-as a um cordel ou, ainda, coloque-as numa estrutura metálica, num lugar seco e fresco. O ar deve passar livremente entre elas. Um pouco de geada não lhes fará mal, mas não suportam falta de ar.

CHALOTA
Semeie os bulbos nos fins do inverno e terá assim muitas cebolas pequenas, que crescem em volta do primeiro bulbo, no verão seguinte. Poderá continuar a transplantar até o outono. Guarde alguns dos bulbos melhores para plantar no ano seguinte.

CEBOLINHA PARA CONSERVA OU CEBOLINHA-FRANCESA
Gostam de solo pobre. Jogue as sementes ao acaso na primavera e cubra ligeiramente com terra, com um ancinho. Tire as ervas daninhas à mão, mas não desbaste. Colha-as e ponha-as em vinagre, quando estiverem boas.

CEBOLA-BRANCA (para salada)
Semeie como as cebolas comuns (de que aliás são a variedade do bulbo branco) no fim do verão, e também, se quiser, no princípio da primavera. Não há necessidade nenhuma de desbastar.

RÁBANO E RÁBÃO
Utilização – Do rábano se faz o melhor mosto, a partir do extrato da raiz; e, devidamente cozido, mas não em fogo forte, é excelente e rico em vitaminas A, B e C. Também é aplicado na medicina, pois tem propriedades antiescorbúticas.

Solo – Cresce em qualquer solo, desde que trabalhado em profundidade, muito fértil e que não tenha pedras. Como para todos os legumes de raiz, você não deverá usar estrume fresco.

Tratamento – Os rábanos gostam de potássio, e a terra deve ser lavrada profundamente. Se quiser tê-los grandes, deverá fazer um orifício com uma barra de aço e enchê-lo com turfa e estrume, depois semear.

Semeadura – Faça sulcos com 2,5 cm de profundidade e a distâncias de 30 cm, no princípio da primavera ou assim que a terra estiver aberta e suficientemente seca. Não levam muito tempo para se desenvolver, e por isso você poderá semear junto rabanetes, cenouras etc., porque estes têm um ciclo mais longo e desenvolvem-se enquanto o rábano já está pronto para ser colhido.

Manutenção – Você poderá intercalar com alfaces; sache e conserve o solo limpo.

Colheita – Deixe-os na terra até precisar deles. São muito melhores depois de terem apanhado geada. Se você os quiser na época das geadas mais fortes, quando seria difícil desenterrá-los, arranque-os antes da geada e deixe-os em silos. Poderá cozinhá-los em guisados, mas são melhores assados em gordura, acompanhando uma carne, ou afervantados e depois fritos. Tenho velhos amigos em Worcestershire que destinam metade dos seus jardins à cultura do ruibarbo e a outra metade ao rábano. E o total das duas culturas serve para fazer mosto.

ERVILHA
Utilização – Quando frescas, as ervilhas são excelentes e extremamente nutritivas. Secas, podem se conservar durante todo o inverno. Desde que seja a estação delas, e só nessa época, acho melhor comê-las frescas; assim, durante todo o ano terão um paladar novo e o gosto não lhe será indiferente. Congelá-las dá trabalho, mas é útil.

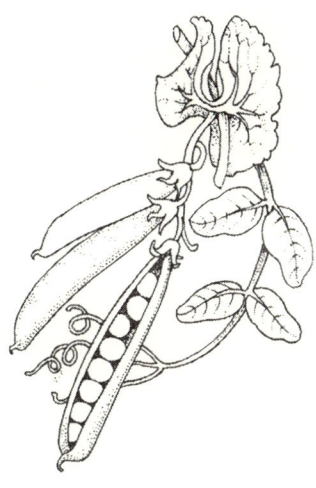

Solo – Gostam de terra um pouco argilosa, mas crescem em qualquer lugar. Como todas as leguminosas (e as crucíferas), não gostam de terra ácida. Precisam de uma certa umidade e exposição ao sol.

Tratamento – Se quiser uma colheita recorde, cave um sulco no outono, encha-o de estrume ou de qualquer outra coisa, desde que sejam matérias orgânicas, e cubra com terra. Semeie conforme as variedades, e desde o fim do outono até o fim do verão (se houver água suficiente e os terrenos forem frescos). Evidentemente, é bem trabalhoso. Ponha as ervilhas depois das batatas, e assim a terra estará já bem estrumada.

Semeadura – Semeie-as bem junto, num sulco com 8 cm de profundidade. Coloque as ervilhas a intervalos de 45 ou 50 cm. Cubra e calque a terra. Você poderá acelerar a germinação pondo as ervilhas na água, dois ou três dias antes de as semear. Faça o mesmo, mas em parafina, para desencorajar os ratos. Se o clima for temperado, poderá começar a semear em novembro; depois continue em fevereiro, se a terra for leve e seca. Evidentemente, cobrindo-as com campânulas aumentará a produção e terá assim uma colheita precoce. Mas, para a colheita principal, semeie a partir do meio de fevereiro-março. Paradoxalmente, nas últimas semeaduras use uma variedade "precoce". Ela amadurecerá rapidamente, antes que as primeiras geadas a destruam.

Manutenção – Sache até que as ervilhas comecem a subir pelas estacas e elas próprias destruam as ervas daninhas. Se você colocar matéria vegetal por cima, ela conservará a terra fresca e úmida, exatamente o que convém às ervilhas.

Colheita – Colha-as novas, para comê-las cruas em salada, ou quando estiverem muito maduras (mas antes do outono), e suspenda-as ao ar livre, ao abrigo da chuva.

PIMENTÃO
Utilização – O pimentão que cultivamos é uma cultura de verão, tipicamente regada, embora suscetível de forçagem para a produção tardia ou antecipada, exigindo a preparação das plantas em viveiros e seu transplante.

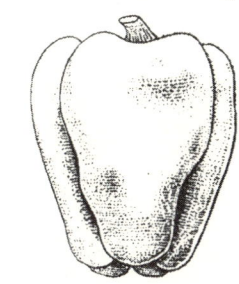

Semeadura e plantio – No começo da primavera semeie-os em estufa e, quinze dias depois das últimas geadas prováveis, transplante para o exterior, para uma terra bem preparada e estrumada, ou sob campânulas, se as tiver e se o frio for intenso. Plante-os em intervalos de 40-50 cm, em sulcos à distância de 50-70 cm uns dos outros. Os pimentões gostam de umidade, mas não demais, senão sucumbem. O número de sachas varia conforme o grau de infestação e a qualidade do terreno, sendo a 1ª cerca de 15-20 dias após a plantação.

Colheita – Colha-os quando estiverem vermelhos; geralmente, a colheita é feita em 4 ou 5 apanhas.

Os legumes

BATATAS
Utilização – São uma das melhores fontes de armazenamento de energia e nossa fonte principal de vitamina C durante o inverno.

Solo – As batatas gostam de boa terra. Desenvolvem-se em solos ricos em matéria orgânica e leves, adoram a turfa e são uma das raras culturas que não só suportam, mas gostam de terra um pouco ácida. Precisam de muito adubo. O terreno, além de ser estrumado, deve ser cuidadosamente revolvido para ficar fofo, solto, permeável e arejado. Não têm necessidade de terra muito fina, mas antes de um solo trabalhado em profundidade, de preferência enterrando-se o estrume com a lavoura. Abrem-se primeiro os sulcos ou covas; distribui-se o estrume ou adubo. Cobre-se com uma camada de terra e plantam-se os tubérculos em cima.

Plantio – Plante as batatas novas na mesma época que seus vizinhos. A menor geada faz mal às folhas, estragando-as completamente. Se você quiser batatas antes do tempo, force a germinação das sementes de maneira que apanhem luz, mas não geada; entre 5 e 8 °C será uma temperatura ideal. Quando as plantar, tome cuidado para não quebrar os brotos novos; cada tubérculo deve ter pelo menos dois. Não faça germinar a cultura principal, mas ponha-a diretamente na terra no fim da primavera. Plante as batatas novas a 10 cm de profundidade e a 30 cm de intervalo, em sulcos distanciados 60 cm uns dos outros. Para a colheita principal, coloque-as a 45 cm umas das outras, em linhas distanciadas 70 cm, mas com 10 cm de profundidade.

Manutenção – Sem esquecer as regas, sache ao despontar a cultura, efetuando uma segunda sacha quando a rama atingir cerca de 20 cm; essas sachas servem não só para eliminar as ervas daninhas como também para arejar o terreno. Segue-se a amontoa, que consiste em fazer chegar a terra junto de cada pé, para atenuar as perdas de umidade do terreno e impedir que os tubérculos, ao engrossarem, saiam da terra e fiquem expostos à luz e aos ataques das pragas animais e vegetais; trate-as com calda bordalesa, para evitar o míldio (p. 87).

Colheita – Você poderá consumir rapidamente os frutos da sua colheita principal, mas não os arranque antes que as folhas estejam completamente secas. Depois desenterre-as com um forcado, em dias secos, e deixe-as no mesmo lugar um dia, para que a pele endureça (mas não mais que um dia, senão poderão gretar ou ficar verdes e, portanto, tóxicas. Depois armazene-as em silos ou guarde-as num lugar fresco e escuro (sem ser totalmente às escuras). Em nenhuma circunstância deverão apanhar geada.

RABANETE OU RABIÇA
Utilização – Os rabanetes crescem em qualquer lugar.

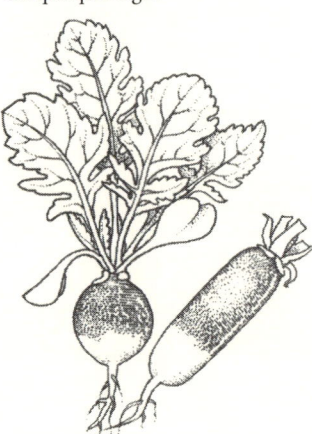

Semeadura – Espalhe as sementes maiores em linhas e colha os rabanetes quando estiverem maduros, quer dizer, 6 semanas depois. Não os deixe envelhecer e ficar picantes.

RUIBARBO-DAS-HORTAS
Utilização – O ruibarbo é uma planta perene e, uma vez que o tenha plantado, ou herdado, você o terá sempre.
Solo – Praticamente qualquer terra lhe é favorável, desde que seja fértil e funda.
Tratamento – Estrume abundantemente.
Plantio – Compre e plante no fim do outono. Deixe 90 cm de intervalo e 1,20 m entre as linhas; cubra com adubo rico em nitrogênio, que se decomporá sozinho. Na primavera, para acelerar o crescimento, proteja a planta com vasos ou baldes velhos.
Manutenção – No outono, cubra-a com palha.

FEIJÃO-DE-RAMA OU FEIJÃO-TREPADOR
Utilização – Amadurecem mais tarde que os feijões secos de que falamos acima. Fornecem boas colheitas e, embora sejam mais duros, acho que têm um gosto mais apurado e melhor. Necessitam de mais cuidados e devem ser estacados. Salgados, são um bom recurso no inverno.
Solo – Gostam de terra rica e trabalhada em profundidade.

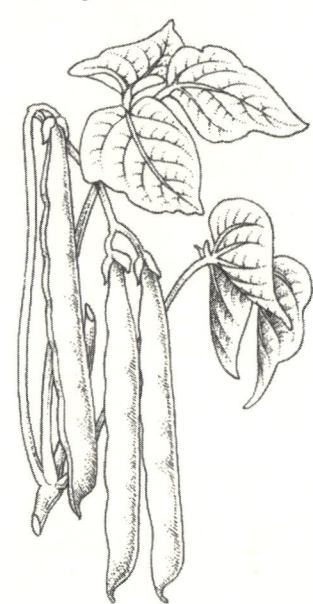

Tratamento – Na primavera, abra sulcos duplos, que você deverá estrumar e adubar. Se tiver folhas de confrei, enterre-as também, porque são muito ricas em potássio, de que os feijões precisam. Segundo a rotação de culturas, com certeza você já terá adubado no outono anterior.
Semeadura – Semeie no princípio do verão, num sulco bem largo mas pouco profundo, não excedendo 5 cm; coloque as sementes a intervalos de 20 cm e em filas duplas. Deixe pelo menos 1,5 m entre as linhas duplas. Coloque as estacas bem cedo, para assegurar um bom começo de vida. Poderá também cortar as extremidades e deixar o feijão rastejar, mas não terá colheitas tão boas e, na minha opinião, é uma maneira muito triste de cultivar essas magníficas plantas trepadeiras, que podem ser o elemento mais decorativo e produtivo da sua horta.
Manutenção – É claro que você terá de regar e sachar nas estações secas. Quando começarem a florir, certifique-se de que têm bastante água. Ponha estrume, se puder, e borrife água nas flores, se não tiver chovido.
Colheita – Faça a colheita à medida que for precisando e, se não conseguir consumir os feijões todos frescos – e com certeza não conseguirá, porque a produção é enorme –, ponha-os em salmoura, depois de tê-los cortado em pedaços (ver p. 182). Mas é preferível dá-los aos porcos a deixá-los envelhecer e ficar duros. Não se esqueça de guardar um pouco para semear no ano seguinte.

SOJA
Utilização – A soja é cultivada na Ásia há séculos. Foi trazida para o Ocidente há menos de 200 anos e revela-se agora uma cultura excelente nas áreas quentes, em virtude do seu elevado valor em proteínas. No entanto, necessita de um período de crescimento longo e quente de pelo menos 100 dias. Pode-se comer a soja verde, como as ervilhas, ou deixar as vagens amadurecerem e secarem, para utilização durante todo o inverno. As vagens podem ser reduzidas a farinha. Há quem torre as sementes para depois moê-las, obtendo um pó que substitui o café.

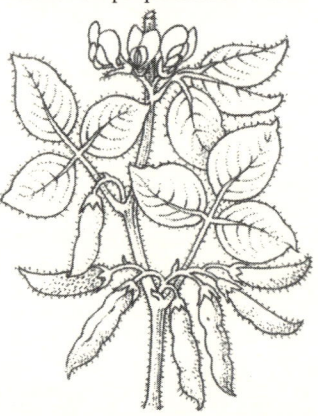

Preparação – Trabalhe a terra em profundidade, no outono, adubando-a com abundância.
Semeadura – Semeia-se no fim da primavera a cerca de 1,5 cm de profundidade, com intervalos de 10 cm entre as plantas e de 60 cm entre as linhas.
Colheita – Colhem-se as vagens, para comer verdes, enquanto novas. Será mais fácil prepará-las se forem deixadas de molho. Se você quiser secá-las e fazer farinha, deixe-as nas plantas até amadurecerem; mas devem ser colhidas antes de o invólucro rebentar e soltar o conteúdo. Isso deve ser calculado cuidadosamente, tomando como ponto de referência a cor do caule da planta, o qual deve estar ainda verde.

ESPINAFRE
Utilização – Há diversas variedades de espinafres, tendo todas o mesmo tipo de cultivo.
Solo – Como quase todos os outros legumes, os espinafres gostam de uma terra funda, rica em argila, devendo por isso ser bem estrumada. Desenvolvem-se bem em zonas de barro, mas

152

Produtos hortícolas

podem definhar em terrenos arenosos, a menos que sejam bem estrumados.
Semeadura – É semeado a 5 cm de profundidade, em linhas espaçadas de 30 cm. Mais tarde, podem ser diminuídos os intervalos entre as linhas para 15 cm.
Manutenção – Sacha-se, estruma-se e rega-se durante o verão.
Colheira – Apanham-se as folhas quando são novas e verdes, arrancando apenas algumas de cada planta e deixando as menores para se desenvolverem. Os espinafres não devem ser fervidos. Lavam-se em água e colocam-se as folhas molhadas numa panela para serem cozidas em vapor. Quando se cultiva a variedade "beterraba-couve-bastarda", arrancam-se também os caules, que se comem como os aspargos.

COUVE-NABO E NABO
Utilização – A couve-nabo e o nabo podem ser comidos novos e tenros no verão e no outono, e ensilados para serem utilizados no inverno. Nos climas temperados, os nabos podem ficar na terra até o início das primeiras geadas, talvez até dezembro. As couves-nabo são mais resistentes e ficam na terra durante todo o inverno. Em todo o caso, é mais conveniente arrancá-las e ensilá-las para tê-las ao seu alcance quando forem necessárias. São crucíferas, o que significa que são afeitas a doenças radiculares; por isso convém deixar o maior espaço possível entre essas culturas para que tais doenças não se propaguem.
Solo – A terra argilosa e fértil é a melhor, desde que bem drenada, mas não seca demais. No entanto, os nabos para ensilar desenvolvem-se na maioria dos solos.
Tratamento – Nas regiões muito chuvosas, ou seja, com mais de 900 mm por ano, é conveniente cultivar nabos e couves-nabo no cimo de leivas, para facilitar o escoamento da água. Por conseguinte, trabalha-se a terra com o arado apropriado para esse fim ou, em pequena escala, com uma pá, amontoando a terra e semeando no cimo dos montículos. Se quisermos proceder à cultura na parte plana do solo, a terra deverá ser trabalhada como para as couves de primavera (ver p. 147).
Semeadura – Podem ser semeados cedo, no princípio da primavera ou uma ou duas semanas antes das últimas geadas prováveis; mas também podem ser semeados até em agosto. Semeie a pouca distância da superfície, em linhas espaçadas de 20 a 30 cm; cubra com terra e calque ligeiramente.
Manutenção – Cautela com a áltica, que pode ser eliminada com um inseticida. Desbaste enquanto são muito pequenos e sache pelo menos duas vezes.
Colheira – Coma quando estiverem em condições (cerca de 2 meses depois de plantados ou deixe na terra até o princípio do inverno); então, arranque para ensilar.

MILHO-DOCE
Utilização – O milho doce é aquele cujo grão não está totalmente maduro. Os grãos são ainda muito moles e levemente leitosos, e os hidratos de carbono encontram-se sobretudo sob a forma de açúcares, que, por serem solúveis, se podem mover na planta em crescimento. Quando as espigas amadurecem, o açúcar transforma-se em amido. Desenvolve-se nos climas mais quentes e nos climas temperados, se forem cultivadas as variedades adequadas, sem esquecer as regas.
Solo – O milho doce desenvolve-se na maioria dos solos bem drenados, mas é voraz, precisando de muito estrume e um *pH* de cerca de 6,5.
Semeadura – É essencial um período de crescimento longo até a maturação; mas, como o milho doce não suporta geadas, deve ser semeado uma ou duas semanas antes das últimas geadas prováveis e, se necessário, protegido com plástico. Nos climas quentes, pode-se semear diretamente ao ar livre; mas, se o calor demorar a chegar, convém plantar o milho em vasos de turfa no fim da primavera e depois transplantá-lo para o exterior. Plantam-se as sementes a 5 cm de profundidade, a 30 cm umas das outras, em linhas espaçadas cerca de 75 cm. E procure plantar em blocos (grupos compactos) de quatro linhas, pelo menos, pois o milho é polinizado pelo vento e, se for semeado em linhas longas e estreitas, muitas plantas não chegarão a ser polinizadas.
Plantio – Se você tiver plantado o milho em vasos, transplante-o cuidadosamente, pois gosta de ser "perturbado". Plante-o no exterior quando as plantas tiverem cerca de 15 cm de altura e, de preferência, com o vaso e tudo. Enterre bem e regue após a plantação, mas será muito melhor se o puder semear no local definitivo.
Manutenção – Sache e aplique nitrogênio cerca de um mês após a semeadura, se o solo não for tão rico como convém.
Colheira – Arranque as espigas na fase leitosa, quando as "barbas começarem a secar e tornarem-se marrons. Para ter certeza, arranque as folhas de parte de uma espiga e crave a unha no grão. O milho deve ser consumido pouco tempo após a colheita, para que mantenha o teor de açúcares e o sabor. O açúcar começa a se transformar em amido assim que se arranca a espiga, e o milho começa a perder o sabor. Se você colher espigas demais, poderá secá-las pelo processo descrito na página 182.
A palha constitui um bom alimento para as vacas, ou até material a ser usado no fabrico de estrume; também poderá ser usada nas camas dos animais, só por isso já representando uma colheita valiosa.

BATATA-DOCE
Utilização – A batata-doce pode ser um bom alimento num clima quente e seco, mas você não obterá uma boa colheita numa zona fria e úmida, pois é uma planta muito sensível à geada.

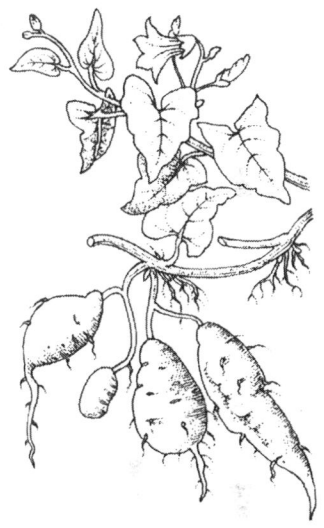

Solo – Desenvolve-se na areia ou em terra argilo-arenosa e não precisa de terreno muito fértil.
Tratamento – Basta trabalhar a terra profundamente, não sendo necessário juntar nenhum adubo.
Plantio – Plante tubérculos, como no caso das batatas (se tiver certeza de que não foram borrifadas com um inibidor de crescimento). Plante-os a 40 cm dos outros, em linhas distanciadas de 80 cm uma da outra. Não devem ser plantados em parte alguma do mundo até 2 semanas após a última geada.
Manutenção – Basta sachar.
Colheira – Arranque com muito cuidado, pelo menos 15 dias antes da primeira geada. Cure-as, depositando-as cuidadosamente em palha e deixando-as ao sol pelo menos 10 dias. Não se tornam verdes e não têm nenhuma relação com as batatas comuns. Vire-as de vez em quando. Se não houver sol suficiente, conserve-as num local com 90% de umidade e com uma temperatura entre 27 e 32 °C, durante 10 dias. Armazene-as em palha, num local arejado, a uma temperatura não inferior a 10 °C.

Os legumes

TOMATE
Cultura ao ar livre

Utilização – Essa cultura, quando feita ao ar livre, é bastante em qualquer clima frio e úmido. Necessita de um período seco e quente no fim no verão para atingir a maturação (aproximadamente 23 °C). Mas, se você puder cultivar tomates, saiba que representam uma colheita bastante valiosa, pois, além de poderem ser consumidos frescos, também poderão ser engarrafados e continuarão sendo muito nutritivos.

Solo – O solo tem de ser bem drenado, fresco, profundo e bem exposto ao sol, mas abrigado, nos climas quentes, e ligeiramente ácido.

Tratamento – Faça uma lavoura profunda no inverno, com a devida colocação de adubo e estrume. Abra os sulcos, que não são definitivos, a intervalos de cerca de 1,10 m no princípio da primavera; cubra-os com a terra removida e plante os tomates nas leivas, a pequena profundidade (1,1 cm).

Semeadura – Se você semear no final da primavera, num clima temperado, após ter passado o perigo das geadas, as plantas se desenvolverão mesmo que não haja aquecimento na estufa; mas, se puder dar-lhes um pouco de calor, tanto melhor, pois é ideal que, pelo menos durante a noite, a temperatura se mantenha nos 12 °C. Regue ligeiramente com água, mas sem exagerar. Não se deve alagar.

Plantio – Muitas pessoas transplantam duas vezes. Primeiro, quando as plantas têm 3 a 4 folhas, colocando-as em vasos de turfa ou em vasos com estrume. Depois, transplantam para o exterior no princípio do verão, a partir da época em que o tempo começa a ficar verdadeiramente bom. Plante-os cautelosamente, conservando na terra a maior quantidade possível de estrume junto às raízes e colocando a planta um pouco mais funda que anteriormente. Coloque para cada planta uma estaca alta ou tutor para apoio, assim que começarem a se desenvolver.

Manutenção – Sache e estrume em medida razoável e, no caso de variedades de pequeno porte, é prudente colocar palha limpa no solo, para protegê-las. O desbaste é feito normalmente logo após as primeiras sachas, seguindo-se uma amontoa, que facilitará o bom enraizamento; regue logo após a semeadura e durante todo o ciclo da cultura.

Todas as atenções dadas ao tomate nunca serão demais. Regue-os sempre que necessário, mas sem excessos, pois é uma cultura muito sensível. Muitos cultivadores misturam estrume com água para alimentar os tomates na rega. À medida que as plantas crescerem, amarre-as cuidadosamente às estacas com ráfia ou cordel. Borrife-as com calda bordalesa ou outro fungicida orgânico para protegê-las do míldio e da alternária. Não toque nelas com os dedos manchados de nicotina porque poderá transmitir-lhes a doença do vírus do mosaico do tabaco. Deixe as plantas criarem cerca de 4 ramificações. Para que os frutos amadureçam, em climas ensombrados, às vezes é vantajoso colocá-los sobre palha limpa e cobri-los com campânulas. Há quem arranque algumas folhas "para que o sol chegue até o fruto", mas acho que não vale a pena esse trabalho.

Colheita – Os tomates de cultivo doméstico são saborosos; por isso você deverá consumi-los à medida que amadurecerem. Mas também poderá engarrafá-los. As vitaminas são abundantes no verão. E é no inverno e no período de escassez que mais necessitamos delas.

Tomates de estufa

Utilização – Se sua estufa tiver aquecimento, poderá semear as sementes no princípio do inverno e obter tomates maduros na primavera.

Semeadura – Se você dispuser de uma estufa realmente bem aquecida, poderá semear em novembro, a uma temperatura de 21 °C; mas nunca deixe que esta baixe além dos 16 °C durante o inverno. Se você não puder obter a temperatura de aproximadamente 21 °C, semeie um pouco mais tarde, em fevereiro, e mantenha-a nos 16 °C. Semeie em terra bem estrumada, constituída, por exemplo, por duas partes de terra argilosa peneirada e uma de húmus, além de um pouco de areia. Cubra com vidro para evitar a evaporação, pois convém manter o solo úmido.

Plantio – Quando as plantas tiverem duas folhas pequenas, coloque-as separadamente em vasos de 11 cm de diâmetro; utilize o mesmo tipo de estrume, mas junte um pouco de fertilizante. Quando se formar o primeiro grupo de flores, transplante as plantas para vasos maiores (cerca de 30 cm de diâmetro) ou para o solo da estufa.

Manutenção – Trate os tomates de estufa da mesma maneira que os outros, mas deixe-os formar um maior número de ramificações.

Colheita – Comece a colhê-los assim que ficarem vermelhos, o que acontece muito mais cedo que no caso dos tomates cultivados ao ar livre.

AGRIÃO

Utilização – O agrião é uma das fontes de vitamina C mais ricas que existem.

Semeadura – Semeie as sementes ou plante pedaços de raízes num local úmido e à sombra, no fim da primavera ou no verão. Trabalhe o solo profundamente e estrume bem. Alise o canteiro com um ancinho, inunde e plante em profundidade depois que a água tiver sido absorvida. Você poderá cultivá-lo também num córrego não poluído.

Produtos hortícolas

As ervas aromáticas

As ervas aromáticas constituem um meio simples e econômico de melhorar o sabor da comida; também a tornam mais digestiva e são, por isso, consideradas muito boas para a saúde. Aliás, antigamente eram apreciadas por suas propriedades medicinais e culinárias. Mas o desenvolvimento da sociedade industrial provocou o declínio das ervas aromáticas e, até há muito pouco tempo, quase só se utilizavam a salsa e a hortelã e, em alguns círculos privilegiados, o rábano picante. Hoje, o reflorescimento da cozinha internacional tornou as pessoas ávidas por experimentar novos paladares. Consequentemente, cultivar ervas aromáticas, para fazer realçar naturalmente o gosto da comida, está se tornando uma proposta cada vez mais atraente para todo mundo. Mesmo as pessoas que não têm jardins podem cultivá-las em vasos.

É bonito ver, através da janela da cozinha, um ramo de tomilho ou de borragem. Na verdade, não há nenhuma razão para que as ervas aromáticas não ocupem o lugar das flores não comestíveis nos canteiros dos jardins, perto das casas, em vez de serem relegadas para o fundo do quintal, a lugares inacessíveis. Mas, a menos que você pretenda tornar-se um ervanário, vale mais a pena concentrar-se só em algumas ervas aromáticas que lhe serão úteis, em vez de cultivar muitas variedades que provavelmente você não aproveitará.

Muito sumariamente, as ervas aromáticas podem dividir-se em dois grupos: as perenes e as anuais – com as bienais, para complicar o assunto. A maior parte das ervas prefere uma terra leve, bem drenada e muito sol, embora uma pequena minoria prefira a sombra. Todas elas podem ser colhidas constantemente.

Como secar ervas

Ao secar uma erva aromática, você deverá ter em mente o conservar-lhe a cor e o aroma. É uma operação delicada, que requer rapidez e cuidado ao mesmo tempo; mas quase todas as ervas podem ser secas.

Em geral, é preciso apanhar as folhas e os caules antes que as flores desabrochem, numa manhã bonita, depois de o orvalho ter desaparecido. Se você tem intenção de conservá-las, leve-as imediatamente para o local onde irá secá-las, sem mexer demais nelas com as mãos. Essas ervas são muito frágeis e perdem, por qualquer motivo, parte das suas preciosas essências, que lhes dão perfume e qualidade.

Faça pequenos ramos e pendure-os num local bem arejado. A temperatura ideal para secar as ervas varia entre 21 e 27 °C, com uma atmosfera extremamente seca. Você poderá deixar as ervas penduradas indefinidamente, só que, evidentemente, apanharão pó. A melhor coisa a fazer é tirar as folhas dos caules quando já estiverem um pouco secas e frágeis (mas, apesar de tudo, ainda um pouco verdes), esmigalhá-las e colocá-las em frascos de vidro ou recipientes de cerâmica, hermeticamente fechados e sem luz. Se o ar estiver úmido demais para conseguir secar as ervas, ponha-as, durante a noite, num forno morno, sobre uma folha de papel, a uma temperatura que não ultrapasse os 45 °C. Poderá também pendurá-las num secador solar (ver p. 214), que é o aparelho ideal para secar ervas; mas controle a temperatura com um termômetro.

Em seguida descrevemos algumas ervas que, para quem vive no campo, podem ser úteis não só para condimentar a comida como também para fortificar o espírito ou – por que não – curar os males.

ANGÉLICA (bienal)
Utilização – As folhas, perfumadas, são muito boas para fazer tisanas. As raízes e os caules podem ser cristalizados. 
Solo – A angélica tem necessidade de solo rico e úmido e de sombra.
Semeadura – Para germinar, as sementes deverão ser muito frescas. Plante-as no meio do verão, em sulcos com 2,5 cm de profundidade. Depressa amadurecerão.
Plantio – Transplante suas plantinhas no outono, e durante o primeiro ano plante-as com intervalos de 15 cm, no segundo com 60 cm de intervalo e no terceiro com intervalos de 1,50 m.
Colheita – As folhas deverão ser cortadas no princípio do verão, enquanto estão com boa cor. Se quiser cristalizar os caules e as folhas, apanhe-os no fim do outono, senão ficarão muito duros. Quanto às raízes, desenterre-as no outono, no primeiro ano; caso contrário, ficarão muito lenhosas. Lave-as cuidadosamente, trance-as e seque-as o mais depressa possível.

ERVA-DOCE OU ANIS (anual) 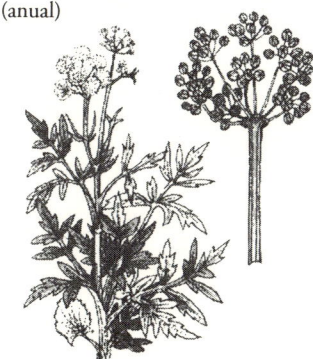
Utilização – A erva-doce tem propriedades digestivas preciosas.
Solo – O melhor será uma terra não muito rica e bem seca.
Semeadura – Semeie-a no fim da primavera, no próprio local, e mais tarde faça intervalos de 20 cm. Cuidado ao separar as sementes, pois a erva-doce é uma planta frágil.
Colheita – Se forem permanentemente expostas ao sol, as sementes amadurecerão, no primeiro ano, em 120 dias. Faça a colheita quando as cabeças das sementes estiverem de cor marrom-acizentada e debulhe-as quando tiverem secado totalmente.

ERVA-CIDREIRA (perene) 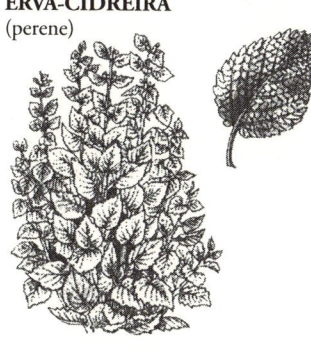
Utilização – As folhas darão um gosto refrescante de limão às bebidas de verão.
Solo – Requer uma terra bastante rica e úmida, num local ensolarado e abrigado. Sombra em excesso diminuirá o aroma, e se houver muita secura ocorrerá um amarelecimento das folhas.
Semeadura – Propaga-se facilmente, a partir de sementes que caem da própria planta. Semeie na primavera ou no princípio do verão, em estufa. Transplante as plantas para seu jardim quando atingirem 10 cm de altura.
Plantio – Plante com 30 cm de intervalo entre as linhas e 25 cm entre as plantas. A erva-cidreira é muito sensível à geada; por isso proteja-a no inverno, cobrindo-a com terra ou com uma camada fina de estrume, turfa ou húmus.
Colheita – Faça a colheita imediatamente antes de os botões rebentarem e, outra vez, no outono. A erva-cidreira murcha facilmente, por isso você deve tocá-la o menos possível. Seque-a no escuro, em local bem arejado, e conserve-a em recipientes opacos, hermeticamente fechados. A temperatura nunca deverá ultrapassar os 38 °C, com risco de se perder o aroma.

As ervas aromáticas

MANJERICÃO
(anual)

Utilização – Um pouco picante, o manjericão é delicioso nas salsichas.
Solo – Tem necessidade de terra seca, leve e bem drenada, assim como de lugar abrigado e exposto ao sol.
Semeadura – Planta perene e muito resistente nos países quentes, o manjericão é, no entanto, mais delicado nas regiões frias e deve ser plantado todos os anos, a partir de viveiros. Semeie-o em estufas, no princípio do verão.
Plantio – As plantas novas não deverão ser transplantadas antes de a terra aquecer. Plante-as com 20 cm de intervalo, em linhas distanciadas de 30 cm.
Colheita – Para manter as folhas suculentas, o manjericão precisa de muita água. Para secá-las, corte-as no fim do verão ou no princípio do outono. O manjericão leva mais tempo para secar que a maior parte das outras ervas aromáticas; também é muito sensível à luz e ao calor.

LOURO
(folhas persistentes)

Utilização – Usadas para coroar poetas na Grécia Antiga, as folhas de louro são hoje em dia mais usadas na panela.
Solo – O louro é cultivado em qualquer solo razoável. Ainda que ele prefira o sol, proteja-o do vento, e ele crescerá também à sombra. Não resiste às geadas; nos climas mais frios, o louro é geralmente cultivado em recipientes, de maneira que possa ser transportado para dentro, no inverno.
Plantio – Cresce rapidamente, a partir de brotos meio amadurecidos que saem de talhos no tronco. Adube de vez em quando.
Colheita – As folhas podem ser secadas a uma temperatura baixa, o que ajuda a conservar sua cor natural, ou ser apanhadas frescas, durante todo o ano.

BORRAGEM
(anual)

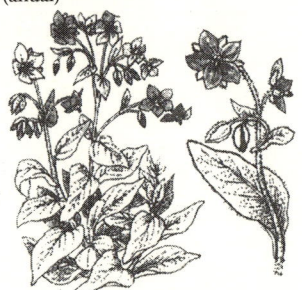

Utilização – Diz a tradição que a borragem estimula o cérebro e fortifica o espírito. Junte um ou dois ramos ao seu vinho, e com certeza notará a diferença. As flores azuis podem ser usadas para guarnecer as saladas, e as folhas para colocar em sopas e guisados.
Solo – A borragem necessita de sol e de solo bem drenado, argiloso ou arenoso.
Semeadura – A melhor época para semeá-la é a primavera. Semeie-a em sulcos com 2,5 cm de profundidade, com intervalos de 91 cm, três sementes de cada vez. Mais tarde reduza para uma. As sementes germinarão cedo e, por isso, irão propagar, sendo preciso somente retirar as ervas daninhas.
Colheita – As folhas estão prontas para serem usadas dentro de 8 semanas, aproximadamente, e só as folhas novas deverão ser colhidas. Essa erva está pronta para a colheita assim que floresce, mas necessita ser rapidamente secada a uma temperatura baixa.

PIMPINELA
(perene)

Utilização – As folhas novas e tenras da pimpinela dão às saladas e aos refrescos um sabor de pepino. Constituem igualmente o acompanhamento perfeito para o queijo fresco ou cremoso. Quanto às folhas secas, permitirão que você faça um bom vinagre.
Solo – Cresce bem em terra seca, leve e calcária.
Semeadura – Você poderá lançar as sementes no princípio da primavera e, em seguida, distribuí-las com 30 cm de intervalo. Poderá também fazer enxerto. O essencial é uma boa exposição ao sol; e, se você quiser ter sempre pimpinela, deverá semeá-la todos os anos. 
Colheita – A planta é bastante resistente. Corte frequentemente as folhas novas, para saladas ou para secá-las.

ALCARAVIA
(bienal)

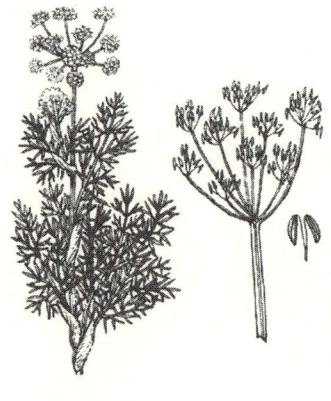

Utilização – Da mesma maneira que para os bolos e o pão, espalhe as sementes de alcaravia no fígado ou na carne de porco, ou cozinhe-as com *goulash* ou chucrute. As folhas podem ser utilizadas nas saladas, e as raízes constituem um bom legume quando cozidas e servidas com rábanos.
Solo – A alcaravia necessita de terra fértil e argilosa e de um lugar abrigado. É resistente ao inverno e medra em climas frios.
Semeadura – Semeie-a no meio do verão, para ela florir e espigar no ano seguinte. Proteja os pedúnculos do vento, para evitar que a cabeça das sementes quebre, antes que estejam maduras.
Colheita – Quando a semente ficar marrom, corte a extremidade da flor e seque a semente num lugar arejado, antes de a debulhar.

CAMOMILA
(anual)

Utilização – A camomila é cultivada sobretudo por suas propriedades medicinais. O chá de camomila ajuda a digestão e é uma infusão feita na proporção de duas colheres de chá de flor para uma xícara de água a ferver. 
Solo – Qualquer terra boa de jardim, exposta ao sol, convirá muito bem.
Semeadura – Semeie as sementes minúsculas misturadas com areia, num dia chuvoso, no princípio da primavera. Distribua-as mais tarde, com intervalos de 20 cm. A planta se reproduz sozinha, mas é preciso regar durante a germinação.
Colheita – Oito semanas depois da semeadura, as flores aparecem e podem começar a ser colhidas imediatamente. Você poderá colher muitas vezes, mas só em dias de sol, porque então a proporção de essências contida nas flores é maior. Evite o mais possível tocar nas flores.

CEREFÓLIO OU CEREFOLHO
(bienal)

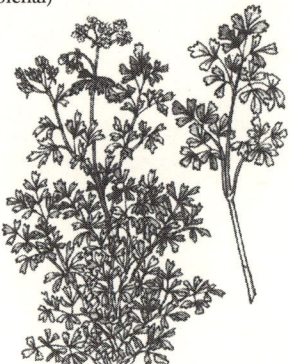

Utilização – O cerefólio é famoso pelo gosto que dá às sopas e aos molhos.
Solo – O cerefólio cresce em quase qualquer lugar, exceto se a terra for pesada e mal drenada.
Semeadura – No princípio da primavera semeie ao ar livre e, durante o inverno, em estufa, que deverá estar a uma temperatura superior a 7 °C. Semeie em linhas distanciadas 30 cm. Depois disso, irá reproduzir-se facilmente sozinho. Você deverá, desde o início, colocá-lo no lugar definitivo. As plantas deverão ser desbastadas quando tiverem entre 5 e 8 cm de largura. Conserve a terra úmida e sem ervas daninhas.
Colheita – Você poderá comer o cerefólio 6 a 8 semanas depois de ter sido semeado. Apanhe sempre as fo-

Produtos hortícolas

lhas de fora, para deixar crescer as que estão junto do caule. Não deixe florescer, pois perderá o gosto. O cerefólio é uma erva difícil de secar, porque necessita, para isso, de uma temperatura muito baixa.

CEBOLINHA
(perene)

Utilização – A cebolinha dá um leve gosto de cebola às saladas, sopas e outros pratos, mas com um frescor diferente. Quanto aos bulbos, a utilização é a mesma das cebolas pequenas.
Solo – A cebolinha gosta de lugares quentes e sombrios e cresce em quase qualquer lugar. Mas, como tem necessidade de umidade, plante-a perto de um tanque ou de um reservatório de água, se tiver algum.
Semeadura – Semeie na primavera, em sulcos com 30 cm de intervalo. A cebolinha crescerá também em húmus, mas precisará de cuidados e ser bem regada.
Colheita – Você poderá começar a colheita 5 semanas após a semeadura da primavera. As plantas que crescem em estufa, no inverno, a uma temperatura de 27 °C, estarão prontas 2 semanas depois. Corte rente ao chão.

COENTRO
(anual)

Utilização – É um ingrediente importante na cozinha indiana; o coentro dá muito bem nas regiões frias. Use as sementes inteiras ou esmagadas em caril de carne, ou em legumes recheados.
Solo – O coentro precisa de um lugar ensolarado e bem drenado, em terra rica.
Semeadura – Semeie no fim da primavera, em sulcos com 30 cm de distância, e mais tarde distribua-os à distância de 15 cm. Atingirão depressa uma altura de cerca 60 cm.
Colheita – Corte as extremidades floridas, assim que as vagens estiverem maduras, e deixe secar bem as sementes antes de as utilizar, porque, quando ainda estão verdes, têm um gosto amargo. Malhe-as e conserve-as, segundo o modo habitual.

ANETO OU *DILL*
(anual)

Utilização – O nome, na língua inglesa (*dill*), vem do norueguês *dilla*, que quer dizer "embalar para adormecer". Enquanto a semente do aneto é o ingrediente soporífero da aguardente, a erva realça o sabor da comida. É muito boa no peixe, no frango assado, nos legumes e também crua, picada fininha, nas saladas e nos molhos.
Solo – Precisa de solo médio, bem drenado e exposto ao sol.
Semeadura – Semeie-o consecutivamente, no fim da primavera e princípio do verão, em linhas com intervalos de 30 cm, e, mais tarde, distribua as plantas com cerca de 20 cm de intervalo. Mantenha-as bem regadas.
Colheita – As folhas ficam prontas para ser usadas entre 6 semanas e 2 meses após a plantação. Corte o aneto para secar quando tiver 30 cm de altura, antes de a planta florir. Para a conserva de sementes, corte quando as hastes tiverem simultaneamente flor e semente. Se quiser as sementes para reprodução ou condimento, espere mais tempo, até ficarem marrons. Depois, seque-as e debulhe as extremidades. Nunca as seque a uma temperatura superior à do corpo humano, senão perderão o gosto forte.

FUNCHO
(perene)

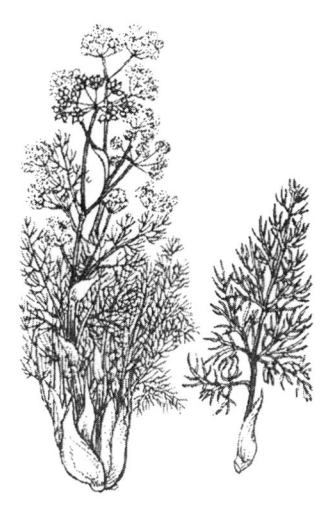

Utilização – O gosto ligeiramente açucarado do funcho combina muito bem com peixes de mar, muito gordos. Pique as folhas nos molhos, saladas e salmouras. A base carnuda pode ser cortada em rodelas para salada, ou cozida com molho de queijo. Quanto às sementes, você poderá pô-las nas salsichas, no pão ou em tortas de maçã.
Solo – O funcho tem necessidade de sol, de terra calcária e de muita umidade.
Semeadura – Semeie-o na primavera, colocando grupos de três ou quatro sementes, com 45 cm de intervalo. Se você quiser obter sementes, será necessário semear mais cedo, debaixo de vidro e com aquecimento. Se pretender reproduzi-lo vegetativamente, arranque as raízes na primavera, separe-as e volte a plantá-las com 30 cm de intervalo, em linhas distanciadas 40 cm uma da outra.
Colheita – As raízes estão prontas para ser comidas 9 meses depois de plantadas. Use as maiores para a cozinha e as menores para voltar a plantar.

ALHO (perene)
Utilização – O alho é a base da boa saúde e da boa cozinha. Infelizes os que tiverem de passar sem ele. Utilize-o sem restrições e frequentemente. Sobretudo, não siga o mau conselho de apenas esfregar um bocado de alho na saladeira. Pique um ou dois dentes e ponha-os na salada.
Solo – O alho precisa de terra rica, muito sol e certa quantidade de umidade. Se o solo for fraco, junte-lhe estrume.
Plantio – Tal como as cebolas, os alhos devem ser plantados na primavera, a uma profundidade de 5 cm e a intervalos de 15 cm. Você poderá fazer a colheita no outono. Plante de novo e terá alhos durante todo o ano.

Colheita – Quando as folhas estiverem mortas, arranque a planta. Deixe-a secar alguns dias ao sol. Depois, entrance-a e pendure-a num compartimento seco, mas arejado.

RÁBANO BASTARDO OU SELVAGEM
(perene)

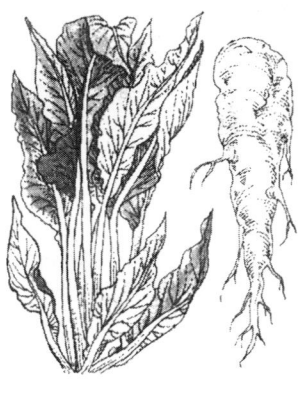

Utilização – Corte-o em tiras finas e use-o assim, ou faça uma pasta com azeite e vinagre, ou com maçãs raspadas e nata. Para os ingleses, o molho de rábano é o acompanhamento tradicional do rosbife, e é muito bom também com truta defumada ou presunto.
Solo – Necessita de terra rica, úmida e de um lugar à sombra.
Semeadura – O rábano cresce rapidamente e desenvolve grandes raízes, que se espalham em todas as direções. Por isso, conceda-lhe o máximo de espaço possível. Plante as raízes no princípio da primavera. Cave sulcos com 60 a 90 cm de profundidade, jogue dentro uma camada de terra superficial com 40 cm de espessura, mais uma camada de estrume, e en-

As ervas aromáticas

cha a vala com o resto da terra. Pegue pedaços de raiz com 8-10 cm e plante-os com mais ou menos 30 cm de intervalo. Não se esqueça de retirar as ervas daninhas. Também poderá semear no princípio da primavera e separar as plantas mantendo 30 cm de intervalo.

HISSOPO
(perene)

Utilização – Citado na Bíblia por suas propriedades purgativas. Pode-se usar ramos nas saladas ou picá-lo para sopas e guisados. Seu sabor, ligeiramente mentolado, é agradável nas tortas de fruta. Mas use-o moderadamente.
Solo – O hissopo gosta de luz, terra bem regada, cal e sol.
Semeadura – O hissopo cresce facilmente a partir da semente e, muitas vezes, lança as próprias sementes. Também pode ser reproduzido vegetativamente, a partir de incisões feitas quer na primavera, antes da floração, quer no outono, depois dela. Semeie em sulcos com 0,5 cm de profundidade e distribua as plantas com 61 cm de intervalo, quando tiverem 15 cm de altura.
Colheita – Corte muitas vezes a parte superior das plantas, para manter as folhas novas e tenras. Para secar, corte antes de florescerem.

MANJERONA-DE-JARDIM
(perene)

Utilização – A manjerona-de-jardim tem menos aroma que a manjerona doce. Utilize-a para as salsichas e recheios.
Solo – Prefere uma terra leve e seca e tem necessidade de sol.
Semeadura – Semeie na primavera, em sulcos com 1 cm de profundidade, a intervalos de 20 cm. Assim que as plantas estiverem suficientemente grandes para ser transplantadas, faça-o e plante-as com 30 cm de intervalo.
Colheita – As sementes estarão maduras no fim do verão ou princípio do outono. A manjerona-de-jardim vive durante anos. As folhas estão prontas para ser usadas durante os meses de verão, e as cabeças das sementes estarão prontas para secar no outono. Faça a colheita da planta inteira, quando ficar marrom-acinzentada.

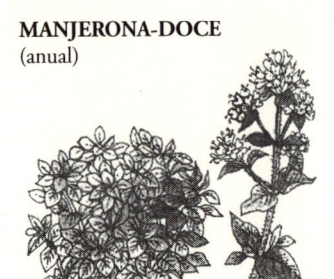

MANJERONA-DOCE
(anual)

Utilização – A manjerona-doce dá um gosto condimentado às salsichas e aos recheios de aves e de caça.
Solo – Necessita de solo mais ou menos rico, com muito estrumes, e de um lugar quente e abrigado.
Semeadura – Semeie a manjerona-doce em vasos, sob cobertura de vidro, no princípio da primavera, e transplante-a no princípio do verão, com 30 cm de intervalo.
Colheita – A melhor época para apanhar as folhas e as flores é antes de se abrirem os botões, por volta do fim do verão. Seque-as em camadas finas, a uma temperatura não superior a 38 °C.

ORÉGANO
(perene)

Utilização – O orégano aparece em várias receitas, devido ao seu aroma particularmente dominante. Em pratos delicados, use-o com moderação.
Solo – O orégano cresce em lugares quentes e úmidos e prefere uma terra calcária ou arenosa.
Semeadura – Semeie no princípio da primavera. A distância entre as plantas deverá ser de, pelo menos, 50 cm; se você semear mecanicamente, deverá observar um intervalo de 20 a 30 cm. Tal como a manjerona-de-jardim, pode desenvolver-se a partir de incisões (vegetativamente).
Colheita – Proceda como para a manjerona-doce. As sementes amadurecem no princípio do outono.

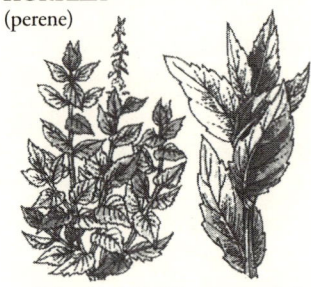

HORTELÃ
(perene)

Utilização – Há diferentes variedades de hortelã, com propriedades e gostos diferentes; mas, quanto a tratamento, procede-se da mesma maneira. Se você quiser fazer molho de hortelã, com um gosto forte, use a especiaria de hortelã, e não a da sua horta. As folhas de hortelã-pimenta dão uma excelente tisana. Dão um gosto forte a qualquer prato ou bebida à base de fruta.
Solo – A hortelã tem raízes rastejantes e, por isso, é melhor plantá-la afastada das outras ervas aromáticas. Exponha-a ao sol e ela terá mais gosto, mas precisa de solo rico adubado e com muita água.
Colheita – A hortelã, para secar, deverá ser apanhada no princípio da estação das flores (meio do verão), mas você poderá apanhar as folhas frescas em qualquer época. A colheita constante ajuda as plantas a crescer. Para secar, não colha as folhas em dias de mau tempo, porque ficarão escuras e apodrecerão. Para fazer infusões, guarde as folhas inteiras; partidas, terão um sabor completamente diferente.

CHAGAS
(anual)

Utilização – As folhas redondas e muito perfumadas são deliciosas nas saladas de arroz. Para quem gosta de comida apimentada, substituem a pimenta, com vantagem. Ótimas também com queijo fresco. As sementes novas, ainda verdes, podem ser postas em vinagre e utilizadas como alcaparras. Deliciosas com carneiro assado!
Solo – Desde que tenham uma terra leve e arenosa e muito sol, os nastúrcios podem crescer em qualquer lugar. As plantas cultivadas, por causa das folhas, têm necessidade de uma terra rica em estrume.
Semeadura – Semeie ao ar livre, por volta do fim da primavera. Diz-se que os nastúrcios protegem as outras plantas contra as pragas.
Colheita – A maior concentração de vitaminas está nas folhas, antes da floração, no meio do verão. Faça portanto a colheita nessa época. As folhas podem ser secadas facilmente, mas as flores devem ser consumidas frescas.

SALSA
(bienal)

Utilização – Existem muitas variedades de salsa, mas todas são ricas em vitamina C, ferro e sais orgânicos. Pique-a muito fina e use-a abundantemente como tempero.
Solo – A salsa precisa de solo rico e terra bem cultivada.
Semeadura – Semeie salsa todos os anos. Lance a semente na terra no princípio da primavera e mais tarde, no meio do verão, a uma distância de 20 a 30 cm, em sulcos com 1 cm de profundidade. Cubra com uma camada fina de terra e regue bem, especialmente durante o período de germinação, que dura de 5 a 8 semanas. Quando as plantas tiverem 2,5 cm de altura, afaste-as para uma distância de 8 cm, e finalmente de 20 cm quando estiverem maduras. Regue bem.
A salsa-crespa pode, em geral, ser semeada três vezes por ano: no princípio da primavera, semeie-a nas orlas dos canteiros; em terreno aberto, no princípio do verão; e no meio do verão, num lugar abrigado.
Colheita – Apanhe só algumas folhas de cada vez. Os ramos não deverão ser apanhados até que o caule atinja 8 cm de altura. Para secar, apanhe-a durante o verão e seque-a depressa. A salsa lisa é a única erva que precisa ser secada a altas temperaturas; ela deverá estar quebradiça para você poder picá-la.

Produtos hortícolas

ALECRIM
(perene)

Utilização – Nós usamos o alecrim para temperar a carne, o peixe e a caça.
Solo – O alecrim atinge facilmente 1,50 m de altura. Gosta de terra leve e seca, de lugar abrigado e muita cal.
Semeadura – No princípio da primavera, semeie-o com 15 cm de intervalo. Transplante-o para uma estufa quando tiver alguns centímetros de altura, conservando uma distância de 15 cm entre as plantas e, finalmente, transplante novamente com 90 cm de intervalo. Corte-o no meio do verão para que os brotos se fortifiquem antes do inverno.
Coloque folhas caídas por cima das raízes e armazene para o inverno.
Colheita – A partir do segundo ano, você poderá apanhar as folhas em qualquer época, embora o fim do verão seja a melhor, se tiver intenção de as secar. As flores do alecrim devem ser colhidas antes da floração completa.

SALVA
(perene)

Utilização – Embora hoje conhecida por sua presença nos estofados, a salva foi, durante séculos, conhecida como um dos remédios mais eficazes do mundo.
Solo – A salva prefere terra leve, seca e calcária, e pode atingir 60 cm de altura. Gosta de muito sol e constituirá uma guarnição perfeita nas orlas de seus canteiros.

Semeadura
Salva de folha estreita – Semeie-a no fim da primavera, em terra úmida, e cubra ligeiramente de terra. A germinação durará de 10 a 14 dias. No princípio do verão, transplante os brotos, deixando um intervalo de 15 cm entre eles.
Salva de folha larga – Reproduz-se sempre por incisões feitas no fim da primavera. Quando as raízes tiverem crescido, transplante com intervalos de 35 a 50 cm, em linhas com 60 cm de intervalo.
Colheita – As plantas do segundo ano são mais ricas em óleos e proporcionarão melhores colheitas. A melhor época para cortar a salva de folha larga é o meio do verão e, ainda, um mês mais tarde, para impedir que fique lenhosa. Em nosso clima temperado não espere que floresça. Corte as folhas no princípio do outono.

SEGURELHA DE VERÃO
(anual)

Utilização – A segurelha de verão é conhecida como "a erva dos feijões", porque realça o sabor de qualquer variedade de feijão.
Solo – Planta espessa, que pode atingir 30 cm de altura, florescerá bem num solo rico e úmido, mas sem adubo.
Semeadura – No fim da primavera, ou princípio do verão, semeie-a em linhas com 30 cm de intervalo. Distribua-as depois com uma distância de 15 cm. Terá então duas colheitas, uma no meio do verão e outra, menos importante, no outono.
Colheita – Se pretende secá-la, corte-a antes da floração (quer dizer, entre o meio do verão e o outono). Colha as sementes assim que estiverem marrons.

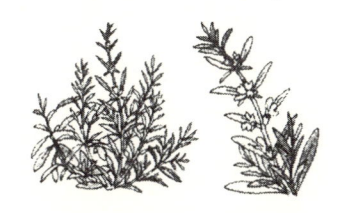

SEGUREIHA DE INVERNO
(perene)

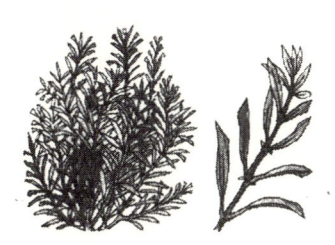

Utilização – A segurelha de inverno tem um perfume muito intenso e combina muito bem com as salsichas, o peixe cozido e o carneiro.
Solo – Pequena sebe ideal para seu recanto de jardim, onde se encontram as outras ervas aromáticas, a segurelha de inverno prefere uma terra calcária bem drenada e muito sol.
Semeadura – É a luz que faz germinar a segurelha de inverno, por isso não cubra as sementes. Semeie-as no fim do verão em sulcos com intervalos de 30 a 40 cm; por incisões, na primavera, transplante-a com 60 cm de intervalo.
Colheita – A partir do segundo ano, corte os brotos e as extremidades. Corte-as antes de florirem, para reter a essência nos ramos.

AZEDINHA
(perene)

Utilização – Corte as folhas novas e coma-as cruas, ou coza-as, como as do espinafre. O gosto ácido dessa erva combina muito bem com guisados e peixe. A sopa de azedinhas é uma especialidade francesa.
Solo – A azedinha precisa de luz, solo rico e de um lugar abrigado e exposto ao sol.
Plantio – Esta erva reproduz-se melhor por divisão de raízes, na primavera e no outono. Transplante com 40 cm de intervalo. Quando a planta florescer, no princípio do verão, corte-a, para evitar a esterilidade.
Colheita – Faça a colheita 3 ou 4 meses depois de ter plantado, quando tiver 4 ou 5 folhas. Para secar, corte as pontas e os brotos antes da floração.

ESTRAGÃO
(perene)

Utilização – Sendo uma erva de grande importância na cozinha, o estragão é um clássico do marisco e é também delicioso com galinha e vegetais com manteiga (especialmente abobrinhas). As folhas novas são muito boas em salada.
Solo – A drenagem é importante para que o estragão cresça bem. O ideal é um solo ligeiramente inclinado e um pouco pedregoso. 
Plantio – O estragão é uma dessas ervas que adoram o sol, e suas raízes se estendem até atingirem mais de 1 m; por isso dê-lhes bastante espaço. O melhor é comprar as plantas e plantá-las com 60 cm de intervalo, depois das últimas geadas de inverno. Separe da planta principal as ramificações que encontrar ao pé das raízes, para transplantá-las no fim da primavera.
Colheita – Vá sempre apanhando folhas frescas para estimular o crescimento de folhas novas. Para secar, apanhe-as no princípio do florescimento.

TOMILHO
(perene)

Utilização – O tomilho de jardim é uma erva boa para juntar a qualquer assado de carne, ou para usar em recheios e guisados.
Solo – O tomilho se desenvolve em terra leve e seca.
Plantio – Você poderá semear no fim da primavera, a 0,5 cm de profundidade e com 60 cm de intervalo; mas, geralmente, procede-se por enxertia, ou divisão de pés. Coloque-os com 30 cm de intervalo, em linhas distanciadas 60 cm. Retire as ervas daninhas e regue frequentemente.
Colheita – No primeiro ano, faça só uma colheita. E, a partir do segundo, faça uma bem no começo do verão, antes do florescimento, e a segunda no meio do verão. Não corte muito perto do solo e colha brotos com cerca de 15 cm de comprimento. Pode a planta depois do florescimento, para que não fique muito desequilibrada.

Produtos hortícolas
Os legumes durante o ano

O princípio da rotação de culturas que aplicamos nos campos também pode ser aplicado numa horta ou jardim, só que é necessário, no caso da horta, levar em conta dois elementos importantes: deve-se manter sempre um intervalo de 3 anos, no mínimo, entre as culturas de crucíferas a serem realizadas no mesmo local, para evitar a propagação de algumas pragas ou doenças que destruam as raízes; e o mesmo deve ser feito com a cultura da batata, para evitar as pragas do solo. É preciso não esquecer que as batatas não gostam de terra alcalina, ao contrário das leguminosas como o feijão ou a ervilha; as crucíferas gostam da terra pouco ácida, mas contanto que a calagem seja efetuada alguns meses antes; as culturas de raiz temem a terra recentemente adubada ou estrumada.

Você poderá atender a todas essas exigências adotando uma rotação quadrienal, semelhante à que iremos indicar como exemplo.

Estrume abundantemente a terra e plante batatas. Após a colheita, proceda à calagem, que pode ser abundante, semeando no ano seguinte as ervilhas e os feijões, que, uma vez colhidos, podem ser imediatamente substituídos pelos legumes (as crucíferas) que estarão em viveiro, prontos para o transplante (ver mais adiante explicações sobre o viveiro). Na primavera seguinte, já terão sido comidas todas as couves, e estará na hora de iniciar o que chamamos de cultura mista, isto é, cebolas, tomate, alfaces, rabanetes, milho-doce e as diversas espécies de melões e melancias. Finalmente, chega o ano das culturas de raiz, e você poderá semear cenoura, cherivia, beterraba, aipo (na verdade, a cultura mista e a cultura de raízes podem ser feitas na ordem inversa, sem nenhum problema). No entanto, não inclua na cultura de raízes nabo ou couve-nabo, que podem estar sujeitas às pragas que aparecem nas crucíferas, para não anular toda a rotação. Se você quiser plantar beterraba, deverá fazê-lo em conjunto com as couves, na época indicada para elas. Mas eu acho que a cultura de beterrabas será mais proveitosa se for feita no campo, e não na horta, onde não pode ser cultivada na escala que merece.

Terminada a rotação quadrienal, comece de novo semeando as batatas, conforme já foi indicado.

Essa rotação é interessante para climas temperados, ou seja, de invernos rigorosos. A neve não faz

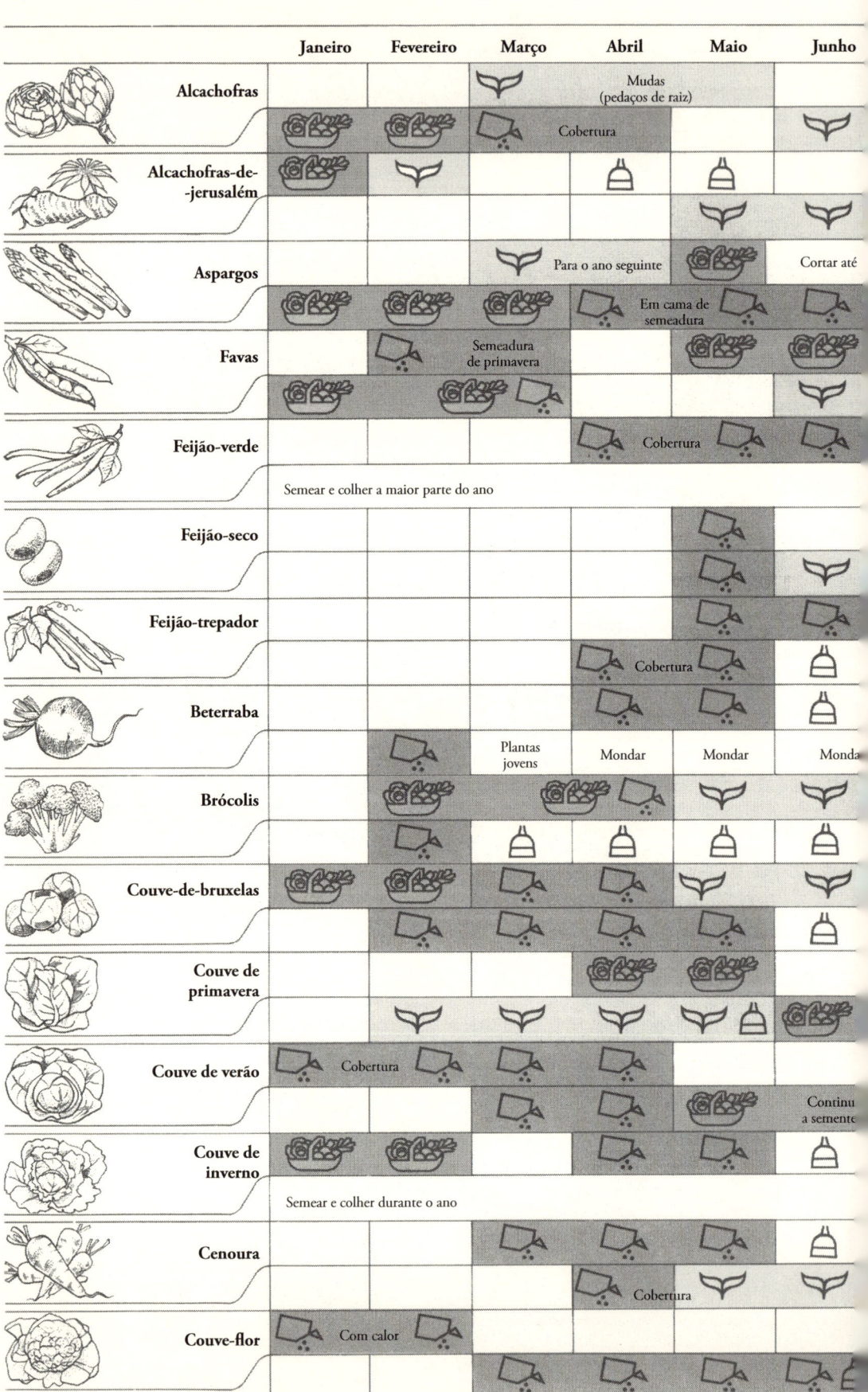

	Janeiro	Fevereiro	Março	Abril	Maio	Junho
Alcachofras				Mudas (pedaços de raiz)		
			Cobertura			
Alcachofras-de-jerusalém						
Aspargos				Para o ano seguinte		Cortar até
				Em cama de semeadura		
Favas		Semeadura de primavera				
Feijão-verde				Cobertura		
	Semear e colher a maior parte do ano					
Feijão-seco						
Feijão-trepador						
				Cobertura		
Beterraba						
			Plantas jovens	Mondar	Mondar	Mondar
Brócolis						
Couve-de-bruxelas						
Couve de primavera						
Couve de verão	Cobertura					Continu a sement
Couve de inverno						
	Semear e colher durante o ano					
Cenoura						
				Cobertura		
Couve-flor		Com calor				

Produtos hortícolas

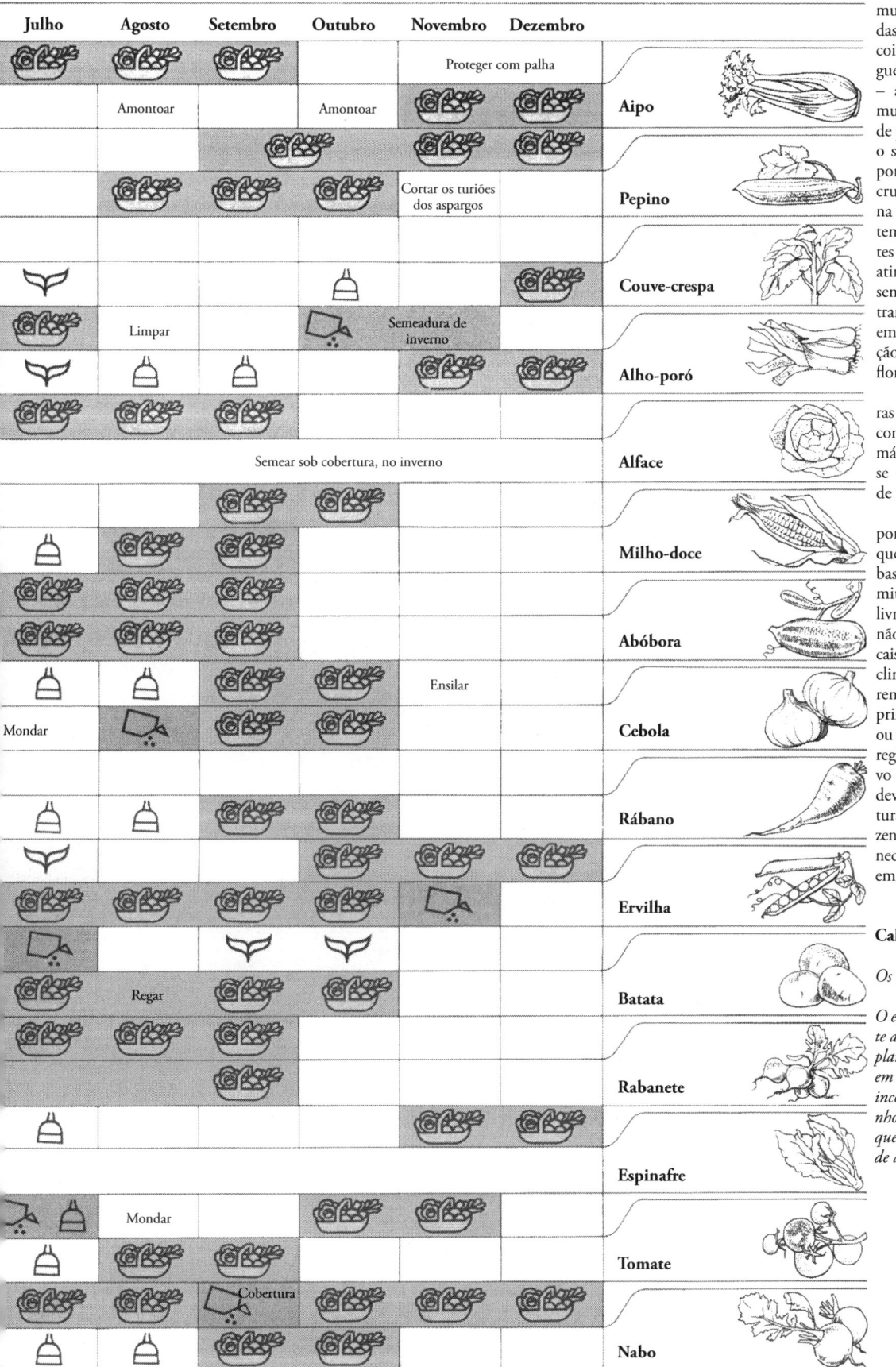

Julho	Agosto	Setembro	Outubro	Novembro	Dezembro		
Colher	Colher	Colher		Proteger com palha		**Aipo**	
	Amontoar		Amontoar	Colher	Colher		
		Colher	Colher	Colher	Colher	**Pepino**	
	Colher	Colher	Colher	Cortar os turiões dos aspargos			
Transplantar			Sachar		Colher	**Couve-crespa**	
Colher	Limpar		Semear Semeadura de inverno				
Transplantar	Sachar	Sachar		Colher	Colher	**Alho-poró**	
Colher	Colher	Colher					
		Semear sob cobertura, no inverno				**Alface**	
	Colher	Colher	Colher				
Sachar	Colher	Colher	Colher			**Milho-doce**	
Colher	Colher	Colher	Colher				
Colher	Colher	Colher	Colher			**Abóbora**	
Sachar	Sachar	Colher	Colher	Ensilar			
Mondar	Semear	Colher	Colher			**Cebola**	
Sachar	Sachar	Colher	Colher				
Sachar	Sachar	Colher	Colher			**Rábano**	
Transplantar		Colher	Colher	Colher	Colher		
Colher	Colher	Colher	Colher	Semear		**Ervilha**	
Semear		Transplantar	Transplantar				
Colher	Regar	Colher	Colher			**Batata**	
Colher	Colher	Colher	Colher				
		Colher	Colher			**Rabanete**	
Sachar			Colher	Colher			
Semear Sachar	Mondar	Colher	Colher			**Espinafre**	
Sachar	Colher	Colher	Colher	Colher	Colher		
Colher	Colher	Cobertura Semear	Colher	Colher	Colher	**Tomate**	
Sachar	Sachar	Colher	Colher			**Nabo**	

muitos estragos, mas os gelos e geadas fortes podem impedir qualquer coisa de crescer. Creio que ninguém irá seguir à risca esta rotação – aliás nem outra qualquer. Sei muito bem o que esse trabalho tem de pessoal; esta rotação, porém, tem o sucesso assegurado. Você pensa, por exemplo, que os rabanetes são crucíferas, devendo ser plantados na época destas? Bem, o fato é que temos por hábito colher os rabanetes tão cedo, que quase nunca são atingidos pelas pragas. Assim, não sendo atingidos por elas nem as transmitindo, podem ser plantados em culturas mistas, com a condição de não deixarmos que deem flor nem semente.

Existem, sem dúvida, inúmeras rotações possíveis, podendo-se com qualquer uma delas atingir o máximo rendimento, contanto que se mantenha o intervalo mínimo de 3 anos entre as crucíferas.

É claro que o clima é de importância primordial. Para o plano que irei expor a seguir, tomei por base um clima temperado que permite a cultura de crucíferas, ao ar livre, durante o inverno, mas que não deixa crescer plantas subtropicais ou mesmo mediterrâneas. Num clima sem geadas invernais, poderemos obter umas quatro culturas principais por ano, havendo chuva ou água para regar com fartura. Nas regiões onde não é possível o cultivo de legumes durante o inverno, deve-se reservar para eles uma cultura especial no verão, para armazenagem. Com isso, parece-nos desnecessário lembrar ao leitor que leve em conta as diferenças climáticas.

Calendário dos legumes

Os legumes ao longo do ano

O esquema apresenta as épocas durante as quais você deverá semear, transplantar, sachar e recolher os legumes, em clima temperado. Mas não haverá inconveniente em consultar os vizinhos, pois, conforme o clima, este esquema poderá apresentar variações de algumas semanas.

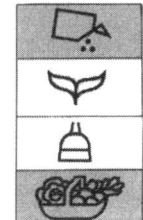

⬚	Semear
⬚	Transplantar (plantar)
⬚	Sachar
⬚	Colher

Produtos hortícolas

Inverno

O inverno é a época para construir ou consertar, para abater as árvores, para podar as cercas vivas, para abrir as valas de drenagem, reconstruir os muros, cercas etc. Se a terra da sua horta for pesada e argilosa, será melhor não mexer nela, porque isso iria apenas compactá-la mais ainda. Isto não se aplica, obviamente, a terrenos mais leves e arenosos. No entanto, nas regiões mais frias certamente haverá uma camada de neve, e os produtos anteriormente colhidos estarão armazenados e protegidos na cave, no silo, em frascos ou latas... O homem do campo que se preza entrará no inverno com o sentimento de que seu trabalho lhe permitiu guardar a quantidade de alimentos suficiente para alimentar a família durante esses meses sombrios e, ainda, para poder ser hospitaleiro com os amigos...

E, para quem vive em autossuficiência, o inverno é também a estação das festividades.

Estufa e plantas perenes

Na estufa, é a época de colher suas alfaces de inverno, de levar para a horta a terra rica onde cresceu o tomate, substituindo-a por terra fresca misturada com estrume. Numa estufa aquecida, você semeará o tomate e o pepino. Poderá fazer camas quentes nos viveiros que estiverem vazios, utilizando o estrume. A terra prevista para receber a futura plantação de batatas deverá ser coberta com estrume. Se sobrar matéria orgânica, passe-a para um compartimento vazio, empilhando-as de novo, para que possa arejar e começar um novo processo de formação de estrume composto. Enquanto isso, você poderá cobrir de palha ou algas todas as suas plantas perenes, para que fiquem protegidas do frio, preparando-se para um desenvolvimento posterior.

Canteiro A

Este canteiro terá sido abundantemente estrumado no outono, após a colheita das batatas. Se o inverno for bem ameno, será possível semear favas, enquanto no resto do canteiro será semeado centeio ou outra cultura invernal que evite perdas de nitrogênio, e que deverá ser enterrada na primavera, para se decompor. Também terá sido feita a calagem, após a colheita das batatas, o que irá beneficiar os feijões e ervilhas, assim como as couves que forem plantadas mais tarde. Uma pequena parte do canteiro terá sido ocupada pelas couves de primavera. Os alhos-porós também deverão estar prontos para colher.

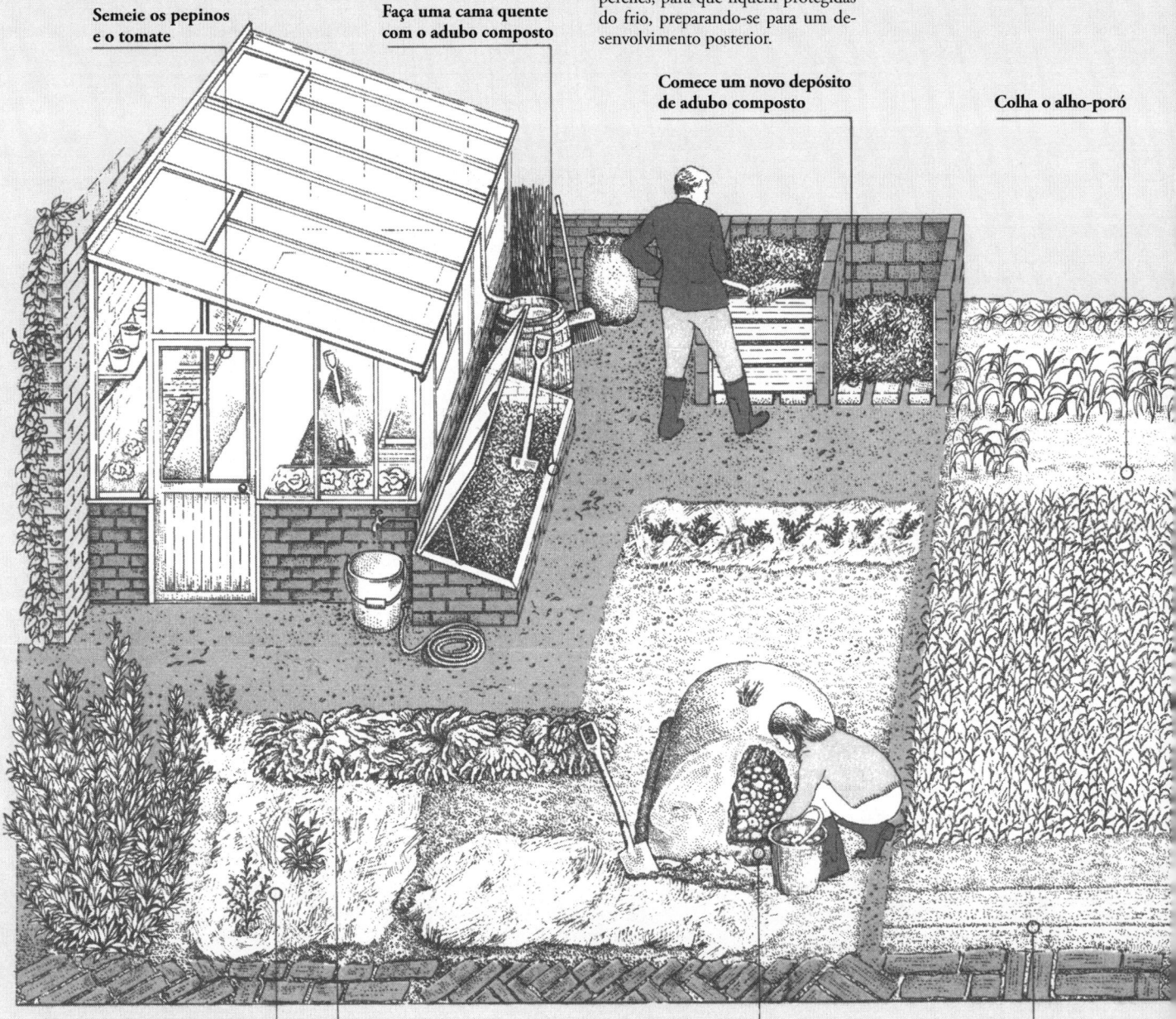

Semeie os pepinos e o tomate

Faça uma cama quente com o adubo composto

Comece um novo depósito de adubo composto

Colha o alho-poró

Proteja as plantas perenes com palha ou algas

Utilize as batatas armazenadas

Semeie as favas

Produtos hortícolas

Canteiro B
Este canteiro deverá estar coberto com os diversos tipos de crucíferas, como a couve-de-bruxelas, repolho, couve-crespa, brócolis, couve-roxa etc., que possam suportar o inverno. Talvez estejam também plantadas algumas linhas com nabos, mas, como não suportam bem o inverno, deverão já estar colocados em silos ou guardados na cave. Este é o canteiro que irá fornecer a maior parte das verduras para o inverno, não esquecendo, evidentemente, os alhos-porós do canteiro A. Como este canteiro irá receber no próximo ano a cultura mista, você poderá plantar chalotas.

Canteiro C
Este canteiro estará coberto com qualquer cultura – como centeio – que possa ser enterrada para siderar. No ano anterior, terá recebido a cultura mista, cujas plantas, de vida curta, permitem que a terra possa ser trabalhada rapidamente; o centeio já estará suficientemente desenvolvido para poder ser siderado. Mas não há motivo para grande pressa nesta operação, porque nesse canteiro serão plantadas as culturas de raiz, que não exigem uma plantação muito prematura.

Canteiro D
Este canteiro está de pousio, ou coberto por uma cultura para siderar, embora talvez ela não tenha sido enterrada, caso você tenha colhido tardiamente a cultura de raiz do ano precedente. É hora de utilizar seu carrinho de mão para transportar o estrume para a futura cultura de batatas. Se houver gelo, será mais fácil empurrar o carrinho de mão que puxá-lo, estragando-se menos a terra. Se nesse canteiro ainda houver alguns restos de aipo, você poderá colhê-lo ao longo do inverno, conforme suas necessidades.

Canteiro das frutas
Se suas árvores foram seriamente atacadas por alguma praga ou doença, você deverá tratá-las com um produto apropriado. Antigamente, utilizava-se 1 kg de soda cáustica diluída em 45 l de água, mas isso já não se utiliza hoje em dia. Em meados de fevereiro você deverá podar as árvores e os arbustos. Ainda com seu carrinho de mão, transporte algum estrume para perto das árvores. Faça uma pequena sacha em redor dos arbustos que fornecem bagas, como as framboesas. Depois, queime todos os ramos e galhos que tiver cortado durante a poda.

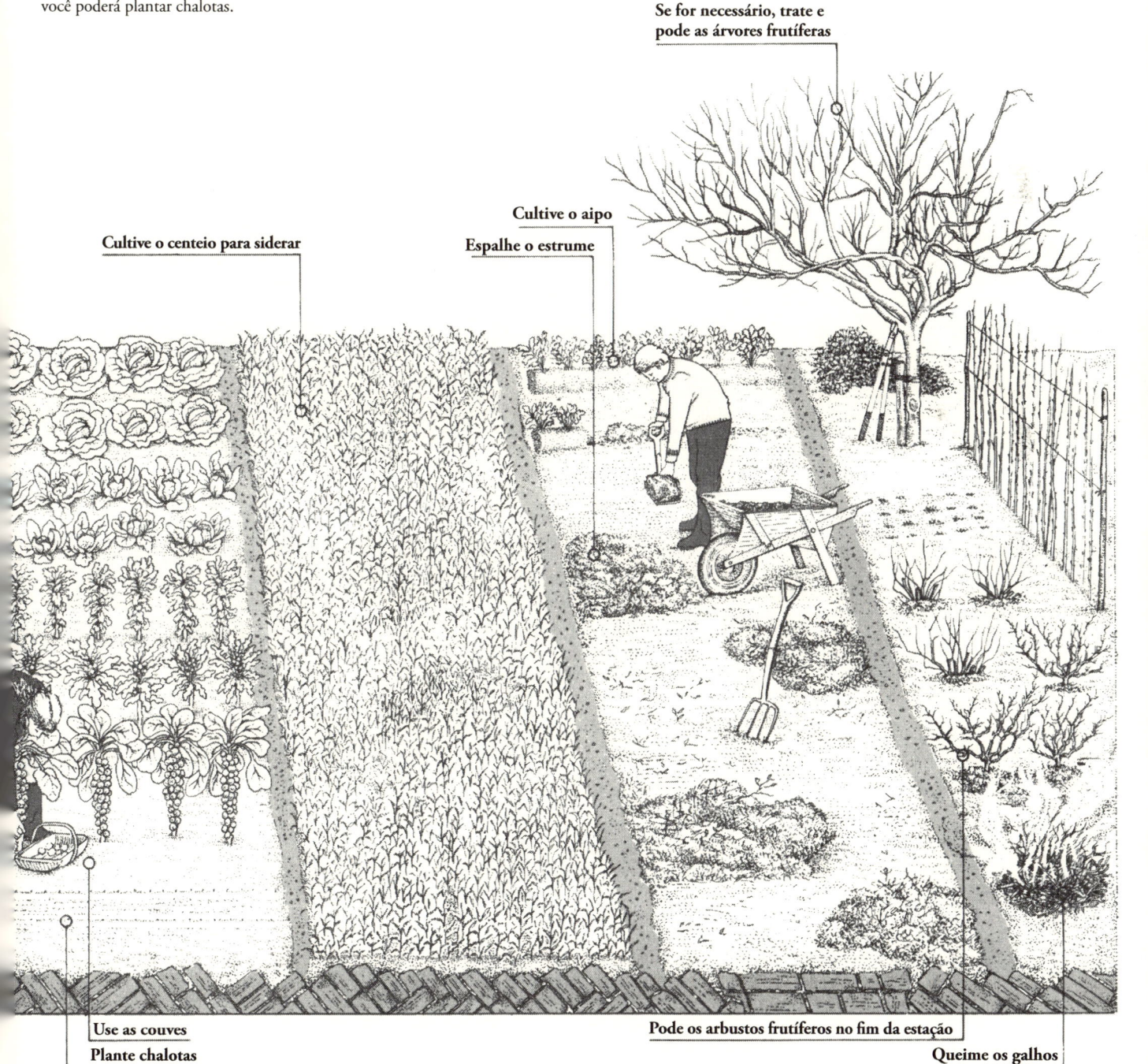

Produtos hortícolas

Primavera

Há tanta coisa a fazer na primavera, que você terá dificuldade em seguir todo o esquema. Para começar, é preciso enterrar as culturas destinadas à sideração, e isso pode muito bem ser feito com um microtrator. Depois, é preciso preparar as sementeiras e canteiros para as semeaduras. Mas não adianta ter muita pressa para semear. Em terra gelada ou excessivamente úmida, as plantas não se desenvolverão. É preferível aguardar 1 ou 2 semanas e semear em terra um pouco mais quente. Algumas plantas, como a beterraba, que cresce lentamente, podem ser semeadas um pouco antes. Outras plantas também suportarão bem uma semeadura mais prematura, desde que seja em estufas. Nessa época, campânulas poderão ser muito úteis para aquecer o solo. Em março estendo uma grande folha de plástico transparente sobre as batatas que semeei em fevereiro.

Estufa e plantas perenes
Na estufa aquecida você poderá semear o milho-doce em vasos de barro e os pimentões em sementeiras. Assim que os tomates e os pepinos estiverem suficientemente desenvolvidos, você poderá transplantá-los para vasos ou para os canteiros exteriores da estufa. Também poderá semear pepinos em camas quentes. No canto destinado às ervas aromáticas, é hora de colhê-las e agrupá-las; caso seja necessário, você poderá aumentar o número de pés, plantando alguns pés de hortelã, tomilho ou malva. Quanto ao manto de algas que cobre os aspargos, é hora de acabar com ele, colocando-o na estrumeira. Força-se o crescimento do ruibarbo cobrindo-o com vasos opacos. Quanto às alcachofras, deverão estar com bom desenvolvimento. Algumas semeaduras serão feitas nas sementeiras, para que se tenham plantas para a plantação posterior (cebolas, as diversas couves, incluindo a couve-flor, alhos-porós etc.).

Canteiro A
Seu canteiro de alhos-porós está ficando vazio, pois, à medida que avança a primavera, você irá comendo-os. As favas, semeadas no outono, estão agora em pleno desenvolvimento; se você achar que são em quantidade insuficiente, ainda é possível semear uma variedade temporã, quando forem semeadas as ervilhas. Escalonando a semeadura, obterá uma maior quantidade ao longo do ano, quantidade essa que é excessiva. Nabos, couves-nabo e soja podem ser plantados nesse canteiro, que será ocupado, no ano seguinte, pelas crucíferas. As linhas de couves de primavera garantirão as verduras de que você necessita para esse período, desaparecendo no fim da primavera.

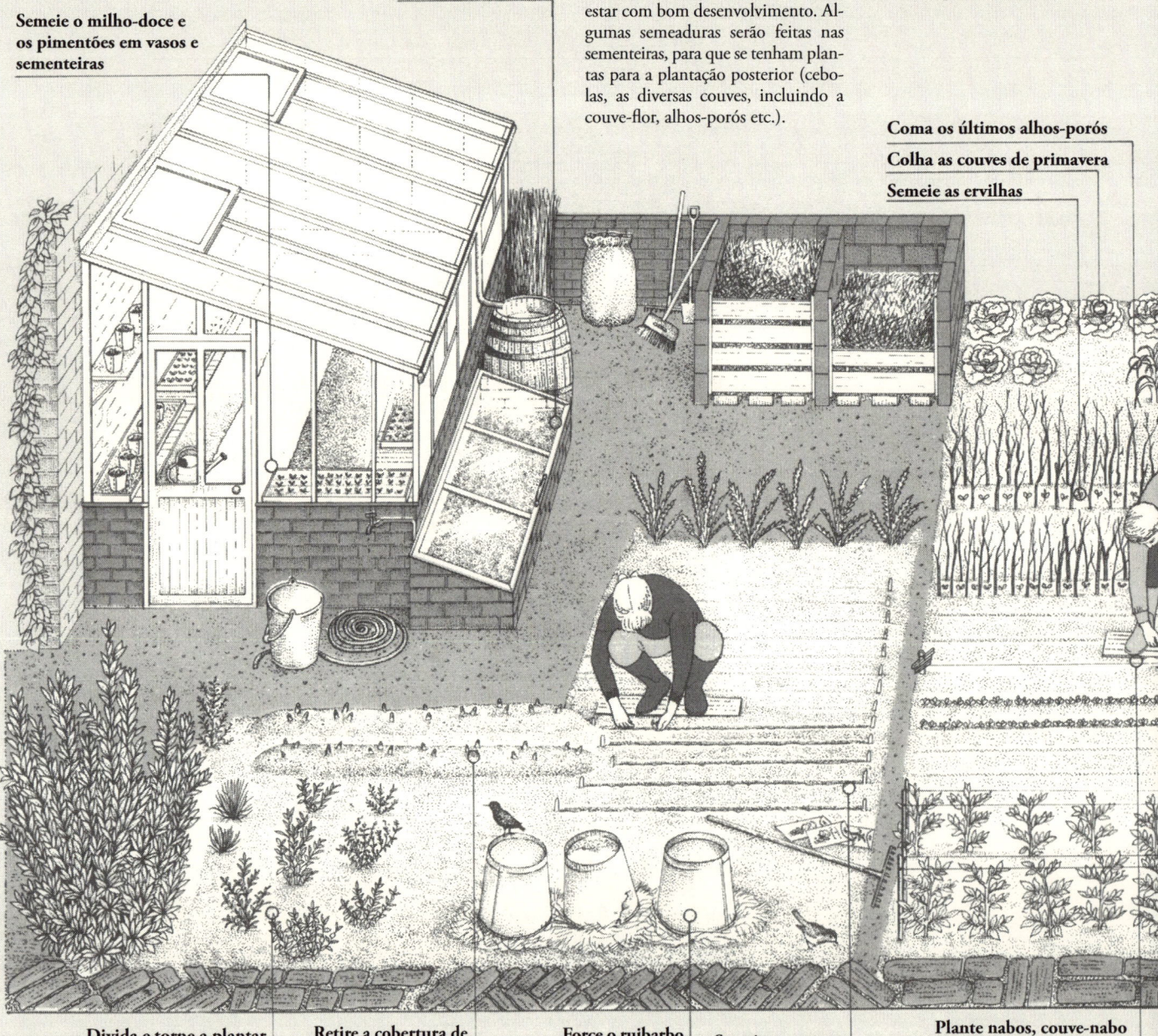

Semeie o milho-doce e os pimentões em vasos e sementeiras

Semeie os pepinos em camas quentes

Coma os últimos alhos-porós
Colha as couves de primavera
Semeie as ervilhas

Divida e torne a plantar as ervas aromáticas

Retire a cobertura de algas dos aspargos

Force o ruibarbo

Semeie as couves e as cebolas em camas de semeadura

Plante nabos, couve-nabo e soja

Produtos hortícolas

Canteiro B
Na realidade, você terá mais dificuldade em obter alimentos nessa época do que no inverno. Mas, contando com as variedades de couves resistentes ao frio e, ainda, com os alhos-porós, você conseguirá ultrapassar esse momento mais difícil. Apanhe as couves que ainda restam, juntando raízes e caules ao estrume composto. As chalotas também deverão estar já no máximo de sua produção.

Canteiro C
É agora que se deve enterrar a cultura que tinha sido semeada, no ano anterior, para ser siderada; com essa operação, prepara-se a terra para a semeadura de plantas de raiz, mais no fim da primavera. As únicas plantas de raiz que você poderá semear mais cedo serão os nabos, mas com o decorrer das semanas você também terá tempo de semear as cebolas e as cenouras. Se houver cebolinhos (as pequenas plantas nascidas das sementes da cebola, semeadas em sementeira durante o inverno), você poderá transplantá-los agora para a horta. Se no canto de ervas aromáticas ainda não houver alhos, poderão ser plantados logo no início da primavera. E, à medida que a primavera for chegando ao fim e o verão for se aproximando, mais numerosas serão as culturas neste canteiro.

Canteiro D
Você já poderá ter algumas batateiras crescendo debaixo de plástico ou de baldes. Nos climas temperados, elas terão sido semeadas no mês de fevereiro; nos climas frios, em meados de março. Mas a principal cultura de batatas só será semeada entre março e abril. As temporãs são plantadas a pouca profundidade; mas a cultura principal é plantada em sulcos ou covas mais profundas. As duas semeaduras requerem muito estrume. À medida que a batateira cresce, vá fazendo a amontoa, ou seja, um pequeno amontoado de terra junto ao caule, para apoiar a planta e atenuar as perdas de umidade, impedindo também que os tubérculos, ao engrossarem, saiam da terra e fiquem expostos à luz e ao ataque de pragas.

Canteiro de frutas
Pode logo cedo os pés de groselha. Algumas pessoas plantam, nessa época, os pés de framboesa. Todos esses arbustos devem ser sachados, para evitar o crescimento de ervas junto ao tronco. Se os insetos atacarem, tome as medidas adequadas. Por exemplo, um pouco de graxa ou gordura na base das árvores evitará as formigas. Mas, quando elas florirem, não ponha inseticidas, porque isso também mata as abelhas.

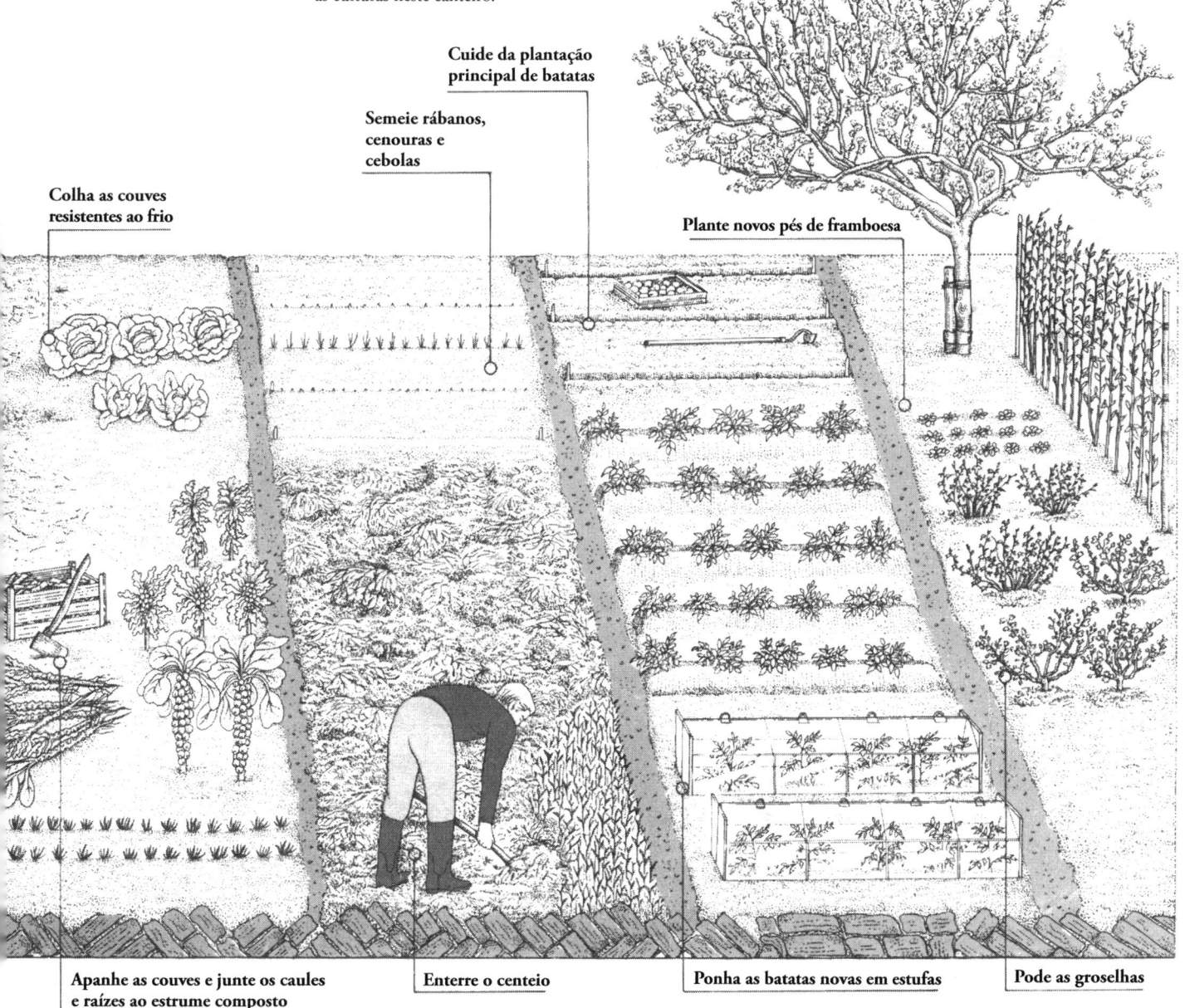

Cuide da plantação principal de batatas

Semeie rábanos, cenouras e cebolas

Colha as couves resistentes ao frio

Plante novos pés de framboesa

Apanhe as couves e junte os caules e raízes ao estrume composto

Enterre o centeio

Ponha as batatas novas em estufas

Pode as groselhas

Produtos hortícolas
Início do verão

Durante os meses de abril, maio e junho o ritmo de plantação deve ser constante, para permitir o crescimento de diferentes culturas. Ervilhas e alfaces, rabanetes e feijão-verde poderão ser semeados várias vezes, em pequenas quantidades, aumentando o tempo de colheita. Nabos jovens serão plantados durante todo o verão. E, como estamos na época da invasão das ervas daninhas, não esqueça as mondas e as sachas. Se as ervas se instalarem, você terá uma colheita fraca, para não dizer nula. Mas as cebolas e as cenouras deverão ser mondadas à mão. Já os nabos e rabanetes, que crescem rapidamente, poderão ser sachados, porque as linhas de plantação são bem visíveis.

Estufa e plantas perenes
Colha e coma seus aspargos até o fim de junho. Depois terá de deixá-los descansar e crescer livremente. Todas as camas de sementes deverão ser cuidadosamente limpas. Se, apesar de tudo, surgir o pulgão, deve-se atacá-lo. Na estufa, a ventilação tem de ser controlada com atenção. Pintando os vidros superiores da estufa com cal, você obterá a sombra necessária. É vital que haja uma boa ventilação durante o dia, mas evite também, a todo o custo, o ar frio da noite. A umidade será mantida pela rega frequente das plantas e do chão. Para alimentar os tomateiros, você poderá dar-lhes água com estrume dissolvido; o mesmo sistema pode ser empregado para os pepinos. As crucíferas deverão ser gradualmente transplantadas no exterior. Abra o mais possível as coberturas do estufim de pepinos. Continue a forçar o ruibarbo.

Canteiro A
Continue sempre a cuidar das ervilhas, apoiando-as em estacas quando começarem a crescer. Os nabos e couves-nabo também podem ser semeados. Em maio ou em junho, conforme o clima, semeie os feijões, em camas bem estrumadas, preparadas com antecedência. É necessário regá-los e mondá-los várias vezes. Também é época de colher as favas. Se tiverem tido pulgão, é preciso tirar-lhes a casca e cozê-las. Quando não houver mais favas, arrancam-se as plantas, semeando-se, para substituí-las, o feijão-verde.

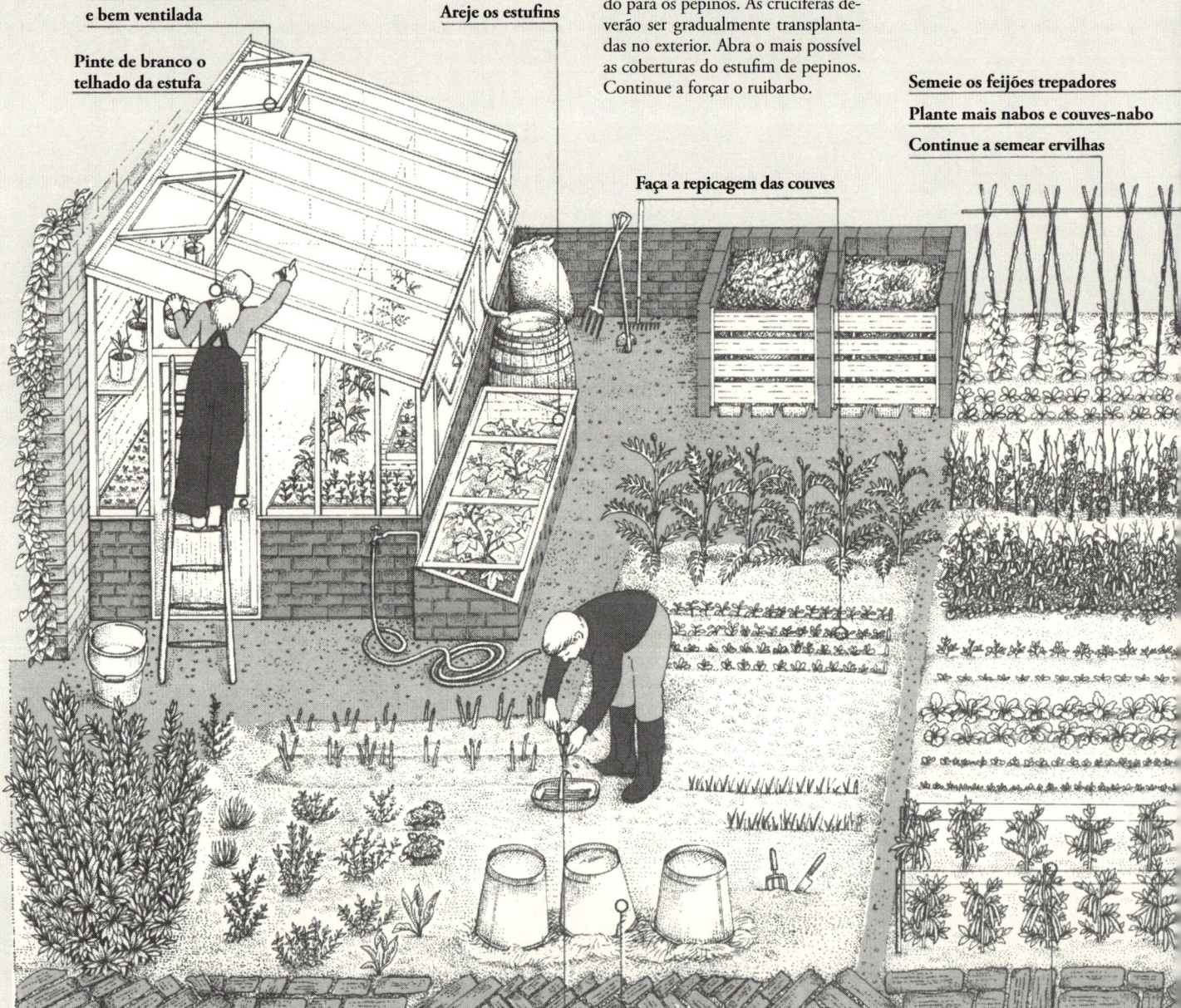

- Mantenha a estufa úmida e bem ventilada
- Pinte de branco o telhado da estufa
- Areje os estufins
- Faça a repicagem das couves
- Semeie os feijões trepadores
- Plante mais nabos e couves-nabo
- Continue a semear ervilhas
- Corte os aspargos (verdes) até o fim de junho
- Continue a forçar o ruibarbo
- Colha as favas

Produtos hortícolas

Canteiro B
Já sem as couves de inverno, este canteiro deve ser destinado aos vegetais da cultura mista. Tomate, melão, melancia, alfaces, abóbora, rabanetes, espinafres e milho-doce. Quando houver calor suficiente e quando as plantas – algumas já crescendo em viveiro ou na estufa – estiverem suficientemente desenvolvidas, transplante-as para o local definitivo, dando-lhes, logo de início, uma rega e monda. Uma boa estrumação também lhes será muito favorável; se ela for feita cedo, dará vida à terra e não perturbará a cultura de raízes do ano seguinte.

Canteiro C
Neste canteiro para cultura de raízes, as cebolas já deverão estar bem grandes. É preciso mondar e sachar. Se as cenouras forem destinadas à armazenagem para o inverno, terão de ser como as cebolas, um pouco desbastadas. Mas, se forem para ser comidas frescas, não é tão necessário desbastá-las. Faça tudo para enganar as astuciosas moscas da cenoura, desbastando quando estiver chovendo e espalhando ao longo das linhas um pouco de parafina ou outro produto de odor forte para esconder das moscas o cheiro das cenouras. Também os nabos deveriam ser mondados e desbastados. Semeie endívias e beterrabas. Colha os aipos, com cuidado para não os deixar secar.

Canteiro D
As batatas deverão, à medida que crescerem, ser cobertas pela terra; para isso, vá fazendo a amontoa, que será mais fácil de executar de manhã bem cedo, ou quando o sol já se tiver posto. Durante as horas de calor, os ramos da batateira pendem, dificultando o trabalho. Colhidas as primeiras batatas, entrarão couves-nabo em seu lugar. E o plantio do alho-poró no local de onde saíram as batatas só poderá ser feito se elas forem realmente temporãs. Essas batatas já estarão todas colhidas em junho, sendo então possível transplantar os alhos-porós.

Canteiro das frutas
Proteja seus morangueiros com rede fina e palha em redor dos pés. Só assim os pássaros deixarão de comer os frutos. A groselha e outras bagas podem começar a ser colhidas, começando pelas mais duras, para cozinhar. Isso dará tempo às bagas menores de amadurecerem convenientemente. A terra pode ser sachada e estrumada.

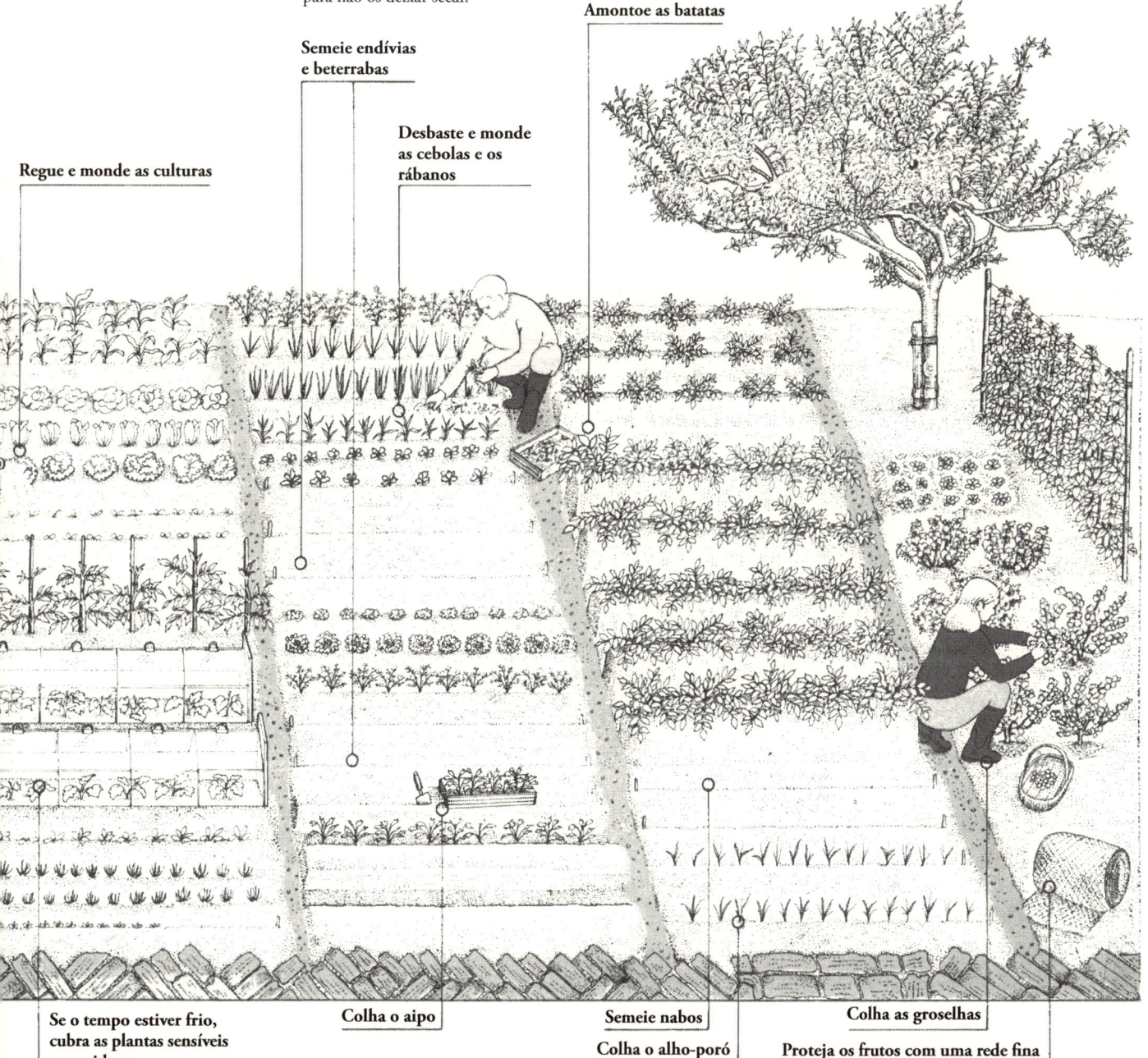

Produtos hortícolas
Fim do verão

Seu trabalho anterior começa, agora, a dar verdadeiros frutos. Talvez você quase nem saiba o que fazer diante de tamanha riqueza e variedade de produtos, e será hora de pensar em como dar, trocar ou vender o excesso. Os feijões excedentes poderão ser aproveitados com uma salmoura. As favas e alhos poderão ser secados. Após a colheita das ervilhas e dos feijões, poderão ser plantadas crucíferas, já em adiantado estado de desenvolvimento a partir de viveiros. Sem esses viveiros, que funcionam como "cama de espera", não é possível obter duas culturas sucessivas num mesmo terreno. Mas as crucíferas parecem gostar desse duplo transplante. Todas as ervas daninhas deverão ser arrancadas com monda manual. Se não forem retiradas antes de darem semente, você terá sete anos de ervas daninhas...

Estufa e plantas perenes
Com a cobertura totalmente aberta, os pepinos do seu estufim já estarão produzindo. Na estufa interior, tanto os tomateiros como os pepinos e os pimenteiros estão também em plena produção, necessitando de nutrientes e de água, assim como de bom arejamento. Semeie as couves de primavera. Monde os aspargos e as ervas aromáticas, cortando regularmente o ruibarbo e comendo-o. As alcachofras estarão, também, prestes a poder ser comidas. E não as esqueça, porque planta não cortada não se reproduz. Mas também é possível deixar algumas delas para dar flor, de um lindo azul, porque isso alegrará o cenário.

Canteiro A
Regue ervilhas e feijões sempre que necessário. As flores do feijão-trepador devem ser borrifadas com água à noite. E você poderá começar a colhê-los, sendo natural que fique sem saber o que fazer com tanta quantidade. Também os nabos deverão estar maduros. Sempre que cada linha tiver dado os melhores, arranque-a toda, revolva a terra e plante crucíferas, que deverão estar já bastante desenvolvidas na "cama de espera". A colheita dos feijões-trepadores deve ser contínua, para que não cheguem a ficar duros e velhos. Uma boa parte deles será salgada para o inverno. O verdadeiro hortelão tem sempre em mente o inverno. É tão fácil comer em julho...

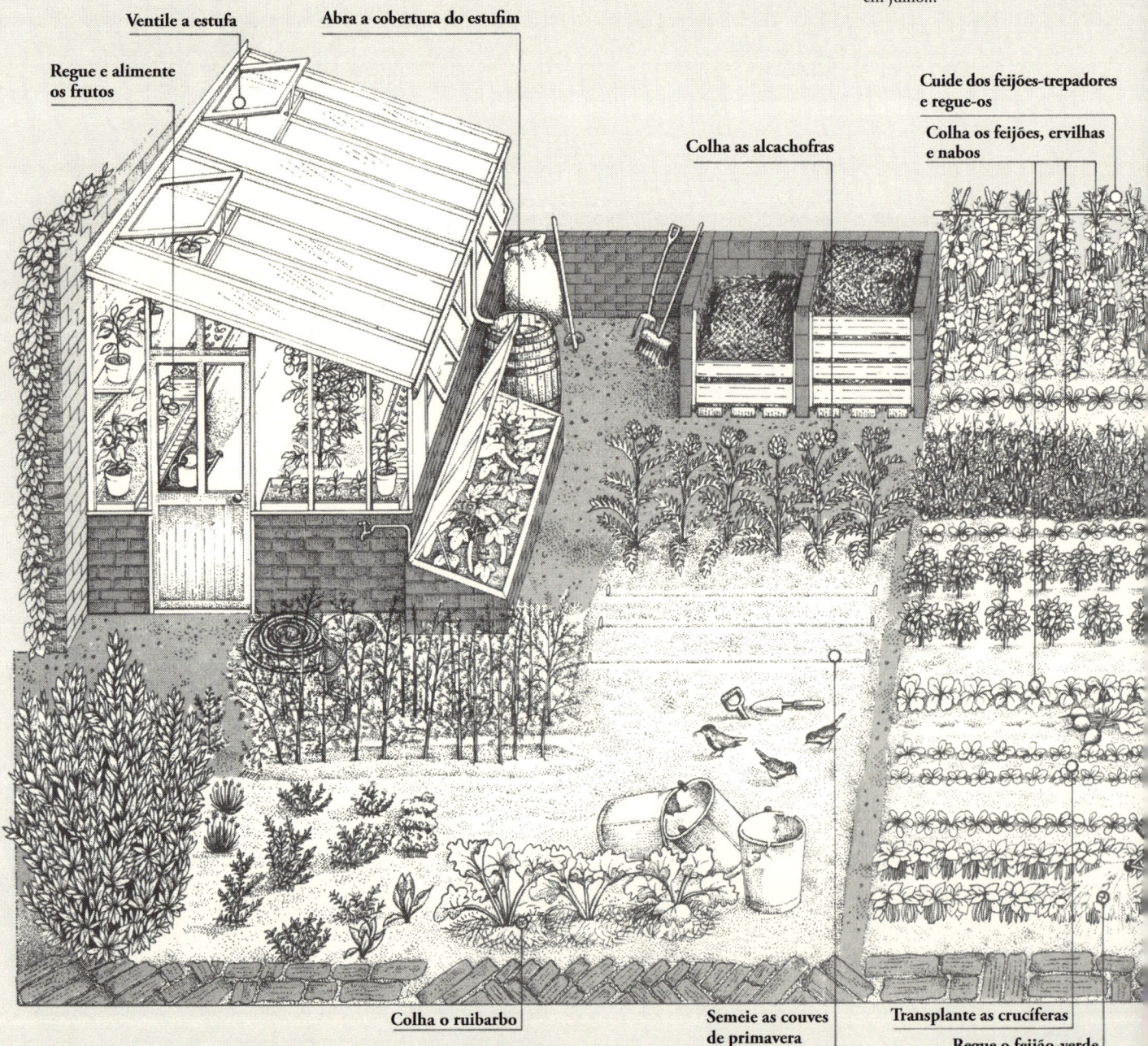

Produtos hortícolas

Canteiro B
As folhas "rastejantes" dos melões, abóboras e melancias devem ser cortadas. Os tomateiros deverão ser apoiados em estacas, cortando-se os ramos laterais e atando-se à estaca o caule, a partir do quarto ramo. Em tempo seco, deve-se regar com abundância. Nas regiões pouco quentes, pode-se vergar o caule e colocar uma cobertura que aumente o calor e permita que o tomate amadureça. Não deixe que os pepinos invadam o terreno. Colha-os frequentemente, evitando que fiquem grandes demais e amargos. As folhas masculinas deverão ser podadas. Você também deverá comer as alfaces, nunca permitindo que deem semente. Continue com a semeadura escalonada de alfaces e rabanetes. O milho deve atingir uma altura razoável, para que o vento possa ajudar a fecundação.

Canteiro C
Não haverá muita coisa a fazer aqui, exceto uma sacha em redor das plantas. Também se pode mondar. Aliás, esta é a melhor época para mondar, em toda a horta. Os aipos já terão sua amontoa e serão tratados com calda bordalesa. Você também poderá iniciar a coleta das cebolas.

Canteiro D
Já não haverá quase nenhuma batata nova, mas sua cultura principal estará em pleno desenvolvimento. Não arranque as batatas por enquanto e jogue nelas calda bordalesa, pelo menos duas vezes. O grande inimigo é o tempo úmido e quente. Continue a amontoa até atingir as folhas, onde deverá parar. Mas monde então as ervas daninhas, à mão. Tanto os nabos como os alhos-porós estarão prosseguindo seu desenvolvimento, sem problemas.

Canteiro das frutas
Pode todos os ramos supérfluos das amoreiras e das framboesas. Desbaste as macieiras, colhendo algumas maçãs ainda não totalmente maduras (se é que elas não caíram por si). Algumas árvores frutíferas gostam de uma ligeira poda no verão, sobretudo aquelas cuja copa é em fuso ou em palmeta. Enquanto os pássaros concentram sua atividade nas cerejas, coma as ameixas e outros frutos. Continue a sachar por entre os arbustos, para matar as ervas e dar possibilidade aos pássaros de comer alguns insetos...

Estaque os tomates e pode os ramos laterais

Deixe amadurecer o tomate sob cobertura

Comece a colheita das cebolas

Sache a cultura de raízes

Colha as maçãs

Pode os ramos das framboesas

Evite o desenvolvimento excessivo dos pepinos

Colha os melões e os pepinos

Amontoe o aipo

Espalhe a calda bordalesa nas batatas

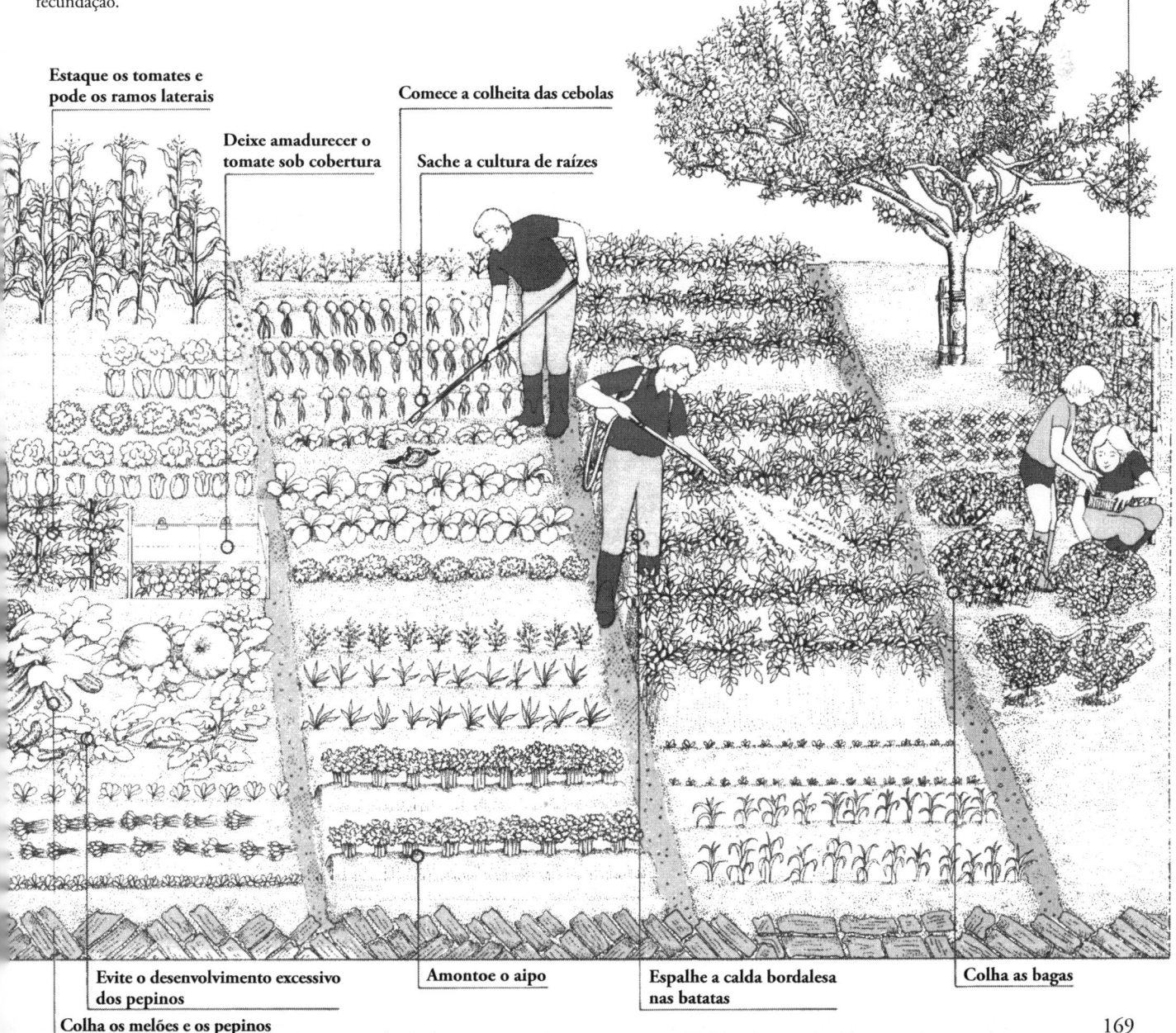

Colha as bagas

Produtos hortícolas

Outono

É bem certo que o outono é a época das brumas e da abundância. É a época da colheita das culturas principais, que deverão ser armazenadas para o inverno. Todo bom hortelão se empenhará em enterrar a erva para siderar, nos espaços vazios, embora aqueles que cultivam terras pesadas tenham uma certa razão em deixar a terra revolvida e em pousio, para que a geada penetre profundamente nela. Quando a geada tiver atingido os aipos pela primeira vez, será hora de começar a comê-los.

Estufa e plantas perenes
Os canteiros dos estufins e da estufa podem ser semeados com as alfaces de inverno, as couves de primavera e as couves-flores de verão. As duas últimas serão transplantadas para o exterior na primavera.
Os turiões dos aspargos devem ser cortados. Ensile as batatas perto de casa ou no celeiro (qualquer lugar serve, desde que estejam protegidas da luz, da umidade e do frio). As alcachofras restantes serão cortadas. Depois, deixe-as à sua sorte, cobrindo apenas com palha para evitar os efeitos da geada. Também será bom cobrir a cama dos aspargos com algas ou estrume. Todas as plantas perenes têm necessidade de estrume.

Canteiro A
Está na hora de colher as ervilhas, os feijões e outras plantas destinadas a secar para o inverno. Em seu lugar, serão plantadas as crucíferas de inverno e de primavera. Embora já seja tarde para essa operação, não é impossível, pois elas estarão já muito desenvolvidas, após sua estada na "cama de espera". As couves irão se beneficiar da calagem feita para os feijões e ervilhas, assim como do estrume dado anteriormente às batatas, que as precederam na rotação. Após a monda de todas as ervas daninhas, podem ser estrumadas, mas cuidado com as lagartas...

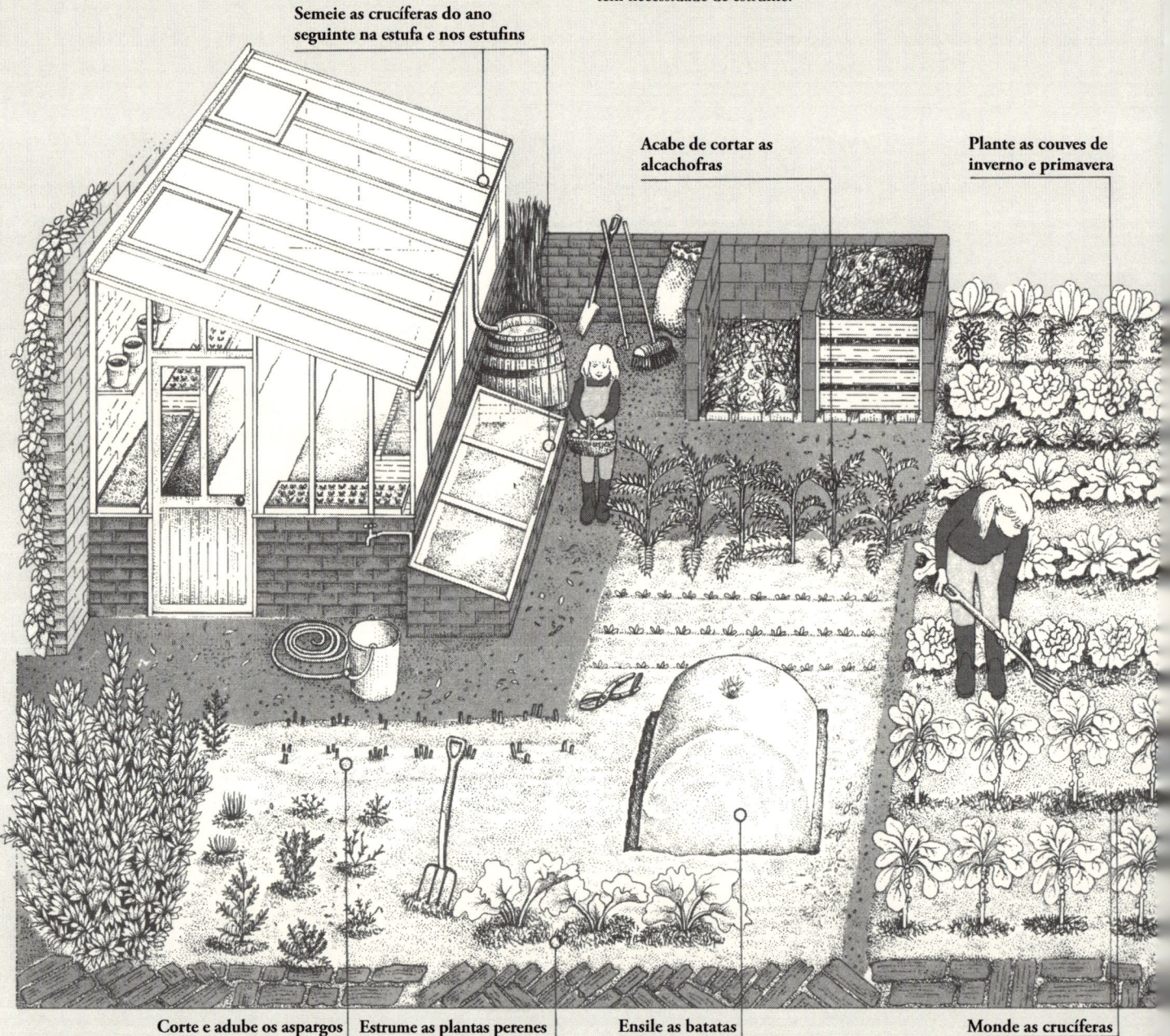

Semeie as crucíferas do ano seguinte na estufa e nos estufins

Acabe de cortar as alcachofras

Plante as couves de inverno e primavera

Corte e adube os aspargos | Estrume as plantas perenes | Ensile as batatas | Monde as crucíferas

Produtos hortícolas

Canteiro B
Todas as plantas de crescimento rápido deste canteiro já foram colhidas. Após a limpeza da terra, revolva-a um pouco, para depois semear centeio para siderar. Infelizmente, não será possível optar pelos trevos para esta função, pois só uma cultura de inverno poderá sobreviver com bons resultados.

Canteiro C
Os rábanos podem ir ficando indefinidamente na terra. Quanto ao aipo, a maior parte sobreviverá ao inverno se a amontoa tiver sido bem-feita. As raízes restantes serão colhidas em setembro, para armazenagem. As beterrabas vermelhas terão de ser colhidas com precaução, pois as raízes sangram quando se machucam. Como a terra irá ficar limpa, semeie centeio, para siderar até o fim de setembro. Você também poderá iniciar a estrumação, pois este canteiro irá receber as batatas no ano seguinte.

Canteiro D
As batatas serão colhidas bem tarde, pouco antes das primeiras geadas. Assim, os tubérculos irão manter-se melhor e não haverá perigo de ficarem verdes ou serem atingidos por alguma praga. Para endurecer a pele deles, deverão ficar ao sol por dois dias. Depois, é colocá-los na cave ou no silo. Faça amontoa de seus alhos-porós, e, como esta leira irá se destinar, no próximo ano, a ervilhas e feijões, você poderá desde já, e com maior motivo se os invernos forem rigorosos, semear as favas, fazendo isso nos meses de setembro e outubro.

Canteiro das frutas
Corte as guias dos morangueiros, limpe a terra e estrume-a abundantemente. Logo que estiverem maduros, colha os frutos. Maçãs ou peras deverão ser colocadas em lugar arejado e fresco, ao abrigo do gelo, e sem tocarem umas nas outras. Corte os ramos velhos das framboesas e outros arbustos em novembro ou dezembro. Se a terra não estiver úmida, plante em novembro ou março mais árvores frutíferas.

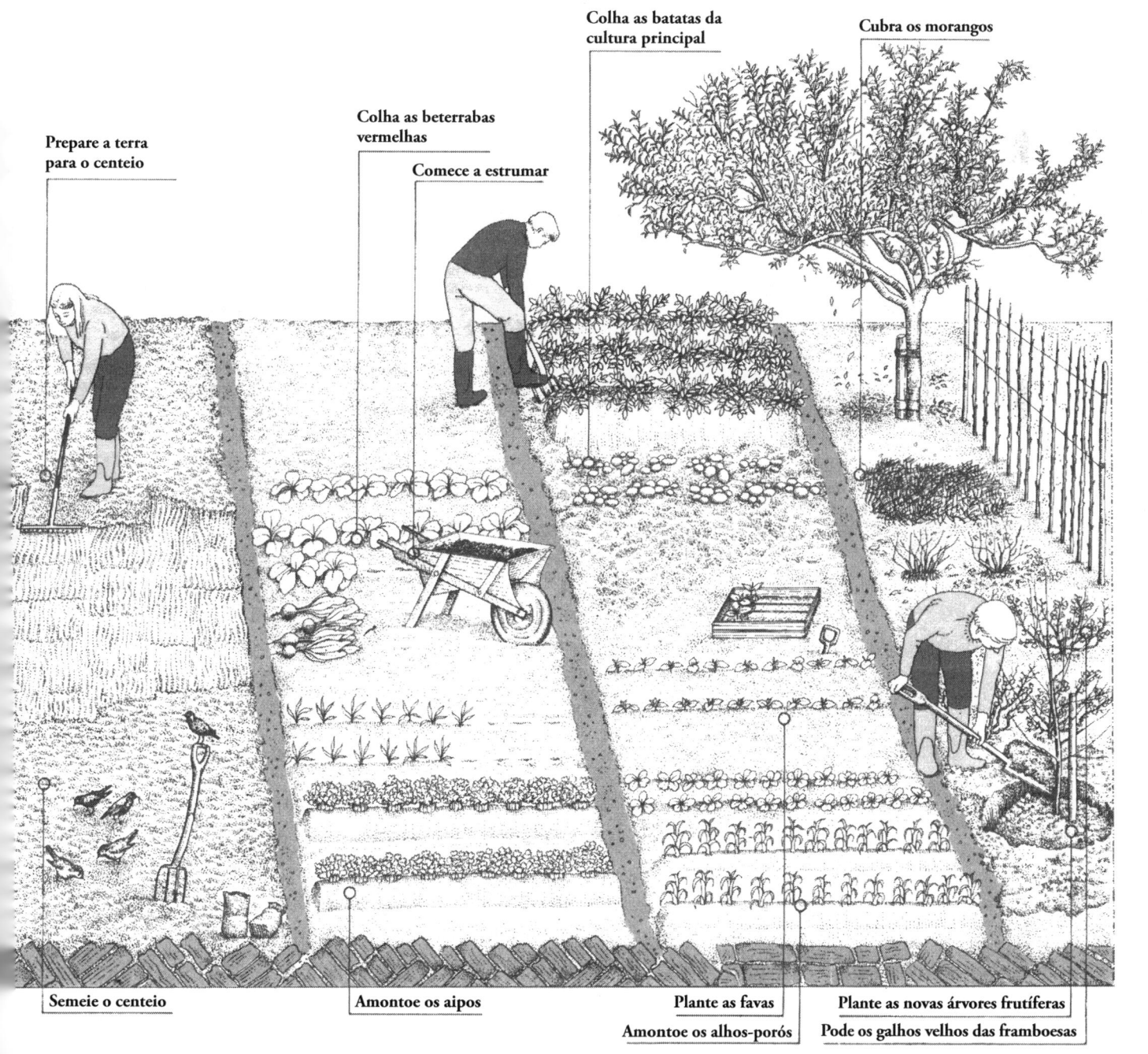

- Prepare a terra para o centeio
- Colha as beterrabas vermelhas
- Comece a estrumar
- Colha as batatas da cultura principal
- Cubra os morangos
- Semeie o centeio
- Amontoe os aipos
- Plante as favas
- Amontoe os alhos-porós
- Plante as novas árvores frutíferas
- Pode os galhos velhos das framboesas

Produtos hortícolas

A estufa

Uma estufa pode ser uma construção muito rudimentar; pode ser constituída, por exemplo, de uma mureta com 90 cm de altura, em tijolo, concreto ou pedra, de uma estrutura de madeira sustentando os vidros (vidro opaco é preferível), com uma porta e quatro aberturas de ventilação (duas em cada extremidade, uma em cima e outra embaixo). No interior, serão necessárias algumas prateleiras para colocar as sementeiras. Essas prateleiras deverão ser removíveis, para no verão você poder plantar os tomateiros, que se estenderão nessa área.

Estufa não aquecida

Nas regiões onde as videiras ou o tomate crescem bem ao ar livre, eu não gastaria dinheiro com uma estufa. Nas regiões frias, pelo contrário, até uma estufa não aquecida é quase indispensável para fazer nascer culturas como a de aipo, de milho-doce, as couves de verão e todas as outras plantas que você queira plantar para fora após o fim das geadas. E também poderá aproveitar a estufa para amadurecer os tomateiros no verão. O tomate é uma das culturas mais preciosas para quem vive em sistema de autossuficiência. Se o comprarmos, pagaremos caro, mas seu cultivo é muito fácil. E o tomate conserva-se bem em frascos e, no inverno, marca a diferença entre uma refeição insípida e a *dolce vita*. Uns vinte frascos cheios de tomate bem vermelho são um prazer para a vista e nos dão uma certa esperança no futuro.

No verão, a estufa terá os chamados legumes de "luxo", como a berinjela, os melões, os pimentões verdes – que, aliás, ficarão vermelhos se você os deixar amadurecer bastante – e os pepinos. Os pepinos de estufa são bem mais saborosos que os cultivados ao ar livre. Você terá saladas frescas por todo o ano, se os fizer crescer na estufa. No entanto, sua estufa não aquecida não terá grande utilidade durante o inverno; na verdade, não poderá cultivar nela mais que algumas variedades precoces de couves e alfaces, ou outros legumes bem resistentes, pois, nos dias em que não houver sol, no interior da estufa a temperatura poderá cair abaixo de zero. Portanto, lembre-se dessas limitações e não espere milagres.

Estufa aquecida

Se você conseguir por qualquer meio (eletricidade, óleo, carvão ou lenha) manter durante todo o inverno uma temperatura superior a zero no interior da estufa, e se esta for suficientemente grande, então todos os anos, em qualquer clima, você terá pêssegos, peras, ameixas, uvas ou qualquer outra fruta mediterrânica.

É possível aquecer a estufa com tubulação de água quente em seu interior. Os canos deverão subir, com inclinação pouco acentuada, do reservatório de água quente até o ponto mais alto possível, pois, como todos sabem, a água quente tende a subir, e a água fria a descer. No ponto mais elevado da tubulação, você deverá colocar uma válvula de evacuação, para deixar sair o ar ou o vapor que se possa ter formado. E, se você tiver pintado de preto o interior da estufa, e se ela for construída em alvenaria, a parede absorverá o calor durante o dia e o liberará durante a noite. Quem vive em regime de autossuficiência apreciará a possibilidade de aquecer a estufa sem ter de recorrer a nenhum combustível. Isso poderá ser feito com um fogão a lenha ou então com eletricidade produzida por qualquer meio eólico ou hidráulico, sendo este último o mais seguro. A energia solar, quando bem aproveitada, tem sido sempre a melhor forma de aquecer uma estufa nos meses de sol.

Temperatura da estufa

No inverno, durante a noite, a temperatura deve situar-se em torno de 4 °C. Nos dias em que houver sol, ela deverá subir até os 10 °C. É necessário evitar temperatura muito elevada durante

Produtos hortícolas

o dia, mas você não deverá baixá-las deixando entrar ar gelado, porque as plantas mais delicadas morreriam. Então, o que se deve fazer nesse caso é interromper o aquecimento, sem esquecer de reiniciá-lo no fim da tarde, para manter a temperatura à noite. Durante o dia, no inverno, pode-se abrir uma das janelas do teto. E, mais tarde, se você abrir também uma das janelas laterais, faça com que o ar que vai entrando na estufa passe logo pelos canos de água quente. Na primavera e no verão molhe o solo, de tempos em tempos, para manter a umidade do ambiente. Ajudará muito se você tiver um processo qualquer de recolher, num reservatório no interior da estufa, a água da chuva que cair sobre o telhado. Isto será bem mais fácil se sua estufa estiver encostada à parede externa de uma construção.

O solo da estufa

Aquecida ou não, uma estufa é um espaço caro, e não vale a pena colocar dentro dela uma terra velha qualquer. Quanto melhor for a terra, melhores serão os resultados obtidos nesse precioso espaço. Você poderá "fabricar" uma terra excelente misturando, em partes iguais, estrume muito rico, terra de superfície e areia, acrescentando ainda uma pequena quantidade de cal e de uma rocha de fosfato triturada. Coloque essa terra nos canteiros do interior da estufa, ou simplesmente sobre a terra em que a estufa está assentada. Depois, quanto mais variadas forem as culturas, melhor. No caso de você repetir durante alguns anos as mesmas culturas, é preciso renovar a terra de tempos em tempos, sobretudo no caso do tomate, que poderá adquirir diversas doenças se for cultivado muitas vezes na mesma terra.

Culturas de estufa

A escolha das culturas que você irá fazer em sua estufa depende do seu gosto e, evidentemente, das possibilidades que ela lhe oferece. Uma estufa não aquecida permitirá que você cultive uma variedade de culturas um pouco maior do que a que teria no exterior, e ainda por cima com maior segurança. E a estufa aquecida também lhe permitirá cultivar quase tudo o que cresce na terra. Para mim, a utilidade principal da estufa é o cultivo de alfaces de inverno e outras verduras, e a manutenção, no início da primavera, de sementeiras de aipos, tomates, pimentões, melões, berinjelas, milhos-doces e pepinos. Há ainda a cultura do tomate, que se estenderá por todo o verão. Sei que num clima temperado é possível cultivar o tomate ao ar livre, mas os resultados não serão totalmente satisfatórios, enquanto numa estufa, mesmo que pequena, você obterá uma quantidade impressionante de tomates bonitos e vermelhos; poderá comê-los frescos até se fartar e, depois, poderá conservar em frascos os que sobrarem, para o resto do ano.

A mesma coisa acontece com os pepinos; eles crescem muito bem ao ar livre, mas por que não cultivá-los também em estufa, no meio dos tomateiros? É certo que as condições não serão ideais, porque os pepinos requerem mais calor e umidade que o tomate. Nesse caso, aconselho-o a ter uma estufa preparada para oferecer as melhores condições aos tomateiros, e os pepinos que se desenvolvam o melhor que puderem.

Finalmente, a estufa também tem a vantagem de permitir que se semeiem em sementeiras, logo no início da primavera, as couves de climas temperados, por exemplo, mesmo que o clima seja bem frio. Mas por motivo nenhum você deverá deixar que sua estufa fique superpovoada. É muito melhor produzir duas culturas realmente úteis, como as alfaces no inverno e o tomate no verão, do que encher a estufa com inúmeras plantas ou frutos exóticos. E não se esqueça: no exterior, você poderá preparar e utilizar intensivamente os estufins de camas quentes, campânulas, recipientes de vidro para cobrir as plantas, folhas de plástico transparente etc. (ver pp. 142-3).

Abertura de ventilação

Parede preta para absorver calor durante o dia e liberá-lo à noite

Água armazenada à temperatura da estufa

Abertura de ventilação

Produtos hortícolas
Frutos delicados

É preciso ter coragem para plantar árvores frutíferas, sabendo que há necessidade de esperar muitos anos para colher algum fruto. Mas, a menos que estejamos já com um pé na cova, não há motivo para não plantar esse outro tipo de frutos. Desenvolvem-se com relativa rapidez: morangos plantados num verão dão uma produção substancial no verão seguinte, e as frutas de arbustos não demoram muito mais. Além de um grande prazer, esses frutos proporcionam uma fonte de vitaminas, facilmente armazenáveis, que garantirão sua saúde e a da sua família.

A melhor fruta para plantar é, sem dúvida, a groselha-preta. É resistente, dá em grandes quantidades, é extremamente nutritiva, praticamente a fonte mais rica de vitamina C e outras – facilmente preservável. Plantando groselha preta, podemos estar seguros de que teremos frutas deliciosas durante o inverno e no período de maior escassez. Conservada em frascos, tem um sabor quase tão agradável quanto *in natura*, e raramente se verifica uma colheita fraca: na realidade, em 20 anos que me dedico à sua cultura, nunca conheci uma.

As groselhas brancas e as vermelhas não compensam tanto como as pretas. Você poderá cultivar algumas pela novidade e para variar, mas não dependerá delas você passar fome ou não durante os meses de inverno. As framboesas dão bons resultados, podem revelar-se muito produtivas e são excelentes para compota. São resistentes e sobrevivem nas zonas úmidas e frias. Revelam-se muito mais fáceis de cultivar que os morangos e têm um paladar nada inferior ao destes. Têm uma época de colheita prolongada, e as crianças gostam de ajudar.

As bagas-azuis (*blueberries*) e todas as outras pequenas bagas dessa espécie são cultivadas por pessoas que são atraídas por seu sabor. São tão trabalhosas de colher em grandes quantidades, que podem ser consideradas um luxo. No entanto, são úteis nos climas frios onde as frutas suculentas não se desenvolvem bem.

AMORA-PRETA OU AMORA SILVESTRE
Utilização – Vivo numa região onde as amoras silvestres são uma praga. Como colhemos grandes quantidades delas, nem nos passa pela cabeça plantar amoras-pretas. Mas as amoras cultivadas proporcionam uma colheita mais abundante, são maiores e mais doces e são muito resistentes. Também servem para formar boas cercas, embora às vezes seja preferível uma variedade sem espinhos.

Plantio – Se você pretender uma sebe de amoreiras-pretas, terá de se certificar de que o terreno está completamente livre de ervas perenes, como a grama. Trabalhe a terra, junte estrume ou um adubo fosfatado, ou ambos, e disponha plantinhas a distâncias de 1,50 m. Cada uma deve ter um pouco de caule e um pouco de raiz, encurtados em cerca de metade do seu comprimento. Se você construir uma cerca de arame, elas subirão por ele. Na verdade se alastrarão com uma rapidez surpreendente, e convém estar atento ao sentido em que se desenvolvem.

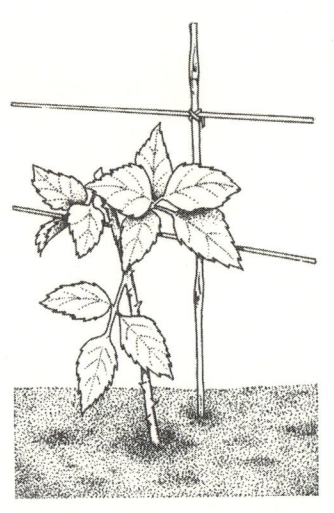

Poda – Conservando os arames livres de obstáculos, você melhorará a produção das amoras e será mais fácil colher os frutos. Não se esqueça de prestar atenção a brotos dispersos que poderão crescer nas proximidades.

GROSELHA-PRETA
Utilização – As groselhas-pretas são talvez a fruta mais importante que você poderá cultivar, a mais rica em vitamina C e a que produz o melhor licor.

Solo – Desenvolvem-se em solo frio e pesado, e até no barro.
Preparação do solo – A terra deve ser corrigida com cal, no outono anterior, se tiver um pH inferior a 6. Você deverá desembaraçá-la das ervas perenes e trabalhar em profundidade, juntando estrume em abundância.
Plantio – Corte estacas dos arbustos existentes, ou pés-mãe, no fim do outono. Essa operação efetua-se durante a poda e retiram-se as extremidades com uma faca bem afiada. As mudas devem ter cerca de 25 cm de comprimento. A muda inferior deve situar-se logo abaixo de uma junção. Faz-se um sulco no solo com uma pá, coloca-se um pouco de areia no fundo e introduz-se as mudas, com cerca de 30 cm de intervalo entre uma e outra. Cubra com folhas ou estrume para proteger da geada. Alguns fruticultores, nos climas frios, efetuam a poda em novembro, juntam as estacas em molhos e guardam-nas até março. Depois, plantam-nas como descrevemos acima. Em novembro do ano seguinte tiram-se cuidadosamente as estacas enraizadas e plantam-se a intervalos de 30 cm, em linhas distanciadas de 50 cm. No fim do segundo ano, transplantam-se para o local definitivo, com 1,50 m entre uma e outra. Não devem ser plantadas muito profundamente.
Poda – As groselhas-pretas, ao contrário das vermelhas ou brancas, dão frutos em plantas novas; por isso, se você puder, deve arrancar todos os pés que deram fruto no ano anterior. No entanto, com frequência pode aparecer um ramo velho e comprido em cuja extremidade cresce um ramo novo; assim, você acabará tendo de

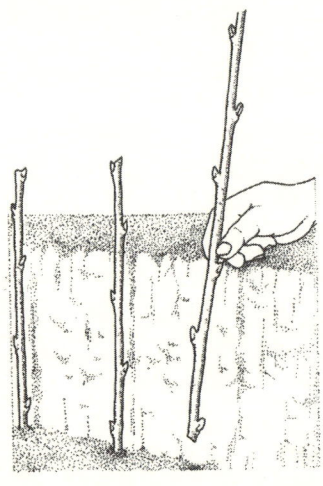

Produtos hortícolas

conservar alguns dos arbustos mais velhos.
Cuidados posteriores – Convém fertilizar anualmente e efetuar a poda todos os outonos, além de limpar o terreno de ervas daninhas, sem esquecer as regas, quando necessárias.
Pragas – As groselheiras podem ser atacadas pela ferrugem (*Cronartium ribicola*) e pela antracnose (*Pseudopeziza ribis*): a primeira manifesta-se por pústulas alaranjadas na face inferior das folhas, e a segunda por pequenas manchas marrons, de 1-2 mm, de contorno irregular mas bem marcado. Em ambos os casos, as folhas atingidas secam e caem; quando o ataque é forte, principalmente a colheita do ano seguinte pode ser prejudicada. Pulverizações com produtos apropriados conseguem debelar essas duas doenças.
Colheita – Algumas pessoas cortam os ramos com frutos, retirando as groselhas que estão em cachos pendentes. Devem-se podar os ramos que já deram frutos no inverno. Mas ainda há muitas reservas no ramo verde, que irão para as raízes quando o inverno chegar.

BAGAS-AZUIS
Utilização – As bagas-azuis não são muito boas nos climas quentes, porque são, basicamente, frutas de zonas de altitude.

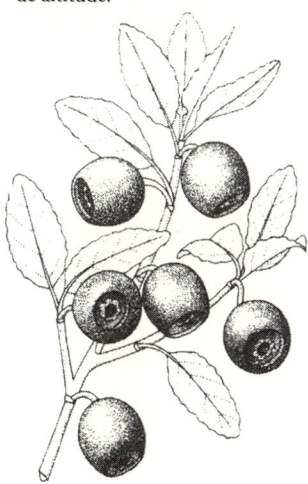

Plantio – As bagas-azuis preferem o solo ácido ao alcalino; por isso, não se deve aplicar cal. Resistem ao frio intenso e preferem uma zona em que a toalha freática seja pouco profunda, para que as raízes fiquem perto dela. Não se desenvolvem nos charcos, a menos que sejam colocadas em pequenos montículos. Desenvolvem-se bem em turfeiras nas montanhas e preferem um solo de pH baixo, com cerca de 4,5, que é muito ácido. A partir de estacas, você também poderá plantá-las, usando uma planta de 3 anos de idade, a uma distância de 2 m uma da outra.

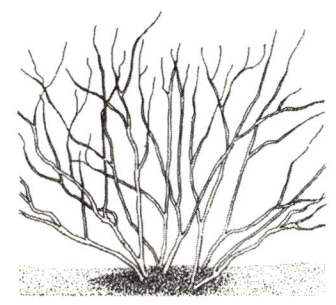

Antes da poda

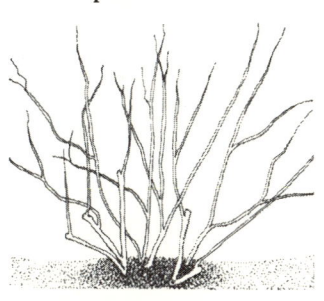

Depois da poda

Poda – Quando a planta tiver 4 anos (o primeiro ano após a plantação das plantas de 3 anos), arranque a maior parte das flores e corte os brotos que saem das raízes. Faça isto durante 2 anos. Depois, limite os brotos a dois ou três em cada arbusto. A partir daí, arranque os ramos velhos, de vez em quando. Não colha as bagas até que se desprendam com muita facilidade; caso contrário, terão pouco sabor.

ARANDOS
Utilização – Esses frutos são utilizados para fazer o molho de arando, tradicionalmente consumido com o peru.
Solo – Os arandos desenvolvem-se em todo o solo ácido. Devem ser bem drenados, bem regados no verão e, depois, alagados no inverno.
Plantio – Os brotos podem ser plantados na primavera, numa camada de 10 cm de areia, por cima de turfa.

Colheita – Após 3 anos de sachas das ervas daninhas, regas e proteção, as plantas podem começar a dar frutos, que são colhidos à mão.

GROSELHAS-VERDES
Utilização – As groselhas-verdes constituem uma excelente fonte de vitaminas no inverno, podendo-se engarrafá-las; ficam muito boas cozidas. Na minha opinião, estas groselhas, as groselhas-pretas e as framboesas são os únicos frutos arbustivos que valem a pena cultivar.

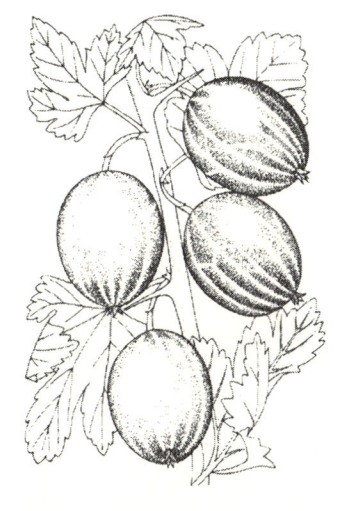

Solo – Gostam de terra argilosa, profunda; você pode "improvisar" terra desse tipo, misturando areia com barro. É possível melhorar todos os solos desse tipo com estrume.
Propagação – Semelhante à das bagas-pretas (ver acima), com a diferença de que se eliminam, manualmente, todos os brotos inferiores dos ramos, deixando apenas quatro na parte superior. Também pegarão bem se você enterrar um ramo curto na terra e deixá-lo criar raízes. Arranque-o e plante-o.

Poda – Pode imensamente ("poda curta") nos dois primeiros anos para obter um arbusto em forma de taça (aberto no meio, mas sem ramos voltados para baixo). Depois, encurte os caules de 8 a 10 cm a cada inverno, cortando todos os ramos velhos que já não dão frutas. Conserve o meio aberto, para poder introduzir a mão e colher o fruto. Mas nunca pode as groselhas-verdes em período de geadas.
Cuidados posteriores – Aplique estrume ou adubo composto todos os anos. Os piscos destroem todos os brotos que puderem durante o inverno; por isso é preciso construir uma armação protetora. Deixe essa armação aberta durante o verão até que o fruto se forme, para permitir a entrada das aves que comem os insetos, mas feche no inverno, para impedir que outras comam os brotos.
Doenças – Às vezes, no interior das folhas das groselhas-verdes vive um ofídeo que as força a se encurvar. Devem-se arrancar e queimar as folhas nessas condições. Você poderá borrifar as plantas atacadas de míldio com, por exemplo, 56 g de sulfureto de potássio dissolvido em 23 l de água. Pode-se reconhecer a praga por pústulas brancas de textura semelhante ao feltro que se formam sobre as folhas e frutos.
Colheita – Basta colhê-las quando estiverem em condições. Servem para engarrafar e fazer mosto e licor.

UVA
Utilização – As uvas não são afetadas pelos invernos frios, desde que o verão seja suficientemente quente e haja bastante sol.

Solo – As uvas necessitam de um solo quente, bem drenado, rico em húmus, além de muito sol e ar. Uma encosta voltada para o sul é excelente. Como é conveniente que o solo tenha pH 6, talvez haja necessidade de corrigir com cal. Também podem ser cultivadas numa estufa, subindo à vontade.
Propagação – Desenvolvem-se bem a partir de estacas. Plantam-se estacas enraizadas em linhas a intervalos

Produtos hortícolas

de 1,80 m, nos climas frios, e talvez mais nos quentes. As uvas desenvolvem-se melhor nos climas frios, se conservarmos as videiras pequenas e próximas do chão.

Poda – Estendem-se horizontalmente dois arames, um a 30 cm do solo e o outro a 80 cm. As videiras frutificam a partir de ramos do próprio ano, por isso podemos podar sempre os do ano anterior, desde que deixemos dois ou três galhos que produzirão os novos brotos do ano corrente. Nos climas úmidos e frios, devemos deixar que se desenvolvam três galhos. Um ficará de reserva, para o caso de algum dos outros não vingar; poda-se quando os outros estiverem estabelecidos. Estendem-se os dois talões que ficam na mesma direção, ao longo dos arames, atando-os. Em climas mais quentes deixe cinco talões; estenda quatro ao longo dos arames, dois para cada lado, e deixe um de reserva. Pode no final do inverno. Corte os ramos depois de produzirem cerca de seis brotos.

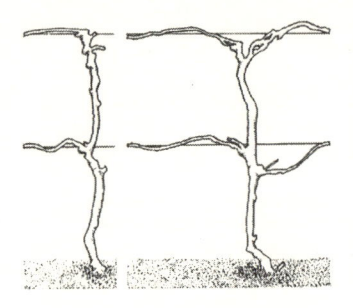

Cuidados posteriores – Estrume abundantemente todos os anos. Elimine as ervas daninhas, pulverizando com calda bordalesa (ver p. 87).

Colheita – Corte os cachos com tesouras de poda. Nunca os arranque bruscamente.

FRAMBOESAS
FRAMBOESAS SILVESTRES

Utilização – Ambas as qualidades têm um sabor excelente e conservam-se bem sob a forma de compota.

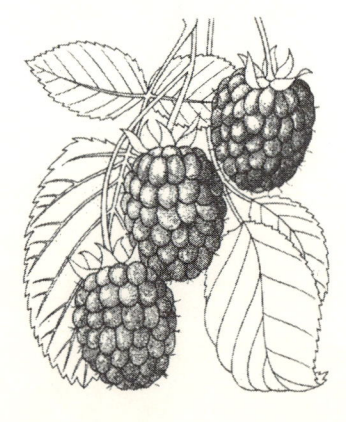

Solo – Não gostam de terreno pesado e úmido, preferindo solos graníticos. Toleram a sombra e não sofrem com as geadas. Devem-se fazer desaparecer todas as ervas daninhas perenes. As framboesas se alimentam com voracidade de matéria orgânica e desenvolvem-se depressa se lhes fornecermos, sem restrições, estrume bem curtido; exigem água para produzir bastante.

Propagação – Compre plantas jovens num viveiro ou simplesmente arranque-as de framboeseiras já existentes.

Plantio – Plante as estacas enraizadas a pouca profundidade, distanciadas de 60 cm, em linhas de 1,50 m de distância umas das outras. Faça uma vedação para que subam por ela. Tenho apenas três pares de arames horizontais e tento fazer com que os galhos se desenvolvam entre eles; mas há quem os ate aos arames, para que disponham de um apoio suplementar e permaneçam mais desembaraçados.

Poda – Deixe-as crescer, mas não permita que os primeiros brotos deem flor, cortando-os antes que isso aconteça. A segunda geração frutificará. Corte os galhos depois de darem fruto e mantenha apenas três para frutificarem no ano seguinte. Corte todos os galhos fracos. À medida que os anos passam, vá deixando mais galhos para crescerem, até cerca de uma dúzia. Elimine todos os brotos ou plante-os em outro local. Corte as extremidades em diferentes níveis, porque os framboeseiros frutificam nas extremidades, e você pretende que os frutos nasçam em todos os níveis da planta.

GROSELHAS
VERMELHAS E BRANCAS

Utilização – Não são tão úteis como as groselhas-pretas. Servem para fazer geleia.

Plantio – Propagam-se a partir de estacas, como as groselhas-pretas (ver p. 174).

Poda – Dão frutos, não nas guias, como as groselhas-pretas, mas em cachos, como as maçãs. Cortam-se os primeiros galhos, ou novos ramos, pela metade do seu comprimento, no primeiro inverno. Depois, cortam-se todos os galhos principais pela metade do seu comprimento e todos os galhos secundários a cerca de 1 cm de onde brotam. Formam-se galhos que frutificam nesses pontos. Na verdade, convém conservar a maior quantidade possível de ramos de fruto mais velhos, cortando a maior parte dos novos.

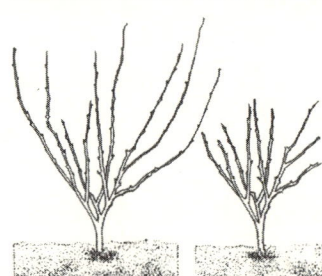

Cuidados posteriores – Devem ser tratadas como as groselhas-pretas, apesar de não contraírem o mesmo tipo de doenças que estas.

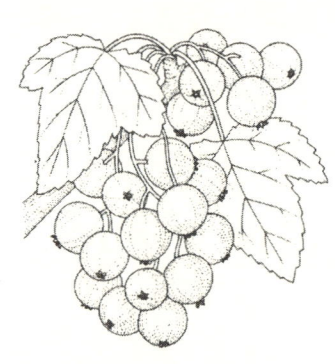

MORANGOS

Utilização – Este fruto é uma excelente fonte de vitamina C. Os morangos exigem muito trabalho, mas proporcionam rendimentos elevados por hectare. Se você cultivar em várias linhas, poderá obtê-los durante quase toda a primavera e princípio do verão.

Solo – O morango é uma planta rasteira, por isso necessita de muito estrume e solo ligeiramente ácido.

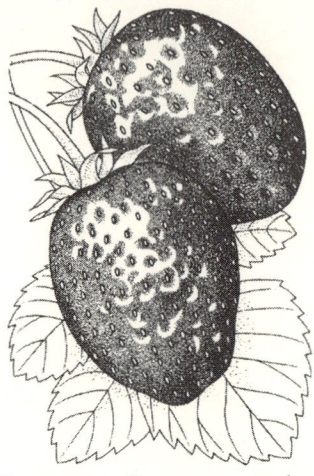

Propagação – Os morangos produzem mudas que criam raízes nos entrenós. Você poderá arrancar da terra, ou poderá plantar essas mudas em vasos, até criarem raízes, e depois transplantá-las para canteiros.

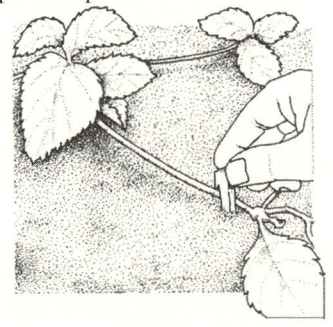

Plantio – Disponha as plantas em linhas simples ou duplas, conforme o tipo de solo, e depois transplante-as, no princípio do outono ou fim do inverno, observando uma distância de 30 cm entre as plantas, e de 50 cm entre as linhas. Estenda as raízes a pouca profundidade.

Cuidados posteriores – Sache e arranque as ervas daninhas constantemente, pois, caso contrário, o canteiro ficará abafado; estrume intensamente, junte turfa ou adubo. Cuidado com as lesmas. Se não dispuser de turfa, coloque palha por baixo das plantas, para conservar os morangos limpos. Se forem atacados pela *botrytis* (podridão cinzenta), polvilhe com enxofre. É grande o número de agentes patogênicos que, com maior ou menor intensidade, podem atacar o morangueiro. A praga mais comum do morangueiro é o aranhiço vermelho.

Colheita – É conveniente deixar os morangueiros frutificarem durante 3 anos e depois jogá-los fora. Forme um novo canteiro todos os anos, para haver um suprimento constante.

Produtos hortícolas

As árvores frutíferas

Bem-aventurado aquele que herda uma propriedade com bastantes árvores frutíferas. Infelizmente, em terras arrendadas é raro encontrar essas árvores. Por que motivo um arrendatário iria perder tempo plantando esse tipo de árvores? Por isso, aqueles que tomam conta de propriedades não costumam encontrar árvores já plantadas e são forçados a aguardar pacientemente, alguns anos, até colherem as primeiras frutas. A única coisa a fazer é plantar as árvores o mais depressa possível...

Plante árvores frutíferas, de tamanho normal ou ainda espécies anãs, que, muitas vezes, produzem mais e mais rapidamente que as árvores de tamanho normal. E plante árvores de fruto com caroço, que lhe darão fruta em três anos, e talvez mais cedo ainda se você comprar pés com dois anos de idade. Quanto às árvores de tamanho normal, com copa desenvolvida naturalmente, sem poda especial, darão a você muita fruta, até quase o fim da vida. Por isso, quanto mais cedo forem plantadas, mais cedo você colherá os frutos.

No entanto, se sua horta for pequena, você não deverá plantar árvores de grande porte, porque elas ocupam muito espaço e tornam o solo ao seu redor pobre e ensombreado.

Ao decidir a localização do seu pomar, verifique a drenagem do solo, pois nenhuma árvore se desenvolverá com as raízes dentro da água.

O problema do vento também é importante. Em geral, o gelo desce das colinas e se acumula no fundo dos vales, que se tornam, assim, verdadeiras "geleiras". Assim, você não deverá fazer uma cerca na parte inferior de um pomar em declive, pois isso interromperá o fluxo de ar frio que desce a montanha, provocando a formação de gelo, que afetará a qualidade do seu solo. E peras, maçãs, ameixas etc. precisam de um bom solo.

MACIEIRA

Utilização – Em todos os climas, frios ou temperados, a maçã é a fruta mais prática. Plantando variedades precoces e variedades tardias, e ainda algumas com grande capacidade de conservação, você obterá maçãs para quase todo o ano, talvez apenas com um período de escassez durante o início do verão. Mas isso também não tem importância, porque nessa época outros frutos poderão ser colhidos.

Solo – As macieiras gostam de boa terra, mas com bom estrume crescerão em qualquer lugar. As terras ácidas serão desfavoráveis, por isso você deverá recorrer à calagem. Uma boa drenagem e pouca probabilidade de geadas são também condições favoráveis.

Preparação – Trabalhe cuidadosamente o solo e arranque todas as ervas daninhas. Escave uma cova mais larga que o conjunto das raízes da árvore e, se possível, coloque na cova alguns pedaços de calcário.

Plantio – Se você comprar suas árvores num viveiro, peça que façam a poda antes de você trazer as estacas para casa. Em princípio, compre pés com 3 anos de idade, mas, se você for cuidadoso ao plantar, até árvores com 7 anos poderão servir, e você terá a vantagem de que seu pomar logo começará a produzir. Os detalhes sobre a plantação estão na página 180.

Espécies – Existem pelo menos mil variedades de maçãs na Europa, por isso não me é possível mencionar todas aqui. Portanto, colha as informações indispensáveis para poder escolher as espécies mais recomendáveis para sua região. Leve em conta também quais espécies necessitam de polinizadoras e dê-lhes a "companhia" adequada, senão você obterá apenas "jovens puras" e nenhuma maçã...

Poda – A poda é fundamental para a obtenção de frutos grandes. Nunca se deve podar antes de meados de fevereiro. Se suas macieiras frutificam nas extremidades, e esta é uma informação a ser obtida no viveiro, então a poda deve limitar-se a alguns ramos velhos principais, para manter a árvore pouco carregada. Mas a maioria das macieiras precisa de uma poda mais científica; corte todos os brotos das extremidades, e as novas ramificações que estiverem mais compridas (das quais irão nascer novos ramos) serão cortadas em cerca de um terço do seu comprimento, se possível a cerca de 2 cm de um broto que esteja virado para fora. Por quê? Porque será a partir desse broto que se irá desenvolver o novo ramo, que deverá estender-se para a periferia, a fim de compor a copa da árvore. Esta deve ter forma arredondada, com quatro ou cinco ramos principais formando com o tronco um ângulo de cerca de 45 graus. Não convém que a árvore desenvolva muita ramagem, e todos os brotos que não interessem à formação correta da copa devem ser cortados a 1 cm do tronco. Assim, seu objetivo será que dos ramos principais se formem cada vez mais forquilhas, sem que se desenvolvam longas estacas sem fruto. Um broto podado a 1 cm do ramo donde provém irá, certamente, provocar o aparecimento de uma forquilha; nesta, corta-se o broto do meio (ou principal), ficando as outras pontas com 1 cm. Chegado o verão, pode ligeiramente, para que as pontas das forquilhas do ano não ultrapassem 10 cm. Alguns anos mais tarde, também os garfos serão em número excessivo e alguns terão de ser cortados. Se, num dado ano, acontecer de a árvore apresentar muitos frutos pequenos, ficando sem nenhum no ano seguinte, é hora de, na primavera seguinte, desbastar as próprias flores. Caso, porém, a árvore surja com frutos demais, então deve-se colher um certo número deles, para que os restantes obtenham o volume desejado. Seja como for, podar não é tarefa fácil; sugiro que você procure alguém que o possa orientar, com base na experiência.

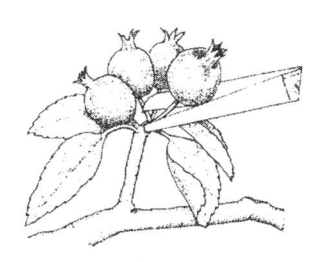

Manutenção – Faça o possível para evitar as ervas daninhas. Estrume ou adube anualmente. Mas não utilize estrume com alto teor de nitrogênio, como é o caso dos detritos de pombos ou outras aves, pois esse tipo de estrume iria provocar um crescimento excessivo. Se você não cultivar nada no terreno, poderá semear um capim, mantendo-o curto durante o verão; quando cortá-lo, os caules deverão ficar no chão, para que apodreçam e sejam enterrados no solo pelos vermes.

Enquanto as árvores não forem atacadas por alguma praga, nada de pulverizações. Se fôssemos seguir alguns livros, encheríamos as árvores de venenos mortais (algumas pessoas chegam a pulverizar doze vezes ao ano, saturando árvores, frutos e solo de produtos tóxicos, não degradáveis) e mataríamos todos os predadores, insetos ou aracnídeos, que se alimentam dos vermes prejudiciais. E você até terá razão se se recusar a pulverizar seja o que for.

Se a árvore estiver atacada de "necrose" (zonas dos ramos que surgem apodrecidas), corte as partes atingidas e as mortas. Se suas maçãs apresentarem manchas marrons, você terá de recolher todas as folhas que caíram, ramos podados etc. e queimar tudo isso anualmente. Também poderá aplicar uma calda bordalesa (ver p. 87), mas com o dobro da água que utiliza para as batatas. A pulverização deve efetuar-se imediatamente antes da floração, e, mais uma vez, assim que as pétalas tiverem tombado. Finalmente, se as maçãs tiverem bicho, será preciso pulverizar com *quassia*. Assim, você exterminará as larvas, mas não os predadores. No entanto, é mais fácil usar um pesticida apropriado. Para evitar muitos dos insetos que sobem pela árvore, você poderá utilizar braçadeiras de cola. Basta aplicar a braçadeira ao tronco, bem junto ao solo, e todos os insetos que tentarem subir ficarão colados a ela. Há, porém, os que

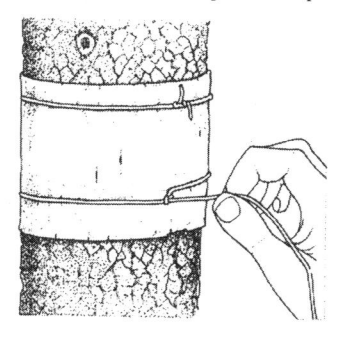

Produtos hortícolas

voam... Creio que é bom deixar que as galinhas se espalhem por debaixo das árvores, pois em sua tarefa de esgravatar irão comer muitos dos insetos prejudiciais.

Também dizem que é conveniente semear trigo-negro nas proximidades do pomar, pois ele atrai as pequenas larvas e borboletas. Mas, mesmo sem pôr nada disso em prática, certamente você obterá maçãs deliciosas.

LIMOEIRO

Utilização – Se na minha estufa só houvesse lugar para uma árvore, eu escolheria plantar limoeiro. Um limoeiro dá limões suficientes para o consumo de toda uma família, enquanto uma laranjeira, por exemplo, nunca produzirá o suficiente para suas necessidades. Além disso, sem limões não há boa cozinha...

Solo e clima – Nos climas subtropicais os limoeiros se dão bem ao ar livre. São um pouco mais sensíveis à geada que as laranjeiras; primeiro perderão os possíveis frutos e, depois, a própria árvore poderá correr perigo, enquanto a laranjeira, com a mesma intensidade de geada, poderá nada sofrer. Uma terra arenosa e pouco ácida, assim como uma boa drenagem, é o que melhor convém a essas árvores.

Plantio – Igual ao das demais árvores frutíferas (ver p. 180).

Manutenção – Após o plantio de uma árvore nova, é necessário manter a terra em seu redor com bastante umidade, durante algumas semanas. Se você tiver de regar, serão necessários cerca de 90 l de água por mês para o limoeiro, a partir dos 2 anos de idade. Exige pouca poda, a não ser após qualquer doença nos ramos. Os limoeiros gostam muito de estrume animal, mas não o aplique junto ao tronco, para que este não apodreça.

Colheita – Os limões podem ser colhidos durante o inverno, mas os frutos aguentam uma permanência de diversos meses na árvore. Portanto, o melhor é deixá-los na árvore e ir colhendo apenas o necessário ao consumo. Assim, você terá sempre limões frescos...

CEREJEIRA GINJEIRA

Utilização – Existem duas espécies distintas, a cereja e a ginja, que estiveram na origem de muitas outras espécies hoje conhecidas. As primeiras são doces, as segundas mais amargas, mas existem diversas espécies híbridas. As cerejas são muito ricas em vitaminas, e seu suco tem sido utilizado para melhorar o estado de pessoas atacadas por artrite aguda.

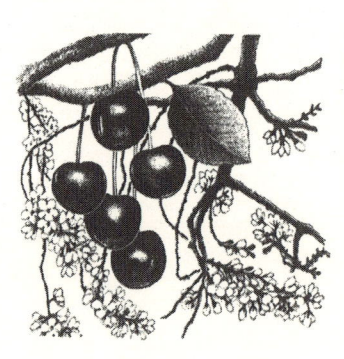

Solo e clima – O sucesso do cultivo das cerejas depende, antes de tudo, do clima. Uma geada tardia pode destruir completamente sua colheita. Rega e exposição ao sol são também importantes. Em terras bem drenadas, uma cerejeira desenvolverá as raízes até a profundidade de 1,80 m, o que lhe permitirá resistir à falta eventual de rega. As cerejas gostam de terra leve e fresca; as ginjas, de terra pesada (argilosa).

Plantio – A época ideal de plantar é o outono, nascendo os primeiros brotos logo na primavera seguinte. Ajude sua árvore a crescer, proporcionando-lhe uma boa estrumação.

Manutenção – As cerejeiras produzem cedo, e uma boa estrumação lhe permitirá aproveitar melhor as chuvas do inverno, evitando o trabalho de regá-las mais tarde. A poda deve ser feita de modo que os ramos se desenvolvam para o alto, evitando uma copa redonda; assim daria mais cerejas. Se você não tomar nenhuma iniciativa, os pássaros comerão todas as cerejas. Poderá, talvez, plantar suas cerejeiras perto de um muro, o que lhe permitirá cobri-las com uma rede.

Se morrerem alguns ramos após a colheita dos frutos, será preciso cortá-los e queimá-los. Se elas forem atacadas pela praga, será necessário, antes de as folhas abrirem na primavera, borrifá-las com a calda apropriada (p. 87).

Colheita – Colher as cerejas junto com o pedúnculo não é tarefa fácil, porque frequentemente os cabinhos mais finos se partem. Quem tiver uma só árvore talvez prefira colhê-las sem a haste, mas terá então de consumi-las, antes que as bactérias se introduzam pelo ponto de inserção do pedúnculo na fruta. Quanto mais tempo estiverem na árvore, mais doces se tornam as cerejas.

FIGUEIRA

Utilização – Os gregos, na Antiguidade, chamavam o figo de "o fruto dos filósofos".

Solo e clima – A figueira é uma árvore mediterrânica. No entanto, mesmo em climas frios, essa árvore dará frutos, quando cultivada ao ar livre. A melhor espécie, para esse fim, é a que dá os figos marrons da Turquia. Para obter melhores resultados, pode-se plantar a árvore encostada a um muro voltado para o sul. Se a terra for úmida e fértil, será melhor que as raízes sejam "cercadas"; uma caixa com 1 m³, de paredes de concreto e com o fundo coberto de pedras soltas, funcionará bem. Não fazendo isso, a figueira dará muita ramagem e folhas, mas pouca fruta...

A figueira cresce praticamente em todos os solos, mas diz-se que uma terra pouco ácida, arenosa e leve é a mais aconselhável. Na realidade, a figueira é uma árvore própria para solos pouco ricos.

Plantio – A figueira pega muito bem de estaca. Chegando o inverno, corte uma estaca com 2 ou 3 anos de idade, que tenha um diâmetro mínimo de 2,5 cm e um comprimento de 10 cm. Enterre-a quase completamente e regue com abundância. Em locais apropriados, cada figueira poderá chegar a ocupar uma área de 6 m.

Manutenção – As figueiras quase não precisam de poda, a não ser que você queira que se desenvolvam em forma de leque. Se não tiver "cercado" suas raízes e elas não derem frutos, pode então radicalmente. Uma particularidade da figueira, especialmente da qualidade de Esmirna, é que só pode ser fecundada por um inseto minúsculo (*Blastophaga psenes*) que consegue introduzir-se no fruto. Quando, pela primeira vez, levaram-se figueiras de Esmirna para os Estados Unidos, ninguém conseguia, de início, perceber por que as árvores não davam frutos. Finalmente, descobriram a existência do inseto, que foi então, também ele, importado. O figo marrom da Turquia, que se desenvolve em regiões mais frias, não é fertilizado por esse inseto.

É possível fazer a secagem dos figos, que constituem então um alimento muito nutritivo e fácil de conservar.

OLIVEIRA

Utilização – Nos lugares onde ela dá, é a mais preciosa de todas as árvores. Fornece um fruto delicioso, do qual se extrai um excelente óleo. E é perfeitamente possível sobreviver comendo apenas pão, azeitonas e vinho, como certamente já aconteceu com muita gente. Tanto a oliveira como a alfarrobeira são árvores das mais vantajosas, pois vão buscar seu alimento no solo mais profundo, permitindo que a terra possa ser aproveitada para culturas superficiais, como a pastagem. Este é um exemplo da agricultura tridimensional, que poderá ser, provavelmente, a agricultutra do futuro.

Solo e clima – As oliveiras sofrem com uma temperatura de 8 °C abaixo de zero, e sofrem mais ainda se ela atingir os 12 °C abaixo de zero. Portanto, ela não se adapta a climas muito frios. Em compensação, não teme as geadas tardias, desde que a tempe-

Produtos hortícolas

ratura esteja acima dos valores indicados, uma vez que suas flores aparecem muito tarde e não chegam, portanto, a ser afetadas. Se forem plantadas perto do mar, poderão sofrer de uma doença nas folhas, que se apresentam cobertas por uma espécie de "fuligem" (é a fumagina); se plantadas a mais de 800 m de altitude, não se desenvolverão. As oliveiras devem ser plantadas em declives, pois não suportam ter as raízes dentro da água. Mas temos de reconhecer que as oliveiras não são exigentes e se dão bem em qualquer tipo de solo. Num clima muito seco e com terra arenosa, 200 mm de precipitação anuais serão suficientes. Mas nos terrenos mais argilosos terão necessidade de 500 mm de precipitação, ou até mais. O solo ideal para a oliveira é o solo leve e um pouco calcário. No verão convém dar-lhes uma boa rega.

Plantio – Você poderá fazer desenvolver novas árvores retirando, no fim do verão, algumas estacas, que irão para um viveiro. Depois podem-se utilizar três métodos para plantá-las: plantar estacas com 2 a 4 cm de diâmetro e 25 a 30 cm de comprimento, em posição vertical; enterrar estacas um pouco maiores, em posição horizontal e totalmente cobertas de terra; finalmente, pode-se colocar num canteiro, ou até no local definitivo, um punhado de raízes extraídas de uma árvore adulta. Os profissionais utilizam outro sistema: cultivam oliveiras a partir de semente e as enxertam em estacas de oliveira brava, o que é bastante complicado. Para um cultivo intensivo, você poderá pensar em 250 pés, para meio hectare. O plantio pode ser efetuado entre o fim do outono e o início da primavera. As árvores começarão a produzir no quinto ou sexto ano, atingirão seu rendimento máximo entre os 10 e os 15 anos e se manterão produtivas por mais de 100 anos. Uma árvore adulta dará 40 a 70 kg de azeitonas e 10 l de azeite.

Manutenção – As oliveiras têm de ser cuidadosamente podadas, mas essa tarefa é árdua e deverá ser aprendida com alguém experiente. Também é possível contratar um profissional para fazer o trabalho.

Colheita – Após o mês de novembro e enquanto durar o inverno. Se sua intenção for utilizar as azeitonas para alimento, colha-as cuidadosamente, à mão. Mas, se deseja fazer azeite, poderá chacoalhar a árvore e as azeitonas cairão sobre panos, previamente dispostos em redor da árvore.

PESSEGUEIRO OU DAMASQUEIRO

Utilização – Paradoxalmente, é nos climas temperados, em que eles não se dão tão bem, que tanto os pêssegos como os damascos são mais apreciados. Mas, como encontramos, cada vez com maior frequência, esses frutos congelados ou em lata, penso que vale a pena tentar obtê-los frescos.

Solo e clima – Mais um paradoxo: esses frutos precisam de calor e de frio. Com efeito, no inverno precisam do frio, pelo menos 4 °C. Porém, a partir das primeiras flores, qualquer geada destruirá a colheita do ano. Resumindo, frio no inverno, calor no verão e solo leve.

Plantio – De preferência no início da primavera, exceto no caso de climas com invernos amenos.

Manutenção – Após o transplante, pode intensamente; quando iniciar o crescimento, uma ligeira poda poderá dar forma à árvore. Se os frutos forem excessivos para o porte da árvore, será preciso colhê-los cedo. Em caso de praga, utilize a calda adequada (ver p. 87).

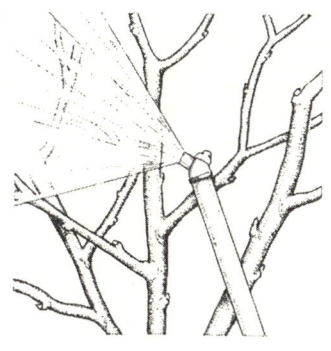

Colheita – Quando a pele do fruto passar do verde para o amarelo, os frutos estarão maduros. Quando colhidos, apodrecem rapidamente; por isso convém tirar da árvore só o que se for consumir. Na melhor das hipóteses, o fruto poderá conservar-se por 2 ou 3 semanas.

PEREIRA

Utilização – Trate as pereiras exatamente do mesmo modo como as macieiras. No entanto, as pereiras têm preferência por lugares mais abrigados e não são tão resistentes como as macieiras. Plante diversas espécies. Coloque estrume, superficialmente e em abundância, mas não esqueça que o estrume não deve estar em contato com a árvore, senão as raízes irão se desenvolver a partir do nó mais próximo da superfície, e não a partir do fundo do tronco. A propósito, se você enxertar um broto de pereira numa estaca de roseira branca selvagem, ela dará peras. Mas atenção! As peras conservam-se pior que as maçãs.

AMEIXEIRA

Utilização – Sob a designação de ameixas, podemos distinguir muitas espécies. As ameixas contêm tanto açúcar natural que, ao secarem, não fermentam enquanto não se retira seu caroço.

Espécies – As ameixeiras não se autofecundam; é necessário escolher espécies que se fecundem umas às outras, sob pena de não se colher um só fruto. Se for plantada uma só árvore, verifique se seus vizinhos têm ameixeiras e selecione uma espécie que possa ser fecundada por elas.

Poda – Nunca se poda uma ameixeira que tenha menos de 3 anos de idade. Além disso, a poda deve se iniciar no fim da primavera, para que não surjam doenças. Todos os ramos carregados demais devem ser cortados. Depois, você deve encurtar os ramos maiores para 30 cm e os mais novos para 15 cm; isso atrasa o desenvolvimento da planta e permite uma colheita maior. Se durante o verão aparecerem ramos mortos ou apodrecidos, corte-os a partir da ferida e dê-lhes uma ligeira pintura no ponto de corte. Nunca pode as ameixeiras no inverno.

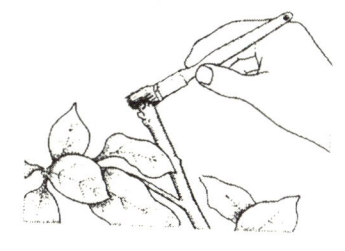

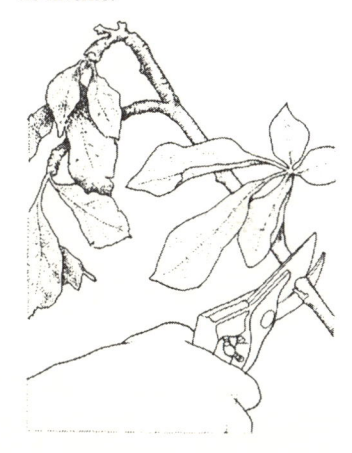

Manutenção – Manchas prateadas nas folhas são sinal de doença grave. Os brotos e pequenos ramos ficam marrons por dentro. Corte essas folhas e ramos até que encontre madeira sã, não escurecida por dentro. Depois, faça um entalhe com o canivete, desde os ramos cortados até o solo, descendo pelo tronco. Creio que não é preciso dizer que todas as folhas e ramos cortados devem ser queimados, para evitar o agravamento da praga.

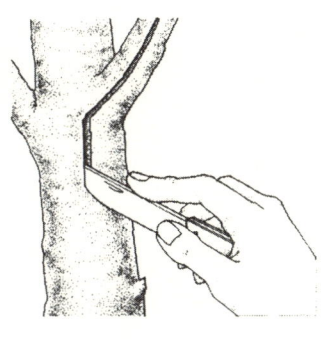

Colheita – Se você quiser conservar as ameixas durante algum tempo, poderá colhê-las logo que sua pele estiver coberta de uma "poeira" fina. Logo que a ameixa ficar mole, estará com um sabor perfeito.

Produtos hortícolas

O tratamento das árvores frutíferas

Plantio

Todas as árvores frutíferas são plantadas da mesma maneira. É aconselhável plantá-las durante o inverno, época em que a circulação da seiva está interrompida. Em geral, você comprará árvores com 3 anos num viveiro, lembrando-se de solicitar que as árvores sejam entregues já podadas adequadamente para o plantio.

No entanto, se você for muito competente, poderá formar um pomar com produção quase imediata, desde que compre árvores de 7 anos. Mas como isso lhe custará bem mais caro convém que tenha realmente capacidade para efetuar o plantio corretamente. Será necessário proteger as raízes e mantê-las, até o plantio, em contato com a terra; a cova deverá ser funda e larga, e após um plantio cuidadoso é preciso manter a terra bem regada durante, no mínimo, 1 mês. Portanto, para quem tem pouca experiência, aconselho que se restrinja às árvores de 3 anos. Os desenhos que se veem abaixo ilustram a técnica de plantio.

Enxertia

Se você comprar árvores num viveiro, elas já virão enxertadas; isso quer dizer que aquilo que você comprará são estacas da espécie que selecionou, enxertadas numa outra árvore mais resistente, talvez até selvagem. Assim, sua árvore terá as características de uma planta selvagem nas raízes e no tronco, e características de produtora selecionada nos ramos e folhas. Poucos são os agricultores amadores que se lançam à tarefa de enxertar, embora nada os impeça, pois é uma operação bastante simples. Não tem nenhuma utilidade enxertar árvores velhas e doentes, ou que tenham predisposição para o apodrecimento dos ramos. Mas a enxertia tem razão de ser se temos uma árvore que foi mal podada e maltratada, em suma, que dá poucos frutos, ou nenhum, e que precisa de uma cura de rejuvenescimento. A árvore que recebe uma enxertia chama-se "cavalo", pois funciona como "suporte". Quanto à porção do ramo da espécie que enxerta, chama-se "garfo". Uma vez obtidas, durante o inverno, as estacas de onde se extrairão os garfos, cortadas de uma árvore jovem e sã, elas deverão ser abaceladas (plantadas provisoriamente em local úmido). Depois, no início da primavera, deve-se podar a árvore cavalo, deixando os ramos com 30 cm de comprimento, a partir do tronco. Feita essa poda, enxertam-se todos os ramos com o respectivo garfo, utilizando-se um canivete afiado.

A enxertia pode ser feita de diversas maneiras, mas o princípio é sempre o mesmo: pôr em estreito contato o "miolo" da árvore a enxertar com o miolo do garfo. Esse contato permitirá que, sob a casca da árvore enxertada, nasçam os brotos resultantes da união dos diferentes tecidos, uns do cavalo, outros do garfo.

Macieiras e pereiras são muito fáceis de enxertar; já as ameixeiras exigem um cuidado maior, pois o enxerto pode provocar a doença das folhas, com manchas prateadas. Por isso, essa enxertia só deve ser feita quando estritamente necessário.

Plantar uma árvore

Antes de plantar uma árvore, tente colocar-se no lugar dela e imaginar o choque que irão receber suas raízes; depois, tenha em mente que a árvore é um ser delicado, e, assim, prepare-se para tratá-la adequadamente.

Comece por abrir uma cova bem mais larga que o leque de raízes. Em seguida, assente o prumo que irá servir de apoio à árvore. Corte raízes estragadas ou longas demais. É evidente que o plantio só se efetua durante o inverno, estação em que o movimento da seiva das árvores se interrompe, mas, mesmo nessas condições de adormecimento, trate as árvores com a maior delicadeza. Coloque terra vegetal no centro da cova e acame as raízes. Atenção, porque a árvore deve ficar à mesma profundidade (aproximadamente) em que se encontrava no viveiro. Acame bem a terra em redor das raízes e depois encha a cova suavemente.

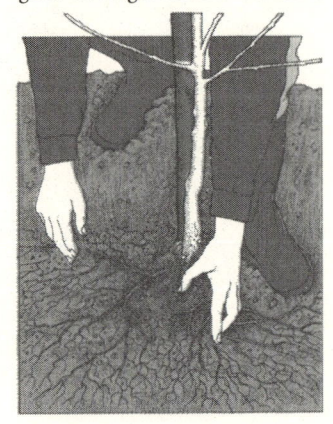

Durante seu crescimento, a árvore vai necessitar de muitos elementos nutritivos. Assim, a terra que rodeia e está por baixo da árvore deve ser compactada para aderir totalmente às raízes. Por isso, a cada camada com que se vai enchendo a cova, deve-se calcar a terra mais firmemente, com suavidade. Quanto mais você for enchendo a cova, com mais força poderá calcar, pois haverá menor possibilidade de machucar as raízes. O prumo está enterrado ao lado da árvore, para impedir que esta oscile enquanto "pega". Após o plantio, a árvore necessita de umidade. Regue-a e espalhe estrume, o que conservará a umidade. Depois, fixe a árvore ao prumo com uma correia que você irá ajustando à medida que o tronco se desenvolve.

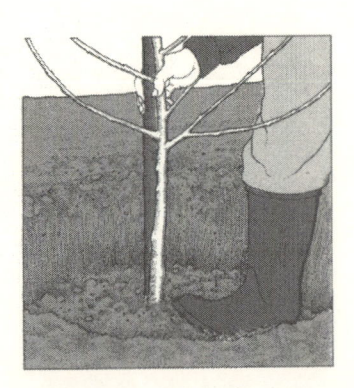

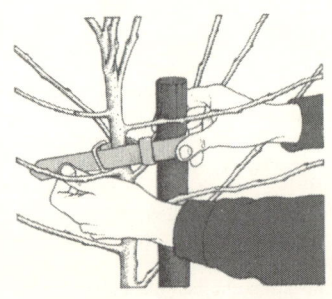

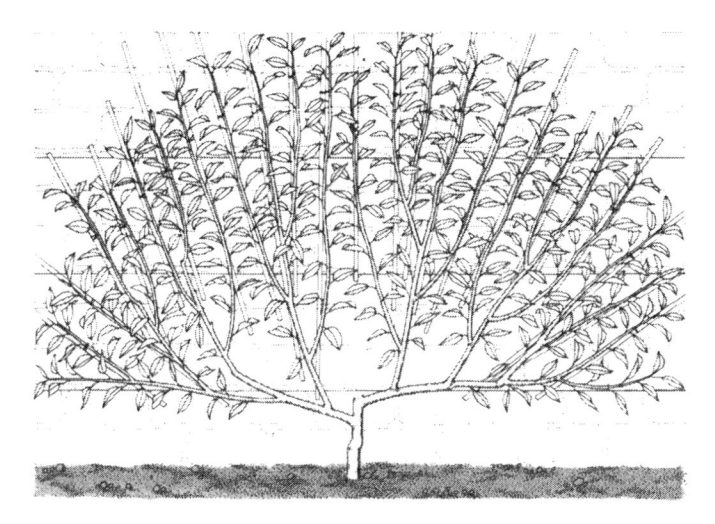

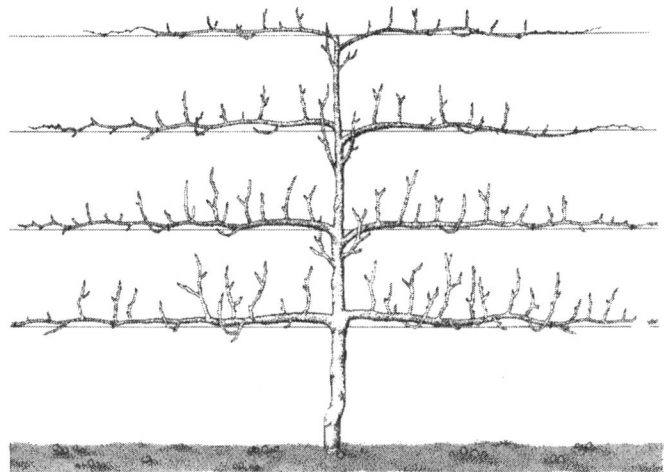

Produtos hortícolas

A forma das árvores
Dando uma forma decorativa às suas árvores, alcançará também outras vantagens: menos espaço ocupado, e, em alguns casos, maior produção.

Palmeta
Utilize uma árvore nova (de 1 ano) com uma só estaca. Faça-a desenvolver-se em leque, encostada a um muro ou a uma cerca, com a ajuda de paus, presos em forma de leque a diversos fios de arame colocados a 15 cm uns dos outros (ver gravura superior).

Cordão oblíquo
Faça a árvore subir em ângulo agudo (em relação ao solo), contra uma parede ou fios de arame. A árvore terá uma só haste, de onde sairão os brotos (à direita).

Enxertia à inglesa
Este é o método adequado para os casos em que o cavalo é da mesma espessura que o garfo. Prepare o garfo da seguinte maneira: na extremidade mais fina do garfo, junto a um "olho", faça um cone com cerca de 5 cm, de tal modo que essa ponta do garfo termine como se fosse uma flecha. Depois, no meio do corte, faça um entalhe não muito profundo, que formará como que uma pequena língua de madeira. O cavalo será preparado de modo semelhante, sendo apenas necessário ajustar as duas partes. As duas "línguas" devem encaixar uma na outra, e os dois cones devem cobrir-se um ao outro.
Fixe os dois elementos com ráfia ou barbante de algodão. Cubra a junção com massa de enxertia ou terra argilosa.

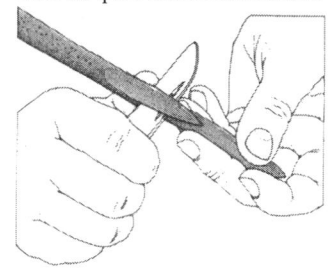

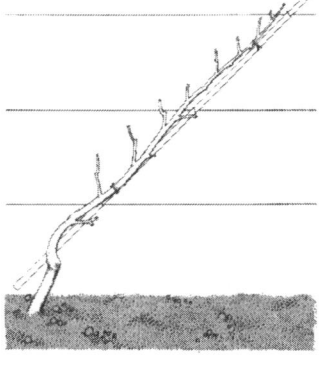

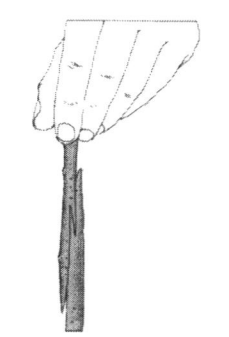

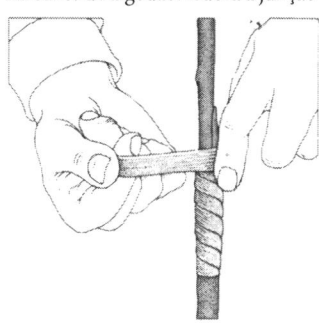

Espaldar
Entre dois mourões, estique fios de arame, distanciados 30 cm. O tronco cresce na vertical, e os galhos laterais que estiverem à altura de cada arame serão os que deixaremos crescer, atando-os aos arames. Desses galhos nascerão os brotos.

Pirâmide anã
A vantagem das árvores em pirâmide é que ocupam menor espaço, sem que sua produção diminua. Limite o crescimento da árvore a uma altura de 2 m, cortando os ramos laterais tanto quanto for necessário para que não fiquem afastados demais. As árvores arranjadas desse modo costumam dar frutos mais cedo, mas também têm menos tempo de vida.

Enxertia de borbulha
Este método é muito utilizado pelos cultivadores de rosas. Pode, porém, ser aplicado às árvores frutíferas. No verão, colhe-se uma estaca, donde se obtém o broto. Essa estaca é abacelada até o inverno, ou colocada em água. 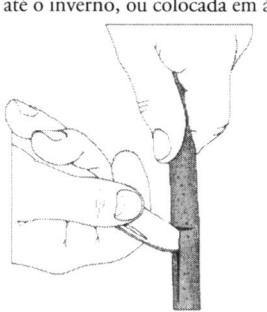
Pega-se depois o cavalo e faz-se um entalho, um pouco mais fundo que a casca, em forma de T. Separam-se ligeiramente os bordos verticais da casca. Em seguida, retira-se do garfo uma tira estreita de casca, onde esteja implantado um broto. 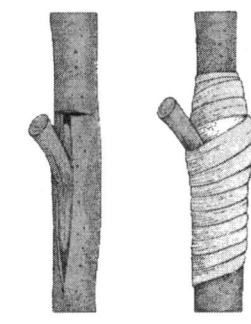
Essa tira é colocada sob os bordos do entalhe feito no cavalo, e finalmente ata-se a junção com ráfia. Assim que o broto crescer, poderá ser cortado o resto do cavalo que estiver acima do enxerto.

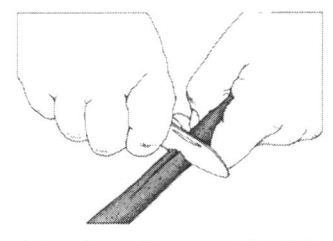

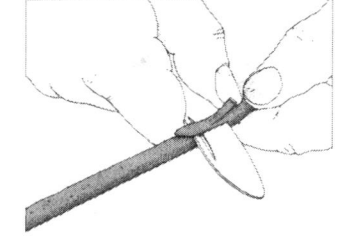

Produtos hortícolas

Armazenamento de frutas e legumes

LEGUMES
O silo

Ensilar consiste em fazer o empilhamento de batatas ou outros legumes e depois cobri-los com boa camada de palha. Por cima desta, colocam-se uns 15 cm de terra bem calcada, utilizando para isso, por exemplo, as costas da pá. Para permitir o arejamento, fazem-se pequenos túneis na base da pirâmide e pequenas "chaminés" no topo. A água das chuvas será drenada para uma cova; poderá ser a cova que você abriu ao tirar a terra para cobrir a palha. Cuidado com os ratos, que são pilhadores persistentes.

Batatas e legumes de raiz podem ser ensilados. Uma das vantagens desse método é que, no caso de aparecerem algumas pragas, não haverá perigo de se propagarem, ao contrário do que aconteceria se fosse feito o armazenamento sobre uma superfície dura. Nos países muito frios, a ensilagem não será possível, porque o silo não detém o gelo. E como o gelo faz apodrecer as batatas... Nessas regiões, é preciso conservá-las dentro de casa, de preferência na cave, mesmo que o gelo também não entre nos outros compartimentos.

Acamar na areia

Já é uma antiga tradição armazenar cenouras na areia seca, bem afastadas umas das outras e num local abrigado do gelo. Tente não estragar as plantas ao lidar com elas. E, se você cometer o erro de lavá-las, nada as impedirá de apodrecerem. Ora, é muito deprimente ver uma boa quantidade de cenouras apodrecendo. Também se podem conservar assim as beterrabas e as batatas doces.

Abacelar

Em geral, os aipos e os alhos-porós não são arrancados antes de serem necessários para o consumo. No entanto, se você tiver receio do gelo invernal, abacele-os em terra seca, num local mais ou menos abrigado e perto de casa.

Pendurar os legumes

Todos os legumes do gênero da abóbora, berinjela ou melões devem ser mantidos ao abrigo do gelo. Eles se conservarão muito bem pendurados em varais, podendo também ser guardados em prateleiras. Esses legumes precisam, no entanto, ser virados de tempos em tempos.

Entrançar

Fazer tranças é uma excelente ideia para o caso das cebolas, que depois ficam suspensas em lugar arejado. Aliás, em muitas aldeias é tradição pô-las no alpendre, pois elas não temem o gelo mas, sim, o calor e a umidade, que as fazem grelar. Antes de entrançar, é preciso deixá-las alguns dias ao sol, para secarem. No caso de chover, abrigue-as em lugar sempre arejado.

Secagem

Em todos os outonos você deveria secar uma certa quantidade de ervilhas e feijões, colocando-os depois em frascos, vasos ou barricas, enfim, qualquer recipiente que os proteja dos ratos.

Em princípio, é possível armazenar os cogumelos da mesma maneira que as batatas, mas será preferível secá-los a uma temperatura de 50 °C. Em seguida, você poderá reduzi-los a pó, guardando-os em frascos. A farinha de cogumelos é ótima para dar aroma e sabor às sopas, cozidos etc.

Isso nos leva a dizer que também valerá a pena secar o milho-doce, que é excelente. Ponha-o para ferver, ainda na espiga, e depois deixe-o secar durante uma noite, no forno muito brando; depois, guarde os grãos em recipientes fechados. Quando chegar o momento de comê-los, bastará dar-lhes uma fervura.

FRUTAS

Em geral, as variedades precoces ou temporãs de maçãs ou peras dificilmente se conservam, por isso, não espere para comê-las, guardando de preferência as espécies serôdias para conservar. Deixe as frutas o maior tempo possível nas árvores e colha-as somente quando se soltarem da árvore com um ligeiro puxão. Depois, coloque-as delicadamente numa cesta e depois espalhe-as num lugar arejado, deixando-as por uma noite para que sequem. No dia seguinte, de novo em lugar arejado mas à sombra, espalhe-as e deixe-as ficar. Esse lugar deve estar a uma temperatura entre 2 e 4 °C, ou um pouco superior, para as peras. Idealmente, cada fruta deveria ser envolvida por um papel fino, com o objetivo de preservá-las das bactérias e podridão. Guarde apenas as frutas que estiverem em perfeito estado, rejeitando todas as que estiverem amassadas, ou que tenham perdido o pedúnculo. Se o compartimento onde você guarda as frutas tiver o chão de cimento ou terra batida, será ótimo, porque você poderá regá-lo de vez em quando, para manter uma certa umidade. Conservar frutas em locais quentes e secos é útil só para os porcos, que irão comê-las... As maçãs se conservarão bem até a primavera do ano seguinte. As peras passam por um momento crítico, que é aquele em que atingem o máximo da sua maturação. Durante esses dias, é hora de consumi-las; a partir daí, são de novo os porcos que entram em ação. Os *gourmets* devem saber escolher.

Secagem

Quando se teme que as frutas não aguentem a conservação descrita acima, resta a possibilidade de secá-las. Retire-lhes o coração, corte-as em pedaços pequenos e pendure-os num fio esticado, colocado sobre um fogão ou num secador solar (ver p. 214).

Quando os pedaços estiverem secos e quebradiços, poderão ser transferidos para frascos fechados, que deverão ser colocados num lugar fresco.

Também podemos secar assim as ameixas e damascos. Mergulhe os pedaços numa calda de 30 g de soda cáustica e 4,5 l de água, durante alguns minutos; com esse processo, você poderá retirar a pele das frutas, sem problemas. Em seguida, lave-as em água fria, cuidadosamente. A secagem será feita num tabuleiro colocado sobre um forno ou num secador solar, inicialmente a uma temperatura de 50 °C, passando gradualmente a 70 °C. Se o aumento de temperatura não for gradual, as frutas irão se romper. Ficarão nessa temperatura por 1 ou 2 dias. Quando você for usá-las, mergulhe-as antes em água durante 12 horas.

Produtos hortícolas

Silo
O silo é um ótimo meio de conservar fora de casa os legumes de raiz. Aí as doenças não poderão propagar-se, como aconteceria se a conservação fosse feita numa cave. Mas, como nenhum silo detém o gelo, você poderá ser obrigado a guardar suas culturas dentro de casa.

Se você conservar batatas, deixe-as secar 2 ou 3 dias. Inicie o empilhamento, colocando no chão uma camada de palha.

Faça uma pirâmide com as batatas ou os demais legumes de raiz. Assim, a água não os cobrirá.

Coloque por cima da pirâmide uma nova camada de palha. Espere algum tempo antes de cobrir com terra.

Cubra a palha com uma camada de terra de 15 cm de espessura. Alise os lados com as costas da pá.

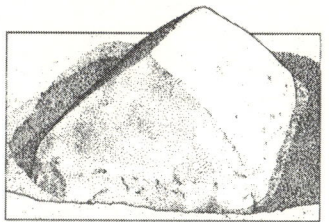

Assegure-se de que um pouco de palha irá sobrar dos lados, permitindo o arejamento.

Outros métodos de conservação
As variedades serôdias da batata se conservarão por todo o inverno se forem colocadas num local à sombra; mas elas não podem estar em contato umas com as outras. Abóboras e melancias poderão ser suspensas em redes. As beterrabas e cenouras ficarão sobre areia seca, mas sem se tocarem. Se você teme que os alhos-porós e o aipo sejam afetados pelo gelo, abacele-os, escolhendo um lugar abrigado para enterrá-los.

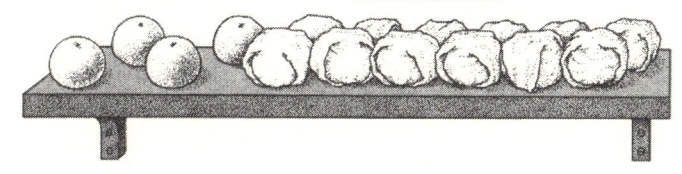

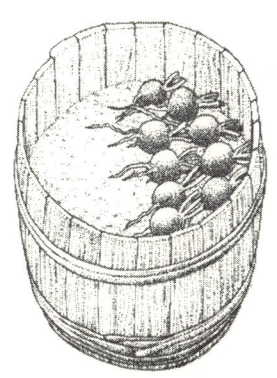

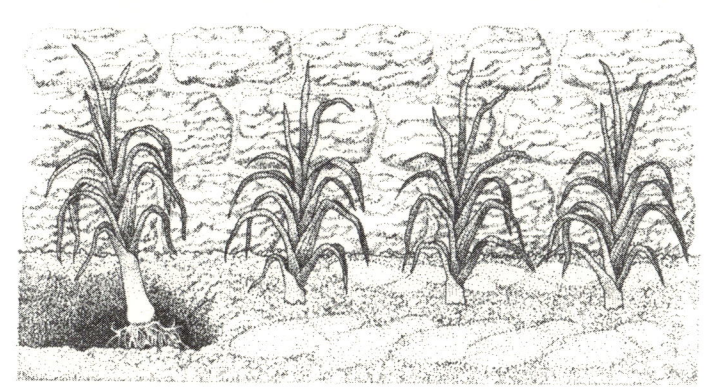

Cebolas em réstias
As cebolas poderão ser conservadas dispostas em tabuleiros de ripas, em réstias, ou espalhadas em prateleiras de madeira. Mas o sistema mais simpático é, sem dúvida, entrançá-las, formando réstias, e colocá-las num local fresco e arejado. Mas não se esqueça de, após a colheita, deixá-las secar ao sol por alguns dias.

Atenção! As cebolas que você quiser colocar em réstias deverão ter as folhas compridas e secas. Pegue quatro de cada vez e prenda-as umas nas outras.

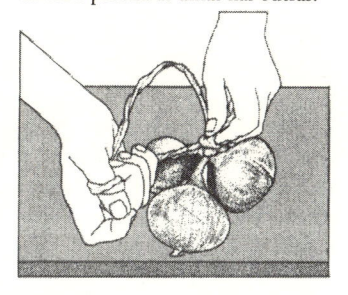

Depois, prenda a trança a um fio bem comprido, de modo que fiquem todas ao mesmo nível.

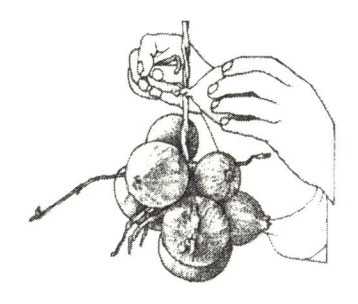

Vá ligando as outras cebolas às quatro primeiras, prendendo-as ao fio, com firmeza. Ao continuar a réstia, convém verificar se ela está equilibrada e se as cebolas estão bem presas. Quando você achar que já entrançou um número suficiente, bastará suspender a réstia pela extremidade livre do fio. Suas cebolas deverão conservar-se indefinidamente.

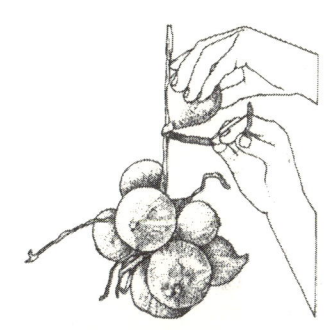

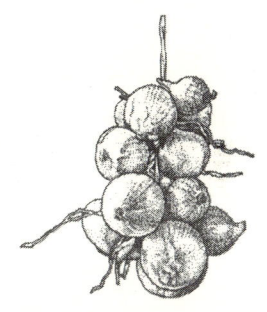

Produtos hortícolas

Fazer conservas

O período de colheita da maioria dos produtos hortícolas é curto, embora nos climas temperados seja possível obter legumes frescos durante quase todo o ano. Deveríamos, portanto, resistir à tentação de prolongar artificialmente – e contrariando a natureza – a época de consumo dos legumes, conservando-os num congelador. O que pode haver de mais saboroso que provar de novo as pequenas ervilhas, após uma ausência de 6 meses? Se você comer ervilhas congeladas no inverno, seu paladar cansado e alterado já não estará à altura de apreciar, condignamente, a volta das ervilhas frescas. Quanto às ervilhas secas, cozidas, em sopa ou guisados, elas não pretendem substituir as frescas; esse processo destina-se, sobretudo, a conservar no inverno as proteínas necessárias e tem a vantagem de, mesmo que utilizado frequentemente, não cansar o paladar, permitindo que se apreciem melhor as primeiras ervilhas frescas, colhidas em maio ou junho.

Por outro lado, sem dúvida há uma evidente falta de vitaminas durante o período invernal, de dias sombrios, e esses dias deveriam se alegrados por outros aromas e sabores, além do fornecido pelo presunto salgado. Por isso, quem vive no campo se entusiasmará com a ideia de conservar um certo número de produtos, aplicando, de preferência, uma técnica de conservação em frascos, com vinagre, sob a forma de picles, vinho etc. E não há nada de mais estimulante que, no outono, ver as prateleiras totalmente carregadas de frascos, jarros e potes. Nada lhe dará, com maior força, a sensação de estar preparado para enfrentar o inverno. Talvez isso lhe pareça paradoxal, mas não é. Com efeito, a qualidade de um alimento não será melhorada se ele for congelado, enquanto ocorre o contrário se você o transformar em doces ou conservas. O congelamento da carne já é outra questão, porque nem a maior fome lhe permitirá consumir rapidamente um boi inteiro, antes que a carne se estrague. Há muito tempo, quando as pessoas ainda tinham bom-senso, era costume partilhar a carne com os vizinhos. Mas esse costume caiu no esquecimento, e hoje em dia são os congeladores que ocupam o lugar das relações humanas.

Vinhos

Como já vimos no caso da cerveja (p. 70), fazer vinho ou sucos fermentados consiste em transformar o açúcar em álcool. Certos frutos, como a uva, que se desenvolvem em regiões quentes, já contêm tanto açúcar que não é necessário acrescentar mais nenhum. Mas muitas outras frutas e legumes, com os quais é possível fazer vinhos e licores, têm um fraco teor de açúcar, portanto, torna-se necessário acrescentar açúcar para obter o grau alcoólico suficiente. Não se esqueça de que os sucos com fraco teor alcoólico se conservam muito mal.

Algumas das receitas que podemos encontrar em livros tratam simplesmente de bebidas compostas de água açucarada e fermentada, a que se acrescentam diferentes aromas, a partir de uma substância qualquer. Aliás, a maior parte dos licores (ver p. 192) é feita por esse processo, e as pessoas chegam a fabricar uma bebida alcoólica com folhas de chá, uma planta que não possui açúcar.

Os sucos de frutas contêm algum açúcar, mas quase sempre será necessário acrescentar mais. O mesmo ocorre com os sucos de algumas raízes. E ao fazer sucos e licores você irá preservar, e até mesmo melhorar, o sabor dos vegetais utilizados.

Assim, você poderá alegrar seus dias de inverno e, ao mesmo tempo, melhorar sua própria condição física.

Chutney e picles

Esses processos consistem em dar um paladar especial aos frutos e legumes, ou a uma mistura de ambos, utilizando para isso certos condimentos e, depois, conservando-os em vinagre. No entanto, os processos de conservação são bem diferentes (ver pp. 188-9).

Para o *chutney*, cozinham-se os frutos ou legumes em vinagre, muito condimentado e adoçado; deixa-se cozer até que todo o líquido se tenha evaporado, restando uma polpa espessa, com consistência de geleia. É um produto bastante doce.

Quanto aos picles, são colocados em potes contendo vinagre, mas não cozidos. Tudo o que se mergulha em vinagre não deve conter muita água; por isso, às vezes é preciso primeiro absorver a umidade com sal. O gosto dos picles é muito forte.

Eis, portanto, dois excelentes meios de conservar produtos para o inverno, melhorando-lhes o sabor. Quanto ao *ketchup* e outros molhos, consistem em sucos de frutos ou legumes, a que se juntam algumas especiarias, para depois cozinhá-los em vinagre. É também um bom processo de preservar o gosto de certos alimentos.

Conserva em frascos

O princípio da conservação em frascos é muito simples. Depois de enchê-los com os alimentos, nós os aquecemos durante o tempo suficiente e à temperatura adequada para destruir as bactérias, germes e outros vírus. Tampam-se então os frascos hermeticamente, para evitar a penetração e desenvolvimento de outros microrganismos, e deixa-se que esfriem. Assim, com o conteúdo esterilizado e o frasco fechado hermeticamente, a conserva estará ao abrigo dos agentes que favorecem a putrefação (ver pp. 186-7).

O mesmo princípio se aplica aos produtos conservados em latas. A única diferença é que o recipiente, neste caso, é mais feio. É evidente que o processo também é um pouco mais complicado.

Os frutos suportam muito bem a conservação em frascos; os legumes já não tanto, porque não contêm tanta acidez e sabe-se que a acidez facilita a conservação. Deste modo, se você quer um conselho, não utilize os legumes para conservação em frascos. Entretanto, podendo recorrer ao feijão em salmoura, ao chucrute, às raízes e outros legumes que tenha guardado em silos ou na cave, mais os que ainda poderá colher durante o inverno, decerto não sentirá falta desse tipo de conserva (um pouco insípida, aliás, como são as conservas de legumes em frasco).

O tomate, no entanto, é a exceção que confirma a regra. E não tem rival, quando se trata de alegrar as refeições monótonas do inverno. Além disso, é muito fácil conservá-los em frascos; portanto, não hesite em cultivar, durante a época apropriada, maiores quantidades de tomate do que o estritamente necessário. Assim você obterá, mais tarde, deliciosas vitaminas.

Os frutos do ano

Chegou o outono! Agora você tem à mão os frutos e legumes que cultivou a mais. Que fazer deles senão conservá-los em frascos ou em vinagre, para se abastecer para os dias sombrios do inverno?

Produtos hortícolas

Produtos hortícolas

Conservas em frascos

Os frascos deverão ter uma tampa hermética, capaz de suportar o vácuo, e, ainda, ser concebidos de forma que nenhum elemento metálico toque o que está dentro do frasco. Portanto, é preciso examinar cuidadosamente os frascos, antes de comprá-los, embora quase todos vendidos para esse fim satisfaçam a essas exigências. Geralmente, possuem uma rodela de borracha que é comprimida por uma tampa metálica contra uma tampa de vidro, que está em contato com o interior do frasco. Convém passar vaselina nas tampas metálicas, para que não enferrugem. Quanto às juntas de borracha, convém guardá-las sempre em local escuro, porque a luz estraga a borracha.

Preparação dos frutos para conserva em frascos

Coloque nos frascos os frutos mergulhados em xarope ou salmoura e ponha depois os frascos num recipiente com água fria. No período de 1 hora, faça subir a temperatura da água até 55 °C. Depois, em meia hora, aumente a temperatura até os valores indicados no quadro abaixo.

Método do forno

Encha os frascos com os frutos, mas sem colocar a salmoura ou o xarope, cobrindo-os com um pires. Coloque-os no forno, a uma temperatura de 120 °C, seguindo os tempos de cozimento indicados no quadro. Depois, como o cozimento faz diminuir o volume dos frutos, utilize o conteúdo de um deles para encher totalmente os outros. Despeje então o xarope ou a salmoura fervente, preenchendo o espaço ainda existente e expulsando o ar. Feche o frasco e deixe esfriar.

Método do banho-maria

Se você não tiver forno ou termômetro, é conveniente utilizar este método com água quente. Encha os frascos, acrescente o xarope ou a salmoura quentes, tampe sem fechar completamente e mergulhe os frascos em água, pondo-a para ferver. O tempo de cozimento está indicado no quadro. Para os frutos (mas não para o tomate), o xarope pode ser feito com água e açúcar. Mas a água pura também fará o mesmo efeito. Aliás, comprimindo bem as frutas, quase não será necessário acrescentar líquido, porque não restará muito espaço no frasco. Se os frutos forem um pouco amargos, um xarope ligeiramente adoçado restabelecerá o equilíbrio.

Conserva de legumes em frascos

Como já disse, sou contra este tipo de conserva. Porém, se você quiser insistir, arranje uma panela de pressão, pois não basta fazê-los cozer numa panela comum. Podemos conservar assim, e muito bem, o milho-doce, embora eu prefira o método de secagem ao forno (p. 182). Descasque as espigas e separe os grãos com uma faca. Encha os frascos até cerca de 3 cm do bocal, colocando depois água fervente até 1,5 cm do bocal. Coloque a tampa, sem fechar completamente, e leve-os à panela de pressão (a 115 °C), durante 1 hora. Retire os frascos e feche hermeticamente.

Salga do feijão-verde

Utilize 0,5 kg de sal para 1,5 kg de feijão-verde. Tente encontrar sal não refinado, embora o outro também sirva. Ponha uma camada de sal no fundo de um pote; depois uma camada de feijão-verde, desfiado e cortado nas pontas (o que não será necessário se o feijão for muito tenro), e assim por diante. Comprima bem as sucessivas camadas. Quando o pote estiver cheio, ou quando não houver mais feijão, tampe hermeticamente e coloque-o em local fresco. Nunca retire o suco que se forma. Quando desejar comer os feijões, retire-os do pote e deixe-os de molho, mas não mais que 2 horas.

	Banho-maria frio		Banho-maria quente		Forno lento	
Método básico	Leve a água fria à temperatura desejada, em 90 min. Depois siga as instruções dadas embaixo.		Comece a 40 °C e eleve a temperatura da água a 90° C, em 25 a 30 min.		Aqueça o forno até 120 °C. Os frascos ficam no forno o tempo indicado a seguir.	
Líquido a introduzir nos frascos	Coloque xarope ou água fria antes de começar.		Coloque o líquido a 60 °C, antes de começar.		Junte líquido fervente, após o cozimento.	
	Temperat.	Tempo	Temperat.	Tempo	Temperat.	Tempo
Bagas e frutos de grainha (framboesas, maçãs etc.)	75 °C	10 min	90 °C	2 min	120 °C	45-55 min
Frutos de caroço (cerejas, ameixas etc.) **Frutos cítricos**	85 °C	15 min	90 °C	10 min	Aqueça o forno a 150 °C juntando o xarope ou a salmoura antes do cozimento. 40-50 min	
Tomate	90 °C	30 min	90 °C	40 min	120 °C	80-100 min
Compotas	Aumentar o tempo em 5 a 10 min. em relação aos dados do quadro, e as temperaturas em alguns graus.					

Produtos hortícolas

Tomates em frascos

É muito bonito ver, no inverno, as fileiras de frascos com tomate.
É muito simples fazer esse tipo de conserva, e o sabor dos tomates se acentua.

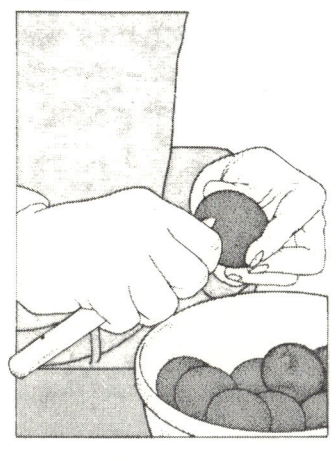

Retire o pedúnculo verde do tomate e faça um corte na pele.

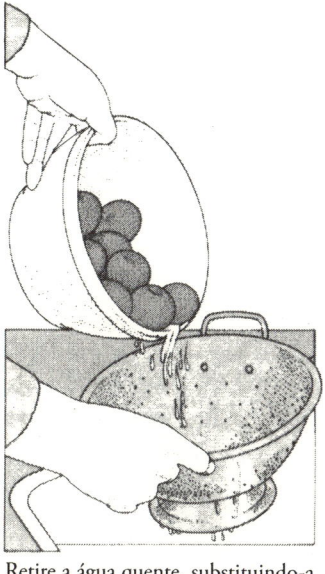

Coloque os tomates numa tigela e jogue água fervente por cima. Aguarde até que a pele amoleça.

Fazer chucrute

É óbvio que os repolhos podem ser guardados, mas, se os legumes rarearem no inverno, o chucrute é uma variação agradável.

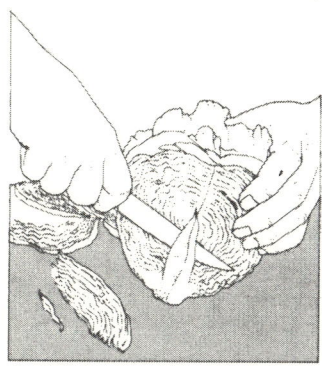

Corte em tiras finas o coração de um repolho branco e prepare 15 g de sal para cada 0,5 kg de couve.

Retire a água quente, substituindo-a por água fria. Mas o tomate só deve receber água fria por alguns momentos, para não a absorver.

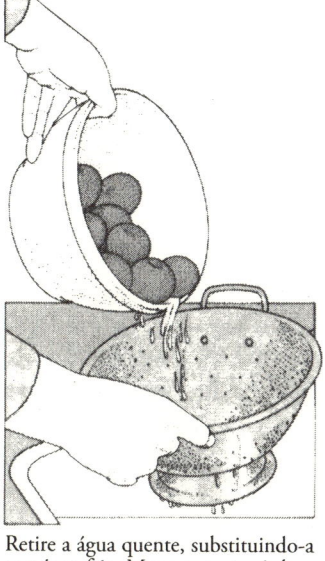

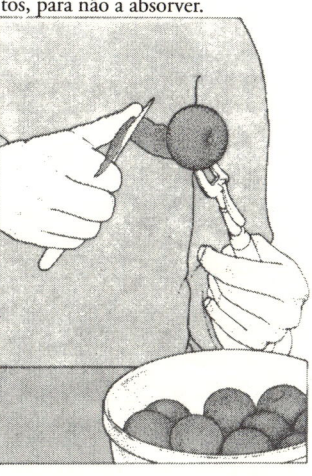

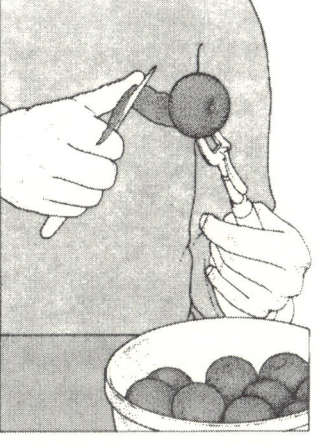

Retire a pele do tomate com uma faca bem afiada, tentando evitar a perda do suco.

Coloque camadas de repolho, num pote de barro ou numa barrica, distribuindo o sal entre as camadas.

Faça uma salmoura, misturando 15 g de sal em 1 l de água.

Coloque todos os tomates em frascos, arrumando-os com a ajuda do cabo de uma colher de pau.

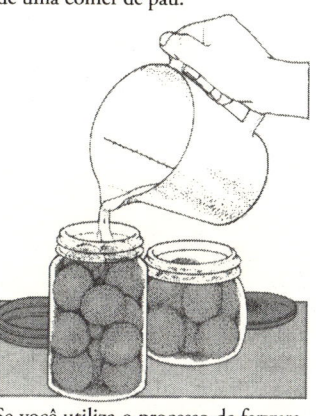

Se você utiliza o processo de fervura em banho-maria (com esterilização), é hora de encher os frascos com a salmoura, colocando depois a tampa, sem fechar totalmente; se faz a esterilização no forno, então encha os frascos com a salmoura somente após a esterilização.

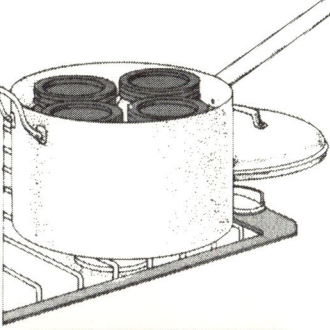

Chegando à boca do pote, coloque uma folha grande de repolho, tapando depois com um pano; por cima coloque um prato.

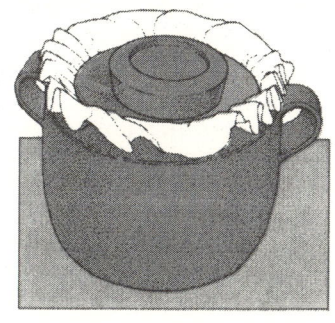

Coloque os frascos em banho-maria ou no forno. Faça o cozimento.

Após o cozimento e a esterilização, coloque o disco que fecha o frasco hermeticamente (ou qualquer objeto isolante). Se você conseguir levantar o frasco segurando apenas o disco, é sinal de que está fechado hermeticamente e que o esfriamento provocou o vácuo.

Coloque um peso sobre o prato e aqueça. Três semanas depois, você poderá colocar o conteúdo em frascos e esterilizar, segundo o processo já descrito.

Produtos hortícolas

Fazer picles e *chutney*

Os picles e o *chutney* são outros dois processos de conservar alguns produtos de sua horta. Servem de acompanhamento e dão sabor às carnes frias, às saladas e a outros pratos. Para ambos, o princípio é o mesmo – trata-se de temperar frutos e legumes com especiarias, antes de colocá-los em vinagre.

Em princípio, você mesmo irá fazer seu vinagre, conforme o processo descrito na página 196; mas, se isso não for possível e você tiver de comprá-lo, leve em conta que existem vinagres de diferentes tipos. Quanto ao vinagre de vinho, é o mais forte de todos os vinagres naturais, custando mais caro que o de cidra ou de malte. Lembre-se também de que o vinagre irá dar gosto ao *chutney* e, ainda mais, aos picles; portanto, se você quer realmente obter bons condimentos, não faça economia à custa do vinagre. O vinagre mais perfumado é o de vinho.

PICLES

Antes de tudo, tempere o vinagre com especiarias, inclusive dando-lhe um ligeiro cozimento com um pouco de açúcar, para aumentar a acidez. Você poderá utilizar todas as especiarias que quiser, embora as especiarias em pó possam turvar o vinagre; por isso, convém utilizar especiarias não moídas, para obter picles que fiquem bem visíveis no interior dos frascos e tenham bom aspecto.

O ideal seria deixar as especiarias em vinagre durante meses, o que nem sempre é viável. Então, há um método mais rápido: para 1 l de vinagre, utilize 60 a 100 g de especiarias, que você colocará num saquinho de tecido fino. Poderá utilizar, por exemplo, a seguinte mistura de especiarias:

> *1 pau de canela*
> *alguns grãos de noz-moscada*
> *1 maço de cheiro-verde*
> *6 a 7 grãos de pimenta e 6 a 7 cabeças de cravinho*
> *meia colher, de café, de grãos de mostarda*

Se você gosta de alho ou de outras ervas aromáticas, não se prive delas. Se também lhe agrada o paladar picante, utilize o *chilli*, o gengibre ou a mostarda em maior quantidade.

Mergulhe as especiarias no vinagre e coloque tudo num recipiente que resista ao calor; leve ao banho-maria. Com o pote tampado, faça ferver a água. Depois apague o fogo e deixe esfriar durante 2 horas, tempo durante o qual as especiarias vão cumprir sua função de aromatizar o vinagre.

Retire o saquinho do vinagre; o vinagre estará preparado.

Podem-se fazer picles de peixe, ovos, frutos ou legumes. Podemos comê-los inteiros ou cortados em pedaços. Os legumes muito suculentos e o peixe devem ser salgados antes, para absorverem a água. Os legumes rijos, como os pepinos, as cenouras, as couves ou as cebolas, devem ser colocados em vinagre frio. As ameixas, peras e tomates são ligeiramente cozidos no vinagre, que adquire então o aspecto de um xarope. Se você utilizar açúcar, use o branco, para manter os picles claros. Os recipientes devem ser hermeticamente fechados, para impedir qualquer evaporação; o vinagre não pode estar em contato com nenhum elemento metálico.

Os picles devem ser consumidos dentro de 6 meses, porque a partir daí eles tenderão a amolecer.

Picles de ovos

Cozinhe bem a quantidade de ovos que desejar; utilize 1 l de vinagre para cada dúzia de ovos. Tire-lhes a casca, coloque-os em frascos e encha os frascos de vinagre aromatizado. Se desejar, junte um pouco de *chilli*. Feche hermeticamente e deixe repousar durante 1 mês, antes de iniciar o consumo.

Picles de cebolas

Utilize cebolas pequeninas. Não lhes tire a casca antes de mergulhá-las numa salmoura, que poderá ser feita com 120 g de sal para 1 l de água. Ao fim de 12 horas, descasque as cebolas. Torne a mergulhá-las numa salmoura nova, assegurando-se de que estão todas bem cobertas; deverão ficar assim por 2 ou 3 dias. Finalmente, depois de escorridas, as cebolas vão para os frascos, onde colocamos o vinagre aromatizado e ainda um pouco de açúcar para salientar o sabor. Dois ou três meses mais tarde, você poderá comê-las.

Picles de maçãs

Este é um tipo de picles açucarado, que se faz com maçãs pequenas (as maçãs bravas são ótimas para isso). Para cada quilo de maçãs, utilize 1 kg de açúcar e 0,6 l de vinagre aromatizado.

Ferva o vinagre com o açúcar, até este estar bem dissolvido. Com um garfo, fure toda a superfície das maçãs; no caso de não caberem inteiras nos frascos, corte-as ao meio. Depois, faça-as cozinhar em fogo brando, na mistura de vinagre e açúcar. Logo que elas estiverem moles, mas não desfeitas, coloque-as nos frascos. Em seguida, deixe ferver o vinagre açucarado, para que se evapore até só restar cerca de 0,3 l. Com esse resto ainda quente, encha os frascos, despejando o líquido sobre as maçãs. É claro que o vinagre não pode estar excessivamente quente, para não partir os frascos.

CHUTNEY

O *chutney* é uma mistura de frutos e legumes, temperados com especiarias e cozidos no vinagre até adquirirem a consistência de geleia grossa. Todos os frutos e legumes, tenros e maduros, servem perfeitamente, pois se transformam facilmente em pasta. Os produtos que você poderá utilizar são as abóboras, melancias, couves-nabo, beterrabas, pimentões, cebolas, cenouras, aipos, berinjelas, mangas, tomates, maçãs, amoras, pêssegos, bananas, limões, ameixas, damascos, groselhas, frutos secos, bagas, laranjas e *grapefruits*. Quanto às ervas aromáticas, você poderá escolher entre diversas espécies, desde louro, *chilli*, tomilho, ou canela, até camomila, cravo, gengibre, pimenta, mostarda, alho etc.

Será conveniente, antes de cozer os frutos e os legumes, cortá-los em tiras. O cozimento deverá levar o tempo necessário à evaporação de todo o líquido. O açúcar desempenha aqui um papel importante e, como a maioria desses molhos fica com uma cor um pouco carregada, você poderá utilizar o açúcar mascavo, se desejar um *chutney* quase preto.

Cozimento do *chutney*

Utilize somente panelas de alumínio ou de aço inoxidável. Não esqueça que o cobre, o ferro ou o bronze são atacados pelo vi-

Produtos hortícolas

Chutney de tomate

O segredo de um bom *chutney* é a utilização de ingredientes de natureza bem diversificada. Neste caso particular, as especiarias e o alho contrabalançam muito bem o gosto do tomate e das maçãs.

Você precisará de: 1 kg de tomate, 2 cebolas, 1 kg de maçãs para cozer, passas, 2 dentes de alho, 15 g de gengibre fresco, 60 g de açúcar mascavo, 0,3 l de vinagre, sal e algumas especiarias.

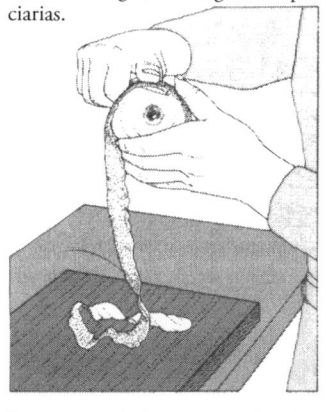

Descasque cebolas e maçãs, tirando-lhes o "miolo". Depois, corte em tiras finas.

Numa panela com água, coloque primeiro as cebolas e depois as maçãs, para que cozinhem até ficarem bem tenras.

Descasque o tomate e corte-o em rodelas.

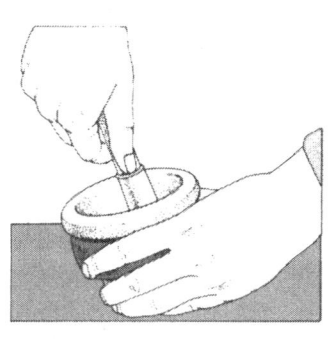

Esmague num pilão o alho e o gengibre. Se seu gengibre for em pó, coloque cerca de 10 g no saquinho de especiarias. Coloque num paninho fino (com que irá fazer o saquinho) uma folha de louro (esmagada), 2 ou 3 *chillis* também esmagados, 1/2 colher das de café de grãos de mostarda, 4 ou 5 cabeças de cravo, mais um pouco de canela etc.

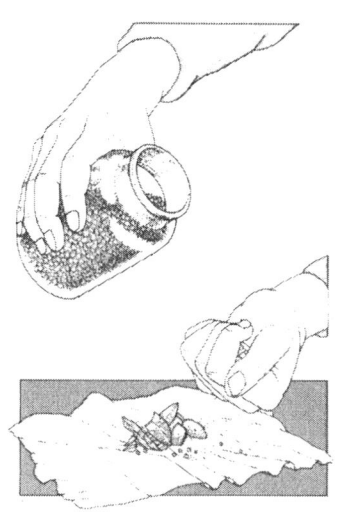

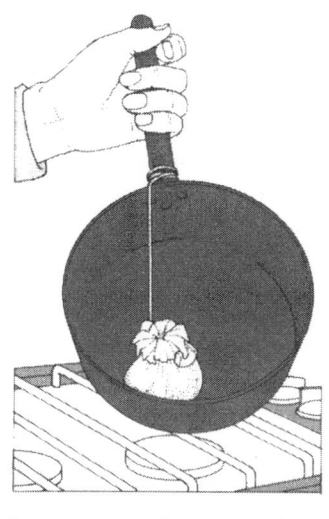

Amarre as pontas do pano para fazer um saquinho, que será depois preso ao cabo da panela, a fim de que não se perca.

Coloque todos os outros ingredientes na panela.

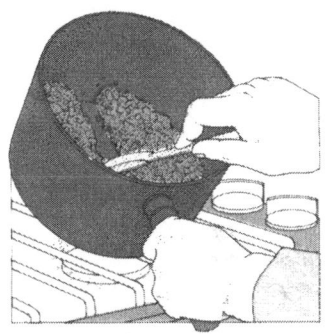

Cozinhe em fogo brando durante 1 hora, aproximadamente, até o ponto de, mexendo com uma espátula, você poder ver o fundo da panela.

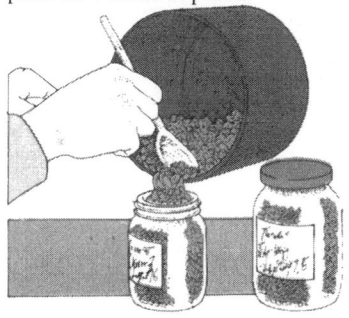

Encha com o molho os frascos previamente aquecidos. Depois é só fechar hermeticamente.

nagre. O cozimento se faz em fogo brando, começando pelas cebolas e pelas maçãs, e só depois misturando os outros elementos mais tenros, como a melancia ou o tomate; só no fim acrescente o sal, o açúcar e o vinagre, porque estes têm tendência a endurecer os frutos e legumes.

Todas as ervas aromáticas e especiarias deverão ser colocadas no saquinho, que será atado ao cabo da panela, para evitar que você tenha de procurá-lo depois, no meio do *chutney*. Se preferir utilizar as especiarias em pó, é só colocá-las no *chutney*. O alho e o gengibre podem ser esmagados num pilão, e as passas ou outros frutos secos devem ser colocados em água para amolecer antes de cozinhar.

A quantidade de vinagre deve ser suficiente para cobrir os frutos e legumes. Deixe cozer até ficar com a consistência de uma pasta espessa, sem líquido. No final do cozimento, você terá de prestar atenção para não deixar queimar. Mexa bem. Despeje nos frascos, feche, aplique as etiquetas e depois coloque os frascos num local fresco e escuro.

Conservação do *chutney*

O *chutney* vai melhorando com o tempo; portanto, assegure-se de que os frascos estão realmente hermeticamente fechados, senão o vinagre irá se evaporar, restando apenas uma papa pouco apetitosa. Não podemos, portanto, usar papel celofane para tampar os frascos, como fazemos para os doces e geleias. Utilize tampas de velhos potes de doce. Mas atenção: o metal das tampas terá de ser envernizado ou protegido com papelão encerado, para evitar que o vinagre o ataque. Também se pode utilizar papel pardo, com uma espécie de tampa, que poderá ser de pano encerado.

Produtos hortícolas

Fazer geleias e xaropes

Os doces e conservas são um meio muito prático de conservação das frutas. Em geral, cozem-se primeiro os frutos sem açúcar, para amolecê-los e ativar a pectina, essa substância que não os deixa estragar. Em seguida, junta-se o açúcar, dando-se uma rápida fervura até atingir o ponto. Desde que as geleias sejam bem-feitas, guardadas em lugares frescos e em frascos bem fechados, elas se manterão durante anos.

Os frutos a serem utilizados deverão estar pouco maduros, e as partes amassadas deverão ser retiradas com uma faca. É importante pesar a fruta para saber a quantidade de açúcar a ser usada. A quantidade de água será apenas a suficiente para o cozimento. O açúcar refinado dissolve mais depressa, portanto é vantajoso utilizá-lo. O açúcar mascavo é bom, mas, além de dar seu próprio gosto às coisas, às vezes tem muita umidade.

Alguns frutos são mais ácidos e têm mais pectina que outros. Aqueles que têm um baixo teor de acidez e de pectina necessitam, geralmente, que lhes seja acrescentada esta última (ver mais abaixo).

Aqui está, em resumo, a maneira de fazer os doces: prepare e descasque as frutas. Pese. Cozinhe-as em água suficiente para torná-las tenras. Passe para uma panela larga e, quando levantar fervura, junte o açúcar, mexendo até ele ficar bem misturado e dissolvido. Dê mais uma fervura rápida, sem mexer. De vez em quando, verifique o ponto, fazendo o teste explicado abaixo. Atingido o ponto, apague o fogo, deixe esfriar um pouco para evitar que os pedaços de fruta venham para cima, no interior dos frascos, e, finalmente, encha os frascos, que devem ter sido previamente aquecidos. Tampe e rotule-os.

Teste da pectina

Antes de juntar o açúcar à fruta cozida, extraia um pouco de seu molho. Acrescente três colheres, das de chá, de álcool etílico e agite. Espere um minuto. Coloque essa mistura num prato pequeno. Se ocorrer a formação de uma mancha sólida e compacta, a pectina será suficiente. Se aparecerem diversas manchas, a pectina será mais escassa; portanto, não junte tanto açúcar. Se a mistura se apresentar totalmente fluida, então ela será inadequada; será necessário ferver de novo e acrescentar um pouco de pectina comprada.

Teste para o ponto

Coloque num pratinho um pouco da geleia que está cozendo e deixe esfriar. Passe a ponta do dedo pela porção de geleia fria: se ficar uma marca, tudo estará correndo bem, e a geleia estará quase pronta. Você também deverá observar o que acontece ao inclinar uma colher cheia de geleia. Se ela escorrer num fio contínuo, ainda não terá o ponto necessário; mas, se cair em gotas grossas, então estará boa a fervura. Esta deve ser feita a uma temperatura de 105 °C. Aconselho-o a utilizar esses métodos, ou pelo menos um deles, porque só assim você terá a certeza de que a geleia está bem-feita.

As conservas de frutas estragam-se mais facilmente que esses doces, mas as primeiras não exigem quase nenhum cozimento, e os frutos mantêm mais o sabor natural. E não há razão para se preocupar com a pectina, no caso das conservas. Por isso, podem-se utilizar frutas com menor teor de pectina, como amoras, framboesas, morangos etc. Finalmente, fique sabendo que, proporcionalmente, é preciso mais açúcar para as conservas que para as geleias.

Geleia de ameixa ou abrunho

No caso das ameixas, a maior parte da pectina encontra-se no caroço. Então, se você tiver tempo para isso, retire alguns, abra-os e coloque algumas das sementes dentro de um saquinho que você mergulhará na panela, durante a fervura. Mas, se você achar isso muito complicado, não tem importância: pode colocar alguns caroços boiando na geleia, enquanto ela ferve, retirando-os depois com uma peneira. Prepare:

3 kg de ameixas
3 kg de açúcar
0,3 l de água

Lave as ameixas e corte-as em metades. Deixe ferver em um pouco de água, para amolecer a casca. Acrescente o açúcar, mexa bem e faça ferver em fogo forte, até atingir o ponto. Retire os caroços (ou o saquinho) e deixe esfriar, para que as ameixas não venham para cima. Coloque a geleia nos frascos, feche e rotule.

Conserva de framboesa

2 kg de framboesa
2,5 kg de açúcar

Também se podem utilizar frutos amassados, mas não podres. Aqueça lentamente o açúcar. Unte uma panela com manteiga e aqueça, também lentamente, as framboesas. Quando elas começarem a soltar o sumo e a ferver, acrescente lentamente o açúcar. Depois bata energicamente, para misturar bem e dissolver o açúcar. Você obterá uma pasta com uma bela cor clara, soltando um aroma agradável de framboesa. Essa pasta deve ser bem espessa. Coloque em frascos e feche da forma habitual. Alguns meses depois, poderá fazer um controle, para retirar o doce que tiver bolor.

Você também poderá fazer essa conserva em camadas, pondo as framboesas e o açúcar num prato grande, deixando descansar durante a noite. Na manhã seguinte, leve tudo a ferver, colocando depois nos frascos.

Ovos mexidos com limão

(Isto não é bem uma geleia, mas uma boa forma de utilizar os ovos.)

115 g de manteiga
0,5 kg de açúcar
4 ovos
3-4 limões

Retire a casca dos limões e esprema-os; coloque a casca, o sumo, a manteiga e o açúcar numa panela pequena até dissolver o açúcar. Deixe esfriar. Bata os ovos, coloque-os numa frigideira para cozerem em banho-maria. Acrescente a mistura inicial, batendo até ficar espesso. Coloque em frascos e feche-os hermeticamente. Este produto não se conserva por muito tempo; por isso não convém fazer grande quantidade de uma só vez.

É evidente que podemos fazer um preparado mais rico, utilizando oito ovos em vez de quatro. Também é possível substituir os limões por laranjas ou tangerinas. Mas, como os frutos são menos ácidos que o limão, não é preciso usar tanto açúcar.

Geleia de limão e cenouras

230 g de limão, cortado fino
230 g de cenoura rolada
1 l de água
1 kg de açúcar

Produtos hortícolas

Geleia de três frutas
Faz-se com laranjas, limões e *grapefruits*; é um sucedâneo da geleia de laranjas amargas.

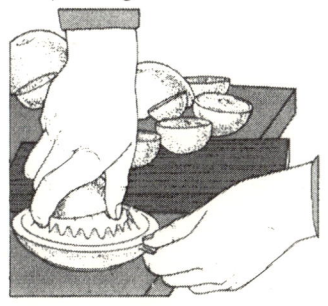

Esprema 8 laranjas, 2 limões e 2 *grapefruits*; coe o suco e separe as sementes.

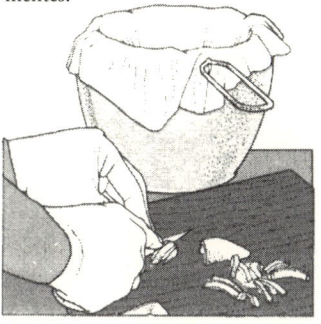

Corte a casca das frutas em tiras, finas ou grossas, conforme a consistência que você quiser dar à geleia.

Ponha as sementes num saquinho e coloque-o de molho em 5,7 l de água com as cascas e a polpa, durante 24 horas. Cozinhe tudo durante 2 horas.

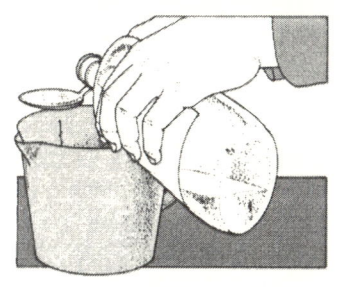

Prove a pectina; misture 3 colheres das de chá de álcool metílico com 1 colher do líquido e agite; deve solidificar.

Retire o saquinho das sementes do tacho; coloque a mistura para ferver, acrescentando 3 kg de açúcar; mexa bem.

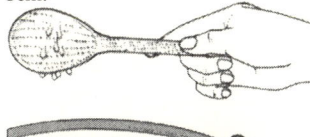

Introduza uma colher de pau na geleia; se caírem gotas grossas, estará boa.

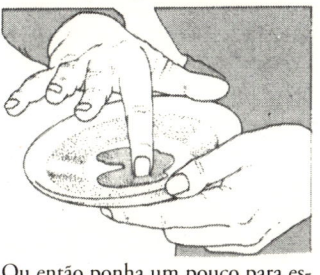

Ou então ponha um pouco para esfriar num prato; a geleia estará boa se, ao você passar o dedo, ficar marcada.

Coloque-a em frascos limpos e quentes; tampe-os com papel impermeável e celofane e amarre em volta do gargalo; coloque os rótulos.

Misture o limão, as cenouras e a água. Cubra e deixe descansar por uma noite. Depois, ponha para ferver com tampa, durante cerca de meia hora, até ficar bem mole. Acrescente então o açúcar, mexendo para dissolvê-lo. Ponha de novo para ferver, controlando de vez em quando a consistência. Deverá atingir o ponto após 10 a 15 minutos de fervura. Coloque a geleia em frascos pré-aquecidos e feche hermeticamente. O sabor da cenoura e do limão é muito refrescante. Deve ser consumida dentro de um período de 3 meses.

Pode-se também fazer outro tipo de geleia, retirando todos os elementos sólidos depois de cozinhar a fruta. Em seguida, ferve-se só o suco com açúcar.

Geleia de amoras e maçãs
Esta receita também se aplica a todos os frutos com muita pectina, como as maçãs-bravas, a groselha, os limões, as rainhas-cláudias e outras. Você também poderá experimentar juntar dois ou mais frutos. Se um deles tiver um tempo de cozimento maior, coza-o à parte.
Separe uma quantidade igual de amoras e maçãs. Lave as maçãs e corte-as simplesmente ao meio, sem descascar nem retirar as sementes. Lave também as amoras, se estiverem empoeiradas. Ponha tudo numa panela com água e coza, mexendo de vez em quando, até as maçãs ficarem tenras. Depois, para recuperar todo o sumo, coe tudo usando um pano, sem cair na tentação de pressionar para ir mais depressa, senão a geleia ficará turva. Depois disso, junte 0,5 kg de açúcar para cada 0,7 l de sumo e torne a cozer, para atingir o ponto conveniente. Coloque nos recipientes e feche.
Se você tiver um espírito verdadeiramente econômico, poderá obter maior quantidade de geleia se, ao filtrar o sumo pelo pano, despejar água sobre os frutos cozidos.

Xarope de frutas

Os xaropes são feitos da mesma maneira que as geleias, mas não será necessário acrescentar tanto açúcar.

Para evitar toda e qualquer fermentação, você deverá esterilizar o xarope e conservá-lo em recipientes hermeticamente fechados. Desse modo, você terá excelentes refrescos para o verão, ou ainda poderá utilizá-los para molhar seus bolos e pudins.

Tal como para a geleia, recupere o sumo obtido do cozimento dos frutos. Filtre-o e, desta vez, poderá pressionar os frutos para andar mais depressa. Acrescente meio quilo de açúcar para cada litro de sumo e leve ao fogo para dissolver todo o açúcar. Não deixe ferver muito tempo, senão acabará ficando como geleia, em vez de xarope. Deixe esfriar. Esterilize os frascos e as respectivas tampas, mergulhando-as em água fervente durante, pelo menos, um quarto de hora. Encha os frascos deixando um espaço de cerca de 2,5 cm entre a superfície do xarope e a tampa do frasco. Feche o frasco totalmente, abrindo de novo a tampa em meia volta. Assim terá a certeza de que o xarope, que vai ser aquecido, poderá se expandir, expulsando o ar. Em seguida, coloque os frascos numa panela grande que contenha água, até a altura do gargalo dos frascos. Leve a ferver lentamente, mantendo-a assim durante 20 a 30 minutos.

Depois, retire os frascos da panela e aperte, então, as tampas, logo que os frascos tiverem esfriado o suficiente para isso.

No caso de qualquer suspeita quanto ao fato de as tampas não fecharem bem, é sempre possível utilizar cera de velas para selar completamente os frascos.

Produtos hortícolas

Como fazer o vinho

Nos últimos anos foi publicada uma grande quantidade de livros muito variados sobre a fabricação do vinho. Com efeito, o conhecimento de alguns pontos essenciais será perfeitamente suficiente; por exemplo:

– Dificilmente você conseguirá fermentar mais de 1,5 kg de açúcar para 4,5 l de água; então, limite-se a essa quantidade, se quiser um vinho bem forte.
– Você deverá dispor sempre de material e utensílios bem limpos. Lave-os com água fervente, sempre que possível.
– Leve em conta as sacaromices (fermentos) e deixe seu suco fermentar à temperatura que as favoreça.
– Você deverá usar fermentos preparados por você mesmo, de preferência a outros fermentos e microrganismos que poderão destruir sua cuba.
– Proteja seu vinho contra as bactérias que poderão infetá-lo, principalmente as moscas do vinagre, esses pequenos insetos que se juntam à volta dos frutos estragados e transmitem microrganismos que transformam o vinho em vinagre.
– Trasfegue ou decante o vinho, para evitar que a borra e os sedimentos lhe deem gosto ruim.
– Deixe o vinho clarear e se fazer num lugar fresco, logo que os fermentos tiverem terminado sua ação.
– Finalmente, depois de engarrafá-lo, você deverá se esforçar para não tocar nele antes de 1 ano, no caso do vinho tinto, e de pelo menos 3 meses, no caso do branco.

Para fazer vinho é indispensável uma limpeza perfeita, pois o vinho se forma graças à ação dos microrganismos vivos (sacaromices); se houver desenvolvimento de outros microrganismos (fermentos naturais, germes ou outras bactérias), os "bons" fermentos não poderão fazer o trabalho deles, e você obterá uma bebida de gosto e cheiro ruins.

Equipamento

Para a fermentação serão necessários garrafões, pipas e potes. Também serão necessárias pipetas de fermentação (se você as encontrar!); este acessório serve para deixar escapar os gases produzidos pela fermentação, impedindo o ar, sempre portador de germes, de entrar.

Muitos galões de vinho foram feitos com uma rolha de algodão hidrófilo em lugar da pipeta; mas também centenas de litros foram perdidos com esse mesmo sistema. Essa pipeta de fermentação é por isso muito útil. Também é aconselhável ter um termômetro e um tubo flexível, de borracha ou de plástico, para decantar ou trasfegar o vinho com o sifão. Também será necessário um funil e duas ou mais garrafas vazias para conservar e envelhecer o vinho. Uma máquina de arrolhar é muito prática para introduzir as rolhas, que devem impedir a entrada de ar nas garrafas. As tampas de plástico também são bem eficazes, para quem não quiser comprar máquina de arrolhar.

Outros materiais

Serão necessários fermentos. Os velhos vinhateiros e eu mesmo experimentamos todos os tipos de fermentos: fermentação de pão, levedura de cerveja etc., mas sem dúvida será mais interessante comprar fermento de vinho. Para obterem um melhor resultado, algumas pessoas preferem comprar um fermento nutritivo. Também será necessário o ácido. Os limões substituem muito bem o ácido cítrico comprado. Quanto ao tanino, você poderá comprá-lo ou então substituí-lo por chá ou maçãs, especialmente as maçãs bravas.

Talvez você ache que estamos bem longe de uma autossuficiência, se é preciso comprar tantas coisas. É verdade, mas eu também diria que uma despesa tão insignificante é um mal necessário, se você quiser beber muito vinho caseiro, e do bom.

VINHO DE UVA

O vinho de uva é incomparável. O vinho tinto obtém-se fazendo fermentar o sumo e a pele das uvas. O branco obtém-se retirando a pele. Muitas vezes faz-se vinho branco com uvas vermelhas, pois a polpa de todas as uvas é branca. É mais fácil fazer vinho tinto ou *rosé* do que vinho branco, porque o tanino da pele das uvas contribui para uma melhor fermentação; e quanto maior for a quantidade de sumo e quanto mais depressa se der a fermentação, menor quantidade de microrganismos se desenvolverá.

Modo de prensar

Esmague os cachos como quiser. Quanto a mim, não consigo beber vinho se tiver visto os cachos de uva serem esmagados com os pés descalços; por isso, utilizaria um pilão. Se você quiser fazer vinho branco, utilize uma prensa, mas depois de ter envolvido os cachos numa toalha de algodão daquelas que se utilizam para os queijos, como descrevo na página 196. Para o tinto e o *rosé*, proceda da mesma maneira, mas depois de prensar junte ao sumo uma porção de peles. Quanto mais pele você puser, mais escuro será o vinho; nas regiões frias, a pele das uvas muito vermelhas tem, inevitavelmente, muito tanino no estado natural, e o vinho pode ficar amargo. Nas regiões onde se pode cultivar bem a uva (e onde certamente você não lerá estas instruções, pois irá aconselhar-se com seu vizinho) não há necessidade de juntar açúcar. Caso contrário, conte com 2 a 3 kg de açúcar por 45 l de sumo. Se o tempo esteve muito quente e as uvas ficaram muito doces, talvez não haja necessidade de juntar tanto açúcar; mas, se o tempo estiver ruim, ponha mais.

Como deixar fermentar

Deixe fermentar, numa pipa, o sumo e as peles. O aveludado da pele das uvas tem fermento, mas mesmo assim é preferível juntar uma porção de fermento para vinho, que você irá comprar. Aqueça uma garrafa de sumo, a 25 °C, junte-lhe o fermento comprado e guarde-a num lugar bem quente, fechando-a com o tipo de rolha que preferir ou um pedaço de algodão. Entretanto, faça o possível para conservar o resto do sumo a uma temperatura de 24 °C. Logo que o fermento da garrafa começar a atuar, coloque-o na pipa. Se você conseguir manter o sumo a 24 °C, a fermentação será tão rápida que não haverá, praticamente, perigo de entrar ar, pois o dióxido de carbono que se libera o impedirá de entrar. Mas não deixe ultrapassar os

Produtos hortícolas

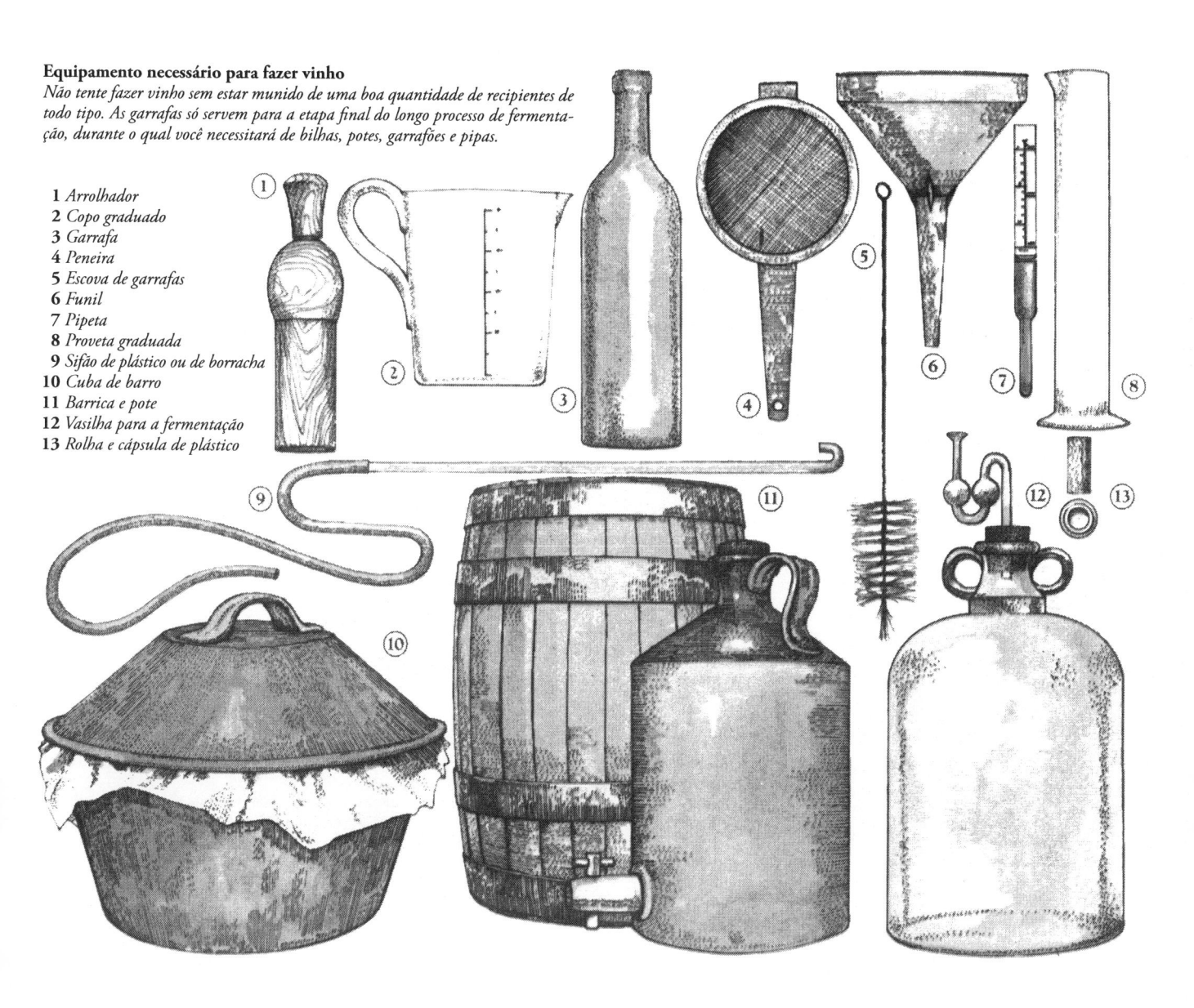

Equipamento necessário para fazer vinho
Não tente fazer vinho sem estar munido de uma boa quantidade de recipientes de todo tipo. As garrafas só servem para a etapa final do longo processo de fermentação, durante o qual você necessitará de bilhas, potes, garrafões e pipas.

1 *Arrolhador*
2 *Copo graduado*
3 *Garrafa*
4 *Peneira*
5 *Escova de garrafas*
6 *Funil*
7 *Pipeta*
8 *Proveta graduada*
9 *Sifão de plástico ou de borracha*
10 *Cuba de barro*
11 *Barrica e pote*
12 *Vasilha para a fermentação*
13 *Rolha e cápsula de plástico*

27 °C, senão perderá uma grande quantidade de fermento. E abaixo dos 21 °C o fermento não age e, em seu lugar, desenvolvem-se outros microrganismos, que são prejudiciais. As peles acumulam-se na superfície; nesse momento, remexa-as com frequência, para não deixar que se crie uma crosta seca.

Trasfega

Logo que a primeira fermentação (tumultuosa) terminar, retire o mosto sem se esquecer de prensar também as peles, para não perder nada. Despeje o sumo numa barrica, que deve ficar completamente cheia; não deixe espaço para o ar. Deixe descer a temperatura para 16 °C e, quando você achar que a maior parte dos sedimentos estão depositados, trasfegue o vinho para outro recipiente. Nessa altura, nos climas temperados, muitas pessoas deixam o vinho fora, mesmo se nevar, pois o frio acelerará o depósito dos sedimentos. Um mês mais tarde, mude-o novamente para garrafas, como descreverei a seguir.

Engarrafamento

As garrafas devem estar completamente limpas e esterilizadas. Não se devem esterilizar recipientes sujos; antes de tudo, limpe-os. Depois esterilize as garrafas pelo calor, muito lentamente, para não as rebentar; a seguir, encha-as com água fervente ou, se preferir, com água fria, fervendo-as depois lentamente, durante 5 minutos. Ponha-as com o gargalo para baixo, para escorrer a água e fazer entrar o ar. Você deverá utilizá-las imediatamente, ou então arrolhá-las. Ferva também as rolhas antes de utilizá-las. Guarde as garrafas dispostas horizontalmente, para que as rolhas estejam sempre úmidas. Se não for assim, as rolhas secarão, e a qualidade do vinho será prejudicada. Enfim, não há nada melhor que uma adega fresca para conservar o vinho.

VINHOS CASEIROS

Mais adiante você encontrará algumas receitas de vinho caseiro, que sei, por experiência, que dão resultados espantosos. Por ou-

Como fazer vinhos

tro lado, não queria desencorajar aqueles que querem fazer o vinho pelos "métodos científicos", mas gostaria que soubessem que, há muitos anos, na América do Norte e na Europa, os camponeses utilizam as receitas que se seguem, e quase sempre com bastante êxito; sinceramente, é mesmo um bom vinho. Um aspecto importante: quanto mais experiências você fizer, maior probabilidade terá de obter um bom resultado. Tenho velhos amigos que no verão fazem vinho de ruibarbo e no inverno, de rábano, em barricas de 270 l, e não sabem o que é fracasso. As mulheres insistem em vão para que plantem outras coisas no jardim, mas o vinho que eles fazem é sempre muito bom.

Vinhos de flores

Despeje 4,5 l de água fervente numa quantidade idêntica de flores variadas. Junte 2 kg de açúcar, 250 g de uvas secas (facultativo) e o sumo de três limões. Como as flores não têm praticamente nenhum elemento nutritivo para o fermento, e como o açúcar também não é o suficiente, acrescente ainda elementos nutritivos para os fermentos: cerca de uma colher de sopa para 4,5 l de vinho. Logo que a temperatura descer para 24 °C, junte o fermento. Já fiz vinhos de giestas, juncos de flores de sabugueiro (resultado formidável), primaveras e dentes-de-leão e bebi um vinho *rosé* muito bom.

HIDROMEL

Para arranjar o quilo e meio de mel de que você necessitará para 4,5 l de água, poderá raspar o fundo dos favos, utilizando para isso os favos que já não podem ir para o extrator, ou então você poderá retirar um pouco de mel da sua reserva. Dissolva o mel na água e deixe fermentar. O mel quase não contém ácido, por isso junte-lhe o sumo de dois ou três limões ou um pouco de ácido cítrico. Também é necessário um pouco de tanino, para "alimentar" o fermento; será boa ideia juntar algumas maçãs bravas esmagadas. Também sei que há quem junte chá. Um dia resolvi juntar xarope de roseira brava num hidromel que estava fermentando mal, e o resultado foi surpreendente. De qualquer maneira, não seja muito apressado, porque o hidromel demora muito tempo para fermentar, e você conseguirá um resultado melhor ainda se o deixar envelhecer em garrafas, durante alguns anos.

Eis mais algumas receitas que você poderá experimentar:

Vinho de ruibarbo

7 kg de ruibarbo
1,5 kg de açúcar
4,5 l de água
fermento

Corte o ruibarbo em pedaços, despeje água fervente e faça um purê. Deixe ficar de molho até o dia seguinte de manhã e então recupere o sumo, espremendo o ruibarbo num pano. Dissolva o açúcar e o fermento. Deixe fermentar.
Depois trasfegue e engarrafe.

Vinho de urtigas

2 kg de urtigas cortadas pela extremidade dos ramos
4 limões
1 kg de açúcar (de preferência mascavo)
10 l de água
1 colher de sopa de fermento seco, ou de levedura de cerveja
30 g de cremor de tártaro

Corte os limões e ponha-os para ferver, juntamente com as urtigas, durante 20 minutos. Separe o sumo e junte o cremor de tártaro e o açúcar. Deixe esfriar, junte o fermento e deixe o recipiente num lugar quente, durante 3 dias. Em seguida, deixe repousar por mais alguns dias, num lugar mais fresco, antes de engarrafar. Uma semana mais tarde você já poderá beber; este vinho não se conserva muito tempo. Ficará ainda melhor se você juntar um pouco de gengibre. É uma bebida refrescante e agradável.

Vinho de bagas de sabugueiro

3 kg de bagas de sabugueiro
1,5 kg de açúcar
4,5 l de água
60 g de ácido cítrico ou sumo de limão
fermento

A receita manda tirar as hastes das bagas, mas também já experimentei não as tirar e não tive maus resultados. Então, por que não poupar trabalho, em vez de respeitar tão escrupulosamente todas as regras? Ponha-as em água fervente. Tampe e deixe repousar durante 24 horas. Depois junte o açúcar e o fermento e deixe fermentar. Quanto mais tempo deixar fermentar, melhor.
Depois de trasfegar, para deixar os sedimentos ficarem no fundo da barrica, engarrafe. Aliás, é o que se deve fazer com todas as bebidas alcoólicas.
Esta receita também se aplica a todas as outras bagas.

Champanhe de flores de sabugueiro

Evidentemente esta bebida não tem nada a ver com o champanhe, mas é uma bebida muito refrescante para o verão; o tempo de conservação é muito curto.

12 cabeças de flores de sabugueiro (em plena floração e cortadas num dia de calor)
0,7 kg de açúcar (para uma bebida tão requintada, é preferível utilizar açúcar branco)
1 limão
2 colheres, de sopa, de vinagre de vinho

Ponha num recipiente as flores com o sumo de limão; tire a casca do limão e junte-a (evidentemente deve ser retirado o bagaço). Junte o açúcar, o vinagre e a água e, depois, deixe repousar durante 24 horas. Separe o sumo e coloque-o em garrafas com cápsulas de plástico. Não junte fermento: o que as flores têm já é suficiente. Beba antes de completar 3 semanas.

Produtos hortícolas

Como fazer o vinho de roseira-brava

Quaisquer que sejam os ingredientes que você utilizar, o modo de fazer é sempre o mesmo.
A adição de fermento desencadeia o processo de fermentação, que pode prolongar-se até 3 meses.

Apanhe 3,5 l de botões de rosa-selvagem, limpe-os e corte-os em tiras. Em seguida, esmague-os com uma colher de pau ou com um maço.

Ponha os botões de rosa esmagados num recipiente e acrescente 7 l de água fervente. Se quiser, acrescente o sumo e a casca de uma laranja.

Desfaça uma colher das de café de fermento fresco, ou então ponha o fermento numa garrafa com um pouco de água e não o junte aos botões de rosa enquanto a fermentação não se completar. Junte também uma colher das de chá de ácido cítrico e meia colher, das de chá, de tanino.

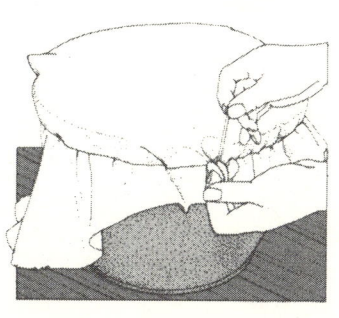

Tampe para evitar contaminação pelas moscas. Deixe repousar por 24 horas.

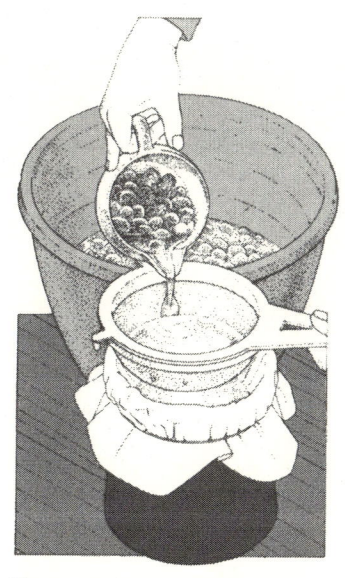

Tire o mosto e passe-o por uma peneira ou por um pano muito fino. Se quiser que o mosto fique bem claro, utilize, simultaneamente, os dois mostos.

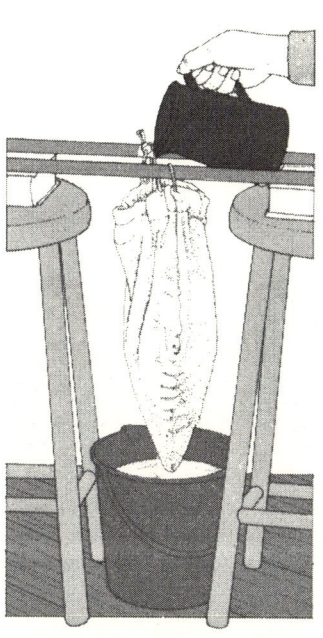

Você também poderá passar o mosto por um coador de pano, que poderá ser pendurado, por exemplo, entre dois bancos. Não esprema, senão o sumo ficará turvo.

Com um funil, coloque o mosto em garrafões. Guarde-o à temperatura de 24 °C. A pepita de fermentação impedirá a entrada do ar, mas permitirá a saída dos gases.

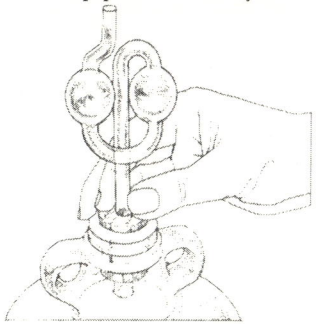

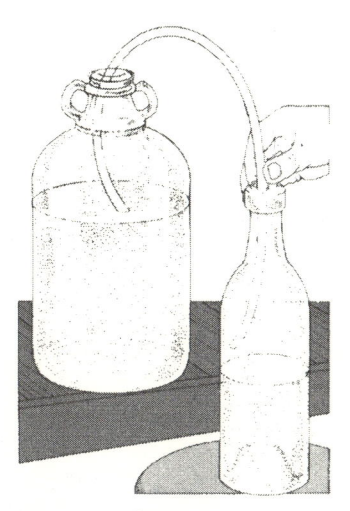

Logo que a fermentação terminar, trasfegue o vinho para as garrafas, usando um tubo de plástico ou borracha. Se não tiver o tubo, use um jarro e um funil. Deixe pelo menos 2,5 cm para a rolha. Um arrolhador seria muito útil, mas, se você não o tiver, utilize um maço. Ponha o rótulo com a data e deixe envelhecer durante um ano.

195

Produtos hortícolas

Fazer sidra e vinagre

SIDRA

A sidra deve ser feita com uma mistura de maçãs. A mistura ideal seria a que incluísse fruta rica em ácido, tanino e açúcar; portanto, a combinação perfeita é a de maçãs muito doces com outras bem ácidas e algumas maçãs silvestres, ricas em tanino. Pode-se fazer sidra com maçãs pouco maduras, mas o resultado deixa muito a desejar. O ideal é colher as maçãs maduras e deixá-las em repouso por 2 ou 3 dias, até que comecem a ficar moles; por outro lado, a inclusão de algumas maçãs meio ruins não parece afetar a qualidade da sidra. A quantidade de suco varia de maçã para maçã, e é muito difícil saber exatamente quanta sidra se pode obter a partir de determinada quantidade de maçãs. Numa estimativa aproximada, podemos dizer que com 5 a 7 kg de maçãs se obtêm 4,5 l de mosto.

Prensagem

Esmague e prense as maçãs. Tradicionalmente, esse trabalho árduo era feito por um cavalo que acionava uma mó de pedra. Hoje em dia, já se vendem moinhos para sidra, mas seu preço é muito elevado e podemos utilizar qualquer objeto duro, como um maço, desde que não seja metálico. Ponha o suco para fermentar num frasco e envolva a polpa num pano, dando-lhe a forma de um queijo. Ponha os "queijos" numa prensa para extrair o resto do suco.

Fermentação

O suco, tradicionalmente, é colocado em grandes cubas de madeira. As que se utilizam comercialmente são muitos grandes e têm uma capacidade para mil litros, mas quem quiser fazer uns 50 l de cada vez poderá utilizar um barril comum de madeira ou uma tina de barro. Não é necessário pôr levedura, já que os ingredientes fermentam por si sós. Como todo o açúcar das maçãs fermenta e se converte em álcool, a sidra fica bem ácida, isto é, "áspera", na linguagem dos entendidos. Se você quiser acelerar a fermentação, poderá acrescentar um pouco de levedura de vinho. Esta é mais eficaz que as leveduras tradicionais, que podem não ser suficientes para realizar a tarefa. Para que a sidra fique bem doce, é necessário trasfegá-la no meio da fermentação, tendo a preocupação de não mexer a borra; se você quiser, poderá acrescentar ao suco de 2,5 a 3 kg de açúcar por cada 45 a 50 l, deixando fermentar novamente durante 1 semana; depois, volte a trasfegar. Se você pretender engarrafar a sidra de maneira que fique espumosa, o melhor será experimentar primeiramente com uma pequena quantidade. Encha metade de um frasco de tampa de rosca, tampe-o bem e coloque-o num lugar quente. Depois de 6 horas, abra-o. Se o recipiente estiver cheio de gás e se uma borra espessa se tiver formado, a sidra não estará em condições de ser engarrafada. Somente deverá ser engarrafada se não tiver criado borra e fizer apenas algumas borbulhas. A sidra melhora com o tempo; por isso, a sidra feita no outono não deve ser consumida antes do verão seguinte.

VINAGRE

O vinagre não é mais do que vinho, cerveja ou sidra cujo conteúdo alcoólico se converte em ácido acético pela ação de uma bactéria que só atua em presença do oxigênio. Daí a necessidade de proteger o vinho, a cerveja e a sidra retirando o ar para que não se transformem em vinagre. A levedura produz grande quantidade de dióxido de carbono, o que impede a entrada de ar no vasilhame. Mas a levedura atua apenas até uma determinada graduação alcoólica, e a fermentação acaba quando se converte em álcool a quantidade de açúcar necessária para chegar a essa graduação, momento em que a levedura "morre", ou sua atividade se inibe espontaneamente. É então que entra em ação o bacilo do vinagre; é também o momento em que se deve aumentar a proteção das bebidas contra a entrada de ar e a consequente contaminação bacteriana.

Mas, se você quer fazer vinagre, é preciso expor o vinho, a cerveja ou a sidra ao ar. Se você deixar um barril aberto, o vinho se converterá em vinagre em poucas semanas, mas é preferível acelerar o processo, porque o vinagre poderá se impregnar dos odores do ambiente; além disso, certas bactérias nocivas teriam tempo e oportunidade para atacar. A aceleração consegue-se do seguinte modo: enche-se um barril com aparas de faia (ou qualquer outra madeira, desde que não seja muito resinosa) e embebem-se estas num bom vinagre do mesmo tipo daquele que se quer fazer. Coloca-se uma prancha de madeira perfurada dentro do barril, por cima das aparas, e despeja-se o vinho, a cerveja ou a sidra sobre essa prancha, para que o líquido passe lentamente através das camadas de aparas de modo que fique exposto ao ar e ao bacilo do vinagre ao mesmo tempo; quando ele atingir o fundo, sairá por uma torneira. Se o vinho for deixado em cuba aberta, irá converter-se em vinagre em menos de 1 semana.

Fazer vinagre
Primeiramente, enche-se um barril com aparas de faia embebidas em vinagre da mesma qualidade que se pretende obter; em cima das aparas coloca-se uma prancha de madeira cheia de furos do tamanho de cabeças de alfinetes. Despeja-se a bebida alcoólica, que passará lentamente através dos orifícios e atravessará a camada de aparas, ficando exposta ao ar e ao bacilo do vinagre. Ao fim de 1 semana de repouso numa cuba aberta, o líquido se transformará em vinagre.

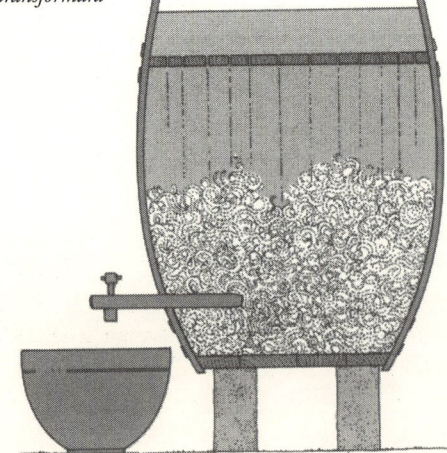

Produtos de caça e pesca

"Um homem pode pescar com o verme que se alimentou dum rei e comer o peixe que engoliu esse verme."

SHAKESPEARE

Produtos de caça e pesca

A caça

O homem deve ser um cultivador, não um bandido. Não temos o direito de matar outros animais apenas por prazer ou para mitigar nosso desejo de sangue. Tampouco temos o direito de acabar com qualquer espécie animal, de modo que se torne escassa ou extinta. Temos um papel na manutenção do equilíbrio da natureza e, se deixarmos de desempenhá-lo, a natureza, com toda a razão, encolherá os ombros e nos eliminará.

Se o homem desempenhar seu papel de cultivar a natureza, ele não só ajudará a manter o equilíbrio adequado como também suplementará sua dieta com bons alimentos (a carne de caça é uma fonte muito mais rica de proteínas do que os animais domesticados) e protegerá suas safras. O verdadeiro cultivador aceitará sua responsabilidade nesse sentido. Ele também assumirá sua responsabilidade na maneira de caçar. É imperdoável ferir um animal em vez de matá-lo imediatamente; portanto, não comece a atirar antes de ser um bom atirador. E jamais dê um tiro se não estiver absolutamente certo de matar o animal.

Armas de fogo

Uma espingarda é um tubo de interior liso que dispara projéteis de chumbo. Esses projéteis consistem em bolinhas de chumbo. Tradicionalmente, são feitos derramando-se chumbo derretido através de uma peneira no topo de uma torre alta. As gotículas derretidas caem, tornam-se bem esféricas na queda, solidificam-se no ar e batem na água que está no fundo, para que não se deformem. Depois, são graduadas em peneiras para separar os tamanhos. Estes são numerados de acordo com o número de bolinhas para formar 28 g: assim o chumbo nº 1 é bem grande (é usado – incorretamente, na minha opinião – para o cabrito montês), o nº 3 é mais ou menos o certo para gansos selvagens, o nº 5 para patos, o nº 6 para faisões, lebres e caça pequena, e os nºs 8 e 9 para narcejas e galinholas.

As espingardas são graduadas de acordo com o tamanho do interior de seu cano (tamanho do cano). O calibre (parte interna do cano) depende do número de bolinhas de chumbo em 0,5 kg que se ajustam exatamente a um cano. Assim, o cano de calibre 12 precisa de doze bolinhas para caberem nele, formando meio quilo. O calibre 12 é, atualmente, de longe, o tamanho mais comum no mundo inteiro, e é uma arma de fogo boa para todos os fins. Algumas vezes são encontrados os calibres 16 e 20: essas armas têm o mesmo impacto que as de calibre 12, mas têm uma "configuração" menor (a área coberta pelo chumbo a uma dada distância do cano). São leves e cômodas, mas para usar bem qualquer delas você precisará ser um bom atirador. A "4-10" (0,410 polegadas) é comumente usada para ensinar as crianças. Calibres 10 e 8 são armas pesadas, usadas para aves selvagens, particularmente para gansos e patos selvagens. O calibre 4, atualmente quase inexistente, é uma arma muito pesada, usada para atirar em bandos de aves nos estuários; as gigantescas "espingardas de pontão", usadas antigamente, poderiam ter a alma (o interior do cano) de "meia coroa" (a alma do tamanho de uma antiga meia coroa britânica) ou maior ainda, e atirariam até 0,9 kg de chumbo.

Na Europa é comum a espingarda de dois canos; nos Estados Unidos são comuns as de ação de bomba semiautomáticas, ou então as inteiramente automáticas, que se carregam sozinhas. É tudo uma questão daquilo que as pessoas julgam ser "bom para caçar". Os cartuchos são carregados com nitropólvora, que não faz fumaça e é segura, mas algumas pessoas carregam seus próprios cartuchos em estojos de latão (com um aparelho comprado em lojas de armas) e dessa maneira poupam bastante dinheiro. Os cartuchos modernos são disparados por uma cabeça de percussão (uma pequena cápsula de latão contendo fulminato de mercúrio) que entra pressionado na base do cartucho.

As antigas espingardas de carregar pela boca, que são muito boas mas exigem mais tempo para serem carregadas, usavam as espoletas de percussão em um orifício na culatra do cano e eram percutidas pelo cão. Antes dessa invenção, elas tinham fechos de pederneira: um cão (percussor) com um pedaço de pederneira batia sobre um pedaço de aço, lançando uma centelha num pouco de pólvora, numa câmara que se comunicava com a carga dentro do cano. Havia uma certa demora quando se disparava uma arma dessas, e nunca se tinha certeza de que ela dispararia. Mas as espingardas de carregar pela boca podiam ser muito eficazes, e algum dia pode ser que estejam de volta. É perfeitamente possível disparar uma bala de uma espingarda, mas o bom-senso lhe dirá que ela não pode ser maior que a parte mais estreita da alma (interior do cano), pois você matará não a caça, mas você mesmo. Uma bala, entretanto, só é precisa para mais de algumas vintenas de jardas. Para conseguir grande precisão com armas de fogo, foi constatado ser necessário fazer o projétil girar, de maneira que sejam canceladas todas as suas irregularidades e lhe seja dado um efeito giroscópico. Há também os rifles (armas de alma raiada) de carregar pela boca, mas eles demoram para ser carregados.

Um rifle tem uma série de ranhuras espirais dentro da alma e uma única bala, feita, ou revestida, de metal mole. Quando a bala é lançada da câmara da arma para a alma, o metal que a envolve toma a forma das espirais, e isso imprime um giro a ela. Sem esse giro, a bala não terá uma trajetória precisa; invariavelmente se desviará para um lado ou outro. A "22" (0,22 polegadas de calibre), comum no mundo inteiro, é perfeita para caça pequena, como coelhos, lebres, pequenos veados ou corças e aves ou outros predadores, como raposas, corvos etc. Sua munição é barata, leve e pequena, e o rifle é muito eficaz para até algumas centenas de jardas. Eu já atirei em antílopes de várias espécies com uma 2-2, e nunca me limitei a ferir algum deles ou deixei de matá-los; mas não usaria uma 2-2 para esse fim, salvo se estivesse muito perto e bem seguro quanto a meu alvo.

Para caça maior, entretanto, os rifles maiores são muito melhores. O de 7 mm é um tamanho muito comum (em minha opinião, o Mauser de 7 mm sempre foi o melhor rifle de caça do mundo; o Malincher de 6,5 mm é balisticamente comparável, mas tem um magazine inferior). O rifle de 9 mm é bom para caça de couro espesso. Usei na África um rifle de ação de ferrolho 0,404; essa arma deu-me um sentimento de segurança, quando um búfalo investiu contra mim; mas, céus! que coice!

Coelhos

Os coelhos estão sendo temporariamente controlados na Europa por causa dos mixomatoses, uma moléstia que veio da América, onde é epizoótica entre os "rabos de algodão", mas lhes causa muito pouco dano, ao passo que na Europa os coelhos não têm resistência para ela. Por isso, no momento, deve-se conceder-lhes a "lei dada" (devem ser poupados, no linguajar dos caçadores). Quando eles voltarem à força, precisarão ser

Produtos de caça e pesca

Lebres e coelhos selvagens
Os coelhos selvagens deveriam desempenhar um importante papel nas dietas daqueles que vivem no campo. As lebres são mais difíceis de encontrar, mas são um prato maravilhoso no inverno.

Veados
Se os veados não forem alvo de proteção especial em sua região, cace-os, e você terá carne de caça durante semanas.

Aves de caça
Em nossos dias, a maioria dos pequenos pássaros estão protegidos; no entanto, você poderá enriquecer suas refeições com patos, faisões e gansos selvagens.

bem controlados, ou se tornarão a ameaça universal que já chegaram a ser, quando ninguém podia plantar uma árvore sem ter uma despesa enorme com o extermínio de coelhos ou a construção de cercas à prova de coelhos, e quando 25% das safras em muitas áreas desciam pelas gargantas desses animais. Seja como for, eles também são um ótimo alimento.

A maneira mais humana de apanhar coelhos (e também outros pequenos animais e aves) é atirar com uma espingarda de chumbo ou um rifle 22. Bem cedo, pela manhã, é a melhor hora para rastrear os coelhos com uma espingarda ou ficar à sua espera com uma 22.

Talvez a segunda melhor maneira de matá-los seja com uma longa rede. É um método humano, tranquilo, barato (não há despesa de cartuchos), e quando bem aplicado pode ser muito eficaz. Coloque a rede entre o pasto dos coelhos e suas tocas, calmamente, durante o dia. Mantenha-a dobrada de modo que os coelhos possam entrar por baixo dela, com uma corda para puxar quando eles estiverem debaixo e com uma mola para soltar quando você puxar a corda. Depois, você poderá sair à noite, quando os coelhos estiverem no campo comendo e a rede estiver entre a pastagem e sua toca. Você puxará a corda, a rede descerá, seu acompanhante fará um barulho por trás dos coelhos; todos eles correrão contra a rede, ficarão embaraçados, quando, então, você os matará. Se você quiser armar redes em um terreno onde será melhor você não ser visto, rasteje depois que escurecer e instale-se entre os coelhos que estão pastando e suas tocas, em silêncio absoluto; arme a rede rapidamente (não dobre a rede para cima) e enxote os coelhos para a rede. Eu costumava fazer isso num terreno muito bem guardado, com um companheiro que era surdo. Isso dificultava a comunicação sem chamar a atenção de toda a região. Cheguei a apanhar uma dúzia de coelhos em uma dessas redes longas.

Fazer armadilhas é um modo eficaz de pegar um coelho para pôr na panela, se você realmente precisa de um e não tem outro jeito; mas eu não gosto desse método, pois é um tanto cruel, apesar do fato de os coelhos geralmente se estrangularem rapidamente nas armadilhas. Tela de arame é um bom material para fazer armadilhas para coelhos: desenlace-a e use três carreiras, mais ou menos. É aconselhável primeiro comprar uma armadilha para depois copiá-la. Os melhores lugares para armadilhas são as trilhas dos coelhos, as entradas das tocas ou buracos nas cercas.

Usar o furão é uma boa maneira de controlar coelhos. Além do mais, é muito interessante. Mantenha os furões em uma gaiola, mantenha-os limpos, alimente-os ocasionalmente com carne fresca e pegue-os sempre na mão para que se conservem mansos. Faça movimentos firmes e seguros ao lidar com eles, porque algumas vezes mordem sua mão, pensando que você lhes está dando um pedaço de carne.

Você pode caçar com os furões deixando-os soltos, presos por um cordão, ou controlá-los com uma sineta. Somente um furão confiável pode ser deixado solto; um que não seja confiável pode matar um coelho dentro da toca e "armazená-lo". Você poderá pôr uma coleira em volta do pescoço do furão, amarrando nela um cordão comprido. A desvantagem é que o cordão poderá enroscar-se em alguma raiz que esteja perto do fundo da toca, e nesse caso você terá de cavar um pouco. Costumávamos deixá-los trabalhar soltos, mas tínhamos sempre um preso de reserva. Se um furão se enfurnava, enviávamos o outro para baixo, preso pelo cordão; depois cavávamos, seguindo o cordão, para encontrar o fujão. Quanto à sineta, o furão que a usa poderá espantar os coelhos sem conseguir matá-los; mas, se o furão se enfurnar, você poderá ouvir a sineta e desenterrá-lo. Provavelmente a melhor coisa é usar furões soltos e confiar na sorte.

Existem várias maneiras de recapturar um furão quando ele se enfurna. A melhor, provavelmente, é uma armadilha de caixa, com um coelho morto dentro dela, e uma porta, de modo que o furão entre e a porta se feche por trás dele. Qualquer pessoa com um pouco de engenhosidade poderá criar uma dessas armadilhas.

O melhor meio de apanhar os coelhos localizados pelo furão são as redes de bolsa. Estas são simplesmente pequenos sacos de rede estaqueados ao redor das entradas das tocas. Você

Caça

poderá atirar com espingarda nos coelhos quando eles dispararem, mas isso tem a desvantagem do ruído dos tiros, e os coelhos ainda entocados não irão disparar. As redes em forma de bolsa são, de longe, o melhor método. Em uma escala maior, pode-se formar um círculo de redes em torno da toca, e os coelhos entocados pelos furões serão levados para as redes por cachorros.

Depois que você tiver apanhado seus coelhos, precisará matá-los. Já descrevi como se faz isso na página 123. "Esfole" ou "estripe" os coelhos logo que apanhá-los: isto significa tirar-lhes as tripas. Um homem do campo consegue esfolar um coelho sem usar faca; em seu lugar, ele usa a garra aguda do próprio animal.

Lebres

As lebres podem ser apanhadas em armadilhas, mas é preciso ter muita prática para saber onde colocá-las. Se você examinar a corrida de uma lebre, observará onde ela aterra depois de cada salto. Coloque a armadilha pouco antes desse local. As redes de bolsa podem ser colocadas em buracos nas cercas ou sebes aonde se sabe que as lebres vão, e elas podem então ser caçadas por um cachorro. Um bom galgo mestiço pode perseguir uma lebre e matá-la, mas terá de ser um bom galgo, porque a lebre corre a uma velocidade enorme. Você pode treinar os galgos para se manterem fora de vista e jamais chegarem perto de você se houver algum estranho por perto.

Depois que você tiver apanhado suas lebres, pendure-as pelo menos durante uma semana, porque elas, ao contrário dos coelhos, são caça. Somente depois de pendurá-las você deverá estripá-las e tirar-lhes a pele. Este é um trabalho que cheira mal, mas não desista. As lebres dão um prato maravilhoso.

Aves de caça

Os faisões e as perdizes podem ser legalmente caçados em sua própria terra, supondo-se que o antigo proprietário não se tenha reservado o direito de caçá-los quando vendeu a terra. Se na realidade parece não haver faisões em sua própria terra, não há nada que o impeça de atraí-los da terra do seu vizinho mais próximo. Os faisões não conseguem resistir às alcachofras de Jerusalém (girassóis americanos), e cerca de mil metros quadrados dessa planta trarão os pássaros em revoada, de grandes distâncias. O fagópiro e o girassol propriamente dito também são culturas ótimas para atrair a atenção dos faisões. Milho e repolho crespo também são úteis.

Naturalmente, é imperdoável tirar uma fêmea do ninho; se isso alguma vez acontecer, você, como caçador honesto, deverá levar também os ovos e pô-los para uma galinha chocar. As galinhas parecem nunca notar sobre que ovos se aninham quando estão chocando.

A melhor maneira de caçar pombos é utilizando imitações de pombos. Coloque essas imitações em um terreno onde os pombos se alimentam: sob um carvalho com bolotas caindo abundantemente é o ideal, mas couve também serve. Esconda-se bem – os pombos têm olhos penetrantes – e atire quando eles descerem em mergulho. Se você não tiver imitações, mate alguns pombos e coloque-os como imitações em galhos que formem forquilhas. As imitações sempre devem estar de frente para o vento.

Patos selvagens também podem ser atraídos por imitações. Eles são um alimento magnífico e, ao contrário do pato doméstico, devem ser pendurados como caça. Parei de atirar em gansos selvagens quando descobri que eles se acasalam para a vida toda. A maioria das outras aves de caça constitui fina iguaria, mas agora são quase todas protegidas; quanto mais rara a iguaria, mais improvável é que você possa comê-la legalmente.

Caça pesada

Veados, antílopes e outras caças pesadas, na Europa, frequentemente são abatidas com espingarda. Isso, a meu ver, é muito errado, porque indubitavelmente o veado pode fugir com cargas de chumbo dentro dele. O rifle é a única arma correta para o ser humano matar o veado, salvo se você for realmente perito no uso da besta ou do arco e flecha. Uma maneira eficaz de atirar em veado ou antílope é à noite, com uma "luz balala". Uma luz balala (a palavra é africana) é uma lanterna com um raio de luz poderoso, que você fixa na testa. A bateria pesada você carrega no cinto. O raio de luz ilumina tanto a caça como as miras de seu rifle. A vantagem de atirar à noite é que a caça geralmente está pastando sossegadamente, não esperando pelo perigo, e muitas vezes você pode caminhar diretamente para ela; de certo modo, parece impossível errar atirando pelo raio de luz. Seja como for, você conseguirá pelo menos dar tiros não muito próximos do alvo. Na África, atirei em centenas de animais dessa maneira (eles eram nossa única fonte de carne) e nunca errei, e só uma vez cheguei apenas a ferir o animal. Em muitos países o método é ilegal, e, a não ser que a caça seja considerada "esporte", continuará sendo ilegal. Quando é considerada, como deve ser, "trabalho" – uma maneira legítima de obter carne –, então essas leis tolas devem ser modificadas.

Armadilha com laço
Coloca-se a armadilha nos lugares onde habitualmente passam os coelhos e as lebres; quando um animal enfia a cabeça no laço, este se fecha e o estrangula; é um método infalível, mas cruel.

Rede
Dispõe-se a rede, estendida, junto das tocas e de lugares onde os coelhos venham comer. Puxa-se a corda para que a rede caia sobre os coelhos enquanto estiverem comendo, ou quando tentarem fugir para a toca.

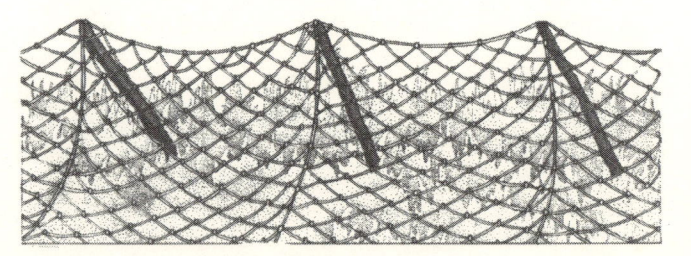

Produtos de caça e pesca

Esfolar um coelho

Depois de ter matado um coelho, terá ainda de prepará-lo, antes de colocá-lo no tacho. Primeiro, antes mesmo de lhe tirar a pele, é preciso esvaziá-lo. Não é difícil tirar a pele; verá que ela se separa facilmente da carne. Se a ideia de ter de preparar um coelho o amedronta, ganhe coragem e pense no cheiro e no aroma de uma terrina!

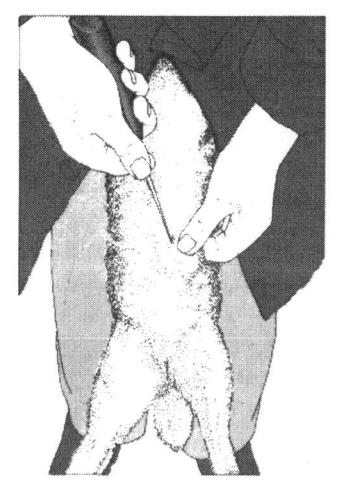

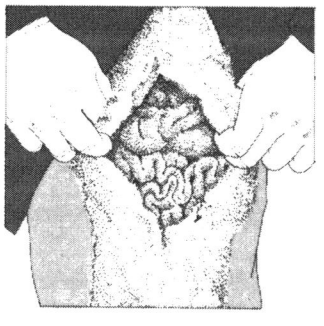

Abra a barriga do animal puxando com os dois dedos e tire os intestinos.

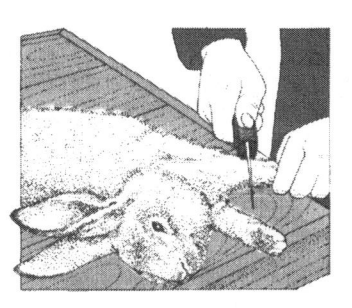

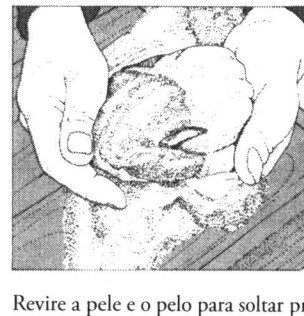

Revire a pele e o pelo para soltar primeiro uma pata de trás e depois a outra.

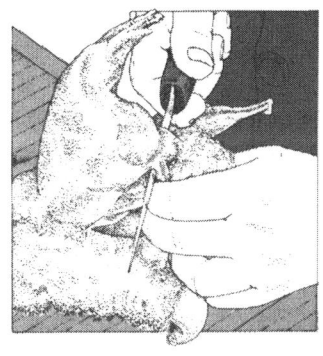

Solte as patas dianteiras e corte o último tendão, segurando a pele.

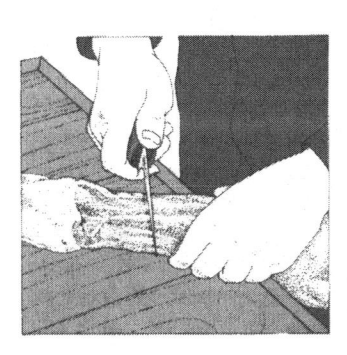

Mantenha a cabeça do coelho entre suas pernas e as costas dele apoiadas contra você. Faça um buraquinho na barriga do coelho.

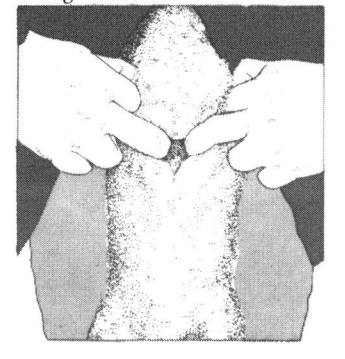

Corte as quatro patas com uma faca bem afiada.

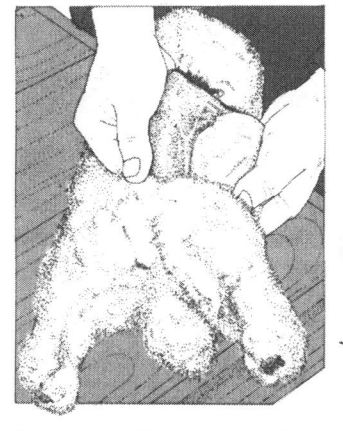

A parte posterior do coelho já está retirada; é hora de cortar o rabo.

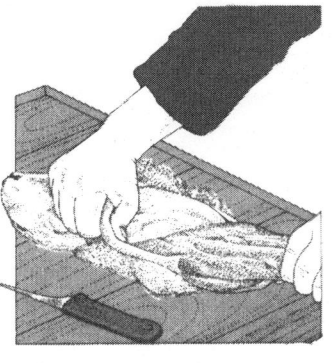

Passe a pele pela parte superior do pescoço do coelho e corte a cabeça dele.

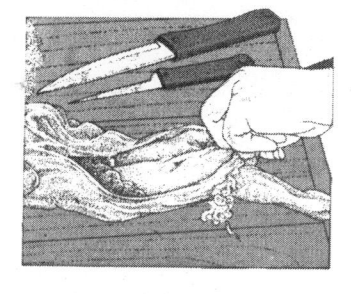

Separe delicadamente a pele e introduza dois dedos no buraco.

Arranque o pelo e separe a pele na barriga do coelho.

Segure as patas traseiras com uma das mãos e puxe a pele em direção às patas dianteiras.

Faça uma incisão na barriga, entre as patas traseiras, e retire o tubo anal. Em seguida, solte o pulmão e o coração com a faca. Não se esqueça de separar a vesícula biliar do fígado.

Caçar durante o dia implica caminhar silenciosamente tendo o vento pela frente ou de lado, mantendo-se calmo e frio, não bufando nem ficando sem fôlego, observando de perto e vendo a caça antes que esta o veja. Para atirar em veados ou porcos selvagens nos bosques do norte, é melhor você se sentar escondido numa árvore, perto de uma lagoa ou local de pastagem.

Se você só ferir um veado ou antílope, sente-se e descanse pelo menos meia hora. Não siga a trilha de sangue imediatamente. Se você fizer isso, o animal, que está alerta, ouvirá você antes que você o veja e fugirá. Deixe-o por meia hora e ele se deitará, imóvel – estará perdendo sangue o tempo todo –, e provavelmente adormecerá. Quando você o avistar, atire novamente, antes que ele o veja. Quase nunca você conseguirá matar um antílope ferido se seguir imediatamente a trilha de sangue.

Pendurar a caça

A maior parte dos animais de caça devem ser pendurados em uma despensa fria e arejada durante algum tempo, antes de serem consumidos. Pendure as aves de caça pelo pescoço, e não pelos pés, como acontece com as aves domésticas. A razão para isto é não permitir que as tripas façam pressão contra a carne do peito. Não retire as vísceras nessa ocasião. No inverno, nos climas do norte, o certo é pendurar um faisão ou um pato selvagem por um período de 10 dias. Ao fim desse período, depene-os e tire-lhes as vísceras. As aves de caça ficam bonitas quando penduradas ainda com penas, mas, se você as quiser apenas para comer, é bom depená-las assim que as matar, no próprio local (sempre supondo que você não esteja em terras dos outros), porque as penas saem facilmente quando as aves ainda estão quentes.

Produtos de caça e pesca

Peixes e frutos do mar

Quem vive em autossuficiência deve procurar aproveitar todas as possibilidades para obter alimentos, e o peixe deve ter um lugar importante em sua dieta, que deve ser saudável, natural e variada. A pesca como esporte é, na minha opinião, uma total perda de tempo. Apanhar peixe, pesá-lo e voltar a colocá-lo na água não faz bem a ninguém. Muitos pescadores imaginam, injustamente, que os peixes de água doce não são comestíveis ou são ruins. Isso não é verdade; os peixes de água doce são um ótimo alimento, e as pessoas deveriam ser estimuladas a pescá-los para comer. Os métodos de que falo mais adiante não são necessariamente legais em todos os países; tudo o que posso dizer é que deveriam ser.

PEIXES DE ÁGUA DOCE

Trutas

Muitas pessoas apanham as trutas à mão. Estenda-se à beira da água e introduza devagar sua mão numa cavidade, remexendo os dedos como quando faz cócegas em alguém. Se sentir um peixe na ponta dos dedos, afague-lhe o ventre durante cerca de um minuto. Depois, agarre-o suavemente e tire-o da água. Existe também outro método, o "tateio": você avança, subindo a corrente de um rio pouco profundo, e passa suas mãos sob as rochas, apanhando todos os peixes que encontrar. Ao fazer isso, é muito possível que se deixe morder por uma enguia.

Lúcio

Quando eu era criança, a pesca a laço era muito praticada na Grã-Bretanha. Muna-se de um pau, do qual está suspenso um cordel, que termina com um nó corredio; se você avistar um lúcio imóvel na água, como acontece muitas vezes, passe devagar o laço por cima da cabeça dele e, quando achar que o laço está no meio do peixe, puxe bruscamente e pronto. Caso o laço toque no lúcio quando você tentar aprisioná-lo, ele achará que é um pedaço de madeira que desce com a corrente.

Salmão

Você poderá pescar o salmão com arpão. Mas terá primeiramente de encontrar um; muitas vezes eles repousam num trecho de água calma ou sob uma árvore inclinada sobre o rio. Pegue um anzol, que pode ser um anzol grande para bacalhau, e depois corte um pequeno galho de uma moita, prendendo-lhe seu arpão. Também será necessário um cordão (um pequeno cordel) que vá da ponta do arpão ao seu pulso, em redor do qual deverá ser enrolado. Jogue o arpão no salmão e largue o galho. O cordel se desenrolará do galho, que cairá, e você poderá puxar o peixe com a linha. Se você tentar tirá-lo com o galho, ele poderá puxá-lo para a água.

Enguia

As pessoas sensatas, entre as quais incluo os holandeses e os dinamarqueses, acham que a enguia é o melhor peixe que há; e quem já comeu as *garookte palling*, na Holanda, terá de concordar forçosamente. Podem-se apanhar enguias por meio de nassas para enguias, que são cestos cônicos ou quadrados de vime, com grade metálica ou caixilhos que sustentam uma armadilha, com um túnel de acesso como uma pequena rede de pescar lagostas. Coloque peixe fresco ou carne como isca; não creia, de modo nenhum, que as enguias se contentam com peixes velhos. Coloque carne fresca, ou intestinos de frango, num pequeno saco de juta, fechado e carregado com alguns pedregulhos – e você apanhará enguias.

Você também poderá fazer um espinhel. Com minhocas, faça uma bola do tamanho do seu punho e depois enfie entre as minhocas fios de lã em todos os sentidos. Deixe o conjunto mergulhar em água pouco profunda, preso à extremidade de um cordel, amarrado a um pau. Um pouco depois, puxe seu espinhel, e provavelmente encontrará uma enguia com os dentes cravados no fio de lã. Coloque o espinhel no fundo do barco, ou na margem, e abane-o. Apanhei assim dezenas de quilos de enguias, numa tarde.

Não falei na pesca clássica, com linhas e varas, visto que ela é praticada mais como esporte do que para a obtenção de alimentos, ainda que não negue que alguns bons pescadores conseguem tirar da água quantidades de peixe nada desprezíveis. Mas deveriam ser criados os peixes de água doce do mesmo modo que se faz com a terra ou com o gado. Considerar o peixe como simples elemento de um esporte é um luxo a que um mundo esfomeado não se pode permitir. Os peixes deveriam ser criados, tratados e considerados uma excelente fonte de alimentação. E, se além disso sentirmos prazer em pescá-los, tanto melhor.

PEIXES DE ÁGUA SALGADA

Pescar peixes pelágicos

Quem quiser pescar peixes de água salgada terá de saber que eles se dividem em duas categorias: os pelágicos e os bentos. Os segundos estão confinados ao fundo do mar; os primeiros estão por toda a parte, exceto no fundo. Ora, os modos de apanhá-los são, evidentemente, muito diferentes.

Anzóis e penas

Pode acontecer de você apanhar, numa tarde, dezenas de quilos de peixes pelágicos com anzóis. É o caso das cavalas, ainda que o modo clássico consista, de preferência, em utilizar um engodo, isto é, prende-se a um anzol um pedaço de 5 cm de pele, tirada de perto da cauda de uma cavala que já se tenha pescado. O método consistia em jogar a linha, de dentro de um barco a uma velocidade de 2 nós. Depois, alguém inventou as penas: arranje uma dúzia de anzóis e amarre-os a pequenas linhas ligadas à linha principal, à qual você deverá prender um peso. Cada anzol estará munido de uma pena branca ou de cor (um pequeno pedaço de plástico ou de metal brilhante também serve). Sentado num pequeno barco imóvel, você fará mergulhar sua linha à profundidade apropriada, e mexendo as penas, imprimindo à linha um movimento de cima para baixo.

Não perca tempo tentando apanhar cavalas quando elas não existem. Mas aguarde que os outros pescadores localizem um cardume ao largo e parta então seriamente, pois armazenada e salgada a pescaria de um dia poderá dar-lhe peixe suficien-

Produtos de caça e pesca

te para um ano. No resto do tempo faça outra coisa; o tempo é um fator primordial para quem vive em autossuficiência, e você não poderá dar-se ao luxo de o utilizar mal.

Rede

Não se podem pescar arenques com anzóis. Ao contrário da cavala, o arenque não caça nem pesca, mas alimenta-se de plâncton; sua boca é, pois, muito pequena para deixar passar um anzol. O arenque é pescado, geralmente, com uma rede fina que cai verticalmente na água e é sustentada por um cabo e boias de plástico ou cortiça. E você poderá fazer sua rede descer à altura que quiser, alongando ou encurtando esse cabo. À noite terá melhor pescaria; o ideal é uma bela noite de luar. Lance a rede de um barco, prenda-a e deixe-a à deriva durante 1 ou 2 horas. Faça subir uma ponta da rede, de vez em quando, para ver se o animal morde; se um cardume de peixes cair nela, retire-a, mas não tente tirar os peixes da rede no barco; ponha-a no fundo e regresse ao porto. Descarregue a rede e sacuda-a por cima de um toldo.

Pescar peixes bentos

Arrasto

Os peixes que vivem à maior profundidade pescam-se especificamente com rede de arrasto. Existem, sobretudo, duas espécies de arrasto: o arrasto de vara e o arrasto de discos. O primeiro é uma rede em forma de saco, cuja entrada é mantida aberta por uma vara. O segundo, compreende dois discos de madeira de cada lado da abertura; em consequência do movimento e da pressão, eles tendem a afastar-se um do outro, o que mantém a rede aberta. Muitos não estarão de acordo, mas creio que para quem tem apenas um pequeno barco o arrasto de vara é preferível, porque para rebocar um arrasto de discos é preciso muita força, tanto mais que se tem de atingir uma certa velocidade para que os discos cumpram sua função. Em contrapartida, um pequeno arrasto pode ser puxado por um barco a vela, sobretudo se estiver a favor da maré. E, frequentemente, a maré será suficiente para puxar sua rede. Puxe-a sempre no sentido da maré, porque os peixes se mantêm em sua frente.

Chincha

É uma rede em forma de barreira. Você prende uma das extremidades à praia e a outra ao barco que conduz a rede para o largo e, depois, faz um semicírculo para regressar à praia. Então, você reboca as duas extremidades da rede ao mesmo tempo, e tudo o que ficou dentro vem para a praia.

Chincha de náilon

Você também pode apanhar salmões com uma chincha de náilon no momento em que estes descem os rios em direção ao mar. É necessária uma rede de um só fio com quatro filas de malhas de 13 cm cada, para peixes de tamanho médio, e de 14 cm

Anzóis, linhas e redes de lagostas
1 *Rede de lagostas com "salão".* **2** *Espinhel ou novelo de vermes para enguia.* **3** *Penas, linha lastrada com cordadas.* **4** *Pena (detalhe).* **5** *Gancho para retirar os anzóis.* **6** *Pedaço de pele muito fina.* **7** *Anzol com minhoca de pescador.* **8** *Anzol triplo para lúcios.* **9** *Anzol para bacalhau.* **10** *Anzol para rede camaroeira.*

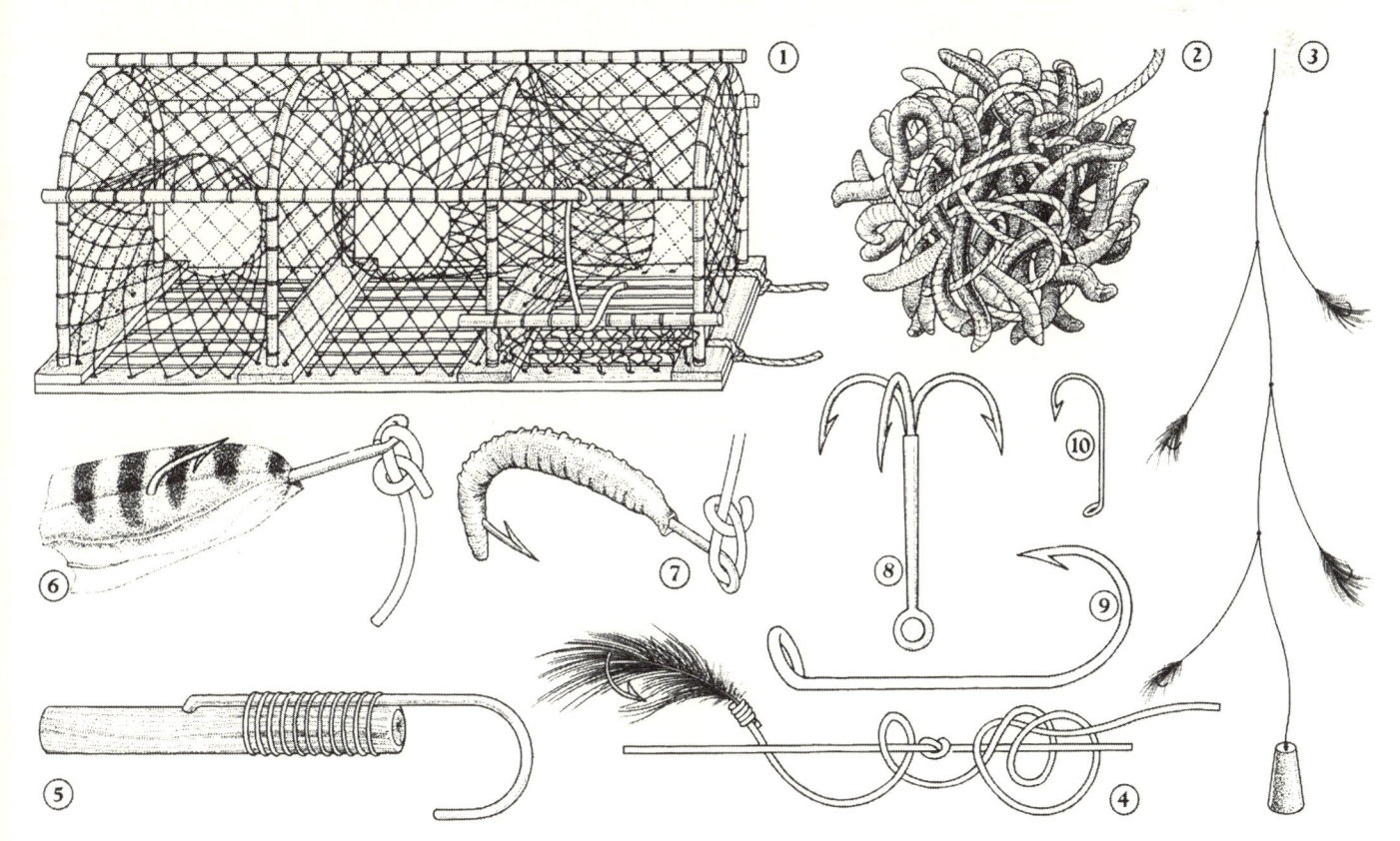

Peixes e crustáceos

para os grandes. Essas redes são de tal modo invisíveis, que você poderá utilizá-las em pleno dia, mesmo para os salmões. O único problema (além de um guarda de pesca curioso!) serão as focas que perseguem os salmões na rede e poderão despedaçá-la completamente.

Linha de pesca comprida

Você poderá lançá-la a partir de um barco. A linha terá o número de anzóis que você quiser, ficando cada um na extremidade de uma cordada (linha com iscas). Enrole cuidadosamente sua linha, num cesto ou num balde, e coloque pouco a pouco um anzol ao lado do outro na borda do balde; as cordadas são suficientemente compridas para isso. Coloque cada isca no anzol. Depois vá contra a maré para o local que escolheu, lance a âncora e jogue sua linha; os anzóis seguirão uns atrás dos outros. Muna-se, no entanto, de um pequeno pedaço de pau para o caso de eles precisarem de ajuda. E se, apesar de tudo, se embaraçarem, sobretudo não tente desembaraçá-los. Você se verá com um anzol espetado na mão – isso é tão certo como meu nome é John Seymour. Mas nada disso lhe acontecerá se fizer tudo direito. Quando a linha toda estiver na água, lance a âncora, e também uma boia, e volte para casa. Retorne no dia seguinte e faça subir a linha.

A dimensão dos anzóis depende unicamente do tipo de peixes que você espera apanhar. Essas linhas são muito boas para o congro. Participei de uma pescaria em que apanhamos, numa noite, perto de 500 kg de congro. Mas perdoe a pouca quantidade: tínhamos 1.200 anzóis. Para peixes tão grandes, e sobretudo para os congros, vale a pena ter um molinete em cada cordada; assim, o anzol acompanha o peixe quando este gira em torno da linha.

É muito fácil retirar o anzol da boca de um peixe grande, se você souber fazê-lo. É necessário um anzol sem farpa, ou gancho, bem fixo num cabo de madeira. Coloque o gancho onde o anzol está preso e sacuda-o. Terá de dispor de uma "matatouro", que é como se denomina o maço tradicionalmente fabricado em madeira de buxo. Chamamos-lhe assim porque ela lhe permitirá dar uma morte mais "humana" aos peixes, evitando-lhes o habitual sufocamento.

Varas de mão

Só em circunstâncias muito especiais é que as varas de mão são úteis para a pesca de peixes do fundo. Essas fileiras de pessoas esperançosas, alinhadas ao longo dos quebra-mares, acabam levando mais tempo para iscar e levantar a linha do que para trazer peixe para casa. Por isso, nunca lance sua linha, a não ser quando estiver seguro de que há qualquer coisa por baixo. Mas, sobretudo, informe-se e observe o que fazem os indígenas, antes de perder seu tempo.

PRAIAS

Não é necessário ter um barco para se beneficiar das riquezas do mar. Um simples passeio ao longo da praia lhe dará oportunidade de se abastecer de criaturas marinhas muito variadas. É claro que aquele que leva algum equipamento se sai melhor do que aquele que vai dar uma volta com as mãos nos bolsos. Mas, com alguns conhecimentos e um pouco de habilidade, ambos regressarão com o suficiente para fazer uma entrada para a refeição seguinte, ou até mesmo uma refeição completa.

Um homem sem barco pode apanhar peixes a partir da praia, com uma linha comprida. Na maré baixa, desça até o fim da praia e coloque uma linha ao longo da areia perto do mar. Quando a maré subir, os peixes a acompanharão, pois, na verdade, esperarão encontrar alguns desses pequenos animais que se enterram na areia quando a água desaparece mas tornam a sair na maré alta. Você apanhará peixes, talvez não muitos, mas apanhará alguns; terá muita sorte se pegar um em cada 20 anzóis. De qualquer modo, um peixe é uma refeição e é sempre preferível a não ter peixe algum. Se você quiser ser mais eficaz, coloque uma porção de anzóis – uma centena não é demais.

A linha deve ter um peso grande em cada extremidade e ter uma boia com uma bandeirola, para que seja fácil localizá-la. Lembre-se de que a maré nem todos os dias é igual. Então, talvez lhe aconteça que, colocando a linha na extremidade da praia à noite, na manhã seguinte você verifique que a água não subiu suficientemente para cobri-la. Se sua linha estiver munida de uma boia de cor, será fácil encontrá-la.

Quanto às iscas, você encontrará praticamente em todas as praias com areia as "minhocas de mar". Desenterre-as com uma pá durante a maré baixa. Mas, atenção! Há um truque, e sem ele você não encontrará muitas minhocas. A minhoca faz pequenos montes de areia com a forma do seu corpo. Portanto, não escave por baixo, mas procure um pequeno buraco que você deverá encontrar a uns 30 cm desse ponto. Esse é o refúgio das minhocas, e é aí que você deverá escavar, mas depressa se quiser encontrá-las. Também poderá utilizar como isca as lapas, os mexilhões, fatias de arenque ou de cavala. Patelídeos, ou lapas, devem ser bruscamente desprendidas da sua rocha com um pequeno martelo, pois, quando perceberem suas intenções mortíferas, elas se agarrarão como... ora, como lapas, e então você terá de despedaçá-las para apanhá-las.

CRUSTÁCEOS

Mexilhões

Apanhe-os nas rochas, o mais embaixo possível, na baixa-mar e até mesmo, quando a água não for muito profunda, mais baixo ainda que a maré baixa. Eles devem estar vivos; se estiverem firmemente agarrados, é sinal de que estão bem vivos. Não apanhe mexilhões nas águas em que existe risco de poluição pelos esgotos, pois eles desempenham o papel de filtros naturais, ou seja, filtram as bactérias e guardam-nas em suas conchas. Em geral diz-se que eles devem ser cozidos só até se abrirem; ora, na minha opinião, isso é extremamente perigoso. Todos os mexilhões deveriam ser fervidos ou cozidos a vapor durante pelo menos 20 minutos, para eliminar os riscos de envenenamento alimentar.

Amêijoas

Retire-as da areia com um ancinho de ferro. Logo você passará a conhecer os bons locais, observando a areia, que apresenta, de algum modo, um aspecto diferente. É frequentemente mais cinzenta que na área em redor. Coloque-as num camaroeiro e retire-lhes a areia, lavando-as em água rasa. É muito mais fácil

Produtos de caça e pesca

apanhar amêijoas quando há um pouco de água por cima da areia. Cozinhe a vapor ou na água, durante 20 minutos.

Navalhas

Estas se denunciam pelos pequenos jatos de água que brotam dos buracos onde vivem. Isso acontece quando se anda muito junto delas. Vivem muito perto da água, precisamente num local onde a areia só está descoberta durante as marés vivas. Se você andar de costas na praia, verá perfeitamente pequenos jatos de água depois de sua passagem. Para apanhá-las, utilize uma vareta de metal com pequenas pontas numa extremidade. Enterre-a lentamente no buraco, e a navalha aderirá a ela. Você também poderá enterrar uma mão cheia de sal no buraco, e a navalha aparecerá.

Lapas

Também são comestíveis e, se você estiver realmente esfomeado, poderá comê-las cruas (se estiver seguro de que não estão poluídas); mas elas são bem melhores cozidas e darão sopas esplêndidas.

Ostras

Você também só deverá comer ostras cruas quando estiver seguro de que não estão poluídas. Elas também são deliciosas cozidas, e os riscos de intoxicação são muito menores. Para abrir uma ostra, segure-a com um pano, em sua mão esquerda, e enfie uma faca de lâmina pequena junto da articulação. Poderá evitar esse trabalho pondo suas ostras no forno durante 4 minutos, a 200 °C, mas, se quiser comê-las cruas, aquecê-las seria uma aberração.

Palurdas

Nos Estados Unidos é tradição cozê-las diretamente na praia. Faça um buraco na areia, coloque pedras grandes no fundo e, durante 3 ou 4 horas, mantenha por cima delas um fogo intenso. Ponha algas sobre as pedras, depois as palurdas, juntamente com espigas de milho ou qualquer outra coisa de que goste, e cubra com uma nova camada de algas, depois de ter jogado um pouco de água salgada; cubra, por fim, com uma lona e espere até que as palurdas comecem a se abrir.

Burriés

Encontrados nas poças, entre as rochas, na maré baixa. Deixe-os ferver na água durante um quarto de hora. Tire-os da concha

Plantas e animais do litoral
1 *Navalhas.* **2** *Búzio comum.* **3** *Lapa comum.* **4** *Amêijoa comum (comestível).* **5** *Ostra comum.* **6** *Mexilhão comum.* **7** *Burriê comum.* **8** *Caranguejo comestível.* **9** *Lagosta.* **10** *Camarão cinzento.* **11** *Bodelha.* **12** *Alface-do-mar.* **13** *Alga comestível.*

com um alfinete, borrife-os com vinagre e coma-os com pão e manteiga. São de digestão muito pesada.

Búzios

São crustáceos do alto mar e apanham-se como as lagostas, com uma rede lagosteira. O arenque salgado ou a cavala são uma boa isca. Coza-os na água ou no vapor, durante meia hora. Mas eles terão sempre um gostinho de couro molhado.

Lagostas e caranguejos

Apanham-se geralmente com redes de lagostas, que têm grades com uma abertura que os bichinhos podem transpor, mas sem nunca poderem voltar a sair. Essa rede pode ser de vime, de arame ou metálica. Existem também "cestos-salões", modelos mais sofisticados e mais compridos que os outros; possuem uma sala de entrada em cada extremidade e um salão no meio. É útil quando, por causa do mau tempo, você tem de deixar suas redes submersas durante muito tempo. Com efeito, as lagostas que ficam presas à entrada procuram sair, mas vão dar no "salão", onde não lhes resta senão esperar. E, durante esse tempo, elas não comem as iscas, que irão atrair outras lagostas.

Algas marinhas

Muitas algas são comestíveis, mas duas, sobretudo, são excelentes: a bodelha (*porphyra umbilicalis*) e a salicórnia (*salicornia europaea*).

A bodelha tem a folhagem fina e translúcida e cresce nas rochas. Para prepará-la, mergulhe-a primeiro durante algumas horas em água fresca; depois deixe-a secar em forno brando, antes de as reduzir a migalhas num pilão. Ponha-a, então, para cozer durante algumas horas, mudando frequentemente a água do cozimento. Escorra-a e deixe-a secar, e obterá pão de bodelha, um alimento que os mineiros da Escócia consideravam benéfico para os pulmões. Coma seu pão no café da manhã com presunto. Você também poderá simplesmente lavar a bodelha e cozê-la algumas horas em banho-maria. Com suco de limão ou de laranja e um pouco de manteiga ou azeite, constituirá um excelente molho para acompanhar o carneiro.

A outra alga verdadeiramente boa, a salicórnia, não é, de fato, uma alga marinha. Assemelha-se a um pequeno cacto e cresce precisamente abaixo do limite da enchente da maré. Pode-se comê-la crua no próprio local (com a condição de a praia não estar poluída), mas também se pode fervê-la e servi-la, como os aspargos, com manteiga, deixando as fibras externas, que são bastante duras. Também se pode pôr a salicórnia em vinagre.

A alga-verde ou alface-do-mar (*ulva lactuca*) e a alga comestível (*rhodymenia palmata*) podem ser tratadas do mesmo modo que a bodelha.

A couve-marinha também é comestível, mas é realmente um legume vivaz. Provém das costas arenosas do mar do Norte, do Atlântico e do Mediterrâneo; mas você poderá muito bem cultivá-la no seu jardim, do mesmo modo que o ruibarbo. Os brotos das folhas são esbranquiçados e consumidos como os aspargos. Você poderá cultivá-los em todos os climas frios ou temperados que se assemelhem um pouco ao do seu litoral nativo.

DEFUMAR E CONSERVAR O PEIXE

Enguia defumada

Esvazie as enguias para defumá-las, mas não retire a pele. Lave-as bem e ponha-as em sal durante 12 horas, depois pendure-as num pequeno pau e mergulhe-as por alguns segundos em água fervente. O peixe abre-se nesse momento. Defume-o ao fogo, a 60 °C, durante 2 a 4 horas, conforme a grossura. Coma as enguias assim, sem chegar a cozê-las. É, sem dúvida, o prato mais delicioso neste "vale de lágrimas".

Salmão defumado

Para defumar o salmão, prepare os lombos e retire as espinhas. Não é fácil, mas você poderá esticar um pouco a carne para que as espinhas apareçam e possam ser tiradas com uma pequena pinça. Passe um fio através das espáduas e faça uma incisão bem profunda na cabeça, para que o sal possa penetrar. Coloque o peixe sobre uma camada fina de sal; ponha uma camada de sal de 1,5 cm de espessura sobre a parte mais grossa e espalhe-o, diminuindo até à cauda. Para 700 a 900 g de lombo deixe o peixe ficar no sal durante 12 horas. Para 1,4 kg a 1,8 kg são necessárias 18 horas, e para mais de 1,8 kg, 24 horas. Se depois do tempo normal de salga a carne ainda estiver mole, salgue durante um pouco mais de tempo. Depois, retire o sal debaixo de água e defume durante 24 horas, a 21 °C, com muita fumaça, ou então durante 12 horas, a 27 °C, com fumaça leve. É bom untá-lo com azeite enquanto defuma.

Enguias e salmões defumados não se conservam indefinidamente. É imperdoável congelá-los, ainda que se possa admitir que se congele peixe fresco durante um determinado tempo, para em seguida descongelar e defumar. E não tenha medo das experiências, porque muitos outros peixes se tornam bem melhores quando defumados.

Arenques defumados

Não corte a cabeça nem esvazie o peixe, mas deixe-o durante uma noite coberto com sal, antes de defumá-lo durante 4 horas a 80 °C. Deixo os meus, geralmente, numa grande chaminé aberta por cima do fogo; e, se chego em casa esfomeado, pego um ou dois e coloco-os durante alguns minutos sobre a cinza quente, antes de comê-los.

Salgar peixes pelágicos

Para salgar arenques, cavalas ou sardinhas, esvazie-as e enfie-as em barricas ou bilhas cheias de sal. Antes de comê-las, retire o sal mergulhando-as na água; coma-as com pedaços de batata cozida, como em certas aldeias de pescadores do norte da Europa. Mas, quanto mais tempo ficarem no sal, mais tempo terão de ficar na água; às vezes, um banho de 48 horas não é demais.

Arenques com vinagre

Retire o sal de um arenque (ou de uma cavala, ou de qualquer outro peixe) pondo-o de molho durante 24 horas, e ponha-o durante pelo menos 3 semanas em vinagre com cebolas, grãos

Produtos de caça e pesca

Para fazer os *rollmops*
Os *rollmops* feitos em casa são deliciosos e econômicos.

Tire seus arenques da salgadeira, corte-lhes a cabeça, esvazie-os e depois ponha-os de molho em água durante 24 horas.

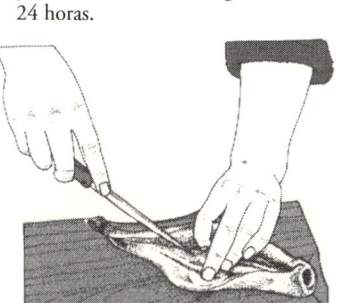

Abra cuidadosamente o peixe, em todo o comprimento da barriga.

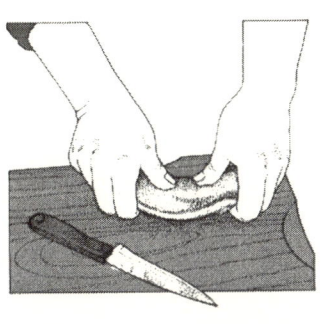

Coloque-o sobre a barriga e pressione com força ao longo da espinha dorsal, para descolar as outras espinhas da carne.

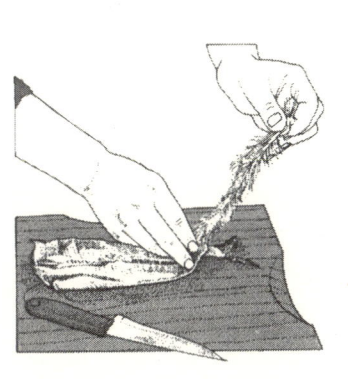

Retire a espinha dorsal, assim como as outras espinhas. Necessitará, com certeza, de uma faca para separar a espinha dorsal do rabo.

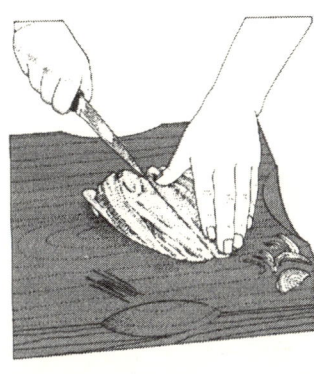

Corte o peixe em dois, no sentido longitudinal.

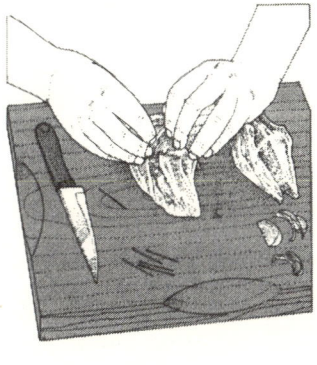

Ponha uma ou duas cebolas no meio de uma das metades; enrole-a muito apertada, começando pela extremidade mais larga.

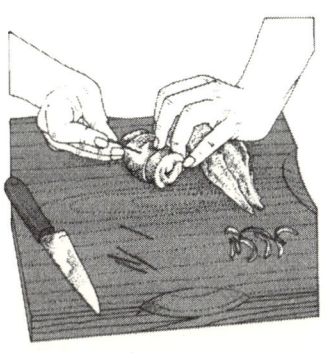

Espete um pedacinho de madeira ou um palito de um lado ao outro, para manter as cebolas no lugar.

Depois, empilhe os *rollmops* num frasco de boca larga, cheio de vinagre temperado com especiarias. Faça sair as bolhas de ar com uma espátula de madeira e feche.

de pimenta, um ou dois pimentões vermelhos e todos os outros condimentos que quiser. É preferível tirar primeiro a pele do peixe. Corte-lhe a cabeça e deite-o sobre a barriga, pressionando com força a espinha dorsal. Ele soltará todas as espinhas, e você poderá, então, tirá-las praticamente ao mesmo tempo que a espinha dorsal. Então, poderá ser feito um *rollmops* (ver ilustração).

Salgar peixes bentos

Também é possível salgar o bacalhau e outros peixes de carne branca. Abra os peixes e retire a espinha dorsal – exceto o rabo, que lhe servirá de apoio; depois empilhe-os, pondo sal entre as camadas. Ponha para salgar durante 15 dias, se forem grandes, ou 1 semana, se forem pequenos, deixando escorrer bem o sumo. Depois, deixe-o secar em peneiras, ao sol e ao vento, mas nunca deixe que tomem chuva.

Conservar peixes pequenos

Para conservar anchovas e outros peixes pequenos, comece por pô-los durante 15 minutos numa salmoura, a 80%. Enfie, então, um espeto através das guelras e suspenda-os ainda molhados sobre a fumaça durante meia hora, a 32 °C, e depois novamente uma hora e meia a 85 °C. Você poderá comê-los assim, ou então colocá-los em frascos de boca larga esterilizados, cobrindo-os com azeite ou óleo vegetal. Esterilize, aquecendo durante meia hora, e depois feche hermeticamente. Eles se conservarão durante bastante tempo.

O processo holandês de fazer arenques salgados consiste em deixá-los mergulhados em água durante uma noite e, em seguida, cortá-los em fatias finas. Coloque-os, então, em vinagre e depois na chaminé com uma fumaça muito densa e muito quente, antes de cobri-los com azeite. Nas regiões frias, eles se conservarão durante vários meses.

Cavalas em conserva

Todos os anos, na época em que há cavalas, faço como os pescadores do norte da Europa, aproveitando para renovar minhas reservas de cavalas, em frascos. Corte o peixe em fatias de 5 cm de comprimento e ponha-as em vinagre com cebolas, especiarias e outros temperos. Um ou dois pimentões vermelhos e folhas de louro darão um bom paladar. Ponha tudo numa vasilha de barro, que deverá ficar toda a noite em forno brando. No dia seguinte de manhã, cubra a vasilha com papel impermeável ou qualquer outro material semelhante e arrume-a num armário bem fresco. Esses peixes em frascos são uma excelente reserva para quando se volta tarde da noite para casa.

Produtos de caça e pesca

Plantas, nozes e bagas

É perfeitamente possível encontrar inúmeras plantas comestíveis nos bosques, nos campos ou nas matas, mas aconselho-o a informar-se primeiramente sobre aquilo que as pessoas do lugar comem e a manter-se fiel aos seus hábitos. Podemos comer um grande número de "ervas", quase todas as sementes e muitos frutos selvagens, bagas, nozes e cogumelos.

Quanto aos cogumelos, é preciso saber distinguir os que não são venenosos, e aqui também será útil ouvir os conselhos das pessoas do lugar ou de um amigo que entenda do assunto. Além dos cogumelos dos campos, há alguns que são facilmente identificáveis e, ao mesmo tempo, deliciosos, como por exemplo a lepiota alta, a bexiga-de-logo, a sombrinha, o agárico, o boleto (várias espécies, por exemplo o doce, o dos pinheiros etc.), o fungão, o cantarelo, o craterelocornucópia etc.

A maioria das ervas são comestíveis, mas só algumas são excelentes; é o caso das urtigas, do meimendro negro e dos espinafres selvagens. Trate os três como os espinafres: apanhe-os na primavera e deixe-os ferver. E, como substitutos para os legumes, você encontrará também a bolsa-de-pastor, a aquileia e, sobretudo, a mil-folhas, o sabugueiro e a pulmonária. A malva picada dá sopas muito boas; o morrião-dos-pássaros pode ser cozido e utilizado como os espinafres ou em salada. Quanto à aliária, é um equivalente mais suave do alho. Devem existir muitas outras ervas no local onde você mora; não devemos esquecer os dentes-de-leão, por exemplo, que dão saladas muito boas. Mas não abuse delas.

Dentre os frutos com casca, as nozes certamente merecem a coroa. Depois de tê-las apanhado, deixe-as secar por algumas semanas até que a casca saia facilmente e, depois, deixe-as secar bem. Você também poderá apanhar avelãs ainda verdes e comê-las imediatamente, pois elas não se conservam muito. Caso contrário, apanhe-as bem maduras e enfie-as, com a casca, no sal. As castanhas também são muito boas. Apanhe-as no outono, retire-lhes a superfície espinhosa e ponha-as num lugar seco. A maneira mais refinada de comê-las consiste em assá-las na brasa, mas, para que não rebentem, faça-lhes primeiro um talho com uma faca. Cruas são muito amargas, mas são excelentes em purê; é uma delícia peru com recheio de castanhas. Os frutos da faia-do-norte têm um gosto muito bom, mas são muito trabalhosos para comer; é preferível esmagá-los, pôr tudo num pano e espremê-los, porque produzem um óleo muito fino.

Entre os numerosos frutos selvagens, as bagas do sabugueiro são os que oferecem, certamente, o maior número de possibilidades. Você poderá utilizá-las de mil maneiras, na cozinha: cozidas com outros frutos, ressaltam o gosto deles; cozidas com vinagre temperado com especiarias, tornam-se um excelente condimento ou um molho que se conservará por muito tempo se for guardado em garrafas hermeticamente fechadas, enquanto ainda está quente. Assim como as flores (pp. 192-5), as bagas servem para fazer vinho, enquanto as flores das bagas darão um bom aroma às suas compotas de groselha. E não esqueça as bagas do mirtilo, pois com elas você fará bolos deliciosos. Também poderá fazer compota com airandos, caso os encontre, mas seu sabor conserva-se melhor em molho, servido, por exemplo, com caça. Amoras e sorvas dão uma belíssima compota, e não esqueça as sementes de juníporo, que darão um gostinho ácido muito agradável a inúmeros pratos.

As maçãs azedas disputam com os abrunhos-bravos o título de fruto selvagem mais ácido. Isso provém, em grande parte, do tanino que contêm, e poderão ser acrescentadas aos vinhos pobres em tanino. E o hidromel fermentará melhor se você lhe acrescentar um pouco de sumo de maçã azeda. Mas a melhor coisa a fazer com as maçãs azedas será sempre compota ou geleia.

Frutos
1 *Bagas de sabugueiro*
2 *Bagas de juníporo*
3 *Abrunho-bravo*
4 *Sorva*
5 *Amora*
6 *Maçã azeda*
7 *Mirtilo*

Nozes
8 *Castanha*
9 *Fruto da faia-da-norte*
10 *Sâmara de freixo*
11 *Noz*
12 *Avelã*

Cogumelos
13 *Cogumelo dos campos ou botelo dos pinheiros*
14 *Cantarelo*
15 *Lepiota alta*

Ervas
16 *Bolsa-de-pastor*
17 *Urtiga*
18 *Dente-de-leão*

Energias naturais

"Cuidado, senhor, aquilo não são gigantes,
mas sim moinhos de vento."

CERVANTES

Energias naturais

Economizar energia

AS ALTERNATIVAS

Ao longo deste livro tentei defender uma abordagem global da terra: o encorajamento de uma interação orgânica benéfica dos solos, das culturas e dos animais. A energia deve ser considerada segundo essa mesma concepção. Deveríamos encarar nossas terras como tendo determinado potencial energético que é possível utilizar para nossas necessidades, e nossa finalidade deve ser alcançar uma certa autossuficiência em matéria de energia, tal como tentamos fazer com relação à alimentação. É um erro queimar carvão para aquecer água, num belo dia de sol; ou queimar óleo para aquecer uma casa, quando nas redondezas há um rio de correnteza intensa; ou usar eletricidade para fazer funcionar um moinho ou um tear, quando perto da casa há possibilidade de utilizar a energia eólica ou hidráulica.

A energia hidráulica encontra-se mais nas regiões chuvosas, entre vales, e a energia eólica nas regiões planas. Mas nunca utilize o vento nos locais onde há água, pela razão muito simples de que o vento é inconstante, enquanto a água é relativamente garantida e constante. Onde bate o sol quente, é ridículo não utilizá-los. É obviamente improdutivo gastar dinheiro para aquecer a água por meio do aquecedor elétrico, quando as telhas onduladas da cobertura de sua casa estão tão quentes, que você nem consegue encostar a mão nelas.

Uma das características das fontes naturais de energia é que elas se adaptam muito melhor ao uso em pequena escala do que à exploração em grande escala. Você extrairá, por exemplo, muito mais energia de determinado rio se espalhar uma centena de pequenas barragens e rodas-d'água do que construindo uma única barragem, muito grande, que faria girar várias turbinas enormes. Também se pode captar a energia eólica, mas unicamente com inúmeros moinhos de vento pequenos, e não com um moinho gigante, comparável a uma central elétrica. Numa cidade, cada casa poderia ter um telhado solar e dele extrair uma boa parte da energia necessária; mas um coletor de energia solar suficientemente grande para abastecer uma cidade inteira será sempre um produto da nossa imaginação. Fazendas dispersas podem produzir, elas próprias e facilmente,

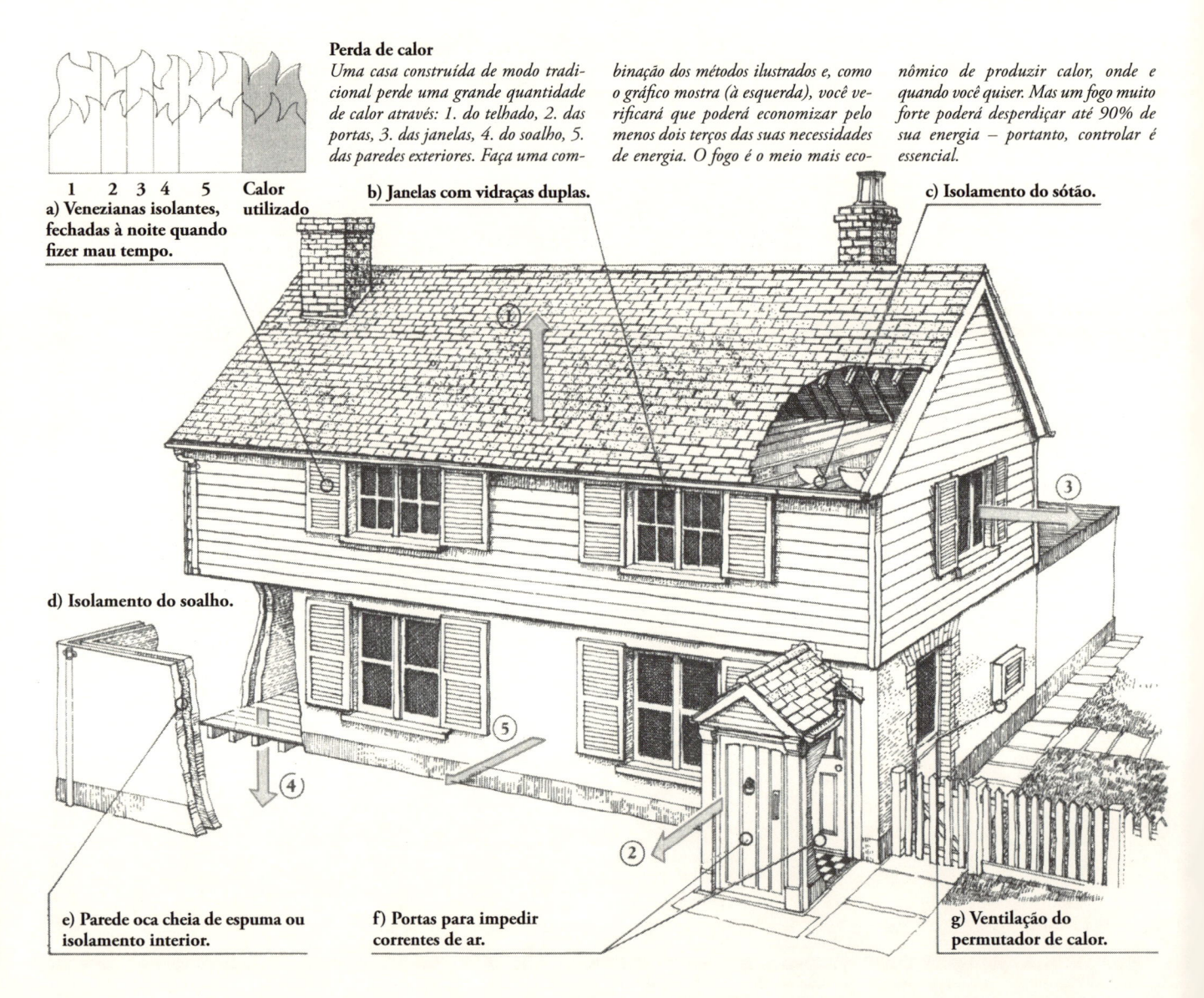

Perda de calor
Uma casa construída de modo tradicional perde uma grande quantidade de calor através: 1. do telhado, 2. das portas, 3. das janelas, 4. do soalho, 5. das paredes exteriores. Faça uma combinação dos métodos ilustrados e, como o gráfico mostra (à esquerda), você verificará que poderá economizar pelo menos dois terços das suas necessidades de energia. O fogo é o meio mais econômico de produzir calor, onde e quando você quiser. Mas um fogo muito forte poderá desperdiçar até 90% de sua energia — portanto, controlar é essencial.

1 2 3 4 5 Calor utilizado

a) Venezianas isolantes, fechadas à noite quando fizer mau tempo.
b) Janelas com vidraças duplas.
c) Isolamento do sótão.
d) Isolamento do soalho.
e) Parede oca cheia de espuma ou isolamento interior.
f) Portas para impedir correntes de ar.
g) Ventilação do permutador de calor.

Energias naturais

seu gás metano; mas seria ridículo e pouco produtivo encarar a hipótese de transformar os excrementos provenientes de centenas de fazendas para uma estação central, que deles extrairia o gás e o redistribuiria. Concluindo, especialmente para quem vive em autossuficiência, essas "fontes alternativas de energia" são uma imposição.

É quase sempre preferível combinar várias fontes de energia a restringir-se a uma única. Você poderá, talvez, ter um grande forno a lenha (ver p. 248) para cozinhar e para aquecer a água para a leiteria, para a cozinha, para o matadouro, para o banheiro e para a lavanderia. Se antes de essa água passar pelo forno ela for aquecida com a ajuda de placas solares instaladas no telhado, consumirá menos lenha. E seria ótimo se você possuísse uma instalação que produzisse o metano a partir dos excrementos humanos e animais, para fazer ferver a água quente que sai do seu forno, e que você irá utilizar para esterilizar os utensílios da sua leiteria. Você também poderá servir-se de uma bomba de ar para fazer chegar até a casa a água pura e clara do poço, em vez de se contentar com aquela que, ligeiramente poluída, desce pela montanha. E o que você acha da ideia de obter iluminação utilizando o rio que corre por perto para fazer girar uma turbina? Tudo isto é possível, além de relativamente barato e rentável, pois você economizará o dinheiro da energia que teria de comprar.

ECONOMIZAR ENERGIA

Antes de pôr para funcionar os complicados sistemas para a obtenção de calor a partir de fontes naturais, você terá primeiramente de estar seguro de que o calor permanecerá dentro de casa.

Para conservar o calor, não há nada melhor que paredes muito espessas, de barro amassado com palha, de pedra, de taipa ou de tijolo, com janelas pequenas e um telhado de colmo. As paredes finas atuais de tijolo oco, ou as placas de concreto, só isolam bem se contiverem no interior espuma plástica ou qualquer outro material isolante, o mesmo acontecendo quanto ao telhado. As grandes "janelas panorâmicas", que os arquitetos atuais adoram, são terríveis sorvedouros de calor. O camponês, que trabalha ao ar livre a maior parte do dia, como, de início, estávamos todos destinados a fazer, quer sentir-se verdadeiramente abrigado quando volta para casa; ele já desfruta demais o "panorama", e aliás faz parte dele, quando está fora.

As imensas chaminés, muito românticas e perfeitas quando se dispõe de quantidade suficiente de boa lenha seca, enviam para o céu a maior parte do calor que produzem; são injustificáveis no nosso mundo, que em breve terá de lutar com a falta de combustíveis. As casas muito espalhadas também desperdiçam calor. É preferível uma distribuição compacta. E uma construção arredondada perderá menos calor que uma construção quadrada, visto que possui uma área menor em relação ao seu volume. Finalmente, é sempre mais vantajoso ter uma fonte de calor principal mais no centro da casa do que encostada a uma parede exterior.

Em nossos dias, o isolamento obtém-se por meio de produtos sofisticados e bastante caros. Mas podemos procurar materiais mais naturais. E onde cresce o sobreiro deve-se cultivá-lo, pois ele produz, em grande quantidade, um excelente material isolante.

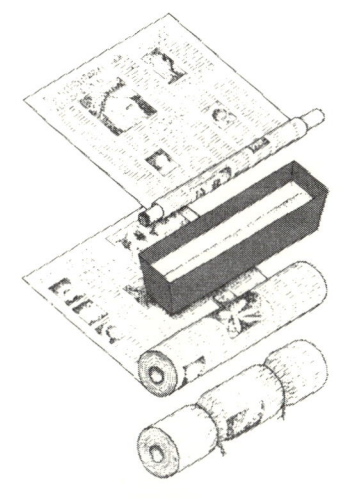

Aproveitamento de jornais velhos
Você poderá transformar os velhos jornais em tochas muito úteis, enrolando-os bem apertados a um pau e embebendo a extremidade desse rolo em gordura ou óleo. Lenha seca e outros resíduos constituem um combustível complementar gratuito. Um desses fogões antigos de ferro fundido pode facilmente produzir todo o calor necessário a uma casa e servir simultaneamente para cozinhar. E você também poderá utilizar o gás metano produzido por um aparelho para a fermentação dos excrementos: instale um queimador de cobre ou de aço inoxidável, diretamente na fornalha do seu forno.

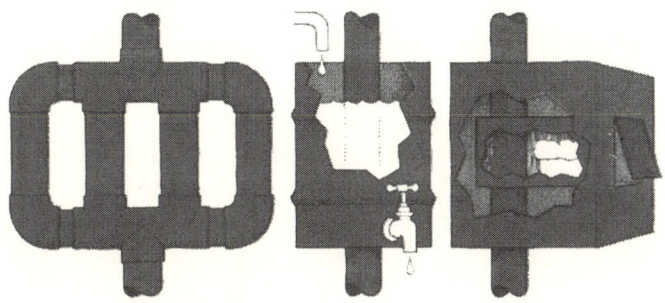

Como fazer um permutador de calor
Você mesmo pode fabricar um permutador de calor, instalando, por exemplo, um reservatório de água em volta da chaminé, tal como mostra a gravura. Além disso, poderá fazer uma "serpentina", o que aumentará a superfície exterior da sua chaminé e, consequentemente, o calor transmitido ao compartimento. Você poderá até construir um forno. No entanto, um conselho importante: todos os aparelhos que transportam fumaça devem ser inteiramente estanques, visto que a fumaça contém monóxido de carbono e pode, em certas circunstâncias, ser mortal. Sua instalação deve ser de aço bem grosso; o metal fino logo será afetado pela corrosão.

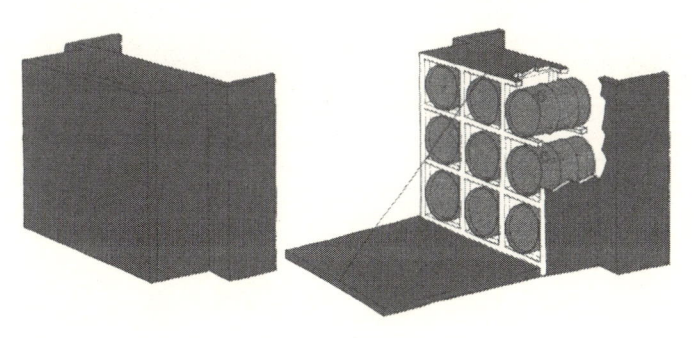

Conservar o calor
A maioria dos projetos apresentados nesta página podem ser realizados praticamente em qualquer casa. Mas, se você construir uma casa nova, encare seriamente a possibilidade de instalar grandes reservatórios destinados a conservar o calor. Armazenar e conservar o calor será particularmente interessante se você dispuser de um coletor solar ou de um moinho de vento como principal fonte de energia. A ilustração acima mostra um coletor solar combinado com um reservatório de água quente. A instalação compreende velhos tambores de gasolina ou de azeite, pintados de preto e colocados atrás de uma placa de vidro; os tambores estão cheios de água. Durante o dia, estende-se uma placa isolante para que reflita os raios solares no vidro; à noite, fecha-se novamente a placa. Você também poderá utilizar pedras para armazenar calor, fazendo circular, durante o dia, ar aquecido por um coletor solar; durante a noite, será o ar da casa que circulará entre as pedras quentes, impedindo assim que a temperatura baixe demais.

Energias naturais
Energia hidráulica

Parakrama Bahu, rei do Ceilão, hoje denominado Sri Lanka, decretou no século VII que nenhuma gota de água que caísse na sua ilha alcançasse o mar: a água deveria ser inteiramente utilizada na agricultura. Nos climas mais úmidos, onde a irrigação não é indispensável, os habitantes deveriam fazer a mesma coisa, modificando um pouco o objetivo e transformando-o no seguinte: "Não deixar nenhum rio, riacho ou ribeirão atingir o mar sem que sua energia potencial tenha sido explorada."

A energia hidráulica é inteiramente gratuita, não poluente e, além do mais, inesgotável. Ao contrário do vento, a água tem, em geral, um fluxo constante e permanente, ainda que, evidentemente, possa haver variações próprias da estação; mas mesmo estas tendem a ser constantes. Como o vento, a água é geralmente mais abundante durante os meses mais frios do ano, atingindo, assim, seu poder máximo quando mais necessitamos dela.

As antigas rodas de pás, que sempre deram bons resultados, também não devem ser desprezadas, pois em muitos casos revelam-se mais eficazes que os engenhos sofisticados. A roda impulsionada por baixo, por exemplo, se adapta muito bem aos rios lentos, mas de muita água. A roda andará lentamente, mas isso não constitui inconveniente, caso você a utilize para puxar, diretamente, máquinas de baixa velocidade de rotação, como por exemplo um moinho de cereais. Os "defensores da energia alternativa" cometem geralmente o erro de acreditar que toda a energia deve ser primeiro convertida em energia elétrica e depois reconvertida em energia de outro tipo. Mas as perdas de energia são enormes ao se proceder desse modo. Talvez valha a pena você instalar um engenho hidráulico, mais sofisticado que uma roda de pás, sobretudo se quiser produzir eletricidade. Com efeito, você precisará dispor de altas velocidades, e para isso existem aparelhos hidráulicos mais complexos e

Rodas de água (impulsionadas por cima)
Essa roda de água tem uma eficácia de 70%. A água chega à parte superior e enche os baldes. Essas rodas giram devagar, mas desenvolvem uma grande força, o que as torna mais adequadas a fazer rodar os moinhos ou outras máquinas pesadas, mas de baixa velocidade de rotação. Conforme o fluxo de água, essa roda produz de 5 a 20 cv (de 4 a 16 kW).

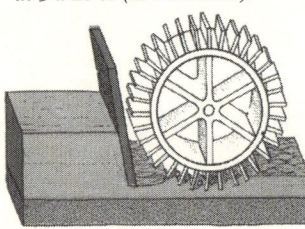

Rodas de pás planas (impulsionadas por baixo)
As rodas de pás planas são menos eficazes; são utilizadas quando a queda de água é insuficiente para fazer passar a água por cima da roda. Elas podem produzir de 2 a 5 cv (1,5 a 3 kW).

Rodas de pás curvas (impulsionadas por baixo)
A eficácia de uma roda de pás planas não ultrapassa os 30%, enquanto as pás curvas levam a um aumento de 60%. Essa roda é, pois, duas vezes mais potente que a roda de pás planas.

Energias naturais

Energia hidráulica
Para calcular a energia de um rio, avalie primeiro seu caudal, multiplicando depois esse valor pela densidade da água (1 g/cm³, que iremos converter em 1.000 kg/m³ para facilitar os cálculos), pela queda de água (altura em metros) e pelo rendimento da turbina que tenciona utilizar.

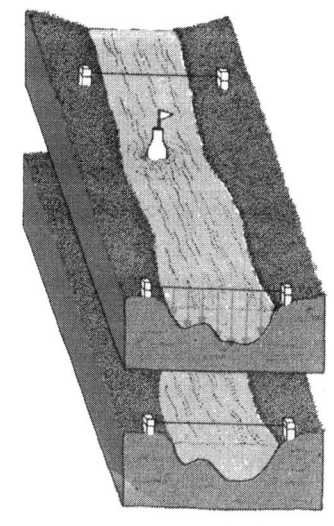

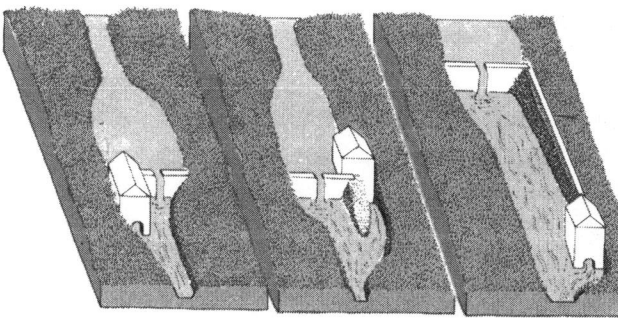

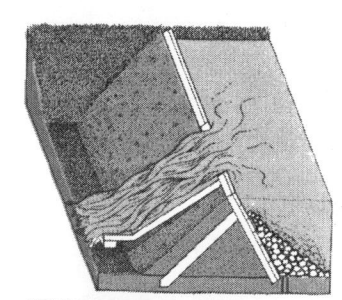

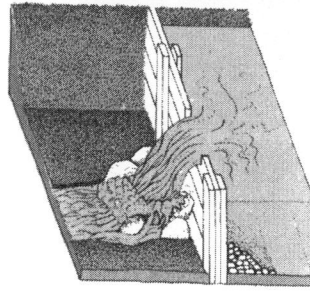

Localização e tipos de represas
Para iniciar e controlar uma queda de água é, na maioria das vezes, indispensável construir uma represa ou uma vala de escoamento (em cima) através da corrente principal, geralmente numa zona estreita ou onde haja corredeiras.
Uma represa pode ser constituída por uma barragem de pedras, embora uma barragem de madeira (embaixo, à direita) ou de madeira e de terra (à direita) sejam sempre eficazes.

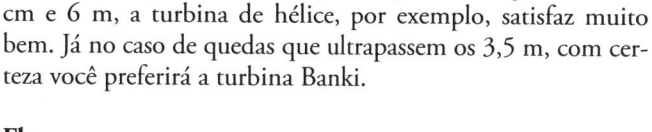

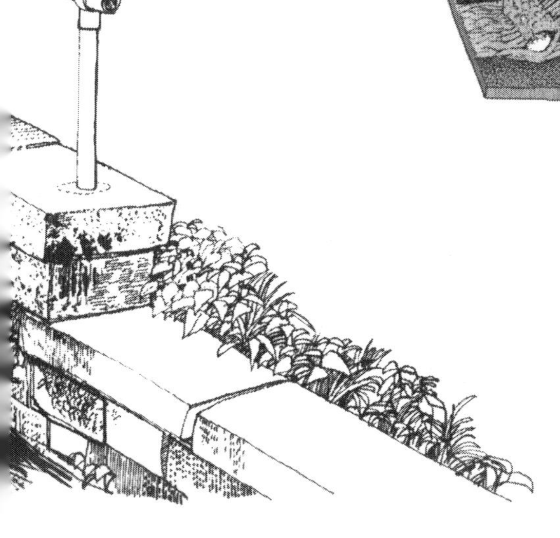

mais bem adaptados. Para pequenas quedas de água, entre 90 cm e 6 m, a turbina de hélice, por exemplo, satisfaz muito bem. Já no caso de quedas que ultrapassem os 3,5 m, com certeza você preferirá a turbina Banki.

Fluxo

A força hidráulica depende do fluxo e da queda de água. Para determinar a energia disponível, você terá de avaliar o fluxo de um rio, assim como seu declive. Isso pode ser feito escolhendo-se primeiro uma parte mais plana do rio, cujo perfil transversal seja suficientemente constante. A capacidade é avaliada fazendo-se sondagens em intervalos regulares e calculando-se a profundidade média: a superfície é igual à profundidade média multiplicada pela largura. Repita a operação várias vezes, para obter uma média de grandeza do perfil transversal. Você cronometrará, então, tendo como referência uma garrafa fechada, enquanto ela desce um extremo e outro do trecho escolhido. O fluxo corresponderá a 75% da velocidade da garrafa, multiplicada pela média do perfil transversal (ver legenda).

Energia hidrelétrica
Se você tiver a sorte de dispor de um rio, um dos maiores serviços que ele lhe poderá prestar é a produção de eletricidade gratuita e permanente. Não é indicado usar uma roda de pás para mover um gerador, porque ela gira tão lentamente, que você terá de instalar uma quantidade de engrenagens de desmultiplicação, ou de tambores e correias, para obter a velocidade necessária para o gerador. As pequenas turbinas giram muito mais depressa e só necessitam de alguns tambores para ligá-las a um gerador. Existem diferentes tipos de turbinas. A turbina Pelton (em cima, à direita) é utilizada para as grandes quedas de água, de mais de 12 m, e seu rendimento atinge 80%. Um conduto especial leva a água, a alta velocidade, em direção a um conjunto de pás em forma de colher, dispostas em volta de uma roda de turbina. A turbina Banki (ao centro, à direita) é própria para as quedas médias, de 4,5 a 12 m, e seu rendimento atinge 65%. Aqui também é um conduto que leva a água para uma roda de pás curvas. A turbina de hélice (embaixo, à direita), que pode ter um rendimento de 75%, é utilizada para as quedas de água baixas, de 1,8 a 6 m. As turbinas de hélice são quase sempre de eixo vertical, para conseguirem recuperar a energia cinética à saída da roda. Em princípio, constam de uma hélice colocada num cano; para se obter uma eficiência razoável, a água deve correr no sentido oposto ao que gira a hélice; isto é conseguido porque a água corre através de uma voluta em espiral, antes de entrar no tubo que contém a hélice.

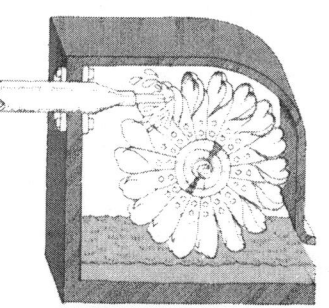

Turbina Pelton

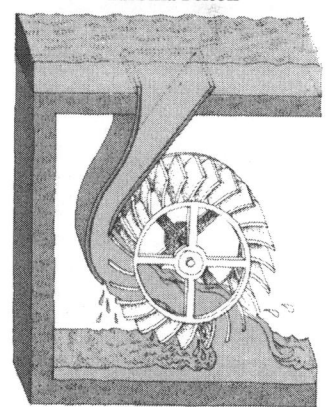

Turbina Banki

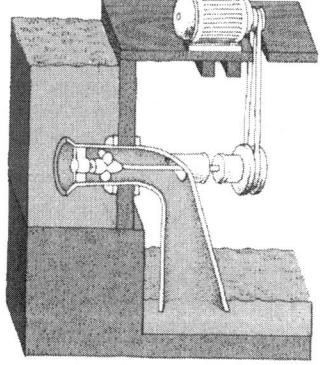

Turbina de hélice

Energias naturais
Energia solar

O coletor solar mais prático é uma floresta, pois, quando bem explorada, ela recolhe em grande escala os raios do sol, transformando-os continuamente em energia. Porém, é necessário muito dinheiro e esforços para cobrir alguns metros quadrados com um coletor solar fabricado pelo homem. Se com relativa facilidade e sem despender muito dinheiro pudermos armazenar o calor do sol, como acontece geralmente com as paredes e o telhado de uma casa, aí então valerá a pena utilizar a energia solar para suprir outras fontes de energia. O maior inconveniente dos climas frios consiste em querermos, no inverno, o calor solar de que dispomos no verão! Mas, se no inverno as necessidades forem supridas pela energia da água e do vento (ambos mais abundantes no inverno), será possível montar um sistema eficaz. Nos climas temperados, as escolhas são as seguintes:

1. Aquecer a água deixando-a jorrar sobre um telhado de chapa ondulada, pintada de preto, sob uma cobertura de material transparente, o que transforma o telhado num coletor de calor. Você terá de comprar material transparente, assim como uma bomba para fazer circular a água. Mas isso lhe permitirá aproveitar o calor do sol numa área bem grande.

2. Aquecer a água em canos pintados de preto, que correm em serpentinas sob uma cobertura de material transparente.

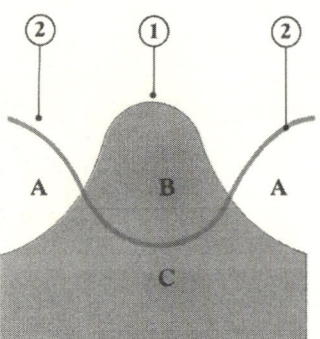

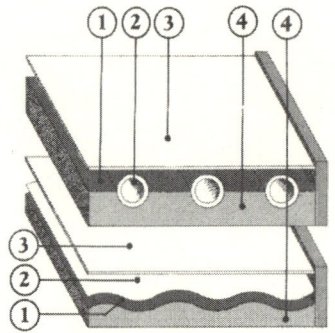

Energia solar
A energia solar (1) é mais abundante no meio do verão, enquanto nossas necessidades de aquecimento (2) são maiores no inverno. Os coletores solares produzem, portanto, maior quantidade de calor que aquele de que necessitamos no verão (B), enquanto, no inverno, o calor produzido não será suficiente (A). O rendimento máximo da energia solar (C) é alcançado na primavera e no outono.

Coletor de placas horizontais
A maioria dos coletores solares são constituídos por uma superfície preta (1) que absorve os raios solares e produz calor. Pode-se transferir esse calor, fazendo passar água ou ar nos tubos (2) colocados atrás da superfície absorvente. Uma cobertura de vidro ou de plástico (3) reduz as perdas de calor por cima do coletor, enquanto o material isolante (4) desempenha o mesmo papel, no fundo e nos lados do coletor.

Ar quente: a parede solar
A parede de Trombe é um meio inteligente de utilizar a energia solar no inverno. É construída nos Pireneus, onde o sol muitas vezes brilha no inverno. Uma janela com vidraças duplas (1) orientada para sul permite que uma parede pintada de preto, situada por detrás, capte e retenha os raios solares. Se você quiser calor na sua casa, abra os tubos de ventilação (3, 4), que permitem que o ar circule entre os vidros e a parede. Um telhado saliente (5) evita que o sol de verão no zênite bata na vidraça, impedindo assim um superaquecimento. Também podemos adotar a parede de Trombe prolongando uma casa com vidro, construindo uma espécie de estufa. Ela aquecerá a casa, se esta for bem ventilada.

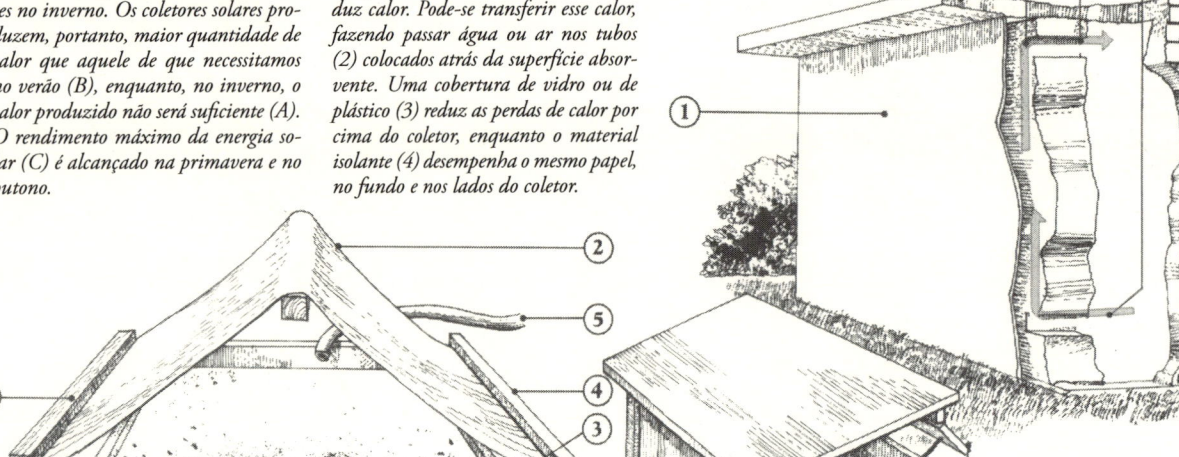

Um destilador solar
Esse depósito pouco profundo, de concreto, pintado de preto (1), contém alguns centímetros de água poluída. Um toldo de polietileno (2) cobre o conjunto, e a condensação efetua-se no interior dessa "tenda", em dois coletores (3). Essa condensação é água destilada, que você pode tirar com o sifão. Fixe o plástico dos lados com ripas de madeira (4) e feche as duas extremidades do toldo com plástico. Um cano (5) servirá para alimentar o depósito com água poluída.

Secador solar
Um coletor de vidro permite a circulação do ar, graças a um tabuleiro regulável. Esse ar é aquecido ao passar por cima de uma superfície preta absorvente (2), ficando o calor retido, graças a placas de vidro (3). O ar aquecido passa então através de uma camada de pedras (4) e depois para as grelhas sobre as quais estão os produtos para secar. Um cano (5) colocado sob o telhado permite regular ou fechar totalmente a entrada do ar. Aquecida durante o dia, a camada de pedras continuará a liberar calor depois do pôr do sol. A instalação tem, na parte posterior, uma porta para alimentar o secador.

Energias naturais

Água quente: o telhado inundado
Arranje uma grande superfície de aquecimento solar, deixando escorrer água por trás das placas de vidro, sobre um telhado de alumínio ondulado. Um isolamento colocado por trás do alumínio evitará uma sobrecarga do sótão e permitirá uma maior concentração de calor na água. Uma pequena bomba faz circular a água na instalação. Este sistema não é ideal, mas é bastante econômico, e vale a pena aplicá-lo em toda a fachada sul do telhado.

Esse sistema tem a vantagem de não provocar a formação de vapor de água e de não precisar de bomba, porque a água quente sobe sozinha. Mas a instalação custa caro.

3. A retorta solar, uma instalação que utiliza o calor do sol para destilar a água ou outros líquidos.

4. O secador solar, que pode ser utilizado para fazer secar frutos, cereais, legumes, cevada etc.

5. O aquecimento solar com ar quente, que produz calor suplementar numa estufa.

6. A parede solar que armazena o calor durante o dia e o libera durante a noite.

Aquecedor solar
Sobre um colchão de fibra de vidro, coloque um radiador (à esquerda) pintado de preto e cubra-o com uma tampa de vidro. Para captar bem o sol, incline o conjunto de 45 a 60 graus. Ligue o radiador ao seu circuito e recolha a água quente. Um método ainda mais simples (à direita) consiste em retirar o fundo de garrafas velhas, enfiá-las ao longo de uma mangueira e deixar ao sol, fazendo a água correr lentamente pela mangueira.

Energias naturais

Energia eólica

O moinho de vento de aço, fabricado industrialmente, que serve para acionar bombas de água e do qual se veem milhares de exemplares em todos os países onde a água está a uma profundidade muito grande, é um dos instrumentos mais eficazes jamais inventados pelo homem. Muitas dessas antigas bombas movem-se há 30 ou 40 anos, sem nunca terem falhado. Elas bombam facilmente a água de uma profundidade de 300 m e funcionam com muito pouco vento. Os braços da hélice estão montados num eixo e podem voltar-se para os lados, em caso de tempestade.

A energia eólica seguiu o mesmo caminho da energia hidráulica, na medida em que, atualmente, utilizam-se sobretudo aparelhos que se movem rapidamente e necessitam de pouca energia para acionar os dínamos e produzir eletricidade. Mas, naturalmente, o vento é totalmente imprevisível, e você terá de aceitar a impossibilidade de utilizar sua máquina com tempo calmo ou com muita ventania, ou então terá de se organizar para armazenar eletricidade, o que irá custar caro. Todavia, se você puder utilizar a energia disponível (por exemplo, para moer cereais) ou armazená-la (por exemplo, sob a forma de calor), a quantidade total de energia do vento num determinado período de tempo tenderá a ser razoavelmente constante.

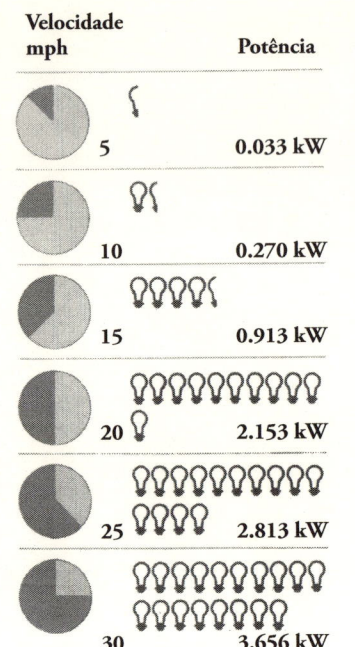

Velocidade mph	Potência
5	0.033 kW
10	0.270 kW
15	0.913 kW
20	2.153 kW
25	2.813 kW
30	3.656 kW

Potência disponível
O grande problema da energia eólica é que, quando o vento é fraco, só obtemos pouca energia e, quando há vendaval, há desperdício. A energia do vento é proporcional à velocidade dele elevada ao cubo, ou seja, se a velocidade duplicar, a energia será oito vezes superior. Portanto, será preciso ter um moinho de vento bastante grande para obter uma quantidade razoável de energia a partir de uma brisa leve. Além disso, o moinho de vento deverá ser protegido contra os danos dos vendavais; ele deverá então ter um leme articulado que possa desviar o rotor do vento, ou poderá ter pás móveis, que fiquem em posição de "penas", atuando como quebra-ventos para diminuir a velocidade do rotor. O esquema mostra quantas lâmpadas de 100 watts um moinho de vento de 4,5 m de diâmetro é capaz de alimentar.

É uma variante dos moinhos mediterrânicos. Utilizados pelos horticultores cretenses para puxar a água necessária à irrigação.

Este moinho de vento típico, de metal, serve para água. Um cata-vento permite-lhe mudar de posição com relativa facilidade, quando há tempestades.

Neste o rotor gira do lado oposto ao vento, em relação ao poste tubular de apoio. Colocados na base das pás, os pesos fazem as pás mudarem de posição conforme a intensidade do vento.

Este moinho que produz eletricidade só tem três pás. Carrega uma série de baterias que alimentam uma instalação de baixa tensão.

Energias naturais

Ser autossuficiente quanto à eletricidade

A energia eólica é difícil de captar e de conservar, portanto você só deverá usar moderadamente a eletricidade produzida pelo vento. E nunca a utilize para produção de calor. Para que valha a pena explorar o vento, este deve ter uma velocidade média de, pelo menos, 15 km/h, sem grandes períodos de calmaria. E, ainda que haja essas condições, você deverá dispor de baterias de reserva, para enfrentar uns 20 dias de completa calmaria. Além do moinho, será necessário ter um regulador de tensão e um disjuntor, para evitar qualquer sobrecarga das baterias. Sua capacidade de abastecimento deve ser de 20 vezes a corrente média requerida em amperes (watts divididos por volts), vezes a média em horas, por dia, do tempo de utilização. As instalações comuns, que funcionam com 220 volts, podem ser alimentadas por uma série de baterias de 12 volts, com a ajuda de um transformador. Um moinho de 2 kW, como aquele que se pode encontrar nas lojas, dá muitas vezes 110 volts e carrega baterias de baixa tensão, montadas em série. Com esse tipo de moinho você poderá obter cerca de 5000 kW/h por ano. Um kW corresponde a mil unidades de eletricidade (watt).

Eis um moinho de vento simples e barato, criado pela Universidade de Princeton (EUA). Um pedaço de tela é esticado entre as duas extremidades das asas.

Neste moinho de vento de eixo vertical, as pás de madeira são fixadas através de molas esticadas para fora, para evitar que girem depressa demais. Este modelo foi desenvolvido na Universidade de Reading, na Inglaterra.

Produza sua eletricidade
O moinho de vento mais comum destinado a produzir eletricidade existe sob a forma de "kit" ou modelo, para a própria pessoa montar. As pás de alumínio ou de fibra de vidro se articulam no eixo da roda central: a força centrífuga atua sobre os contrapesos que estendem as molas ligadas ao eixo da roda central. Assim, as pás colocam-se automaticamente diante do vento, se o rotor girar depressa demais. Uma correia revestida de borracha faz rodar um alternador de automóvel que pode produzir até 750 watts. A energia é transmitida para baixo, pelo interior da torre, quer por um anilho coletor e uma escova, quer por um cabo.

Energias naturais

Resíduos orgânicos

A atitude comum no Ocidente de querer se desfazer rapidamente e a todo o custo dos "resíduos" do corpo humano, ou outros, é uma atitude que se torna cada vez mais difícil de manter, à medida que diminui o combustível proveniente dos fósseis do nosso planeta. É louvável, portanto, tentar extrair gás inflamável dos excrementos humanos ou animais, sobretudo se ainda sobrar uma quantidade suficiente de adubo para ser restituída à terra.

O metano é um gás produzido pela fermentação anaeróbia da matéria orgânica: em outras palavras, produzido em condições tais, que permitem à matéria orgânica apodrecer na ausência de oxigênio. Supõe-se mesmo que, depois da fabricação do gás, os resíduos que restam constituem um estrume ainda melhor que o anterior, porque uma parte do nitrogênio que teria, inevitavelmente, sido perdida sob a forma de amoníaco não desapareceu, encontrando-se fixada de forma a ser inteiramente utilizado pelas plantas. Por outro lado, como o metano é tão bom como o gás natural (de fato é a mesma coisa), como não é tóxico e é muito seguro, sua produção a partir de excrementos humanos e animais parece ser muito válida.

O metano é produzido numa autoclave, recipiente muito bem adaptado aos excrementos animais, mas que só suporta os vegetais em pequenas quantidades. Portanto, você não deverá enchê-la com toneladas e toneladas de lixo retirado dos estábulos. Os restos, depois da fabricação do gás, constituem um excelente adubo; contudo, na minha opinião, não devem ser espalhados diretamente na terra, mas de preferência sobre palha ou resíduos vegetais. Efetivamente, vai-se produzindo então uma nova fermentação, aeróbia desta vez, que irá, além disso, ativar as bactérias que alterarão as celuloses duras contidas nas "camas" de seus animais.

Gravura 1
Excrementos humanos
$0,030 \text{ m}^3$
150 cal

Gravura 2
Galinha
$0,015 \text{ m}^3$
75 cal

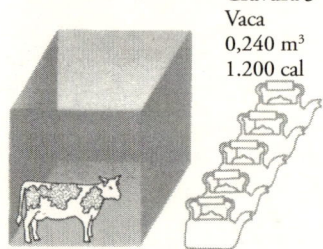

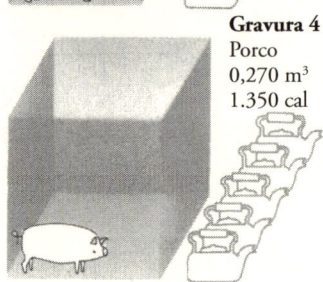

Gravura 3
Vaca
$0,240 \text{ m}^3$
1.200 cal

Gravura 4
Porco
$0,270 \text{ m}^3$
1.350 cal

Quanto gás?
A figura acima mostra a quantidade de gás produzido em um dia com os excrementos de diferentes animais. Está representado o número de chaleiras de água que o gás produzido poderá ferver.

Autoclave de metano
O processo abaixo ilustrado aplica-se à transformação de resíduos orgânicos, por ação bacteriológica, num reservatório hermeticamente fechado, que não contém nenhum ar. Os excrementos animais, diluídos em água, são acrescentados diariamente num reservatório (1). O abastecimento da autoclave faz-se a partir da diferença de nível, quando se abre uma comporta (2). O misturador (3), que compreende uma junta hermética, no local onde ele penetra na autoclave, impede a formação de espuma. O reservatório está bem isolado (4), pois o processo só se pode desenvolver com uma quantidade de calor semelhante à do corpo humano. Cada adição de resíduos provoca o escoamento de uma quantidade equivalente de resíduos já "digeridos" num coletor (6). O processo de digestão efetua-se num período que varia entre 14 e 35 dias, conforme a temperatura da autoclave. O gás concentra-se no espaço vazio, acima da camada de lama (5), e é então levado por um conduto (7) até o reservatório (8). Uma medida de segurança: para proteger o reservatório de gás, no caso de o ar se introduzir no circuito, provocando um abaixamento da chama. O gás assim produzido, o biogás, compõe-se de 60% de metano (o composto inflamável) e de 40% de dióxido de carbono, inerte mas inofensivo.

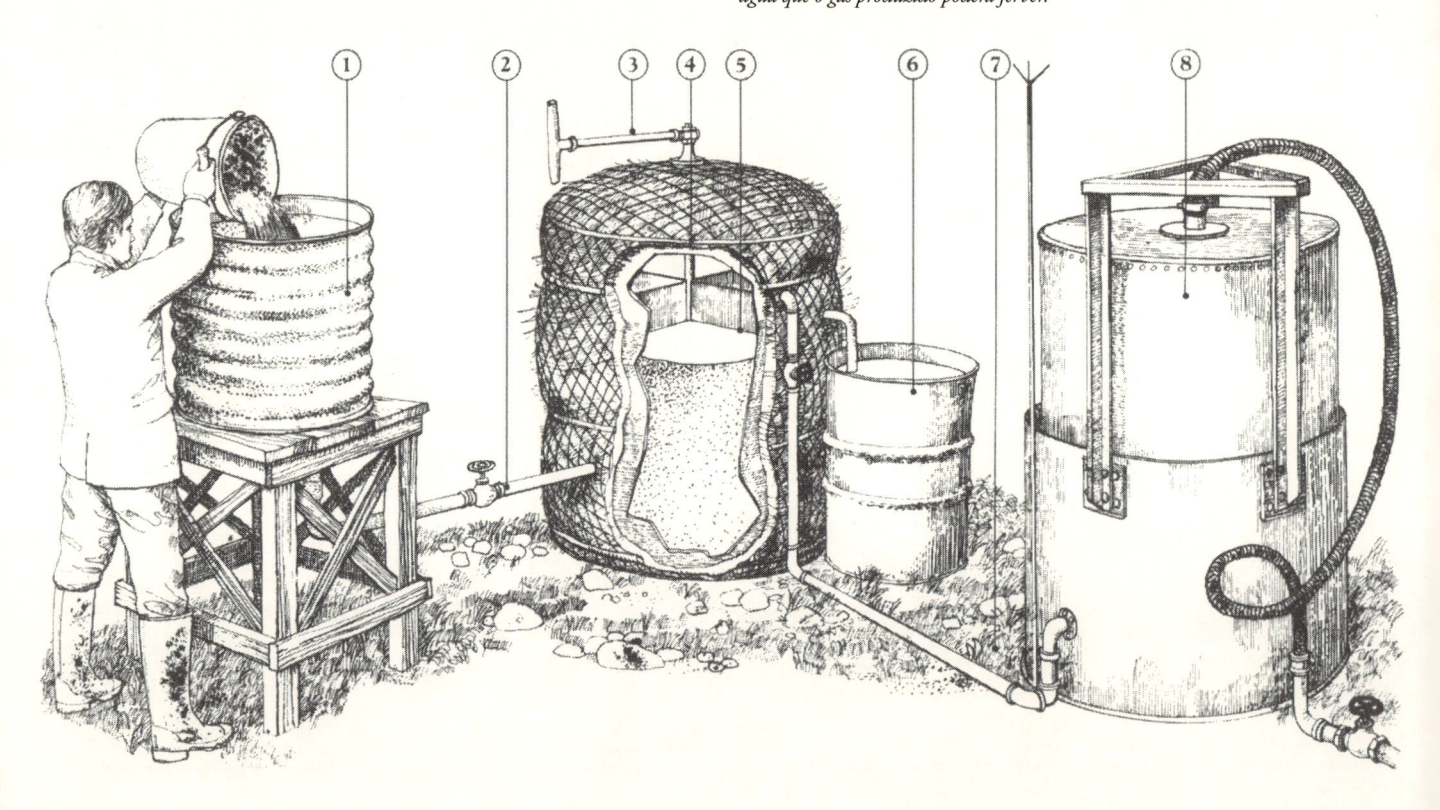

Artes e ofícios

"O que quer que você faça,
faça-o com vontade."

ECLESIASTES

Artes e ofícios

Cestaria

Você já pensou que poderia ir passear no campo levando só uma faca bem afiada e voltar com um cesto? Os galhos novos de salgueiro, de lilás, de olmo, de limeira, de álamo, de aveleira e de freixo são ótimos para fazer o fundo e os lados de um cesto; os vidonhos, as plantas trepadeiras ou os arbustos espinhosos, como as sarças, as "bolas-de-neve", a madressilva e as clematites, têm ramos mais flexíveis, que constituem fibras ótimas para o entrançamento das partes laterais. Mas, se você encontrar ou cultivar vimeiros ou salgueiros pequenos, com galhos flexíveis, apropriados à cestaria, poderá pôr imediatamente mãos à obra. Utilize vimeiros ou outros arbustos resistentes para fazer cestos rígidos.

Cestos rígidos

Deve-se começar um cesto pelo fundo. Forme uma cruz com seis ou oito varas firmes e prenda-as com uma fibra (ver ilustração).

Em seguida, coloque as varas verticais sobre as quais você irá entrançar o cesto. Quando você chegar ao topo do cesto, terá de fazer as bordas. As mais comuns são a borda "rebaixada" (ver ilustração) e a borda com "três varas".

Faltará ainda uma alça, que você fará entrançando uma ou mais varas flexíveis em torno de um feixe de vime (ver ilustração).

Cestos flexíveis

Podem-se fazer cestos flexíveis de caniço, de junco, de espadana e de capim. O junco e a espadana são ideais, porque são flexíveis, grossos e resistentes. Devem ser cortados em meados do verão. O melhor jeito de apanhá-los é arranjar um pequeno barco, de fundo chato, levá-lo para águas pouco profundas, cortar as plantas com uma foice, o mais baixo possível, e colocá-las cuidadosamente no fundo do barco, de modo que os ramos fiquem bem paralelos e não se dobrem. Deixe secar as plantas durante pelo menos 3 semanas, se possível à sombra, pois o sol as desbota, tirando-lhes a aparência bonita que têm. Feito isso, amarre-as em molhos.

Antes de utilizar os juncos secos, torne a molhá-los bem e embrulhe-os num pano, para se tornarem mais flexíveis. Em seguida, faça tranças compridas com três hastes. Evite trabalhar com hastes do mesmo tamanho, para que não terminem ao mesmo tempo, e você possa ir colocando hastes novas sempre que uma delas chegar ao fim. Fazem-se esteiras simplesmente enrolando as tranças em espiral, com a ajuda de um fio encerado. Se você quiser fazer um cesto, cosa sua trança horizontalmente e, depois de feita a "espinha dorsal", isto é, o ângulo com o fundo do cesto, enrole a trança até a borda do cesto. A melhor solução para a alça consiste em coser uma corda de junco comprida, que passe sob o fundo do cesto.

Você poderá fazer cestos com caniços, plantas trepadeiras, vimes ou ramos de árvores. Também poderá fazer cestos de madeira, como o da página ao lado. Se souber fazer qualquer tipo de artesanato, você poderá obter duas coisas: satisfação pessoal e dinheiro.

Como fazer um cesto rígido

Você precisará de três tipos diferentes de varas: oito curtas e grossas, para a base, algumas firmes mas flexíveis, para fazer os lados, e ainda outras fibras flexíveis, isto é, hastes longas e finas para sustentar o cesto. De modo geral, as hastes laterais devem ter cerca de 20 cm a mais que a altura estipulada para o cesto. As fibras podem ter o comprimento que você desejar, mas, no mínimo, devem corresponder ao diâmetro do cesto. Não devem ser todas da mesma grossura.

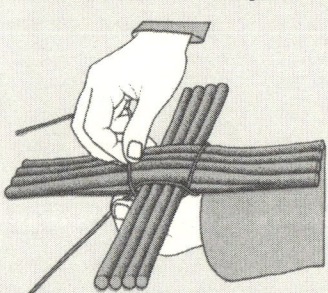

Ponha as varas de molho em água, durante 1 hora. Corte oito varas para o fundo do cesto e, no meio de quatro delas, faça incisões. Enfie nestas as outras quatro, de modo que se forme uma cruz. Com uma fibra de cerca de 1,20 m, dê três voltas em redor da cruz.

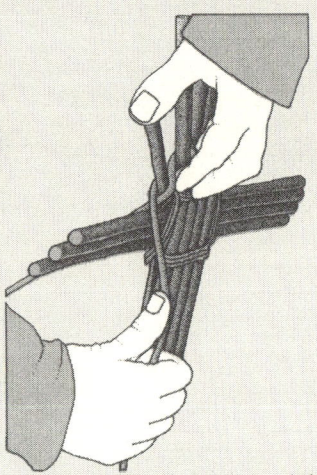

Entrance, com as duas extremidades da vara, até que o fundo do cesto atinja o tamanho desejado.

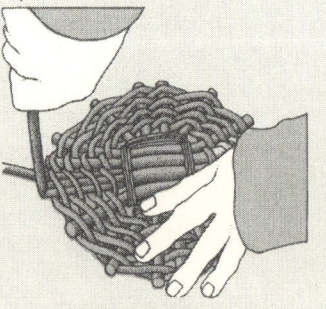

Apare as pontas das varas.

Encaixe cerca de 31 varas laterais, uma de cada lado das varas que formam a cruz.

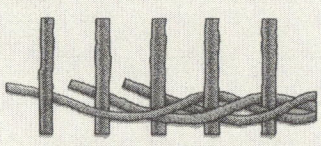

Comece os lados com três carreiras (ver acima). Pegue três fibras, segure-as por trás de três varas adjacentes e entrance em redor de duas varas de cada vez.

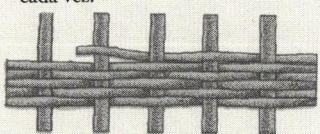

"Suba" os lados do cesto (ver acima). Arranje hastes compridas e passe-as pela frente e por trás de cada vara. O início e o fim de cada haste devem ficar por trás das varas.

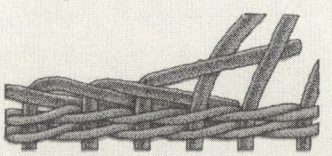

Termine com três fileiras e faça uma borda rebaixada (ver acima), curvando as varas.

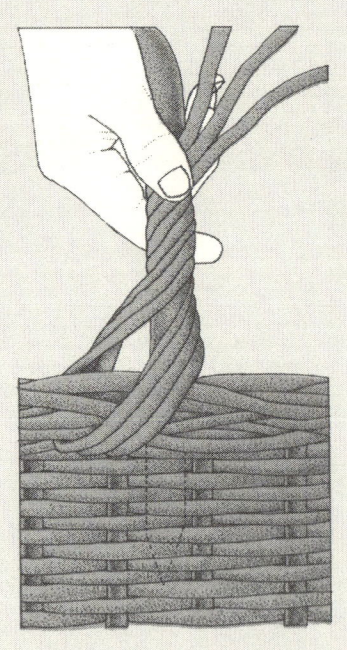

Para a alça, arranje uma vara bem grossa, afine as duas pontas e enterre-as, de cada lado do cesto, na guarnição superior. Em seguida, passe três hastes delgadas sob a borda rebaixada, mas só de um dos lados do cesto. Entrance-as em torno da alça e enfie-as, simplesmente, na borda rebaixada do outro lado do cesto.

Artes e ofícios

Artes e ofícios
Cerâmica

Muitas vezes, a argila encontra-se coberta de terra, e pode muito bem acontecer que você ande por cima dela todos os dias, ou que sua casa esteja assentada em cima de argila, sem que você saiba. Retire amostras de um local em que o solo tenha sido escavado – por exemplo, de um poço ou de uma vala. Se a matéria se assemelhar à argila e se, quando molhada, se tornar elástica e pegajosa, trata-se mesmo de argila.

Testar argila

Encontrada a argila, será preciso verificar se ela é de boa qualidade. Provavelmente não é. Molhe-a um pouco, de modo que fique elástica, e deixe-a secar. Se, quando seca, a argila apresentar impurezas à superfície – em geral manchas esbranquiçadas – é porque contém álcalis, e não vale a pena trabalhá-la. Ponha um pouco de argila num recipiente, com uma solução a 50% de ácido clorídrico. Se ela começar a espumar, é porque contém cal em excesso. Se sua argila for muito pegajosa, e de um marrom-escuro ou quase preto, é porque contém húmus demais. A argila que se encontra à superfície da terra apresenta, em geral, essas características; a argila existente a uma maior profundidade é de melhor qualidade.

Você deverá também – e isto é muito importante – controlar a elasticidade da argila. Faça um rolo do tamanho e da grossura de um lápis e tente dobrá-lo para fazer um anel de cerca de 2,5 cm de diâmetro. Se a argila não se partir, é de boa qualidade.

Se sua argila contiver areia em excesso, você terá dificuldade em modelá-la ou em trabalhá-la no torno. Nesse caso, junte-lhe argila mais gorda. Se você quiser se divertir um pouco, peneire-a, mas previno-o de que esse trabalho é cansativo e talvez não valha a pena.

Misturar e peneirar

Se você quiser combinar vários tipos de argila, ou se quiser peneirá-la, terá primeiro de misturá-la com água, a fim de obter uma papa bem líquida. Coloque a argila dentro de um recipiente cheio de água (nunca coloque a água sobre a argila) e misture. Você pode realizar essa operação com a mão, com uma espátula de madeira, com um malaxador, ou ainda com uma simples máquina de lavar. A argila semilíquida, o chamado "barro líquido", pode ser peneirada, utilizando-se uma peneira de 60 malhas por 2,5 cm para a olaria comum, e uma de 100 malhas para a faiança e porcelana. Se você quiser combinar várias espécies de argila, terá de fazer primeiro "barro líquido" com cada uma delas, e só depois é que poderá misturá-las.

O trabalho seguinte consiste em retirar a água. O método mais simples resume-se em deixar o barro líquido em repouso, durante alguns dias, num balde ou num tanque, para que a argila se deposite no fundo, e depois trasfegar a água com um sifão, como o vinhateiro faz com o vinho. Também poderá utilizar uma máquina apropriada, ou simplesmente colocar seu barro líquido em vasos de barro, não vitrificados, e deixá-los num local exposto a correntes de ar. A terracota absorve a água, que vai secando sob o efeito da corrente de ar. Alguns dias mais tarde, a argila estará pronta a ser utilizada.

Preparar a argila

Se você tiver sorte, talvez encontre uma argila que não precise ser misturada ou peneirada; então, só terá de amassá-la e deixá-la "envelhecer". Com efeito, a argila sempre melhora de qualidade ao "envelhecer", nem que sejam só quinze dias, porque as bactérias atuam sobre ela. Depois, você terá de misturá-la com água e malaxá-la, isto é, colocá-la no chão e pisá-la criteriosamente. A operação seguinte consiste em trabalhá-la como massa de pão, isto é, enrolá-la sobre uma prancha, cortá-la, tornar a juntá-la, e assim por diante.

Modelar potes

Há muitos métodos de modelagem. É muito provável que a cerâmica tenha sua origem no hábito que nossos antepassados tinham de revestir seus cestos com argila para transportar água. Um belo dia, um desses cestos queimou e a argila ficou dura e resistente. Assim se fabricou o primeiro pote a partir de um molde. Veremos mais adiante outros métodos bem simples de fazer potes, como o método de compressão com a mão, o do anelamento e o das placas.

A roda do oleiro (torno)

A invenção da roda foi determinante, pois ainda não apareceu nada que a substituísse. Coloque a argila sobre a roda em movimento e centre-a bem, calcando-a com as mãos. Em seguida, modele com as mãos, com os dedos ou com instrumentos apropriados. Retire o pote da roda com a ajuda de um arame. Deixe-o secar, torne a colocá-lo sobre a roda colando-o com um pouco de água e alise-lhe as bordas com um instrumento de aço cortante. Faça-o girar em duas posições: uma vez na posição normal e outra "de cabeça para baixo".

Fazer um torno

Ainda hoje há povos primitivos que utilizam como tornos rodas de madeira, de carros ou de carroças. Se você arranjar uma, poderá muito bem fazer a mesma coisa. Monte a roda horizontalmente, bem perto do chão, utilizando, se possível, um pedaço do eixo original. Faça um buraco no lado da roda virado para cima, ou num raio, se houver. Depois, agache-se, introduza um pau no buraco e faça girar a roda. Como a roda é pesada, ela continuará a girar sozinha a uma certa velocidade, deixando você com as mãos livres para modelar um ou dois potes.

Você também poderá fabricar um torno mais aperfeiçoado, moldando uma roda de concreto de 70 cm de diâmetro por 9 cm de altura, que comporte um eixo de aço de 2,5 cm de diâmetro por 70 cm de comprimento. É conveniente que a base do eixo não ultrapasse alguns centímetros, e é preferível soldar-lhes barras de aço e encaixá-las no concreto. Não estamos falando da roda em que se coloca a argila, mas da roda que se empurra com o pé para fazer o torno girar. Construa agora uma estrutura de madeira, da altura de uma mesa, munida de uma prancha que se encaixe na parte superior do eixo e outra que suporte a parte inferior. Nessa estrutura deve também haver um assento para você e uma prateleira para a argila. Fixe a

Artes e ofícios

roda de concreto e o eixo a essa estrutura. Falta colocar a roda do torno. Solde (ver p. 238) uma roda de 30 cm de diâmetro e cerca de 1 cm de espessura sobre um eixo de aço (que pode ser substituído por um pedaço de cano). Depois fixe tudo sobre o eixo e solde. Para fazer funcionar a roda, sente-se no banco e empurre a roda de concreto com o pé. Como é pesada, mantém o movimento durante bastante tempo.

Cozedura ou queima

Para que a argila solidifique, é preciso cozê-la. Para a maioria das cerâmicas esmaltadas, fazem-se dois tipos de cozedura: a "cozedura não vidrada" ou "de biscoito", em que se coze só a argila, sem esmalte, e a "cozedura esmaltada", uma nova cozedura da argila depois de mergulhada no esmalte líquido.

Com um forno de lenha, poderá cozer potes e dar-lhes a resistência de vasos de flores, mas já não poderá, como é evidente, esmaltá-los. Disponha a lenha seca em forma de círculo, no chão, e coloque seu pote no centro; ponha por cima um cone de lenha e acenda o fogo. Não retire a cerâmica das cinzas antes de elas esfriarem.

Os fornos tradicionais costumam ter uma tiragem ascendente (ver ilustração), e você poderá muito bem construir um se souber juntar os tijolos. Os fornos de tiragem descendente são de construção mais recente, mas também mais difíceis de fazer. Estes fornos são concebidos de modo que o calor liberado pelo fogo seja primeiro aspirado para baixo, passando pela cerâmica, antes de escoar pela chaminé. Este método permite atingir temperaturas muito mais elevadas.

Conseguir a temperatura adequada é uma questão de experiência, mas também pode-se medi-la com pirômetros ou cones. Os cones são pequenas pirâmides, compostas de diferentes misturas de argila que indicam a temperatura, porque caem quando atingem determinado grau de calor. Não são caros. Se está pensando em utilizá-los, não se esqueça de fazer uma fresta no forno para poder observá-los.

Esmaltar

De maneira geral, o esmalte consiste numa mistura de areia silicosa, de fundente composto de um dos diversos óxidos de metal (ferrugem, por exemplo), de uma mistura de potássio e sódio, além da alumina. A sílica funde-se e, quando esfria, se solidifica, formando assim uma camada de verniz sobre a cerâmica. O fundente ajuda a fusão, baixa o ponto de fusão da areia silicosa e dá cor. A alumina dá ao esmalte a viscosidade necessária para que não escorra quando se coloca a cerâmica no forno.

Qualquer pessoa pode fazer seus próprios esmaltes. Triture finamente seus materiais com a ajuda de um pilão, ou com um moedor próprio. O moedor é um cilindro que gira lentamente e em que se introduz grés de grão fino, ou qualquer matéria que se queira moer. Para fazer um esmalte grosseiro, misture 31 partes de carbonato de sódio (o fundente de sódio é um metal), 10,5 partes de cré, 12 de grés de grão fino (a sílica) e 55,5 de feldspato. Moa tudo, misture e passe por uma rede de 100 malhas por 2,5 cm, isto é, uma cambraia finíssima. Como há muitos tipos de esmalte, o melhor que você tem a fazer é procurar uma obra sobre o assunto e fazer experiências.

Antes de modelar
Deixe envelhecer a argila durante 15 dias. Em seguida, amasse-a para que o ar saia. O processo mais simples consiste em misturar a argila com água e pisá-la.

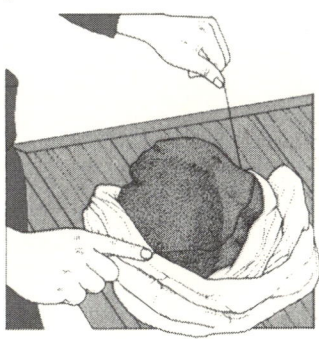

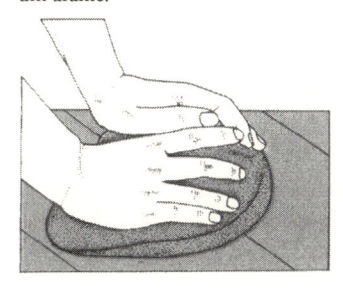

Amasse bem uma porção de argila, até conseguir obter uma massa macia e homogênea, que não contenha bolhas de ar nem impurezas, como fragmentos de terra ou de grés. Trabalhe a argila como se estivesse amassando o pão. Role a argila com as duas mãos, torça-a e comprima-a. Se você misturar dois tipos diferentes de argilas, amasse-as até obter uma só e de cor uniforme.

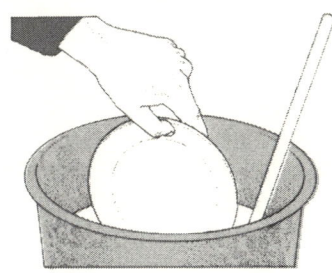

Corte a quantidade que quiser com um arame.

Depois de modelar
A maioria dos esmaltes são aplicados após a primeira cozedura. O método mais comum consiste em mergulhar o vaso num líquido constituído por pó de esmaltar e água. É preciso muita prática, para evitar as marcas dos dedos. Você também poderá despejar o esmalte sobre o vaso, pulverizá-lo, ou aplicá-lo com um pincel.

Forno de tiragem ascendente com combustível sólido
Há fornos elétricos e fornos a gás, ou a petróleo. Mas os fornos que utilizam um combustível sólido também são eficazes, podendo você mesmo construí-los, com tijolos. Os mais simples são os fornos de tiragem ascendente. A fornalha fica embaixo e, se você utilizar lenha, poderá mesmo assentá-la no chão. Já o carvão e o coque devem ser colocados sobre uma grelha, para que as cinzas possam ir sendo retiradas. Faça a câmara de cozedura por cima do fogo, construindo prateleiras com tijolos refratários e barras de ferro. Não se esqueça de deixar um orifício para poder controlar a cozedura. Depois de tudo solidamente construído, você poderá colocar a chaminé diretamente sobre a câmara de cozedura.

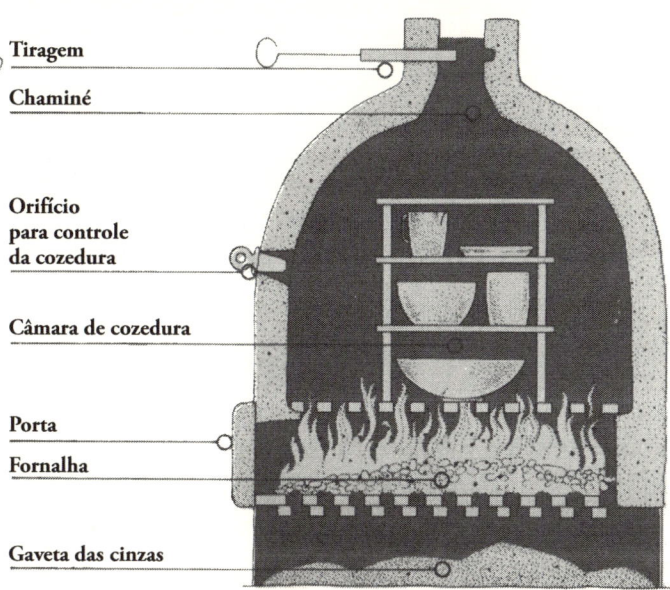

- Tiragem
- Chaminé
- Orifício para controle da cozedura
- Câmara de cozedura
- Porta
- Fornalha
- Gaveta das cinzas

Artes e ofícios

Processo manual

Antes de modelar um pote na roda, você terá de aprender a conhecer o material, a argila. O que acontece quando a argila é amassada, secada e cozida? O melhor é começar por fazer potes à mão, antes de se lançar a fazê-los no torno. Aliás, muitos oleiros preferem o fabrico manual (que lhes permite criar formas irregulares) ao torno (que os limita a determinadas formas).

Processo de anelamento

Para fazer potes por esse processo, você só precisará dos dedos para modelar longos cordões de argila, que depois você irá enrolar de acordo com a forma que quiser obter. É evidente que esses cordões terão de ser bem unidos uns aos outros, para que os lados do pote fiquem bem lisos. Com muito esforço e paciência, você conseguirá que seu trabalho fique tão bem acabado como qualquer objeto feito no torno. Contudo, o emprego de alguns instrumentos bem simples (ver ilustração) facilitará muito o trabalho.

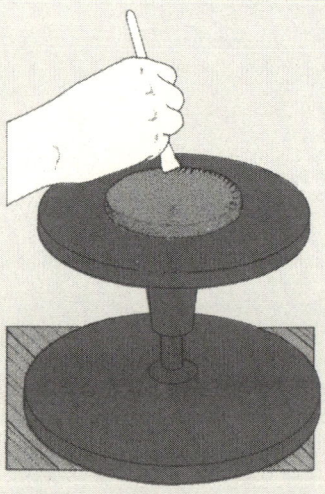

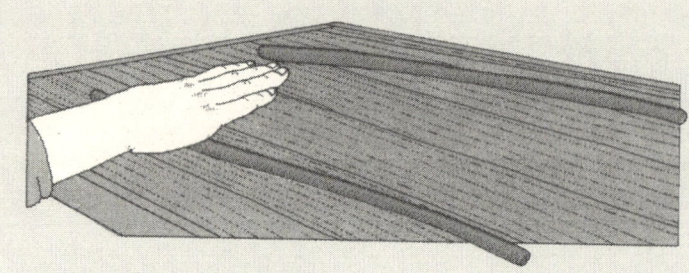

Pegue um pedaço de argila e role-o com as mãos, até obter um cordão com cerca de 25 cm de comprimento. Ponha-o sobre a mesa e continue a enrolar o cordão, até ele atingir 1 cm de espessura.

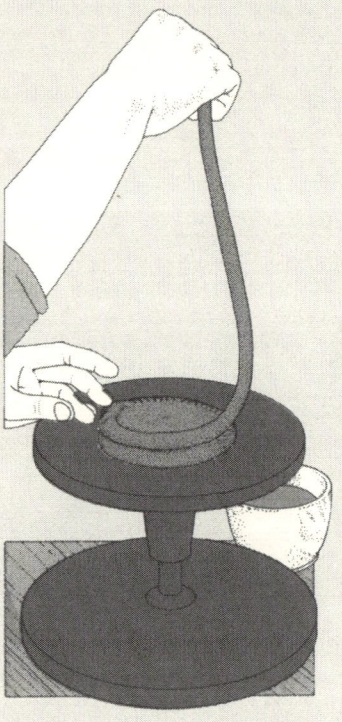

Prepare um pouco de barro líquido, isto é, uma mistura de água com argila. Com uma escova de dentes, aplique-o em toda a volta da base do pote, para que o cordão adira bem. Coloque o cordão e calque ligeiramente, dos dois lados, com os dedos.

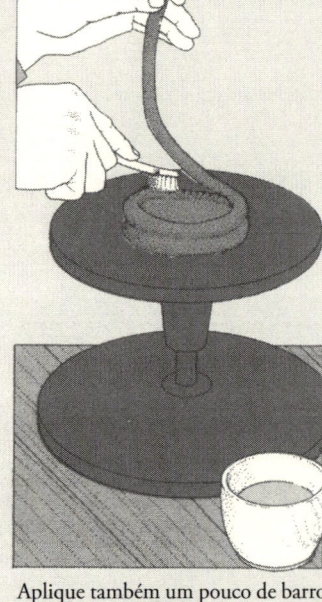

Aplique também um pouco de barro líquido no lugar onde começa a segunda volta do cordão. Firme as junções, calcando ligeiramente para baixo. Se você precisar utilizar um terceiro cordão, cole-o ao primeiro com uma boa camada de barro líquido, depois de ter cortado as duas extremidades em diagonal.

O acabamento fica à sua escolha. Se você gostar deste aspecto rústico, deixe o pote como está do lado de fora e alise só um pouco por dentro para facilitar a limpeza. Senão, com a ajuda de um pedaço de madeira lisa, você conseguirá que tanto a parte de fora como a de dentro fiquem completamente lisas.

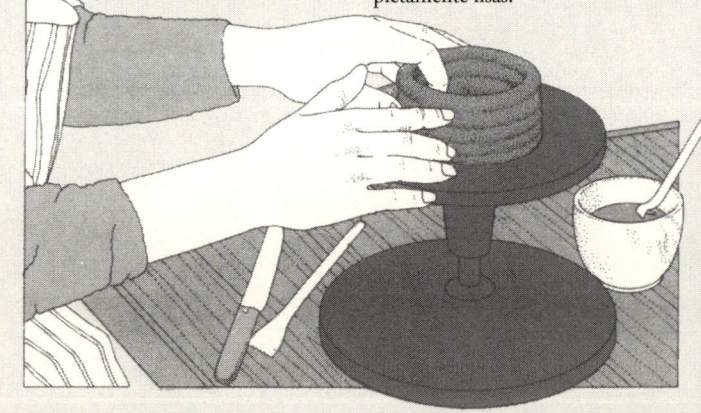

Fazer um pote por andamento

Será de grande utilidade uma plataforma giratória, ou torno, pois assim, em vez de enrolar o cordão, você poderá fazer girar o fundo do pote sem ter de mexer no cilindro. Pegue um pedacinho de argila e achate-a para fazer um fundo com cerca de 1 cm de espessura. Alise a superfície com uma faca de madeira ou *teck*, e com ela recorte um círculo perfeito girando o torno. Se você não tiver torno, ponha um prato sobre a argila e corte à volta. Com um instrumento de molde, faça umas ranhuras no fundo, isto é, torne-o rugoso de maneira que possa fixar o cordão.

Artes e ofícios

Processo das placas

O método das placas é o mais simples para fazer objetos com ângulos e superfícies retas, como caixas e bandejas. Se você quiser fabricar peças com dimensão superior a 15 cm, terá de usar uma argila com um grão grosseiro. Só precisará de duas tábuas e de um rolo de macarrão, para fazer uma placa, de onde você recortará as partes que constituirão o objeto que deseja fabricar. Se quiser fazer um objeto cujos lados não sejam retangulares, desenhe primeiro um molde em papel e utilize-o para recortar a argila.

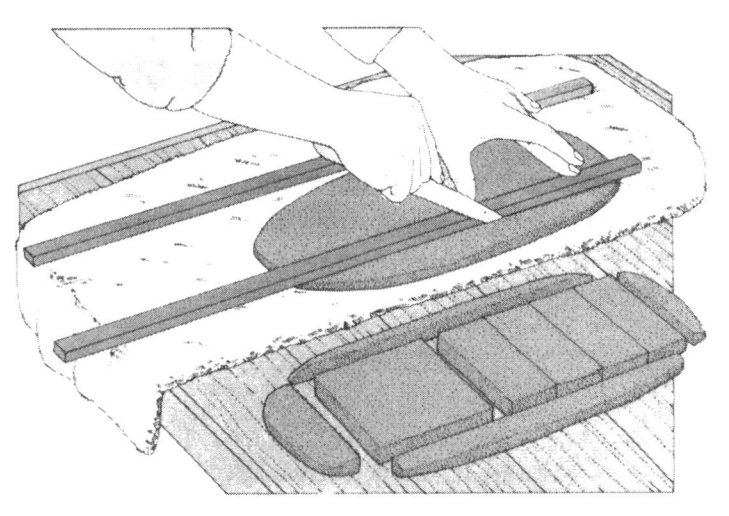

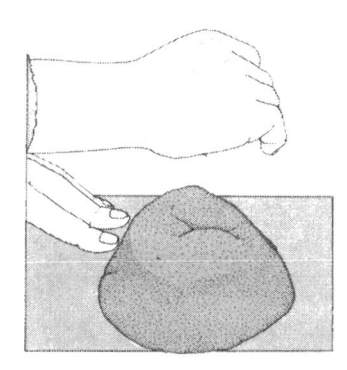

Fazer uma vasilha retangular
Forre sua mesa de trabalho com um pano, para evitar que a argila fique grudada. Para isso, um saco velho de juta serve muito bem. Coloque um bom pedaço de argila sobre o pano e esmague-o com o punho. Arranje duas tábuas, com uma espessura igual à que você quiser dar à sua placa (em geral, 1 cm, mas conte com uma margem para a contração). Disponha as tábuas de cada lado da placa e o rolo por cima. Vá enrolando até atingir a altura desejada.

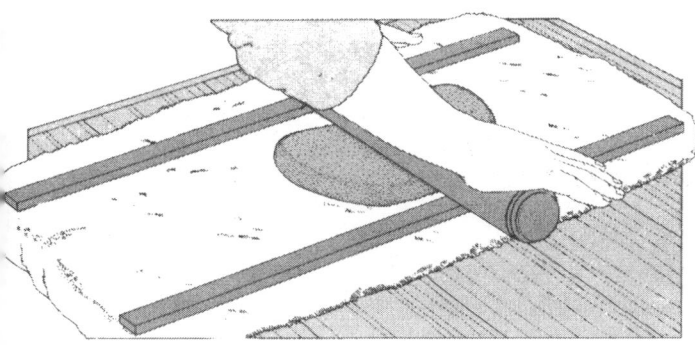

Recorte os fundos e os lados com as tábuas, utilizando uma régua ou um esquadro. Deixe secar as placas até elas ficarem com uma consistência de couro. Não se esqueça de virá-las enquanto secam, para evitar que um dos lados se contraia mais que o outro. Faça ranhuras na borda do fundo com um instrumento de modelar, o *teck*.

Aplique barro líquido nas rebordas e cole os lados; utilize-o também para reforçar as juntas verticais. Se você fizer uma vasilha muito grande, não se esqueça de reforçar os cantos interiores com pedacinhos de argila. Para os colar, também deverá utilizar o barro líquido. Depois de arredondadas as arestas e alisados os lados, sua vasilha estará pronta para cozedura.

Processo da compressão

Com esse método você só precisará das mãos, se bem que uma faca e uma plataforma giratória ajudam a obter um melhor acabamento. Este método é, aliás, muito semelhante àquele que eu chamo de "método por esmagamento": arranje uma tábua grossa, faça nela uma concavidade, coloque lá a argila e esmague-a com o punho. Vá esmagando o pedaço da argila até obter a espessura desejada, sem se esquecer de girá-lo, para obter um pote.

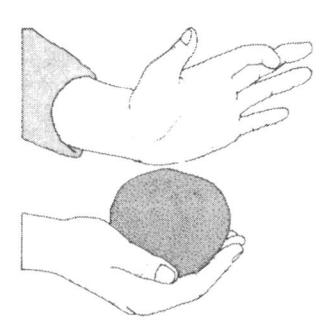

Fazer um pote por compressão
Faça uma bola de argila com as mãos.

Segure a bola com uma das mãos e, com o polegar da outra, faça um buraco, não muito profundo.

Conserve o polegar no buraco e faça girar lentamente a bola, com a mão que a segura. Vá alargando lentamente o buraco, puxando a argila de dentro para fora (ver ilustração ao lado) e pressionando profundamente com o polegar. Reduza a pressão do polegar e dos outros dedos quando a borda começar a se afinar. Uma vez obtida a forma desejada, coloque o pote num torno e corte as bordas com uma faca, fazendo rodar a placa giratória (embaixo, à direita). Deixe secar, esmalte e coza normalmente.

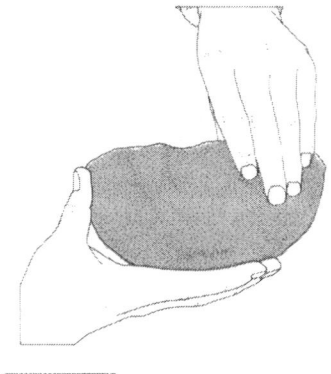

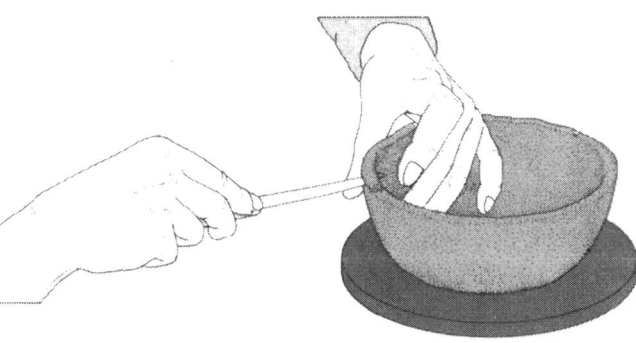

Artes e ofícios

Fiar lã e algodão

LÃ

A lã deve ser escolhida em função do trabalho a ser feito. Podem-se obter lãs de diversas qualidades, quer quanto ao comprimento, quer quanto à fibra, a partir de diferentes raças de carneiros. Para a fiação manual, a lã comprida é melhor que a curta. A lã grosseira é aconselhável para os *tweeds* e os cobertores, enquanto a lã macia e sedosa é ideal para os tecidos leves. No entanto, não há regras rígidas.

Para transformar a lã bruta num fio bom para a tecelagem, você terá antes de mais nada de desembaraçá-la (ver ilustração), para ela perder o pó e outras impurezas. Depois, terá de cardá-la (ver ilustração), isto é, formar novelos. Finalmente, terá de fiá-la (ver ilustração) com um fuso, uma fiadeira de volante ou uma roda de fiar. O princípio é sempre o mesmo: trata-se de estender e torcer as fibras para fazer fio. A vantagem da roda é que o cordão que funciona como correia de transmissão passa por duas roldanas de tamanhos diferentes. Como a roldana e o volante giram a velocidades diferentes, este último pode enrolar o fio na bobina com a tensão adequada.

Fiação preliminar

Tenho um amigo que anda sempre com roupas de pura lã, muito quentes, de cores muito vivas e bonitas, que ele mesmo confecciona, tendo como instrumentos apenas cinco varetas e uma agulha. Ele fia com uma vareta e tece com as outras quatro. Com efeito, é possível fiar lã sem cardá-la antes. No entanto, é indispensável fazer uma fiação preliminar, que só exige o trabalho das mãos. Pegue a lã já desembaraçada; com a mão esquerda, puxe uma porção e segure-a entre o indicador e o polegar. Estenda a lã num cordão contínuo com a mão direita, tendo o cuidado de não esticar com muita força, para o cordão não se romper. Não é uma operação tão fácil como parece, mas com um pouco de paciência consegue-se. Quando você tiver estendido toda a lã, dobre-a novamente e recomece. Talvez você tenha de repetir três vezes essa operação para obter uma lã bem penteada e regular. Assim, você obterá um novelo e poderá fiar diretamente.

Tipos de fios

Para a tecelagem, geralmente utiliza-se lã de um fio. O fio de urdume deve ser fiado bem apertado, e o de trama um pouco

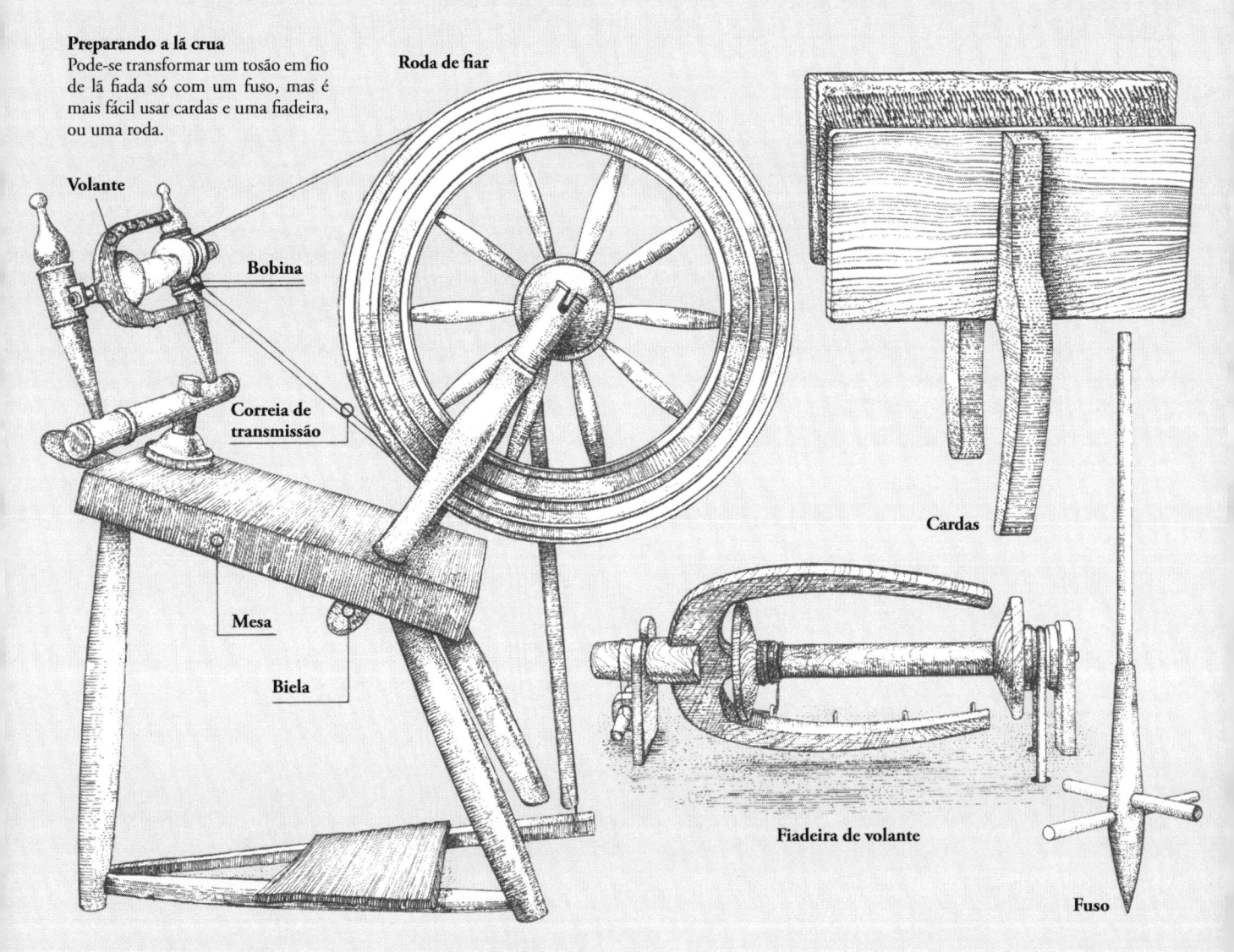

Preparando a lã crua
Pode-se transformar um tosão em fio de lã fiada só com um fuso, mas é mais fácil usar cardas e uma fiadeira, ou uma roda.

Volante
Bobina
Roda de fiar
Correia de transmissão
Mesa
Biela
Cardas
Fiadeira de volante
Fuso

Artes e ofícios

menos. Se você quiser tricotar, terá de duplicar o fio de lã. Para fazê-lo, coloque duas bobinas cheias sobre um eixo horizontal (que poderá ser substituído por duas hastes verticais); una as pontas dos dois fios; disponha-os sobre o fuso da roda como se fosse fiar, enrole-os à volta do volante (ver ilustração), prenda-os ao fuso e gire a roda para trás, ou da direita para a esquerda. Assim, você obterá uma lã de dois fios. Se quiser uma lã com três fios, proceda do mesmo modo, mas com três bobinas.

ALGODÃO

O algodão costuma ser "batido" antes de ser cardado. No Ocidente, põe-se o algodão em cima de uma espécie de tela e bate-se nele com batedores de vime, para amaciá-lo e limpá-lo. Depois faz-se a cardação, que é muito mais fácil que a da lã, pois as fibras são muito mais curtas.

Fie o algodão como se fosse lã, mas com as mãos muito mais próximas uma da outra, e pedale depressa, sem prender demais o algodão entre o polegar e o indicador, para evitar que ele se torça. É um verdadeiro prazer fiar lã angorá, que, aliás, pode ser trabalhada como o algodão. Assim, você obterá um fio mais macio ainda que a maioria dos outros fios de lã.

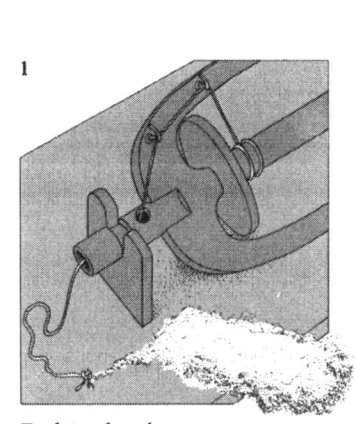

Fiadeira de volante
Esta fiadeira pode ser equipada com um pedal. **1** Amarre um cordel em volta da bobina, passe-o pelos dois primeiros ganchos, depois pelo buraco e prenda-o à sua meada. **2** Pedale e vá desenrolando a lã, puxando-a da direita para a esquerda. **3** Quando tiver fiado uma boa quantidade, pare de pedalar, coloque o cordel no gancho seguinte, bloqueie a parte exterior do eixo e recomece a pedalar. O fio vai sendo enrolado na bobina.

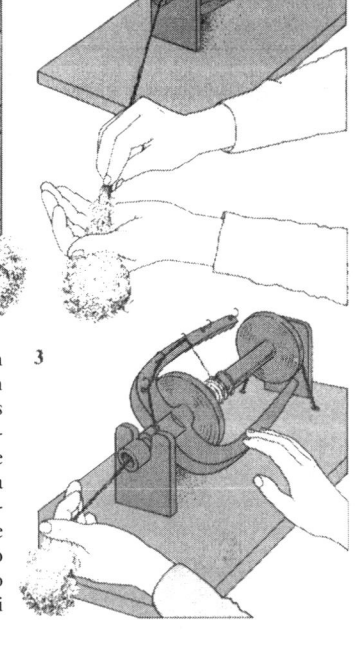

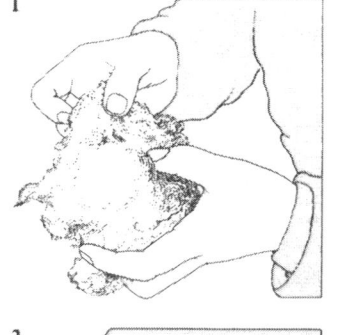

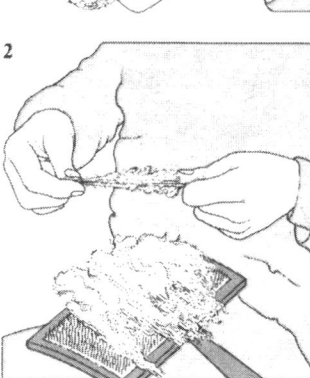

Desembaraçar e cardar
1 Para desembaraçar, pegue a lã bruta e desfaça-a em pequenos flocos. **2** Disponha-os, de modo regular, sobre a carda esquerda. **3** Friccione a carda esquerda com a direita, até os flocos ficarem bem penteados. **4** Passe as fibras de uma carda para a outra. Repita essa operação cinco vezes. **5** Coloque toda a lã sobre uma carda e enrole-a. Faça um rolo sobre as costas da carda.

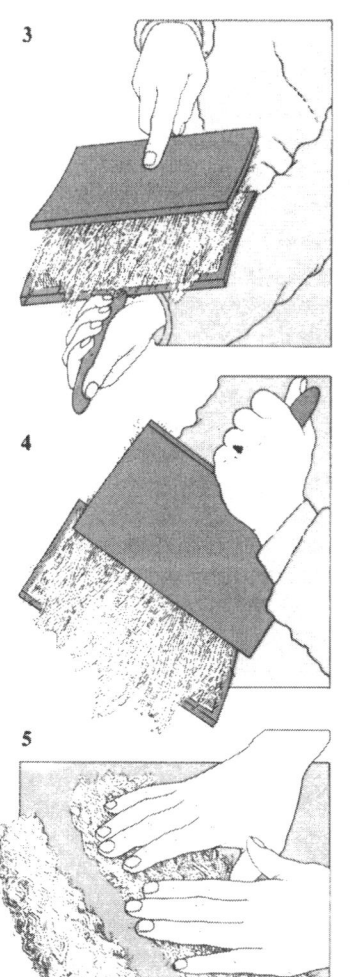

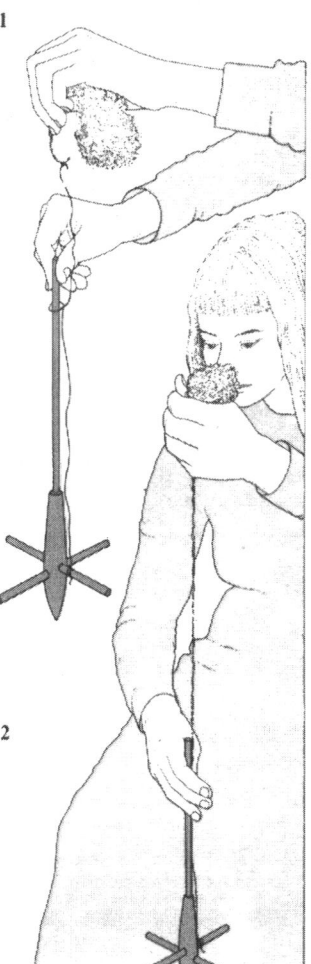

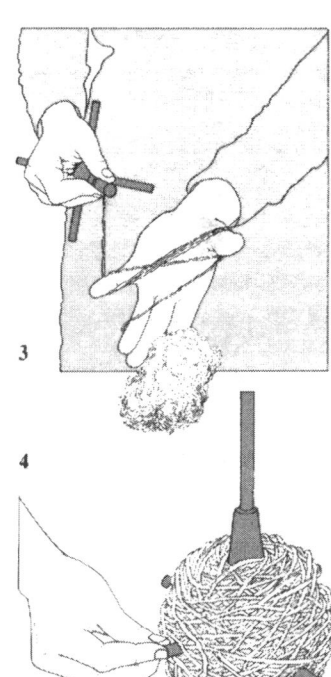

Fiar com um fuso
1 Prenda um pouco de lã fiada no fuso, enrole-a uma vez em volta do cabo e amarre-a à sua meada. **2** Gire o fuso e passe a lã entre o indicador e o polegar da mão esquerda. **3** Quando o fuso bater no chão, levante-o, enrolando a lã em volta dos dedos. Torne a colocá-la no fuso e fie um novo bocado de lã. **4** Tire as cavilhas para soltar a lã.

Artes e ofícios
Tingir e tecer

TINGIR

Quem vive no campo costuma tingir a lã antes de tecê-la, pois assim consegue obter, muito mais facilmente, uma cor regular.

De maneira geral, os corantes naturais só tingem os tecidos naturais e não, por exemplo, o *nylon* e outras fibras sintéticas. Mas os corantes vegetais, utilizados com "mordentes" adequados, tingirão rapidamente e muito bem todos os tecidos de material natural. (Os mordentes são substâncias químicas, utilizadas para fixar o corante sobre a fibra.) No entanto, os corantes derivados da hulha e de outras substâncias químicas mais estranhas proporcionarão cores quase naturais. Se você desejar cores muito vivas, deverá utilizar corantes artificiais.

Uma pequena minoria de corantes vegetais não precisa de mordente. Há mordentes que você mesmo poderá fabricar, como o vinagre, a soda cáustica e a amônia. Para obter uma gama bastante ampla de cores, são necessários produtos como o cremor de tártaro, o alúmen, o cromo (dicromato de potássio) e o ferro (sulfato ferroso). Destes, o alúmen é o mais útil, possibilitando, só por si, uma grande variedade de tinturas.

Para fazer um mordente com alúmen, aqueça cerca de 18 l de água, dissolva 115 g de alúmen e 30 g de cremor de tártaro num pouco de água, depois junte essa mistura aos 18 l de água. Mergulhe nessa mistura 500 g de lã desengordurada, limpa, seca e em meadas, e deixe-a ferver lentamente, durante 1 hora, mexendo de vez em quando. Retire então a lã e a enxágue.

Para preparar um corante vegetal, corte a matéria vegetal em pedacinhos, deixe-a repousar uma noite num pouco de água fria e depois coza-a durante uma hora. Se for necessário, acrescente água. Para cada 500 g de lã, conte com 18 l de corante. Mergulhe de uma vez a lã, molhada e embebida em mordente, no corante ainda quente. Deixe-a durante 1 hora, mexendo devagarinho de vez em quando. Depois tire-a e deixe-a escorrer.

Damos a seguir uma lista de algumas matérias vegetais que você poderá utilizar para obter cores bonitas e fixas, mas há muitas outras experiências que você poderá fazer.

Amarelo – Casca de freixo, de sabugueiro, de macieira, de pereira e de cerejeira; folhas e raízes de giesta; folhas de ligústica; cascas de cebola (pouco resistentes ao sol); maravilha-bastarda; folhas de choupo-da-itália; folhas de junquilho; folhas de murta; camomila; folhas de evônimo; pinhas (amarelo-avermelhado); raízes e caules de bérberes (não necessitam de mordente).
Verde – Bagas de escamônea-purgativa; pontas de folhas de urze; bagas de ligústica (verde-azulado); folhas de feto; grãos e evônimo fervidos em alúmen; folhas de freixo.
Marrom – Raízes de nogueira ou pericarpos de noz (não precisam de mordente); casca de acácia-da-europa ou de ameixeira-brava (castanho-avermelhado); bagas de zimbro fervidas.
Vermelho – Receptáculos de grãos de evônimo; sanguinária.
Preto – Casca de carvalho, que dará uma cor púrpura se for misturada com estanho (cloreto de estanho). O fruto do carvalho dá tinta de escrever.
Púrpura – As bagas de mirtilo são muito utilizadas para os *tweeds* na Alta Escócia (são um bom corante e não necessitam de mordente); raízes de salgueiro.
Violeta – Manjerona selvagem.
Laranja – Pulmonária, *Sticta pulmonacea* (não necessita de mordente).
Magenta – O líquen dá uma cor "magenta" após a primeira tintura e outras cores depois. Quando o corante parecer um pouco murcho, refresque-o com vinagre e obterá uma tinta rosada.

BRANQUEAR

Podem-se branquear tecidos mergulhando-os em leite acidulado e estendendo-os ao sol. O mais recomendado para o linho e o algodão é uma mistura de cloro e cal. Você poderá branquear a lã e a seda com vapor de enxofre. Pendure as meadas por cima do enxofre fervendo, num recinto fechado.

TECER

Não se comparam tecidos feitos em teares mecânicos com tecidos feitos à mão. Além disso, ainda não se inventou uma máquina que consiga reproduzir o trabalho das mãos do tecelão.

Faça uma moldura com quatro pedaços de madeira e amarre nela vários fios paralelos um ao outro (o urdume). Então, com a ajuda de uma agulha ou de um estilete de madeira, passe outro fio (a trama) alternadamente por cima e por baixo de cada um dos fios de urdume. Retorne com outro fio, procedendo da mesma maneira, mas passando por baixo dos fios do urdume que anteriormente ficaram por cima, e vice-versa. Continue o processo, e logo você verá surgir o tecido.

Se você quiser fazer tecido em grande quantidade, logo começará a inventar métodos engenhosos para facilitar seu trabalho e melhorar seu produto. Inicialmente, você poderá usar um pente (ver ilustração) para passar cada um dos dentes entre cada par de fios do urdume, e para juntar os fios da trama, de modo que o tecido fique bem fechado. Você terá criado o precursor dos pentes dos teares mecânicos.

Pode ser que você ache muito cansativo passar a trama com uma agulha. Crie então um acessório composto de dois conjuntos de barbantes com laçadas no meio, suspensos em sarrafos. Cada fio de urdume passará alternadamente por um conjunto e por outro. Você terá inventado os liços. Levante alternadamente cada um dos conjuntos de liços, que deverão estar montados numa moldura, a que se dá o nome de quadro de liços. Entre as duas camadas de fios de urdume haverá um espaço chamado cala. Você poderá passar a agulha pela cala, através dos fios, sem ter de se preocupar em movê-la para baixo e para cima.

Se você achar muito trabalhoso ter de amarrar sempre as tramas na agulha, arranje uma tabuinha com duas reentrâncias nas extremidades. Enrole o fio da trama na tabuinha de forma que, ao girá-la, ele vá se soltando. Você terá inventado uma lançadeira simples (ver ilustração). Avançando na sua criatividade, você poderá inventar a lançadeira de "canoa" (ver ilustração), dentro da qual você colocará uma bobina de fio, já guarnecida. Com todos esses apetrechos, você logo acabará de tecer seu quadro de urdume e só terá um pedacinho de pano. Adapte então um rolo de cada lado do tear – um para enrolar os fios

Artes e ofícios

O quadro de tecelagem
O tear mais simples que existe é o quadro de tecelagem. Com ele você poderá obter quadrados de tecido, de 10 cm de largura, para fazer patchwork. Estenda os fios de urdume (ver ilustração abaixo) e teça a trama com uma agulha de cerca de 13 cm. Desenhe seus modelos em papel quadriculado (ver ilustração da direita): os quadros pretos indicam que a trama tem de passar por baixo; os quadrados brancos significam que a trama passa por cima.

Padrão de tela plena

Losangos simples

Trançado

Pente

Lançadeira simples

Lançadeira de canoa

Quadro de urdume

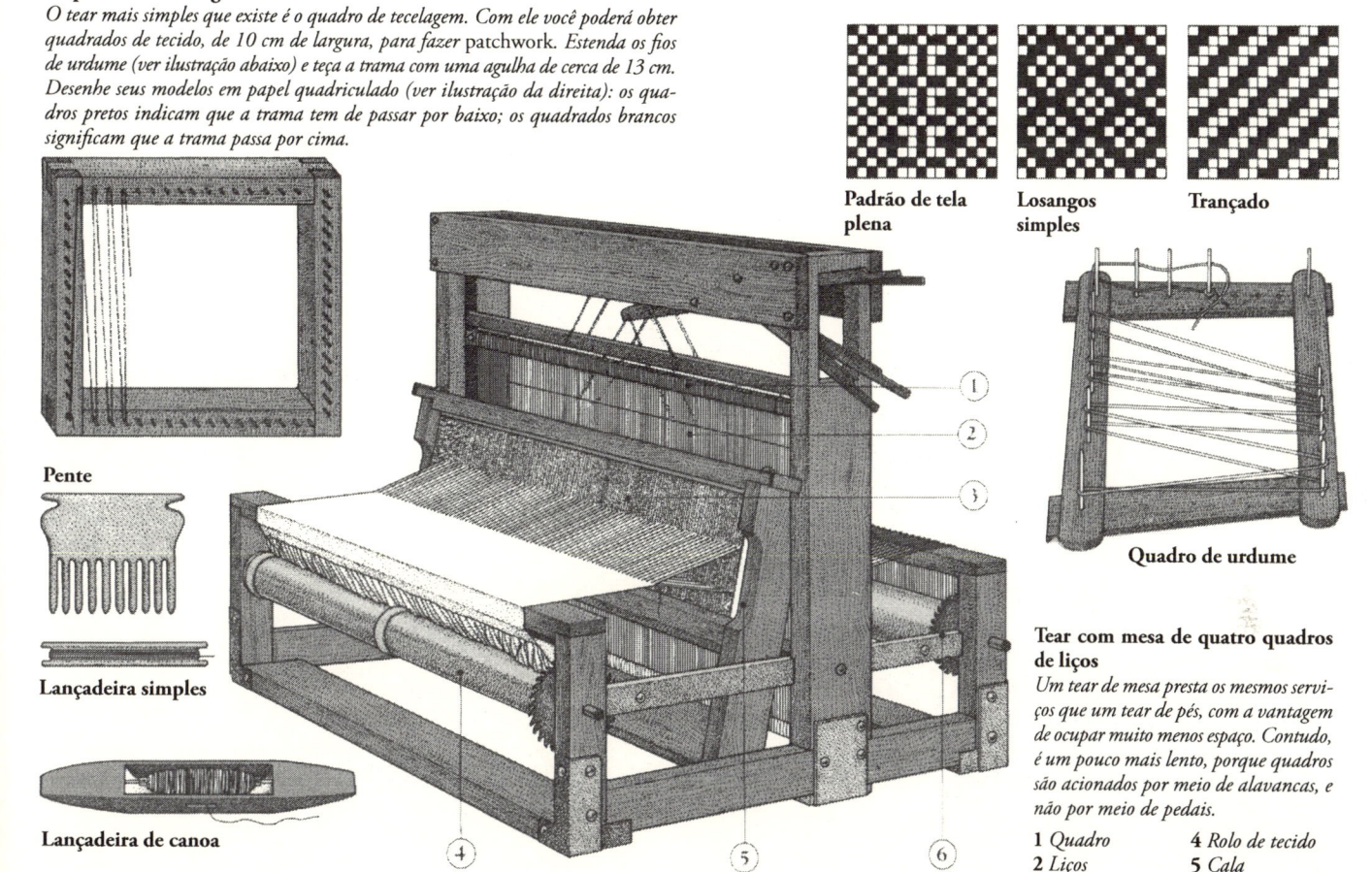

Tear com mesa de quatro quadros de liços
Um tear de mesa presta os mesmos serviços que um tear de pés, com a vantagem de ocupar muito menos espaço. Contudo, é um pouco mais lento, porque quadros são acionados por meio de alavancas, e não por meio de pedais.

1 Quadro
2 Liços
3 Pente
4 Rolo de tecido
5 Cala
6 Rolo de urdume

de urdume (rolo de urdume) e outro para enrolar o tecido pronto (rolo de tecido). (Ver ilustração.)

Ligando os quadros de liços a um pedal, por meio de um sistema complicado de cordéis, você não precisará levantá-los a cada vez para formar a cala. Bastará acionar os pedais.

Para tecer quantidades muito grandes de pano, você poderá criar um sistema de "chicote", manipulado por um cabo, para lançar a lançadeira de um lado para o outro, através da cala do urdume, sem precisar tocar nela: é a "lançadeira voadora", e – acredite ou não – você estará perigosamente próximo da Revolução Industrial.

Ao chegar o momento de guarnecer seu tear com os fios de urdume, você ficará quase louco com tanta complicação. Crie então um cilindro giratório (urdideira) para enrolar os fios de urdume, ou um quadro de urdume (ver ilustração) com pinos, que terão a mesma função.

Finalmente, você perceberá que, tendo quatro quadros de urdume, em vez de dois, poderá variar bastante o padrão formado pelo urdume, pois será possível variar a combinação dos quadros a serem levantados. E com duas ou mais lançadeiras, com fios de trama de cores diferentes, poderá criar mais desenhos ainda.

Mas, para aprender a tecer, você terá necessariamente de procurar alguém que tenha experiência e possa orientá-lo. Essa é uma tarefa que não se aprende só consultando livros.

ACABAMENTO DO TECIDO

O pisoamento do tecido torna-o mais denso e resistente. Você o fará batendo o tecido dentro da água. Tente, para isso, colocá-lo na banheira e pisoteá-lo.

Para tornar o tecido felpudo, "penteie-o" utilizando cardos. Você poderá colhê-los no campo ou, até mesmo, cultivá-los.

Artes e ofícios

Fiar linho

O linho é a fibra natural mais resistente que existe. A invenção das fibras artificiais é ainda muito recente para que se possa afirmar que são mais resistentes que o linho. Na nossa opinião, não são! Com efeito, foram descobertos nas pirâmides do Egito tecidos de linho relativamente muito bem conservados, e eu conheço alguns tecidos sintéticos que não duram mais de dois anos.

A colheita do linho geralmente se faz antes de as sementes estarem maduras, o que é lamentável, pois assim perde-se o óleo que poderia ser aproveitado. O linho não deve ser cortado, mas sim arrancado, atado em molhos e depois empilhado.

Preparar linho cru

O linho deve ser "debulhado", isto é, suas pontas superiores têm de passar por uma fileira de pregos muito pontiagudos. Esta operação serve para eliminar as sementes que ainda não estiverem maduras e que poderão servir de alimento aos animais. Depois, é preciso "curtir" o linho, isto é, macerá-lo. Coloque-o em água parada, durante 2 ou 3 semanas, para que a fibra se separe mais facilmente da parte lenhosa. Você também pode colocá-lo em água corrente, mas a operação será mais demorada. Outra solução consiste em simplesmente estendê-lo sobre a grama, durante 10 semanas, e deixar que a geada se encarregue do trabalho. Em seguida, seque-o cuidadosamente.

O passo seguinte é a tasquinhagem, operação que consiste em separar as partes lenhosas da fibra. Coloque o linho sobre uma mesa e bata-o com uma tábua larga, ou com um aparelho próprio para tasquinhar.

Em seguida, é preciso pentear o linho, isto é, estendê-lo sobre uma camada de pregos a fim de tirar a "estopa", ou seja, os fios muito curtos, e conservar só o "fio limpo", quer dizer, as fibras mais compridas. A estopa poderá ser aproveitada para calafetar as juntas dos barcos, ou para encher colchões. Se você quiser cardá-la e fiá-la, obterá um fio grosseiro e pesado. Também poderá fiar o fio limpo.

Para fiar linho (não se carda o linho), você terá de encher uma roca, que é apenas um pequeno pau que se coloca na roda de fiar.

Guarnecer a roca

O guarnecimento de uma roca exige grande habilidade. Vista um avental (a não ser que esteja vestida com uma saia comprida), amarre um cordel em volta da cintura, de modo que as duas pontas caídas tenham alguns centímetros, e sente-se. Pegue um punhado de linho e prenda-o, por uma das extremidades, às pontas do cordel, com um nó liso. Espalhe o linho sobre os joelhos, fazendo com que o nó fique perto da sua cintura. Segure-o com a mão esquerda. Pegue algumas fibras com a mão direita, estique-as devagarinho e coloque-as sobre o joelho direito. Pegue de novo algumas fibras, coloque-as ao lado das primeiras e vá procedendo assim, até ter formado, sobre seus joelhos, um leque estreito de linho. Passe agora o linho para a mão direita e inverta o processo para fazer, da esquerda para a direita, um segundo leque sobre o primeiro. Continue a alternar, mãos

Guarnecer uma roca
Antes de fiar o linho, você terá de colocá-lo numa roca, para que as fibras se separem. Pegue um punhado de linho e amarre-o a um cordel, que você enrolou previamente em volta da sua cintura. Sente-se e espalhe cuidadosamente sobre os joelhos leques de linho dispostos uns sobre os outros. Corte o nó, ponha a roca sobre um dos lados do leque e enrole-o em volta dela. Coloque a roca na roda de fiar e amarre uma fita em volta do cone de linho.

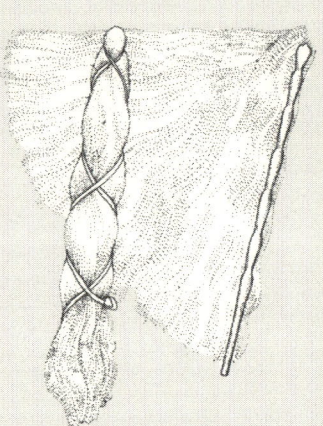

e sentidos, até que todo o linho esteja disposto em leques, que se cruzem uns com os outros. Sobretudo, não se esqueça de entrecruzar também as fibras, senão não poderá estendê-las facilmente na hora de fiar.

Corte o cordel, tire-o e alargue ligeiramente o nó que segura o linho. Coloque a roca sobre uma das pontas do leque, voltando a parte superior da roca para o lugar onde se encontra o nó. Enrole o leque de linho à volta da roca, apertando bem no topo e deixando-o mais solto embaixo. Coloque a roca, assim guarnecida, sobre a roda de fiar. Amarre com força uma fita na parte superior da roca, depois cruze as duas pontas da fita em volta do cone de linho e dê um nó bem apertado embaixo.

Fiar linho

Pegue o fio que você prendeu na bobina da roda, misture-o com o linho que sai da parte de baixo da roca e fie-o. Ponha perto de você um recipiente com água, para molhar os dedos e ir umedecendo o linho. Com a água da mão esquerda, impeça que o fio se prenda na roca e, com a mão direita, desfaça os nós e retire os fios muito grossos. Se você tiver guarnecido corretamente a roca, o linho correrá facilmente entre seu polegar e seu indicador esquerdo. Quando tiver esvaziado a roca até o nó, desfaça-o e faça outro, um pouco mais acima. Continue até esvaziar completamente a roca.

Artes e ofícios

Curar e curtir o couro

As peles dos animais tornam-se duras como papelão quando são arrancadas da carcaça e secadas, durante um certo tempo. Em outras palavras, ficam praticamente inutilizáveis. Há muito tempo foram criados dois métodos para superar esse inconveniente: o método mecânico, que produz o couro verde ou cru, e o método químico, que dá o couro curtido.

Para obter couro cru, você terá de tirar a pele do animal e começar a trabalhá-la antes que fique dura. Assim, conseguirá destruir as fibras que tornam a pele dura, e esta ficará sempre bem macia. É um trabalho árduo e demorado. Diz-se que as mulheres esquimós conseguem o mesmo resultado mastigando a pele. De fato, é bem verdade que, se você trabalhar a pele com as mãos durante um certo tempo (provavelmente durante 1 semana, sem interrupção), conseguirá a maciez desejada.

Curar

Para as peles de carneiro, de raposa e sobretudo de coelho (com magníficos resultados), utilizo um método que é um meio-termo entre o processo mecânico e o químico. O produto obtido é um misto de couro cru e couro curtido. Comece por lavar cuidadosamente a pele em água quente e enxágue-a numa solução fraca de bórax. Depois, mergulhe-a numa solução de ácido sulfúrico, que você obterá misturando 0,5 kg de sal com 4,5 l de água e mais 15 g de ácido sulfúrico. Nunca despeje a água sobre o ácido, senão poderá ficar sem os olhos ou destruir o rosto.

Três dias e três noites depois, retire a pele dessa solução e enxáguem-a numa solução de bórax. Se puder, ponha-a numa máquina de lavar, trabalhando durante 1 ou 2 horas (depois de ter enxaguado do ácido, é evidente). Pendure-a e deixe-a secar, mas não completamente.

Depois unte, com gordura ou azeite, o lado da pele que esteve em contato com a carne do animal e comece a trabalhá-la. Raspe-a e estique-a. Um bom método consiste em pô-la sobre o assento de uma cadeira e puxá-la com as mãos, para a frente e para trás. Deixe-a sobre o assento da cadeira e estique-a sempre que passar por lá. Unte-a de vez em quando. A pele ficará muito macia, e bonita como couro curtido.

Curtir

O curtume à base de tanino é um método totalmente químico. Você precisará de cerca de 500 kg de uma boa casca de carvalho para obter cerca de 50 kg de tanino, com os quais poderá tratar aproximadamente 100 kg de peles. A mimosa, o sabugueiro, a bétula, o salgueiro, o pinheiro, o larício e a cicuta também têm tanino. A casca de carvalho tem de ser macerada, isto é, finamente moída e depois colocada de molho em água. As peles pequenas devem ser mergulhadas numa solução de tanino durante 4 meses, e as grandes, durante 12 meses. Se você quiser obter um resultado verdadeiramente perfeito, comece por mergulhar as peles numa solução bem diluída e vá aumentando progressivamente a concentração no decorrer dos meses.

Um método eficaz consiste em mergulhar as peles durante 1 mês numa solução diluída, depois colocá-las numa cova, na terra, ou num recipiente, pondo uma camada espessa de casca entre cada uma delas, cobrindo-as de água e aguardando pelo menos 6 meses.

Se você tiver pressa, poderá experimentar o chamado método do "saco". Faça um saco com uma ou várias peles, pendure-o num gancho e encha-o com uma solução de tanino. Uma ou duas semanas mais tarde a pele estará curtida.

Para tirar os pelos, ponha a pele numa pasta feita de cal e água, durante 3 semanas, ou então numa pasta de sulfato de cal, durante 1 dia. Para retirar a cal e os pelos, mergulhe a pele numa solução muito fraca de vinagre.

Costurar o couro

Costurar couro é tão fácil como costurar tecido. Você só precisará de algumas agulhas compridas (agulhas de veleiro, por exemplo), de um buril para furar o couro e de fio encerado, bem resistente. Serve qualquer fio embebido num pouco de cera de abelhas. Para fazer os pomos, observe as ilustrações.

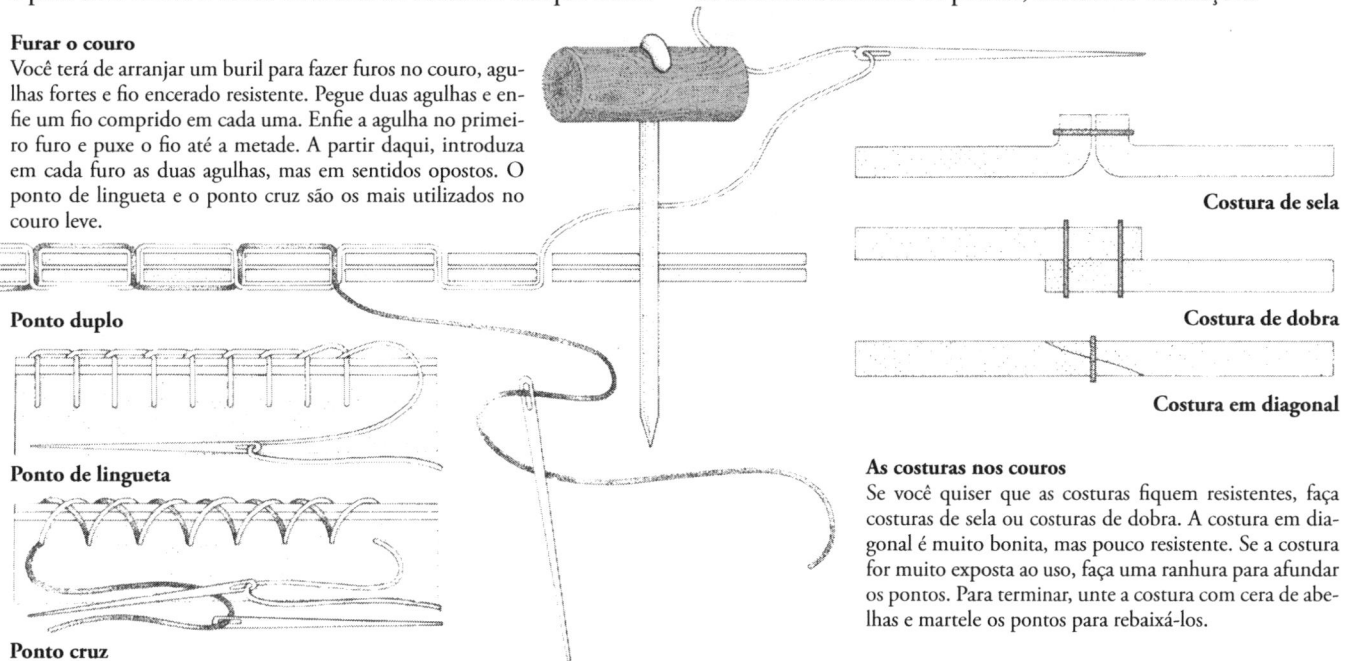

Furar o couro
Você terá de arranjar um buril para fazer furos no couro, agulhas fortes e fio encerado resistente. Pegue duas agulhas e enfie um fio comprido em cada uma. Enfie a agulha no primeiro furo e puxe o fio até a metade. A partir daqui, introduza em cada furo as duas agulhas, mas em sentidos opostos. O ponto de lingueta e o ponto cruz são os mais utilizados no couro leve.

Ponto duplo

Ponto de lingueta

Ponto cruz

Costura de sela

Costura de dobra

Costura em diagonal

As costuras nos couros
Se você quiser que as costuras fiquem resistentes, faça costuras de sela ou costuras de dobra. A costura em diagonal é muito bonita, mas pouco resistente. Se a costura for muito exposta ao uso, faça uma ranhura para afundar os pontos. Para terminar, unte a costura com cera de abelhas e martele os pontos para rebaixá-los.

Artes e ofícios

Fazer tijolos e telhas

Evite comprar argila para fazer tijolos, sem primeiro ter feito experiências com os diferentes tipos de argila que houver próximo da sua casa. Com certeza você encontrará uma mistura que convenha e, assim, poupará muito dinheiro.

Quando tiver encontrado, amasse bem a argila. Um bom método para fazê-lo consiste em pô-la numa cova, jogar um pouco de água por cima e calcar durante 1 ou 2 horas. Mas todos os métodos são bons. Quando tiver obtido uma argila com boa consistência, isto é, firme mas maleável, faça os tijolos segundo o método ilustrado na página ao lado.

Secar e cozer tijolos

Nos países onde há uma estação seca e sem chuvas, o método mais fácil de secagem consiste em alinhar os tijolos no chão, em cima de areia. Nas regiões mais úmidas, torna-se necessário abrigá-los; geralmente em filas de seis, desencontrados, para que o ar possa circular entre eles.

O tempo de secagem, antes da cozedura, varia entre 1 semana e 1 mês, de acordo com o clima. Para cozer os tijolos você terá de construir um forno, que consiste, basicamente, numa pilha retangular, do tamanho de um pequeno compartimento, feita de tijolos entrecruzados, de modo que fiquem espaços entre eles. Você poderá utilizar o forno de duas maneiras. Uma consiste em prever espaços para as fornalhas, de maneira que seja possível acender fogueiras a lenha, de metro em metro, ao longo dos lados mais compridos da pilha. Depois, cubra toda a pilha com argila, deixando algumas pequenas chaminés no topo do lado voltado para onde sopra o vento, e acenda o fogo nas fornalhas voltadas para o lado de onde vem o vento.

Se o vento mudar, tape as fornalhas que estavam abertas e abra as que estavam tapadas. As fornalhas podem ser constituídas por arcos rústicos, feitos de tijolos já cozidos ou meio cozidos, ou por falsos arcos feitos com tijolos dispostos em degraus. Coza os tijolos durante uma semana e depois deixe a pilha esfriar. Abra-a, ponha de lado os tijolos bem cozidos e guarde os outros para serem cozidos novamente.

Achamos o outro método mais eficaz e simples, pois não necessita de fornalhas. Você só terá de encher com carvão, antracite ou coque os espaços entre os tijolos. A pilha pode ser menor, com cerca de 2,20 m de altura, e com o comprimento e largura que você quiser. Revista toda a pilha com barro, deixando só dois buracos: um embaixo, voltado para o lado de onde vem o vento, e outro em cima, voltado para o lado para onde sopra o vento. Acenda um fogo a lenha no buraco voltado para o lado de onde vem o vento e deixe o forno trabalhar sozinho durante 1 semana. Quando estiver frio, tire os tijolos. Verá que eles ficam mais bem cozidos do que com o primeiro método.

Telhas

As telhas poderão ser feitas com a mesma argila com que foram fabricados os tijolos, desde que seja amassada e misturada com mais cuidado. Você poderá fazer telhas chatas, curvas (com um lado côncavo e outro convexo), ou ainda meio cilíndricas, como a maioria das telhas mediterrânicas. Na Espanha e na Itália elas são, aliás, ligeiramente cônicas, porque se diz que, na época romana, os trabalhadores as moldavam com as coxas. Atualmente, o modo mais comum de fazer telhas consiste em fazer um cilindro numa roda de oleiro e cortá-lo ao meio, antes de secá-lo e cozê-lo. As telhas com outros formatos exigem um molde.

Coza as telhas como os tijolos, mas construa seu forno de modo que os tijolos suportem o peso, pois as telhas não são resistentes. Não se esqueça de fazer alguns buracos nelas para poder pregá-las ou encaixá-las no telhado.

Fazer tijolos: os utensílios indispensáveis

O mais importante é o molde, que deve ter um tamanho exato, levando em conta a contração da argila. Faça-o de madeira e, se quiser que dure bastante tempo, atarraxe em cada extremidade um parafuso com porca. Faça o arco com um ramo de aveleira, esticando um fio metálico. A pá raspadora é um utensílio muito bom para mexer e transportar grandes quantidades de argila. A pia de areia deve ter profundidade suficiente para conter uns dois moldes. Você precisará ainda de uma faca para limpar os moldes e de pranchas para secar os tijolos.

Arco

Pia de areia

Pá raspadora

Faca

Molde

Molde e prancha

Artes e ofícios

Foi preciso muito tempo e experiência para se chegar à conclusão de que as dimensões ideais de um tijolo deviam ser 20 × 10 × 5 cm. O comprimento corresponde ao dobro da largura, que por sua vez é o dobro da altura. Essas dimensões estão adaptadas à mão humana. Seu molde terá de ser tanto maior quanto maior for a propensão da argila para a contração. Faça experiências e construa moldes adaptados à argila que você for utilizar.

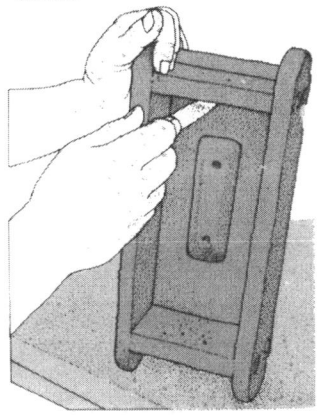

Limpe o interior do molde com uma faca.

Forre o interior do molde com areia, como se forrasse uma forma de bolos com farinha.

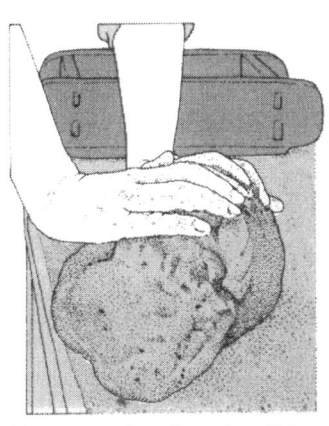

Pegue um pedaço de argila e dê-lhe, grosseiramente, a forma de um tijolo.

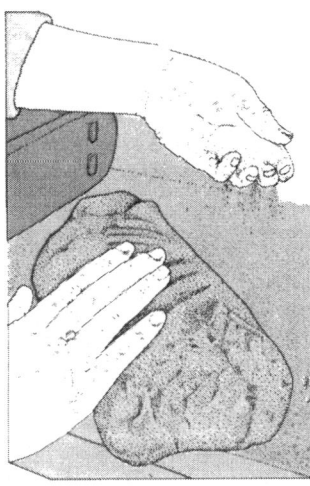

Trabalhe a argila sobre a mesa depois de ter posto areia nas mãos para evitar que ela grude.

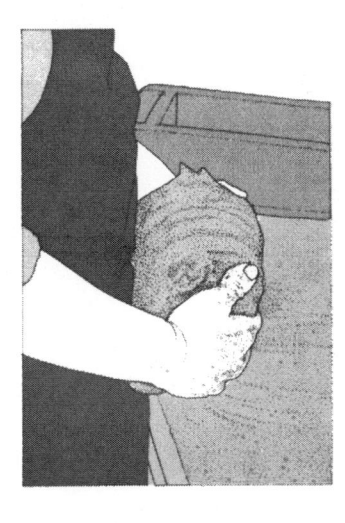

Aperte a argila contra si (ver ilustração acima) e amasse-a com força para eliminar as bolhas de ar.

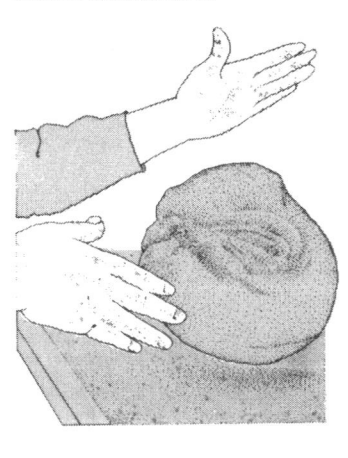

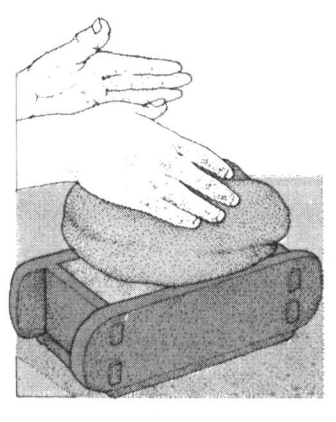

Encha o molde e preencha bem os cantos.

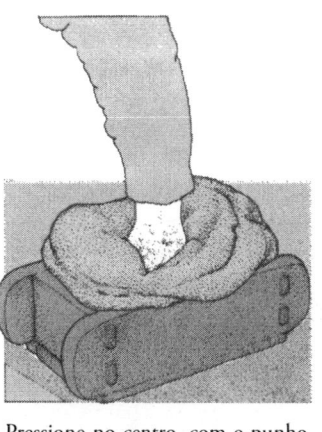

Pressione no centro, com o punho, para preencher bem os lados e os cantos.

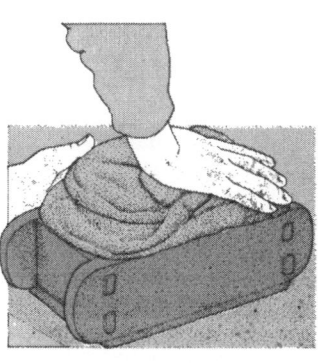

Ponha mais argila no buraco deixado pelo punho e pressione o mais que puder.

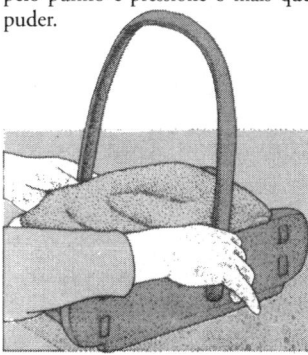

Corte a argila excedente com o arco.

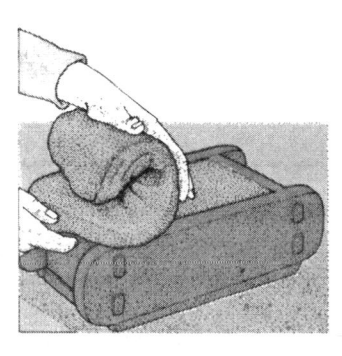

Molhe um rolo de madeira na água e passe-o sobre a superfície, para alisá-la. Salpique por cima um pouco de areia.

Levante o molde e bata com os cantos sobre a mesa até que surjam folgas entre a argila e os lados do molde.

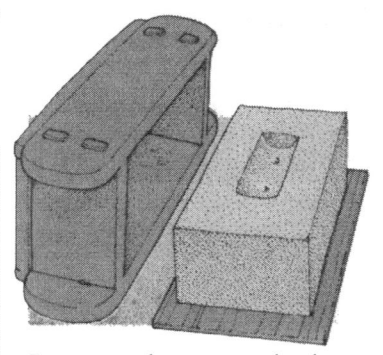

Deixe secar sobre uma prancha, durante 1 mês.

233

Artes e ofícios

Trabalhar a pedra

Algumas pedras, sobretudo o granito, são bastante difíceis de trabalhar, porque não se fendem facilmente em linha reta. Outras pedras, provenientes de camadas sedimentares, se estratificaram em camadas horizontais, por vezes debaixo de água, mesmo que atualmente estejam em posições diferentes. Essas pedras se fendem segundo linhas horizontais. Há ainda outras pedras, a que os empreiteiros e os canteiros chamam "pedra de corte", que se fendem muito bem, tanto horizontal como verticalmente. É este último tipo de pedra que todos procuram para construções, e é muita sorte encontrá-las.

É mais frequente cortar ou clivar a pedra de corte com cunhas do que com explosivos. Faça buracos à volta da pedra e depois enfie cunhas pouco a pouco, até a pedra se dividir.

Se você tiver de trabalhar um bloco grande, utilize antes "cunhas-agulhas". As agulhas são dois pedaços de aço que se colocam de cada lado do buraco feito na pedra, em cujo centro se enfia a cunha. A grande vantagem desse método reside no fato de as agulhas exercerem uma pressão mais regular que a cunha, fazendo com que o bloco se quebre mais regularmente.

Também se fazem buracos na pedra com um buril, isto é, um pedaço de aço com uma ponta muito afiada. O buril é enfiado a marteladas e, a cada martelada, imprime-se a ele um movimento giratório. Também se pode utilizar um martelo pneumático.

Com esse aparelho você poderá fazer buracos na rocha mais dura que houver; mas o martelo manual também serve muito bem para trabalhar depressa numa rocha macia. De vez em quando, jogue água no buraco para lubrificá-lo e limpar os fragmentos e resíduos. Para evitar que os fragmentos saltem em seu rosto, enrole um pano em volta do buril.

É possível partir, dividir ou talhar em retângulo todas as rochas, até mesmo o mais duro e intratável dos basaltos ou granitos. Quanto mais dura for a rocha, mais estafante será o trabalho. É verdade que você poderá muito bem construir uma casa com pedras desiguais e não talhadas e colmatar os espaços entre elas com terra, com terra e cal, ou ainda, nessa época "decadente", com cimento, que impedirá a entrada dos ratos. Mas haverá sempre lugares que exigirão pedras retangulares sólidas e bonitas, como, por exemplo, as soleiras e lintéis das portas e janelas, e as lareiras e chaminés.

A ardósia é uma rocha metamórfica, isto é, uma rocha sedimentar cuja estrutura foi modificada por ação de temperaturas elevadíssimas e de fortes pressões. As camadas ou estratos originais desapareceram, dando lugar a outras que se desenvolveram mais ou menos perpendiculares às primeiras. A ardósia cliva facilmente ao longo dessas linhas. Em geral, a matéria é mais fraca no ângulo reto dos estratos, e é possível extrair grandes blocos de ardósia sem recorrer a explosivos, o que torna essa rocha ótima para telhados.

Utilizar instrumentos de canteiro
Para talhar a pedra, você precisará de duas espécies de cinzéis e de martelos. Os buris, talhadeiras e cinzéis próprios para talhar a pedra suportam golpes muito fortes dados com martelos de aço e macetes, mas os cinzéis denteados e outros exigem um tratamento mais suave, com maços de madeira.

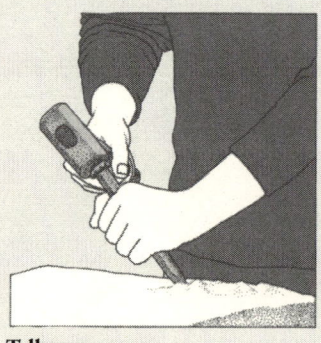

Talhar em ponta
Mantenha o buril inclinado e batalhe fortemente com um martelo de aço ou com um macete.

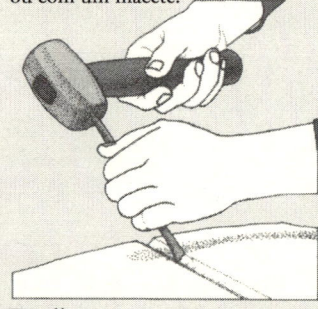

Entalhar
Para conseguir dar ao cinzel a direção correta, segure-o com o polegar voltado para cima. Martele com golpes secos, mantendo o buril na posição correta.

Clivar um grande bloco
Faça um risco em toda a volta do bloco com um lápis. Faça incisões profundas, em forma de V, nos lados e na parte de cima do bloco. Levante o bloco e coloque uma barra de ferro sob o futuro ponto de ruptura. A seguir, enfie cunhas com um macete. Preste atenção ao som emitido pela pedra; ele se torna surdo quando ela está prestes a se fender.

Alisar uma superfície
Faça movimentos ritmados: **1** Coloque o cinzel. **2** Dê uma pancada seca com um maço. **3** Levante o maço e o cinzel e recomece.

Artes e ofícios

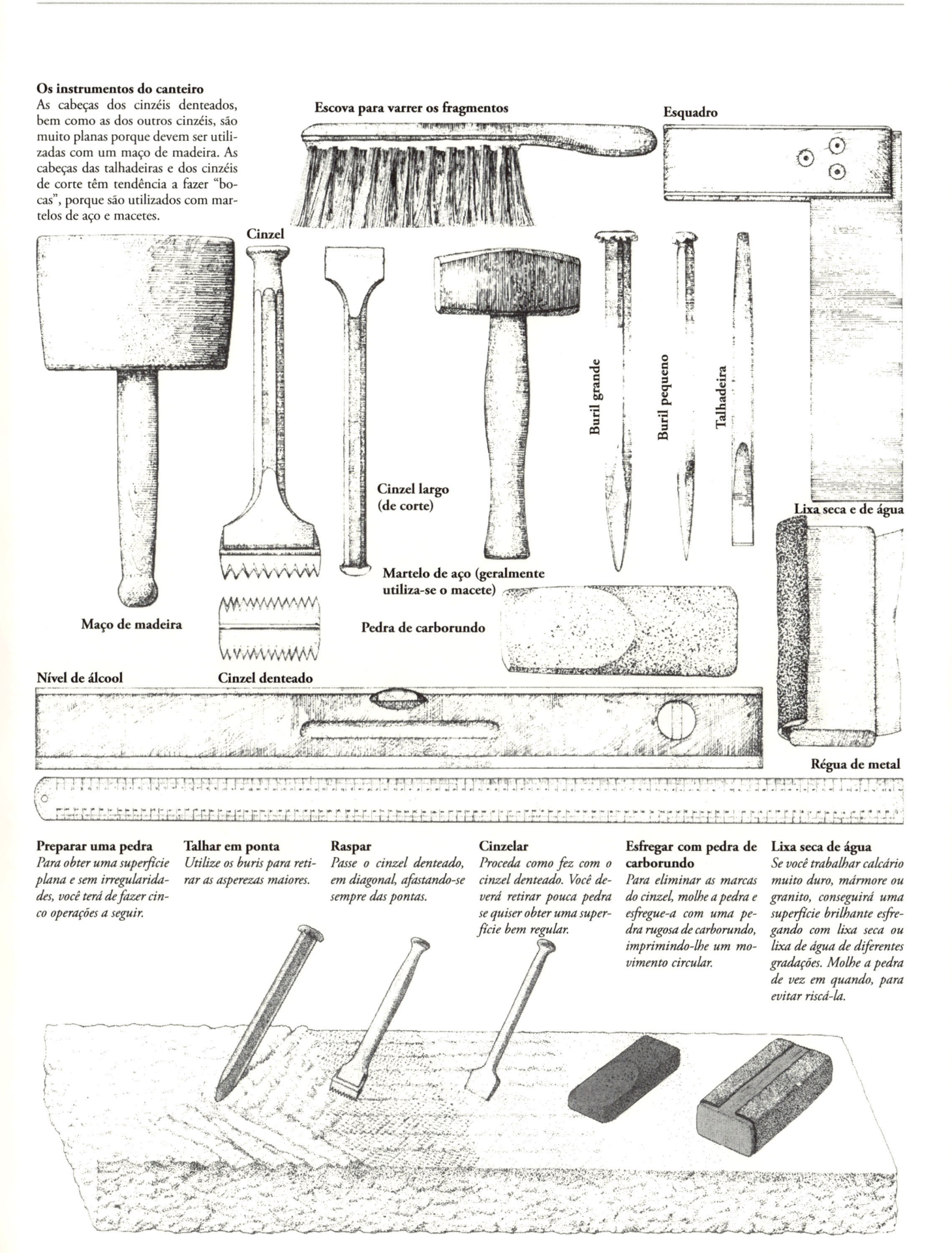

Os instrumentos do canteiro
As cabeças dos cinzéis denteados, bem como as dos outros cinzéis, são muito planas porque devem ser utilizadas com um maço de madeira. As cabeças das talhadeiras e dos cinzéis de corte têm tendência a fazer "bocas", porque são utilizados com martelos de aço e macetes.

Escova para varrer os fragmentos

Esquadro

Cinzel

Buril grande

Buril pequeno

Talhadeira

Cinzel largo (de corte)

Lixa seca e de água

Maço de madeira

Martelo de aço (geralmente utiliza-se o macete)

Pedra de carborundo

Nível de álcool

Cinzel denteado

Régua de metal

Preparar uma pedra
Para obter uma superfície plana e sem irregularidades, você terá de fazer cinco operações a seguir.

Talhar em ponta
Utilize os buris para retirar as asperezas maiores.

Raspar
Passe o cinzel denteado, em diagonal, afastando-se sempre das pontas.

Cinzelar
Proceda como fez com o cinzel denteado. Você deverá retirar pouca pedra se quiser obter uma superfície bem regular.

Esfregar com pedra de carborundo
Para eliminar as marcas do cinzel, molhe a pedra e esfregue-a com uma pedra rugosa de carborundo, imprimindo-lhe um movimento circular.

Lixa seca de água
Se você trabalhar calcário muito duro, mármore ou granito, conseguirá uma superfície brilhante esfregando com lixa seca ou lixa de água de diferentes gradações. Molhe a pedra de vez em quando, para evitar riscá-la.

Trabalhar a pedra

Talhar um bloco de pedra

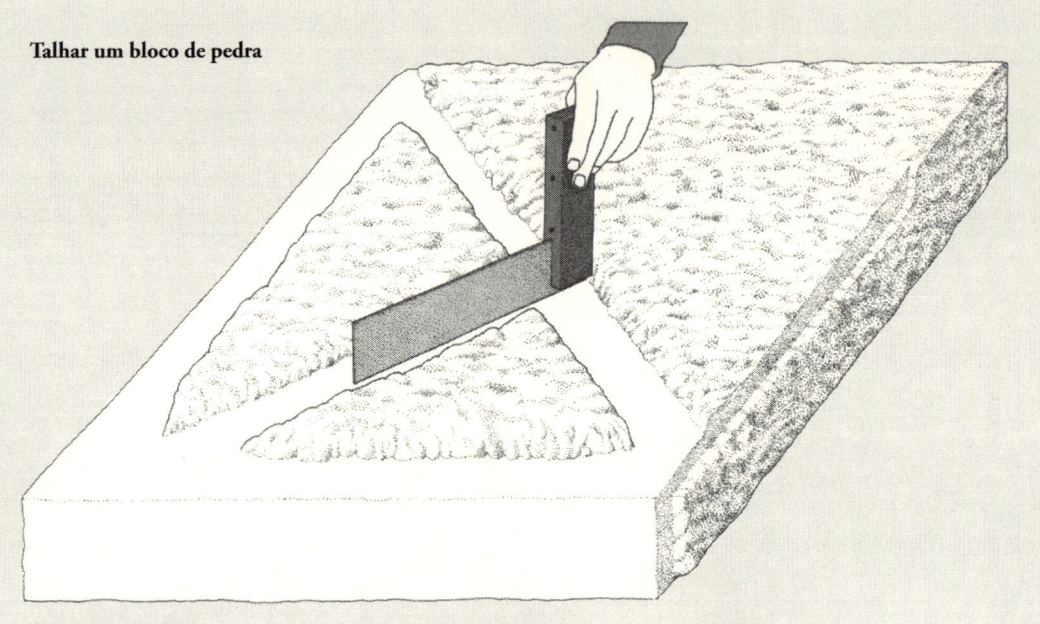

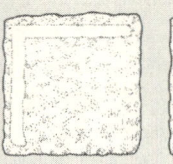

Talhe duas linhas.  Una-as.

Remova as "ilhas".  Trace uma diagonal.

Una os cantos.  Remova as "ilhas".

Nivelar e entalhar
Para transformar numa superfície regular um bloco desigual, você terá de começar por traçar linhas de referência. Escolha a olho um plano horizontal. Talhe suas duas primeiras linhas, isto é, dois traços cinzelados, no nível que você quiser. Faça-os paralelos a duas das bordas do bloco, de modo que eles se unam em ângulo reto. Forme depois um triângulo e, se estiver trabalhando um bloco muito grande, divida-o, ainda, em dois. A seguir, com os buris, os cinzéis denteados e os outros, faça desaparecer a "ilha" que você tinha construído. Vá sempre controlando o nível com o esquadro. Repita a mesma operação na outra metade do bloco.

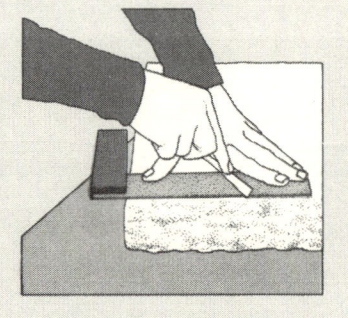

Para fazer um ângulo reto, pegue o esquadro e trace o ângulo com um cinzel de corte. Se os lados do bloco forem muito rugosos, faça a marca um pouco mais para dentro.

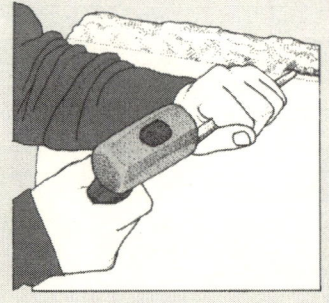

A seguir, talhe muito suavemente ao longo dessa linha e retire uma faixa estreita de pedra a fim de obter um canto regular e bem formado. Finalmente, com buris, cinzéis denteados e cinzéis de corte, que você utilizará sempre nessa ordem (ver página anterior), elimine a "ilha" central. Atenção: trabalhe sempre de fora para dentro.

Talhar uma pedra
Com um cinzel de corte ou uma talhadeira, trace duas linhas paralelas, distanciadas em 1 cm, nos quatro lados do bloco, nos lugares onde pretende cortá-lo. Depois, sempre com o cinzel, talhe uma ranhura em forma de V, de 2 cm de profundidade, entre essas duas linhas. Como a pedra se parte sempre pelo ponto mais fraco, assegure-se de que o bloco não tem imperfeições que sejam mais fracas que a ranhura. Ponha a pedra de pé, para que a ranhura fique em posição horizontal. Peça a alguém que a segure, ou, então, apoie-a contra seu ombro. A seguir pegue um cinzel bem largo e martele-o ao longo da ranhura, até as duas partes se separarem.

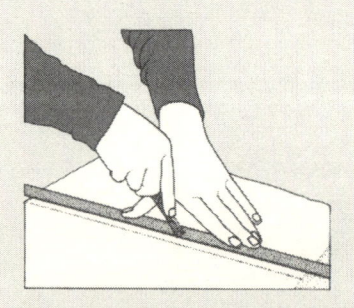

Artes e ofícios

Elimine as irregularidades
Este método é bom para separar da pedra placas de grés ou de calcário. Trace duas linhas, a 1 cm de distância uma da outra, e faça uma ranhura em forma de V, com 2 cm de profundidade. Coloque a pedra no chão e apoie-a contra seu ombro esquerdo, para que a onda de choque passe através da pedra e não se repercuta ao longo da mesa ou da parede (contra as quais se costuma apoiar a pedra). A inclinação do cinzel é um fator decisivo (ver desenho da direita).

O ângulo do cinzel
O cinzel deve fazer um ângulo quase reto com a pedra. Você poderá tirar, de cada vez, camadas de 2 cm de grés e de 4 cm ou mais de calcário. Faça saltar as camadas, de modo que a última corresponda à ranhura. A seguir, termine o ângulo e o canto, como já se viu.

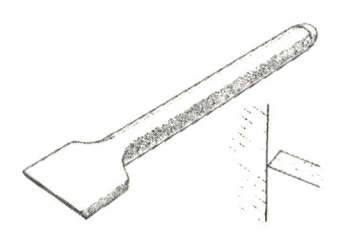

Cortar ardósia de lado a lado
Trace na ardósia duas linhas a 1 cm de distância uma da outra. Depois, com uma broca com ponta de tungstênio, faça buracos muito próximos uns dos outros. Corte com uma serra e alise com uma lima.

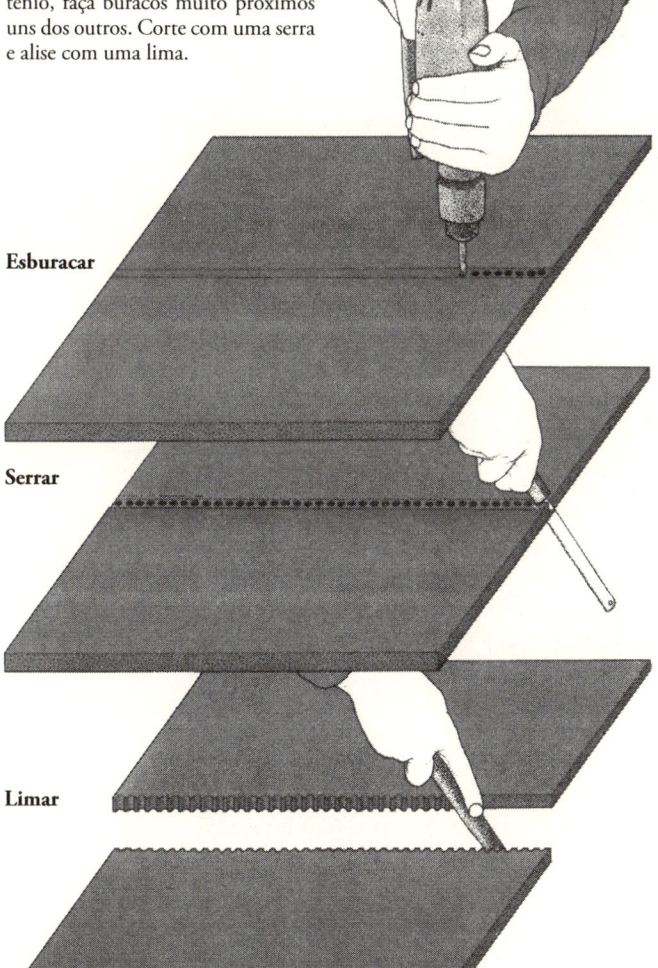

Esburacar

Serrar

Limar

Rachar um bloco grande de ardósia
Primeiro, você terá de encontrar o grão da pedra, que se situa mais ou menos no meio do bloco. A seguir, enterre com um golpe seco um escopro no meio de cada lado. O bloco se dividirá facilmente em duas partes.

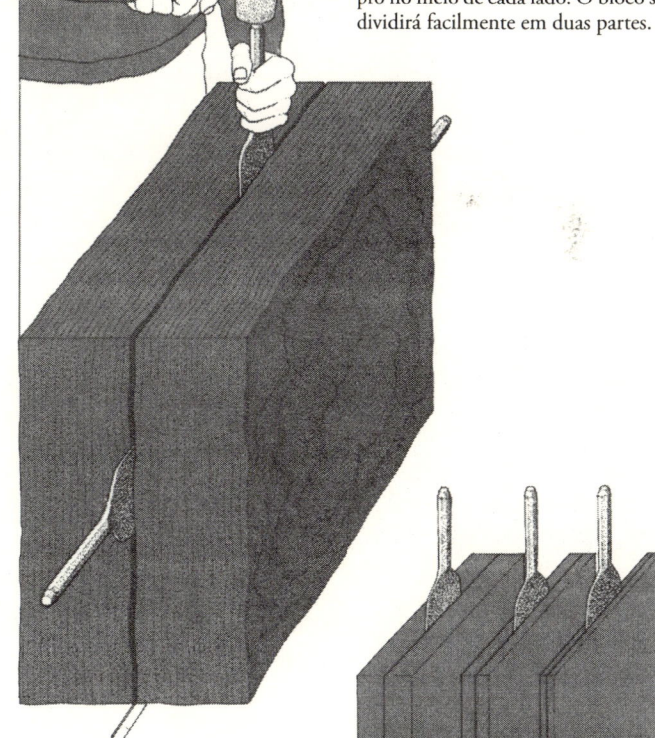

Placas de ardósia para os telhados
Segure entre os joelhos um bloco de ardósia e assente o lado voltado para baixo sobre um pedaço de aço. Divida-o com um escopro. Ponha de lado uma das metades e continue a dividir a outra, até atingir a espessura desejada. Recomece com as metades que você foi pondo de lado.

237

Artes e ofícios

Trabalhar os metais

FORJAR

Diz-se que são necessários 7 anos para formar um bom ferreiro, mas bastam algumas horas para aprender a dobrar, moldar e soldar o ferro. Você só conseguirá fazê-lo corretamente com alguma experiência e, antes, terá de desperdiçar muito ferro. Se você quiser mesmo trabalhar com esse metal, terá de adquirir algum material: uma forja, uma bigorna, um banco com um bom torno, e ainda diversos martelos e alicates. Mas eu mesmo já fiz trabalho de ferreiro pondo-me de quatro na frente de um braseiro para atiçar o fogo e aí aquecer pedaços de ferro, para depois moldar no chão, sobre a cabeça de um malho de ferreiro. Os conhecimentos, às vezes, são uma arma de dois gumes, mas, em geral, são úteis.

Os ferreiros trabalham os metais ferrosos, dos quais há uma grande variedade. O mais comum é o ferro forjado, feito a partir de uma fundição grosseira (ferro de primeira fundição), isto é, da matéria que sai dos altos-fornos. O ferreiro tem grande preferência por esse material porque pode moldá-lo, dividi-lo, soldá-lo, enfim, tratá-lo, desde que esteja a boa temperatura, como se fosse argila ou massa plástica. Depois de frio, o ferro forjado fica duro (não tanto como o aço), resistente e sólido, o que o torna ideal para o fabrico de muitas máquinas agrícolas, cadeias de transmissão, ganchos e elos de corrente. Não enferruja com facilidade.

O ferro macio é utilizado só para algumas coisas, por exemplo para os braços das máquinas de ceifar, que devem ser moldados a frio.

O ferro fundido é, como o próprio nome indica, o ferro fundido num molde. É um material duro mas quebradiço, que não suporta ser batido e, portanto, não é apropriado para instrumentos cortantes, pois o gume se quebraria facilmente. Também não enferruja com facilidade.

Há muitos tipos e qualidades de aço. O "aço macio" é atualmente o mais utilizado pelos ferreiros, pois está se tornando muito difícil encontrar ferro forjado. Mas o aço macio não é de tão boa qualidade, é mais difícil de trabalhar e enferruja com facilidade.

Para trabalhar o ferro, você precisará de uma forja. Esta consiste numa fornalha com um tubo, a que se chama alcaraviz, ligado a um fole, para ventilar o fogo. Em geral, esse tubo é colocado na água antes de ir para o fogo, para que não se queime nem se funda; outras vezes, é revestido de ferro fundido, que suporta altas temperaturas. Como combustíveis, você poderá usar carvão, coque ou carvão de madeira.

Quando se utiliza carvão de madeira ou coque formam-se escórias, que prejudicam o trabalho. Deixe-as solidificar e depois retire-as. Mantenha o fogo o menor possível, empurrando sempre o combustível para o centro e colocando a peça de ferro bem no meio do fogo.

A corrente de ar pode ser obtida com um fole manual, uma bomba de ar elétrica ou um aspirador, a que se inverte o sistema de aspiração. Mas atenção: não insufle mais ar que o necessário.

Você terá de regular o calor de acordo com os trabalhos que pretender realizar:

Vermelho-sangue, para ligeiras curvaturas no aço macio.

Vermelho-vivo, para fortes curvaturas no aço macio, para fazer buracos ou usar o cinzel a quente.

Amarelo-vivo é o calor para a grande maioria dos trabalhos de forja, em ferro forjado, para engrossar ou adelgaçar o ferro forjado e o aço macio. É também muito bom para fazer buracos no ferro ou no aço, com mais de 2 cm de espessura.

Calor da fundição, logo abaixo do branco de soldadura, é geralmente utilizado para fundir o ferro e soldar o aço macio, se for difícil soldá-lo a uma temperatura mais elevada. Mas esta operação requer rapidez e habilidade.

Branco de soldadura, para soldar o ferro e a maioria dos aços. Quando atinge esta temperatura, o metal solta pequenas faíscas, assemelhando-se a um diamante.

Branco de neve, temperatura ideal para soldar ferro de muito boa qualidade, mas muito elevada para o aço. Se ultrapassar esta temperatura, o metal se queimará.

Têmpera

É um processo que consiste em aquecer e depois esfriar rapidamente o metal para lhe dar diferentes graus de resistência e aspereza. Quanto mais alta for a temperatura e mais rapidamente se processar do esfriamento, mais duro será o aço, mas também mais frágil. Para temperar um instrumento cortante de aço, torne-o primeiro resistente, aquecendo-o até quase atingir o vermelho-sangue, e depois mergulhe-o na água. A seguir, aqueça-o de novo, mergulhe o gume na água para esfriá-lo, deixe a vermelhidão descer sobre o resto do instrumento até a cor ficar uniforme e, nessa altura, tempere-o novamente na água.

Soldar

Para soldar, comece por aquecer o metal à temperatura correta. Tire a primeira peça do fogo, limpe-a e coloque-a sobre a bigorna. Tire rapidamente a outra peça, limpe-a e ponha-a sobre a primeira antes de bater com um martelo no meio da soldadura. Bata com bastante força sobre a mesa de aço, se for uma peça plana, ou sobre a bigorna, se for um elo de uma corrente, por exemplo. Todas essas operações terão de ser feitas muito rapidamente. Se a soldadura não der resultado, ou só der resultado no centro, torne a levar tudo ao fogo.

Para soldar materiais mais duros que o ferro, você terá de usar métodos de soldadura mais modernos. Quem vive em autossuficiência pode tentar a solda oxiacetilênica ou a soldadura elétrica, que não são tão complicadas como se poderia supor. Qualquer pessoa pode fazer soldadura oxiacetilênica, e muitos camponeses possuem e sabem como utilizar um aparelho elétrico de solda. Qualquer que seja o método escolhido, ponha sempre óculos ou uma máscara; se você fixar os olhos num arco voltaico ou numa chama de soldadura oxiacetilênica durante mais de 1 ou 2 segundos, poderá ficar cego ou provocar graves e irremediáveis lesões nos olhos.

Soldadura oxiacetilênica

Essa instalação compõe-se de dois botões de gás sob pressão, um de oxigênio e outro de acetileno. Em presença do oxigênio, o acetileno produz uma chama muito quente, que também age

Artes e ofícios

como proteção contra a oxidação. O gás é conduzido por tubos separados até um bocal. Você deverá utilizar o centro da chama, e não as extremidades. O trabalho de soldadura consiste em fundir metal em bastão e utilizá-lo para unir duas faces de metal a serem soldadas, ou para preencher vãos entre elas. O ideal é que as bordas das peças a serem soldadas estejam niveladas, apoiadas uma contra a outra, servindo a solda para preencher os espaços vazios.

Pode-se utilizar a soldadura oxiacetilênica de duas maneiras. Na primeira, os bastões, de um metal mais ou menos semelhante ao dos objetos a soldar, são segurados com a mão esquerda e deslocados para a esquerda, enquanto o maçarico é segurado com a mão direita e segue o movimento dos bastões. As bordas das peças terão sido previamente aquecidas. Não deixe a chama incidir por muito tempo sobre o mesmo lugar, senão o metal se deformará. Segundo o outro método, a chama desloca-se para a direita e o bastão a deverá seguir. Neste processo, você utilizará menos metal em bastão e o resultado será bem melhor, sobretudo se você quiser soldar qualquer metal com mais de 0,5 cm de espessura.

Solda elétrica

A soldadura elétrica consiste na utilização de uma corrente elétrica de alta voltagem para provocar uma faísca na extremidade de um bastão. Presa entre as duas superfícies a soldar, a faísca fará com que elas se fundam, bem como a ponta. Os materiais devem estar em contato com a terra. Os aparelhos elétricos de soldar não são caros, e alguns têm um pequeno gerador de corrente.

Amolar instrumentos

Se você só quiser afiar o corte de um instrumento, simplesmente utilize uma pedra de afiar. Mas, se o gume já tiver começado a se deformar, você terá de passá-lo pela pedra de amolar, voltar a lhe dar forma e, finalmente, amolá-lo com uma pedra. As pedras de afiar são talhadas de modo que possam ser seguradas na mão, ou então apresentam a forma das pedras de amolar que se usam montadas sobre caixas de madeira, presas a uma bancada. Ambas devem ser lubrificadas com óleo quando forem ser utilizadas. As pedras de amolar são grosseiras, geralmente circulares e montadas com uma alça sobre uma tina de água, para se conservarem úmidas.

A maior parte das pedras de afiar que se encontram atualmente à venda são pedras artificiais com carborundo. São melhores que todas as outras, com exceção da pedra de Arcansas, que é um quartzo quase puro.

Você terá de procurar o melhor ângulo para amolar. Este será um meio-termo entre o ângulo agudo (indispensável para se obter um bom gume) e o ângulo obtuso (que determina a solidez). Como é evidente, um cinzel para ser usado com maço tem de ter um ângulo de corte mais obtuso que um cinzel usado para esculturas delicadas. Há no mercado guias e moldes que ajudarão você a encontrar o melhor ângulo de corte.

A bigorna
Se você quiser levar a sério o trabalho com metais, terá de arranjar uma bigorna. A maior parte do trabalho faz-se sobre a superfície plana, a mesa de aço; a pequena superfície plana que fica um pouco mais abaixo serve para cortar, porque o material é mais macio e não quebra. A bigorna, isto é, a parte pontiaguda, serve para trabalhar tudo que tiver dobras. Para laminar o metal ou eliminar as marcas deixadas por martelos e outros instrumentos, segure com tenazes o metal aquecido, coloque-o sobre a mesa de aço e martele-o com um martelo de ferreiro, até obter o efeito desejado.

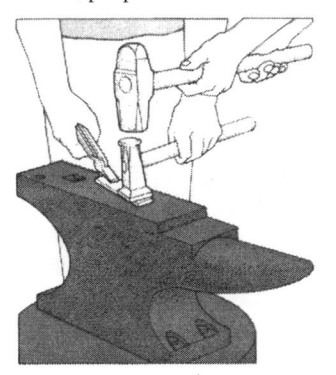

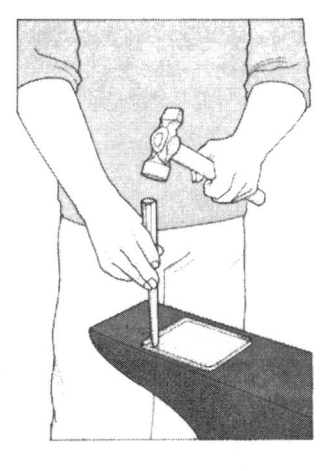

O martelo e o buril
Para fazer furos no metal, sobretudo nas ferraduras, utilize um buril. Trabalhe sobre a mesa da bigorna, e, se quiser fazer um furo grande, coloque o metal na parte de trás da bigorna, destinada a isso.
As tenazes são instrumentos importantes. Você precisará delas para dobrar o metal, tirar os pregos ou, simplesmente, para segurar inúmeros objetos. Quanto maiores forem os braços e menor a cabeça, tanto maior será a potência da alavanca.

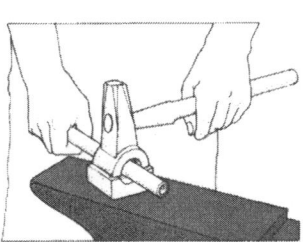

Embutideira
É um instrumento que serve para moldar bastões circulares de ferro aquecido, ou para vergar barras e canos. O fundo da embutideira encaixa-se no "olho" do furador, que se situa na parte posterior da bigorna.

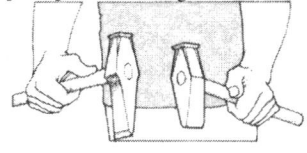

Talhadeira a frio ou a quente
A talhadeira a quente (à esquerda), com um gume de aproximadamente 35 graus, corta metal aquecido. Coloque-a sobre o metal e martele com um martelo de ferreiro. A talhadeira a frio, cujo gume tem cerca de 60 graus, corta ferro leve e qualquer metal macio, a frio.

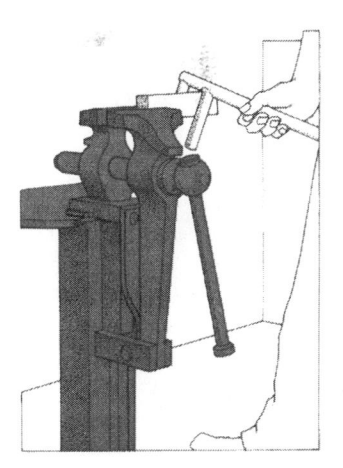

Torno de bancada e aperta-tubos
O torno preferido pelos ferreiros é o torno de bancada. Aguenta marteladas muito fortes, porque é feito de ferro forjado e não de ferro fundido e também porque o pé transmite ao solo uma grande parte do impacto do choque. O torno de bancada também serve para dobrar os metais, já que o pé suporta uma pressão bastante grande.
O aperta-tubos tem mandíbulas arredondadas, para segurar as peças cilíndricas.

Artes e ofícios

Construir e cobrir com colmo

CONSTRUIR

O meio mais barato de construir um edifício sólido é utilizar terra e colmo. Não se deixe iludir pelas aparências: a terra não apodrece, não é inflamável e amortece eficazmente os ruídos e o calor. A terra utilizada para construir não deve conter matérias orgânicas e, por isso, você terá de procurá-la a uma certa profundidade, pelo menos a uns 60 ou 90 cm da superfície. Guarde a camada do subsolo rica em húmus para suas culturas.

Sua construção deve ser simples, com paredes contínuas, rasgadas por poucas janelas, e pequenas. A carga deve ser bem repartida pelas vigas de madeira. Um método simples mas eficaz de construir com barro é utilizar uma mistura de argila, ou barro calcário, com palha e dispô-la em camadas de 30 cm de espessura, com uma pá e uma trolha. Cada camada é disposta num ângulo diferente em relação à precedente, para possibilitar um certo grau de agregação. O muro deve ter pelo menos 45 cm de espessura, ou 60 cm no caso de a construção ter mais de um andar. É evidente que esse método de construção não é rápido, porque cada camada tem de secar durante um certo tempo, antes de se colocar a seguinte. A parede só ficará à prova de água se você conservar "a cabeça e os pés" dela secos. Em outras palavras, construa um bom telhado e fundações sólidas, se possível de concreto. Ficará ainda melhor se você conseguir fazer envasamentos de pedra ou de tijolo, de preferência com uma camada de isolamento (a ardósia é impermeável e ótima para isso), desde o topo das fundações até o nível do soalho. Seria bom que a parte exterior do muro também fosse protegida por um reboco de argamassa, por uma mistura de argamassa e cal ou, pelo menos, por uma espessa camada de cal. Em certas regiões, as pessoas revestem de cacos de vidro a base dos muros de argila e palha, para espantar os ratos. Proteja também os rebordos das janelas com ardósia, pedras ou cimento.

O adobe (terra batida, em blocos) representa um aperfeiçoamento em relação à mistura de argila com palha, na medida em que a contração do tijolo ocorre antes de o muro ser construído. O adobe permitirá que você obtenha superfícies mais lisas. Faça os blocos colocando terra e palha em moldes de madeira e deixe-os secar à sombra, para evitar que a secagem se processe depressa demais e eles se rachem. Tal como para os tijolos, a terra deve ter uma boa consistência: pelo menos, uma ligeira mistura de argila e areia. Quanto mais argila você utilizar, maior quantidade de palha terá de juntar: em volume, até 20%.

Choupana africana

Para construir uma choupana africana, você terá de escavar um fosso circular e depois dispor, lado a lado e em toda a volta, pranchas da altura de um muro, sem se esquecer de reservar um espaço para a entrada. Nos locais onde você quiser janelas, coloque pranchas mais curtas. Construa em seguida um telhado cônico, isto é, prepare-se para uma grande obra de cestaria. Peça a alguns amigos que o ajudem a colocar o telhado e prendê-lo às pranchas. Cubra as pranchas de terra, de preferência misturada com estrume de vaca, para vedá-las. Se você também revestir o piso da choupana com estrume de vaca e se

Construir com barro e colmo

Você mesmo poderá construir uma casa de barro e de colmo. Para que a casa se sustente, faça fundações com pedras grandes revestidas de concreto; é um processo eficaz e barato. Por cima construa uma parede de pedra ou de tijolo até o nível do soalho e cubra-a com uma camada isolante, que pode ser de ardósia. Para as paredes, poderá utilizar argamassa, uma mistura de argila e palha. Construa as paredes com pelo menos 45 cm de espessura e erga-as em camadas sucessivas de 30 cm. Deixe secar 2 a 3 semanas a cada camada. Para impedir os ratos de entrarem, introduza cacos de vidro na parede, no nível do solo. Para as janelas, faça parapeitos e lintéis de ardósia ou de madeira. Reboque o exterior com cimento ou argamassa à base de cal e areia. Cubra a parte de cima da parede com um frechal de madeira, onde se fixarão as vigas de asna que atravessam a casa de parede a parede. Cada viga de asna suporta uma escora que, por sua vez, suporta o frechal que irá sustentar as escoras. As madres vão de escora a escora e suportam as vigas onde você pregará as travessas que sustentarão o colmo. Firme as juntas com cavilhas e correias fortes.

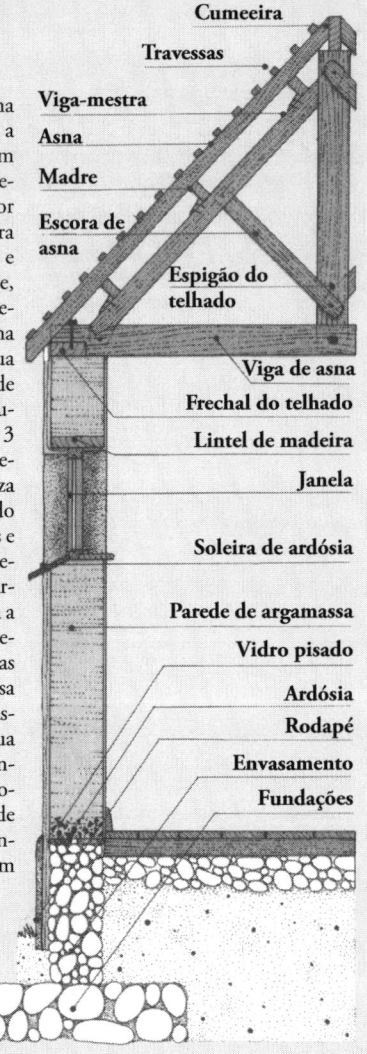

Cumeeira
Travessas
Viga-mestra
Asna
Madre
Escora de asna
Espigão do telhado
Viga de asna
Frechal do telhado
Lintel de madeira
Janela
Soleira de ardósia
Parede de argamassa
Vidro pisado
Ardósia
Rodapé
Envasamento
Fundações

varrê-lo todos os dias, ele ficará duro e limpo, como se fosse de cimento.

COBERTURA DE COLMO

O *Phragmties communis*, vulgarmente chamado de junco, é o melhor material que existe para os telhados de colmo. Um bom telhado de junco ou colmo durará cerca de 70 anos, enquanto um de palha de trigo ainda não malhada terá somente uma duração de 20 a 30 anos. A palha de trigo malhada e conservada em feixes só servirá para cobrir pilhas de feno ou de outros cereais.

Disponha alguns feixes junto ao sopé de uma meda e deite-lhes alguns baldes de água por cima; depois, pegue punhados de palha e espalhe-os. Como estão úmidas, as vergônteas vão ficar muito retas. Faça molhos com cerca de 15 cm de grossura e amarre-as com um cordel ou com palha. O segredo de uma boa cobertura está em cada camada cobrir as amarras da camada anterior, de modo que nenhuma fique visível nem exposta às intempéries. Na prática, isso significa que cada camada de colmo tem de cobrir cerca de 3/4 da camada anterior.

Medas

Cobrir medas ou pilhas de feno com colmo é uma operação relativamente simples que exige pouco material. Uma camada

Artes e ofícios

Os instrumentos
Uma foice (1) e uma tesoura (8) para cortar o colmo; um ancinho (2) e uma batedeira (3) para lhe darem forma; um gancho (4) para preparar os molhos. As forquilhas (6) de vime que são cortadas com a foice (5) seguram a palha e por meio de ganchos de ferro (7) se fixam às asnas. Finalmente, e muito importantes, as joelheiras e as cotoveleiras (9).

Cobrir um telhado com colmo
Comece sempre a cobertura pela extrema direita. Fixe alguns molhos com varas de aveleira, prendendo-os às asnas com ganchos metálicos. Aperte bem a palha no topo de cada molho e firme-a com um gancho. Continue até atingir a cumeeira e depois desloque a escada para cobrir outras faixas do telhado, até acabar.

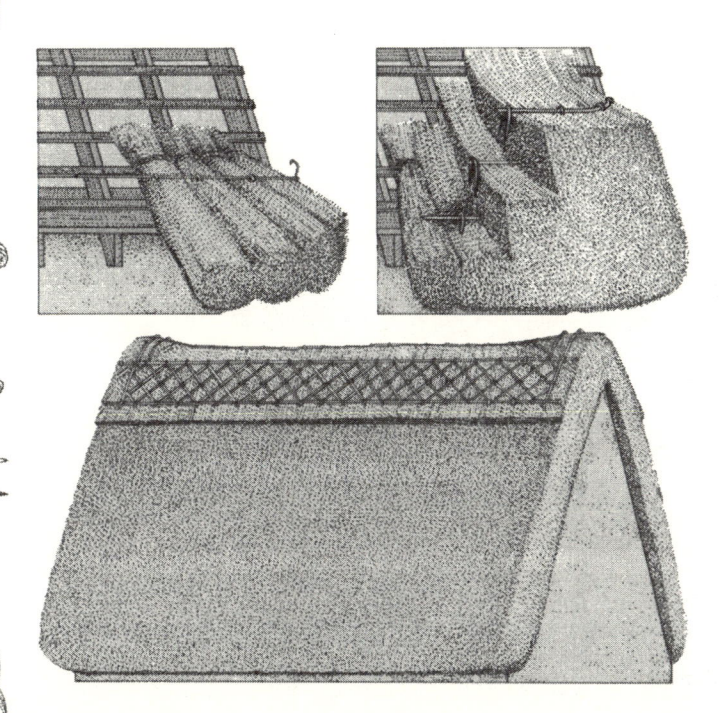

Para cobrir a cumeeira, disponha horizontalmente uma fileira de molhos e cubra-os com colmo, que você dobrará para os dois lados do telhado e fixará com ganchos. Poderá decorar o topo do telhado com varas de aveleira que, simultaneamente, prenderão tudo.

de 5 a 8 cm de espessura protegerá seu feno da chuva. Disponha o colmo ou a palha com as espigas voltadas para cima, ao longo das abas da meda. Segure esta primeira camada com um cordel que você fixará com a ajuda de ganchos. Os ganchos têm 60 cm de comprimento e são de aveleira ou de salgueiro (prefiro a aveleira) cujas extremidades foram afiadas. Passe o gancho por cima do cordel e enfie-o no feno com um martelo. Espace as camadas segundo intervalos que o bom-senso lhe ditar (cada um tem uma ideia diferente). Coloque então a segunda camada de colmo, de modo que ela cubra aproximadamente 3/4 da primeira camada e sobretudo o cordel. Fixe-a também com ganchos e vá procedendo sempre assim, até o topo da pilha.

Então você terá de resolver o problema da cobertura da cumeeira. Faça rolos de palha de um tamanho tal que eles caibam em suas mãos, amarre-os bem e disponha-os ao longo da cumeeira. Depois, ponha por cima palha suficiente para cobrir os rolos e cair para os dois lados da cumeeira. Fixe com ganchos.

Para conseguir um efeito bonito, você poderá utilizar varas de aveleira ou de salgueiro em vez de cordel. Poderá até cruzá-las e fazer figuras geométricas.

É evidente que numa meda redonda não haverá cumeeira, mas sim uma ponta, que lhe facilitará a tarefa. É muito simples fazer um cone de palha e fixá-lo com ganchos.

Casas
Você também poderá cobrir uma casa com uma camada relativamente pouco espessa de colmo, ou seja, um pouco mais espessa que a necessária para uma meda de feno. Por este processo, você terá uma cobertura impermeável, desde que o declive do telhado seja bastante abrupto. Mesmo assim, em regiões chuvosas o colmo não resistirá mais de 2 anos.

Mas uma camada de colmo espessa já é uma coisa inteiramente diferente (ver ilustrações). Os molhos são dispostos quase horizontalmente, de modo que a camada seja praticamente tão espessa quanto o comprimento dos molhos. Você precisará de uma grande quantidade de colmo, de tempo, de material apropriado e de bastante experiência. Um telhado feito assim durará por toda a vida se o colmo for de boa qualidade. Será totalmente à prova de som, muito quente no inverno e fresco no verão. É o melhor isolamento que existe.

Se você construir uma casa com mistura de argila e palha, poderá muito bem utilizar vigas em bruto, sem serem serradas ou rachadas, e até mesmo sem estarem completamente secas. O colmo é flexível e, portanto, não faz mal que o vigamento ainda mexa. Pelo contrário, as vigas secarão naturalmente – desde que haja um bom arejamento – e durarão o mesmo tempo que o colmo.

Artes e ofícios
Trabalhar a madeira

Fazer um tonel

Há quem pense que nunca haverá falta de tonéis. Ora, infelizmente essa afirmação não é totalmente verdadeira, pois quase já não há tanoeiros no Ocidente, e quase todas as fontes de fornecimento de tonéis estão em vias de se esgotar. Quem vive no campo sabe perfeitamente que nada substitui um tonel. Eles são necessários para guardar cerveja, vinho, peixe e carne salgadas, feijão, todos os outros legumes secos, enfim, para guardar inúmeras coisas; a experiência me mostrou que nunca há tonéis demais.

Abra um carvalho, corte-o em tocos e rache-o em tábuas grosseiras (ver p. 35). Empilhe-as e cubra-as de folhas para secarem lentamente. A seguir, corte as tábuas em aduelas com um machado, para com elas fazer seu tonel. Depois de tê-las talhado a machado, use uma plaina. As bordas das aduelas devem ter o ângulo exato para se adaptarem – perfeitamente umas às outras quando você as juntar. Se quiser fazer um tonel grande, primeiro ferva as aduelas; se o tonel que você pretende construir for pequeno, será suficiente mergulhá-las em água durante um certo tempo.

A tampa e o fundo do tonel são feitos com três ou quatro tábuas serradas. Você terá de talhar encaixes nas extremidades das aduelas, para o fundo e a tampa do tonel. Ponha junco nas junções para vedá-las completamente. Os arcos podem ser de ferro ou de madeira. A madeira de freixo é a melhor. Serão necessários três arcos de madeira em lugar de cada um de ferro, para que o tonel fique firme. Você poderá fazer os arcos de ferro rebitando aço flexível com 2 mm de espessura.

Só falta montar o tonel. Segure as aduelas por uma das extremidades e coloque no lugar as tábuas do fundo (ou da tampa) e o primeiro arco. Depois, enfie o mais fundo possível um anel de freixo (uma haste de freixo montada em forma circular). Agora, ponha seu tonel por cima de um braseiro. Como o fogo amolece as aduelas, você já poderá dobrá-las e enfiar um pouco mais o anel e colocar o segundo e o terceiro arcos. Nesta altura vire o tonel e recomece a operação do outro lado.

Quando terminar, limpe o tonel enchendo-o com uma solução de água salgada e carbonato de sódio para neutralizar o ácido tânico do carvalho. Deixe curtir durante 3 dias, enxágue, encha-o com água limpa e deixe durante 1 dia; torne a enxaguá-lo, e o tonel ficará pronto para ser usado.

Faça a mesma coisa quando tiver um tonel "azedo" (cheio de vinho ou cerveja que se transformaram em vinagre). Utilize o mesmo processo para limpar um tonel velho que esteja cheirando mal. Nos casos mais graves, experimente queimar dentro do tonel alguns gramas de enxofre; se não der resultado, retire um dos tampos e raspe 2 ou 3 mm de madeira. Para soltar uma das extremidades, retire os dois primeiros arcos, o que lhe permitirá afastar suficientemente as aduelas.

Fazer um tonel é muito complicado; a menos que você esteja disposto a perder algumas semanas e ter de recomeçar o trabalho várias vezes, aconselho-o a pedir ajuda a um profissional.

Fazer uma escada de mão

Os banzos das escadas devem ser feitos a partir de um pedaço reto e de grão fino de carvalho, de pinheiro silvestre, de abeto ou de tuia. Divida um toro em duas partes utilizando uma serra e use como banzos as duas metades do mesmo toro. Os banzos das escadas deveriam sempre provir de uma mesma peça de madeira, para serem como uma imagem refletida num espelho, tal como quando estavam na árvore.

Os melhores degraus são os de carvalho e os de nogueira. São feitos de madeira cortada e aplainada. Os profissionais utilizam uma espécie de apontador gigante de lápis para talharem as extremidades dos degraus, mas pode-se fazer esse trabalho com uma plaina.

Os banzos costumam ser desenhados sobre o toro, com um cordel previamente embebido em cera e fuligem. Esse método é mais rápido e mais eficaz do que fazer as marcas com um lápis e uma régua. Talhe primeiro grosseiramente com um machado e aperfeiçoe o trabalho com uma plaina. Em geral, os banzos são arredondados de um lado e planos do outro. As escadas, exceto as dos pedreiros, costumam ser arredondadas só do lado de fora. Mas os pedreiros querem escadas arredondadas dos dois lados para que não haja ângulos que lhes firam os joelhos.

Faça furos para os degraus de 23 em 23 cm, de um extremo ao outro dos banzos. Deite o banzo no chão, segure-o no lugar e introduza os degraus nos buracos. Estes devem sair do outro lado. Coloque o outro banzo por cima e enfie bem os degraus, antes de fixar uma vara de ferro, atravessada de ponta a ponta, para segurar tudo. Finalmente, serre os pedaços dos degraus que saírem para fora dos banzos.

Fazer um torno

É muito fácil fabricar um torno simples de pedal, que, embora gire lentamente, funciona tão bem como qualquer outro torno. Esses tornos eram utilizados até há muito pouco tempo.

As partes do tonel

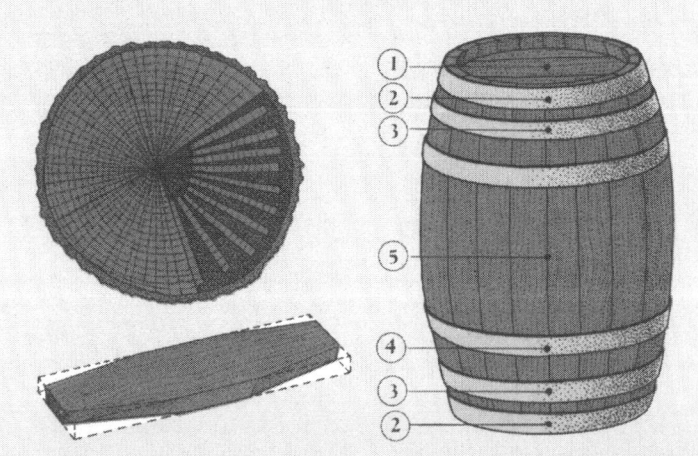

Fazem-se tonéis usando toras, serrados de um tronco (em cima, à esquerda), de preferência de carvalho. As aduelas (embaixo, à esquerda) são cortadas com um machado e com uma plaina de perfil e desbaste e, em seguida, trabalhadas no torno. A tampa e o fundo do tonel (1) são de tábuas serradas e presas por encaixe. O tonel é sustentado por três pares de arcos (2, 3, 4). A parte mais larga do tonel é o bojo (5).

Artes e ofícios

Ponha duas pranchas no chão a uma distância de 90 cm uma da outra. Podem-se utilizar traves de 15 × 10 cm. Pregue um pedaço de madeira, à altura da mão, sobre cada prancha. Em cada um desses pedaços de madeira faça um buraco suficientemente grande para enfiar as extremidades da peça que você quiser tornear (de qualquer modo, você terá de talhar as extremidades da peça de madeira com uma faca, para que elas se adaptem a esses buracos).

Faça um pedal, que pode ser um simples pedaço de madeira sustentado numa ponta por um pino, montado sobre dois pequenos suportes de madeira.

Fixe horizontalmente uma vara de freixo ou de qualquer outra madeira flexível, de maneira que uma extremidade possa ser vergada para cima ou para baixo. Para segurar essa vara, você poderá recorrer a árvores, estacas ou vigas. Prenda um pedaço de fio ao pedal, dê-lhe uma volta em redor da peça a ser torneada e depois ate-o à extremidade flexível da vara. Pregue junto à peça outro pedaço de madeira para apoiar o cinzel, e você terá um torno.

Quando você pisar no pedal, a peça de madeira girará num sentido; quando soltar o pedal, a vara flexível se endireitará e fará a peça girar no sentido contrário. É evidente que você só deverá talhar a madeira quando o torno estiver girando no sentido correto.

Tornear a madeira é uma arte (ver ilustrações). Quando tiver oportunidade, veja um artista trabalhar.

Tornear uma tigela no torno

Estes desenhos mostram uma tigela de madeira sendo torneada num torno elétrico, muito simples. Você poderá fazer o mesmo trabalho num torno a pedal ou, com um pouco mais de trabalho, num torno fabricado por você, como acabamos de explicar. Se utilizar este último, não fixe a peça diretamente sobre o torno. Coloque-a primeiro sobre um mandril. Para dar forma a um bloco de madeira, você precisará de 3 goivas de diferentes espessuras para esboçar (em cima, à direita) e de 3 raspadeiras para o trabalho de maior precisão (em cima, à esquerda). Nunca pressione muito, sobretudo quando utilizar as goivas. Tenha sempre seus instrumentos muito bem afiados. Os tornos comprados trazem, geralmente, um aparelho para amolar. Você poderá usar uma pedra de amolar.

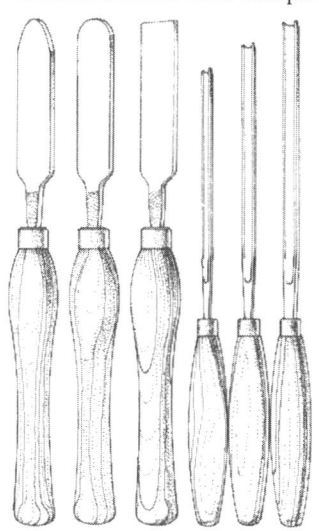

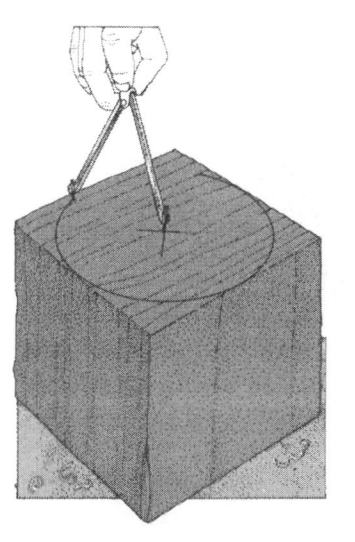

Arranje um bloco de madeira, marque o centro com uma cruz e desenhe um círculo com um compasso. Faça o círculo com um diâmetro 6 mm maior que o diâmetro que deverá ter a tigela. Corte o bloco grosseiramente com uma serra e depois fixe o mandril com parafusos curtos mas sólidos. O fundo da tigela deve ter uma espessura maior que o comprimento dos parafusos. Seu trabalho estará perdido se você chegar a algum parafuso quando tornear o interior da tigela.

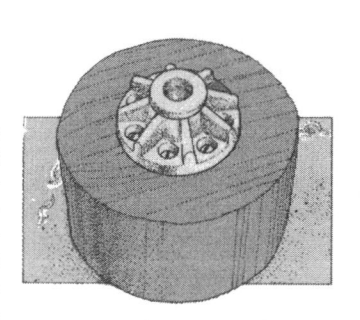

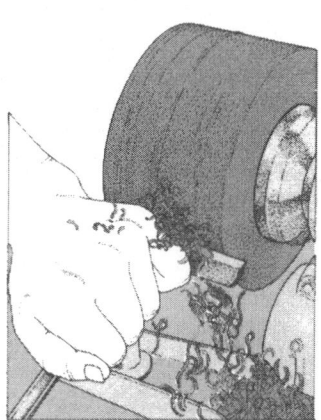

Dê uma forma arredondada ao bloco, com uma goiva bem grossa.

Afine com uma goiva menor. Utilize a barra de apoio e desloque continuamente a goiva ao longo desta.

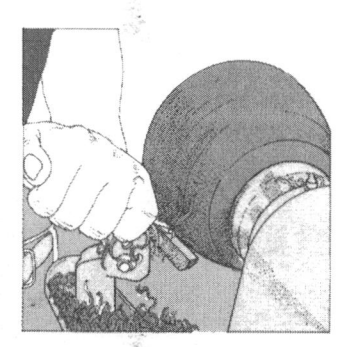

Alise com as raspadeiras e lixe com uma lixa.

Retire a barra de apoio para tornear por dentro. Respeite a regra imutável de quem trabalha com um torno: começar de fora para dentro. Utilize primeiro a goiva, depois a raspadeira e, por último, a lixa. Desaperte a tigela do mandril, tape os buracos deixados pelos parafusos com resina de madeira, dê um polimento com cera de abelhas e cole um pedaço de feltro no fundo da tigela.

Artes e ofícios

Poços, tanques e piscicultura

ESCAVAR UM POÇO

O modo mais fácil de encontrar água consiste em escavar um buraco com uma escavadeira mecânica. Se você tiver uma à sua disposição, não deixe de aproveitá-la. Se não a tiver, a obra ficará muito cara, mesmo que alugue a escavadeira apenas por algumas horas. Mas, se você tiver tempo e forças, poderá muito bem escavar seu poço à mão.

Na terra ou na rocha macia

É muito fácil, ainda que cansativo, escavar a terra ou a rocha macia. Ao escavar, mantenha o diâmetro menor possível, do tamanho suficiente para você conseguir manejar a pá. À medida que for escavando, retire a terra para um balde, com a ajuda de uma roldana, que algum bom amigo irá acionar. Terá sempre de escorar a terra para evitar desmoronamentos. A maneira mais fácil de fazê-lo consiste em ir empilhando anéis de concreto desde o topo. Quando escavar, tire a terra abaixo do anel inferior, o que o fará descer, bem como os que se encontrarem por cima dele. Se houver madeira barata, você poderá utilizar um revestimento de madeira, aplicando o mesmo princípio.

Na areia

É muito difícil escavar um poço na areia, e você só poderá fazê-lo se aplicar o método das "estacas". Em outras palavras: escave abaixo do nível em que tiver cravado tábuas talhadas em ponta, para que as escoras já estejam colocadas quando você retirar a areia.

Na rocha

É mais difícil, porque você terá de utilizar explosivos; mas, de certo modo, é menos trabalhoso, pois não precisará escorar. Antigamente, partia-se a rocha fazendo uma fogueira, que depois se apagava subitamente, jogando água por cima. A contração rápida fazia com que a superfície da rocha estalasse. Hoje em dia, utilizam-se explosivos, de preferência.

A pólvora negra serve muito bem, mas você precisará de grandes quantidades e não avançará muito depressa. A gelinhite, ou qualquer outro explosivo moderno, é muito melhor. Todavia, você terá sempre de fazer furos na rocha. Se não possuir nenhuma broca ou compressor pneumático, terá de fazê-los com uma broca manual. Segure-a com a mão esquerda e batalhe com um martelo pesado. Não se esqueça de lhe imprimir um leve movimento de rotação, entre uma martelada e outra, pois, se você não a girar um pouco, ela se encravará. Para retirar do buraco a poeira da rocha, jogue-lhe água e verá que ela se transformará numa papa que deslizará para fora do buraco a cada martelada. Para a papa não lhe saltar para a cara, enrole um bocado de pano na ponta do berbequim, próximo do buraco.

No centro do poço, faça três buracos em triângulo e escave-os em diagonal na rocha, para formarem uma pirâmide com a ponta virada para baixo. Em volta destes buracos, escave uns oito buracos, desta vez verticalmente. Finalmente, escave outros buracos à volta da borda do poço.

Encha todos os buracos com pólvora (termo genérico utilizado pelos pirotécnicos para todos os tipos de explosivos), acenda os estopins e torça para que o amigo que irá ajudá-lo a sair não tenha ido fumar um cigarro. Abriguem-se.

A pólvora negra explodirá logo que a acender. Se não conseguir comprar estopins seguros, você poderá fazê-los, escavando penas de pato e enfiando-as umas nas outras para formarem tubos, que depois encherá de pólvora. Mas qualquer tubo de plástico ou borracha servirá para isso. Enfie uma ponta do estopim na pólvora e acenda o outro extremo. Seu bom-senso, decerto, já lhe sugeriu que fizesse algumas experiências para saber o tempo de combustão dos estopins, antes de lhes confiar a vida. Lembre-se de que a menor faísca faz explodir a pólvora negra. Uma faísca provocada por um pedaço de metal deixado sobre a rocha é suficiente.

A gelinhite, o explosivo plástico e todos os explosivos modernos são diferentes. Se você os acender, eles irão simplesmente queimar e exalar mau cheiro. É preciso fazê-los detonar; para isso, você precisará de uma cápsula cheia de fulminato de mercúrio, que é um detonador. Pegue um pedaço de estopim, de comprimento que lhe dê segurança, corte reto as pontas, coloque o detonador por cima e amasse um pouco a caixa de metal do detonador, para ela não escorregar (não com os dentes, mas com um alicate). Em seguida, corte a outra ponta do estopim ligeiramente enviesada, ponha uma mecha por baixo e ateie fogo. Acenda assim todos os seus estopins e peça a seu amigo que comece a preparar a roldana. As cargas dos buracos em forma de pirâmide devem ter estopins mais curtos, porque terão de explodir primeiro; ponha estopins um pouco mais compridos nas oito cargas verticais e outros ainda maiores nas cargas à volta do poço.

Seja qual for o modo pelo qual você tenha escavado o poço, continue a escavar mesmo depois de ter atingido a água, ainda que precise passar metade do dia esvaziando baldes de água. Continue a escavar até não conseguir mais tirar água. Se você não proceder assim, logo à primeira seca o lençol de água baixará e o poço ficará seco. Quando você tiver conseguido obter água, o melhor que terá a fazer será instalar um moinho de vento para acionar uma bomba de água (ver p. 216). Ele bombeará água até uma profundidade de cerca de 300 m, sem lhe dar grandes preocupações.

FAZER UM TANQUE

Se você quiser criar patos (ver p. 128) ou lançar-se à atividade altamente compensadora que é a piscicultura, precisará de um tanque ou pequeno lago. Você poderá simplesmente cavar um buraco, mas, se o fundo e os lados forem porosos, terá de vedá-los com argila ou com uma folha de plástico grosso.

Construir uma barragem no leito de um rio simplesmente amontoando terra é uma tarefa arriscada; se o solo for poroso demais, a água se infiltrará, formando fendas, e, se o solo contiver muita argila, a barragem secará e rachará. Mas, se o solo for adequado e comprado, e se você tiver previsto um vertedouro para escoar o excesso de água provocado pela chuva, talvez a barragem de terra funcione. Se seu tanque for destinado aos peixes, ponha uma terra de boa qualidade no fundo para que as plantas possam se desenvolver.

CRIAÇÃO DE PEIXES

Os peixes constituem um alimento riquíssimo em proteínas, ultrapassando de longe todos os outros animais. Isso ocorre porque não precisam gastar energia para desenvolver uma estrutura óssea que suporte seu peso (a água encarrega-se disso), nem para manter a temperatura do seu corpo (são animais de sangue frio). Os peixes representam uma parte importante da economia alimentar nos países tropicais que cultivam arroz. Na moderna piscicultura comercial, baseada na criação de uma determinada espécie de cada vez, os peixes são alimentados com proteínas caras e conservados numa água clarificada à custa de herbicidas, o que constitui um contrassenso ecológico e um desperdício de alimentação e de fertilizantes. Todos nós deveríamos tentar experiências com ecossistemas aquáticos, obtendo um equilíbrio natural que possibilitasse a coexistência de diversas espécies de peixes e vegetais.

Por estranho que pareça, no século XVI compreendia-se muito melhor o problema. Um escritor inglês da época, John Taverner, escreveu que era preciso fazer lagos grandes e rasos, de mais ou menos 1,50 m de profundidade. Esses lagos deveriam ser mantidos secos durante um ano e cheios de água no ano seguinte. Quando secos, deveriam ser ocupados com gado e, quando vazios, com carpas. No lago cresceria capim exuberante devido aos sedimentos deixados pela água, e as carpas se beneficiariam da fertilidade deixada pelo gado. Essa é a verdadeira abordagem orgânica da cultura. Você deveria ter, pelo menos, dois lagos. Seque um deles em fins do outono e retire os peixes melhores, pondo-os num viveiro perto de casa, onde ficarão prontos para pular na panela. Não se esqueça de colocar peixinhos pequenos no lago, todos os anos.

Carpas

Os peixes carnívoros, como as trutas, não são bons transformadores de alimentos em carne; os peixes vegetarianos fazem isso muito melhor. Por isso, antigamente, os grandes senhores e os monges criavam sobretudo carpas em seus tanques.

As carpas fornecerão, anualmente, cerca de 500 kg de peixe por cada meio hectare, sem nenhuma alimentação especial. Os monges, por exemplo, criavam-nas em grandes tanques e depois mudavam-nas, no outono, para viveiros situados perto das habitações. Esses viveiros eram bastante profundos para evitar a formação de gelo, o que facilitava a pesca das carpas com uma rede durante o inverno. Além de vegetarianas, as carpas são muito sadias. Crescem muito depressa e podem viver em águas paradas. Metade do alimento elas encontrarão sozinhas; você só terá de ajudá-las dando-lhes um pouco de vegetação em decomposição, que as bactérias se encarregarão de transformar num bom alimento para as carpas. Elas também comerão farinha de aveia, de cevada, malte usado ou alimentos similares.

A criação de carpas chinesas foi tentada na Europa com um certo sucesso. Na China, esses peixes chegam a pesar 45 kg, mas na Europa um peixe de 13 kg já constitui um grande sucesso. Infelizmente, as carpas precisam de uma temperatura de cerca de 50 °C para se reproduzirem, o que exige a instalação de reservatórios aquecidos.

Tilápias

O melhor peixe para criação é a tilápia africana (*tilapia*), que necessita de água quente, pois é um peixe tropical. Vale a pena criar esse ambiente para elas. Experiências realizadas demonstraram que uma família média pode satisfazer todas as suas necessidades em proteínas animais se tiver um tanque com capacidade de cerca de 13.500 litros de água aquecida, cheio de tilápias. A água deve ter uma temperatura por volta de 27 °C; os peixes morrem quando a temperatura desce abaixo de 13 °C.

Nas lojas de animais exóticos pode-se ver a tilápia de Moçambique (*tilapia mossanbica*), que é uma das melhores entre as numerosas espécies que existem. A fêmea desova várias vezes por ano, 25 a 30 peixinhos de cada vez, que no início vivem na boca da mãe. A alimentação das tilápias lhe dará pouco trabalho. Coloque água de um lago num reservatório e a seguir junte matérias orgânicas. Deixe repousar durante 3 semanas e depois transfira tudo para o tanque das tilápias. Os reservatórios para incubação devem ser parcialmente cobertos por vidro, mas será preciso prever uma abertura para os mosquitos e outros insetos voadores.

Nos países temperados, coloque-as em piscinas aquecidas. Elas precisam de água corrente. Nos Estados Unidos obtiveram-se muito bons resultados com uma combinação de aquecimento solar e elétrico. Você conseguirá, facilmente, cerca de meia tonelada de carne por meio hectare, anualmente. As tilápias adultas se alimentarão de algas e de qualquer vegetação que você puser na água (mas dentro de limites razoáveis), ou poderão comer farinha de aveia. Enquanto forem jovens, necessitarão de proteínas, sob a forma de larvas de mosquitos, vermes da terra ou farinha de peixe.

Trutas

Em Berlim, uma grande parte dos esgotos é escoada para lagos imensos, onde se faz criação de trutas arco-íris. A truta negra não suportaria esse regime. As trutas não comem diretamente os detritos porque são carnívoras, mas comem o zooplâncton que se alimentou do fitoplâncton, que, por sua vez, se alimentou dos detritos.

Se você quiser criar trutas arco-íris, terá de lhes dar proteínas animais. É evidente que, se você quiser, poderá comprar alimentação especial para trutas, mas sairá muito caro. Se você conseguir comprar peixes de mar baratos, também poderá dá-los a suas trutas. Salgue peixes gordos de alto-mar, faça pilhas de 1 m de altura e coloque por cima pranchas e pesos para fazer sair o óleo. Também poderá secá-los no forno e reduzi-los a pó (farinha de peixe moída) antes de dá-los às trutas.

Artes e ofícios

Artigos domésticos

SABÃO

O primeiro leão que matei na minha vida preparava-se para comer o macaco de um dos meus amigos. O leão tinha uma boa camada de gordura que a mãe do meu amigo transformou em sabão. Ela limitou-se a ferver a gordura com soda cáustica. Nós nos lavamos com aquele sabão, que talvez não fosse recomendável para peles delicadas.

O processo químico de fazer sabão consiste em ferver uma substância alcalina com gordura. A substância alcalina, ou a lixívia, como é chamada pelos fabricantes de sabão, pode ser de qualquer tipo, e a soda cáustica serve muito bem. Mas há um modo muito mais simples de fazer sabão. Faça um buraco no fundo de um tonel e ponha nele alguns centímetros de palha; encha o tonel com cinza de madeira e depois jogue água quente por cima. Depois, no primeiro, no terceiro e no quinto dias torne a jogar um balde de água quente de 3 em 3 ou de 4 em 4 horas. A água que sair por baixo do tonel é lixívia.

Agora, para fazer sabão, arranje gordura e purifique-a, derretendo-a em fogo brando; depois mude-a para outro recipiente, com uma escumadeira. Se você não tiver nenhum animal à mão, qualquer gordura serve: gordura do assado, banha de porco, gordura de galinha ou de pato etc. Torne a derreter a gordura e conserve-a quente. Simultaneamente, aqueça ligeiramente a lixívia e junte-a muito devagar à gordura (se você a despejar muito depressa, elas não se misturarão), mexendo com uma espátula de madeira. Nessa altura, se você quiser fazer um sabão mais forte, adicione uma solução de água e bórax (8 colheres de sopa de bórax por 0,5 l de água) e um pouquinho de amoníaco. Para 21 pedaços de sabão junte 0,5 l de uma solução de água e bórax e uma meia xícara de amoníaco. Cubra tudo com um pano e deixe repousar até o dia seguinte, antes de cortar o sabão em pedaços.

Se você quiser um sabão cheiroso, arranje 0,5 kg de uma boa gordura ou de sebo, uma xícara de azeite, uma xícara de óleo de amendoim, meia xícara de água em que, antes, você tenha diluído 2 colheres de sopa de lixívia e uma xícara de água com perfume.

Se o perfume for uma essência comprada na farmácia, ponha 3 colheres. Mas você mesmo poderá fazer seus perfumes com lavanda, alecrim, erva-cidreira ou uma mistura de outras flores e ervas aromáticas; nesse caso, terá de juntar um pouco mais. Derreta a gordura, junte os óleos e o perfume e aqueça a 32 °C, mexendo sempre. Ao mesmo tempo, misture a lixívia e a água e jogue tudo na mistura com a gordura. Quando começar a engrossar, coloque em moldes para lhes dar a forma desejada.

AÇÚCAR

De beterraba açucareira

Corte a parte de cima das beterrabas açucareiras e extraia-lhes o suco como preferir: com uma prensa para fazer sidra, com o macaco de um carro ou com uma velha calandra. Ferva esse suco até todo o líquido evaporar, e você terá açúcar não refinado. A refinação é um processo complicado, que exige, entre outros produtos, cal e dióxido de carbono. De qualquer modo, é ridículo querer refinar o açúcar. O açúcar não refinado é muito nutritivo e contém todas as propriedades do açúcar, enquanto o refinado contém 99,9% de sacarose, não contém vitaminas e nem nada que seja útil para o organismo ou para o cérebro.

De cana-de-açúcar

Esmague cuidadosamente as canas-de-açúcar para obter um xarope. Como a cana-de-açúcar é muito fibrosa, você terá de empregar muita força ou então utilizar um pilão, ou um moedor. Despeje o xarope num caldeirão de cobre e ponha-o no fogo, que, aliás, poderá alimentar com os restos das canas. A ebulição transformará o xarope em açúcar não refinado. Como já disse, é uma perda de tempo refinar açúcar, sobretudo porque o não refinado é bem melhor para a saúde.

De ácer

Primeiro você terá de sangrar o ácer açucareiro em março. Faça um buraco no tronco e enfie nele um tubinho, que você poderá comprar ou fazer com um pedaço de bambu, de salgueiro, de sabugueiro ou de qualquer outro material que possa ser escavado. Pendure um recipiente sob o tubo (uma velha lata de conserva, um balde ou um saco de plástico) e tape-o, para afastar os insetos.

Não deixe a seiva acumular-se, porque ela se estraga muito depressa. Despeje-a num caldeirão e ponha-o no fogo. Faça essa operação fora de casa, porque irá produzir bastante vapor. Ponha só alguns centímetros de seiva de cada vez no caldeirão. Se você tiver dois caldeirões à sua disposição, será melhor. Você deverá usar um caldeirão para colocar a seiva fresca. Com uma concha, vá transferindo a seiva parcialmente fervida para o outro caldeirão. Daí, você irá tirar o xarope.

De vez em quando, tire a espuma e tenha cuidado para a seiva não subir. Se isso acontecer, junte seiva fresca ou ponha um pouco de leite, muito cremoso, sobre a espuma. Controle a temperatura. Quando a temperatura da seiva atingir os 100 °C, esta se transformará em xarope. Coloque-a então em vasilhas, tape-as enquanto estiverem quentes e deixe esfriar. Seu xarope de ácer estará pronto.

Se você quiser açúcar, deixe cozer até 115 °C; ao se formarem fios quando você enfiar uma colher dentro, não precisará cozer mais. Deixe esfriar durante alguns minutos e depois mexa com uma espátula de madeira. Quando o xarope começar a cristalizar, despeje-o em moldes e terá seu açúcar pronto.

SAL

Se você vive perto do mar, poderá fazer sal, simplesmente fervendo água do mar e deixando-a evaporar. Como combustível, poderá utilizar a madeira que encontrar na praia. Hoje em dia (p. 247) essa madeira está tão impregnada de alcatrão e óleo que soltará mais calor que a lenha. Nunca utilize caldeirão de cobre, porque esse metal reage sob o efeito da água salgada.

Artes e ofícios

TINTAS

Podem-se fazer corantes muito bons com leite azedo, cal hidratada e pigmentos minerais que se encontram na natureza. A cal e o leite neutralizam-se um ao outro, e você poderá controlar a operação com papel de tornesol: se ficar vermelho, ponha cal; se ficar azul, ponha leite (mas sempre em pequenas quantidades).

Como pigmentos, você poderá usar qualquer terra colorida, sedimentos ou argila. Ferva a terra várias vezes, sem se esquecer de mudar a água. Deixe secar num lugar quente, faça dela um pó o mais fino possível e junte-o à solução de leite e cal, até obter a cor desejada. Sabe-se que os aficcionados por pintura, quando vão ao campo, andam sempre à procura de terra ou argila coloridas.

PAPEL

Pode-se fazer papel com todas as plantas fibrosas, com madeira, algodão, ou com trapos velhos. As urtigas, o linho, o cânhamo e o junco dão um papel muito bom.

Primeiro faça apodrecer a planta, deixando-a mergulhada em água parada. Depois corte-a o mais fino possível, em pedaços de 1,5 cm de comprimento, por exemplo. Ponha esses pedaços numa cuba e cubra-os com uma solução de soda cáustica, na proporção de duas colheres de sobremesa de soda para cada litro de água. Deixe cozer até a mistura ficar tenra. Passe-a por uma peneira bem grossa e deixe escoar. Segure a peneira por baixo de uma torneira de água fria ou mergulhe-a várias vezes seguidas na água, para fazer saírem as polpas. Se você quiser papel branco, mergulhe durante uma noite numa solução de lixívia as fibras que ficaram. Se não fizer isso, o papel terá a cor do papel que utilizou. Escorra a lixívia com um passador muito fino para não perder fibras.

Agora, esmague com um maço de madeira ou com qualquer outro utensílio que sirva para triturar e que a sua imaginação lhe sugerir. Quando tudo estiver bem seco, junte um pouco de água e continue a esmagar. Nessa altura, você poderá utilizar um pilão ou uma batedeira doméstica. De vez em quando, ponha um pouco de polpa num copo e observe à luz. Se tiver grumos, continue a esmagar. Se quiser um papel original, não bata durante muito tempo para que as pequenas partículas vegetais transpareçam nas folhas.

Depois você precisará de moldes, simples esquadrias de madeira cobertas de tecido. Estenda uma pequena camada de polpa e, em seguida, vire o molde sobre um pedaço de feltro úmido para que a polpa adira. Retire o molde, coloque um feltro e recomece a operação. Para terminar, você precisará de uma prensa, de qualquer tipo. Faça um monte alternando papel e feltro e prense-o durante 1 ou 2 dias. Depois, retire os feltros e prense só o papel. Então, manipule cuidadosamente o papel e ponha-o para secar até solidificar.

RESINA, COLOFÔNIA E PEZ VEGETAL

O pinheiro de folhas compridas, o pinheiro marítimo, o pinheiro corso, o cipreste e o larício devem ser sangrados, para se extrair sua resina.

O melhor processo para sangrar uma árvore é retirar um pedaço de casca, de 10 cm de largura por 1 m de altura, e depois, com um machado bem afiado, fazer um pequeno corte na base da parte descascada. Enfie na ranhura uma pequena calha de metal e deixe escorrer a seiva ou a resina para uma caixa de ferro. De 5 em 5 dias, faça outro entalhe um pouco mais acima. Quando toda a seiva tiver escorrido, descasque outro pedaço por cima do primeiro, e assim por diante, até ter descascado todo o tronco, o que pode levar anos. Nunca retire a seiva entre os meses de novembro e fevereiro. Se você plantar coníferas especialmente pela resina, corte os ramos laterais das árvores jovens, para que mais tarde o tronco fique livre.

Se você destilar a resina, isto é, se a aquecer e recuperar, condensando os primeiros vapores que se formam, obterá terebintina. O que ficar no recipiente será colofônia, uma substância muito boa para muitas coisas, especialmente para as cordas de violino, as tintas e os vernizes.

A madeira das coníferas, quando aquecida numa retorta ou queimada num buraco escavado na terra, solta um líquido escuro. Esse líquido é o pez vegetal, a melhor coisa que há para pintar barcos e edifícios.

CARVÃO DE MADEIRA

Fabrica-se carvão de madeira queimando a madeira em presença de pouco oxigênio. Ponha fogo na madeira, deixe-o pegar bem e depois interrompa subitamente a entrada de ar. Quando tudo tiver esfriado, estará pronto o carvão. Tentei muitos processos e cheguei à conclusão de que o mais simples consiste em cavar uma vala na terra, enchê-la de madeira, pôr fogo nela, cobrir a vala – quando tudo estiver queimando bem – com uma placa ondulada de ferro fundido para começar a abafar o fogo e, finalmente, cobri-la com terra. Para fazer isso, você precisará de meia dúzia de amigos. Deixe esfriar durante alguns dias, remova a terra e ensaque o carvão. Você poderá utilizar o carvão de madeira para cozinhar, fazer tijolos (ver p. 232), ou sempre que precisar de um fogo de combustão lenta.

Artes e ofícios

Um forno para todos os fins

A lenha é uma fonte de energia renovável, e a floresta constitui o melhor coletor de energia solar do mundo. As árvores cortadas para fazer lenha devem ser rebaixadas (ver p. 35). Em outras palavras, corte-as de 10 em 10 ou de 15 em 15 anos, de acordo com o tempo do seu crescimento, e deixe crescer os ramos sobre as cepas. Se você cortá-las sistematicamente, 1 hectare ou 1,5 hectare de floresta irá abastecê-lo quase permanentemente de lenha ou de madeira para construção.

Para queimar madeira de modo eficaz e econômico, são necessárias várias condições. A madeira deve queimar sobre o chão do forno, e não sobre uma grelha. O fogo deve estar fechado, e você deverá poder regular, cuidadosamente, a tiragem. Um grande fogo aberto é muito romântico, mas só serve para aquecer o coração, gelar as contas e iluminar o céu. Quando há madeira à vontade ainda é aceitável; senão, nunca.

É muito mais vantajoso queimar madeira num "fundo morto" e só deixar entrar o ar pela frente. Você deverá arranjar um meio de regular a tiragem, de modo que possa extinguir o fogo, fechando unicamente a entrada do ar. Evitará muita sujeira se conseguir alimentar o forno pela parte de fora da casa. Se você conseguir enfornar grandes achas, poupará longas e desesperantes sessões de serração de lenha.

Qualquer forno econômico deve desempenhar, pelo menos, quatro funções: aquecer, servir como forno propriamente dito, como fogão e como aquecedor de água. Se ele também servir para defumar carne e peixe, tanto melhor. Construí na minha propriedade um forno que cumpre todas essas funções. Como a propriedade se chama "Fachongle", batizei o forno com o mesmo nome. Mas não comece a construir um igual sem antes se assegurar de que encontrará, por bom preço, tijolos refratários, uma placa bem grande de ferro fundido para cobrir todo o forno e uma porta forte, também de ferro fundido.

Construir um forno

Começamos por construir, dentro de casa, um túnel de tijolos com 1,20 m de comprimento. O fundo foi fechado com tijolos, e a parte da frente foi recuada cerca de 10 cm em relação à parede da casa, que nesse lugar foi revestida de tijolos refratários. De cada lado do túnel, construímos depois um muro ligeiramente mais alto (a base deste não terá de ser de tijolos refratários, mas a parte de cima terá de aguentar o calor). Por cima desses muros, colocamos uma chapa de aço (que se deformou com o tempo e, por isso, lhe recomendo uma de ferro fundido) que vai desde o fundo do forno até a parede da casa. Sobre essa chapa de aço construímos o forno, e na extremidade oposta à parede da casa, a chaminé.

Fizemos um buraco na parede da casa e o fechamos com uma porta de ferro fundido e tijolos refratários. O forno é alimentado por essa porta. O calor e a fumaça têm primeiro de ir até o fundo do forno, depois abrir caminho pelo buraco de 10 cm, em seguida aquecer a chapa de ferro fundido e fazer mais um desvio, antes de saírem, finalmente, pela chaminé.

Na parede por trás do túnel construímos um reservatório de água, cujo circuito passa entre os muros do túnel e os muros exteriores. Enchemos parcialmente, com areia, o espaço que fica entre essas duas paredes, para isolar e armazenar o calor.

O aquecedor desse forno abastece a cozinha, a leiteria, a cervejaria, a lavanderia e os banheiros, e sempre cumpriu bem sua missão, desde que houvesse um bom fogo no forno. Aquecer tal quantidade de água com um aparelho elétrico custaria uma boa fortuna. Estamos pensando em pré-aquecer a água sob um telhado "solar", o que nos evitará manter um fogo tão grande no verão, época em que não temos necessidade de calor suplementar dentro de casa.

Dispomos ainda de um requinte que absolutamente não é indispensável, mas que vale a pena: um forno para cozer o pão. Uma parte do calor e da fumaça passa através de uma fenda, cortada na placa de ferro fundido, e vai para a parte de trás do forno, passando por cima de uma placa de aço que constitui a parte superior do forno de pão. Quando o fogo está suficientemente forte, assamos uns pães magníficos.

Fazer carvão de madeira num forno

Uma das vantagens do forno "Fachongle" é permitir-nos produzir carvão de madeira. Faça um bom fogo e depois feche a tiragem. O fogo se extinguirá, e a madeira se transformará em carvão de madeira. O "toque final" é o fumeiro que arranjamos por cima do forno. É quente demais para defumar presunto ou toucinho, mas é fantástico para defumar carne ou peixe.

Artes e ofícios

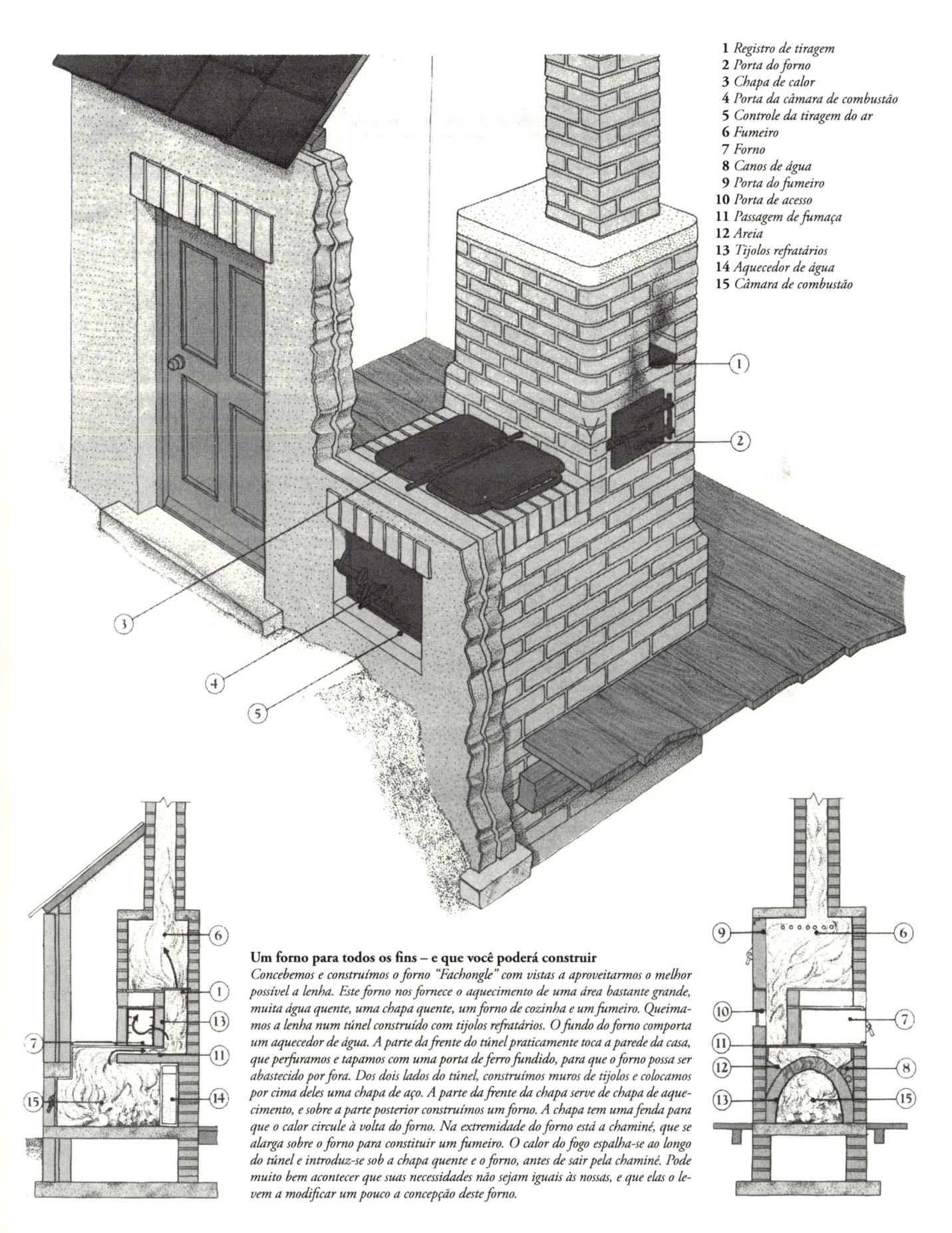

1 *Registro de tiragem*
2 *Porta do forno*
3 *Chapa de calor*
4 *Porta da câmara de combustão*
5 *Controle da tiragem do ar*
6 *Fumeiro*
7 *Forno*
8 *Canos de água*
9 *Porta do fumeiro*
10 *Porta de acesso*
11 *Passagem de fumaça*
12 *Areia*
13 *Tijolos refratários*
14 *Aquecedor de água*
15 *Câmara de combustão*

Um forno para todos os fins – e que você poderá construir
Concebemos e construímos o forno "Fachongle" com vistas a aproveitarmos o melhor possível a lenha. Este forno nos fornece o aquecimento de uma área bastante grande, muita água quente, uma chapa quente, um forno de cozinha e um fumeiro. Queimamos a lenha num túnel construído com tijolos refratários. O fundo do forno comporta um aquecedor de água. A parte da frente do túnel praticamente toca a parede da casa, que perfuramos e tapamos com uma porta de ferro fundido, para que o forno possa ser abastecido por fora. Dos dois lados do túnel, construímos muros de tijolos e colocamos por cima deles uma chapa de aço. A parte da frente da chapa serve de chapa de aquecimento, e sobre a parte posterior construímos um forno. A chapa tem uma fenda para que o calor circule à volta do forno. Na extremidade do forno está a chaminé, que se alarga sobre o forno para constituir um fumeiro. O calor do fogo espalha-se ao longo do túnel e introduz-se sob a chapa quente e o forno, antes de sair pela chaminé. Pode muito bem acontecer que suas necessidades não sejam iguais às nossas, e que elas o levem a modificar um pouco a concepção deste forno.

Leituras aconselháveis

Geral

Self Sufficiency
John and Sally Seymour/Faber

The Fat of the Land
John Seymour/Faber

Os frutos da terra

Elements of Agriculture
W. Fream/John Murray

Organic Farming
Hugh Chorley/Faber

Fertility without Fertilisers
Lawrence D. Hills/Henry Doubleday Association, Bocking, Braintree, Essex

The Horse in the Furrow
George Ewart Evans/Faber

Old Farm Implements
Philip A. Wright/David & Charles

Breadmaking: its Principles and Pratice
Edmund B. Bennian/OUP

Tritton's Guide to Better Wine and Beer Making for Beginners
S. M. Tritton/Faber

Produtos de origem animal

The Backyard Dairy Book
Len Street and Andrew Singer / Whole Earth Tools, Mill Cottage, Swaffham Road, Cambridge

The Slory of Cheese-making in Britain
Val Cheke/Routledge & Kegan Paul

Goat Husbandry
David Mackenzi/Faber

Keeping Pigs
C. Chappell/Hart-Davis

Butchering, Processing and Preservation of Meat
Frank Ashbrook/Van Nostrand Reinhold

Natural Poultry Keeping
Jim Worthington/Crosby Lockwood

The World of Bees
Murray Hoyt/Bodley Head

Produtos hortícolas

The Complete Vegetable Grower
W. E. Shewell-Cooper/Faber

Grow Your own Fruit and Vegetables
Lawrence D. Hills/Faber

Pictorial Gardening
Collingridge Books

The Vegetable Garden Displayed
Royal Horticultural Society

The Fruit Garden Displayed
Royal Horticultural Society

The Living Soil
Ldy Eve Balfour/Faber

Compost: for Garden Plot or 1,000 acre Farm
F. H. Billington & Ben Casey/Faber

Grow it!
Richard Langer/Equinox Books

The Herbalist
Joseph E. Meyer/The Oak Tree Press

Herb Gardening
Clare Loewenfeld/Faber

The Complete Book of the Greenhouse
Ian G. Walls/Ward Lock

Putting Food By
Stephen Greene Press, Battleboro, Vermont, USA

Amateur Wine Making
S. M. Tritton/Faber

Produtos de caça e pesca

Food for Free
Richard Mabey/Collins

Pocket Guide to the Sea Shore
John Barrett & C. M. Yonge/Collins

Seaweeds and their Use
V. J. Chapman/Methuen

Edible Wild Plants
Oliver Perry Medsger/Macmillan

How to Enjoy Your Weeds
Audrey Wynne Hatfield/Muller

Energias naturais

Energy Primer: Solar, Water, Wind and Bio-Fuels
Portola Institute, 540 Santa Cruz Avenue, Menlo Park, Ca. 94025, USA

Radical Technology: Food, Shelter, Tools, Materials, Energy, Communication, Autonomy, Community
ed. Godfrey Boyle and Peter Harper/Wildwood House

Keeping Warm at Half the Cost
Colesby and Townsend/Prism Press and CTT Series, Stable Court, Chalmington, Dorchester, Dorset

Low Cost Development of Small Water Power Sites
Hans W. Hamm/Volunteers in Technical Assistance, 3706 Rhode Island Avenue, Mt Rainier, Maryland 20822, USA

Direct Use of the Sun's Energy
Farrington Daniels/Ballantine Books

Simplified Wind Power Systems for Experimenters
Jack Park/Helion, Box 4301, Sylamar, Ca. 91342 USA

The Generation of Electricity by Windpower
E. W. Golding/E. & F. N. Spon Ltd (out of print, but the classic work on the subject)

The Dutch Windmill
Frederich Stokhuysen/Merlin Press

Pratical Building of Methane Power Plants for Rural Energy Independence
L. John Fry, D. A. Knox, Andover, Hants

Metahne: Planning a Digester
Peter-John Meynell/Prism Press and CTT Series, Stable Court, Chalmington, Dorchester, Dorset

Artes e ofícios

Country Crafts Today
J. E. Manners/David & Charles

Studio Vista Guide to Craft Supplies
Judy Allen/Studio Vista

The Craft Business
Rosemary Pettit/Pitman

Country Bazaar
A. Pittaway and B. Scofield/Collins

Baskets and Basketry
Dorothy Wright/Batsford

A Potter's Book
Bernard Leach/Faber

Spin your own Wool, Dye it and Weave it
Molly Duncan/Bell

Agradecimentos

Gostaria de agradecer a todas as pessoas que me ajudaram com informações e opiniões, em particular a Sally Seymour – sem seu apoio este livro nunca teria sido possível. Aos estudantes que na minha quinta (Fachongle Isaf) me apoiaram de muitas maneiras, especialmente Oliver Harding e David Lee, que contribuíram com inúmeros desenhos e diagramas.

John Seymour

A Dorling Kindersley Limited gostaria também de exprimir sua gratidão a Sally Seymour e a todas as pessoas ligadas à Fachongle Isaf. Além disso, gostaríamos também de agradecer às seguintes pessoas a valiosa contribuição para a elaboração deste livro:

Susan Campbell
Peter Fraenkel
John Walters
Mrs. Woodesford, da W. Fenn Ltd.
Cleals, da Fishguard
Perer Minter, da Bulmer Brick & Tile Co.
Mr Fred Patton, da Cummins
Farm Aldham
Rachel Scott
Fred'k Ford
Ramona Ann Gale
John Norris Wood
Richard Kindersley
Barbara Fraser
Michael Thompson e o "staff" da Photoprint Plates
Barry Steggle, John Rule, Murray Wallis e o "staff" da Diagraphic

Artistas
A Dorling Kindersley Limited agradece também a Eric Thomas, Jim Robins, Robert Micklewright e David Ashby pela ilustração deste livro:
David Ashby
Norman Barber
Helen Cowcher
Michael Craig
Brian Craker
Roy Grubb
Richard Jacobs
Ivan Lapper
Richard Lewis
Roben Micklewright
Dave Nash
Richar Orr
Osborne/Marks
QED
Cristine Robins
Jim Robins
Rodney Shackell
Kathleen Smith
Eric Thomas
Harry Tircombe
Justin Todd
Roger Twinn
Ann Winterbotham
Elsie Wrigley

Índice

Aba, *107*
Abelhas, *12, 24,25*, 130, 132
Abóbora, 150, *161, 183*, 188
Abrunho-bravo, *208*
Açafrão, 75
Acasalamento, 96, 118, 119
Acém, *107*
Acetileno, 238
Acidímetro, 98, 105
Ácido, 184
   – acético, 196
   – cianídrico, 76
   – cítrico, 192, 194, *195*
   – clorídrico, 222
   – nicotínico, 59
   – sulfúrico, 15, 87, 231
   – tânico, 242
Aço, 14, 238
Açúcar, 69, 72, *73*, 74, 130, *131*, 184, 188, *189*, 190, 192, 194, 196, 246
   – cana de, 78
Adobe, 240
Adubo, 11, 14,15, 18, 46, 51, 86, 134, *162*
   – vegetal, 15
Aduelas, 242
Aeróbicos, microrganismos, 136
Afídeos, 70
Agárico, 208
Agrostídeas, 78
Água, 11, 14
Agulha, *107*
Aipo, 14, *21*, 60, 134, 148, *161, 163, 167, 169, 171, 183*, 188
Aiveca, 48
Álamo, 220
Alavancas, 29
Alcachofras, 134, *146, 160, 168, 170*
Alcalina, 14, 246
Álcalis, 222
Alcaravia, *156*
Alcaraviz, 238
Alcatra, 107
Álcool, 69, 72, 184, 196
Ale, 70
Alecrim, 159
Alface, *21*, 150, *161*, 172
   – -do-mar, 205, 206
Alfafa, 11, 19, 78, 125, 134
Alfanje, 52, *54*
Alfarrobeira, *178*
Alga, 11, 86, 134, *162, 164*, 206
   – comestível, *205*, 206
Algodão, 124, 226, 227
Alho, 117, *155*, 188, *189*
Alhos-porós, *150, 161, 162, 167*
Aliaria, 208
Alimentação, 42, 123, 124, *131*
Alimento, 94, 98, 111
Alojamento, 94, 111
Almagre, 118
Alúmen, 228
Alvião, 28, 84, *139*
Álzaprima, *28*

Amarras, 108
Amassar, 60, 62, *127*
Amêijoas, 205
Ameixa, 182, 188
   – geleia de, 190
Ameixeira, 179
Amendoins, 76, 124
Amido, 59, 62, 69, 72, 74, 75
Amieiro, 34
Amolar, *243*
Amonal, 28, 29
Amoníaco, 218, 246
Amora silvestre, 36, 174
Amoras, 36, *190*
   – e maçãs, geleia de, 191
Anchova, 207
Ancinho, *54*, 81, 138, *139, 241*
Angélica, 155
Anglo-núbia, *108*
Angorá, 227
Anídrido carbônico, 18
Anilina, 228
Antílope, 198, 200
Antracite, 232
Antromorfismo, 18
Anzol, 202, *203*, 204
Aquáticas, plantas, 30
Aquecimento solar, 215
Aquileia, 208
Arado, 13, 16, 19, 40, 42, 46, 48, 49, 78, 84, 86
Arado pesado, 31
Arame, 36, 37, 70
Arandos, 175
Arco, 200, 242
   – serra de, 28
Ardósia, 14, 234, *237*, 240
Areia, 14, 140, 141, 222
Arenito, 11
Arenque, 206, *207*
Argamassa, 240
Argila, 11, 14, 29, 222, 224, 232, *233*, 244
Argila saibrosa, 29
Arma de fogo, 198, 200
Armadilha, 199, 200
Armas, 198
Arpão, 202
Arrancadora de batatas, 86, 87
Arrasto, 203
Arreio, 44, *45*
Arroz, 18, 55, 56, 75
   – farinha de, *62*
Arroz indiano, 75
Artes, 226, 228
Árvores frutíferas, 21
   – frutíferas, tratamento de, 180
   – plantação, *34*
Asna, *240, 241*
Aspargos, 134, 146, 153, *160, 164, 166, 170*
Autoalimentador, *125*
Aveia, *12*, 14, 15, 23, *24*, 42, 46, 55, 56, *57*, 66, 93, 94, 118
   – bolachas de, *67*

   – bolo de flocos de, *67*
   – bolo de, *67*
   – farinha de, 62
   – mingau de, *67*
Avelã, 208
Aves, 26
Aves de caça, *199*, 200
Aves de galinheiro, 124
Aylesbury, 129
Azeite, 75, 211
Azeitonas, 77
Azevém, 78
Azevinho, 54
Ázimo, pão, 60, 62
Azufre, 242

Bacalhau, 202, *203*, 207
Bacillus bulgaricum, 100
   – *B. lacticus,* 100, 104
Bactérias, 11, 14, 46, 136, 184, 192
Baga de junípero, *208*
   – de sabugueiro, *208*
Bala, 198
Balança, *70*
Balfour, método, 23, 126
Bambu, 78
Bancada, torno de, *239*
Banho-maria, 186
Barragem, 32
Basalto, 234
Batata, 11, *13*, 14, 15, *16*, 19, *20, 21*, 22, *24, 25*, 56, *83*, 85, 86, 87, 110, 124, 134, 137, 140, 151, 152, *161, 162, 165, 167, 170, 171, 183,* 200
Batata-doce, 153
Batedeira de manteiga, 98, 99
Bateria, 217
Beltsville, 129
Berinjela, 146, 172, 188
Besta, 200
Beterraba, 15, 18, *21*, 82, 84, 93, 110, 134, *146*, 153, *160*, 164, *167, 183*, 188
   – forrageira, 15, 82
Bétula, 231
Bexiga-de-logo, 208
Bezerro, 22, 23, 77, 92, 96, 106
Bicarbonato, 60
Bigorna, 238, *239*
Biscoito, 223
Bobina, *226*
Bodelha, *205*
Bois, *41*, 48, 106
Bolas-de-neve, 220
Bolinhas de chumbo, 198
Bolor, 69, 190
Bolsa-de-pastor, *208*
Bórax, 231, 246
Borbulha, enxertia de, *181*
Bordalesa, calda, 87, *169*
Borra, 192
Borragem, *156*
Borregos, 120

Bosque, 25
Botrytis, 176
Brabant, arado, 49
Braço, *107*
Branco, aipo 148
Branquear, 228
Braseiro, 242
Broca ou verruma, 28, 29
Brócolis, *20, 147, 160*
Bronquite, 87
Broto, 181
Brucelose, 92
Bruxelas, couve-de-, *147, 160*
Búfalos, 18, 41, 198
Buril, *234, 235, 239*
Burriés, 205
Burro, *41*
Búzios, 206

Cabeça de percussão, 198
Cabertura, 241
Cabras, 18, 19, *20*, 23, 28, 36, *90*, 108, 109, 120
Cabrestante, 28, 29
Cabresto, *44, 45*
Cabritos, 109
Caça, 198, 200, 202,
   – maior, 200
Cachaço, 22, 23, *114*
Cal, 11, 14, 36, 46, 78, 87, 88, 134
   – superfosfatos de, 141
Calcário, 11, 14, 94
Cálcio, 14, 134
Calibre, 198
Californiano, coelho, *123*
Calor, 11
Calorias, 102
Cama, 78
Cama das sementes, 140, *164*
Camada, *240*
Câmara, *223*
Camarão cinzento, *205*
Cambridge, rolo, *51*
Camelo, 41
Camomila, *156*
Campânulas, 142, 164, 173
Canal, 116
Cancro, 180
Canela, 100, 188
Cano, 198
Cantarelo, *208*
Canteiro, 32, 139
Canto, 120
Cão, 198
Capim, 137
Capões, 125
Caracóis, *144*
Caranguejo, 206
Carbonato de sódio, 242
Carbono, dióxido de, 196
   – hidrato de, 59, 69
Carborundo, *235*
Cardado, *227*
Cardamono, 188

252

Índice

Carne, 92, 106, 108, 110
Carneiro, peças de, 122
Carneiros, 10, *12*, 15, *16*, *17*, 23, *24*, 26, 68, *90*, 108, 109, 118, 119, 120, 122
Carnívoros, 10, *13*
Carpa, 245
— na China, 245
Carrinho de mão, 28, 138
Carroça, 41
Cartucho, 198
Carvalho, 33, 34, 242
Carvão, 210
— de madeira, 247
— vegetal, 232, 238
Casa, construção de uma, 240
Cascos de cavalo, 42, 44
Castanha, *208*
Castanheiro, 25, 33, *34*
Caudal, 212
Caule, cortar, 52
Cavala, 202, 206, 207
Cavalo de tiro, 42
Cavalos, 13, 15, 23, 25, 40, 41, 42, 44, 90
Cavar, *139*
Cebola, 21, 51, 134, 145, 148, *150*, *161*, *164*, *165*, *167*, *169*, *183*, *188*, *189*
— mosca da, 145
Cebolinha, *157*
Ceifeira, 52, 55, 81
— debulhadora, 52
— enfardadeira, 52
Celulose, 136
Cenouras, *21*, *25*, *82*, 84, 110, *134*, 145, *160*, *165*, *183*, 188
-moscas das, 145
Centeio, *13*, 15, 23, 55, 56, 57, 66, 67, 137, *163*, *165*, *171*
— biscoitos de, *67*
— farinha de, *62*
— pão de, *64*
— *scones* de, *67*
Centopeias, *144*
Centrifugadora, 98
Cera, 130, 132
Cercado, 108
Cercas, 34, 36, 37, *39*
— elétricas, 38
Cereais, 56, 110, 126
Cerefólio, *159*
Cerejeira, 33, 178
Cerne, 33
Cerveja, 15, 16, 23, 60, 63, 68, 69, 70, 72, 73, 130, 196
Cestaria, 220
Cesto, *54*
Cevada, *12*, 15, *17*, 19, 23, 24, 46, 55, 56, 57, 62, 93, 94, 96, 97, 110, 118, 124, 128
— bolos de, *68*
— farinha de, 62
— massa de, 68
— sopa de, *68*

Chá, 194
Chagas, *144*, *158*
Chama, 239
Chaminé, *223*, 248
Champanhe" de flores de sabugueiro, 194
Chapatis, 65
Charolesa, *93*
Cheddar, 102
Cheiro-verde, 188
Chicória, 78, *149*
Chiqueiro, 22
Chocadeira, *125*
Chouriço, 112, 116
Chucrute, *187*
Chutney, 184, 188
Cilha, *45*
Cimento, *240*
Cincelado, *235*
Cinzel, *234*, *235*
— denteado, 235
Cio, 96, 111
Clematites, 220
Cloreto de estanho, 228
Coalhada, 98, 102
Coalho, 102
Cobre, 87
Coco, 77
Coelhos, 23, *24*, *123*, 134, 198, 199, 200
Coentro, 117, *157*
Cogumelo, 208
Coletor solar, *214*
Colheita, 52, 56, 58, 66, 68, 75, 76, 84, 87, 88, 129
Colmeia, *20*, 130, *131*, 132
Colofônia, 247
Colostro, 97
Colza, 55, 77, 78, 85, 118
Combustível, 218
Cominho, 60, 117
Cômoros, 32, 146
Congro, 204
Coníferas, 33, 34
Conserva em frascos, 184, 186, 193
Conservação, 55, 182, *183*
Consolda, 18, 86, 134
Coque, 232, 238
Corda, 138
Cordão oblíquo, *181*
Cordeiros, *16*, 26, 82
Cornichão, *149*
Correias, *44*, *240*
Correntes, *45*
Corte, pedra de, 234
Corvo, 198
Costas, 205
Costelas, *107*, *114*
Costeletas, *114*, 122
Couro, 231
Couve crespa, *161*
Couve-flor, *20*, *148*, *160*
Couve-lombarda, 85
Couve-marinha, 206

Couve-nabo, 20, *153*, *160*, 164
Couve-rábano, 82, *83*, 85
Couves, 13, 134, 139, 140, 141, 147, *160*, *163*, *165*, *166*, *168*, 170
Cozedura, 223
Cozimento, 62,
Cravo, 117, 188
Cremor de tártaro, 228
Creosoto, 33, 38, *39*
Cria, 123, 124
Criptogâmica, infecção, 88
Cromo, 228
Crucíferas, 19, *24*, *82*, 85
Crustáceos, 204
Cuckoo maran, *124*
Cucurbitáceas, *16*
Culatra, 198
Cultivo, 75
Cumeeira, *240*, *241*
Cunha, *33*
— e maço, *35*
Cura, 116
Curar, 231
Curry, 100
Curtido, 231
Cutelo de dois punhos, *33*

Dactylis glomerata, 78
Damasco, 182
Damasqueiro, *179*
Debulha, 54, 88
Debulhadora, 54
Decapar, *131*
Defumar, 117, 206
Dente-de-leão, *208*
Denteado, *235*
Depenar, *127*
Desbaste, 84, 242
Desembaraçar, *227*
Desmame, 92
Destilador solar, 214
Detonador, 244
Dexter, vaca, 22
Dicromato de potássio, 228
Disjuntor, 217
Domar, 44
Donuts, 64
Drenagem, 30, 78
Drenos subterrâneos, *31*

Égua, 42, 44
Elefante, 41
Eletricidade, 210
Elevador ascencional, 28
Embden, *129*
Energia, 210
— eólica, 210, 216
— hidráulica, 212
— hidrelétrica, *213*
— solar, 214
Enfardadeira, 88
Engorda, 124
Enguia, 54, 202, 206
Entalhar, *234*, *236*

Entalhe, *181*
Entrançar, 182
Entranhas, esvaziamento das, 122, 127
Entrecosto, *107*
Envasamento, 240
Enxame, 130, 132
Enxertia, 180
Enzimas, 69, 72
Erosão, 11, 15, 49
Erva-cidreira, *155*
Erva-doce, 60, *155*
Ervas, *21*, 155
Ervilha, 11, 75, 85, 87, 124, 134, 140, 147, 151, *161*, *164*, *166*, *168*
Ervilhacas, 137
Esburacar, *237*
Escarola, *149*
Escora de asna, 240
Escorar as cercas, 38
Escória, 238
— básica, 14
Esfolar, 106
Esmaltado, 223
Esmalte, 227
Espádua, *122*
Espaldar, *181*
Espátula, 138, *139*
Especiarias, *189*
Espigão de telhado, *240*
Espigas, 52, 74
Espinafres, *21*, 152, *161*
Esporo, 87
Esquadro, *235*
Estábulo, *21*, *42*, *94*
Estaca, 180, *181*
Estanho, 228
Estopa, 230
Estopim, 244
Estragão, *159*
Estrume, 10, 11, 12, *13*, 14, 15, 18, 22, 23, 25, 34, 46, 49, 70, 84, 86, 88, 94, 96, 110, 126, 134, 136, 137, 140, 142, 144, *162*, *163*, *165*, 170
Estrume de pombo, 134
Estrume fresco de capoeira, 134
Estufa, *21*, *25*, 142, *166*, *168*, *170*, 172
— cultivos em 142
Etílico, álcool, 190
Extração, *131*
Extrator, 130

Faca, *139*
Fachongle, forno, 248, *249*
Faisão, 201
Farelo, 110
Farinha, *16*, 59, 62, 65, *105*, 124,
— de peixe, 18
Fascíola, 120
Favas, 11, *17*, *20*, *24*, *83*, 88, 141, 145, 147, 160, *162*, *164*, *168*, *171*

253

Índice

Favos, 130, 132
Feijão, 15, *20*, *24*, 42, 85, 87, 129, *144*, 168
Feijão-de-rama, 151
Feijão-trepador, *20*, *24*
Feijão-verde, *20*, *24*, 87, *149*, *160*
– salga do, 186
Feixes, *52*, 54, 88
Felpudo, 229
Feno, *16*, 19, 22, 41, 42, *73*, 78, 80, 93, 94, 97, 118, 134
Fermentação, 68, 192, *195*
Fermentada, massa, 60
Fermento, 192
Ferradura, *42*
Ferramentas, 138
Ferrar, 44
Ferro, 228, 238
– forjado, 238
– fundido, 238
– macio, 238
Fertilidade, 14
Fertilizantes, 18, 46, 134
Festuca pratensis, 78
Festuca-do-prado, 78
Fetos, 18, 126
Fiação preliminar, 226
Fiar, 226, 230
Figueira, *178*
Fios, 226, *227*, 230
Fitoplâncton, 245
Flamengos, gigantes, 123
Foeniculum vulgare, *157*
Foice, *37*, 52, 54, 56, 85, 87, *241*
Forcado, *54*, 86, 138, *139*
Forja, 238
Forma, 98, *103*, *105*
Formalina, 122
Fornalha, *223*
Forno Fachongle, 248, 249
– lento, 186
Fornos, 223
Forrageira, beterraba, *25*
Forragem, *12*, 18, 19, 22, 76, 81, 88
Fosfatos, 14, 34, 134
Fósforo, 14, 68, 134
Fotossíntese, 140
Framboesas, 21, *169*, *171*, 174, 190
– conserva de, 190
Freático, nível, 31
Frechal do telhado, 240
Freio, 44, *45*
Freixo, *25*, 33, 34, 38, 54, 220, 242
Frio, 11
Frísia, vaca, 94
Frutas, 182
– e legumes, conservação de, 182
– xaropes de, 191
Frutos, *17*
Frutos da faia-do-norte, *208*
Frutos silvestres, *17*
Frutos-do-mar, 202
Fuligem, 242
Fulminato de mercúrio, 244

Fumigador, 130
Funcho, *157*
Fundição, 238
Fungos, 69, 148
Furão, 199
Fusão, 15
Fuso, 226, 227

Gafanhotos, 76
Galgo, 200
Galinhas, 10, *12*, 19, 23, *24*, 90, 91, 124, 126
Galinheiro, *21*, 22, *125*, 126
Galo, 126
Ganchos, *241*
Gansos, 23, *24*, *90*, 128, 198, *199*, 200
Garfo, 180
Gaveta das cinzas, *223*
Geada, 86, 87
Geleia, 190, 191
Gelinhite, 28, 29, 244
Gêmeos, *119*
Gengibre, 188, *189*
Gergelimi, 60
Germes, 72
Germinação, 50, *142*
Germinador, 143
Gestação, 111
Ghee, 100
Girassóis, *21*, 22, 60, 77, 124, 137, 200
Glaciações, 11
Glúten, 60, 62, 68
Goiva, *243*
Gordura, 59
Gradagem, 78
Gradar, 78
Grades, 16, 46, *47*, *50*, 76
Gralhas, 74
Gramíneas, 56, 78
Granito, 11, 234
Grão, 52, *53*, 54, 55, 56, 124
Grapefruit, 188, *191*
Groselha, pés de *165*
Groselha-verde, *175*
Groselhas, *21*, 174, *175*

Hemoglobinúria, 42
Hera, 36
Herbicidas, 58
Herbívoros, 10
Híbridos, 76
Hidrato de carbono, 56
Hidromel, 194
Hissopo, *158*
Holstein, 92
Hortelã, *144*, *158*
Hortículas, produtos, 22
Húmus, 11, 55, 222, 240

Iaque, 41
Ile de France, *118*
Impurezas, *53*, 55
Incubação, 129

Inglesa, enxertia à, *181*
Inhame, 56
Inseticida, 70
Integral, 75
Integral, pão, 60
Iogurte, 19, 98, 100
Íris, 30

Jersey, vaca, 19, 92, 93
Joaninhas, *144*
Joeirar, 53, 54, 66
Junco, 30, 78, 220, 240, 242

Ketchup, 184

Lã, *16*, 26, 118, 226, 227
Lactose, 99
Lagartas, 145
Lagosta, *203*, *205*, 206
Lama, 41
Lançadeira, 229
Langstroth, método de, 130
Lapa, 205
Laranja, 188, *191*, *195*
Large-White, *110*
Larício, 25, 33, 34, 231
Larvas, 23, 91, *144*
Latas, 184
Lebre, 198, *199*, 200
Legumes, *13*, *20*, 22, 182
Leguminosas, 137
Lei da restituição, 18
Leite, 15, *16*, 19, 22, 23, 44, 82, 84, 90, 92, 94, 96, 100, 103, 108, 109, 110, 120, 125, 128
– desnatado, 10
Leitões, 22, 111, 115
Lenha, *17*, 33
Lepiota alta, *208*
Levedado, pão, 60, 62
Levedura, 69, 72, *73*, 192, 194, 196
– viva, 62
Liços, *229*
Light Sussex, 124
Lilás, 220
Limão, 188, 191
– e cenoura, geleia de, 190
– ovos mexidos com, 190
Limar, *237*
Limoeiro, *177*, *178*
Lingueta, 240
Linha, 46, 76
Linho, *13*, *17*, 55, 77, 230
Lintel de madeira, 240
Lixa, *235*, 243
Loess, 11
Lolium multiflorum, 78
– *L. perenne*, 78
Lombo, *107*, *114*
Louro, *156*, 188
Lúcio, 202
Lúpulo, 70, 72, *73*, 124, 134, 137
Luvas, 28

Maçã, 33, *169*, 182, 186, *188*, *189*
– azeda, *208*
Macarrão, 65
Macete, *235*
Machado, *28*, 35
– de corte, *33*
Machado curvo, 33
Machado para rachar, *33*
– e maço, *35*
Macho, 92, 109, 111, 114, 118
Macieira, *177*
Maço, *33*, *235*
Madeira, *25*, 242
– dura e macia, 33
– secagem da, 34
Madressilva, 220
Malhar, *53*
Malte, 15, 64, 69, 70, 72, *73*, 188
– fabricação de, 69
– secagem da, 69
Mamíferos, 10
Mandril, *243*
Mangual, *53*, *54*, 88
Manjericão, *156*
Manjerona-de-jardim, *158*
Manteiga, 15, *16*, 19, 96, 98, 99, 100, *101*
Martelo, 29, *234*, *239*
Massas, 65
Matança, 112
Meda, 52, 54, 80
Medicago sativa, 78
Meimedro negro, 208
Mel, 23, 72, *73*, 130, 131, 132, 194
Melões, *16*, 140, *150*, *167*, *169*, 172
Mentha sp., 158
Merino, precoce, *118*
Metano, 211, 218
Metílico, álcool, *191*
Métodos científicos, 194
Mexilhão, 204
Microrganismos, 14
Míldio, 87
Milho, 15, 22, 23, 41, 56, 62, 74, 81, 110, 118, 124, 128, 140, 153, *164*
– doce, 153, 161
– farinha de, 62
Milho miúdo, 55
Minhoca, 203
Miolo, 180, *181*
Misturador, 98, *99*
Mixomatose, 198
Moagem, 56, 59, 66
Moinho, 25, 56, 59
– de vento, 32, 216
Moinho de mós, 59
Molde, *233*
Monda, 50, 58, 84, 160
Monocultura, 11, 15
Monóxido de carbono, 211
Morangos, 21, 100, 171, 174, 176, 190